公共管理核心课程参考教材

中国非营利组织管理

李水金 编著

（第二版）

首都师范大学出版社
CAPITAL NORMAL UNIVERSITY PRESS

图书在版编目(CIP)数据

中国非营利组织管理/李水金编著．—2版．—北京：首都师范大学出版社，2023.7

ISBN 978-7-5656-4872-4

Ⅰ.①中…　Ⅱ.①李…　Ⅲ.①非营利组织－组织管理－研究－中国
Ⅳ.①C232

中国版本图书馆CIP数据核字(2018)第279070号

ZHONGGUO FEIYINGLI ZUZHI GUANLI(DI ER BAN)

中国非营利组织管理(第二版)

李水金　编著

责任编辑　欧家作　许　蔚

首都师范大学出版社出版发行

地　址　北京西三环北路105号

邮　编　100048

电　话　68418523(总编室)　68982468(发行部)

网　址　http://cnupn.cnu.edu.cn

印　刷　北京印刷集团有限责任公司

经　销　全国新华书店发行

版　次　2023年7月第2版

印　次　2023年7月第1次印刷

开　本　787mm×1092mm　1/16

印　张　34.75

字　数　565千

定　价　87.00元

第一版前言

随着全球化的发展，非营利组织异军突起，在社会事务治理中发挥着越来越重要的作用。美国学者萨拉蒙(1997)指出："如果说代议制政府是18世纪的伟大社会发明，而官僚政治是19世纪的伟大发明，那么，有组织的私人自愿性活动也即大量的公民社会组织代表了20世纪最伟大的社会创新。""现代管理学之父"德鲁克在《21世纪的管理挑战》中也指出："21世纪，发达国家保持增长势头的部门将不是企业，即有组织的经济活动，而很可能是非营利性社会部门。"21世纪初以来，大量危机事件与公共问题的出现，使得政府与市场在解决此类危机事件与公共问题时显得力不从心，甚至出现失灵现象，而非营利组织的兴起使人们看到了公共问题治理的希望。非营利组织在解决社会各类公共问题、应付各种突发事件，以及维护公民权益等方面起着非常重要的作用。在西方国家，很多政府与市场解决不了，也解决不好的事情，交给了非营利组织去做，反而显得更有效率，非营利组织得到迅猛发展。

从中国非营利组织发展的实践看，中国非营利组织的研究虽然起步较晚，但是发展非常迅速，特别是随着2008年北京奥运会的成功举办，人们对非营利组织的认识越来越深入，越来越感受到非营利组织在社会管理中的重要作用，尤其是在志愿服务、捐赠、环保、救助、弱势群体保护、公共参与等方面的作用。非营利组织的数量和规模也得到迅猛发展，据民政部统计，截至2013年底，全国社会组织的数量达到了54.7万个，此外还有数以百万计的"法外生存"的草根组织游离于政府监管之外；2012年注册志愿者也超过了3000万人。这些都给中国非营利组织带来机遇和挑战。但是令人遗憾的是，目前国内关于非营利组织的教材不尽如人意，主要存在以下问题：一是部分教材内容空洞，脱离实际。二是形式老套，内容不全面。部分教材甚至模仿企业管理、政府管理的体例来编写，仅仅从战略管理、人力资源管理、项目管理、财务管理、营销管理等方面进行编排，而对中国非营利组织与政党的关系、中国非营利组织的国际参与、中国非营利组织的伦理与道德责任研究不足，难以突出非营利组织自身的特色。三是部分非营利组织教材对中国非营利组织的研究还很薄弱，适应不了中国非营利组织迅猛发展的需要。因此，开发与研究一本中国自己的非营利组织管理学教材，无论是在理论上还是在现实中，都具有十分重要的意义。

中国非营利组织管理学教材的研究之所以落后，主要是由于以下几点：一是认识上的偏差，认为中国社会是政府主导的社会，社会的一切事务交给政府去做才有更高的效率和更高的质量，认识不到非营利组织在社会公共事务治理中的作用；二是中国非营利组织管理学科发展历史较短，可以说是一门新兴的学科，大部分非营利组织管理的理论都来源于西方，本土化研究基础薄弱，无论是在理论研究方面还是在人才培养方面，都比较滞后；三是中国非营利组织具有自己特殊的国情，由于政治体制、经济体制、社会体制及文化体制不同，中国非营利组织的发展路径也不同，许多新问题、新情况、新观念、新形势都需要学者们去研究，这需要一个过程，一个创新性的过程。

可喜的是，国家越来越认识到非营利组织在社会中的重要作用，非营利组织在中国发展的环境也越来越宽松。党的十七大报告就指出，要“发挥社会组织在扩大群众参与、反映群众诉求方面的积极作用，增强社会自治功能”，这里的社会组织，即是非营利组织。近年来，政府在改革中逐渐认识到，要实现政府职能的真正转变，就必须将政府不好、不便管控的方面交给社会和市场，还权于社会，还权于市场，还权于公民，从而构筑一个“强政府、大社会”的格局。而“还权于社会”从根本上讲就是要大力培育社会的非营利组织，政府通过购买非营利组织的服务而使其承担政府转移出来的部分职能。近些年来，各种公共问题特别是突发性公共事件不断出现，如“非典”“禽流感”“南方冰灾”“地震”等，政府越来越感到需要动用整个社会的力量来处理这些突发性公共事件，而非营利组织在其中扮演着越来越重要的角色。

本教材试图从本土化的角度，对中国非营利组织管理学进行深入的研究，在借鉴国外非营利组织管理理论的基础上积极探索中国非营利组织管理学发展的前沿理论和最新案例，力求反映中国特色的非营利组织管理学，并在此基础上进行理论概括与提炼，从而构建起中国自己的非营利组织管理学。

本教材的特色体现在以下几方面：

1. 从本土化的角度提出了中国非营利组织管理学的知识体系

由于中国非营利组织的发展较晚，很多理论都是借鉴国外的，甚至非营利组织管理学的教材也是引进国外的，使得中国非营利组织的理论研究、实践研究都比较落后，理论研究滞后于实践发展的问题比较突出，国内更缺乏一本权威性的中国非营利组织管理学教材。本教材的研究将有助于构建起符合中国实际的非营利组织管理学知识体系，使学生和研究者能够获得对中国非营利组织管理的整体性认识。

2. 拓展了非营利组织教材研究内容及研究视野

传统的非营利组织教材研究视野比较狭窄，未形成完整的非营利组织管理知识体系，对非营利组织发展过程中的新情况、新问题和新形势研究比较薄弱。本教材在吸收国内外最新研究理论及实践知识的基础上，拓展了非营利组织的研究视野。例如对中国非营利组织的发展历程进行了系统的梳理，深入论述了非营利组织与政党、政府及企业的关系，创新性地提出了中国非营利组织的伦理建设、国际参与等主题。这是一本力求反映中国非营利组织管理全貌的教材。

3. 理论联系实践的实证研究方法

由于中国非营利组织的研究比较薄弱，很多研究资料都需要结合国情深入实践考察与调研，因此，本教材的研究将以真实的中国非营利组织管理学为研究对象，深入中国社会实践进行实证研究，并吸收“2008 年奥运会”“汶川地震”“2022 年北京冬奥会”等最新案例，从而构建起符合中国国情的非营利组织管理学。

4. 从立意到内容都较为新颖

一是立意新，提出从本土化的角度来构建中国的非营利组织管理学，弥补了中国非营利组织研究的不足；二是内容较为新颖，体系编排根据非营利组织自身的特点进行，力求区分非营利组织与企业管理、政府管理的关系。在传统教材的基础上创新性地增设了非营利组织与政党的关系、非营利组织的责任与伦理、非营利组织的国际参与等章节，从而形成了完整的非营利组织知识体系。

总之，作者从事非营利组织管理学的教学与研究工作多年，在教学过程中，发现学生对非营利组织管理学存在浓厚兴趣，很多同学学习了非营利组织管理学后，认识到了慈善精神及志愿服务精神在中国的重要性，自愿去做志愿者，服务社会，有的甚至直接留在了非营利部门工作；不少学生学了非营利组织管理学后，公益精神增强了，更懂得如何去关爱他人、尊重生命，并积极投入公益活动中。这表明，教材的质量直接影响教学的质量，教材的原创性直接影响学生的创新精神。也就是说，一本好的非营利组织教材，对学生公益精神的培养、人生态度和人生目标的确定都是非常重要的，笔者关于非营利组织管理学的教学内容大都是从广泛的文献和实践过程中整理出来的，因而感受到开发一本中国非营利组织管理学教材的迫切性，也希望以自己的经验与能力尽一个学者的绵薄之力。

本教材既可作为高等院校公共管理专业本科生、研究生以及MPA学生的教学资料，也可作为非营利组织研究人员及非营利实务部门的参考资料。

李水金

2015年12月于北京

第二版前言

2015年出版的《中国非营利组织管理》受到了广大教师与学生的欢迎，笔者也收到了不少学者、学生以及实务部门的建议。过去八年间，非营利组织领域发生了许多重要的变化，出现了许多新情况、新问题、新政策和新趋势，加之笔者2016—2017年在美国访学期间研习非营利组织管理的心得，感觉很有必要重新修订《中国非营利组织管理》，借此感谢各位学界同人对此著作的厚爱与支持。

第二版的修订工作主要有以下几点：

一是增加了新的材料和章节。新增了“非营利组织的使命、宗旨和愿景”“非营利组织的登记与注册”“非营利组织的职能”“非营利组织的危机管理”“境外非政府组织管理”等章节。全书的章节也由原来的十五章扩展到了二十二章，基本涵盖了非营利组织管理的主要内容，形成了中国非营利组织管理的系统知识体系。

二是反映了非营利组织发展过程中出现的新情况、新问题、新政策与新趋势。最近几年，非营利组织发展非常快，新的文件政策层出不穷。例如，2015年7月中共中央办公厅、国务院办公厅印发的《行业协会商会与行政机关脱钩总体方案》，2016年9月1日起开始施行的《中华人民共和国慈善法》，2017年11月5日起施行的《中华人民共和国境外非政府组织境内活动管理法》等。2018年8月，民政部又发布了《社会组织登记管理条例（草案征求意见稿）》，将社会团体、基金会、社会服务机构三个条例统一规范为社会组织登记管理条例。本教材力图将新的文件政策纳入进来，以反映非营利组织发展的最新趋势。

三是本教材力图将非营利组织领域出现的新知识、新观点、新材料纳入进来。例如从“公益1.0”到“公益3.0”的变化、共益企业的概念、非营利组织价值管理、慈善新发展、行业协会商会与行政机关脱钩方案、政府购买非营利组织服务的新趋势、非营利组织直接登记制度的突破、非营利组织治理能力的现代化，等等。

四是本教材对每一章后面的综合案例进行了更新。力求将最新的案例呈现给大家，从案例中寻求对非营利组织的良好治理。

五是本教材成功获批在线课程建设。2018 年本教材获得优质课程建设项目，并已完成了在线课程制作。

书中难免存在许多不足和问题，欢迎学界同人批评指正！

李水金

2023 年 3 月 31 日于北京

目录

第十四章 非营利组织的项目管理

第十五章 非营利组织的募捐管理

第十六章 非营利组织的营销管理

第十七章 非营利组织的危机管理

第二十一章 境外非政府组织管理

第二十二章 非营利组织的绩效评估

绪论

超越市场与政府——公益时代的革命

对人类良好治理及美好生活的追求一直是人类努力的方向，不管是公共部门还是私营部门，都在致力于实现人类的长远幸福。非营利组织、政府、市场作为社会三大部门，在人类追求幸福的过程中扮演着不同的角色，提供着不同的服务，而非营利组织则在市场失灵与政府失灵的地方发挥着至关重要的作用。随着互联网的深度发展和科学技术的日新月异，企业承担社会责任的方式发生了变化，从企业的社会责任到共益企业、从公益3.0到公益型社会，即反映了这种变化。公益型社会力图超越自利型的市场主义，构建一个人人公益的互惠型社会，而非营利组织则成为实现公益型社会的主要途径。

一、从市场失灵到政府失灵：志愿力量的兴起

自1776年亚当·斯密在《国富论》一书中提出“看不见的手”即市场理论以来，市场曾被当作资源配置的最佳方式而受到推崇。但是经济危机的出现使得自由市场的理论受到批评，人们终于认识到市场不是万能的，市场在分配社会资源过程中也会存在缺陷，这种缺陷即是“市场失灵”(market failure)。市场失灵主要表现在：市场的外部性、市场势力、不完全信息、公共物品供给困难、收入与财富分配的不公、市场波动及失业等方面。但是由于市场失灵是由市场本身的缺陷造成的，市场自身难以对失灵现象做出有效的回应，因此，市场失灵为政府及非营利组织的介入提供了理论基础。

20世纪20年代末世界经济危机打破了“市场无所不能”的神话，奉行国家干预的“凯恩斯主义”应运而生，在以后几十年里，凯恩斯主义几乎成为医治西方经济问题的灵丹妙药。但20世纪70年代以来的经济停滞迫使人们对政府干预的作用进行重新认识，庞大的福利开支使政府不堪重负，加上人口老龄化、失业问题严重、社会问题突出、官僚主义盛行、管理成本加大等因素，使得政府在许多公共问题上力不从心，凯恩斯主义干预政策使得政府也出现失灵现象。

政府为什么会失灵呢？美国学者查尔斯·沃尔夫(Charles Wolf)在《市场，还是政府：不完善的可选事物间的抉择》中提出了政府失灵(Government Failure)的原因：(1)成本和收入之间的分离。非市场活动收入的非价格性来源导致了非市场产出的价值和其成本割裂开来，只要一项活动的成本与维持它的收入相分离，低效率便受到激励。(2)内在性和组织目标。正如市场失灵源于外在性，非市场失灵源于内在性。由于产出衡量标准常常难以确定，或来自消费者的反馈和信息的不足，或通常不存在竞争性的生产者，非市场活动存在严重的内在性。表现为：预算增长，技术进步，信息获取和控制。(3)派生的外在性。由政府来干预或修正市场的缺陷，常会产生意料之外的副作用，这种副作用常常表现在公用事业的管制中。例如当环境保护署考虑飞机飞行的外部性而制定噪声标准时，可能会引起协合式超音速商用机的外交紧张。(4)分配不平等。与市场活动产生的收入和财富分配不平等相区别的是，非市场活动产生的是权力和特权上的分配不平等。在任何情况下，权力的再分配都给不公平和滥用职权提供了机会(如腐败与寻租)，修正某些不公平的努力可能导致其他的不公平。

政府失灵使得人们开始寻求能够替代或分担政府一部分职能的解决办法，非营利组织正成为一支这样的力量，使得非营利组织成为解决市场失灵与政府失灵的一个有效途径。萨拉蒙曾指出："如果说代议制政府是18世纪的伟大社会发明，而官僚政治是19世纪的伟大发明，那么，有组织的私人自愿性活动也即大量的社会组织代表了20世纪最伟大的社会创新。"①非营利组织在解决社会各类公共问题、应付各种突发事件以及维护公民权益等方面起着非常重要的作用，很多政府与市场解决不了、也解决不好的事情，交给非营利组织去做，反而更有效率，非营利组织得到迅猛发展。

但是非营利组织也有其局限性，萨拉蒙提出了著名的"志愿失灵"(Voluntary Service Failure)理论，指出了非营利组织存在一些大的缺陷。这些缺陷主要表现为以下几点。

1. 慈善不足。从获取资源的方式看，政府的特征是"强制"，营利组织的特征是"自愿"和"互利"，而非营利组织的特征是"自愿"和"公益"。

2. 非营利组织往往存在家长作风。实际掌握经济资源的人对如何使用资源有较大的发言权，他们所做的决定往往既不征求多数人的意见，也不必对公众负责和接受监控。

3. 非营利组织的业余性。非营利组织强调的是志愿性，义工服务，很难吸引专业人员加盟，这不可避免影响组织绩效和服务产品质量。

4. 非营利组织对象的局限性。作为政府失灵的一种补充，非营利组织活动的对象往往只是某些特定的社会群体，如特定的种族、特定的宗教、特定的性别和年龄等，很难产生规模效应，或者成本很高，效率很低。

5. 作为制度环境的产物，非营利组织存在被环境同化的可能。其官僚化倾向和组织目标的转利润化倾向就是例证。

志愿失灵恰好证明了非营利部门与政府之间的关系不是互相排斥、互相竞争、互相替代，而是相互依赖、相互补充、相互合作，共同促进社会的良好治理。

二、超越市场与政府：公益型社会的到来

尽管市场、政府与非营利组织都存在缺陷，但是不管是公共部门还是私营部门，对人类良好治理及美好生活的追求一直没有停止。那么，什么是美

① [美]莱斯特·萨拉蒙，赫尔穆特·安海尔：《公民社会部门》，载《公民社会与第三部门》，何增科主编，北京：社会科学文献出版社，2000年，第257—269页。

好生活呢？党的十九大报告指出，“当前社会的主要矛盾已经转化为人民日益增长的美好生活需要和不平衡不充分的发展之间的矛盾。”这里的美好生活从物质方面讲即人民“期盼有更好的教育、更稳定的工作、更满意的收入、更可靠的社会保障、更高水平的医疗卫生服务、更舒适的居住条件、更优美的环境，期盼孩子们能成长得更好、工作得更好、生活得更好”[①]。从精神方面来说即“更好满足人民群众在民主、法治、公平、正义、安全、环境等方面日益增长的要求，更好推动人的全面发展、社会全面进步”[②]。

从市场方面来看，对美好生活的追求从物质层面上升到了道德层面。在20世纪60年代，企业的道德责任关注较少，但是随着社会将关注的焦点转向诸如公平机会、节约资源、保护环境、维护消费者利益等问题时，企业开始将道德层面的社会责任作为自身发展的一项重要责任内容，试图在法律与经济义务之外增加一种道德的约束，促使人们从事使社会变得更美好的事情，而不做那些有损于社会的事情。但是随着全球化与互联网的深度发展、贫富差距扩大以及公众期望值提高，一些企业又开始反思传统企业在道德层面的缺陷，企业家们相信：为了扩大企业的影响，必须更加有力地促进“企业向善”的行为，于是又出现了“共益企业”的概念。2006年，Jay Coen Gilbert、Bart Houlahan和Andrew Kassoy联合创立了非营利性机构“共益企业实验室”(B-Lab)，致力于推动全球范围内“商业向善”的非营利机构，旨在重新定义商业领域的成功，即让所有企业“运用商业之效力，打造世界之美好”，不仅力图成为“世界上最好的企业”，更成为“为了更好的世界而存在的企业”。

从政府层面来看，越来越认识到非营利组织是促进社会道德、推进公益事业、保障弱势群体权益以及解决日益繁多而又复杂公共问题的不可或缺的伙伴，非营利组织则获得了政府的大力支撑与鼓励，呈现出“井喷”的发展现象。

从非营利组织层面来看，随着互联网的深度发展和公民意识的觉醒，公益也由1.0时代进入了3.0时代。“公益1.0”可以被称为公益理念和行为模式逐步形成与粗放式发展的时代；“公益2.0”可以被称为公益理念与行为逐渐发展成熟并逐渐深入人心的阶段；而“公益3.0”则意味着人人公益、平台

---

① 习近平：《习近平谈治国理政》(第一卷)，北京：外文出版社，2018年，第4页。

② 习近平：《论坚持全面深化改革》，北京：中央文献出版社，2018年，第450页。

公益的时代。据《2017中国互联网公益发展报告》，中国互联网公益在2017年进入3.0阶段，互联网公益涵盖了社会各个方面，在精准扶贫、减灾救灾、教育助学、生态环保、大健康救助等多个方面取得了丰硕的成果。特别是人工智能、大数据、区块链以及互联网的深度发展，为“人人公益”提供了坚实的技术基础，公益理念不断成熟。

伴随着“公益3.0”的发展，伴随着“商业向善”与政府道德水平的提高，未来社会将是一种公益型的社会。公益型社会的特点是：(1)它是人人参与公益的时代，每个微小的个体或组织，都可以通过互联网参与公益，奉献才华、智慧与时间。(2)公益型社会是追求美好生活的社会，美好生活始终是人类孜孜不倦追求的目标，公益型社会让人人享有公益成为可能，公益型社会将消解市场机制在残酷竞争中带给人类的无穷无尽的痛苦，使人类的生活从精神中回归到美好生活的轨道上来。(3)它是一个回归人民中心的社会，公益型社会始终以人民为中心，“让人人幸福”是公益型社会的目标，这里的“人民”是拥有权利的、真实的、有着对美好生活追求的人民，而不是作为集体政治化的虚构的人民，是有血有肉的、活生生的、扎根于现实生活的人民，包括了现实生活中的各种社会阶层。(4)它是一个互帮互助的互惠型社会，马丁·诺瓦克曾指出，合作是“拯救人类的唯一方法”①。互帮互助一直是中华民族的传统美德，这种美德经过市场的洗礼，将在公益型社会更加大放异彩。(5)它是一个充满关爱精神的社会，诚信与爱，是社会永继存在的基石，公益型社会将公益普及到每个个体和组织，使个体与组织在享受爱的同时传播着爱，促进社会变得更加美好。(6)公益型社会也是一个公正公平的社会，公益意味着奉献、付出、超越市场的自利主义，公正公平将成为公益型社会的重要特征。(7)公益型社会的管理属性在于公益价值的管理。这种价值管理又包括三个层面：对非营利组织社会价值如公信力、社会责任、道德伦理等社会价值的管理；对社会主义核心价值观的倡导与传承；对非营利组织社会价值的投资，即提倡以社会价值作为市场资源配置的价值引导，旨在探索政府、市场、社会三方面跨界合作、协同创新的公益价值投资模式。

---

① [德]克劳斯·施瓦布：《第四次工业革命：转型的力量》，李菁译，北京：中信出版社，2016年，第118页。

三、非营利组织发展的十大原理

1. 市场机制不是万能的

市场机制被奉行了200多年，在200多年间，市场机制确实发挥了应有的作用，推动了社会的进步和文明的发展。但是非营利组织要打破的一个神话是：市场是万能的。这种认识持续了100多年，直到1935年凯恩斯主义出现，市场被证明不是万能的。而非营利组织的发展试图证明：市场机制也不是万能的，市场机制的不择手段，会导致非常严重的结果，这已经被证明了无数次。这样，在市场失灵之外，人们寻求一种替代机制，即以非营利组织为核心的公益机制。非营利组织在弥补市场失灵及政府失灵的地方发挥了重要作用，特别是在保障弱势群体权益、保护环境、慈善文化建设等方面。因此，在公益型社会，人类社会一定能找到一种更好的制度安排，以便实现人类的长远的良好治理和美好生活。

2. 经济发展与幸福并非正相关

联合国发布了《2018年全球幸福度报告》，对2015至2017年间全球156个国家和地区人民的主观幸福感水平以及117个国家和地区移民的幸福感水平进行了综合排名。结果显示，中国排第86位，比2017年的第79位下滑了7位。著名的"幸福经济学"鼻祖伊斯特林提出了一个令人迷惑的重要问题：更多的财富并没有带来更大的幸福，幸福指数也与人均GDP并不正相关。在中国，随着经济的快速发展，人民物质财富丰富了，但是精神财富没有显著提升，整个社会的道德、诚信、生态、居住环境、社会保障、社会秩序、慈善精神等还处于与经济发展不相适应的阶段，人民对未来的不确定性仍未有效解决，这种不确定性加剧了内心的恐惧。而在非营利组织的世界里，幸福与整个社会的慈善、诚信、友善、法治、公平等有关，甚至多些时间和心爱的人在一起，也是幸福的关键因素，而这些，都和非营利组织的价值取向有关。

3. 逐利行为不是人们社会行动的唯一动机

经济学有一个假设，即"经济人假设"，合乎理性的"经济人"会以利己为动机，力图以最小的经济代价去追逐和获取自身的最大的经济利益。泰罗正是利用了"经济人假设"的理论，在管理实践中采取"胡萝卜＋大棒"的政策。而在非营利组织世界里，逐利行为不是人们社会行动的唯一动机。事实上，人们除了关心自己的事务外，还存在关心公共事务的强大动力。这一点正如博克斯指出的："民众期望在公共生活中扮演更为积极的角色，而不只是作为搭便车者和看门人。"①因此，人们从事公益或慈善行动的动机多种多样，有的是为了获得快乐，有的是出于关心他人的本性，有的是教育或天性使然，有的是认为公益事业值得做，等等，逐利行为并不是人们社会行动的唯一动机。

4. 人们行善与经济收入并非正相关

有人认为：人们之所以行善，是因为经济收入高，有富余的资金用来行善。仔细推敲，这种观点其实无论是在理论上还是实践中，都是站不住脚的。经济收入在一定程度上是影响人们行善的基本因素，但慈善行为不仅仅包括经济上的扶持，它还包含了人文道义和个人的践行力如志愿服务等方面的内容。因此，经济收入高并不意味着必然行善，经济收入低也并不必然意味着不行善，例如有个拾荒7年的老人每个月将卖废品所得全部捐给爱心捐助站。行善与经济收入并无多大关系，而和整个社会的公益精神与个人修养有关。在一个"人人向善"的社会里，不管是富人还是穷人，都能以帮助他人为乐，同时当自己需要时也能从他人那里获得帮助，这就是公益型社会的幸福。

5. 公信力是非营利组织的生命线

非营利组织公信力即政府、社会公众、捐赠者、被服务对象以及第三方机构对其认可与信任的程度。与国有企业使用国有资产不同，也与私营企业使用私有财产不同，非营利组织使用的是公益资产，相当一部分是社会捐赠者捐赠的善款，受到广泛的社会关注。因此，非营利组织的公信力尤其重要，可以说，公信力是非营利组织的生命线。一旦非营利组织的公信力受到破坏，将对捐赠者、受益人以及非营利组织造成打击。因此，非营利组织必须接受更为严格的公众审查和社会监督，非营利组织自身要加强自律，完善财务公开及信息披露制度，自觉依法依规接受利益相关者以及整个社会的监督。

6. 使命驱动是非营利组织存在的理由

私营企业是靠利润驱动而存在的，政府是靠公共服务驱动而存在的，那么非营利组织靠什么驱动呢？靠使命！使命是非营利组织存在的理由，具体

① [美]理查德·C. 博克斯：《公民治理：引领21世纪的美国社区》，孙柏瑛等译，北京：中国人民大学出版社，2005年，第67页。

来说，可以从以下几方面理解：首先，使命是非营利组织共同意志的体现，全体成员靠使命联系在一起，从事公益活动，促进社会变得更美好；其次，使命为非营利组织明确了前进的方向，使命是非营利组织的指南针、导航器，有了使命，非营利组织才会坚持有所为有所不为，使命指向哪里，非营利组织将发展到哪里；再次，使命是非营利组织的灵魂，如果说公信力是非营利组织的生命线，那么使命便是非营利组织的灵魂，有了这个灵魂，非营利组织才会有感召力和凝聚力，才会朝着正确的目标前进，不至于走偏；最后，使命是非营利组织提供精准服务的催化剂，非营利组织靠使命而不是利润将组织成员及志愿者聚集在一起，使命是让社会变得更美好的梦想和让组织提供精准服务的理想，是激励组织朝着终极目标不断前进的力量之源。

7. 非营利组织盈利是手段而不是目标

非营利组织不是以营利为目的，因为非营利组织的资金主要依赖于成员会费和社会的捐赠，这一点与私营企业不同，私营企业的目标是为了获得最大化的利润。那么是不是可以说，非营利组织不可以盈利呢？答案是否定的。非营利组织虽然不以营利为目的，但是为了生存下去，非营利组织也可以在一定程度上赢得利润。这就涉及目的与手段的关系，对于私营企业来说，营利是目标；而对于非营利组织来说，盈利则是手段而不是目标，盈利是为了维持非营利组织生存下去的手段。

8. 非营利组织为什么享有税收优待？

《社会团体管理条例》《基金会管理条例》《民办非企业单位(社会服务机构)登记管理条例》规定社会团体、民办非企业单位、基金会及其捐赠人、受益人都依照法律、法规享有优惠。非营利组织之所以享有税收优待，一方面是因为非营利组织提供的是公益服务，其财产来源于社会捐赠、会员收费等，使用的是公益资产；另一方面非营利组织享有税收优待，可以激励更多的人从事捐赠，促进社会公益事业的发展。

9. 政府不是解决公共问题的唯一主体

非营利组织与政府都是公共部门，都是为社会提供公共服务，二者的关系应是一种战略合作伙伴关系。非营利组织能够在政府管不到或管不好的地方发挥重要的作用。

当前，非营利组织承接政府转移出来的部分职能，并通过政府购买服务提供大量的公共服务，成为政府的重要合作伙伴和政府联系群众、联系社会的桥梁。因此，一个成熟的社会应该是这样一个状态：不会过度依赖政府，公众遇到问题不是只想找政府解决，社会本身有一套运行机制和自助互助模式，可以先内部消化。

10. 非营利组织是第三次分配的主要载体

第三次分配也称“矫正再分配”，它是非营利组织通过道德的力量对市场初次分配以及政府矫正分配的再矫正。“第三次分配是指人们完全出于自愿的、相互之间的捐赠和转移收入，比如说对公益事业的捐献，这既不属于市场的分配，也不属于政府的分配，而是出于道德力量的分配。”①第三次分配是以公益使命为目标的，使用的也是公益资产，受到社会更严格的审视，这就使得第三次分配能够大大减少机会主义和背德行为，从而“推动道德正义的实现”②。非营利组织作为第三次分配的主要载体，对以市场为主导的初次分配与以政府为主导的第二次分配进行了矫正，最终将形成以第一次分配为基础、第二次分配为保障、第三次分配为补充的中国特色社会主义分配方式并推动共同富裕的实现。

思考题

1. 志愿力量能够兴起的原因是什么？
2. 公益型社会的特点是什么？
3. 非营利组织的十大原理是什么？

综合案例　阿里巴巴：“互联网＋公益”新模式

阿里巴巴公益基金会（英文名“Alibaba Foundation”）经民政部通过，于2011年12月22日正式成立，是由国家民政部主管的全国性非公募基金会。阿里巴巴公益基金会由阿里巴巴集团旗下4家公司联合发起，原始基金为5000万元人民币。阿里巴巴集团承诺每年会将收入的一定比例捐赠给阿里巴巴公益基金会，此捐款为阿里巴巴公益基金会的主要资金来源。目前，阿里集团根据自身业务的发展和资源的积累，以创新理念和业务优势形成了阿里

① 厉以宁：《关于经济伦理的几个问题》，《哲学研究》，1997年第6期。

② 李水金、赵新峰：《第三次分配的正义论基础》，《山东工商学院学报》，2021年第1期。

公益体系。平台开放、资金支持、技术赋能，成为阿里公益的三大基础。平台开放主要是指阿里巴巴巨型平台，资金支持主要是指阿里巴巴公益基金等，技术赋能主要是指云大智物移等新技术。在“互联网＋”时代，阿里巴巴充分利用阿里集团的业务与技术优势，发展互联网特色的社会公益，积极推动中国的社会创新与公益生态系统的形成。

阿里巴巴新公益模式主要有以下几个特点：

一是开展“95公益周”，打造品牌公益平台。2017年9月5日，阿里巴巴联合多家公益机构和企业，开启首届“95公益周”，并向社会发起“人人3小时”的公益倡议。通过“3小时公益平台”体系，采用“善心＋善能”方式，用新技术和商业基础设施帮助公众和公益组织开展公益系列行动。整个活动周中，有2.7亿人次参与了“公益3小时”活动，大大超出了原先预计的1亿人次。2018年9月，阿里巴巴首次以打造双十一的方式打造“95公益周”，据统计，从9月1日—9日，共带动公众公益行动超过13亿人次，近3800万人开启了属于自己的公益账户。

二是线上线下相融合。2017年下半年，从阿里经济体的战略高度出发，阿里巴巴集团将公益确定为核心业务之一，提出“天更蓝、心更暖”的新愿景，明确环保与民生为阿里公益的重点领域，并进一步整合阿里集团内部公益资源，推动各业务部门在公益项目上的协同，使“公益心态、商业手法”成为阿里经济体公益的普遍共识；挖掘并撬动公益组织、商家等外部力量，共同推动公益事业持续发展；充分利用互联网公司的技术及平台优势，激活线上平台的海量用户，构建线上线下互动模式，形成强大的社会动员力量。阿里巴巴发布的2017年商家公益账单显示，2017年度阿里平台共有178万家商家通过“公益宝贝”参与捐赠，3.5亿买家支持，善款总额达2.46亿元。也就是说，阿里平台上每6个卖家里，就有1个是公益人，成功带动了四分之一中国人做公益。

三是运用互联网技术实现公益赋能。进入“全民参与”的公益时代，企业扮演的角色也越来越重要，企业的公益体系越发成熟强大，这也是目前国内公益发展的另一大趋势。从参与形式来看，互联网新公益模式下的阿里巴巴不只是为公益事业的参与者提供资金支持，更是在创新性地运用技术去赋能于各位公益参与者，以不断创新的机制，共同打造人人参与公益的新未来。2017年4月8日，阿里巴巴公益基金会在杭州举行XIN伙伴大会，会上重磅发布了一项战略性资助计划——“XIN 伙伴计划”，全面升级对中国环保公益组织长期战略性的资金和资源支持，为环保组织能力的提升提供持续性的保障。阿里巴巴公益基金会还联合首批 4 家 XIN 伙伴机构，共同发起“守望长江计划”。利用大数据、法治、公众参与的方式分别在法律与政策倡导、环境大数据应用、志愿者网络建设、社会组织培育等方面展开合作，探索民间力量应对长江环境问题的最优解决方案。2017 年 12 月 1 日，阿里巴巴宣布启动阿里巴巴脱贫基金，将脱贫攻坚上升为集团战略性业务，从电商脱贫、女性脱贫、教育脱贫、健康脱贫、生态脱贫五个维度进行布局，发挥平台资源优势，并以互联网技术赋能精准扶贫。

四是广泛吸纳新生力量参与公益。在整合阿里巴巴集团平台资源的基础上，阿里巴巴基金会通过邀请明星参与、事件传播、创作互动游戏等方式，加强了项目传播和在环保公益活动上与公众的互动。希望能吸引更多人，特别是年轻人关注和参与环保公益活动，实现人人参与公益的愿景。这些活动也得到了国内外主流媒体的关注，并在社交媒体上形成了广泛的参与和分享。其中，仅“自然之歌创作大赛”就吸引了 6230 万网友参与，“小鱼治水”游戏上线两个月独立访客数超过 360 万。从数据统计发现，已经成长为社会中坚力量的“80 后”和“90 后”构成了参与社会公益活动的主力军。

（资料来源：根据阿里巴巴公益基金会网站资料整理，网址：http://www.alijijinhui.org/index.php，访问时间：2019 年 1 月 16 日。）

讨论题：

1. 阿里巴巴的“95 公益周”为什么能成功？
2. 互联网时代的公益有什么特点？它的发展趋势是什么？

第一章 非营利组织管理概论

政府、企业与非营利组织通常称为支撑社会的三大类组织，而处于政府与企业之间的组织即非营利组织。这三大类组织也称为社会的三个部门，第一部门为政府、第二部门为企业、第三部门为非营利组织。三大部门既相互联系又相互区别，形成一个“铁三角”的关系，共同致力于推进社会的发展和稳定。本章介绍了中国非营利组织的含义、特征、使命、分类、活动及功能。

第一节　中国非营利组织的内涵

一、非营利组织的含义

非营利组织(Nonprofit Organizations)的含义多种多样，可谓智者见智，仁者见仁，甚至在不同的国家有不同的称谓和相关的术语，如“非政府组织”“免税组织”“慈善组织”“志愿组织”“公益组织”“第三部门”等。在我国，非营利组织又称社会组织，通常包括三类：社会团体、基金会、民办非企业单位(社会服务机构)。

沃夫·托马斯(Wolf Thomas)1990年曾对非营利组织进行过描述性的定义：非营利组织具有公共服务的使命，必须在政府备案，并接受相关法令规章的约束；必须为一个非营利或慈善的机构，且经营必须排除私人利益或财物的获得；其经营所得享有免除政府税收的优待，非营利组织享有法律上的特别地位，其捐助或赞助者的捐款列入免税的范围。①

美国税法从法律层面上将享有免税资格的组织称为非营利组织。例如联邦税法第501(C)(3)条规定了免税组织必须符合的三个条件：第一，该机构的运作目标完全是为了从事慈善性、教育性、宗教性和科学性的事业，或者是为达到该税法明文规定的其他目的；第二，该机构的净收入不能用于使私人受惠；第三，该机构所从事的主要活动不是为了影响立法，也不干预公开的选举。

联合国国民收入统计系统从经济学意义来划分非营利组织部门和其他部门的区别，将经济活动划分为金融机构、非金融企业、政府、非营利组织和家庭五大类。②

从国外对非营利组织的含义来看，非营利组织涉及下面一些关键词语：享有免税优待、公共服务的使命、政府备案、法人地位、不以营利为目标、政治中立等。

---

① Wolf Thomas, *Managing a Nonprofit Organization*, New York: Simon & Shuster, 1990, p. 6.

② David Lewis, *The Management of Non-Governmental Development Organizations*, London: Rouledge, 2001, p. 57.

从中国非营利组织的研究成果来看，中国学者对非营利组织的定义也是各有说法，认为非营利组织是在政府、家庭和企业以外的社会领域中，具有不同程度的自治性、志愿公益性或互益性的组织。例如王名将非营利组织的概念定义为：不以营利为目的、主要开展各种志愿性的公益或互益活动的非政府的社会组织。[①] 李维安就将非营利组织定义为："具备法人资格，以公共服务为使命，享有免税优待，不以营利为目的，组织盈余不分配给内部成员，并具有民间独立性质之组织。"[②]

2005 年 1 月 1 日起实施的《民间非营利组织会计制度》将民间非营利组织的特征归纳为三点：①该组织不以营利为目的和宗旨；②资源提供者向该组织投入资源并不得以取得经济回报为目的；③资源提供者不享有该组织的所有权。

事实上，中国非营利组织的定义更为复杂，一方面在于中国很多非营利组织的发展正处于转型期，很多非营利组织还未发展成熟，远没有西方国家那种成熟意义上的非营利组织特征，在进行定义时有一定难度；另一方面在于中国非营利组织发展的政治、经济、文化等环境不同于西方，在对非营利组织进行定义的时候，也有很多地方不同于西方国家。

首先，从中国非营利组织发展的现状来看，主要有两类：一类是登记在册的非营利组织，共有三种，即社会团体、基金会、民办非企业单位(社会服务机构)。这里的社会团体是指由中国公民自愿组织，为实现会员共同意愿，按照章程开展活动的非营利性社会组织；基金会是指利用自然人、法人或者其他组织捐赠的财产，以从事公益事业为目的，按照条例的规定成立的非营利性法人；民办非企业单位是指企业事业单位、社会团体和其他社会力量以及公民个人利用非国有资产举办的，从事非营利性社会服务活动的社会组织。从国家对这三种组织的定义来看，这三种组织大都是从事公益类、服务类的组织，并且不以营利为目标。另一类是没有登记注册的非营利组织，这类非营利组织数量更加庞大，虽然没有在国家民政部门进行登记注册，但是从事着一些非营利性的活动，这类组织也称非营利性组织，具有民间性、自治性、自愿性的特点。

其次，从中国非营利组织发展的环境来看，非营利组织的内涵也不同于

① 王名编著：《非营利组织管理概论》，北京：中国人民大学出版社，2010 年，第 2 页。

② 李维安主编：《非营利组织管理学》，北京：高等教育出版社，2005 年。

西方。例如，在西方国家，宗教是属于非营利组织范畴的，但是在中国，由于历史传统及国情不同，通常不属于非营利组织的范畴。此外，由于中国实行中国共产党领导的多党合作制，一些非营利组织在党或政府的主导下从事公共服务，通常官方色彩比较浓厚些，只能说具有一定程度的自治性和民间性。

综上所述，对中国非营利组织的定义，必须结合中国国情具体分析，通常采取条件满足法来进行定义较为合适。在我们看来，中国非营利组织必须具备以下条件：(1)不以营利为目的，但可以在适当范围内获得利润；(2)具有一定程度的民间性、自治性和自愿性；(3)在政府、企业、家庭领域之外为公益使命而成立，并排除教会、政党的组织。非营利组织必须同时满足以上三个要求才是真正的非营利组织。

值得注意的是：非营利组织的目的不是为了营利，但可以盈利；非营利组织最重要的特色是使命，即以公益使命为最高标准；非营利组织并不是“慈善团体”的代称，也不意味着仅仅是一个“很穷的团体”；非营利组织虽具有免税优惠，但其财产带有公益性，不能任意处置，其利润不能用来分红。

二、非营利组织的范围

非营利组织常与下列组织混用，实际上下列组织都属于非营利组织的范畴。

(1)民间组织(Civil Organizations)。按照国内的定义，民间组织通常是指由各级民政部门作为登记管理机关并纳入登记管理范围的社会团体、民办非企业单位和基金会三类社会组织。

(2)非政府组织(Non-Governmental Organizations)。几种说法：广义的，所有非政府、非企业的社会组织都是非政府组织；狭义的，非营利的社会中介组织。具有如下特征：凡是政府机构、政府的附属机构或政府控制下的社会组织，以及政府间的国际组织，都不是非政府组织；应是合法的社会组织，不包括犯罪集团和恐怖组织；不包括宗教团体和种族团体；非政党性质的，不谋取政治权力的社会组织；是不以利润为取向的组织，公司、银行和西方国家的大众媒体不在其中；组织的活动目标是社会公益性的；具有一定的志愿性质。

(3)志愿组织(Voluntary Organizations)。组织的运作与管理依靠志愿者在时间、精力、才智和金钱方面的投入，具有组织志愿性、服务志愿性和活动志愿性的特征。

(4)慈善组织(Charitable Organizations)。为公众目的贡献时间或有价值的东西(钱、证券、财产等)。

(5)免税组织(Tax-exemption Organizations)。美国税法规定的三个条件：一是从事慈善、教育、宗教和科学等事业；二是组织净收入不能用于使私人受惠；三是组织活动不能影响立法或干预选举活动。

(6)第三部门(Third Sector)或独立部门(Independent Sector)。第一部门：国家体系(公域)；第二部门：市场体系(私域)；第三部门：第三域。也有学者认为，第一部门为政府、第二部门为企业、第三部门为社会。非营利组织属于社会的第三部门。

(7)民办非企业单位(Civil Non-enterprise Units)。它是指企业事业单位、社会团体和其他社会力量以及公民个人利用非国有资产举办的，从事非营利性社会服务活动的社会组织。

(8)社会团体(Mass Organizations)。社会团体指中国公民自愿组成，为实现会员共同意愿，按照章程开展活动的非营利性社会组织。

(9)人民团体(People's Organizations)。是指参加政协活动的团体，在中国特指工会、共青团、妇联、科协、侨联、台联、青联、工商联八大人民团体。

(10)草根组织(Grassroots Organizations)。特指非营利组织中那些扎根于城乡社会的基层民众组织，侧重于发展中国家的基层组织，是一种社会团体发展类型，一般代表基层民众利益，通常和精英组织相类比而言。

(11)中介组织(Intermediate Organizations)。介于政府与市场之间，参与社会管理，提供中介服务的各类社会组织。如行业协会、会计师所、律师所、审计师所等。

(12)事业单位(Institutional Units)。指国家为了社会公益目的，由国家机关举办或者其他组织利用国有资产举办的，从事教育、科技、文化、卫生等活动的社会服务组织。

(13)基金会(Foundation)。根据2016年的《基金会管理条例(修订草案征求意见稿)》，基金会是指利用自然人、法人或者其他组织捐赠的财产，以开展公益慈善活动为目的，按照本条例的规定成立的非营利性法人。

第二节　非营利组织的特征

一、国际上关于非营利组织的特征

非营利组织不以营利为目标，因此，其具有与政府及企业所不同的特征。从国际上看，关于非营利组织的特征论述比较典型的有以下几种视角。

1. 在1993年联合国、世界银行、经合组织等共同编写的《国民经济核算体系》中，明确非营利机构(Non-profit Institution)具有如下特点：(1)向社会提供公益性服务；(2)取之于民，用之于民，不以营利为目的；(3)非营利组织并不意味着其不能创造营运结余，而是其结余不得“分红”；(4)非营利组织通常得到优惠的税收政策，包括免交所得税；(5)非营利组织受到社会和政策的严密审视，有相应的财务管理制度和监督制度；(6)非营利组织财务处置的特殊性：非营利性机构的所有权不能是私有的，非营利组织的财产不能在市场上交易，但可联合与自愿合并。

2. 2003年世界银行组织编写的《非政府组织法的立法原则》中规范了非营利组织的五项原则：(1)组织的净收入或利润不得以任何形式分配给任何人；(2)组织的资产、收入与利润不得直接或间接地用来提供特别利益给和组织相关的人士；(3)组织的干部和员工可因实际工作获取合理薪酬，但董事通常不应支领薪酬；(4)组织和其相关人(例如干部、董事、员工、创立人或捐助者)之间不得有为任何私人进行任何私利之交易；(5)组织清算或终止存续时，不得将资产分配给其成员、干部、董事、员工、创立人或捐助者。

3. 萨拉蒙(Salamon)(美国约翰·霍布金斯大学非营利组织比较研究项目主任)在《全球公民社会：非营利部门视界》(2002)中比较了全球22个国家的非营利部门后，总结了非营利组织的以下五个特征。

(1)组织性。即这些机构都有一定的制度和结构，最重要的不是组织是否已经注册或具有法律权限，而是必须建立制度。

(2)私有性。即这些组织都在制度上与国家相分离，但并不意味着组织不能接受政府部门的资助或援助，也不意味着政府官员不能担任组织的理事。

(3)非营利性。就是组织不向经营者或所有者提供利润，不以营利为目标，但并不意味着组织不能赢利。

(4)自治性。这些组织基本上都是独立处理各自的事务，享有相当的自治权利。

(5)自愿性。就是这些组织的成员不一定是按法律要求而组成的，而是可以接受一定程度的志愿参与。

二、国内非营利组织的特征

从国内来看，很多学者都对非营利组织的特征提出了有价值的观点。康晓光在《创造希望》一书中将非营利组织的特征概括为六个方面，即正规性、民间性、非营利性、公共性、代表性、参与性；王名、贾西津在《民间组织通论》中指出非营利组织具有七个特性：非政府性、非营利性、自治性、志愿性、组织性、公益性、排除特性(指宗教团体、政党组织、宗族组织)；徐家良在《双重赋权：中国行业协会的基本特征》中提出了非营利组织的三个特征，即：非营利性、非政治性、公益性或互益性；王杰等人在《全球治理中的国际非政府组织》中列出了十项非营利组织的特征，即：组织性、民间性、非营利性、自治性、志愿性、非宗教性、非政治性、公益性、合法性(正当性)、国际性(国际非政府组织特性)。

综上所述，结合中国具体的国情，非营利组织至少具有如下特征。

(1)公益性。公益性区别于私营组织，非营利组织设立的目的是以公益为目标，为社会提供公益服务。

(2)非营利性。非政府公共组织不是以营利为目的，但它的活动可以有一定的盈利，但其利润不能在所有者和管理者之间进行分配。

(3)志愿性。非营利组织需要动员社会的志愿力量来为社会提供服务，志愿力量成为非营利组织的一支重要力量。

(4)自治性。非营利组织通常比政府及企业享有更大的自由，具有一定程度的自治性，许多没有登记的非营利组织更具有自治性特点。

(5)民间性。非营利组织通常由民间人士在自愿的基础上组成，政府不强加干预，因而具有民间性的特点。

(6)参与性。非营利组织作为公民表达利益的重要渠道，通常代表公民表达利益需求、参与各项决策活动，具有参与性的特点。

(7)非政府性。非营利组织区别于政府，不是属于政府范围的组织，而是一种非政府的组织。

(8)非党派性。非营利组织不属于任何党派，政治上具有中立性。

(9)组织性。非营利组织虽然是“非政府”的，但不是分散的个人行为，它是一种有组织的团体性活动，在章程指导下开展活动。

(10)服务性。非营利组织是为社会大众提供服务的，以弥补政府和市场提供公共服务的不足。

(11)待遇优惠性。非营利组织通常享有政府特殊的优待政策，例如免税等。

第三节　非营利组织的分类

在国际上，萨拉蒙关于非营利组织的分类方法得到广泛的认可，他在《全球公民社会：非营利部门视界》中将非营利组织分为12大类27小类，12大类即：(1)文化和娱乐；(2)教育与研究；(3)卫生保健；(4)社会服务；(5)环境；(6)发展和住宅；(7)法律、倡导与政治；(8)慈善中介和志愿促进；(9)国际；(10)宗教；(11)商业和专业协会、工会；(12)其他组织。但是从中国的实践看，目前还没有统一的分类方法，学者们对非营利组织分类的研究大致有以下几种情况。

一、按非营利组织的职能来划分

按非营利组织的职能来划分，分为7类：[①] (1)教育、研究组织。指从幼儿园开始，到小学、中学、大学的教育机构和各种专门的科学研究院、所等科研机构。(2)医疗保健组织。指各种医院、医疗康复中心、保健中心等医疗保健机构。(3)学术、文化组织。主要指各种学术学会及各种公共文化馆、博物馆、图书馆等。(4)群体、团体组织。主要指共青团组织、工会组织、妇联组织以及同学会、同乡会、校友会等。(5)慈善基金组织。指各种以慈善救助活动为主的基金会、慈善会等。如中国慈善总会、宋庆龄基金会、中国青少年发展基金会等。(6)协会、联合组织。主要指各个不同行业和同行业者的协会、联合会。如中国工业经济协会、中国电机工业协会、中国服装设计师协会等。(7)其他组织。指绿色环境保护组织、保护动植物组织等其

① 郭国庆：《现代非营利组织研究》，北京：首都师范大学出版社，2001年，第16—17页。

他组织。

二、按法律性质分：法定非营利组织、草根非营利组织和未定型非营利组织①

1. 法定非营利组织。法定非营利组织即是依据现行法律在民政部门登记注册的非营利组织。根据《2020 年民政事业发展统计公报》，截至 2020 年底，全国共有社会组织 89.4 万个，这些属于法定的非营利组织。此外，根据民政部《关于对部分团体免予社团登记有关问题的通知》（民发〔2000〕256 号）等相关文件，法定非营利组织还包括 34 个免于社团登记和不登记的特殊社团，这些社团具有较强的官方色彩。它们是：参加中国人民政治协商会议的 8 个人民团体，包括中华全国总工会、中国共产主义青年团、中华全国妇女联合会、中国科学技术协会、中华全国归国华侨联合会、中华全国台湾同胞联谊会、中华全国青年联合会、中华全国工商业联合会；经国务院批准可以免予登记的 26 个社团，包括中国文学艺术界联合会、中国作家协会、中华全国新闻工作者协会、中国人民对外友好协会、中国人民外交学会、中国国际贸易促进会、中国残疾人联合会、宋庆龄基金会、中国法学会、中国红十字总会、中国职工思想政治工作研究会、欧美同学会、黄埔军校同学会、中华职业教育社、中国计划生育协会以及中国文联所属的 11 个文艺家协会。

2. 草根非营利组织。指不具有被正式认可的民间组织的法人地位，但具有非营利组织核心特征的组织。主要包括以下几类：一是作为某个单位的二级分支机构，从组织性质上看它们不具有独立的法人资格；二是在工商部门登记获得企业法人资格，但开展公益性的活动，并在各种非制度性的条件下获得税务部门的税收优惠认可；三是还有许多未经登记的组织，如社区公益性组织、农村经济协作组织，以及其他游离在法律规定的组织体系之外自行活动的组织等。一些学者认为草根非营利组织的数目达上百万个，远远超过了法定非营利组织的总数。

3. 未定型非营利组织。指转型中的、边缘性的，以及其他类型的社会组织。包括：转型中的事业单位、依据特定法律程序成立的村委会和居委会等社区自治组织、组织界限尚未划清的部门代管组织业主委员会、在现代科技手段下出现的新型组织形式如网上社团、其他各种尚未经过注册登记开展活

① 贾西津：《第三次改革——中国非营利部门战略研究》，北京：清华大学出版社，2005 年，第 61—65 页。

动的社会组织如以筹备委员会等名义开展活动的组织等。

此外，有党派目的的政治性组织和宗教性组织，也属于广义非营利组织的概念范畴。2009 年国家宗教事务局在转发《关于非营利组织免税资格认定管理有关问题的通知》和《关于非营利组织企业所得税免税收入问题的通知》中，明确指出宗教团体、宗教活动场所及宗教院校属于民间非营利组织。

三、按公益性的程度分为：公益性非营利组织和互益性非营利组织

1. 公益性组织的受益对象是社会上不特定的多数人，因而公益程度高，相应地在法律上享有较高的税收优惠政策。如基金会、志愿者组织等。

2. 互益性组织的服务对象是该组织的成员，是一种互助、互相受益的组织，在一定程度类似于企业的扩展或者联合，它们的公益性程度较低，从而在法律上享有有限的税收优惠政策。如行业协会、合作组织等。

四、按运作机制分为：会员制组织、非会员制组织、未登记组织

1. 会员制组织。是人们维护共同利益或追求共同兴趣的组织，大多数是互益型的组织。如专业协会、工会、联谊组织等。

2. 非会员制组织。包括基金会和实体性服务机构，大都是公益性组织。如运作型基金会、资助型基金会、民办非企业、国有事业单位等。

3. 未登记组织。广义上还有未登记或转登记团体(工商注册)。这类组织数量庞大，由于没有登记，其自主性很强，活动方式也比较灵活，如农村中的自治团体等。

五、按产生途径分：官办、民办、官民合办

1. 官办(自上而下型)。具有浓厚的官方色彩，其资源主要来自党和政府的相关机构权力控制下的垄断领域。

2. 民办(自下而上型)。由民间发起，在党政权力不及、政策失灵或者默许的边缘地带发挥作用的组织，其主要资源来自市场、社会、海外等开放竞争的世界。

3. 官民合办。它主要出现在市场经济发展成熟、政府观念转变较快的地区，其主要特征是政府与民间的良性互动。如浙江省温州市的烟具行业协会就是典型的由官民合办的组织。

六、按是否登记注册来划分

按是否登记注册来划分：有登记注册的非营利组织，如社会团体、基金会、民办非企业；除了在民政部门登记注册的民间组织之外，至少还存在以下十种类型：[①] (1)工商注册的非营利组织；(2)城市社区基层组织；(3)单位挂靠社团；(4)农村社区发展组织；(5)农民经济合作组织；(6)农村社区的其他公益或互益组织；(7)海外在华资助的组织；(8)海外在华项目组织；(9)海外在华商会、行业协会；(10)宗教社团。

第四节　中国非营利组织的活动领域

与政府及企业的活动领域不同，非营利组织有着自己的活动领域。特别是随着非营利组织的不断发展壮大，非营利组织活动的领域不断扩大，并承担着越来越多政府转移出来的职能。

根据学者们的研究，非营利组织常见的活动领域有：环境保护、扶贫发展与共同富裕、权益保护、社区服务、经济中介、慈善救济。

一、环境保护

环境保护指的是环境、生态与资源的保护。环境保护是当今非营利组织非常集中和活跃的领域之一。在中国的环境保护领域里，活跃着一大批形形色色的非营利组织。其中较为著名的包括：自然之友、北京地球村、绿色家园环保志愿者协会、中国小动物保护协会、中华环保基金会、北京环境保护基金会、中国野生动物保护协会、中国绿化基金会、中国环境保护产业协会、中国植物学会、中国自然资源学会、中国环境科学学会，等等。

二、扶贫发展与共同富裕

扶贫发展指的是救助贫困与促进发展。非营利组织的扶贫活动主要包括：生存扶贫、技术扶贫、教育扶贫、合作扶贫、文化扶贫、实物扶贫等。2021年中国宣告消除绝对贫困后，进入了相对贫困时期，共同富裕成为非营利组织重要的活动领域。当今社会，有大量的非营利组织活跃在扶贫及共同富裕领域中，代表性的有：中国乡村发展基金会、中国国际民间组织合作促进会、中国人口福利基金会、中国计划生育协会、中国青少年发展基金会、中华慈善总会、爱德基金会、世界宣明会、香港乐施会、救助儿童会、国际小母牛项目组织(HPI)、北京昌平农家女实用技能培训学校等。

---

① 贾西津：《第三次改革——中国非营利部门战略研究》，北京：清华大学出版社，2005年，第6—9页。

三、权益保护

这里的权益保护指的是对弱势群体的权益保护。国际上的诸多实践表明，在政府和非政府组织均能履行的许多功能上，非政府组织能够更好地发挥拾遗补阙的作用。代表性的保护弱势群体权益的非营利组织主要有：中国光彩事业促进会、中国青少年发展基金会、中国妇女发展基金会等。这些非营利组织在保护妇女权益、维护残疾人利益、救助失学儿童等方面发挥了巨大的作用。例如，自"希望工程"创立，截至 2019 年底，"希望工程"共募集资金 150 多亿元，援建小学 2 万余所，资助家庭经济困难学生 590 多万名。

四、社区服务

社区服务日益成为非营利组织关注的重要领域。无论是在农村社区还是在城市社区，都有越来越多的非营利组织在提供各种服务。社区服务类的非营利组织有：各种志愿者协会、业主委员会、社区工作者协会、民办医院、民办养老院等。社区服务主要以社区内的居民为服务对象，尤其是老年人、儿童、残疾人、困难户等。这些服务的范围主要包括：社区医疗、社区卫生保健、社区养老、社区文化休闲、社区消防、社区管理、社区教育、社区环保，等等。

五、经济中介

在市场经济条件下，经济活动不仅要依靠企业，其中有许多地方也要依靠各种形式的中介性非营利组织，我们称之为经济中介组织。这些组织主要包括三种类型：一是各种形式的行会、商会、企业家协会等主要由经营者组成的经济中介组织；二是各种形式的工会等主要由劳动者组成的经济中介组织；三是专业性的经济中介组织，如律师事务所、会计师事务所、审计师事务所等。它们通过开展各种形式的联谊交流、信息提供、行业协调、咨询服务等活动，发挥着经济领域的互助、共济、中介功能，对市场经济的运行起着重要的润滑剂和中介质的作用。

六、慈善救济

慈善救济古而有之，中国历史上有许多关于乐善好施的记载。在政府、社会、企业的推动下，中国慈善领域形成了"人人慈善"的现代慈善理念，并在促进共同富裕中发挥了重要的作用。同时，境外组织注册政策使境外基金会有了合法注册的渠道，在华国际慈善组织数量正稳步增长，境外基金会的注册引入了更多海外善款。这些慈善救济组织将财富通过捐赠的形式集中起来，用于各种救济，在发生饥荒、水灾、地震、战争等灾难的时候最为活跃，对社会的影响力也很大。

思考题

1. 非营利组织的含义是什么？
2. 非营利组织和营利组织有哪些区别？
3. 中国非营利组织有哪些特征？
4. 非营利组织有哪几种分类方法？

综合案例　怒江工程开发之争：民间组织的力量

2003 年 8 月 14 日，由云南省怒江州政府完成的《怒江中下游流域水电规划报告》通过国家发改委主持评审，这一规划对怒江进行 13 级水利开发，设计装机容量超过 2100 万千瓦，超过了三峡水利枢纽工程 1820 万千瓦的设计水平。从那时起这一规划就引起了社会各界的广泛关注，包括国家环保总局在内的环保界人士一直认为，怒江的全流域开发将使中国再失一条“生态江河”，同时将损失极为丰富的动植物资源。目前国内只有两条这样的河流——雅鲁藏布江和怒江。而支持者则认为，工程的上马将极大地改变这一地区的落后面貌。

在 2003 年 9 月 3 日的座谈会中，支持者与反对者壁垒分明、互不相让，支持派和反对派在会上针锋相对。“我们既要讲‘兽道’，也要讲‘人道’”，即只有发展才能摆脱贫困，不管人道和人的生存权利，那么这种保护对于人类又有什么意义？这句话成为这场争论中的著名论点。随后，支持派专家和反对派专家在各大媒体上激烈交锋，对这件事的关注已经从学术层面和专家层面上升到社会层面。

2004 年 2 月中旬，国家发改委上报国务院的《怒江中下游水电规划报告》未获得通过，温家宝总理对规划的批示是“对这类引起社会高度关注，且有环保方面不同意见的大型水电工程，应慎重研究，科学决策”。2004 年 10 月在北京召开了“水坝会议”，在中国 NGO 的努力争取下，大朝山、小湾和金沙江等地区的 5 名原住居民代表得以参加此次会议，并且有了简短的发言机会。NGO 希望通过这样的对话，使各方都有一个了解和诉说的机会，特别要重视弱小力量的话语权，避免因不平等行为造成矛盾，甚至演变成冲突。

按照原计划，NGO准备邀请怒江的原住居民代表到北京参会，但是连续找了3个人都没有成行。“原因自然是地方政府的干扰。”一名NGO成员说，“他们害怕怒江群众代表在北京发出不协调的声音。”“看来怒江建电站已箭在弦上。”以NGO身份参与此次会议的于晓刚说，“应积极鼓励民众参加大型工程的环境影响评价和移民规划的听证，尽可能使环境和社会影响降到最低。”2004年11月13日论证会的专家对记者表示，最新的怒江中下游水电梯级建设的《规划环评报告》已经在此次会议上出炉，参与前次怒江规划报告会的一些专家和相关的环境保护组织强烈要求决策部门能够举行听证会，一些民间环保组织向记者表示他们将组织一次针对西南流域开发问题(包括怒江13级建设项目)的跨学科的研讨会，邀请各个方面的专家参与，希望引起有关决策部门的重视。

NGO从今往后需要做的事情似乎更多了：首先，他们需要想办法促进政府、企业和银行在水电建设方面的善治，如贷款项目必须环境友好，杜绝腐败行为；其次，需要监督决策的公正性，明确决策的责任人，还要努力使工程建设的决策公开透明，避免暗箱操作；等等。2005年8月25日，一批NGO组织和环保主义者，再次利用社会各界对怒江问题的关注，征集到了66个NGO组织、99名个人的签名，向国家有关部门发出了一封《提请依法公示怒江水电环评报告》公开信。与此同时，缅甸、泰国等地的一些NGO组织也向我国有关机构提交了要求相似的公开信。为了满足公开信的群众的要求，国内的一些支持怒江水电开发的NGO组织，找到态度较为中立的《中国投资》杂志社，希望其出面主办一次正式的会议，把有关的设计、规划、环评以及当地政府、群众的代表都请来，就怒江开发以及环境影响评价的具体问题，展开交流、沟通、探讨甚至辩论。

(资料来源：曹海东，《怒江的民间保卫战》，载《经济》，2004年第5期，有删改。)

讨论题：

1. NGO是如何影响怒江工程的？
2. 非营利组织的活动领域有哪些？起什么作用？
3. 如何看待经济发展与保护环境之间的关系？

第二章

非营利组织的使命、宗旨和愿景

使命、宗旨和愿景是维系非营利组织存在的三大法宝。有些非营利组织只有使命而没有宗旨和愿景，有些非营利组织只有宗旨而没有使命和愿景，也有些非营利组织三者同时存在或存在其中两个法宝。尽管这三个概念有时混在一起用，但是三者之间还是有区别的，使命更强调组织存在的理由，宗旨更强调组织奋斗的目标，而愿景更强调组织将达到的远景蓝图。

第一节　非营利组织的使命

一、非营利组织使命的含义

组织的使命是一个组织存在的原因，它阐明了组织的发展目标、原则、经营理念和组织成员的意愿。对于非营利组织而言，使命使其区别于其他同类组织的长期适用的组织目标，是组织的“存在理由”。非营利组织的使命不同于目标，因为“使命是永恒的”①，而目标是短暂的。而使命陈述(mission statement)就是对非营利组织“存在理由”的阐述，是非营利组织的顾客、服务、市场、技术和观念等方面的体现。令人振奋的使命陈述向非营利组织的内外部利益相关者展现了组织追求的目标、价值取向，帮助组织树立良好的形象、增强凝聚力、吸引资金，为组织的良好运作打下了基础。

二、非营利组织使命陈述的重要性

对于一个非营利组织而言，使命是非常重要的，它反映了非营利组织存在的理由、奋斗的目标和梦想，有了明确界定的使命，才会有明确界定的目标。

1. 使命是组织创设和存在的目的

非营利组织是靠使命来维系的，也就是说，使命是非营利组织创设的目的。非营利组织的存在不是凭空想象的，而是有个存在的目的，这个目的就是使命，是组织存在的理由。例如自然之友的使命是“建设公众参与环境保护的平台，让环境保护的意识深入人心并转化成自觉的行动”，这表明，自然之友存在的理由为提供一个让公众参与环境保护的平台，从而使环境保护深入人心并转化为公众的自觉行动。自然之友的所有行动都是为了这个目的而运转的。因此，也可以说，使命是非营利组织的灵魂。

2. 使命是组织解决社会问题的公开承诺

非营利组织是基于社会某个问题而存在的，非营利组织的使命即要完成解决这个问题的任务。因此，使命是非营利组织解决社会问题的公开承诺，即非营利组织的存在是为了解决什么问题、如何解决。例如上海绿洲生态保

---

① ［美］彼得·德鲁克：《非营利组织的管理》，吴振阳译，北京：机械工业出版社，2009 年，第 6 页。

护交流中心的使命是："促进城市及周边自然环境的保护，并通过教育、社会参与和政策宣传倡导生态友好型的生活方式。"从这里可以看出，上海绿洲生态保护交流中心的使命是向社会公开承诺组织以通过教育、社会参与和政策宣传等方式来促进城市及周边自然环境的保护。又如聋人事业促进会的使命是"提供成年聋人听力语言康复服务，促进成年聋人精神文化与职业的社会融合"，这表明聋人事业促进会解决的社会问题是为成年聋人提供听力语言康复服务并促进其精神文化与职业的社会融合。

3. 使命为组织明确了前进的方向和目标

不同的使命会引导组织走向不同的方向，使命明确了组织发展的方向，在某种程度上是组织的发展愿景。组织可能不断变化、人员可以不断调整、资源也可以不断消耗，但是如果组织的使命没有变，则组织的方向也不会变。例如北京农民之子文化发展中心的使命是"通过有效的教育手法，促进人的身心全面发展"，也就是说，组织发展的方向是达到"促进人的身心全面发展"。又如嫣然天使基金的使命是"筹集医疗救助资金，让更多唇腭裂患儿得到治疗，拥有一张健康纯真的笑脸"。

4. 使命是非营利组织凝聚力的源泉

使命是组织文化的一个载体，向利益相关者传递组织的信息，保证组织内部对其组织目的取得共识，降低使命多元化对目标的模糊。同时，使命明确了组织的方向，使得对这个方向感兴趣的人们能够聚集在组织的周围，对组织形成认同感，从而形成一种对组织的强烈向心力和凝聚力。例如北京农家女文化发展中心的使命为："开发农家女潜能；维护农家女权益；培育农家女人才；孵化农家女组织。"由于使命定位为农家女，使得对农家女关怀的人士能够凝聚在这个组织的周围。

美国的两位学者金(King)和克莱兰(Cleland)认为，组织精心制定书面使命陈述的目的主要为以下几种。

(1)保证整个组织经营目的的一致性。

(2)为配置组织资源提供基础或标准。

(3)建立统一的组织风气或环境。

(4)通过集中陈述，使员工认识组织的目的和发展方向，防止他们在不明白组织目的和方向的情况下参与组织活动。

(5)有助于将目标转变为工作组织结构，包括向组织内各责任单位分配任务。

(6)使组织的经营目的具体化，并将这些目的转变为具体目标，以便使成本、时间和绩效参数得到评估和控制。

(7)令人振奋的使命陈述向非营利组织的内外部利益相关者展现了组织追求的目标、价值取向，帮助组织树立良好的形象、增强凝聚力、吸引资金，为组织的良好运作打下了基础。

三、非营利组织使命陈述的要素

德鲁克认为，成功的使命需要具备三个要素：机会、竞争力及奉献精神。任何使命陈述必须全面地反映这三要素，否则就无法达成最终目标、最终的愿望以及通过最后的检验，也就无法调动组织的人力资源来做好正确的事情。

一般来说，一个好的使命陈述的基本要求是：创建一个够宽泛的主题以涵盖组织所希望从事的各种可能性活动；形成一个明确的足以对组织的项目、服务和行动选择给予具体指导的主题；主要的内容必须简单精练，并能有效激发人们的参与。在语言使用方面，使命的陈述有以下几个要求：使命的陈述必须要文字简洁易懂；语气要积极，一般用肯定句；文字要具体明确；语言要有激发力。

总之，使命的陈述可以包括以下要素：机会、服务市场、顾客、公益、观念、技术、价值理念、发展方向、路径方法、竞争力、奉献精神等。

下面是一些经典的使命陈述的例子：

自然保护组织的使命陈述："通过保护赖以生存的水资源和陆地资源，来保护能够代表地球生物多样性的植物、动物和自然界中的生物群落。"

国家儿童医学中心的使命陈述："成为社区内最出色的供应者，为婴儿、儿童和青少年提供高质量的健康护理服务。"

睿搏社会工作事务所的使命："睿智拼搏，将利他主义社会工作价值观与科学助人方法相结合，搭建社会沟通的桥梁，帮助青少年及家庭解决社会问题，促进各类青少年健康成长。"

万通公益基金会的使命是："传播生态环保的理念与知识、倡导生态环保的生活方式；支持城乡社区生态建设理论研究、政策制定和实践探索；鼓励和支持社区居民参与社区管理和生态建设，创建和谐家园。"

北京地球村环境教育中心的使命是："以推动公民参与'构建和谐社会、

建设生态文明’的国家战略为己任，倡导身心境和为内涵的乐和理念，践行以乐和社区与乐和家园为特色的城乡生态社区建设，提供能源及化学品安全等环境教育服务和乐和社工的技能培训，营造以关爱留守儿童、建设农村社区为内容的‘乐和之家’”。

第二节 非营利组织的宗旨

一、非营利组织宗旨的含义

“宗旨”一词，在《现代汉语词典》里的解释是：“主要的目的和意图”。在非营利组织相关领域，宗旨和使命有时混用，但是使命和宗旨仍存在一定区别，使命是非营利组织存在的理由；而宗旨则是非营利组织对社会发展某一方面应做出贡献的陈述。非营利组织的宗旨不仅陈述了非营利组织未来的任务，而且要阐明为什么要完成这个任务及完成这个任务的规范是什么。尽管非营利组织的宗旨可能千差万别，但是它要回答两个基本的问题：1. 非营利组织是做什么的和按什么原则做？2. 非营利组织应树立什么样的社会形象以区别于同类组织？非营利组织的宗旨主要包括三部分的内容：一是非营利组织形成和存在的基本目的，这部分内容阐明了非营利组织的基本价值观念和期望对社会某方面做出的贡献；二是非营利组织活动的基本范围，这部分内容说明非营利组织将在哪一个领域开展活动；三是非营利组织活动的基本行为规则和原则，这一部分的内容说明非营利组织的主要思想，是组织开展活动的重要指导方针。

二、非营利组织宗旨的特点

非营利组织的宗旨对组织的发展具有深远的作用和影响，非营利组织的宗旨有三个特点。

1. 宗旨反映了非营利组织要达到的目标

非营利组织的宗旨和目标是紧密联系，一脉相承的。宗旨是为实现目标服务，而目标又体现了宗旨的要求。明确非营利组织的宗旨是有效地建立非营利组织目标和选择发展战略的必要前提。非营利组织的宗旨是为了达到非营利组织预期要达到的目标，因此，在宗旨陈述中，非营利组织必须要将自己的目标阐述清楚。例如长沙市小动物保护协会宗旨是“以关爱生命、善待动物为宗旨，倡导爱护亲近动物，尊重生命，保护环境；反对残害虐待动物，维护动物的生存权利，使人类和动物和谐相处”。从这里可以看出，组织的长远目标是达到“使人类和动物和谐相处”。

2. 非营利组织宗旨要反映非营利组织达成目标的路径、理念或原则

非营利组织的宗旨除了阐述清楚要达到的远景目标外，还要阐述达成目标的路径、理念或原则。例如“仁人家园”的宗旨是：“中华仁人家园以‘世上人人得以安居’为理念，贯彻神爱于生活中，以行动凝聚众人，携手建设家园、社区及希望。”从这里可以看出，“仁人家园”的远景目标是携手建设家园、社区及希望，其理念为“世上人人得以安居”，其路径为“以行动凝聚人”。又如千千爱特殊教育培训中心的宗旨：“帮助有特殊需要的儿童获得科学、系统、全面的教育与康复训练，发掘其潜在的能力；帮助家长了解儿童心理发育的知识和掌握正确的教育训练方法；倡导社会和学校对这一部分特殊儿童的了解与接纳。”

3. 非营利组织宗旨要能够反映与同类组织的区别

非营利组织的宗旨具有独特性，这个目标必须和同类的目标相区别。例如“乡村校园志愿者”的宗旨是：“通过我们的爱心付出，改变部分乡村学校、乡村的学习、生活环境，缩小城乡人们在生活、学习、成长等外部环境的巨大差异，使更多远离都市的孩子和村民可以通过感知外面的世界，学习和掌握更多的知识，为提高农民和乡村在校学生的综合素质倾力而为。”也就是说，这个组织的宗旨是为了“改变部分乡村学校、乡村的学习、生活环境”，这个目标和同类组织的目标应有所区别。

三、非营利组织宗旨确定的原则

非营利组织的宗旨不仅阐明了非营利组织发展的目的和意图，而且还昭示了非营利组织的思想理念。崇高的非营利组织宗旨，既能贴近社会现实，满足社会发展需求，又能使得非营利组织发展方向明确，对非营利组织的生存和发展，增强非营利组织的凝聚力和影响力，都大有裨益。因此，树立一个崇高的非营利组织宗旨至关重要。非营利组织的宗旨必须说明组织的基本目标、实现目标的手段以及组织和社会环境的关系。确定非营利组织的宗旨需遵循以下三个原则。

第一，目标全面性原则。目标全面性原则即非营利组织目标的确定应全面，充分考虑有形目标和无形目标、可量化目标和较难量化目标、短期目标

和长期目标，形成较为完整全面的目标体系，以此推动非营利组织的专业化、规范化、高效化发展。非营利组织不以营利为目的，公益性是非营利组织发展的根本价值准则，而公益目标的实现程度是衡量非营利组织发展状况的重要标准之一。这决定了它的基本目标不仅包括收入和支出等财务管理目标，还包括公益项目进展速度、为服务对象服务的质量等较为无形的目标。

第二，手段合理性原则。手段合理性原则是指非营利组织实现目标应采取合法、合理的手段。就非营利组织的目标实现手段而言，应该说明组织将如何做出决策，如何开展项目，如何和当地社区打交道等。如果非营利组织明确了组织的发展目标，却对目标达成的手段模棱两可，不仅不利于组织目标的实现，部分管理人员还可能利用非法的手段达成他们的目标。例如目前在非营利组织发展过程中，出现了“公益腐败”问题，部分非营利组织人员违规筹款，非法手段的使用将对发展产生巨大的损害。明确目标达成的手段，在一定程度上能防止“不择手段”。

第三，关系和谐性原则。就非营利组织与社会的关系而言，非营利组织宗旨的确定应该描绘出非营利组织与社会、与服务对象的关系等。改革开放和市场经济的发展为我国非营利组织的发展提供了空间和资源，全球化和市场化使得社会价值呈现多元化、社会阶层多样化，各种社会矛盾也日益凸显。我国非营利组织一直致力于解决社会转型期的矛盾冲突，推进公益事业的发展，为政府分担了部分管理职能，发挥着重要的“减震器”的作用。非营利组织具有创新性、灵活性、与基层联系密切、了解基层实际情况等优势，明确非营利组织与社会关系，更能充分体现非营利组织公益性的特征，营造良好的社会关系，从而有效发挥非营利组织的优势。

四、非营利组织宗旨的作用

非营利组织的宗旨对组织的发展至关重要，如果没有明确的组织宗旨，非营利组织就无法制定清晰的目标和科学的发展战略。非营利组织在成立之初就必须明确组织的宗旨，并在发展过程中时常加以确认，以便非营利组织能始终坚持正确的发展方向，保持旺盛的组织生命力。目前，越来越多非营利组织重视本组织宗旨的陈述，并将其看作非营利组织发展战略的重要组成部分。非营利组织宗旨对组织的作用主要体现在以下三个方面。

第一，为非营利组织的发展提供战略指导。组织宗旨确定了组织的发展重心，是组织发展方向的规范指南。非营利组织的宗旨陈述阐明了组织的活动范围和发展目标，为非营利组织战略方案的制定、发展目标的确定以及目标实现的手段的选择提供了依据。例如北京明德社会组织能力建设促进中心的宗旨是：依靠专业知识优势、信息优势和资源优势，为社会组织提供指导和服务，致力于推动社会组织能力提升和社会组织的健康发展。虽然非营利组织的宗旨陈述对组织发展具有重要的战略指导作用，但是前提条件是，描述规范的非营利组织宗旨能够代表组织发展的真实意图。在当前的实践中，部分非营利组织的宗旨描述不够规范、美化程度较高，削弱了非营利组织宗旨对组织发展的积极影响。

第二，明确非营利组织的价值标准，增强非营利组织的凝聚力。非营利组织的宗旨陈述体现了组织的共同价值观，确保组织成员对组织的项目行动达成共识，为所有组织成员树立了一个共同价值标准。这个价值标准是非营利组织及成员做出行为选择的总规范和总指导，引导着组织及其成员朝着正确的方向发展。此外，非营利组织的价值标准对组织成员也起着激励作用，在非营利组织中塑造共同价值观，让组织成员朝着共同价值目标努力，能在潜移默化中增强员工的向心力和凝聚力，形成适合组织发展的文化氛围，进而推动非营利组织的长远发展。

第三，树立非营利组织的形象。非营利组织的宗旨是非营利组织的文化标志，作为一种信息传递，非营利组织的宗旨向利益相关者传达组织对他们生活质量改善的承诺，能够赢得利益相关者的支持。此外，由于非营利组织的宗旨反映了该组织处理自身和社会关系的态度，体现了该组织与利益相关者的关系，彰显了该组织将为社会发展做出的贡献，因而它对非营利组织树立形象极为重要。良好的形象是非营利组织宝贵的无形资产。

第三节　非营利组织的愿景

一、非营利组织愿景的含义

“愿景”的英文“vision”，“vision”来源于拉丁文“videre”，本义是“看见”，在《现代汉语大词典》中的解释为“所向往的前景”。“愿景”在管理学科中，来源于目标管理和战略计划的概念。关于愿景的讨论，主要有以下几种观点：卡明和沃赖认为，愿景是叙述组织未来渴望发展的状况，它提供组织的价值取向和变革行动的指南，是促使领导者为获得广泛支持、应对挑战的方案，也是促使组织成员全力实现共同理想的原动力。卡卡巴德认为，愿景是领导者为获得广泛支持、应对挑战的方案，它说明、叙述组织未来发展的本质。彼德·圣吉把愿景看作一个不断进步的过程，它是对不受欢迎事务的消灭和改正。加里·胡佛认为，愿景是一种意愿的表达，表明未来事务要达到何种状态，具有前瞻性。也有人认为，愿景就是组织的蓝图和理想，也反映了组织对未来的看法。由此可见，愿景从本质上不是一个具体的目标，而是组织成员共同追求的理念，它可以塑造出让全体组织成员为之奋斗的使命。对于非营利组织而言，愿景即非营利组织未来发展的蓝图。它反映了组织的价值观和渴望。所谓愿景管理，就是结合个人价值观与组织使命，透过开发愿景、瞄准愿景、落实愿景的三部曲，建立团队，迈向组织成功的发展过程。愿景形成后，组织负责人应对内部成员做简单、扼要且明确的陈述，以激发内部士气，并落实为组织目标和行动方案来推动。

二、非营利组织愿景的特点

非营利组织的愿景阐述了组织未来发展的方向和目标，描绘了组织未来理想状态的蓝图，并引领着组织沿着既定方向不断前进。非营利组织愿景为组织战略定位和选择指明了方向，为组织活动领域、行动策略选择及组织协同等提供了参考依据，对于非营利组织的发展至关重要。非营利组织愿景是组织的灵魂，是组织兴旺发展的内在价值动力，没有愿景，非营利组织就没有旺盛的生命力。一个成功的非营利组织的愿景应该具有如下几个特征。

1. 非营利组织愿景具有清晰性

作为非营利组织的未来发展的蓝图，非营利组织愿景应当是清晰的，它必须清晰而准确地指明组织前进的方向和想要达到的目的地，塑造出全体成员都想为之奋斗的梦想，而不是简单地喊口号或空想。在实践生活中，非营利组织的发展并不是一帆风顺的，发展速度有快有慢，可能前进，也可能倒退，但是一个清晰的组织愿景能让组织成员始终明确组织的前进方向，沿着正确的轨道前进，坚定组织意愿，从而形成强大的感召力和向心力，推动组织不断前进。

2. 非营利组织愿景具有独特性

一个成功的非营利组织的愿景通常是独一无二的，它必须反映组织存在的理由，同时体现出组织的特色。组织愿景是组织知识的积累和组织核心能力的所在，一个充分体现自身特色的组织愿景必须充分考虑自身发展状况，同时也应将外界因素纳入考量范围。换言之，具有独特性的组织愿景是组织外部环境和内部条件达成的共识，集组织智慧、信念、价值观、情感、学习、洞察力、创造性与环境于一体，超越组织发展现状，并指向未来。如果非营利组织的愿景缺乏独特性，就会在发展中找不到适合自己的道路或者缺乏竞争力，将面临被淘汰的风险。

3. 非营利组织愿景具有稳定性

愿景是非营利组织文化的主体，是组织的精神内核，无论外部环境如何变化，组织愿景都不应轻易发生改变。组织愿景与组织成员、利益相关者密切相关，良好而稳定的组织愿景能引发组织成员的共鸣，增强组织成员对组织的忠诚度，同时能将组织各层级、各部门的理想和期望整合起来，有效减少组织内部冲突，降低管理成本。经常变化的组织愿景不利于组织核心文化的培养，无法和利益相关者形成稳定而持久的关系，不仅影响了非营利组织项目活动的开展，对组织的良好社会形象的培育也极为不利。一个优秀的非营利组织能始终坚持正确的组织愿景，并通过感召、吸引、塑造组织成员，将个人愿景与组织愿景相统一，充分实现组织的价值。稳定的组织愿景凝结了组织追求成功的愿望，是推动组织持续发展的不竭动力。

4. 非营利组织愿景具有统一性

非营利组织愿景是组织愿景和个人愿景的统一，它不是组织中个人所持有的愿景，而是组织成员以及其他利害关系者共同持有的愿望和景象。个人愿景是组织愿景的基础，个人愿景的互动推动组织愿景的形成。只有将个人愿景融入组织愿景中，让组织成员以及其他利害关系者持有共同的愿望和景象，才能自然地产生一种持久的激励与约束，形成强大的感召力和牵引力。一个成功的非营利组织愿景是个人愿景和组织愿景的融合，其力量来源于对组织的共同关切，并创造出和谐、有序的整体感，从而贯彻到组织的活动中，形成促进组织发展的极强的内聚力和驱动力。

三、非营利组织愿景的结构

随着对愿景研究的深入，愿景的内容和结构也逐渐清晰。Collins 和 Porras(1994)在《基业长青》中用中国的阴阳图形象地表达了组织愿景的概念，认为一个构思良好的愿景包括两个主要方面：一是核心经营理念，它是企业成长、扩展和多元化过程中把组织聚合起来的黏合剂，由企业核心价值观和核心使命组成；二是企业的未来前景，即企业10—30年的宏伟、艰难和大胆的目标（即BHAG）以及实现目标后将会是什么样子的生动描述。Weller、Hartley与Brown（1994）指出愿景包括价值观、使命和目标。Senge（1995）在其《第五项修炼》一书中认为组织的共同愿景由四部分组成：（1）景象。就是组织未来所能达到的一种状态及描述这一状态的蓝图、图像。（2）价值观。所谓价值观就是组织对社会与组织自身的总体看法。（3）使命。所谓使命是指组织未来要完成任务的过程。（4）目标。这里的目标是指组织在实现共同愿望或景象的过程中的阶段性具体目标。组织的共同愿景的四个组成部分是密切相关、互相促进的，价值观和使命两者一方面决定了组织的未来景象的内涵和形式，另一方面也决定着实现组织景象的动力，决定着一个组织通过一个个目标的实现从而达到组织的景象。

根据上述的分析可知，愿景大都涉及景象、使命、价值观和目标等内容，非营利组织愿景通常包括两个层次。

1. 核心信仰（Core Ideology）

核心信仰是非营利组织对未来发展所持的价值观。它用以决定非营利组织所遵循的基本价值观，为组织内成员所共享，是非营利组织发展的信条。例如山水自然保护中心的愿景是："建立生态公平，即寻找自然与人类、传统与现代、自下而上与自上而下之间的联系，建立生态、经济和社会文化之间的平衡。"在这里，"生态公平"即山水自然保护中心的价值观，这个价值观成为组织内部成员共享的信条。

2. 未来前景（Envisioned Future）

未来前景是非营利组织未来相当长时期内欲实现的宏大愿景目标及对它的鲜活描述。愿景具有鼓动力，必须对未来发展前景做出令人向往的阐述。例如北京关爱家庭中心的愿景是："家庭是受祝福的地方、家庭是人类最美好的地方、家庭决定未来。"又如中国人权发展基金会的愿景是："成为国内外知名的智库型、公益型、实力型基金会。"这种表述即阐明了组织发展的未来前景。

四、非营利组织愿景的形成过程

非营利组织的愿景是组织全体成员的共同愿望，由此产生对组织成员的长久激励。非营利组织共同愿景的建立通常需要设立一个高远而又可逐步实现的目标，它引导人们逐步排除干扰，沿着正确的方向前进直到取得成功。

好的共同愿景可以产生强大的驱动力，驱动组织的全体成员产生追求目标愿景的巨大勇气，并把这种勇气转化为自己发自内心的行为动力。组织愿景的形成要在组织内经历一个整合过程，这个过程可分为以下几个阶段。

1. 愿景创建阶段

非营利组织的共同愿景是由个人愿景汇聚而成，正是个人愿景的融合，共同愿景才能拥有持久的生命力。由于组织愿景是组织成员共同的行为发展的结果，而且组织愿景的建构将造成组织的变革与创新，所以，组织愿景的创建必须由领导者与组织成员共同完成。在愿景的创建阶段，领导者是关键的因素，若组织愿景创建没有领导者的支持，愿景的建构是不可能成功的。领导者需要积极鼓励组织成员参与组织愿景的创建过程，以便得到更多组织成员的支持和理解。

2. 愿景沟通阶段

非营利组织愿景成功创建以后，需要将制定好的愿景灌输给组织成员。愿景沟通对组织愿景的推广至关重要。沟通是组织成长的关键要素，组织的成员沟通越充分，组织的成长越顺利。愿景沟通能增强组织成员对组织蓝图的理解，促使组织成员将精力聚焦于预期目标上，使成员产生组织承诺和归属感。愿景沟通的内容主要包括组织发展现状、组织愿景性质、实现组织愿景的手段、组织愿景的行动计划等。在愿景沟通过程中，领导者和组织成员一般通过语言和非语言等方式表达各自的动机，最终达成共识，构建信任。

3. 愿景执行阶段

在非营利组织愿景执行过程中，领导者应当授权给下属，不是监督他们，而是鼓励、指导他们去执行，给予组织成员更多空间，充分发挥成员的积极性和创造性。此外，组织愿景的执行还应该是一个持续评估和不断提炼的过程。一个成功的组织愿景是不断演变的。当实施愿景的战略被执行时，人们逐渐会知道哪些东西是可行的。组织在向愿景不断前进的过程中，也会不断发现新的可能性，有些原来不可能实现的目标现在可能变得有可能。

4. 愿景变革阶段

非营利组织愿景的变革实际上是通过组织成员的互动，将不同的个人愿景、原初的组织愿景、新的环境转化为一个协同合作的新组织愿景。非营利组织愿景并不是一成不变的，愿景变革是一个动态演变的过程，在组织发展过程中，组织外部环境不断变化，面临的挑战日益多样化，为了促进组织的可持续发展，组织愿景必须随着组织内外部环境的变化而进行动态调整。愿景是团队成员自我实现的灯塔，而变革是实现愿景的必经之路。

非营利组织愿景的形成分为愿景创建、愿景沟通、愿景执行、愿景变革这四个阶段，这几个阶段在时间上具有递序性，但一旦组织愿景开始创建，这几个阶段又不是完全割裂开，而是互相交叉进行的，如愿景执行有对愿景的沟通，在愿景沟通过程中有对愿景的执行，同样愿景执行中有变革，愿景变革中也有执行。建构组织愿景是复杂的活动，需要有系统性的进展程序，周全考虑组织、成员、外部环境等多方面的影响因素，整个历程需要不断地进行反思、沟通、对话、综合判断和选择。共享的组织愿景是组织整体行为的体现。因此，组织愿景的建构和价值观的建立，必须整合领导者、高阶管理者、成员及利害相关者的愿景，凝聚成为组织整体的愿景。

思考题

1. 什么是非营利组织的使命？
2. 非营利组织使命陈述的要素有哪些？
3. 什么是非营利组织的宗旨？它有什么作用？
4. 什么是非营利组织的愿景？愿景的结构是什么？

综合案例　阿拉善SEE生态协会践行“碧水蓝天”的公益使命之路

2002年3月20日上午9:30，一股强沙尘暴从北京北部进入市区，那天，北京的PM10值达到7000多微克每立方米，总悬浮颗粒达到10000多微克。而距离北京城1197千米的阿拉善，就是所有风沙的源头，同时也成为阿拉善SEE生态协会理念构建的发源地。

阿拉善SEE生态协会成立于2004年6月5日，是由中国近百名企业家在内蒙古阿拉善盟腾格里沙漠月亮湖畔率先构建组织成立的社会团体，初始目标是防治阿拉善地区的荒漠化。作为一个致力于环保的公益组织，阿拉善SEE始终坚持着“凝聚企业家精神，留住碧水蓝天”的组织使命，以“改善和保护中国的生态环境，包括并不限于减缓或遏制荒漠化的发生，与此同时，促使和引领中国企业家承担更多生态责任与社会责任”为发展宗旨，在带动和整合社会资源投入，号召公众广泛支持和参与等方面发挥着巨大作用。在2018年的《慈善蓝皮书》上，“阿拉善SEE凝聚中国民营企业家参与公共事务”被评选为“2008—2018 中国公益慈善十年十大热点”。

“基于阿拉善，而不限于阿拉善。”作为中国首家以社会责任(Society)为己任，以企业家(Entrepreneur)为主体，以保护生态(Ecology)为目标的环保公益机构，阿拉善 SEE 生态协会于 2008 年发起成立阿拉善 SEE 基金会(注册名为“北京市企业家环保基金会”)，主要致力于资助和扶持中国民间环保 NGO 的成长，打造企业家、NGO、公众共同参与的社会化保护平台，可持续地保护生态环境。两者合称为“阿拉善 SEE”。2014 年，阿拉善 SEE 基金会升级为公募基金会，业务聚焦于荒漠化防治、绿色供应链与污染防治、生态保护与自然教育、环保公益行业发展四个工作领域。

随着阿拉善 SEE 生态协会的项目不断走向品牌化和系统化、会员数量的提升，该机构在筹款、品牌传播、国际交流等各方面均取得了显著成绩。目前，阿拉善 SEE 已正式启动“一亿棵梭梭”“任鸟飞”“卫蓝侠”“创绿家”“劲草同行”“诺亚方舟”等品牌项目，覆盖我国西北、华北、台湾等多个地域。这些项目在实施过程中，不仅能有效发挥本土企业的影响力和资源优势，同时通过 SEE 在政府、科研机构、环保企业和环保 NGO 组织之间构建良性的沟通协调机制，使环保企业、科研机构和环保项目实现有效对接，极大地增强了项目的科学性和高效性。

经过十几年对环保事业的不懈努力和付出，阿拉善 SEE 生态协会不仅成为中国最具影响力的企业家环保组织，同时也是企业家们参与环保公益、践行环境和社会责任的首选平台。并先后获得民政部颁发的“全国先进社会组织”“北京市社会组织示范基地”“中欧十佳绿荫基金会奖”“中国社会组织评估等级 5A 级”等荣誉。据相关数据显示，截至 2020 年 10 月，阿拉善 SEE 生态协会已经成立了 30 个环保项目中心，企业家会员超过 900 名，已经成为中国民间发起的本土规模最大、最具影响力的环保公益组织。

“一亿棵梭梭”项目是由阿拉善 SEE 公益机构发起，联合阿拉善盟政府相关部门、当地牧民、合作社，以及民间环保组织、企业家、公众，搭建多方参与平台，共同致力于用十年的时间(2014—2023 年)在阿拉善关键生态区种植一亿棵以梭梭为代表的沙生植物，恢复 200 万亩荒漠植被，从而改善当地生态环境，遏制荒漠化蔓延趋势，借助梭梭的衍生经济价值提升牧民的生活水平。

为了实现“一亿棵梭梭”的项目规划，SEE 生态协会主要致力于以下三个方面来促进目标的实现。首先，由SEE与政府、社区、牧民共同努力，寻找既能实现荒漠化防治、生态恢复，又能为牧民增收、改善经济生态循环的模式和机制；其次，运用互联网力量，通过多形式、多渠道向各类社会团体、企业、个人募集资金，积极探索吸引社会资金投入生态建设的机制，形成合力；最后，借助互联网和SEE公募的力量，开展大型体验、募捐活动，来吸引更多的会员企业和大众的参与支持。经过不断探索和努力，阿拉善SEE与当地政府已经达成共识：对梭梭树的种植进行统一区域规划和统一操作标准，除此之外，SEE不仅创造性地构建出"政府造林资金＋SEE管护资金造林"模式来确保树苗成活率；同时还提出"梭梭—肉苁蓉"沙产业来促进当地经济发展，提高牧民的参与性和种植积极性，从而促进项目的可持续发展。据相关数据显示，截至2020年底，"一亿棵梭梭"项目已累计在阿拉善关键生态区域种植以梭梭为代表的沙生植物6560.17万棵，约137.75万亩。

（资料来源：根据阿拉善SEE生态协会网站资料整理，网址：http://www.see.org.cn/Foundation/Article/Detail/3，访问时间：2019年1月16日。）

讨论题：

1. 结合材料，试说明阿拉善SEE生态协会的使命和宗旨在组织发展过程中都起到了什么作用?
2. 结合所学知识，政府可以从哪几个方面对非营利组织的健康持续发展加以扶持?

第三章 非营利组织的理论基础

任何一门学科都是建立在一定理论基础上，而理论决定着实践发展的程度。非营利组织在社会发展过程中发挥着重要的作用，尤其在政府、市场所不及的地方扮演着不可替代的角色。因此，与企业及政府一样，非营利组织也有着自己丰富的理论基础。

第一节 社会治理理论

作为非营利组织参与多元治理的重要途径，“社会治理”一词由“社会管理”演变而来。“社会管理”一词最早出现在1998年的《关于国务院机构改革方案的说明》中，强调政府的基本职能在于宏观调控、社会管理和公共服务。2003年，党的十六大正式确认社会管理为政府的四项基本职能之一，指出要“完善政府的经济调节、市场监管、社会管理和公共服务的职能”。2006年党的十六届六中全会提出了要“创新社会管理体制，健全党委领导、政府负责、社会协同、公众参与的社会管理格局”。2011年7月中央层面出台了《中共中央、国务院关于加强和创新社会管理的意见》，该文件是中国第一份关于创新社会管理的正式文件。2011年9月中共中央决定把中央社会治安综合治理委员会更名为中央社会管理综合治理委员会，赋予协调和指导社会管理工作的重要职能，从此，政府部门设立了专门的机构负责社会管理的职能。2012年党的十八大报告指出：要围绕构建中国特色社会主义社会管理体系，加快形成党委领导、政府负责、社会协同、公众参与、法治保障的社会管理体制，此处将“法治保障”写入了社会管理，赋予了社会管理更丰富的内涵。

如果说传统的社会管理还是停留在“管理”这个层面上的话，那么2013年提出的“社会治理”一词则体现了从“管理”到“治理”的转变。2013年11月《中共中央关于全面深化改革若干重大问题的决定》提出，“创新社会治理，必须着眼于维护最广大人民根本利益，最大限度增加和谐因素，增强社会发展活力，提高社会治理水平，全面推进平安中国建设，维护国家安全，确保人民安居乐业、社会安定有序。”这是党的文件第一次提出“社会治理”的概念，标志着执政理念的新变化。2016年10月，国家主席习近平就加强和创新社会治理做出重要指示，“强调要继续加强和创新社会治理，完善中国特色社会主义社会治理体系。”国务院总理李克强在《政府工作报告》中指出：要推进社会治理创新，注重运用法治方式，实行多元主体共同治理。2016年3月，中共中央公布了《中华人民共和国国民经济和社会发展第十三个五年规划纲要》，提出“完善党委领导、政府主导、社会协同、公众参与、法治保障的社会治理体制，实现政府治理和社会调节、居民自治良性互动。”社会治理成为学术界和实务界的一个重要热门词汇。

那么什么是社会治理的内涵呢？相对于社会管理而言，社会治理更强调多元主体的互动和共治，即“党委、政府、社会组织、公民等多元治理主体在相互信任的基础上，为实现公共利益就社会事务管理而相互博弈、协商、合作的互动过程”①。“社会治理通过多元主体的多边互动和交往合作，能够形成一系列的认同关系，培养相互信任的框架体系，进而形成社会资本。”②“社会治理是由执政党领导，政府组织主导负责，吸纳社会组织和公民等多方面治理主体有序参与，对社会公共事务进行的治理活动。”③有学者从国家与社会关系的视角来理解社会治理，认为“社会包容着国家，包容着政府，包容着政党”，社会治理强调社会的“自治理”和“他治理”，是国家、政府和社会的“相互治理”。④ 还有学者从公民权利的角度来理解社会治理，认为社会治理是“以实现和维护群众权利为核心，发挥多元治理主体的作用，针对国家治理中的社会问题，完善社会福利，保障改善民生，化解社会矛盾，促进社会公平，推动社会有序和谐发展的过程”⑤。

总之，从“社会管理”到“社会治理”，再到“社会共治”的转变，适应了新阶段、新形式、新任务的客观要求，凸显了非营利组织在社会治理中的地位，体现了治理模式的三大转变：一是治理主体的转变。传统的社会管理突出政府主导作用，而社会治理更强调政府、社会和公民之间的良性互动与合作，政府不再包办一切。二是治理方式的转变。社会管理强调政府运用权力自上而下对社会事务的管理，而社会治理具有多种实践路径，除政府运用权力外，还包括市场、法律、文化、习俗等多种方式。三是治理理念转变。传统社会管理强调管理和管制，而社会治理则强调协调、协同、参与、开放、共享、创新、绿色的发展理念。

---

① 陈振明、薛澜：《中国公共管理理论研究的重点领域和主题》，《中国社会科学》，2007 年第 3 期。

② 麻宝斌、任晓春：《从社会管理到社会治理：挑战与变革》，《学习与探索》，2011 年第 3 期。

③ 王浦劬：《国家治理、政府治理和社会治理的含义及其相互关系》，《国家行政学院学报》，2014 年第 3 期。

④ 乔耀章：《从“治理社会”到“社会治理”的历史新穿越》，《学术界》，2014 年第 10 期。

⑤ 姜晓萍：《国家治理现代化进程中的社会治理体制创新》，《中国行政管理》，2014 年第 1 期。

第二节　国家与社会关系理论

一、国家与社会关系的演变

国家与社会之间的关系之所以受到人们的极大关注，主要是由我国从计划经济向市场经济过渡这一事实引起的。从社会角度看，它体现了市场经济发展而伴随的利益多元化需求；从国家角度看，它体现了如何界定国家权力、如何规范国家行为的问题。总体看来，国家与社会的关系模式经历了三个阶段。

1. 第一个阶段是国家包含了社会。在这个阶段，实行高度的计划经济体制，社会的一切均由国家分配，导致社会处于国家的包围之中，自主权较少(见图 3-1)。

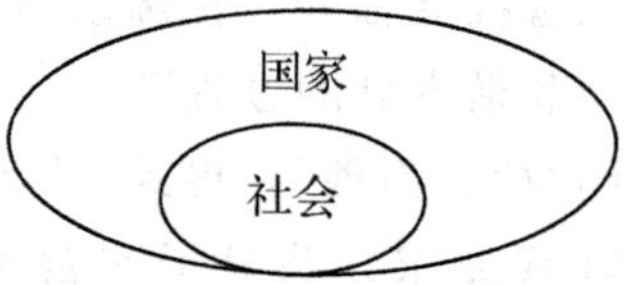

图 3-1　国家包含了社会

2. 第二个阶段是国家与社会交叉阶段。这一阶段的表现形式是计划经济向市场经济过渡，相应地，国家的权力适度地向社会转移，从而形成国家与社会相对独立又相互交叉的局面(见图 3-2)。

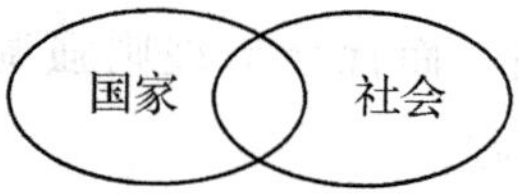

图 3-2　国家与社会的交叉

3. 第三个阶段是国家与社会相对分离的阶段。随着市场经济的发展成熟，国家与社会相对分离，国家事务与社会事务逐渐分开，社会的自主权较大，国家与社会处于一种相互补充的状态(见图 3-3)。

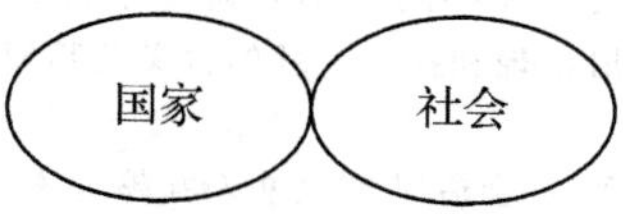

图 3-3　国家与社会的相对独立

二、国家与社会关系的实质

1. 先有国家还是先有社会

在马克思主义看来，先有社会，再有国家，社会是第一性的，国家是第二性的，社会是国家存在的基础和前提，如果没有社会，国家也就失去了存在的理由。这一点正如马克思指出的："国家并不是从来就有的。曾经有过不需要国家，而且根本不知国家和国家权力为何物的社会。"①恩格斯也指出："国家绝不是从外部强加于社会的一种力量。国家也不像黑格尔所断言的是'伦理观念的现实'，'理性的形象和现实'。确切地说，国家是社会在一定发展阶段上的产物；国家是承认：这个社会陷入了不可解决的自我矛盾，分裂为不可调和的对立面又无力摆脱这些对立面。……这种从社会中产生但又自居于社会之上并且日益同社会相异化的力量，就是国家。"②

2. 国家与社会是相互依存、对立统一的关系

国家与社会是一种相互依存的关系或者说是对立统一的关系，这种相互依存的关系体现为，国家需要以社会的存在为基础，而社会需要以国家的强制力作为后盾。同时，国家与社会又存在着对立关系，为了防止国家权力的膨胀，又需要用社会来制约国家的权力，保护社会领域不受到国家的侵犯。

3. 国家权力向社会权力的回归

国家是一个历史范畴，国家的产生是公共权力与社会分离的结果，一旦公共权力逐步由少数社会成员手中转到大多数甚至全体成员手中并为其自觉使用时，国家将实现与社会的结合，国家权力将实现向社会权力的回归。这时国家"将产生于社会但与社会相脱离的力量重新归还社会，或曰社会收回，使社会公共权力与社会本身融为一体，不再构成超脱于社会之上的强制力量"③。

三、国家与社会关系的基本模式

1. 自由主义：弱政府、强社会

20 世纪 70 年代初，新自由主义的国家干预和福利政策遭遇空前危机，"大政府"逐渐式微。保守自由主义开始占据上风，坚持消极国家观，主张社

---

① 《马克思恩格斯选集》(第 4 卷)，北京：人民出版社，1995 年，第 174 页。

② 《马克思恩格斯选集》(第 4 卷)，北京：人民出版社，1995 年，第 170 页。

③ 林坚：《马克思主义关于国家与社会关系的理论及其启示》，载《马克思主义哲学研究》，武汉：湖北人民出版社，2009 年，第 196 页。

会自治和自由市场，倡导“弱政府、强社会”的关系模式。它的基本假设是：国家收缩、社会扩张和全球治理兴起。代表理论：布坎南的公共选择理论、诺齐克的“最弱意义国家”、哈耶克的“自发秩序”等。

2. 新左派：强政府、弱社会

新左派认为保守自由主义的“弱政府、强社会”模式并不足取，因为这一模式倡导的“权利优于公益”的政治主张容易造成社会民主的危机，同时，其内在的“经济优于公益”的价值取向也必然使国家陷入困境：自由市场需要一个“最小的国家”，而市场危机和全球化问题的解决却需要一个强大的国家。

3. 第三条道路：中政府、中社会

以布莱尔与吉登斯为代表。“第三条道路”走在新左派与保守自由主义两条路线中间，既兼顾民主和福利，又重视市场和社会，既坚持传统价值观念，又强调必要的现实变革。它努力消解民主与市场、传统与现代之间的张力，试图在不放弃传统社会民主主义对社会正义和平等的追求的前提下，合理汲取保守自由主义市场取向和公民社会理论的积极因素。但第三条道路“并不是左派与右派之间简单的妥协，它力图吸取反对派和中—左派的基本价值……”①。

四、国家与社会关系理论对非营利组织的影响

1. 非营利组织的发展空间在很大程度上取决于国家与社会关系的变化

在国家占强势的时候，社会必将居于弱势；在社会居于弱势的时候，国家必将占强势。因此，作为社会组织部分的非营利组织，也会随着国家与社会关系的变化而处于不同的地位。

2. 国家权力向社会的回归促进了非营利组织的发展

在马克思主义看来，国家发展终将消亡，社会力量将得到全面发展。也就是说，国家权力将向社会权力回归，国家本位将过渡到社会本位，在社会本位下，非营利组织将得到较大的发展空间。

3. 非营利组织的发展又将促进国家与社会关系的变化

社会的发展在很大程度上是以非营利组织为基础的，当非营利组织发展壮大时，社会势力必将得到发展壮大，而社会势力的增长最终促进“大社会、强国家”的实现。

---

① 杨雪冬、薛晓源：《“第三条道路”与新的理论》，北京：社会科学文献出版社，2001年，第25页。

第三节　合作主义理论

合作主义(Corporatism)最早兴起于19世纪中叶西欧的空想社会主义运动，“合作”一词即意味着成员间的共同行动和协作行动，当时的合作主义者主要是想通过建立合作社，把消费者和生产者联合起来，共同解决一些社会问题，利用合作关系来调和社会矛盾。20世纪初合作主义被引入中国，使得合作主义在中国得到启蒙和发展。早期合作主义主要关注社会底层民众的生活；设立合作社以保护“弱势群体”的利益；对社会经济新秩序的“诉求”和“平等”理念的渴望等。随着合作运动的开展，合作主义致力于对“新的社会关系”的追求，这种“新的社会关系”包含以下几层意思：[①] 一是以共同的经济利益为基础的一种社会意思。它表现为一种合作精神或一种团体性保障意思；二是一种以平等、互助及合作为内容的新型关系模式，同时也包括个人与组织间的关系处理；三是一种新的组织结构。新的合作组织是社会组织的基本单元，而非个人；组织内部则通过公开化、制度化的章则进行民主管理。

20世纪70年代以来，随着传统官僚制理论的困惑，合作主义重新获得了生命力，严重的社会问题如贫富差距拉大、政府效率低下、官僚腐败严重等，使合作主义者开始重新思考国家与社会的关系，开始意识到单一权力中心治理带来的危机，于是合作主义开始向新合作主义转型。新合作主义吸收了治理理论、后现代理论、实用主义理论等新的理论成果，逐渐形成了一种合作治理的思潮。新合作主义具有以下特点：一是对国家与社会关系的重新界定，新合作主义认为，国家与社会关系不是一种对立的关系，而是可以在某种程度上实现合作，即在一定程度上实现国家权力向社会权力的回归。二是政府也不是唯一的权力中心，治理权力呈现多中心化。麦金尼斯就指出：“发展必定是在各种规模上同时发生，所有层次的政治互动欢迎从个人到地方社群的投入。”[②]在麦金尼斯看来，必须为多种形式的、多层次的、多领域

---

① 赵泉民：《20世纪20年代中国的合作主义思潮分析》，《学术月刊》，2004年第8期。

② [美]迈克尔·麦金尼斯：《多中心治道与发展》，毛寿龙译，上海：上海三联书店，2000年，第3页。

的合作行动提供制度基础，这就是“多中心治理”。多中心治理也是一种合作式的治理，这种治理“意味着参与者最终将形成一个自主治理的网络。这一自主的网络在某个特定的领域中拥有发号施令的权威，它与政府在特定的领域进行合作，分担政府的行政管理责任”。① 三是新合作主义主张运用妥协与合作的方式来解决社会矛盾问题，这种解决方式有人称之为走“第三条道路”②。用这种方式解决社会问题，可以避免各派矛盾的发生，从而调动各个阶层的积极性。四是新合作主义重视民众、民间组织的参与作用。在新合作主义看来，民众是治理的一种重要力量，民众的参与关系到治理的成功与否，因此，新合作主义非常重视民间力量的参与，这些民间力量如私人组织、民营企业、非政府组织等都可以参与政府治理。也就是说，政府必须与民间展开广泛的对话与协商，政府不再起发号施令作用，政府只是一个协调者、监督者、调解员，让非营利组织在公共领域内发挥更广泛的作用，以实现政府与民间的合作治理。

第四节　治理与善治理论

一、治理理论

1. 治理(governance)的含义

“治理”一词最早来源于拉丁文或古希腊语的“steering”一词，原义为控制、引导、操纵，长期以来与“统治”一词交叉使用。1984 年 Tricker R. I. 在自己的《公司治理》一书中首次提到现代公司治理的重要性，此后该问题便受到经济学界和企业界的普遍关注。1989 年，世界银行运用“治理危机”(Crisis in Governance)来概括非洲的危机情形，“治理”一词第一次被用于政治发展研究，即用于公共领域。自 20 世纪 90 年代以来，人们对“治理”一词赋予了许多新的意义，其含义和范围不断得到拓展。一些国际组织如世界银行、联合国开发署等都非常重视公共治理问题。

1995 年，全球治理委员会对“治理”一词的定义是：治理是各种公共的或

---

① 俞可平：《中国公民社会的兴起与治理的变迁》，北京：社会科学文献出版社，2002 年，第 192 页。

② 蒋一澄：《新合作主义：欧洲城市治理理念的转型》，《兰州学刊》，2006 年第 4 期。

私人的个人和机构管理其共同事务的诸多方式的总和，它是使相互冲突的或不同的利益得以调和并且采取联合行动的持续的过程。它有四个特点：治理不是一整套规则，也不是一种活动，而是一个过程；治理过程的基础不是控制，而是协调；治理既涉及公共部门，也包括私人部门；治理不是一种正式的制度，而是持续的互动。

威格里·斯托克(Gerry Stoker)概括了目前关于治理的五种观点。①

(1)治理意味着一系列来自政府，但又不限于政府的社会公共机构和行为者。它对传统的国家和政府权威提出挑战，认为政府并不是国家唯一的权力中心。各种公共的和私人的机构只要其行使的权力得到了公众的认可，就都可能成为在各个不同层面上的权力中心。

(2)治理意味着在为社会和经济问题寻求解决方案的过程中，存在着界限和责任方面的模糊性。它表明在现代社会，国家正在把原先由它独自承担的责任转移给社会，即各种私人部门和公民自愿性团体，后者正在承担越来越多的原先由国家承担的责任。这样，国家与社会之间、公共部门与私人部门之间的界限和责任便日益变得模糊不清。

(3)治理明确肯定了在涉及集体行为的各个社会公共机构之间存在着权力依赖。进一步说，致力于集体行动的组织必须依靠其他组织；为达到目的，各个组织必须交换资源、谈判共同的目标；交换的结果不仅取决于各参与者的资源，而且也取决于游戏规则以及进行交换的环境。

(4)治理意味着参与者最终将形成一个自主的网络。这一自主的网络在某个特定的领域中拥有发号施令的权威，它与政府在特定的领域中进行合作，分担政府的行政管理责任。

(5)治理意味着办好事情的能力并不仅限于政府的权力，不限于政府的发号施令或运用权威。在公共事务的管理中，还存在着其他的管理方法和技术，政府有责任使用这些新的方法和技术来更好地对公共事务进行控制和引导。

2. 治理与统治(government)的关系

治理与统治既有联系又有区别，其区别主要从以下四个方面论述。

(1)权威不同。治理虽然需要权威，但这个权威并非一定是政府；而统

---

① 俞可平主编：《治理与善治》，北京：社会科学文献出版社，2000年，第3页。

治的权威必定是政府。

(2) 主体不同。统治的主体一定是社会的公共机构，而治理的主体既可以是公共机构，也可以是私人机构，还可以是公共机构和私人机构的合作机构。

(3) 权力运作不同。统治的权力运行方向是自上而下的，它运用政府的权威实行单一向度的管理；而治理是一个上下双向互动的管理过程，它通过合作、协商与伙伴关系等实施对公共事务的管理。

(4) 运用的手段不同。统治主要运用强制，治理主要运用合作与协商。

二、善治

治理的最终目标是善治(good governance)。善治就是使公共利益最大化的管理过程，它的本质特征就在于它是政府与公民对公共生活的合作管理，是国家与社会的一种新颖的关系，是两者的最佳状态。善治实际上是国家权力向社会的回归，其过程是一个还政于民的过程。善治表示国家与社会或者说政府与公民之间的良好合作。

善治的基本特征：

(1)合法性(legitimacy)

它指的是社会秩序和权威被自觉认可和服从的性质和状态。它与法律规范没有直接的关系，从法律的角度看是合法的东西，并不必然具有合法性。只有那些被一定范围内的人们内心所体认的权威和秩序，才具有政治学中所说的合法性。合法性越大，善治的程度便越高。取得和增大合法性的主要途径是尽可能增加公民的共识和政治认同感。所以，善治要求有关的管理机构和管理者最大限度地协调公民之间以及公民与政府之间的利益矛盾，以便使公共管理活动取得公民最大限度的同意和认可。

(2)透明性(transparency)

它指的是政治信息的公开性。每一个公民都有权获得与自己的利益相关的政府政策的信息，包括立法活动、政策制定、法律条款、政策实施、行政预算、公共开支以及其他有关的政治信息。透明性要求上述这些政治信息能够及时通过各种传媒为公民所知，以便公民能够有效地参与公共决策过程，并且对公共管理过程实施有效的监督。透明程度越高，善治的程度也越高。

(3)责任性(accountability)

它指的是人们应当对自己的行为负责。在公共管理中，它特别指与某一特定职位或机构相连的职责及相应的义务。责任性意味着管理人员及管理机构由于其承担的职务而必须履行一定的职能和义务。没有履行或不适当地履行其应当履行的职能和义务，就是失职，或者说缺乏责任性。公众，尤其是公职人员和管理机构的责任性越大，表明善治的程度越高。在这方面，善治要求运用法律和道义的双重手段，增大个人及机构的责任性。

(4)法治(rule of law)

法治的基本意义是，法律是公共政治管理的最高准则，任何政府官员和公民都必须依法行事，在法律面前人人平等。法治的直接目标是规范公民的行为，管理社会事务，维持正常的社会生活秩序；但其最终目标在于保护公民的自由、平等及其他基本政治权利。从这个意义上说，法治与人治相对立，它既规范公民的行为，但更制约政府的行为，是政治专制的死敌。法治是善治的基本要求，没有健全的法制，没有对法律的充分尊重，没有建立在法律之上的社会秩序，就没有善治。

(5)回应(responsiveness)

这一点与责任性密切相关，从某种意义上说是责任性的延伸。它的基本意义是，公共管理人员和管理机构必须对公民的要求做出及时的和负责的反应，不得无故拖延或没有下文。在必要时还应当定期地、主动地向公民征询意见、解释政策和回答问题。回应性越大，善治的程度也就越高。

(6)有效(effectiveness)

这主要指管理的效率。它有两方面的基本意义：一是管理机构设置合理，管理程序科学，管理活动灵活；二是最大限度地降低管理成本。善治概念与无效的或低效的管理活动格格不入。善治程度越高，管理的有效性也就越高。

三、治理与善治理论对非营利组织的影响

1. 治理与善治强调多元参与式治理，认为国家治理权力不限于政府，各种公共的、私人的机构，只要其权威得到公众认可，都可成为治理的中心。也就是说，治理不仅强调政府治理，还强调私人部门及非营利组织的治理，是一种基于合作模式的多元化治理。

2. 善治理论主张建立一个成熟发达的社会治理形态，这种治理应是政府、公民、社会组织等的多方合作。从这一点来说，治理与善治理论为非营利组织的发展提供了理论依据。正如俞可平在《治理与善治》一书指出的：善治实际上是国家权力向社会的回归，善治的过程就是一个还政于民的过程

……善治有赖于公民自愿的合作和对权威的自觉认同，没有公民的积极参与和合作，至多只有善政，而不会有善治。所以，善治的基础与其说是政府或国家，还不如说是公民或社会。从这个意义上说，公民参与是善治的现实基础，在决策时没有照顾到大多数人，就不可能有真正的善治。

第五节　国家、市场、志愿部门相互依赖理论

这是罗伯特·伍思努提出的政府、市场和志愿部门的三部门模式。[①] 罗伯特·伍思努分别对政府、市场和志愿部门进行了界定。他把政府定义为"由形式化的、强制性的权力组织起来并合法化的活动范围"。政府的主要特点是强制性的权力。市场被定义为"涉及营利性的商品和服务的交换关系的活动范围"，"它是以与相对的供给和需求水平相关的价格机制为基础的"。市场主要以非强制性的原则来运作。志愿部门被定义为"既不是正式的强制，也不是利润取向的商品和服务的交换的剩余的活动范围"。志愿部门主要以志愿主义的原则来运作。

伍思努认为，在概念上，这三个部门之间的关系看起来比较清楚，但在实际中，政府、市场和志愿部门的关系正变得日益模糊。

(1)在政府与市场之间，由于政府和商业部门在科学技术方面的共同投资以及政府以管制、税收等方式介入市场，彼此之间的界限已经很难分清了。

(2)在政府和志愿部门之间，由于政府把一些福利项目承包给志愿组织，并为它们提供资金，政府与志愿部门之间的合作项目也模糊了彼此的界限。

(3)在很多情形下，复杂的组织计划把营利性活动与非营利性活动置于同样的管理体制下，志愿部门与市场的关系也很难分清了。

在伍思努看来，政府、市场和志愿部门存在着频繁的互动和交换关系。

(1)政府、市场与志愿部门之间存在着竞争与合作、各种资源的交换、各种符号的交易等关系。

---

① Wuthnow R. The voluntary sector：legacy of the past，hope for the future. In Robert Wuthnow(ed). *Between states and markets：the voluntary sector in comparative perspective*，Princeton：Princeton University Press，1991，pp. 3-29.

(2)当不只一个部门的组织提供相似的服务时，就存在着竞争关系；当集中不同的资源来共同解决社会问题时，彼此之间就是合作关系。

(3) 各个部门之间还存在着资源交换关系，组织和管理人员、技术、法律保护、公共关系、资金等往往在部门之间相互流动。

罗伯特·伍思努的国家、市场、志愿部门相互依赖理论可以用图 3-4 表示。

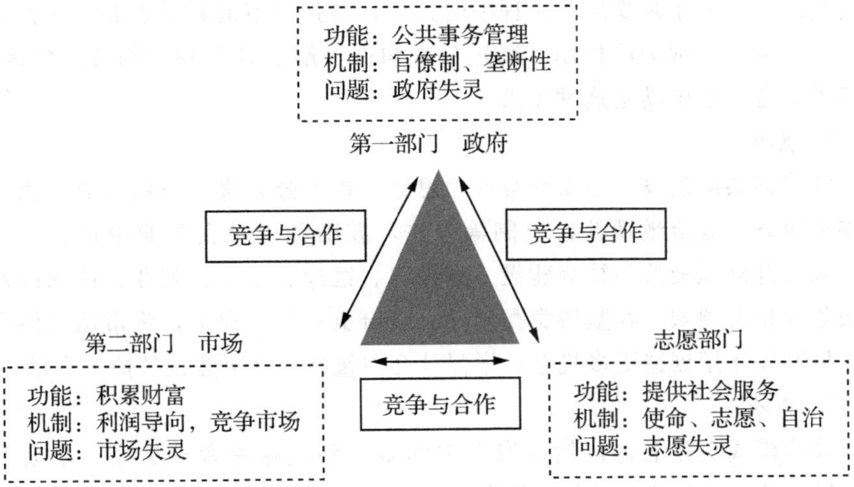

图 3-4　政府、市场、志愿部门相互依赖理论

第六节　共商、共建、共治、共享理论

在国家“十三五”规划中，提出加强和创新社会治理，并提出要建立共建共享的社会治理格局。在这里提出“共建共享”的概念。党的十九大在此基础上，增加了“共治”，更加充分地体现了治理的核心思想。党的十九大报告提出打造共建共治共享的社会治理格局。加强社会治理制度建设，完善党委领导、政府负责、社会协同、公众参与、法治保障的社会治理体制，提高社会治理社会化、法治化、智能化、专业化水平。而十九届四中全会提出要高举构建人类命运共同体旗帜，秉持共商共建共享的全球治理观。这里的共商、共建、共治、共享，充分体现了非营利组织治理主体的多元性、治理过程的

民主性和治理结果的共享性，其最终目的是走向共赢。

1. 共商

在决策过程中，为了保证决策的正确性，必须保证各利益相关者的共商。共商是一个形成共识的过程。首先，要平等尊重各利益相关者，共商是一个平等的协商过程，通过协商达成共识，只有利益相关者地位平等，才能真正达到共商。其次，要建立重大事项讨论议事机制，对重大事项建立讨论协商制度，有助于减少决策过程中的失误，增强决策的科学性和合理性。再次，共商需要日常沟通机制，通过日常沟通了解和掌握利益相关方的需求，从而采取有效措施满足这种需求。

2. 共建

共建即共同建设。创新社会治理思路，扩大公共服务市场开放，通过政府购买服务、健全激励补偿机制等办法，鼓励和引导企事业单位、社会组织、人民群众积极参与社会建设。在教育、医疗、卫生、就业、社保以及社会服务等相关领域，在坚持党委领导、政府负责的前提下，为市场主体和社会力量发挥作用创造更多机会，增强社会力量参与社会建设的能力和活力。

3. 共治

共治模式实际上将包括政府在内的多个利益相关者聚集在一个公共空间，针对公共政策或公共管理问题，通过协商达成共识形成决策。共治主要由政府主导，治理主体包括利益相关的公共和私人部门或者利益无关者，这些治理主体参与政府的决策过程中，针对问题，发表自己的意见，提出自身的利益诉求，各方主体进行协商。共治过程中的协商要求各利益主体共同参与，协商的目的在于达成共识，采取共同决策。共治模式有利于协调各方利益，缓解矛盾冲突，维护社会稳定。

4. 共享

共享即共同享有治理成果，是一种共赢的思维。加强和创新社会治理，归根结底是为了不断满足人民日益增长的美好生活需要，让人民群众共同享有治理成果。这就要求创新利益协调机制，完善利益保护机制，切实维护和保障人民群众切身利益。构建共享服务体系，建立政府主导、覆盖城乡、可持续的公共服务体系。不断完善社会保障，满足人民群众生产生活基本需要。构建实现共享的体制机制，不断完善基本公共服务制度、民生保障制度和公共服务监管制度等，让人民群众有实实在在的获得感、幸福感、安全感。

第七节 非营利组织的产权理论

非营利组织管理中存在一个核心的理论问题：即产权问题。我们知道，私人部门通过生产经营积累的财富，属于私有资产；政府收受纳税人的税款，代表的是国有资产；而对于非营利部门，其资产既不像企业那样来源于市场运作，也不像政府那样主要来源于税收，而主要是以多元化的形式募集自社会公众的公益资产。那么，谁来为公益资产负责？谁是这种募款背后的产权的主体？怎样才能保证和监督公益资产真正有效地用于公益目的？

非营利组织产权的特殊性来自其资产来源的特殊性，非营利组织的资产主要来源于三个方面：政府的资助或项目资助、募捐收入、会费和其他经营性收入。

1. 从捐赠方看。捐赠行为一旦发生，便意味着捐赠人自愿让渡资产的所有权，从而不再享有对资产的占有、使用、收益、支配等权利。

2. 从受赠方看。由于资产设立的目的在于某种特定的公益，受赠人(非营利组织)并不意味着获得了资产的全部产权，他享有占有、管理、处分资产等权利，但必须将资产用于公益目的，而不能为自己的利益使用这笔财产，因而也不是资产的受益人。

3. 从受益人来看。受益人作为不特定的多数，也不能成为拥有所有权的实体。

由此可见，非营利组织的捐赠人、受赠人和受益人三方主体是分离的，他们均不是非营利组织产权的完全所有者，这样使得非营利组织的产权既不同于所有权明晰的“私有产权”，也不同于所有权主体为国家、由代理人行使使用权的“国有产权”。有学者将非营利组织的产权界定为“公益产权”。

公益产权是一种区别于私人产权和国家产权的产权形式，表现为基于捐赠等形成的公益资产，以委托权、受托权、受益权相分离并相互独立的形式存在，由基金会等非营利组织受托管理，按照公益宗旨提供公共物品或服务，并接受社会监督。

公益产权界定的政策意义：

(1)可以为立法保护公益财产提供理论依据。

(2)可以为有效地管理非营利组织的财产提供清楚的途径。

(3)可以大幅度地降低行政监管的成本。

(4)可以有效地调动公民志愿参与的积极性。

(5)通过委托人、受赠人、受益人主体分离，可以有效地解决非营利组织向谁负责的问题等。

思考题

1. 什么是社会治理理论？合作主义理论的主要内容是什么？
2. 治理与善治的含义是什么？
3. 政府、市场、志愿部门之间是什么关系？
4. 什么是公益产权，界定它有什么意义？

综合案例　应对气候变化中的政府、企业与社会组织合作治理

1979 年第一次世界气候大会上，气候变化首次作为一个引起国际社会关注的问题提上议事日程。1990 年政府间气候变化小组发表了第一份气候变化评估报告，这份报告提供了气候变化的科学依据。联合国大会于 1990 年建立了政府间谈判委员会，开始进行气候变化框架公约的谈判。1992 年联合国环境与发展大会，154 个国家签署了《联合国气候变化框架公约》，《公约》的目标是将大气中温室气体浓度稳定在防止发生由人类活动引起的、危险的气候变化水平上。《公约》呼吁缔约方在一定的时间内达到这一目标使生态系统可以自然适应气候变化，确保粮食生产不受威胁，并促使经济以可持续的方式发展。《公约》所有缔约国都有义务编定国家温室气体排放源和汇的清单。它们同时承诺制定适应和减缓气候变化的国家战略，在社会、经济和环境政策中考虑到气候变化。它们还必须促进可持续管理、节能、增强温室气体汇的功能，包括森林和其他所有陆地、沿海和海洋生态系统。

自 1990 年以来，中国政府持续参与国际气候变化谈判，并于 1992 年和 1998 年分别签署了《联合国气候变化框架公约》和《京都议定书》。除了政府部门积极参与应对气候变化外，中国非营利组织也持续提出气候谈判主张。中

国非营利组织参与应对全球气候变化始于2007年的“中国应对气候变化：共识和策略”项目。该项目由自然之友、乐施会、绿色和平、行动援助、地球村、世界自然基金会、绿家园和公众与环境研究中心于2007年3月发起。2007年12月20日，它们发布成果报告，提出其气候谈判立场。2009年哥本哈根大会的举办为中国非营利组织提供了一个宝贵的机会，它们提出相应政策主张，包括《我们的未来：青年对气候变化倡议书》《中国学者哥本哈根气候峰会倡议书》《中国企业界哥本哈根宣言》等。2010年10月在天津举行的气候谈判中，中国60多家非营利组织联手举行了20多场活动。此后，中国非营利组织积极活跃在联合国应对气候变化大会上，提出政策主张，积极参与应对气候变化。

2022年11月8日，《联合国气候变化框架公约》第二十七次缔约方大会(COP27)在埃及沙姆沙伊赫举行。大会一项重要的议程即中国角“社会组织携手多利益相关方迈向零碳未来”主题边会的举办。边会由中国国际民间组织合作促进会和中国民间组织国际交流促进会联合主办，来自气候变化领域的国内外政府官员、研究机构、社会组织、学校、企业等与会，共同探讨社会组织如何携手多利益相关方，助力全球零碳目标的实现。在边会上，中国国际民间组织合作促进会和中国民间组织国际交流促进会的相关负责人发表了重要讲话，并发布新闻会联合各界共同发起《加强发展中国家气候适应与抗灾能力建设倡议》，呼吁全球提高极端气候风险防范意识与能力，增强气候脆弱地区和人群的气候变化适应能力，建设人与自然和谐共生的美丽家园。

此外，中国国际民间组织合作促进会自2011年启动“民间气候行动网络”项目以来，截至2021年12月共派出了22家社会组织的105名代表参加联合国气候变化大会，通过举办联合国气候大会边会，举办大会发布会，举办中国角边会，组织中欧、中非等社会组织双边交流会以及向联合国气候变化框架公约秘书处递交政策倡导书等，将中国环保社会组织应对气候变化的实践经验传播到国际社会；还编写发布了《气候变化领域NGO的工作策略研究》《中国民间应对气候变化行动故事集》等系列报告，受到了国内外各界的广泛关注与肯定。

作为全球规模最大、最重要的气候相关年度会议，在大会的中国角企业日活动中，包括27个案例的《2022中国企业气候行动案例集》正式发布。据介绍，2022年，面对全球疫情反复和经济放缓的复杂挑战，中国企业家们依然坚持低碳减排实践，他们的行动和成果已经有数据呈现，可量化可评估。案例集汇集了这些企业在各自领域内的前沿转型经验，其中不乏能够解决行业转型痛点的创意和方案，为行业提供了切实可行的转型路径，展示了中国企业应对气候变化的中国智慧、中国经验与中国方案，得到了与会专家的高度认可。

讨论题：

1. 政府、企业与社会组织在应对气候变化中的角色与功能是什么？
2. 如何推进政府、企业与社会组织之间的良好合作？

第四章 中国非营利组织的发展历程

中国非营利组织的发展历史悠久，中国古代的儒家、道家、法家等传统文化中就蕴含丰富的慈善思想，这些思想促成了中国非营利组织的萌芽。新中国成立后，中国非营利组织发展迅速，特别是进入21世纪以来，中国非营利组织更是发展迅猛，成为政府、企业之外的一个重要治理领域。

第一节　中国传统社会中的非营利组织

这里的传统社会指的是从中国周代到清朝末期。中国传统社会中包含着丰富的非营利组织发展思想。据一些学者的研究，从历史上看，作为人们自愿组合、实现共同目标的结社活动，中国非营利组织的出现可以追溯到先秦时期。①

一、中国传统社会中的结社活动

非营利组织在中国传统社会中的重要表现之一即结社活动，中国突破血缘、家庭或氏族的结社活动兴起于春秋以后。从历史上看，中国传统社会中的结社活动可以归为五种类型。②

第一类是政治性结社。春秋末期随着新兴地主阶级的产生出现了政治结盟，东汉时期出现的朋党是政治性结社的代表。朋党主要指官僚士大夫的结党，是以同门、同道、同乡等为纽带结成的政治帮派。至明代逐渐出现近代政党的雏形。清末民初政党勃盛，特别是 19 世纪末 20 世纪初，以建立学会为起始，出现一批以改良、立宪为取向的政治性社团，如 1895 年设立了“强学会”。

第二类是文化学术性结社。文化学术性社团是中国传统结社中较为发达的一种。早在春秋战国时期，学术繁荣、百家争鸣，就有各种学术社团应运而生。严格意义上的学术社团兴起于魏晋之后的各种形式的文人结社。《魏氏春秋》中记载的“竹林七贤”，常被看作最早的文人社团。此后，各种“诗社”“文会社”“读书社”“明经社”以及一些娱乐性的“茶社”“酒社”等纷纷建立。文人结社，成为文人士子获得超脱境界、进入仕途、传教民众、实现政治抱负等目标的途径，体现了多重功能。

第三类是经济互助性结社。最初的旧式经济合作制度就是“合会”，俗称“蟠桃”，是会员间相互救济金融的组织。各省还有“集会”“邀会”“请会”“聚会”“做会”“赊会”等称谓，又通称“义助会”。合会出现于隋代，在唐宋时期得到全面发展，并发展出多样形态，如自愿结合耕作的“锄社”，金融互助的

---

① 王世刚：《中国社团史》，合肥：安徽人民出版社，1994 年，第 12 页。

② 贾西津：《历史上的民间组织与中国“社会”分析》，《甘肃行政学院学报》，2005 年第 3 期。

"钱会"，共同轮充乡里职役的"保正会"，轮值社庙会饮的"吃会""祭社"，共同集资应酬婚丧嫁娶诸事的"摇会"，集资救济的"赊会"，等等。所谓"合"，就是集众人之资办事的意思，涉及的内容包括劳作互助、金融互助、共同负担地方事务等，是民间自行组织起来应对无法独自承担的事务的方法。除了民间互助组织，自宋代以后，还有士大夫贤士们设立义仓、社仓，以及借行义田、义庄、义役等制，兼具济贫和维护家族声望的功能，成为家族互济制度的典范。经济互助型会社中另一种重要形式是行业性结社，主要包括同行工商业者集中经营的市"肆"模式，以及后来发展起来的商业行业的会馆、行会、商会等。①

第四类是慈善团体。中国古代社会规模最大的慈善救济事业是国家救济的"荒政"制度，以及依靠家庭和宗族的力量实施的救济。佛教传入之后，在"行善"的理念下推动了宗教慈善事业发展，如福田院、安济坊等慈善机构大量设立。16 世纪以后的明代，同善会作为一种新型善会兴起，其主要任务是济贫，但与以前的救济组织有所不同，它的救济对象不拘泥于家族或者特定身份成员，面向世俗问题而不以宗教传教为目的。清代的善会更加多样化，并开始建立固定性的善堂，所行善举领域广泛，常常诸善并举。

第五类是秘密结社。民间各种秘密结社活动早在先秦就存在，宋元便有一些秘密的"会"，明代这些"会"渐趋组织化，至清代达到极盛。秘密结社既是下层平民谋求生路的反映，又带有与政府统治秩序对抗的政治色彩，同时也带着类似黑社会组织的种种弊端。

二、中国传统社会的慈善救助思想

中国是一个文明古国、礼仪之邦，在传统社会中蕴含着丰富的慈善救助思想。慈善活动在中国早已出现，慈善事业在中国可以说是源远流长。中国人自古以来就讲究仁爱，乐善好施，有尊老爱幼、扶危济困、邻里互助的优良传统。中国传统社会的慈善思想和慈善精神与今天非营利组织所倡导的公益精神是分不开的，是公益精神的源头。

中国早在周代就有了"保息六政"和"荒政十二策"。所谓"保息六政"，"一曰慈幼；二曰养老；三曰振穷；四曰恤贫；五曰宽疾；六曰安富"。所谓"荒政十二策"，"一曰散利；二曰薄征；三曰缓刑；四曰弛力；五曰舍禁；

① 陈宝良：《中国的社与会》，杭州：浙江人民出版社，1996 年，第 215—240 页。

六曰去几；七曰眚礼；八曰杀哀；九曰蕃乐；十曰多昏；十有一曰索鬼神；十有二曰除盗贼”。①这些慈善思想成为中国非营利组织早期的慈善精神。

春秋战国时期，慈善思想日益完善。其中以儒家的“仁”“德”“礼”慈善思想最为著名。早在战国末年，《礼记·礼运篇》中就提出了要使世界“选贤与能，讲信修睦。故人不独亲其亲，不独子其子，使老有所终，壮有所用，幼有所长，鳏寡孤独废疾者，皆有所养”的“大同”思想。孟子也提出“守望相助，出入相支，疾病相持”以及“穷则独善其身，达则兼济天下”的慈善主张，孟子在描述他所理想的社会时还提出了“老吾老以及人之老，幼吾幼以及人之幼”的美好设想。除了儒家的“仁爱”思想外，道家的慈善思想也非常丰富。《老子》提出了统治者道德要求的“三宝”：一曰慈，二曰俭，三曰不敢为天下先。这里的“慈”即仁爱，体现了要尊重人、关心人、爱护人、帮助人的道德情感。道家主张的“无为而治”实则是国家不要过度干预百姓生活，让其休养生息，达到民富国强，道家与道教一道，推动了中国慈善事业的发展。此外，墨家主张的“兼爱”“非攻”同样体现了一种济世救人的慈善精神。由此可见，中国传统的慈善思想有着深厚的民族基础，这种慈善思想要求人们不仅要关心自己的家庭，慈爱自己的亲人，还要慈爱社会中所有的人，使社会所有人特别是弱势群体得到很好的照顾，让整个社会充满仁爱、道德与慈善精神。

东汉时期，随着佛教传入中国，中国的慈善文化与佛教的济贫思想逐渐结合起来。佛教寺院的出现，使中国有了最早的民间慈善救济事业。佛教慈善思想的核心是“因果循环”，主张积极的行善论，“布施”是佛教的基本准则，有极其浓厚的“福报”“修福”观念，对人有很强的吸引力。东汉章帝时还颁布了“胎养令”，对于生子之家给予物质及赋役方面的优待，除了赐给谷物外，还免去产子之家人丁一年的赋税。南北朝时期，政府专门设立六疾馆、孤独园等机构，收养贫病、孤独、残疾之人。到了唐朝，随佛教的迅猛发展，佛教寺院的财产已非常丰盈，寺院慈善事业随之迅速发展。寺院慈善事业主要是济贫、赈灾、医疗、戒残杀、宣传慈善等方面。直到宋代，民间的慈善事业大多由寺院僧侣和佛教信徒从事，佛教对慈善事业的发展发挥了重要作用。

---

① 林尹注译：《周礼今注今译》，北京：书目文献出版社，1985年，第99页。

到了宋代，民间慈善和政府统治逐渐相结合，朝廷主办的慈善机构出现。朝廷的慈善活动范围涉及养老、慈幼、医疗等。当时建立的规模不等的居养安济院、慈幼局、慈幼庄、婴儿局等，成为朝廷治国安邦的重大举措之一。与此同时，民间的慈善宣传及私人慈善活动也不乏见。如范仲淹宣传的“义田”、朱熹从事的“社仓”等，与官方和寺院的慈善活动结合在一起，共同推动了中国慈善事业的发展。

现代慈善事业萌芽于明末清初，在自然条件较好、经济较为发达的江南地区，如无锡、太仓等地区，先后出现了同善会、广仁会、同仁会等民间慈善团体。其中，明万历年间成立的同善会是最早的民间慈善组织。同善会的活动方法为：一是通过集会演讲获得捐献。由主会人用通俗易懂的语言进行演讲，劝人行善。演讲结束后，有时也对听讲的贫民给予少量的施舍。二是发展会员，通过会员集资善款。三是置办不动产如土地，通过地租收入维持运营。同善会的救济对象首先是生活无着落的孝子、节妇，其次是未被养济院收容而不愿以乞讨为生的贫老病者。这些人先要经会员推荐，再由同善会调查核实，才有资格领取善款。

清代的民间慈善事业日趋发展，具有如下一些特点：一是分布地区广泛。明代有组织的慈善活动仅限于江南等少数地区，而清代的慈善活动则已遍布全国。二是慈善组织数量大增。据统计，清代育婴组织先后成立了至少973个，普济堂399个，清节堂216个，以施棺为主的善会、善堂589个，综合性的善会、善堂338个，其他难以分类的743个，而且“这些数字必然是低估的”。[①] 三是慈善团体种类繁多，有收养孤老贫病者的普济堂、安济堂等；有收养婴儿的育婴堂、保婴堂、保婴会、恤孤局等；有收容流浪者的栖流所及综合性的慈善团体等。四是参与阶层广泛。明代的慈善活动主要是由有较高身份地位的士绅主持的，清代慈善活动的中坚力量虽然仍是士绅，但是普通平民尤其是工商业者也成为其中的一支重要力量。

总之，中国传统社会慈善思想非常丰富，慈善组织也较为发达，为中国非营利组织的发展奠定了思想基础。更难能可贵的是，中国传统社会的慈善事业是受法律约束的，特别是明清时期，制定了一系列保护慈善事业的措施。以对社会弱势群体的慈善救助为例，明太祖即位之初，不仅宣布了“鳏

① 梁其姿：《施善与教化：明清的慈善组织》，北京：北京师范大学出版社，2013年。

寡孤独废疾不能自养者，官为存恤”的原则，还将其贯穿于国家法律之中，《大明律》明文规定：“凡鳏寡孤独及笃废之人，贫穷无亲属依倚，不能自存，所在官司应收养而不收养者，杖六十；若应给衣粮官吏克减者，以监守自盗论。”[①]《大清律》中也有这一条，其律文与《大明律》一字不差。明清时期对慈善机构的法律规范为非营利组织的持续发展提供了制度依据。

三、中国传统社会非营利组织发展的思想渊源

中国传统社会非营利组织的发展主要体现为民间慈善类组织的发展，这种发展是建立在当时特定的历史环境的基础上。具体说来，这些渊源可从以下几方面来进行考察。

一是民本主义思想。民本主义思想成为中国非营利组织发展的早期思想渊源之一，对“民”的重视有助于推动统治者采取一些慈善措施来获取民心。早在商朝开国之时对民的重要性已有所认识，从而采取了“饥者食之，寒者衣之，不资者振之”的利民、保民之策。周朝建立后，吸取夏、商之亡的教训，采取了“子子孙孙永保民”的政策，以德治民，用“惠民、保民”之策来获取民间的支持。春秋战国时期是民本思想确立和发展的重要时期，各家各派都重视对“民”的研究，诸如“政之所兴，在顺民心”“君者，舟也；庶人者，水也。水则载舟，水则覆舟”等，无不体现了对民的重视。此后历代明君都将民心向背看作国家兴亡的重要参照物。中国早期的民本主义思想成为历代王朝实行种种惠民政策的文化基础与思想渊源，对早期中国非营利组织的发展奠定了重要的思想基础。正如一位学者指出的：“唐宋明清诸朝也曾深受民本思想的影响，力行仁政，敬德保民，兴办或扶持慈幼局、养济院、普济堂等各类慈善机构，传统慈善事业由此代代相承。”[②]

二是乐善好施的传统文化。中华民族自古以来就是一个乐善好施、宽厚仁爱的民族，“乐善好施、扶贫济困”的精神已经融进中华民族五千年的传统文化之中，成为中华民族永续发展的重要精神支柱，也成为中国慈善思想最主要的理论渊源，并对中国慈善事业及民间组织的发展产生了深远的影响。

中华民族乐善好施的传统文化具有如下特征：首先，乐善好施的文化表现为“善”的文化。中国传统文化“善”的思想源远流长，早在商代的金文中就

---

① [明]申时行等修：《明会典·律例四》(万历朝重修本)，卷 163，北京：中华书局，1989 年。

② 周秋光、曾桂林：《中国慈善思想渊源探析》，《湖南师范大学学报(社会科学版)》，2007 年第 3 期。

出现过“善”字。先秦时期，诸子百家对“善”就曾有过精辟的论述，老子在《道德经》上说：“上善若水，水利万物而不争。”《三字经》开篇即讲“人之初，性本善”。儒家文化创始人孔子一生极力主善，创立了以“仁爱”为核心的儒家学说，创设了“仁、义、礼、智、信；温、良、恭、俭、让”等与人为善的规范，极大地丰富和延伸了中国传统文化“善”的属性。孟子继承了孔子的衣钵，直接而又深刻地将其阐发为“性善论”，指出人天生有“恻隐、羞恶、辞让、是非”“四心”，并强调“君子莫大乎与人为善”。其次，乐善好施的文化表现为“德”的文化。“德”是中国传统文化的精髓，构成中国传统文化繁衍生息的坚实基础。《易经》云：“夫大人者与天地合其德”，“君子以厚德载物”；《尚书》云：“黍稷非馨，明德惟馨”；《论语》云：“为政以德，譬如北辰，居其所而众星共之”；《道德经》对“德”的论述更是鞭辟入里，“上德不德，是以有德；下德不失德，是以无德。上德无为而无以为；下德无为而有以为”“上德若谷，大白若辱，广德若不足，建德若偷”等。这些传颂千年的经典名句，成为中国传统“德”文化的生动体现，也成为乐善好施精神的重要源头。最后，乐善好施的文化表现为“和”的文化。崇尚和谐是中国传统文化的基本精神。孔子也早在两千多年前就提出了“君子和而不同，小人同而不和”的思想。此后，“和为贵”“致中和”“中庸之道”“兼爱非攻”“天下大同”“天人合一”等和谐思想不断出现。中国传统文化中“和”的思想充满了辩证的精神，只有具有“和”的精神才能做到乐善好施，只有具有了乐善好施的精神，才能达到“和”的境界。

三是传统宗教对非营利组织发展的影响。中国传统文化中的宗教主要体现为土生土长的“道教”和从外传入的“佛教”。道教起源于上古母系氏族公社时期的自发的宗教，与其他宗教相比，道教在形成上有它的特殊性，它不是由某个教主在短时间内创建的，而是从发源、萌芽到正式建立经历了一个漫长的衍化过程。道教海纳百川、包罗万象，将中国易、儒、道、墨、医、阴阳多种文化要素都杂取博收进道教的胸怀中，同时也借鉴了印度宗教的一些因素。道教主张通过“乐生”和“好善”的教义来加强自身修养。“善者吾善之，不善者吾亦善之”充分说明了道教行善积德的普爱之心及慈善情怀。除了道教外，佛教也对中国传统慈善事业产生了重要的影响。随着佛教从西域的传入，佛教逐渐成为影响力很广的宗教。慈悲观是佛教教义的核心，对于奉佛信众来说，须胸怀慈悲，以慈爱之心给予人幸福，以怜悯之心拔除人的痛苦。佛教与道教一起，成为中国传统社会慈善事业的重要思想源泉之一，推动了中国非营利组织的发展。

四、中国传统社会非营利组织发展的特点

一是社会完全受制于国家。中国的“社”最早源于人们对土地的自然崇拜，原指土地神，后演变为祭神的活动、场所和基层组织。早在商朝，已经形成有计划的人为规度的居住聚集点，即“邑聚”，在采邑制的居住单位之上普遍立有“社”，商王在立邑的时候便有“祭社”之举，每年定期祭祀社神的日子，人们聚会、庆典，逐渐固定为“社会”。唐以后在“祭社”活动发展的同时，逐渐演化出其他多种内容的“会”与“社”，前者如秋千会、茶山会、斗鸡会等，后者是一些旨趣相投的聚徒结会的团体，如文社、诗社，以及行业性团体等。但是中国传统的“社会”是受制于王权之下的，社会的力量相对薄弱，尚未形成现代意义上的真正自主的社会，所谓“普天之下，莫非王土；率土之滨，莫非王臣”就是社会受制于王权的真实体现。

二是具有原生性的特点。中国历史上的民间组织绝大部分是在社会生活实践中自发产生和形成的，是在与自然斗争以及社会生存的环境背景下产生的，具有鲜明的本土原生性。这些组织的发展具有自己一套完整的思想文化源流和组织源流，并经过历史长河中的不断传承、发展和创新，形成了中国传统社会特殊语境下的非营利组织。

三是非营利组织的发展缓慢、规模较小。除了慈善类非营利组织外，其他类型的非营利组织发展缓慢、发展规模也较小，主要缘于国家对非营利组织实行较为严格的管理。此外，单纯的生存方式还未使人们认识到非营利组织在社会建设中的重要地位，因而非营利组织的发展大都具有自发性。出于社会稳定及经济发展的需要，政府也会支持一些非营利组织的发展。

进入20世纪后的民国时期，中国非营利组织出现了一些新特点，它们既是民间传统的沿承，又受到西方理念和慈善模式的影响。这些新式社团的类型包括：(1)学联、工会、妇联、青年团等革命性社团，以及在抗战期间兴起的各种战地服务组织、救国会等政治性社团；(2)各种“学会”“研究会”“学社”“协会”等新式学术文化社团，它们一部分是清末洋务运动时期思想启蒙和西学东渐的产物，另一部分是新文化运动和五四运动的产物；(3)从传统商会、行会延续而来，或者是伴随民族工商业的兴起而发展起来的新型行业组织；(4)外国传教士兴建的传承基督教义的各种慈善机构，也带动了传统互助组织和慈善组织的演化，形成新式慈善公益模式；(5)在动荡时局下活跃的帮会和秘密组织等。

第二节　新中国成立以来中国非营利组织的发展

新中国成立后，非营利组织经历了一个曲折的发展过程，非营利组织伴随着经济及政治的改革而不断向前发展，非营利组织发展的空间逐渐得以拓宽、发展规模逐渐壮大。根据民政部网站公布的数据可知，从1999年起，中国非营利组织的数量一直呈上升趋势，到2014年，在民政部门注册的中国非营利组织数量已突破60万个，达60.6万个。截至2021年底，全国共有社会组织90.2万个，比上年增长0.9%。其中社会团体37.1万个，基金会8877个，民办非企业单位52.2万个(见图4-1)。

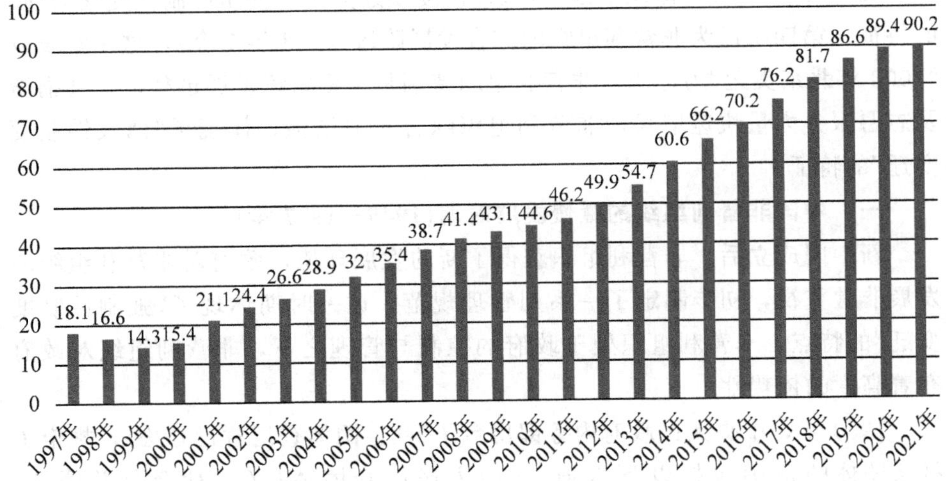

图4-1　中国非营利组织发展数量(1997—2021年)(单位：万个)

资料来源：根据民政部网站数据整理，https://www.mca.gov.cn/article/sj/tjgb/。

对于中国非营利组织发展的阶段，学者们还未形成统一的认识。有学者将中国非营利组织的发展阶段分为以下四个阶段：第一阶段，民间期间(从20世纪初到1949年)；第二阶段，新中国成立后到“文化大革命”前(1949—

1966年)；第三阶段，“文化大革命”阶段；第四阶段，改革开放至今。①

也有学者将新中国成立后中国非营利组织的发展划分为四个阶段：第一阶段：1949—1966年的初始阶段；第二阶段：1966—1978年的发展停滞阶段；第三阶段：1978—1998年的恢复发展阶段；第四阶段：1998年至今的蓬勃发展阶段。②

还有学者将改革开放以来中国非营利组织的发展分为两个阶段：①民间组织兴起阶段(这一阶段从改革开放之初直到1992年)；②民间组织的规范管理和新的发展高潮阶段(这一阶段为1993—2007年)。③

综上所述，我们从“制度变迁”的角度入手，将新中国成立后中国非营利组织的发展阶段划分为四个阶段：第一阶段为非营利组织缓慢发展阶段(1949—1977年)，这一阶段体现了强制性制度变迁的特征；第二阶段为非营利组织恢复与规范管理阶段(1978—1998年)，这一阶段体现了从“强制性制度变迁”到“诱致性制度变迁”的过渡；第三阶段为非营利组织的快速发展阶段(1999—2007年)，体现了以“诱致性制度变迁为主、强制性制度变迁为辅”的特征；第四阶段为非营利组织的综合发展阶段(2008年至今)，这一阶段以“2008年北京奥运”为标志，非营利组织特别是草根组织发展迅猛，社会捐赠及志愿服务力量快速增长，非营利组织综合实力增强，体现了“诱致性制度变迁”的特征。

一、中国非营利组织的缓慢发展时期(1949—1977年)

新中国成立后，非营利组织获得了新的发展环境，政府对非营利组织的发展非常重视，初步制定了一系列管理规范。这一时期体现了“强制性制度变迁”的特点，非营利组织处于政府的控制与管理之下，非营利组织对政府有着高度的依赖性。

1950年，中央人民政府内务部出台了《社会团体登记暂行办法》，规定了社会团体的范围包括以下六项：(1)人民群众团体；(2)社会公益团体；(3)文艺工作团体；(4)学术研究团体；(5)宗教团体；(6)其他合于人民政府

① 李萌、张克剑、王灿发等：《中国民间组织：研究综述》，载《中国民间组织报告(2008)》，北京：社会科学文献出版社，2008年，第67—68页。

② 施巍巍、杨风寿：《对我国民间组织制度变迁过程理性思考——探讨政府行政管理与群众自治良性互动的途径》，《理论探讨》，2008年第3期。

③ 王名：《中国民间组织30年(1978—2008)》，北京：社会科学文献出版社，2008年，第11—32页。

法律组成的团体。这些社会团体必须向人民政府申请登记。但是以下三类不在本办法规定登记范围之内：(1)参加中国人民政治协商会议的各民主党派和人民团体；(2)中央人民政府另有法令规定的团体；(3)机关、学校、团体、部队内部经其负责人许可组织的团体。1951 年又颁布了《社会团体登记暂行办法施行细则》，党和政府对原有社会团体进行了清理整顿，其中一大批危害国家和人民利益的反动团体被取缔，另有一批合法化的组织被政治化，转化为政党组织，如"中国民主同盟""九三学社"等。《社会团体登记暂行办法》的出台标志着从国家政权的角度初步建立了非营利组织的规范管理体系。

通过对非营利组织的清理整顿，非营利组织获得了缓慢的发展，到 1965 年，中国的全国性社会团体将近 100 个，地方性社团 6000 个左右。①

1966—1976 年"文化大革命"期间，全国各类社会团体陷入"瘫痪"状态。这一时期，非营利组织的发展停滞不前，一些非营利组织如学术团体等甚至受到破坏和干扰，非营利组织处于混乱和无秩序状态。

二、中国非营利组织的恢复与规范管理时期(1978—1998 年)

1978 年改革开放后，中国非营利组织进入稳定发展时期，这一时期又分为两个阶段，即：恢复发展阶段(1978—1989 年)、规范管理阶段(1989—1998 年)。这一时期非营利组织的发展呈现由"强制性制度变迁"向"诱致性制度变迁"的特点，特别是 1992 年邓小平南方讲话后，中国市场经济的发展更推动了非营利组织向"诱致性制度变迁"的转变，非营利组织由政府主导模式逐渐向市场主导模式转变。

1. 非营利组织的恢复发展阶段(1978—1989 年)

1978 年，中国进入了改革开放时期，政府开始了经济体制、政治体制改革，国家行政权力从经济领域逐步退出，为社会走向自我组织、自我管理的多元治理模式奠定了基础，伴随着不断深化的社会改革和转型，出现了一个在自上而下的"强制性制度变迁"推动下的全社会结社的活跃局面，非营利组织在数量上得到快速的发展。到 1989 年，我国全国性的社会团体数量达到 1800 个左右，比"文化大革命"前增长 16 倍；地方性社会团体数量达到近 20

① 谢海定：《中国民间组织的合法性困境》，《法学研究》，2004 年第 2 期。

万个，比“文化大革命”前增长33倍。[①] 同时，各种学会、研究会、协会、基金会等得到快速发展，据全国科协和国家统计局1988年发布的信息，到1987年底，中国科协属下的全国性学会达146家、分科学会1555家、乡镇科普协会46569家；从1981年开始，中国食品工业协会、全国广告协会、中国交通运输协会、中国奶牛协会、中国设备管理协会、中国计划生育协会等具有行业性质的非营利组织相继成立，同时一些基金会如中国儿童和少年基金会、宋庆龄基金会、中国煤矿文化宣传基金会、中国残疾人福利基金会等十余家基金会成立，非营利组织呈现良好的发展势头。

2. 非营利组织的规范管理阶段(1989—1998年)

1989年之后，国家认识到了加强非营利组织规范管理的重要性，非营利组织的发展经历了一个曲折的过程。1988年和1989年，国务院先后发布了《基金会管理办法》和《社会团体登记管理条例》，开始对全国社团进行“复查登记”和“清理整顿”工作，重申并具体规定了由登记管理机关和业务主管部门共同负责核准登记的社会团体的监督管理。这两个法规是改革开放后中国政府给出的关于民间组织最早的制度规范。从1990年开始，民间组织的登记管理得到两次清理整顿，表现为政府对于民间组织的政治控制和干预。通过清理和整顿，非营利组织的“质量”有了明显提高。到1992年，得到确认登记的全国性社团有1200个，为1989的2/3，得到确认登记的地方性社团有18万个，为1989年的90%。1993年中共中央通过《关于建立社会主义市场经济体制若干问题的决定》后，市场经济在中国得到快速发展，适应市场经济的行业协会和中介组织也在这一时期得到较大发展，非营利组织的发展空间不断拓宽，一些民营资本主办的非营利组织也获得较大发展，这些民营资本主办的非营利组织简称为“民办非企业单位”。截至1996年6月，全国性社团增加到了1800多个，地方性社团再度接近20万个。为了加强市场经济条件下的非营利组织管理，使非营利组织能够更好地为经济发展服务，1998年10月又颁布了新的《社会团体登记管理条例》和《民办非企业单位登记管理暂行条例》，这些法规的出台不仅将社会团体、民办非企业单位纳入了统一的登记管理体系，而且形成了中国非营利组织著名的双重管理体制，即非营利组织必须找到业务主管单位后才能在民政部门注册。1999年，中共中央办

① 李萌、张克剑、王灿发等：《中国民间组织：研究综述》，载《中国民间组织报告(2008)》，北京：社会科学文献出版社，2008年，第68页。

公厅、国务院办公厅发布了《关于进一步加强民间组织管理工作的通知》，指出民间组织面临一些新情况、新问题，如西方敌对势力利用民间组织同我国进行"合法"斗争、非法民间组织增多并活动猖獗、气功组织泛滥、外国人在华和港澳台人士在内地擅自设立民间组织等，要求统一思想、认真落实双重管理体制、加强法制和自律、打击非法组织的违法活动。经过规范整顿，非营利组织的数量有所减少，到 1999 年非营利组织的数量只有 14 万家，成为非营利组织发展的数量谷底。

三、中国非营利组织的快速发展时期(1999 年至今)

经过曲折的发展经历之后，中国非营利组织在世纪之交进入了一个新的发展高潮时期。这一时期非营利组织体现了"诱致性制度变迁"的特征，非营利组织在很大程度上受到市场经济的驱动。从 1999 年开始，中国非营利组织的发展数量呈现逐年递增的趋势，这种情况一直持续到今天。从检索到的文献看，新增民间组织的数量大致以每年 30％的增长率递增。据民政部统计公告看，1999 年中国注册的非营利组织数量为 14 万家，到 2020 年发展到 89.4 万家，增长 5 倍多。具体说来，这一时期的非营利组织具有如下显著特点。

1. 行业协会商会快速发展

在非营利组织快速发展时期，其在结构上的一个显著特点是各种行业协会等社会经济组织蓬勃发展，很快成为非营利组织发展的主流。随着市场经济的发展，特别是 2001 年中国加入世贸组织后，中国经济领域的非营利组织发展迅速。据民政部官方网站的数据显示，2002—2006 年，行业性社会团体总数从 3.9 万家增长到近 6 万家，增幅达 53.8％。行业性社会团体在社团总量中所占比重也从 29％提高到了 31％，其中以工商联为依托发展起来的商会显得尤为突出。中国的商会由来已久，1902 年成立的上海商业会议公所被认为是中国最早的近代商会。在改革开放前的 1977 年就开始恢复工商联作为联系工商界的人民团体的活动；1988 年工商联修改其章程，明确其为"民间的对内对外商会"；1989 年工商联的商会体系开始起步，1998 年突破 2000 家；到 2007 年底，包括各类直属商会、乡镇商会、街道商会、异地商会、市场商会、开发区商会、联谊会商会等，总数已超过 3 万家。[①]

① 黄孟复：《中国商会发展报告 No. 2》，北京：社会科学文献出版社，2008 年，第 3—36 页。

2. 草根组织破土生长

“草根”一词来源于英语的“Grass Roots”，草根组织(Grass Roots Organization，GRO)是指那些扎根于城乡社会由民间人士自发组成的基层民众组织，一般代表着基层民众利益，不具有被正式认可的组织的法人地位，但具有非营利组织的核心特征，主要活跃于城市社区和农村基层乡村。1994 年 3 月 31 日，“自然之友”成立，这标志着中国第一个民间环保团体诞生了。1995 年在北京召开的“非政府组织妇女论坛”让与会学者领略了 NGO 在参与国际决策中的影响力，对草根组织的发展起了催化剂的作用。此后，在中国的扶贫开发、妇女儿童权益保护、生态环境保护、残疾人福利、城市农民工保障等关注社会弱势群体的领域相继涌现出一批草根组织，其中著名的有“地球村”“绿家园”“爱知行”等。进入 21 世纪以来，随着政府管理理念的开放性，草根组织迅速发展。从数量上看，虽然缺乏严格的统计资料，但据多方研究的估计，草根非营利组织至少有上百万个，远远超过了法定非营利组织的总数。① 大量的草根组织活跃在基层，在反映社情民意、保障基层民众利益、促进公共服务均等化、保护生态环境、维护社会公平正义以及扶困救灾等方面发挥了积极的作用。

3. 志愿者力量迅猛发展

志愿者力量的迅猛发展主要体现为 2008 年的北京奥运会及四川汶川地震，出现了新中国成立以来最大规模的社会志愿服务行动。在 2008 年北京奥运会、残奥会上，10 万名赛会志愿者、40 万名城市志愿者、100 万名社会志愿者和 20 万名啦啦队志愿者投入整个奥运会的筹备、举办中，联合国志愿组织中国项目官员曾说“2008 年将是中国志愿服务元年”。联合国还授予北京志愿者协会“联合国卓越志愿服务组织奖”；2010 年上海举办的世博会，共有近 200 万名志愿者参与其中；而 2011 年深圳大运会的举办又是一个标志性事件，参与大运会服务的志愿者达到 127 万名。此外，在 2008 年四川汶川地震中，数以万计的志愿者奔赴灾区进行志愿活动，使得“志愿者”这三个字一夜之间成为中国百姓最亲切的词语。据统计，2008 年中国注册志愿者人数达到 2946 万，比 2007 年增长了 17.3%，此外，还有成千上万的未注册的志愿者在自己的岗位上默默奉献着。

---

① 贾西津：《第三次改革：中国非营利部门战略研究》，北京：清华大学出版社，2005 年，第 64 页。

4. 慈善事业快速发展

新中国成立后，慈善事业虽有一定程度的发展，但是使得慈善理念深入人心的却是2008年四川汶川地震中的捐款，来自各行各业、各种身份、各种年龄段的人群都向灾区奉献出自己的善心。仅中央电视台一号演播厅举行的《爱的奉献——2008抗震救灾大型募捐活动》就募集到了15亿多元善款，创造了募捐史上的奇迹。另外，随着共益企业的出现，社会慈善事业迅猛发展。截至2017年底，全国共建立经常性社会捐助工作站、点和慈善超市2.8万个，全年共接收社会捐助款754.2亿元。

5. 网络社团发展迅速

网络社团是指基于共同兴趣、共同信仰或者共同利益，以网络为媒介联系或者组织起来的、有相对稳定的成员或者会员、有相对固定的活动方式，在网络中所形成的社会集合体。据《中国互联网发展报告2018》显示，截至2017年底，中国网民规模达到7.72亿人，中国手机网民新增5734万人，达7.53亿人。如此庞大的网民规模使得网络社团得到飞速发展，网民们通过网络论坛、微博、聊天室、网络社区等表达看法与意见、传递信息，从而形成了一个新的非营利组织类型——网络社团。虽然网络社团的具体数量难以统计，但是可以推算出数目非常庞大，且分布领域极其广泛。网络社团由于其虚拟性、聚合性的特征，对其进行监管将是一个难题。随着网民数量的增多和网络规模的扩大，网络社团发展潜力巨大，并将成为非营利组织未来治理的一个重点。

6. 境外政府组织的管理加强

2017年1月1日起开始实行的《中华人民共和国境外非政府组织境内活动管理法》，对境外在中国境内活动的非政府组织进行了规范，将在中国境内的境外非政府组织纳入了法治的轨道。

7. 非营利组织自身体制的改革不断深入

在综合发展时期，非营利组织自身的改革也不断深入，与政府企业的关系更密切。例如，广东在国内率先推进行业协会的管理体制改革，并被民政部确立为行业协会专项改革创新观察点。在管理体制上，把业务主管单位改为业务指导单位，指导单位不再干预行业协会的人、财、物，也不对行业协会的筹备或成立进行前置审批，行业协会可直接向登记管理机关申请成立。到2009年，广东行业协会已经实现100%政会分开和民间化。行业协会业务主管单位全部改为业务指导单位，行业协会全部实现“自愿发起、自选会长、自筹经费、自聘人员、自主会务”。所有这些改革推动了中国非营利组织管理体制的深入发展。

8. 新兴技术革命推动非营利组织治理能力现代化

网格技术、信息技术特别是大数据、区块链、3D打印、可穿戴设备、人工智能等颠覆技术的出现，推动了非营利组织治理的智能化、智慧化、个性化和专业化。

第三节 中国非营利组织发展的原动力

中国传统社会非营利组织发展的主要思想来源于传统文化中的慈善精神，那么新中国成立以来特别是近年来非营利组织发展迅速，其原动力又在哪里呢?

一、党和政府的推动

党和政府对非营利组织的态度经历了一个曲折的发展过程。新中国成立初期由于社会慈善事业还不发达，非营利组织发展缓慢，党和政府对非营利组织的管理主要是控制为主；改革开放后，虽然非营利组织得到一定程度的发展，但是党和政府对非营利组织仍然处于严格控制的状态，1984年，中共中央、国务院联合发布了《关于严格控制成立全国性组织的通知》。总之，在20世纪90年代以前，党和政府对非营利组织的态度基本处于严格控制状态。1992年邓小平南方讲话后，市场经济得到发展，从而为非营利组织的发展提供了较大的生存空间。在1993年和1997年，党和政府又对非营利组织进行过两次清理整顿，直至1998年颁布了新的《社会团体登记管理条例》和《民办非企业单位登记管理暂行条例》，非营利组织才获得了规范管理。

进入21世纪，非营利组织发展迅速，进入黄金时期，这与党和政府对非营利组织发展的支持和重视是分不开的。

1. 对非营利组织发展的支持与重视

早在2002年，党的十六大报告就指出：加大在社会团体和社会中介组织中建立党组织的工作力度；全面做好机关党建工作和学校、科研院所、文化团体等事业单位的党建工作。2006年3月《国民经济和社会发展第十一个五年规划纲要》指出：规范引导民间组织有序发展，培育发展行业协会、学会、公益慈善和基层服务性民间组织，发挥其提供服务、反映诉求、规范行为的作用。完善民间组织自律机制，加强改进对民间组织的监管。2010 年 10 月 18 日《中共中央关于制定国民经济和社会发展第十二个五年规划的建议》指出：培育扶持和依法管理社会组织，支持、引导其参与社会管理和服务。在中央政策的引导下，全国掀起了培育和发展社会组织的高潮。

2013 年的《关于国务院机构改革和职能转变方案的说明》又提出了非营利组织管理体制改革的思路，明确了行业协会商会类、科技类、公益慈善类、城乡社区服务类社会组织可以直接向民政部门申请登记。民政部也多次强调，行业协会商会类、科技类、公益慈善类和城乡社区服务类四类社会组织，可以依法直接向民政部门申请登记，不再经由业务主管单位审查和管理。

2. 对事业单位改革的支持与重视

事业单位是一种具有中国特色的非营利组织，事业单位的改革事实上也是非营利组织改革的一种探索。早在 1996 年，中办、国办印发了《中央机构编制委员会关于事业单位改革若干问题的意见》，这是党和国家就事业单位改革下发的第一个专门文件，提出了事业单位改革的指导思想和目标，以及事业单位改革的具体措施。十六届三中全会提出“继续推进事业单位改革”；十六届四中、五中全会进一步提出“加快推进事业单位分类改革”。

2003 年国务院机构改革之后，事业单位改革也按照中央的计划在 2003 年启动，当时全国有事业单位和机构 139 万个，在职人员 2800 万人，全国有 9 个地区和 35 个单位率先进行了文化体制改革试点。2005 年底，中共中央、国务院下发了《关于深化文化体制改革的若干意见》，全面推进文化事业单位改革。2008 年 2 月，十七届二中全会通过的《关于深化行政管理体制改革的意见》，提出要推进事业单位分类改革，要“按照政事分开、事企分开和管办分离”的原则，对现有事业单位分三类进行改革。主要承担行政职能的，逐步转为行政机构或将行政职能划归行政机构；主要从事生产经营活动的，逐步转为企业；主要从事公益服务的，强化公益属性，整合资源，完善法人治理结构，加强政府监管。此后，国务院决定在山西、上海、浙江、广东、重庆进行事业单位改革试点。

2012 年 4 月，中共中央、国务院发布了《关于分类推进事业单位改革的指导意见》，将按照社会功能将现有事业单位划分为承担行政职能、从事生产经营活动和从事公益服务三个类别；改革的总体目标是，到 2020 年，建立起功能明确、治理完善、运行高效、监管有力的管理体制和运行机制，形成基本服务优先、供给水平适度、布局结构合理、服务公平公正的中国特色公益服务体系。

3. 对社会管理的支持和重视

非营利组织是社会管理最重要的载体之一，因为社会管理的具体落实离不开相应的社会组织，党和政府对社会管理的支持与重视在某种程度上也可以看作对非营利组织发展的支持与重视。

2002 年 11 月，党的十六大报告指出要“完善政府的经济调节、市场监管、社会管理和公共服务”。2006 年 10 月，党的十六届六中全会通过了《中共中央关于构建社会主义和谐社会若干重大问题的决定》，指出“必须创新社会管理体制，整合社会管理资源，提高社会管理水平，健全党委领导、政府负责、社会协同、公众参与的社会管理格局，在服务中实施管理，在管理中体现服务”。2010 年 10 月，《中共中央关于制定国民经济和社会发展第十二个五年规划的建议》指出：按照健全党委领导、政府负责、社会协同、公众参与的社会管理格局的要求，加强社会管理的法律、体制、能力建设。

社会管理真正受到全国性关注是 2011 年的《扎扎实实提高社会管理科学化水平，建设中国特色社会主义社会管理体系》对社会管理的内涵、社会管理的目标、社会管理的任务、社会管理的工作方法等做了深刻阐述，对中国社会管理的发展产生了深远的影响。

二、市场经济发展的推动

市场经济的发展在中国经历了一个逐渐开放的过程，非营利组织随之发展、成熟，许多非营利性的行业协会及中介机构建立起来，从而又进一步推动了市场经济的发展。

改革开放之前，中国实行的是计划经济，在计划经济条件下，行业协会及社会中介机构发展缓慢。如 1977 年党的十一大报告就指出，要“把整个国民经济纳入有计划、按比例、高速度发展的社会主义轨道”。改革开放之后，中国经济体制逐渐实现转型，开始实行以计划经济为主、市场调节为辅的经济体制。1982 年党的十二大报告就指出：正确贯彻以计划经济为主、市场调节为辅的原则，是经济体制改革中的一个根本性问题。1984 年，党的十二届三中全会通过了《中共中央关于经济体制改革的决定》，突破把计划经济同商品经济对立起来的传统观念，从而为非营利组织的发展提供了发展的空间。党的十四大报告提出了经济体制改革的目标是“建立社会主义市场经济体制”。

1993年11月14日，中共十四届三中全会通过的《中共中央关于建立社会主义市场经济体制若干问题的决定》指出：发展市场中介组织，发挥其服务、沟通、公正、监督作用，……中介组织要依法通过资格认定，依据市场规则，建立自律性运行机制，承担相应的法律和经济责任，并接受政府有关部门的管理和监督。此后，一些服务于市场经济的非营利性中介组织得到快速发展。2002年4月，国家经贸委印发了《关于加强行业协会规范管理和培育发展工作的通知》，对行业协会的性质、功能及促进措施，做了明确的表述，行业协会走上了规范化的道路。

2003年10月14日，中共十六届三中全会通过的《中共中央关于完善社会主义市场经济体制若干问题的决定》指出：积极发展独立公正、规范运作的专业化市场中介服务机构，按市场化原则规范和发展各类行业协会、商会等自律组织。2005年2月25日，《国务院关于鼓励支持和引导个体私营等非公有制经济发展的若干意见》也指出：按照市场化原则，规范和发展各类行业协会、商会等自律性组织；整顿中介服务市场秩序，规范中介服务行为，为非公有制经济营造良好的服务环境。随着市场经济的发展，一些行业协会、商会等非营利组织也逐步建立起来，并得到飞速发展。① 到2006年，全国性行业性社团数量达到6万家，占全国社团总数的31.1%。2007年5月，国务院印发了《关于加快推进行业协会商会改革和发展的若干意见》，提出行业协会商会改革的总体目标和具体措施，行业协会进入改革和综合发展时期。

2021年10月31日，国务院发布了《关于开展营商环境创新试点工作的意见》，明确指出要推动行业协会商会等建立健全行业经营自律规范，更好发挥社会监督作用。

三、非营利组织自身创新的推动

创新是一个组织的灵魂，非营利组织也不例外。非营利组织自身也不断

---

① 王名、孙春苗：《行业协会论纲》，《中国非营利评论（第四卷）》，北京：社会科学文献出版社，2009年，第8页。

进行创新和发展，这种创新一方面使非营利组织适应了社会发展的需求，另一方面也不断完善了非营利组织自身的治理结构和治理水平。

中国提出建设"创新型国家"，这是一个事关社会主义现代化建设全局的重大战略决策。在企业中，创新是企业的生命；在政府管理中，创新也是政府改进服务的重要手段；而在非营利组织的发展中，创新也成为非营利组织不断发展的原动力。许多非营利组织自觉地把创新应用于非营利组织的服务中，取得了良好的成效。

四、政府改革的持续推进

20 世纪 70 年代以来，西方国家开始了大规模的政府再造运动，如英国的"私有化运动"、美国的"重塑政府"运动、加拿大的"公共服务改革"等，这些改革的一个共同特点就是引入市场机制，将公共物品的供给由政府向社会(非营利组织和营利组织)转移。这样，非营利组织成为政府和市场之间不可替代的组织形式。萨拉蒙指出，第三部门(非营利组织)实际上已成为"提供集体商品的优先机制了"①。

从我国政府改革来看，自从 20 世纪末以来进行了九次大的政府机构改革，改革的最终目标是实现政府职能的转变，而要真正实现政府职能转变，就必须向社会放权、向市场放权和向公民个人放权。非营利部门具有自己的优势，在某种程度上克服政府失灵和市场失灵的现象，因此成为政府放权的重要对象。这样，政府通过向非营利组织放权可以达到"双赢"的结果：一方面，由于政府把本应该由社会承担的职能转移出去，因而政府的职能真正得到了转变；另一方面，非营利组织在承接政府职能的同时，自身也得到发展。

近年来，政府向非营利组织转移职能的一个重要措施是向非营利部门购买社会服务，即与非营利组织建立合作伙伴关系，共同为社会提供高效优质的公共服务。随着政府与非营利部门合作的深入，政府向社会组织购买公共服务已经成为一种常态，并且这种趋势将会越来越明显。

五、网络时代公民意识的觉醒

网络化是推动非营利组织快速发展的重要力量，根据中国互联网协会发布的《中国互联网发展报告(2021)》，截至 2020 年底，中国网民规模达 9.89

① [美]戴维·奥斯本、特德·盖布勒：《改革政府：企业家精神如何改革着公营部门》，周敦仁等译，上海：上海译文出版社，2006 年，第 17 页。

亿人，互联网普及率达到70.4%，特别是移动互联网用户总数超过16亿人。网络改变了人们生活与交往的方式，推动了通信技术的大革命，将世界上最为庞大的群体联系在一个公共空间里。网络具有开放性、多元性、随意性、公共参与性、易得性、虚拟性等特点，作为通信革命的一部分，网络通过一种“公共舆论”的形式将熟悉的和不熟悉的人们聚合在一起，共同探讨关心的话题。

网络的快速发展为我国公民意识的觉醒提供了可能性，网络的传播效应可以让更多公民收集到更为广泛的信息，从而在网络信息传播的教育中认识到自己的公民主体地位；网络的虚拟性、去中心化和信息自主性的特征唤醒了公民的角色意识，使公民能够很容易地参与虚拟的“公共空间”而不受现实生活中权威的影响，从而加大了公民参与的积极性；网络舆论、网络议政、微博话题等新网络参与方式的实现进一步推动了公民意识的觉醒，并促成了公民结社的兴起，从而为公民争取自身权利提供了手段和途径。

网络对非营利组织的生存起着巨大的推动作用，网络的飞速发展不仅催生了千千万万的网络社团这种新的非营利组织的存在，而且网络的快速发展还为非营利组织的活动方式提供了广阔的活动舞台，许多非营利组织的募捐、营销、志愿活动等都可以通过网络来实施。同时，由于网络的聚合效应，可以将那些需要零散救助的慈善活动会聚起来，通过网络的放大作用而形成传播效应，从而解决传统手段无法或难以完成的慈善活动的难题，例如网络可以通过一组图片、一个视频就可以促进许多相识和不相识的人们关注同一个需要救助的对象，从而有效地推动了慈善事业的发展。此外，网络的聚合效应引发了一系列维护弱势群体权利的活动，如农民工争取自身权利、女性寻求保护自身权益途径等，从而推动此类非营利组织的发展。

六、社会问题的推动

当今社会，各种社会问题和社会矛盾层出不穷，这为非营利组织的发展提供了更为宽广的舞台，主要表现为以下四个方面。

一是公共事务治理的复杂性和不确定性增强。这种复杂性和不确定性很容易导致政府治理的失灵，从而使得政府在治理这类问题时显得力不从心，而非营利组织作为弥补政府失灵的一个重要合作伙伴，在公共事务治理中具有自身的优势而受到政府和社会的支持。

二是一些大型活动需要非营利组织的参与。例如，像“奥运会”“世博会”

等这样大型的活动，单靠政府的力量难以有效完成，需要动员整个社会的资源、千千万万的志愿者参与才能有效完成，从而推动了非营利组织特别是志愿者组织的发展。

三是一些突发事件需要非营利组织的支持。例如，像"南方冰灾""汶川地震"等这样突发性的自然灾害，单靠政府的力量也是难以有效完成的，也需要非营利组织的参与，在某些方面，非营利组织甚至比政府更有效率。

四是社会矛盾的出现也需要非营利组织的参与。随着信息化、网络化的发展，各种社会矛盾也层出不穷，政府需要通过加强社会管理来解决一系列社会问题，而社会管理的完善离不开非营利组织的发展与完善。另外，在社会发展过程中，一些边缘群体如弱势群体、残疾群众、贫困群体等，都需要通过非营利组织来维护其利益。所有这些，都将有效地推动非营利组织的发展。

第四节　非营利组织的管理体制

我国非营利组织的管理体制经历了一个曲折的过程，从双重管理到现代社会管理，从社会管理到社会治理，再到社会共治，逐渐形成了具有中国特色的非营利组织管理体制。

一、非营利组织的管理机关

社会团体、基金会、民办非企业单位的登记管理机关都是民政部门。中国民政机构分为民政部，省、自治区、直辖市民政厅(局)，设区的市民政局、县(区)民政局、乡镇民政所。

1. 民政部

民政部是部级机构，主管全国非营利组织的管理工作。民政部的职责主要包括以下十二项：(1)拟订民政事业发展规划和方针政策，起草有关法律法规草案，制定部门规章，并组织实施和监督检查。(2)承担依法对社会团体、基金会、民办非企业单位进行登记管理和监察责任。(3)拟订优抚政策、标准和办法，拟订退役士兵、复员干部、军队离退休干部和军队无军籍退休退职职工安置政策及计划，拟订烈士褒扬办法，组织和指导拥军优属工作，承担全国拥军优属拥政爱民工作领导小组的有关具体工作。(4)拟订救灾工作政策，负责组织、协调救灾工作，组织自然灾害救助应急体系建设，负责组织核查并统一发布灾情，管理、分配中央救灾款物并监督使用，组织、指导救灾捐赠，承担国家减灾委员会具体工作。(5)牵头拟订社会救助规划、政策和标准，健全城乡社会救助体系，负责城乡居民最低生活保障、医疗救助、临时救助、生活无着人员救助工作。(6)拟订行政区划管理政策和行政区域界线、地名管理办法，负责县级以上行政区域的设立、命名、变更和政府驻地迁移的审核工作，组织、指导省县级行政区域界线的勘定和管理工作，负责重要自然地理实体以及国际公有领域、天体地理实体的命名、更名的审核工作。(7)拟订城乡基层群众自治建设和社区建设政策，指导社区服务体系建设，提出加强和改进城乡基层政权建设的建议，推动基层民主政治建设。(8)拟订社会福利事业发展规划、政策和标准，拟订社会福利机构管理办法和福利彩票发行管理办法，组织拟订促进慈善事业的政策，组织、指导社会捐助工作，指导老年人、孤儿和残疾人等特殊群体的权益保障工作。(9)拟订婚姻管理、殡葬管理和儿童收养的政策，负责推进婚俗和殡葬改革，指导婚姻、殡葬、收养、救助服务机构管理工作。(10)会同有关部门按规定拟订社会工作发展规划、政策和职业规范，推进社会工作人才队伍建设和相关志愿者队伍建设。(11)负责相关国际交流与合作工作，参与拟订在华国际难民管理办法，会同有关部门负责在华国际难民的临时安置和遣返事宜。(12)承办国务院交办的其他事项。

2. 省、自治区、直辖市民政厅(局)

省、自治区、直辖市民政厅(局)是省、自治区、直辖市人民政府管理有关社会行政事务的职能部门，主要负责专项社会行政事务管理、基层民主政治建设、社会救助与福利、服务军队和国防建设等方面的工作。

其业务范围通常包括优抚、双拥、救灾、区划地名、社区建设、慈善事业、婚姻登记、社会组织、老龄工作、福利彩票等。例如，广东省民政厅的业务范围包括以下几项(见图 4-2)。

3. 设区的市民政局

设区的市民政局是设区的市人民政府管理有关社会行政事务的职能部门，其职责范围主要包括民政法规的执行、本市基层群众自治组织建设、婚姻登记、殡葬管理、减灾救灾、最低生活保障、社会救济、抚恤优待、福利彩票等。

4. 县(区)民政局

县(区)民政局是县(区)人民政府管理有关社会行政事务的基层职能部

图 4-2　广东省民政厅的业务范围

门。县(区)民政局的机构部门通常被称为“股”，常设置了七大部门，包括：(1)综合办公室；(2)财务股；(3)优抚安置股；(4)救灾救济股(县减灾委员会办公室)；(5)民间组织管理股(行政服务股)；(6)基层政权股(社会工作股)；(7)社会事务股。

5. 乡镇民政所

乡镇民政所(又称民政办)，为中国地方乡镇政府下属机构，乡镇民政所处于民政工作的第一线，是民政工作的重心和基础，也是反映党和政府执政为民的前沿窗口和纽带。乡镇民政所负责本乡镇优抚、慈善、殡葬、社会救济、社会事务、婚姻登记、地名门牌、村级机构、民间组织等项事务处理，以保障基层民政和社会救助工作顺利开展。

二、从双重管理体制到现代管理体制

1. 从双重管理体制走向直接登记管理体制

1988 年和 1989 年，国务院先后发布了《基金会管理办法》和《社会团体登记管理条例》，开始对全国社团进行“复查登记”和“清理整顿”工作，重申并具体规定了由登记管理机关和业务主管部门共同负责核准登记的社会团体的监督管理。1998 年 10 月又颁布了新的《社会团体登记管理条例》和《民办非企业单位登记管理暂行条例》。2002 年颁布了《基金会管理条例》。这些法规的出台不仅将社会团体、民办非企业单位纳入了统一的登记管理体系，而且形成了中国非营利组织著名的双重管理体制，即非营利组织必须找到业务主管单位后才能在民政部门注册。双重管理体制实行10多年后，已不适应社会发展的需要。2013年的《关于国务院机构改革和职能转变方案的说明》明确指出行业协会商会类、科技类、公益慈善类、城乡社区服务类社会组织可以直接向民政部门申请登记。直到2016年民政部三大条例的修订，直接登记制度的改革逐步完善。

2. 合规性监管体制的完善

随着社会组织的快速发展，监管问题也逐渐暴露出来。在原有双重管理体制下，社会组织违法事件不断增多。据统计，2012年全国共查处社会组织违法违规案件1293起。尽管对于已登记社会组织的重大违法违规行为，民政部门查处及时、处罚得当，保证了社会组织健康有序发展，但是也使得现有的非营利组织面临着重大的挑战，即如何完善监管体制以保证非营利组织的健康发展。从实际来看，单靠政府的监管或业务主管部门的监管难以奏效。因此，非营利组织必须建立起一个多元化、多层次、多渠道的监管体制。具体来说，要着力建立健全相关部门各司其职、协调配合的综合管理服务体系，建立非营利组织负责人管理、资金管理、信息公开、年度检查等制度，以及法律监督、政府监督、社会监督、自我监督相结合的综合监管体系，维护非营利组织的良好发展秩序。监管主体需对非营利组织的行为是否合乎法律法规进行监管；也强调监管主体的各项监管工作要依法进行。同时，要推进合规性监管与非营利组织依法自治的统一，依法自治是合规性监管的主要目标和主要内容，合规性监管为依法自治创造空间、提供保障。

3. 建立党委领导、政府负责、社会协同、公众参与、法治保障的社会治理体制

传统的非营利组织双重管理体制已不适应发展的需要，非营利组织迫切需要新的理论指导。国家“十二五”规划提出要“建立健全统一登记、各司其职、协调配合、分级负责、依法监管的社会组织管理体制”。《国民经济和社会发展第十二个五年规划纲要》提出：改进社会组织管理，建立健全统一登记、各司其职、协调配合、分级负责、依法监管的社会组织管理体制。重点培育、优先发展经济类、公益慈善类、民办非企业单位和城乡社区社会组织。其中统一登记、各司其职、协调配合、分级负责和依法监管成为非营利组织改革的方向和理论指导；对于经济类、公益慈善类、民办非企业单位和城乡社区组织将从政策上给予一定的倾斜。而国家“十三五”规划则提出要建

立“政社分开、权责明确、依法自治的现代社会组织体制”。《国民经济和社会发展第十三个五年规划纲要》提出：推动登记制度改革，实行分类登记制度。支持行业协会商会类、科技类、公益慈善类、社区服务类社会组织发展。加快行业协会商会与行政机关脱钩，健全法人治理结构。推进有条件的事业单位转为社会组织，推动社会组织承接政府转移职能。加强综合监督和诚信建设，更好地发挥自律、他律、互律作用。

党的十八大报告、十九大报告均提出要建立“党委领导、政府负责、社会协同、公众参与、法治保障”的社会治理体制。党的十八大报告指出，要围绕构建中国特色社会主义社会管理体系，加快形成党委领导、政府负责、社会协同、公众参与、法治保障的社会管理体制，加快形成政府主导、覆盖城乡、可持续的基本公共服务体系，加快形成政社分开、权责明确、依法自治的现代社会组织体制，加快形成源头治理、动态管理、应急处置相结合的社会管理机制。党的十九大报告强调要“打造共建共治共享的社会治理格局”。即：加强社会治理制度建设，完善党委领导、政府负责、社会协同、公众参与、法治保障的社会治理体制，提高社会治理社会化、法治化、智能化、专业化水平。加强社区治理体系建设，推动社会治理重心向基层下移，发挥社会组织作用，实现政府治理和社会调节、居民自治良性互动。

4. 建立“政社分开、权责明确、依法自治”的现代社会组织管理体制

党的十八大报告提出要加快形成政社分开、权责明确、依法自治的现代社会组织体制。而《国民经济和社会发展第十三个五年规划纲要》则提出：健全社会组织管理制度，形成政社分开、权责明确、依法自治的现代社会组织体制。加快现代社会组织管理体制的建设，推动非营利组织治理能力的现代化，成为非营利组织的一项重要任务。

三、民政部三个条例及配套规章的修订

非营利组织开展活动的重要依据是三个条例，即 1998 年颁布的《社会团体登记管理条例》《民办非企业单位登记管理暂行条例》和 2004 年颁布的《基金会管理条例》。这三个条例对非营利组织的发展起着至关重要的作用，但是经过十多年的发展，非营利组织发展非常迅速，到 2013 年底已经达到 54.7 万个，非营利组织的快速发展对原有的管理体制提出了严峻的挑战，原有的三个条例已经不能适应非营利组织发展的要求。

为了理顺非营利组织的管理体制，民政部对非营利组织原有的三个条件

进行了修订，于 2016 年先后出台了《社会服务机构登记管理条例》《民办非企业单位登记管理暂行条例(修订草案征求意见稿)》《基金会管理条例(修订草案征求意见稿)》《社会团体登记管理条例(修订草案征求意见稿)》。此外，2016 年民政部还出台了《中华人民共和国慈善法》，为了加强境外非政府组织的管理，民政部又出台了《境外非政府组织境内活动管理法》等法律法规。从三个条例及配套措施看，非营利组织的改革将集中于以下几个领域。

1. 登记管理制度的改革

为了改革传统的双重管理体制，降低非营利组织的准入门槛，民政部将花大力气改革非营利组织的登记管理制度，明确将行业协会商会类、科技类、公益慈善类、城乡社区服务类社会组织进行直接登记，并制定具体的认定标准和操作办法。

2. 行政审批事项的改革

为了简政放权，提高效率，民政部将调整一些行政审批事项，其中包括取消两个行政许可审批事项：全国性社团成立前筹备时的备案审批和假肢矫形器制作师执业资格人员的资格注册；取消两个非行政许可审批事项：涉及社会福利基金资助项目的审批和社会工作者职业水平评价；同时，将烈士评定事项改为政府内部审批事项。

3. 社会组织代表机制、分支机制的改革

这些包括“一个大项和三个子项”，一个大项主要是指法律规定自批准之日起即具有法人资格的社团及其分支机构、代表机构的备案；三个子项是指全国性社团的代表机构、分支机构设立、变更、注销登记。

4. 非营利组织内部治理结构的改革

包括去行政化的改革、内部法人治理结构的完善等，如实现行业协会商会与行政机构真正脱钩，从而促进非营利组织成为真正独立运行的独立主体。

5. 非营利组织治理体制的改革

明确要建立“政社分开、权责明确、依法自治”的现代社会组织管理体制。

6. 非营利组织监管体制的改革

民政部门将根据即将出台的新条例，对非营利组织的监管体制进行改革，构建起一个法律监督、政府监督、社会监督、自我监督相结合的综合监管体系，同时建立健全第三方监管的机制，提高监管能力。

7. 非营利组织信息披露机制的改革

民政部将出台一系列法规规章，对非营利组织的信息披露制度进行规范，特别是财务收支、业务活动、捐赠信息等，自觉接受社会公众和会员的监督，从而提高非营利组织的透明性，增强非营利组织的公信力。

8. 非营利组织与行政机关的脱钩改革

非营利组织将与行政机关脱钩，加强非营利组织的自治性，提高非营利组织的自治能力，推进非营利组织治理能力的现代化。

第五节　中国三大社会组织的发展概况

中国三大社会组织分别是社会团体、基金会、民办非企业单位(社会服务机构)。根据《2021年民政事业发展统计公报》，截至2021年底，全国共有社会组织90.2万个。

一、社会团体发展概况

1. 社会团体概念

社会团体是当代中国政治生活的重要组成部分，在促进社会稳定、维护公平正义等方面发挥了积极作用。关于社会团体的概念，1989年10月25日国务院颁布的《社会团体登记管理条例》提出社会团体是指“中国公民自愿组成，为实现会员共同意愿，按照其章程开展活动的非营利性社会组织”，并按活动范围和登记管理机关的不同将其分为全国性社团和地方性社团。而2016年8月民政部公布的《社会团体登记管理条例(修订草案征求意见稿)》则将社会团体称之为“中国公民自愿组成，为实现会员共同意愿，按照其章程开展活动的非营利组织性社会组织。”2018年的《社会组织登记管理条例(草案征求意见稿)》将社会团体界定为：“中国公民自愿组成，为实现会员共同意愿，按照其章程开展活动的非营利法人。”

2. 社会团体的发展历程

中国社会团体的发展历程大致可分为中华人民共和国成立初期和改革开放后两个大时间段。新中国成立初期，百废待兴，为了尽快恢复和发展国民经济，我国对社会中绝大部分资源进行统一控制和配置，这种计划经济体制下的社会结构便呈现出“强国家、弱社会”的典型特征。加之当时我国社会团体状况较为复杂，大致可分为三类：第一类是直接从解放区成长起来的并参与新中国创建工作的人民团体；第二类是曾与国民党政权有联系，以及由帝国主义开办或受其控制的社会团体；第三类是宗教团体。[①] 国家为了巩固新生政权，维护社会秩序，保护人们的结社权利，便对当时的社会团体进行了分类治理：首先，对于一切反对团体予以取缔，并镇压一切反革命活动；其次，对于政治上没有什么问题的各种旧中国遗留团体，进行整顿改组，予以保留；最后，对于积极拥护新中国的各种团体，则大力扶持。[②] 经过治理和整顿，我国社会团体初步形成人民群众团体、社会公益团体、文艺工作团体、学术研究团体、宗教团体和其他合法团体等六大类组织。

改革开放后，社会团体进入快速发展时期，随着计划经济体制向市场经济体制的转变，各种经济要素和社会资源流动加快，社会团体快速发展，1984 年我国包括专业性学术团体在内的各类全国性组织已达到 700 多个，且不包括那些正在酝酿成立的社会团体。但是由于在审查、注册、登记和管理方面缺乏行之有效的法律和管理措施，我国社会团体依然存在很多突出问题，如社会团体数量不断增加、业务交叉重复、造成社会资源浪费；社会团体兼职现象严重，政社不分，造成效率低下，甚至还有非法成立的社团开展非法活动，破坏国家正常经济社会秩序。在这种情况下，国家分别于 1990 年和 1997 年对社会团体进行了两次清理整顿，直至 1998 年 10 月颁布了《社会团体登记管理条例》，使得社会团体步入了规范化、法制化的轨道。

进入 21 世纪以来，随着全球化以及网络化、信息化的发展，非营利组织进入迅猛发展时期，而政府审批制度改革、政府购买服务的改革以及政府职能的转变，使社会团体承接了大量的政府职能，社会团体飞速发展。

3. 社会团体的发展现状

根据民政部《2021 年民政事业发展统计公报》，截至 2021 年底，全国共有社会团体 37.1 万个（见图 4-3）。

① 徐国普：《新中国成立初期社会治理的范例：一九五〇年中国红十字会的协商改组》，《中共党史研究》，2013 年第 2 期。

② 王世刚：《中国社团史》，合肥：安徽人民出版社，1994 年，第 438 页。

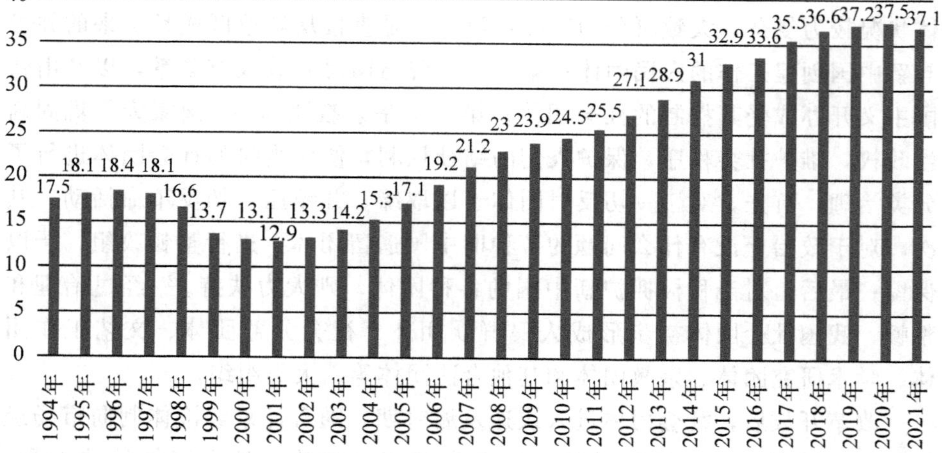

图 4-3　中国社会团体的发展数量(1994—2021 年)(单位：万个)

资料来源：根据民政部网站数据整理，http：//www. mca. gov. cn/article/sj/tjgb/。

二、基金会发展概况

1. 基金会的概念

作为中国三大社会组织之一，基金会对中国公益事业的发展起到了不可替代的促进作用。什么是基金会呢？2004 年公布的《基金会管理条例》把基金会界定为："利用自然人、法人或者其他组织捐赠的财产，以从事公益事业为目的，按照本条例的规定成立的非营利性法人。"基金会分为面向公众募捐的基金会(简称公募基金会)和不得面向公众募捐的基金会(简称非公募基金会)，公募基金会按照募捐的地域范围，分为全国性公募基金会和地方性公募基金会。2016 年公布的《基金会管理条例(修订草案征求意见稿)》则把基金会界定为：利用自然人、法人或者其他组织捐赠的财产，以开展公益慈善活动为目的，按照本条例的规定成立的非营利性法人。2018 年的《社会组织登记管理条例(草案征求意见稿)》将基金会界定为：利用自然人、法人或者其他组织捐赠的财产，以提供扶贫、济困、扶老、救孤、恤病、助残、救灾、助医、助学、优抚服务，促进教育、科学、文化、卫生、体育事业发展，防治污染等公害和保护、改善生态环境，推动社会公共设施建设等公益慈善事业为目的，按照其章程开展活动的非营利法人。

2. 基金会的发展历程

基金会虽然在我国的发展历史不长，但是发展迅速，并对实现社会资源的公益使用、促进社会慈善事业的发展、推动助学扶贫、促进科技发展、实现社会稳定与和谐以及加强精神文明建设等方面发挥了重要作用。1981 年 7 月 26 日，我国诞生了第一个公益基金，即中国儿童少年基金会，该基金会由全国妇联、总工会、共青团中央和中科协等 17 个全国性社团和单位发起设立。此后，其他基金会相继成立，1982 年，宋庆龄基金会成立，其宗旨是：为纪念宋庆龄国家名誉主席，继承和发扬她毕生所关心和从事的儿童文教福利事业的精神，培养儿童德、智、体、美全面发展，为增进国际友好和世界和平做出贡献。

为了规范基金会的管理，国务院于 1988 年颁布了《基金会管理办法》，初步将基金会纳入了法制化的轨道，规定了建立基金会，由其归口管理的部门报经人民银行审查批准，民政部门登记注册发给许可证，具有法人资格后，方可进行业务活动；基金会的领导成员，不得由在职的政府工作人员兼任。此后，基金会继续向前发展，1989 年成立了中国扶贫基金会，这是中国扶贫公益领域规模最大、最具影响力的公益组织之一，截至 2020 年底，累计筹措资金和物资 78.36 亿元，受益人口和灾区民众 4841.86 万人次。1989 年 3 月，由共青团中央发起成立了中国青少年发展基金会，作为一家全国性公募基金会，中国青少年发展基金会于 1989 年 10 月发起实施的希望工程，是我国社会参与最广泛、最富影响的民间公益事业，截至 2020 年，全国希望工程累计接受捐款 175.8 亿元，资助困难学生 639.7 万名，援建希望小学 20593 所。1999 年，中国人民银行和民政部门联合下发《关于做好基金会监管职责交接工作的通知》，首次将基金会的审批和登记管理统一归口至民政部门。2000 年，针对我国基金会发展过程中所出现的组织形式模糊、内部决策程序混乱、社会监督机制缺乏等问题，开始对《基金会管理办法》进行全面修订，并于 2004 年通过了《基金会管理条例》，强化了基金会财务会计制度建设，并对基金会、捐赠人和受益人的合法权益进行保护，同时将基金会分为面向公众募捐的基金会(简称公募基金会)和不得面向公众募捐的基金会(简称非公募基金会)，使得自然人或企业有机会利用自己捐赠的资本成立基金会，有效促进了社会力量参与公益事业。从此，基金会步入了快速发展的轨道，数量迅速增加，规模也逐渐扩大。特别令人瞩目的是，2004 年才出现的非公募基金会以平均每年近 200 家的速度迅速增长，已经成为民间公益慈善事业的一支重要生力军。截至 2020 年底，非公募基金会 6296 家，公募基金会2136家，非公募基金会占到全国总数的74.7%，两者之间的发展差距较明显。

民政部2016年公布的《基金会管理条例(修订草案征求意见稿)》则进一步对基金会的发展进行了规范，明确基金会应依据章程开展公益慈善活动，成立基金会一般直接向民政部门申请登记，不再区分公募和非公募基金会，新成立的基金会应当在发起人、理事会成员等特定对象范围内开展定向募捐，成立满两年后可以依法申请公开募捐资格，加强对基金会的信用约束，取消了基金会分支机构、代表机构登记，强化了基金会对专项基金等分支机构的主体责任等，新的条例将对中国基金会的发展起到重大的促进作用。

3. 基金会发展现状

随着经济的发展，基金会近几年发展迅速，根据民政部2021年民政事业发展统计公报，截至2021年底，全国共有各类基金会8877个。从2003年到2021年，基金会的数量增长了9.3倍(见图4-4)。

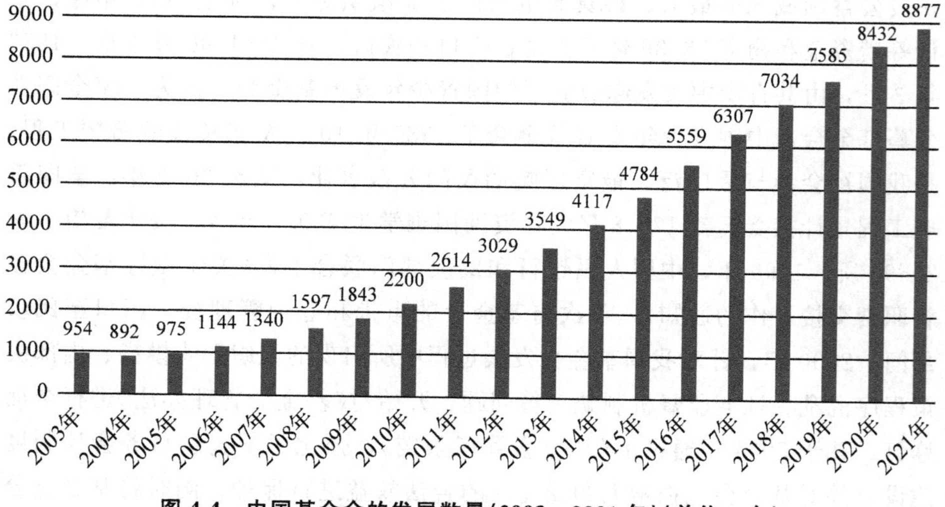

图4-4 中国基金会的发展数量(2003—2021年)(单位：个)

资料来源：根据民政部网站数据整理，http：//www.mca.gov.cn/article/sj/tjgb/。

三、民办非企业单位发展概况

1. 民办非企业单位概念

“民办非企业单位”首次出现在1996年中办、国办《关于加强社会团体和民办非企业单位管理工作的通知》中，明确了民办非企业单位统一归口登记、双重负责、分级管理的管理体制，要求对民办非企业单位普遍进行一次检查、清理、整顿。此前，民办非企业单位一直称为民办事业单位。1998 年 10 月，国务院颁布《民办非企业单位登记管理暂行条例》使之第一次成为法律概念，将民办非企业单位界定为：企业事业单位、社会团体和其他社会力量以及公民个人利用非国有资产举办的，从事非营利性社会服务活动的社会组织。2016 年 5 月民政部公布的《社会服务机构登记管理条例（民办非企业单位登记管理条例）（修订草案征求意见稿）》将民办非企业单位改为社会服务机构，指出社会服务机构即是指自然人、法人或者其他组织为了提供社会服务，主要利用非国家资产设立的非营利性法人。2018 年民政部发布的《社会组织登记管理条例（草案征求意见稿）》将社会服务机构界定为：自然人、法人或者其他组织为了公益目的，利用非国有资产捐助举办，按照其章程提供社会服务的非营利法人。

2. 民办非企业单位的发展历程

1978 年以前，中国的科技、教育、文化、体育、卫生、社会福利等社会事业都是由国家举办。改革开放以后，随着国家放松对资源的垄断和民间拥有资源的增多，一方面，社会对科、教、文、体、卫等事业的需求迅速膨胀，从 1980 年开始启动了事业单位体制改革，社会力量开始介入科、教、文、卫、体和社会福利事业；另一方面，国家满足社会事业需求的能力不断下降，突出表现为国家财政收入在国民收入或国民生产总值的比例不断下降。在这种背景下，国家开始鼓励和允许社会力量进入传统上由国有事业单位垄断的社会事业领域，各式各样的民办机构因而得以成立和发展。

然而直到 1996 年国家才将民办非企业单位统一归口民政部门登记注册，正式确立了民办非企业单位的非营利性质。但是由于对民办非企业单位还存在一些认识误区，再加上一些非法组织违法活动的影响，民办非企业单位在整个 90 年代发展都很缓慢。根据国家民政部的统计，1999 年底，全国试点复查登记后的民非总共是 4508 个，经过一年的复查登记工作后，2000 年底全国的民非总共是 23000 个，在为期两年的复查登记工作结束后，2001 年底全国的民非总共是 82000 个。而全国的事业单位共 130 万个，从业人员 2900 多万人。

进入21世纪后，随着市场经济改革的深入，民办非企业单位得到快速发展。2003年10月随着《中共中央关于完善社会主义市场经济体制若干问题的决定》的发布，提出要“大力发展和积极引导非公有制经济”，同时要“完善基层群众性自治组织，发挥城乡社区自我管理、自我服务的功能。”这为民办非企业单位的发展奠定了基础。2010年国务院又发布了《关于鼓励和引导民间投资健康发展的若干意见》，提出要“鼓励和引导民间资本进入社会事业领域”。这为民办非企业单位提供了较好的发展空间，民办非企业单位的活动领域也逐步拓展，主要包括：一是教育事业，如民办幼儿园、民办中小学、民办专修(进修)学院、民办大学、民办培训(补习)学校或中心等；二是卫生事业，如民办门诊部(所)、医院、民办康复、疗养院(所)等；三是文化事业，如民办艺术表演团体、文化馆(活动中心)、图书馆(室)、博物馆(院)、美术馆、艺术研究院(所)等；四是科技事业，如民办科学研究院(所、中心)、民办科技传播或普及中心、科技服务中心、技术评估所(中心)等；五是体育事业，如民办体育俱乐部、民办体育场等；六是劳动事业，如民办职业培训学校或中心、民办职业介绍所等；七是民政事业，如民办福利院、民办婚姻介绍所、民办社区服务中心(站)等；八是扶贫与环保事业，如草根环保组织、扶贫组织等；九是社工服务类，如社工事务所等；十是社会中介服务，如民办评估咨询服务中心(所)、民办信息咨询调查中心(所)、民办人才交流中心等；十一是国家基础设施领域；十二是法律服务业及其他。

近年来，随着网络化、信息化的深度发展，民办非企业单位出现了“井喷式”发展，特别是随着政府职能的转变、政府购买服务以及社会企业的发展，民办非企业单位发展迅猛，日益成为解决公共问题的重要助推器。此外，随着直接登记制度改革的突破，公益类、科技类、行业协会类、城乡服务类民办非企业单位可以直接登记，未来民办非企业单位将再次出现快速发展。

3. 民办非企业单位的发展现状

民办非企业单位目前出现了强劲发展的势头，根据民政部2021年民政事业发展统计公报，截至2021年底，全国共有民办非企业单位52.2万个。从1999年到2021年，民办非企业单位增长了87倍(见图4-5)。

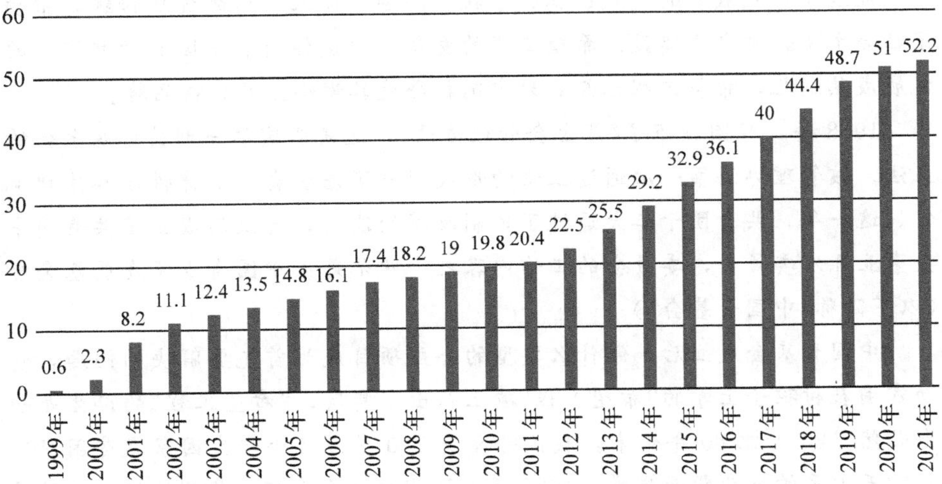

图 4-5 中国民办非企业单位的发展数量(1999—2021 年)(单位:万个)

资料来源:根据民政部网站数据整理,http://www.mca.gov.cn/article/sj/tjgb/。

思考题

1. 中国传统社会中的结社活动有哪些类型?
2. 中国传统社会的慈善救助思想有哪些?
3. 中国传统社会非营利组织发展的思想渊源有哪些?
4. 中国非营利组织分为哪几个阶段,各有什么特点?
5. 中国非营利组织发展的原动力有哪些?
6. 非营利组织如何从双重管理体制转向现代管理体制?
7. 简述中国三大社会组织的发展概况。

综合案例 希望工程:公益品牌发展之路

“希望工程”是团中央、中国青少年发展基金会以救助贫困地区失学少年儿童为目的,于 1989 年发起的一项公益事业。其宗旨是资助贫困地区失学儿童重返校园,建设希望小学,改善农村办学条件。援建希望小学与资助贫困学生是希望工程实施的两大主要公益项目。希望工程的实施,改变了一大批失学儿童的命运,改善了贫困地区的办学条件,唤起了全社会的重教意识，促进了基础教育的发展；弘扬了扶贫济困、助人为乐的优良传统，推动了社会主义精神文明建设。希望工程的发展过程也伴随着中国非营利组织的发展成熟过程，希望工程已经成为中国社会最具影响力的公益品牌。

1988年，我国颁布了《基金会管理办法》，这是我国第一部关于基金会的立法。该管理办法第一次通过立法的形式明确了基金会的法律性质和法律地位。这一年，共青团十二大通过了体制改革的决议，会议后成立了共青团中央事业开发委员会，委员会的工作内容之一就是筹办中国青少年发展基金会(以下简称“中国青基会”)。

中国青基会成立后，做什么类型的公益项目成为首先要解决的问题，资助贫困农村孩子上学的“希望工程”破土而出。其实，“希望工程”的诞生是一个必然。20世纪80年代末，我国每年有100多万名小学生因家庭贫困交不起四五十元的书杂费而失学。1986年，团中央派人在广西柳州地区进行了两个月的调查，经调查发现，“金秀瑶族自治县共和村，全村2000多人，解放后没有出过一名初中生，辍学率达90%以上”。

说到希望工程，人们总想起的是那双大眼睛。1991年5月，7岁的苏明娟是张湾小学的一年级学生，中国青年报摄影记者解海龙到金寨县采访拍摄希望工程，跑了十几个村庄，最后来到张湾小学，找到了正在上课的苏明娟，一双特别能代表贫困山区孩子“渴望读书的大眼睛”摄入他的镜头。这幅画面为一个手握铅笔头、两只直视前方对知识充满渴望的大眼睛小女孩，题为“我要上学”的照片发表后，很快被国内各大报纸杂志争相转载，成为中国希望工程的宣传标志，苏明娟的那双渴望读书的大眼睛也随之成为希望工程的形象代表。

由于广告的宣传效应，希望工程一诞生就得到了意想不到的关注，汇款单如雪花般从海内外飞来。上至国家领导人，下至普通市民，从花甲之年的老人，到幼儿园的孩子，都是希望工程的捐赠者。到1994年，中国青基会和省级青基会接受的捐款总额达到了3.85亿元，救助总规模达到了101.5万名学生，援建希望小学的总数量达到了749所。这些数字，是基金会原计划的十几倍。

超常规的发展，必然带来某些方面的失衡，比如，全国地县基金的数量难以控制，各种问题不断出现。有些地县筹到钱后不报、不交；有些未经授权，就以希望工程名义接受捐款。创始人徐永光给希望工程概括了“八大隐患”：没有纳入统一管理的募捐“体外循环”；借希望工程之名搞非法牟利的“假名营私”；不按管理规范办事，另搞一套的“体制摩擦”；法律、政策不完善带来的“制度风险”；实施机构自己的“管理疏误”；个别不负责任媒体的“中伤毁誉”；外界以偏概全的“失准评判”；道德风险导致的“自砸招牌”。而纵观中国当时的情况，其他公益组织的公益项目也在日趋成熟，尤其在助学领域，“春蕾计划”等公益项目大量涌现。

“内忧外患”之际，希望工程开始谋求变化。1999 年初，中国青基会决定：不再直接接受救助失学儿童的捐款。希望工程由救助失学儿童转向对优秀受助生的跟踪培养；希望小学由硬件建设转向软件建设。希望工程战略重心的转移，不仅表明希望工程救助因贫困失学儿童的初始目标已经基本完成，开始进入一个新的开发阶段；同时也表明中国青基会主导项目地位的改变。这种变化符合中国青基会、希望工程和全社会的利益。

从 1988 年到 2008 年初，希望工程募集资金逾 35 亿元人民币，其中资助贫困学生 290 多万名，援建希望小学 13000 多所，捐赠希望书库、希望图书室 13000 多套，培训乡村教师逾 35000 名。筹集公益善款额度之高，救助贫困学生、援建学校之多，不但是中国公益史的奇迹，也是世界公益史的奇迹。

2005 年，我国政府开始在农村地区全面实施“两免一补”，并逐步向城市拓展，援建希望工程最初要让农村穷孩子读得起书的愿望完全实现，某种程度上说，希望工程的使命已经完成。2007 年 5 月 20 日，中国青基会对外宣布希望工程全面升级，将对学生的“救助”模式拓展为“救助—发展”模式。根据受助对象的需求，学生资助方面在动员社会力量，继续为家庭经济困难学生提供助学金，让莘莘学子圆上学梦的同时，更加关注贫困学生的自我发展能力的提高，通过物质、精神多方面的持续扶持，帮助受助学生学会自助助人。

在原有助学金等经济资助项目的基础上，希望工程面向所有受助学生设计开发了勤工俭学、社会实践等能力资助项目；增加优秀大学毕业生到希望小学担任希望教师的志愿服务项目，为大学生及社会爱心人士参与公益活动提供了新的平台。中国青基会表示，希望工程遵循“救助—发展”模式，将与时俱进，探索出更多的帮助受助学生提高自我发展能力的公益项目。这种模式的创造为希望工程赢得了良好的形象，希望工程的项目品牌也逐渐深入人心。

截至2020年，全国希望工程累计捐赠收入175.8亿元，资助困难学生639.7万名，援建希望小学20593所，援建希望厨房6598个，援建快乐系列项目45771个。希望工程还根据贫困地区实际推出了“圆梦行动”、乡村教师培训等项目，有效推动了贫困地区教育事业的发展、服务了贫困家庭青少年成长发展、弘扬了社会文明新风。希望工程作为中国民间非营利组织发育、成长的典范，成为社会参与最广泛、最具影响力的公益品牌之一。

(资料来源：根据中国青少年发展基金会网站资料整理，网址：http：//www.cydf.org.cn/，访问时间：2019年1月9日。)

讨论题：

1. 希望工程的品牌之路为什么能够成功?
2. 希望工程的品牌对社会有什么影响?
3. 希望工程公益品牌发展的动力是什么?

第五章 非营利组织的登记与注册

在中国，随着非营利组织的迅猛发展，非营利组织登记与注册越来越成为影响非营利组织发展的重要因素。那么，如果个人或组织想成立一家非营利组织，需要什么样的条件和手续呢？民政部统一规定非营利组织的范围包括社会团体、基金会、社会服务机构(民办非企业单位)三种类型。民政部对这三种非营利组织的登记与注册规定了不同途径。

第一节　非营利组织登记与注册的发展过程

一、传统双重管理体制下的非营利组织登记与注册

传统管理体制下的非营利组织属于典型的双重管理体制。1988 年和 1989 年，国务院先后发布了《基金会管理办法》和《社会团体登记管理条例》，开始对全国社团进行“复查登记”和“清理整顿”工作，重申并具体规定了由登记管理机关和业务主管部门共同负责核准登记的社会团体的监督管理。1998 年 10 月民政部又颁布了新的《社会团体登记管理条例》和《民办非企业单位登记管理暂行条例》。2004 年颁布了《基金会管理条例》。这些法规的出台不仅将社会团体、民办非企业单位纳入了统一的登记管理体系，而且形成了中国非营利组织著名的双重管理体制，即非营利组织必须找到业务主管单位后才能在民政部门注册。也就是说，一方面，非营利组织在成立时首先要找到一个业务主管部门，在业务方面受业务主管部门的管理；另一方面，非营利组织在找到业务主管部门后，才可以在民政部门进行登记和注册，同时受民政部门的管理。

二、对非营利组织直接登记制度的探索改革

非营利组织登记与注册的双重管理产生了许多问题，不利于简化非营利组织的登记与注册程序，因为部分非营利组织通常很难找到业务主管部门，或出现业务主管部门不愿管的情况，这样有些非营利组织不得不在工商部门注册，甚至出现不注册而处于“非法”生存状况，影响了非营利组织的快速发展，也不适应当今社会对非营利组织快速发展的需求。

2011 年《国民经济和社会发展第十二个五年规划纲要》提出：改进社会组织管理，建立健全统一登记、各司其职、协调配合、分级负责、依法监管的社会组织管理体制。重点培育、优先发展经济类、公益慈善类、民办非企业单位和城乡社区社会组织。其中统一登记、各司其职、协调配合、分级负责和依法监管成为非营利组织改革的方向和理论指导；对于经济类、公益慈善类、民办非企业单位和城乡社区组织将从政策上给予一定的倾斜。

随着改革的深入，民政部门开始了直接登记管理改革的试点工作。2012 年 12 月，全国已有 19 个省份开展或试行了社会组织直接登记，9 个省份下

放了非公募基金会登记管理权限，8个省份下放了异地商会登记管理权限，4个省份开展了涉外民办非企业单位登记试点，云南省人大常委会制定了由民政部门直接登记管理行业协会的地方性法规。

2013年的《关于国务院机构改革和职能转变方案的说明》又提出了非营利组织管理体制改革的思路，明确了行业协会商会类、科技类、公益慈善类、城乡社区服务类社会组织可以直接向民政部门申请登记。这些改革思路是：一是逐步推进行业协会商会与行政机关脱钩，引入竞争机制，探索一业多会，以改变行业协会商会的行政化倾向，增强其自主性和活力。二是重点培育、优先发展行业协会商会类、科技类、公益慈善类、城乡社区服务类社会组织。成立这些社会组织，直接向民政部门依法申请登记，不再需要业务主管单位审查同意。三是坚持一手抓积极引导发展、一手抓严格依法管理，建立健全统一登记、各司其职、协调配合、分级负责、依法监管的社会组织管理体制，健全管理制度，推动社会组织完善内部治理结构，促进社会组织健康有序发展。

三、非营利组织三个条件的修订及直接登记制度的规范

为了规范非营利组织的登记、注册与管理工作，民政部对非营利组织原有的三个条件进行了修订，于2016年先后公布了《民办非企业单位登记管理暂行条例(修订草案征求意见稿)》《基金会管理条例(修订草案征求意见稿)》《社会团体登记管理条例(修订草案征求意见稿)》，三个条例对非营利组织的登记与注册进行了统一的规范。2018年8月，民政部又公布了《社会组织登记管理条例(草案征求意见稿)》，此次征求意见稿合并了现行的《社会团体登记管理条例》《基金会管理条例》《民办非企业单位登记管理暂行条例》，首次实现了“三合一”，待新规正式施行后，前述三大条例将同时废止。

《社会组织登记管理条例》比较突出的亮点是突破了双重管理体制，规范了社会组织直接登记而不需要找业务主管机关的情形，明确了行业协会商会类、科技类、公益慈善类、城乡社团服务类社会组织可以直接进行登记，从而有效降低了社会组织的准入门槛。具体来说，以下社会组织可以直接进行登记：(1)行业协会商会；(2)在自然科学和工程技术领域内从事学术研究和交流活动的科技类社会团体、社会服务机构；(3)提供扶贫、济困、扶老、救孤、恤病、助残、救灾、助医、助学服务的公益慈善类社会组织；(4)为满足城乡社区居民生活需求，在社区内活动的城乡社区服务类社会团体、社会服务机构。

第二节　社会团体的登记与注册

社会团体是广泛的一类非营利组织，社会团体的登记与注册依据《社会团体登记管理条例》进行。1989年，国务院发布了《社会团体登记管理条例》，规定了由登记管理机关和业务主管部门共同负责核准登记的社会团体的监督管理。1998年10月民政部又颁布了新的《社会团体登记管理条例》，对社会团体的登记与注册进行了规范，但还是属于双重管理的登记与管理工作。2018年8月，民政部在其官方网站公布《社会组织登记管理条例(草案征求意见稿)》，征求意见稿中进一步规范对社会团体的登记与管理工作。

一、社会团体的含义

《社会组织登记管理条例(草案征求意见稿)》，规定了社会团体的含义，它是指“中国公民自愿组成，为实现会员共同意愿，按照其章程开展活动的非营利法人。”这一概念包括四个要件：一是社会团体必须是公民自愿组成的，如果是强迫成立的，那么就不是社会团体了。二是社会团体的目标是实现会员共同意愿，共同意愿是社会团体存在的核心理由，因此，社会团体不是为了某个个体的意愿，也不是为了某个支持者或捐助者的意愿，而是共同意愿。三是社会团体必须根据章程开展活动，章程就是社会团体的“法律”，社会团体的一切活动必须反映章程的意思表示。四是社会团体是非营利法人，如果社会团体的目的是营利，那就不是社会团体，而是营利性企业。

征求意见稿规定“国家机关以外的组织可以作为单位会员加入社会团体”。也就是说，除了国家机关外，不管是非营利部门还是营利部门，都可以作为单位会员加入社会团体。

此外，征求意见稿规定了不属于登记范围的社会团体的三种情形：一是参加中国人民政治协商会议的人民团体；二是由国务院机构编制管理机关核定，并经国务院批准免于登记的团体；三是机关、团体、企业事业单位、社区内部经本单位或者基层群众性自治组织同意成立，在本单位、社区内部活动的团体。注意第三种情形，在本单位内部举办的一些团体性活动，或一些基层自治组织成立的一些临时性、松散性并在内部活动的团体，不属于本条例规定登记的范围。

二、社会团体成立的条件

社会团体的成立条件比社会服务机构(民办非企业单位)要高一些，具体来说，根据条例规定，社会团体的成立必须满足以下条件。

(1)有50个以上的个人会员或者30个以上的单位会员；个人会员、单位会员混合组成的，会员总数不得少于50个；全国性的社会团体的会员应当具有地域分布的广泛性。

(2)全国性的社会团体有10个以上的发起人，地方性的社会团体和跨行政区域的社会团体有5个以上的发起人。

(3)有规范的名称、章程和相应的组织机构。

(4)有固定的住所。

(5)有必要的注册资金，全国性的社会团体有10万元以上注册资金，地方性的社会团体和跨行政区域的社会团体有3万元以上注册资金。

全国性的社会团体，由国务院的登记管理机关负责登记管理；地方性的社会团体，由所在地县级以上地方人民政府的登记管理机关负责登记管理；跨行政区域的社会团体，由所跨行政区域的共同上一级人民政府的登记管理机关负责登记管理；城乡社区服务类社会团体，由所在地县级人民政府的登记管理机关负责登记管理。

三、社会团体登记与注册的程序

社会团体登记与注册的程序主要包括以下几方面：

1. 名称的规定

主要有三个方面，一是社会团体的名称应当符合法律、法规、规章和国家政策的规定，不得违背社会公德。二是社会团体的名称应当与其业务范围、会员分布、活动地域相一致，准确反映其特征。三是社会团体的名称冠以“中国”“全国”“中华”“国际”“世界”等字样的，应当按照国家有关规定经过批准，地方性的社会团体的名称不得冠以“中国”“全国”“中华”“国际”“世界”等字样。

2. 成立社会团体需要提交的文件

申请登记社会团体，发起人应当向登记管理机关提交下列文件：登记申请书；验资凭证；章程草案；会员名单；发起人、拟任法定代表人和负责人的基本情况、身份证明；住所证明。其中社会团体的章程应当包括下列事项：名称、住所；宗旨、业务范围和活动地域；会员资格及其权利、义务；组织机构的组成、职责、产生程序、议事规则；法定代表人、负责人的职责、任职条件、任期及其产生、罢免的程序；财产管理和使用的原则；章程的修改程序；终止程序和终止后财产的处理；中国共产党党建工作要求；应当由章程规定的其他事项。

社会团体登记前须经业务主管单位审查同意的，发起人还应当向登记管理机关提交业务主管单位的批准文件。

3. 登记机关登记

登记管理机关应当自收到申请人提交的全部有效文件之日起 60 日内，作出准予或者不予登记的决定。其中，对全国性社会团体的登记，情况复杂，60 日内不能作出决定的，经国务院登记管理机关负责人批准，可以适当延长，但延长的期限不得超过 30 日。登记管理机关在审查发起人提交的文件时，可以根据实际情况征求有关方面意见或者组织专家进行评估，设立全国性或活动地域跨省(自治区、直辖市)的社会团体，还可举行听证。准予登记的社会团体，由登记管理机关发给《社会团体法人登记证书》，并在登记证书上标注统一社会信用代码。登记事项包括：名称；住所；宗旨、业务范围和活动地域；法定代表人和负责人；注册资金。其中社会团体登记前须经业务主管单位审查同意的，登记事项还应当包括业务主管单位。社会团体凭法人登记证书刻制印章，开立银行账户，依法办理税务登记。社会组织应当将印章式样、税务登记证件复印件报登记管理机关备案。

四、社会团体的变更与注销

社会团体变更登记事项的，应当自变更决议作出之日起 30 日内，向登记管理机关申请变更登记。社会团体修改章程，应当自修改决议作出之日起 30 日内，报登记管理机关核准。经业务主管单位审查同意后登记成立的社会团体，申请变更登记事项或者核准修改章程，应当自业务主管单位审查同意之日起 30 日内，向登记管理机关申请变更或者核准。

社会团体有下列情形之一的，应当终止，并向登记管理机关申请注销登记：出现章程规定的终止情形的；分立、合并需要终止的；依法被撤销登记或者吊销《社会团体法人登记证书》的；由于其他原因终止的。

经业务主管单位审查同意后登记成立的社会团体，申请注销登记，应当先经业务主管单位同意。社会团体终止前，应当进行清算，清算期间，社会团体不得开展清算以外的活动。登记管理机关准予注销登记的，发给注销证明文件，收回该社会组织的登记证书和印章，财务凭证按照国家有关会计档案管理的规定处理。

第三节　基金会的登记与注册

基金会的登记与注册依据基金会管理条例进行。1988 年国务院发布了《基金会管理办法》，2004 年颁布了《基金会管理条例》，形成了基金会的双重管理体制。2016 年民政部对基金会管理条例进行了修订《基金会管理条例(修订草案征求意见稿)》，对基金会的登记与注册进行了统一的规范。2018 年 8 月民政部又发布了《社会组织登记管理条例(草案征求意见稿)》，将基金会统一纳入了社会组织登记管理条例中。

一、基金会的含义

根据《社会组织登记管理条例》，基金会的含义是“利用自然人、法人或者其他组织捐赠的财产，以提供扶贫、济困、扶老、救孤、恤病、助残、救灾、助医、助学、优抚服务，促进教育、科学、文化、卫生、体育事业发展，防治污染等公害和保护、改善生态环境，推动社会公共设施建设等公益慈善事业为目的，按照其章程开展活动的非营利法人”。这里明确四点：一是基金会的财产来源是基于捐赠的财产，即基于自然人、法人或其他组织捐赠的财产，这种捐赠是基于自愿的意思表达。二是基金会成立的目标是为了公益慈善，即基金会成立的目标不是为了利润，而是为了公益，基金会不得规定使特定自然人、法人或者其他组织受益的内容，这一点与营利组织有显著的区别。三是基金会是一个法人组织，即非营利性法人，拥有法人地位并能够独立承担法律责任。四是基金会的服务范围包括扶贫、济困、扶老、救孤、恤病、助残、救灾、助医、助学、优抚，以科、教、文、卫、体事业与防治污染、改善生态环境等公益性事业。基金会成立后，必须遵守宪法、法律、法规、规章和国家政策，不得危害国家的安全、统一和民族团结，不得损害国家利益、社会公共利益和他人合法权益，不得违背社会公德。

二、基金会成立的条件

根据《社会组织登记管理条例》的规定，基金会由省级以上人民政府的登记管理机关负责登记管理。基金会成立必须具备下列条件：

(1)有规范的名称、章程、组织机构；

(2)有与其业务活动相适应的从业人员；

(3)有一定数额的注册资金，设立基金会，注册资金不得低于 800 万元人民币，且为到账货币资金；

(4)在国务院的登记管理机关登记的基金会，应当以资助慈善组织和其他组织开展公益慈善活动为主要业务范围，且发起人在有关领域具有全国范围的广泛认知度和影响力，注册资金不得低于 6000 万元人民币；

(5)有固定的住所。

经国务院批准的，可以冠以"中国""全国""中华"等字样，经批准冠以上述字样的基金会，自登记之日起取得公开募捐资格。

三、基金会登记注册需要提交的文件

发起人申请基金会的登记注册时，应当提交下列文件。

(1)登记申请书。

(2)章程草案。基金会章程应载明以下事项：名称和住所；宗旨和业务范围；注册资金数额；财产来源及构成；组织机构的组成、职责、产生程序和议事规则；法定代表人、负责人、理事和监事的职责、任职条件、任期及其产生、罢免的程序；财产的管理、使用原则；项目管理制度，信息公开制度；中国共产党党建工作要求；章程修改程序；终止程序和终止后财产的处理规定；应当由章程规定的其他事项。

(3)验资证明。

(4)住所证明。

(5)发起人、理事、拟任法定代表人和负责人的名单、基本情况、身份证明。

(6)建立中国共产党组织的工作方案。

按照规定应当经业务主管单位审查同意的基金会，发起人还应当向登记管理机关提交业务主管单位的批准文件。

四、基金会的登记

登记管理机关应当自受理基金会设立登记申请之日起 30 日内，作出准予登记或者不予登记的决定。有特殊情况需要延长登记期限的，报经国务院的登记管理机关负责人批准，可以适当延长，但延长的期限不得超过 60 日。

准予登记的基金会，由登记管理机关发给《基金会法人登记证书》，并在登记证书上依法标注慈善组织、统一的社会信用代码。登记事项包括：名称；住所；宗旨和业务范围；法定代表人、负责人和理事；注册资金。基金会登记前须经业务主管单位同意的，登记事项还应当包括业务主管单位。

基金会凭法人登记证书刻制印章、开立银行账户，依法办理税务登记。基金会应当将印章式样、税务登记证件复印件报登记管理机关备案。

五、基金会的变更与注销

基金会有下列情形之一的，应当向登记管理机关申请注销登记：(1)出现章程规定的终止情形的；(2)因分立、合并需要终止的；(3)连续2年未从事公益慈善活动的；(4)依法被吊销登记证书的；(5)由于其他原因需要终止的。

基金会理事会应当在决定终止之日起30日内组织成立清算组进行清算，并向社会公告。逾期未成立清算组的，登记管理机关可以申请人民法院指定有关人员组成清算组进行清算。有业务主管单位的基金会，逾期未成立清算组或者清算组不履行职责的，由业务主管单位指定有关人员组成清算组进行清算。清算期间，基金会不得开展清算以外的活动。清算组应当自成立之日起90日内完成清算工作，并在清算工作完成后代表基金会办理注销登记。清算费用可以从基金会财产中支付。

申请基金会注销登记的，应当向登记管理机关上缴印章并提交下列文件：清算报告；注销登记申请书；登记证书正、副本；银行账户注销证明；登记管理机关要求提供的其他证明。

基金会应当自清算结束之日起15日内向登记管理机关申请注销登记。登记管理机关应当自收到全部有效文件之日起30日内核准注销。

第四节　社会服务机构的登记与注册

1998年10月民政部颁布了《民办非企业单位登记管理暂行条例》，将民办非企业单位纳入了统一的登记管理体系。2016年9月1日起施行的《中华人民共和国慈善法》将民办非企业单位改为社会服务机构，规定"慈善组织可以采取基金会、社会团体、社会服务机构等组织形式"。民政部于2016年5

月26日发布了《社会服务机构登记管理条例》[《民办非企业单位登记管理暂行条例(修订草案征求意见稿)》]，将“民办非企业单位”名称改为“社会服务机构”，将现行《民办非企业单位登记管理暂行条例》名称改为《社会服务机构登记管理条例》，对社会服务机构的登记注册进行了规范。2018年8月民政部发布的《社会组织登记管理条例(草案征求意见稿)》明确规定本条例所称社会组织，包括社会团体、基金会、社会服务机构。

一、社会服务机构的含义

根据《社会组织登记管理条例》，社会服务机构是指“自然人、法人或者其他组织为了公益目的利用非国有资产捐助举办，按照其章程提供社会服务的非营利性法人”。这里明确三点：一是社会服务机构的目标是提供社会公益服务，这种服务可以区别于政府部门提供的公共服务，也可以是政府公共服务的有益补充。二是社会服务机构是利用非国家资产设立的，也就是说，其成立时的财产来源不是国有，也不是政府，而是非国有资产，具有民间性、自治性的特点。三是社会服务机构是一个非营利性的法人，拥有法人地位，能够独立承担法律责任。此外，成立社会服务机构时，应当遵守宪法、法律、法规和国家政策，不得反对宪法确定的基本原则，不得危害国家的统一、安全和民族的团结，不得损害国家利益、社会公共利益以及其他社会组织和公民的合法权益，不得违背社会道德风尚。

二、社会服务机构的登记管理机关

国务院民政部门和县级以上地方各级人民政府民政部门是本级人民政府的社会服务机构登记管理机关(以下简称“登记管理机关”)。国务院有关部门和县级以上地方各级人民政府的有关部门、国务院或者县级以上地方各级人民政府授权的组织，是有关行业、业务范围内社会服务机构的业务主管单位(以下简称“业务主管单位”)。

国家鼓励兴办社会服务机构，通过政府补助、购买服务、土地划拨、人才培养等方式，支持社会服务机构发展。社会服务机构以及对社会服务机构进行捐赠的个人和组织，依照法律、行政法规的规定享受税收优惠。对在经济社会发展中做出突出贡献的社会服务机构，按照国家有关规定给予表彰和奖励。

直接登记的社会服务机构，由所在地县级以上地方人民政府的登记管理机关负责登记管理。其中，城乡社区服务类社会服务机构，由所在地县级人民政府的登记管理机关负责登记管理。

登记前须经业务主管单位审查同意的社会服务机构，由与其业务主管单位同级的登记管理机关负责登记管理。

三、社会服务机构成立的条件

除了直接登记的类型外，“设立社会服务机构，应当经其业务主管单位审查同意”。社会服务机构成立须具备以下条件。

(1)不以营利为目的；

(2)有固定的住所；

(3)有规范的名称、章程和组织机构；

(4)有与其业务活动相适应的从业人员；

(5)有必要的注册资金。

在国务院的登记管理机关登记的社会服务机构，发起人应当在有关领域具有全国范围的广泛认知度和影响力，注册资金不低于 1000 万元人民币，且为到账货币资金。省级以下地方各级人民政府登记管理机关登记的社会服务机构注册资金标准，由省级人民政府的登记管理机关结合本地区实际确定。

四、社会服务机构成立需要提交的文件及登记过程

申请设立社会服务机构，申请人应当向登记管理机关提交下列材料。

(1)登记申请书。

(2)章程草案。章程应当载明下列事项：名称和住所；宗旨和业务范围；注册资金数额、来源；组织机构的组成、产生程序、职权、议事规则；理事、监事、负责人的资格、职责、产生、任期和罢免程序；财产的管理、使用制度；中国共产党党建工作要求；组织的终止条件、程序和终止后财产的处理；章程的修改程序；应当由章程规定的其他事项。

(3)验资证明。

(4)住所证明。

(5)发起人、理事、拟任法定代表人和负责人的名单、基本情况、身份证明。

(6)建立中国共产党组织的工作方案。

社会服务机构登记前须经业务主管单位审查同意的，申请人还应当提交业务主管单位的批准文件。社会服务机构申请人应当对登记申请材料的真实、完整负责，对社会服务机构登记申请过程中的活动负责，不得以申请设立社会服务机构名义开展与申请无关的活动。对于直接登记的社会服务机构，民政部于 2018 年 10 月出台了《关于进一步加强和改进社会服务机构登记管理工作的实施意见》，明确要求“从严审慎受理直接登记申请，不得随意扩大社会服务机构直接登记范围；对于尚未制定直接登记专门文件的地区，可暂时停止直接登记申请。”

登记管理机关应当自收到全部有效申请材料之日起 60 日内作出准予或者不予登记的决定。国务院登记的社会服务机构有特殊情况需要延期登记的，经国务院登记机关负责人批准，可以适当延长，但延长的期限不得超过 30 日。准予登记的，核准章程，发给《社会服务机构法人登记证书》。《社会服务机构法人登记证书》载明的登记事项包括：名称、住所、宗旨和业务范围、法定代表人和负责人、注册资金。社会服务机构登记前须经业务主管单位审查同意的，登记事项还应当包括业务主管单位。社会服务机构凭登记证书申请刻制印章、开立银行账户，并将印章式样、银行账号报登记管理机关备案。

五、社会服务机构的变更与注销

社会服务机构理事、监事变动的，应当报登记管理机关备案。社会服务机构登记事项发生变更的，应当在变更之日起 30 日内向登记管理机关申请变更登记。社会服务机构修改章程，应当经登记管理机关核准。经业务主管单位审查同意设立的社会服务机构，申请变更登记事项或者核准章程，应当先经业务主管单位审查同意。社会服务机构的设立或者变更涉及重大公共利益的，登记管理机关可以征求有关部门意见或者通过论证会、听证会等形式听取意见，所需时间不包括在审查时限之内。登记管理机关应当将所需时间告知申请人。

社会服务机构有下列情形之一的，应当终止，并向登记管理机关申请注销登记：(1)按照章程规定终止的；(2)理事会决议终止的；(3)因分立、合并需要终止的；(4)无法按照章程规定的宗旨继续从事服务活动的；(5)依法被撤销登记或者吊销登记证书的；(6)社会服务机构不能清偿到期债务，且资产不足以清偿全部债务或者明显缺乏清偿能力的。

社会服务机构应当在注销情形出现之日起 30 日内，在业务主管单位、登记管理机关和其他有关机关的指导下成立清算组织，并开始清算。社会服务机构未在限定期限内组织清算组开展清算的，以及清算组不履行职责或者存在侵害社会服务机构财产情况的，债权人可以申请人民法院指定有关人员组成清算组进行清算。注销事由出现之日起1年以内无债权人提出申请的，经业务主管单位审查设立的社会服务机构的业务主管单位，或者直接登记的社会服务机构的登记管理机关，可以向人民法院提出申请。清算期间，社会服务机构不得开展清算以外的活动。

思考题

1. 社会团体成立的条件是什么？
2. 哪些社会团体可以直接登记注册？
3. 社会团体登记与注册的程序是什么？
4. 基金会成立的条件是什么？
5. 基金会登记注册需要提交什么文件？
6. 民办非企业单位成立的条件是什么？
7. 哪些民办非企业单位可以直接登记？
8. 民办非企业单位登记需要提交哪些文件？

综合案例　坤叔助学团队：23年"黑户"转正记

2011年国庆节，坤叔收到了东莞市民间组织管理局发来的一张《民办非企业单位登记批准通知书》。东莞市"千分一"公益服务中心注册成功，坤叔助学团队从此结束了23年没有"身份证"的日子。

"坤叔转正"成为广东社会组织登记管理体制改革的一个标志性事件。在坤叔的背后，是成千上万双期待转正的眼睛，大量隐形社团将搭乘上广东社会组织登记管理改革的和谐号动车。

"婆婆"难寻：坤叔团队转正困难

东莞坤叔助学团队是广东社会组织中一个极具典型意义的样本。坤叔说，自己从2005年起多次以"东莞千分一公益服务中心"的名称向主管部门申请登记注册，却因找不到主管单位而愿望破灭。"在注册之前，我们助学团队感到自己是一帮'乌合之众'，没有被官方认可。别人问我们是哪个单位的，我们便哑口无言。"

多年来，在社会组织登记管理传统体制下，由民间自发产生的社会组织想要找一个主管单位当“婆婆”，难度不小。

2011年，广东省政协社法委的一份调研报告显示，深圳市登记各类社会组织4110个，但实际上约有3万多个，登记管理的只占现有的10%。这意味着九成社会组织没有到深圳市民间组织管理局进行登记注册。时任中央编译局副局长、北京大学中国政府创新研究中心主任俞可平也认为，在中国至少有300万个未登记的社会组织，近九成民间组织处于未登记状态。

这表明，“隐形组织”数量远高于登记的组织是一个无可争议的现实。省政协社法委在调研中发现，一些地方和部门对社会组织的地位、职能和作用缺乏正确认识。有的地方和部门将社会组织视为一般群众组织，缺乏有力的组织引导；有的认为社会组织与部门“争利”，采取限制和排压态度；有的甚至对一些尚未登记的新生社会组织，简单采取“打击”“取缔”方法处理，造成消极影响。同时，由于登记“门槛”过高，大量社会组织因找不到业务主管单位无法登记，导致未登记的比依法登记的多得多。

随着解决经济社会发展“一条腿长、一条腿短”的问题摆上各级党委、政府的议事日程，作为新的社会治理结构的构建要素，社会组织尤其是大量没有“身份证”的“隐形组织”，敏锐感受到不同寻常的变化正在孕育萌发。

登记转正：隐形社团摘掉“黑户”帽

变化发生在2011年8月。东莞市民政局在一次会议上透露，当地的公益慈善类社会组织登记不需再找业务主管单位。坤叔闻风而动，再一次来到东莞市民间组织管理局申请注册“千分一”公益协会。

“虽然不要主管单位了，但是这一次民政局认为‘千分一’这一名称涉嫌硬性摊派、强迫捐款；同时认为我们是以助学为主，不应用‘公益’二字，而且用‘协会’的名称也不太合适，应改为‘服务中心’。”坤叔说：“当时场面搞得有点僵。‘千分一’‘公益’我们是不会改的，因为这是我们的理念，每个人奉献收入的千分之一帮助需要帮助的人，让公益成为习惯，这不等于摊派捐款。”因为坚持不改名称，坤叔的登记梦再一次被打消。

2011年9月29日，南方日报刊发《坤叔公益团队“转正”受挫背后》报道。随即，时任广东省省委书记汪洋做出重要批示，并要求立即派工作组到东莞解决该团队的注册登记问题。10月1日，东莞市“千分一”公益服务中心注册成功。12月1日，“千分一”正式挂上了锃亮的牌匾。

政策创新：社会组织吃下宁心丸

记者获悉，广东省降低社会组织登记门槛、“坤叔转正”以及社会舆论的支持，促使广东省社会组织登记注册渐行渐快，出现了一个热潮。

目前，全省县区以下基层社会组织蓬勃发展，数量约占全省社会组织总数的60%，年均增长达15%。广东省登记的社会组织数量年均增长10%以上，其中非公募基金会和异地商会年均增长率分别为20%和25%。随着新农村建设和城乡一体化进程的推进，不具备法人条件的服务型、群众性社会组织快速发展，经各级民政部门备案的农村专业经济协会达2000多个、城市社区社会组织近万个。

广东省给社会组织吃了一颗“定心丸”：在社会组织的成立环节，不再需要到处找主管单位这个“婆婆”。从2012年7月1日起，除特别规定、特殊领域外，广东省社会组织的业务主管单位将全部改为业务指导单位；申请成立社会组织，除法律法规规定需要前置审批外，可直接到民政部门申请登记。

“转正”为坤叔助学团队带来了更高的知名度和认可度。坤叔告诉记者，从“千分一”批准注册至今短短半年多，已经有150多位爱心人士新加入团队，受助学生数量也增加了近400位，受助学生和捐赠人数量的增长速度是过去的5倍。如今，平均每天有3名学生受到资助。如果时间和精力允许的话，预计在一年内，受助学生总数可能会在过去10年的基础上翻一番，达到5000多人。

据了解，广东“十二五”期间，将在省级和各地级以上市实施社会组织扶持发展专项计划，建立孵化基地，并落实社会组织税收优惠政策。

（资料来源：《南方日报》2012年4月30日A4版《坤叔助学团队：“黑户”23年终“拿证”》，2019年1月8日访问。）

讨论题：

1. 试分析坤叔助学团队在当时登记注册时遇到的问题。
2. 如何完善我国非营利组织的注册登记制度改革？

第六章
非营利组织的职能

非营组织与政府及企业部门是相辅相成的关系，共同构成良好运行的社会。任何国家如果缺乏非营利组织或者非营利组织不够发达，那么这个国家的社会是一个不健全、不完整的社会，这样的社会也是稳定性较差的社会。在中国经济社会发展的过程中，非营利组织也扮演着越来越重要的角色，尤其在弥补政府失灵、市场失灵方面发挥着不可替代的作用。那么非营利组织究竟有哪些职能？

第一节　非营利组织服务社会的职能

一、非营利组织服务社会的必要性分析

1. 克服市场失灵问题

自改革开放以来，我国不断深化经济体制改革，逐步由原先封闭僵化的计划经济体制转变为社会主义市场经济体制，由单一的社会主义公有制经济转变为公有制为主体、多种所有制经济共同发展，这些重大转变极大地解放了我国的生产力，经济得到了前所未有的迅猛发展，人民生活水平不断提高，从而为我国非营利组织的发展壮大打下了坚实的社会基础。改革开放40多年来，社会各领域的改革为非营利组织的发展提供了良好的外部环境，国家、市场与社会关系的重新构建扩大了非营利组织的生存空间。非营利组织的发展也有赖于市场经济发展所带来的丰厚资源。但是，市场经济是一把“双刃剑”。在促进经济快速发展的同时，它自身也存在自发性、盲目性和滞后性等一系列缺陷，导致其在提供公共产品、外部性、信息不对称等方面容易失灵。由于政府也存在失灵的现象，所以政府对经济的积极干预也只能发挥有限的作用。在政府失灵和市场失灵的真空地带，非营利组织恰好可以发挥优势破解困局。作为人类社会发展史上必然出现的组织形态，非营利组织已经成为一个重要的社会治理主体。可以说，市场经济推进了非营利组织的发展，而非营利组织的发展又可以弥补市场的不足，促进经济社会的良性运转，两者之间实现了良性的互动。

2. 促进公民公共意识的觉醒

和谐社会的发育完善与非营利组织的发展壮大密不可分。非营利组织的发展是培育和谐社会的必然要求，在这一社会环境下，非营利组织能够由民众自发组织并得到政府和社会的认可，并以此为平台进行社会表达，积极参与公共事务，通过公开公正的对话与协商获取社会资源。由此，非营利组织的存在增加了普通公众的社会资本，促进企业等营利部门主动承担社会责任，提高了政府的包容性、承受力，并减轻了其财政、工作负担。现阶段，我国公民的权利意识不断觉醒，民主、自由、平等等意识逐步增强，参与热情高涨，而非营利组织则为公民发出呼声、表达利益诉求提供了很好的平

台，非营利组织也由此成为一种需求并确实发挥了很大的作用。如动物保护组织可以向公民宣传，呼吁大家抵制捕猎野生动物的行为，为动物生存提供良好的环境；邻里互助组织可以对困难家庭、弱势群体进行帮扶，实现互助互爱；爱心基金组织可以为身患重病而又无钱医治的患者提供资金援助，帮助其渡过生命难关，等等。这也就对非营利组织提出了更高的要求，需要其履行社会责任，以公民的利益为依归，组织的运转要做到公开公正并接受来自社会的广泛监督，真正践行提供公共利益的使命。

3. 对社会保障的有力补充

当前我国已经建立起了城镇职工基本医疗保险制度、城镇职工养老保险制度、新型农村合作医疗制度等政府层面的社会保障机制，并不断完善。此外，各种商业保险为公民提供了一定的保障服务，起到了对社会保险的补充作用，但是政府和市场都有其局限性的，在社会保障领域也不例外，难以满足公民的实际需求。在这种背景下，非营利组织的重要性便凸显出来，在社会救助、医疗、教育等领域都对现有的保障制度做了有力的补充。在社会救助方面，非营利组织可以发挥公益代言人的重要作用。例如，非营利组织的组织模式使得它可以更加自由、方便、直接地对弱势群体予以援助，政府在实施某项公共政策时，非营利组织可以代表弱势群体表达自身诉求，让社会听到他们的声音。

二、非营利组织服务社会的具体职能

非营利组织是以社会公益为使命的民间组织，在环保、慈善、市场监督、文化教育、民主监督等方面都有着不可替代的作用。非营利组织的性质决定了其在社会主义和谐社会的建设过程中的重要作用：环保职能推动人与自然的和谐、慈善救助职能促进人与人之间的和谐、市场监督职能有助于实现经济和谐、文教职能有利于文化和谐、民主监督职能有利于推动政治和谐。显然，大力发展非营利组织，充分履行非营利组织的社会职能，对和谐社会建设将有着非常积极的作用。①

1. 市场监督

虽然非营利组织并不是经济组织，但是在市场经济体制中，它却是市场经济不可分割的一部分。培育非营利组织，不仅是塑造市场经济的良好基础

---

① 陈岳堂、颜克高：《非营利组织的社会职能与社会主义和谐社会的构建》，《中国行政管理》，2007年第4期。

结构，而且也是构筑国内外竞争力的有效手段和必经途径。对于非营利组织在社会主义经济和谐的建设过程中的作用，可以从以下两个角度来阐述：其一是监督市场主体的经济行为。在市场经济运行的过程中，不可避免地会出现一些弊病，比如不正当竞争、缺乏诚信等问题，这些行为扰乱了经济秩序，同时也对消费者的权益造成了侵害。克服这些弊病除了政府行为和法律法规保障以外，非营利组织也在发挥着有效的监督作用。中国消费者协会就是其中一个成功的例子，自建立以来，推动了我国《消费者权益保护法》的颁布，并为消费者提供各种消费知识，维护消费者的权益。其二是工人权益的维护。工人，尤其是农民工，在市场上处于劣势地位，缺乏保护自己合法权益的手段和组织，这就为非营利组织功能的发挥提供了空间，促生了一批致力于维护农民工权益、监督企业行为的非营利组织，包括学术机构的专家维权组织、民间草根性的维权组织。

2. 民主监督

在中国，非营利组织的兴起，在相当程度上改变了社会的治理结构，有力地促进了社会的善治，尤其是对公民的政治参与、政府的廉洁与高效、政府决策的民主化和科学化都有重要的意义。中共十六大提出要发展社会主义民主政治，建设社会主义政治文明。民主政治，就是实现政治的和谐。民主是社会主义政治文明的核心，它的一个中心内涵就是强调公民的参与。只有公民参与社会政策的制定，才能使政府决策更加符合人民的要求，才能更好、更有效地监督政府行为。而非营利组织是公民参与社会活动的主要组织方式之一，是现代社会构成民主政治的基本因素之一。

3. 文化教育

随着我国政治经济体制改革的深化，社会也在不断地转变，社会结构的分化不断加深，很多人游离于“组织”之外，缺乏归属感。在这种情况下，各种非营利组织的活动有利于社会的再次整合。一些非营利组织积极推动学术交流，促进知识的创造与传播；一些非营利组织，特别是立足于社区的非营利组织，如戏剧社、秧歌队、书画协会等，促进了人与人之间的交流；还有一些非营利组织致力于发展教育事业，尤其是针对弱势群体的教育工作，如农民工子女的教育。这些非营利组织，按照人们不同的兴趣、爱好、特点或者不同的社区而构建起来，它们将思想观念、理想信仰、社会风尚、行为规范、制度体制的树立或建立融于一体，建设以和谐为思想内核和价值取向的文化，促进了整个社会的文化和谐。

4. 慈善救助

慈善救助事业是非营利组织最早涉足的领域之一，国外大多数非营利组织起源于慈善机构，都以服务社会、发展社会公益事业为宗旨。同样，我国从事慈善救助事业的非营利组织，在扶老、助残、济困、救灾、助学等方面发挥着越来越重要的作用，产生了深远的社会影响。社会主义和谐社会是一个把公平和正义作为核心价值取向、团结互助、平等友爱、扶贫济困、和睦融洽的社会。目前，中国处在社会和经济转型的关键时期，各种社会矛盾的产生不可避免，农民问题、失业问题以及贫富差距扩大，贫困、医疗等问题比较突出。我国非营利组织面向弱者，在致力于改善他们的福利方面，做了许多工作。从再分配机制来看，市场按照效率原则进行第一次分配，政府按照“公平原则”进行第二次分配，第三部门按照“道德原则”，通过募捐和资助活动进行第三次分配。单纯依靠政府和市场的调节并不能满足社会的需求，非营利组织作为第三部门，在促进社会公平、完善社会救助、助力共同富裕等方面有着举足轻重的作用。

5. 环境保护

自然环境是人类生存和发展的必备前提和条件。伴随人类文明的不断进步产生的一系列环境问题，人类不得不开始思考和关注与自己的生存息息相关的自然环境。在发展过程中，许多国家包括中国，都面临着这样一个问题：经济的增长以资源的大量过度消耗为代价，在追求 GDP 和保护环境之间，往往偏向于选择前者。环境污染、水土流失、土地沙化、草原退化、生物多样性消失等生态恶化的现实已经摆在世人的面前，中华民族赖以生存的物质基础正渐趋削弱。实现人与自然的和谐发展，是人类社会发展的必然要求。环保类非营利组织致力于环境保护，在推动人与自然和谐发展的过程中发挥了重要作用，其主要体现在以下几个方面：一是宣传环境保护，提高公民的环保意识。非营利组织在政府力所不及的方面做了有益的补充，环保类非营利组织和环保志愿者采用各种渠道、各种方式向社会和公众宣传、传播环保理念，在提高保护环境的职能意识、增强保护环境的自觉性等方面做出了突出贡献。二是维护公众的环境权益。环保类非营利组织能够在维护公众的环境权益方面发挥积极的作用，维护公民应享有的知情权、参与权和监督权。例如 2011—2020 年云南铬污染事件中，自然之友与重庆市绿色志愿者联合会等引导村民避免过激对抗行为，采取理性途径维权，向村民科普露天铬渣对人体健康以及周边生态环境的危害性，提升公民维权的能力与意识。

根据王名的研究，非营利组织至少具有以下四方面的社会功能：[①]

(1)动员社会资源。它集中表现在两个方面：一方面，通过各种慈善性、公益性的募款活动筹集善款和吸纳各种社会捐赠，从而动员社会的慈善捐赠资源；另一方面，发动来自社会各个方面的志愿者参与各种慈善公益活动或互助共益活动，从而动员社会的志愿服务资源。通常情况下，慈善捐赠和志愿服务并不是企业和政府所能动员的社会资源。企业的营利性活动能够创造财富并以雇佣劳动的形式大规模吸纳就业，政府的科层体制能够强制纳税并形成庞大的公务员体系，而非营利组织则依靠其富于公益、志愿、博爱、慈善的宗旨和理念感动社会，通过其独特的社会功能影响社会、改善人类，因而能够动员巨大的慈善捐赠和志愿服务。

(2)提供公益服务。非营利组织提供公益服务的功能主要有三：首先，非营利组织将其动员的社会资源，按照组织的公益宗旨和理念并遵循对社会所做出的承诺，用于开展各种形式的公益性的社会服务。其次，非营利组织应对各种社会问题，通过提供服务拓展公共空间，维护并增进社会公共利益，非营利组织因其自发性、志愿性、草根性等特点，能够较好地应对各种社会问题，弥补政府失灵和市场失灵的不足，在社会问题发生的各个领域拓展空间，构建基于社会公益的服务体系并不断增强其专业化能力，从而维护并增进社会的公共利益。最后，非营利组织通过接受政府委托或参与政府采购，加入政府公共服务体系，拓展公共服务的空间并提高其效率，同时形成与政府公共服务之间助力互补、合作互动、共同发展的关系。

(3)社会协调与治理。非营利组织在具有积极推动社会协调并参与社会治理方面有三个突出的特点：首先，作为公民自发的组织形式，非营利组织是表达民意、传达民情、实现民权、维护民生的最为直接的一种制度安排。在现代社会，公民通过自主地行使结社权，将彼此间具有共同需要的利益诉求和权利意识表达成集体意志，并通过集体行动的方式参与社会公共事务，通过表达和参与形成在社会公共空间中的话语权，进而影响社会过程。其次，非营利组织以志愿参与、利他互助、慈善公益等理念实现人际沟通，在

① 王名：《非营利组织的社会功能及其分类》，《学术月刊》，2006年第9期。

人与人、人与社会、人与自然之间搭建理解、对话、互动的桥梁，有助于化解人与人之间、不同群体及利益集团之间、人与社会之间以及人与自然之间的各种矛盾和冲突。再次，非营利组织通过有组织的社会动员和社会参与，能帮助其成员实现人生的社会价值或更广泛的公益价值。

(4)政策倡导与影响。非营利组织在立法和公共政策的倡导方面也发挥着积极的影响。这主要体现在三个方面：第一，作为推动社会公益事业的主体，非营利组织积极参与相关立法和公共政策的制定过程。第二，作为特定群体特别是弱势群体的代言人，非营利组织表达他们的利益诉求和政策主张，努力在立法和公共政策过程中谋求实现更广泛的社会公正。第三，非营利组织通过媒体和社会舆论关注相关立法和公共政策的实施过程及其效果，倡导和影响政策结果的公益性和普惠性。一些非营利组织还以公众参与的形式直接介入政策实施过程，成为政策的监督者甚至执行者，积极影响公共政策效果。

第二节　非营利组织服务行业的职能

一、非营利组织服务行业的必要性

1. 经济体制改革的必然要求

我国的经济体制改革后，国家由计划经济向市场经济转变，其社会形态也由国家按条块直接管理企业改变为“政企”分开，企业自主走向市场。走向市场的企业逐渐呈现出离散、疏远、无序的现象，制约了企业的发展，因此，政府需要培育一个中介组织——行业协会，由行业协会将社会上自主的但又是分散的企业再组织起来，发挥政府间接管理企业的作用。换而言之，就是在经济体制改革以后，政府不再包揽企业事务，超脱各种利益群体，专事履行公共管理职能。而企业成为市场主体以后，以经济利益最大化为目标，政府和市场无法解决企业间的调控以及企业的社会发展问题，反而会出现一些新的社会问题，如企业间的恶性竞争等，所以，要由行业协会这样一个组织来承接政府和市场都难以包揽的社会事务。

2. 行业发展的必然要求

非营利组织自身的发展离不开整个行业的发展。如果行业发展不好，不被公众信任，势必会影响到行业内的成员的发展。因此，为行业服务也是非营利组织的责任之一，特别是行业协会商会类非营利组织，是促进行业发展的必然要求。非营利组织为行业的服务，要求非营利组织要具有良好的职业道德，遵守行业规范，维护行业声誉，树立行业形象，在能力范围内对本行业的发展提供物质、技术和精神支持，不侵害本行业以及其他行业的社会利益，为维护社会公共利益做贡献等。20世纪90年代以来，行业协会、商会等行业组织取得了迅速的发展。行业组织一方面在权利维护、技术培训、举办展销会、获取信息等方面为成员提供服务；另一方面，行业组织还通过制定本行业的标准并监督执行，加强行业内的自律机制，为经济发展创造了良好的环境。此外，行业组织在避免同行内部恶性竞争，维护本行业在国际竞争中的优势地位等方面也发挥了积极作用。

3. 企业自身发展的必然要求

政企分开，市场经济取代计划经济，企业成为独立的经营主体。在市场经济体制下，企业有了很大的自主权，能及时了解社会需求，以市场为导向组织生产，推进了全社会的生产发展。但是，市场并不能完全满足企业的需求，特别是随着社会物质水平的提高，企业需要行业发展的各种信息，与政府部门之间的沟通也逐渐增多。为了满足企业发展的需求，以行业协会为代表的非营利组织应运而生。企业成员通过这一组织，进行行业间的自我管理，自我教育，自我服务，并参与行业间的重要决策，为企业创造更好的发展环境。此外，这一组织还能发挥其沟通作用，使政府及时有效地了解企业大量、具体、细致的社会需求，为政府制定更有利于企业发展的各种政策提供依据。

二、非营利组织服务行业的具体职能

在市场经济条件下，以行业协会为代表的非营利组织服务行业在服务行业方面发挥着重要的作用，各种形式的行业协会作为企业或企业家的结社组织，在反映产业、行业需求，推动行业自律，促进维护公平竞争和市场秩序方面发挥着不可替代的作用，成为发达市场经济的内在机制。具体而言，非营利组织服务行业的职能主要体现在以下几个方面。

1. 促进行业规范的形成

在经济社会发展过程中，非营利组织作为第三部门，能有效协调政府和企业之间的关系，推动行业规范的建立，维护行业的整体利益。以河北省旅游协会为例，按照会员的要求，河北省旅游协会建立各种行之有效的制度，颁发《河北省旅游协会章程》《河北省旅游协会会费交纳标准及管理办法》等规范性制度和文件，维护行业的整体利益。同时，旅游协会还要针对旅游服务最容易出现问题的环节，向旅游企业和上级主管部门双方都提出有效可行的措施建议。在管理部门的支持和授权下，也要赢得消费者的理解和配合，规范旅游企业行为，树立良好的社会形象。为推动《旅游法》的宣传普及，旅游协会对民众开展了一系列有效的宣传贯彻活动，向会员企业和景点景区的游客服务中心分发宣传材料，达到了预期效果。对于游客反映的各种旅游陷阱事件，旅游协会积极行使监督权，对旅游企业进行监督规范，加强旅游市场管理，接受媒体监督，促进旅游市场规范运行。

2. 促进行业沟通协调

在服务行业方面，非营利组织还有一个重要的职能就是协调和沟通。“协调”是管理学中的一项管理职能，是宏观调控的一个重要组成部分。以行业协会为例，行业协会在该行业公共服务体系中具有综合协调和沟通的作用。行业协会摆脱了单一协调的片面，在更广阔、更复杂、更综合的范围内实现互动、协作与合作，以实现各方利益的最佳平衡。国家有关行业发展的部署是该行业发展的重要指针。对于很多并不十分明确的任务和目标，不可避免地需要行业协会这样的中介组织进行多方协调。行业协会为减少内部成员之间的竞争，应该加强不同企业与消费者的沟通，减少内部冲突的发生。对于消费者来讲，企业有时候一味地追求利润最大化会侵害消费者的切身权益，行业协会能协调企业和消费者之间的关系，进行双向协调沟通，缓和矛盾。

3. 在资源调配方面发挥作用

非营利组织的一个非常重要的职能就是资源调配。高效统筹分配资源，是最大化发挥资源功效的先决条件。要推动产业升级与发展方式转变，就必须优化资源分配与供给。以行业协会为代表的非营利组织能对行业的各种资源进行统筹，对包括自然资源、社会资源等在内的一切可利用资源做到心中有数，对行业内的企业生产经营状况及供产销价值链做到成竹在胸，为科学有效分配资源奠定基础。根据行业发展情况，要做好总体规划，引导优势资源流向优势领域，确保资源分配公平、公正，有理、有据，切实发挥资源应有的功效。

4. 在信息集成方面发挥作用

服务行业的过程中，信息的搜集和遴选是非营利组织的重要职能。非营利组织在行业内需要做好信息搜集与遴选、数据统计与集成，积极构建行业内信息网络，建立行业数据库，成为行业内的信息“大本营”。重点是要加强数据的分析研究，找寻规律，探索趋势，为宏观调控把脉。同时，要做好对行业出版物等信息资料的管理，要为行业标准制定提供量化依据，还要积极做好上情下达、下情上传的信息报送与发布工作，协助政府部门加强行业运行的数据监测与趋势预测，进而推动行业的发展。

第三节　非营利组织服务会员的职能

这里的服务会员主要针对会员制非营利组织而言。

一、非营利组织服务会员的必要性

1. 促进非营利组织自身的发展

非营利组织的正常运作离不开组织会员的支持和协作，为会员提供服务价值，并保持良好互动，才能够不断地获得新的会员。任何一个非营利组织，都应该对其会员负责，积极为会员服务，满足会员的需求，提升组织会员的安全感、归属感以及对社会的亲和感。虽然非营利组织是不以营利为目的的，但是保障其会员获得正常的劳动所得，营造安全稳定的发展环境，是非营利组织作为我国社会组织的一员应有的责任和义务。对会员负责是非营利组织自身发展和服务社会的必然要求。

2. 增强会员之间的凝聚力

非营利组织的存续时间的长短、活动开展的好坏，与会员之间的信任程度有密切关系。在一个高度信任的组织中，它们的集体行动能力较强，相反，在一个低度信任的组织中，不仅集体行动的能力受到一定的限制，而且，其内部必定是矛盾重重，纷争不断，无法形成合力。信任可以在一个行为规范、诚实而合作的群体中产生，它依赖于人们共同遵守的规则和群体成员的素质。这些规则不仅包含公正的本质这种深层次的“价值”问题，而且还包括世俗的实实在在的规则，如职业规则、行为准则等。非营利组织向会员提供服务，开展各类活动，能增强组织会员之间的互信，得到内心的认同，使规则、规范都有遵守的前提与依据，增强会员之间的凝聚力。

二、非营利组织服务会员的具体职能

1. 提供专业服务

以行业协会(商会)为代表的非营利组织主要是为会员单位提供各类专业

服务，维护成员企业利益，实现公正公平的自律性机构。行业协会为会员单位、政府机构等提供各种市场信息，提供法律方面的咨询与服务，协调与仲裁贸易纠纷，举办产品信息发布和展销，进行业务培训，等等。经济社会发展的最终落脚点，是要服务于社会大众，改善和满足人民物质文化和精神文化的需要。行业协会未来要在服务社会、服务人民方面发挥更大作用，特别是在承接部分社会职能方面，要发挥主力军作用，展现更多作为，逐步成为社会服务领域不可或缺的重要组成部分。

2. 维护会员的权益

非营利组织会员主要分为个人会员和企业会员。对于个人会员，非营利组织必须维护其合法权益，反映会员的合理诉求。对于企业会员，一方面，非营利组织必须着眼行业全局，时时处处以加快行业发展为己任，全力争取和保障行业应有的权益，保证企业的合法利益，鼓励企业参与竞争，支持企业做强做大；另一方面，要维护好消费者权益。消费者是企业的客户，非营利组织也应将消费者作为自己的目标群体，客观看待和高度重视消费者需求变化，努力满足消费者意愿。非营利组织应认识到，维护消费者权益就是维护企业会员权益，要通过消费者的认可与支持，全面体现和不断提升产品、服务乃至行业的整体价值。

第四节　非营利组织服务政府的职能

一、非营利组织服务政府的必要性

1. 我国经济社会转型的必然结果

我国经济体制改革正在逐步地深入，市场经济的发展为行业协会的优化提供了良好的契机。改革的深入必然会出现大量新的社会主体，政企改革中分化出来的企业，政事改革中分化出来的事业单位以及政社改革中分化出来的社会组织机构都成为独立的社会主体。过去的单一的由政府管理的局面也逐渐消失，新出现的社会组织之间需要建立新型的管理关系，行业协会作为整合社会关系的新载体必然要发挥重要的作用。同时，在我国的经济体制转型过程中，政府从包揽所有的微观式管理转向宏观管理，要求有社会组织出来承担由政府转移出来的职能，进入政府退出来的公共管理领域。行业协会在大形势下也有了长远的发展，在社会经济生活的各个方面和领域都逐渐开始积极主动地在政府的合理引导下进入社会管理领域，分担政府的社会责任，承接政府转移出来的职能，积极参与到政府的决策当中，向社会提供服务。由此可见，行业协会参与国家决策，能促进社会管理，为经济体制改革的顺利完成提供助推力。

2. 促进政府职能转变

在我国传统的计划经济体制之下，政府的管理涵盖了社会生活的每一个领域，所有的社会事务都是由政府统包统揽。自改革开放以来，随着社会主义市场经济体制的逐步建立完善和政治体制改革的逐步推进，政府逐渐从一些“不该管”“管不了”也“管不好”的经济社会领域退出，逐步实现政府职能的转变，提高政府管理的效能。实现政府、市场和社会组织的良性互动、协调合作，在各自擅长的领域积极发挥自身职能作用，才能共同推进经济社会的发展进步。在着力转变政府职能的背景下，政府将不再对经济、社会的诸多事务进行微观管理、直接管理，而是着重发挥提供公共服务和进行市场监管的职能，构建“小政府，大社会”的社会格局。政府放松对权力管制的同时，要求非营利组织能把握发展机遇，提高自身的组织运作和管理水平，承接好政府的权力下放，促进政府职能转变。

3. 增强政府治理的合法性

从我国的现实情况来看，我国的各项改革都是由政府主导的。为了促进经济社会的可持续发展，增强政府对国家实施治理的合法性基础，政府主动根据社会环境的发展变化调整政策，推动改革。这其中很重要的一点就是简政放权，将原本属于社会领域的权力放归社会，推动完善社会治理体系，实现权力的合理分配，以此来赢得民众的认可和拥护。自改革开放以来，顺应社会主义市场经济不断发展的历史趋势，政府不断推动行业协会和其他社会组织的发展完善，并引导其发挥自身优势，在完善社会治理结构的同时，也促进了经济、政治等领域的改革。

二、非营利组织服务政府的具体职能

1. 承担部分公共管理和公共服务的职能

包括社会管理与社会服务在内的社会治理，无疑是现代政府的必要责任。但是，这并不意味着所有的管理和服务都由政府直接来提供，政府不是这些管理和服务的唯一责任主体。政府的职能和功能事实上是有限的，社会管理与社会服务主体的多元化、政府和社会的分工合作与共同治理是社会发展的客观趋势。而有限的政府必须转变自己的社会职能。显然，能够承接这些社会职能和事务的当是各类专业化与职业化的非营利组织。作为政府社会职能转移的促进者与主要承接者，一方面，非营利组织可以承担一些微观管理职能，促进政府职能从直接微观管理向间接宏观管理转变；另一方面，非营利组织具有接近社会的优势，能够敏锐地发现公众对公共服务和公共产品的需求，再加上其提供准公共产品和公共服务时具有成本低、效率高的优势，因此，非营利组织能够替代政府来高效地提供准公共产品和公共服务。

2. 参与政府决策

一方面，非营利组织主要为公民提供参与的平台以便公民监督国家权力的行使，影响公共政策的形成，限制权力的滥用。非营利组织一般不谋求政府权力，但是它们关心政府的决策，努力保护其所代表的那部分公众的权益。另一方面，非营利组织通过积极介入来推动公共政策的形成，监督公共政策的执行，例如：政策研究提案、游说、动员媒体和舆论等，将公民的需要和意愿及时反映给政府。例如国家发改委 2019 年 7 月发布《优化营商环境条例(征求意见稿)》后，一些行业协会商会等社会组织积极献言献策，最终推动了《优化营商环境条例》的顺利出台。

3. 当好政府参谋

非营利组织覆盖了社会生活的诸多领域，聚集了众多学术上有造诣、技术上有专长、管理上有经验、社会上有影响的人士，他们充分发挥各自的优势，开展调查研究，为政府决策提供有益的意见和建议，成为推动政府决策民主化和科学化的参谋助手。民间组织是一种表达利益、争取权利的主体，他们可以为弱势群体、特定集体提供服务。由此，政府听取了各阶层利益要求之后，通过综合、协调而寻求一致，使得制定的政策更加公平、公正、科学、合理。此外，非营利组织大多立足于基层，与公民有着最为紧密的联系，掌握着较为具体的社会信息，因此可以较为全面地反映社会现状，为决策者提供了一条获取信息的捷径。大量的非营利组织参与公共政策制定，避免了获取信息途径单一、信息内容不完整，同时也避免了政策低效、失误。同时，非营利组织对于一些社会重大问题，能够提出自己的建议，其中专业性较强的民间组织更可以充分发挥"智囊团"的作用，为政府制定公共政策提供参考。例如各地乡贤会发挥智力优势，协助乡镇政府招商引资、规划产业园、完善基础设施建设，助力乡村振兴，就是服务政府职能的典型例子。

4. 加强对政府决策的监督和制约

在制定政策过程中，政府作为决策者，一方面，它可以利用手中权力为公民谋取利益，另一方面，也可能在决策过程中当自身利益与公民利益之间存在矛盾时，把利益的天平偏向自己。任何人的权力都要受到监督和制约，因为失去制约的权力必然会导致绝对权力，而绝对权力又必然会导致腐败。非营利组织参与公共政策制定，能成为政策制定和执行中有效的外部监督力量，在一定程度上保护公共利益不被公共权力所侵害，限制决策者为谋取自身利益最大化而不择手段；非营利组织参与公共政策制定，可以防止决策者权力滥用，避免公共政策成为强势群体欺压弱势群体的手段和工具。

第五节　非营利组织巩固党的执政基础的职能

一、非营利组织巩固党执政的价值基础

中国共产党的宗旨是全心全意为人民服务。人民立场是中国共产党始终坚持的根本政治立场，“民生取向”是中国共产党领导中国经济社会发展的核心理念，更是党的意识形态建设必须遵循的基本价值原则。改革开放以来，中国共产党不断加深对社会主义建设、党的建设、社会发展问题的认识，回答了新形势下的社会主义本质与任务、经济社会发展的内涵与要求、党的建设与发展标准等重大问题，从而领导中国人民走上了一条着眼于全面建成小康社会、实现社会主义现代化和中华民族伟大复兴的中国特色社会主义道路。之所以能实现经济发展与意识形态建设协调共进，其中的核心与关键在于中国共产党始终坚持人民利益至上的价值理念，坚持全心全意为人民服务的宗旨，在经济、政治、文化、社会、生态文明建设，以及党的建设的全过程中均凸显着民生取向的价值理念。

非营利组织是指不以营利为目的的组织，通过向社会提供公共物品或准公共物品，参与社会管理，承担社会责任。我国的非营利组织主要包括社会团体、基金会和民办非企业单位。在改革开放民主化、自主化的过程中，各种各样的社会团体、基金会以及民办非企业单位逐渐走上社会治理的平台，涉及科技、教育、文化、艺术、宗教、慈善、环保、工商等众多领域，成为

提供公共服务、践行公益价值、实现社会主义核心价值观的重要力量，为党和政府的宏观调控和市场的微观规制起到了重要的有益的补充作用。非营利组织践行公益价值的理念在本质上与中国共产党全心全意为人民服务的宗旨相契合，巩固党执政的价值基础。

二、非营利组织巩固党执政的阶级基础

我国是社会主义国家，国家性质是工人阶级领导的、以工农联盟为基础的社会主义国家，工人阶级的地位从法律上得到确认，知识分子也成为工人阶级的一部分。工人阶级成为中国共产党执政的阶级基础。中国共产党作为执政党，领导以工人阶级为领导、以工农联盟为基础的全国各族人民，经历了社会主义建设和改革开放，把中国建设成为富强、民主、文明的中国特色社会主义强国。中国共产党是领导我们事业的核心力量，而工人阶级是推动先进生产力发展、建设中国特色社会主义事业的基本力量。

非营利组织作为促进社会服务发展的重要组织载体，吸纳了大量的就业人口。据民政部数据统计，截至 2020 年底，全国共有社会组织 89.4 万个，吸纳社会各类人员就业 1061.9 万人。这些社会组织包括行业协会、商会、基金会、社会服务机构等，吸纳了整个社会的企业家、知识分子和普通民众，他们是适应于社会主义市场经济体制的新时代的工人阶级。非营利组织充分发挥自身的知识、文化、技术，为社会提供服务，化解各种社会矛盾，创造出丰富多彩的满足人民物质和文化生活需要的产品，在加强和完善社会治理、建设社会主义和谐社会方面发挥着重要的作用。非营利组织的员工和各行各业的员工一样，都是中国共产党执政的阶级基础和群众基础。

三、非营利组织巩固党执政的社会基础

中国共产党领导人民全面建设小康社会、进行改革开放和社会主义现代化建设的根本目的是要通过发展生产力，不断提高人民物质文化生活水平，促进人的全面发展。作为执政党，中国共产党始终代表中国先进生产力的发展要求、中国先进文化的前进方向、中国最广大人民的根本利益。人民日益增长的美好生活需要就是中国共产党作为执政党的奋斗目标，而要实现这一目标，中国共产党作为领导核心，就需要动员包括非营利组织在内的各类主体，创造出满足人们物质和文化需求的产品。

伴随着社会结构的深刻剧变和社会转型的持续推进，中国特色社会主义进入新时代，中国共产党执政的社会基础发生了很大的变化，市场经济的发展使得社会流动性增强。中国共产党作为我国的执政党，必须高度重视社会变迁的情况，特别要面临不断出现的新情况、新问题和新趋势。非营利组织的出现有效弥补了政府和市场的不足，是社会的重要支柱之一。非营利组织以非营利的形式，不仅为扶贫、救灾、环保、教育、社区管理等领域提供大量的社会资源，而且还为社会大众提供物品和劳动服务，深入基层与社会大众进行密切而深入的接触，对社会大众的迫切关心和需要解决的问题，迅速做出回应。此外，非营利组织更倾向于采用先进的管理理念和方法，注重自主创新，以此来获得更多的社会资源和社会大众的更广泛支持，进而提高服务效率和质量，更好地为社会服务。因此，中国共产党在执政中可以借助于非营利组织，巩固自身执政的社会基础。

四、非营利组织巩固党执政的人才基础

人才是现代社会竞争与发展的重要生产力，国家发展靠人才，民族振兴靠人才，人才是兴国之本、富民之基、发展之源。办好中国的事情，关键在党，关键在人，关键在人才，综合国力竞争说到底是人才竞争。在我国，非营利组织的人员不但有普通雇员、志愿者，还有企业家、技术员、教师、会计人员等优秀人才。近几年，我国非营利组织发展速度越来越快，组织数量不断增长，规模不断扩大，发挥作用日益显著，已成为吸纳就业的重要渠道、培养人才的有效途径和评价人才的重要平台，会集了越来越多相关领域的管理人才、专业技术人才和技能人才。这些非营利组织人才有强烈的社会责任感，满怀对中国共产党的信任和忠诚，对中国特色社会主义充满信念，热爱祖国、热爱人民、热爱中国共产党，践行社会主义核心价值观，把自己的事业与中国共产党的领导、中华民族的伟大复兴紧紧地联系在一起。因此，非营利组织是构建和谐社会的重要力量，是中国共产党执政的可信赖的人才基础的重要组成部分。

第六节　非营利组织促进共同富裕的职能

2021 年 11 月，党的十九届六中全会通过了《中共中央关于党的百年奋斗重大成就和历史经验的决议》，这个决议明确指出：党的根基在人民、血脉在人民、力量在人民，人民是党执政兴国的最大底气。只要我们始终坚持全

心全意为人民服务的根本宗旨，坚持党的群众路线，始终牢记江山就是人民、人民就是江山，坚持一切为了人民、一切依靠人民，坚持为人民执政、靠人民执政，坚持发展为了人民、发展依靠人民、发展成果由人民共享，坚定不移地走全体人民共同富裕道路，就一定能够领导人民夺取中国特色社会主义新的更大胜利，任何想把中国共产党同中国人民分割开来、对立起来的企图就永远不会得逞。

这里的共同富裕是全体人民追求美好生活的共同富裕，而不是少数人的富裕；这里的共同富裕是物质与精神上的共同富裕，而不仅仅是物质富裕；这里的共同富裕是适度差别的富裕，而不是均贫富，更不是劫富济贫；这里的共同富裕是存量与增量的共同富裕，而不仅仅是存量分配的富裕；这里的共同富裕是机会平等的共同富裕，而不是实力平等的共同富裕。总之，我们需要用发展的眼光来看待共同富裕，用共享的眼光来看待共同富裕，用可持续性的眼光来看待共同富裕，因此，共同富裕体现出“发展性、共享性和可持续性”①的特征。此外，还需要用正义的眼光来看待共同富裕，因为共同富裕是社会主义的追求目标，是社会主义的优势性的体现，这种优势性是建立在公平正义的基础上的。因此，共同富裕不仅是社会主义的奋斗目标，也是中国共产党追求的目标，它“事关国家的长治久安、中国共产党长期执政”。②

那么，如何推进共同富裕呢？在社会主义市场经济体制下扎实推进共同富裕，不仅仅是政府的目标，而且是“经济社会发展成果在有效市场、有为政府和有爱社会共同驱动下，通过三次分配向全体社会成员扩散并不断缩小差距和巩固共享分配结果的动态过程”。③ 也就是说，共同富裕的实现需要政府、市场与社会的共同努力，它是有效市场、有为政府和有爱社会共同作用的结果。其中社会组织在共同富裕中扮演着难以替代的作用。非营利组织的公益性、非营利性和志愿性，使其在慈善与道德的分配方面具有天然的优势。而非营利组织促进共同富裕的作用途径主要通过第三次分配体现出来。

那么什么是第三次分配呢？第三次分配也称“矫正再分配”④，它是对市

---

① 郁建兴、任杰：《共同富裕的理论内涵与政策议程》，《政治学研究》，2021年第3期。

② 唐任伍、孟娜、叶天希：《共同富裕思想演进、现实价值与实现路径》，《改革》，2022年第1期。

③ 唐任伍、李楚翘：《共同富裕的实现逻辑：基于市场、政府与社会“三轮驱动”的考察》，《新疆师范大学学报(哲学社会科学版)》，2021年第10期。

④ 李水金、赵新峰：《第三次分配的正义论基础》，《山东工商学院学报》，2021年第1期。

场初次分配以及政府矫正分配的再矫正。作为一个本土化的概念，第三次分配最初由经济学家厉以宁 1994 年在《股份制与现代市场经济》中提出：第一次是由市场按照效率进行分配；第二次是由政府按照兼顾效率与公平的原则，通过税收、扶贫及社会保障统筹等方式来进行第二次分配；第三次是在道德力量的作用下，通过个人收入转移和个人自愿缴纳和捐献等非强制方式再一次进行分配。在厉以宁看来，“第三次分配是指人们完全出于自愿的、相互之间的捐赠和转移收入，比如说对公益事业的捐献，这既不属于市场的分配，也不属于政府的分配，而是出于道德力量的分配。”①

由于第三次分配的提法在中国出现的时间不长，学术界对这一概念的研究还处于探索阶段，对于什么是第三次分配，不同的学者也有不同的理解。大多数学者从公益慈善的角度进行理解，“所谓第三次分配，就是指个人、企业和其他社会组织在习惯和道德的推动下，把可支配收入的一部分自愿捐赠出去，通过社会救助、民间捐赠、慈善事业、志愿者行动等形式，进行社会财富的重新配置并最终实现社会公平的一种分配机制。”②有学者认为第三次分配本质上是一种道德机制，“所谓第三次分配，则是在道德、文化、习惯等影响下，企业、社会团体和个人自愿通过民间捐赠、慈善事业、志愿行动等诸多方式济困扶弱、促进公益事业的行为，是对再分配的有益补充。”③也有学者从制度的角度来理解第三次分配，第三次分配是一种这样的制度安排，“即个人或企业出于自愿，把可支配收入的一部分捐赠出去，建立社会救助、民间捐赠、慈善事业、志愿者行动等多种形式的制度和机制，以实现社会财富的重新配置。”④还有学者认为仅仅从慈善角度来理解第三次分配未免过于狭窄，主张从更宏大的视角来理解第三次分配，将第三次分配理解为“丰裕社会的财富流向如何适应个体精神追求和人民美好生活的命题”。⑤

由此可见，以公益慈善捐赠为核心的第三次分配明显不同于市场的初次分配与政府的再分配。第三次分配的主要特征如下：一是第三次分配是以第三部门为主导的分配。如果说初次分配以市场为主导，再分配以政府为主

① 厉以宁：《关于经济伦理的几个问题》，《哲学研究》，1997 年第 6 期。

② 武晓峰：《论第三次分配的价值诉求与实现条件》，《求实》，2010 年第 6 期。

③ 梁朋：《重视发挥第三次分配在国家治理中的作用》，《中国党政干部论坛》，2020 年第 2 期。

④ 魏俊：《“第三次分配”的概念及特征述评》，《山东工商学院学报》，2008 年第 4 期。

⑤ 王名、蓝煜昕、王玉宝等：《第三次分配：理论、实践与政策建议》，《中国行政管理》，2020 年第 3 期。

导，那么第三次分配以第三部门也即非营利组织为主导。二是自愿性。第三次分配的财富来源如志愿活动、慈善捐赠等是建立在公民个人或组织自愿的基础上的。三是道德性。第三次分配是以道德的力量进行调节的，因为“道德力量调节才能够使市场调节更好地发挥作用”。① 四是社会公共性。第三次分配通过动员社会的志愿、慈善、公益等力量参与，并实现社会的公共利益，具有广泛的社会公共性。五是志愿性。第三次分配与市场的竞争性与政府的强制性不同，它是以志愿力量为核心的，本质上“是一种与价格机制、官僚机制并列的社会志愿机制，而不能狭窄化地界定为公益慈善事业”。② 六是公益性。第三次分配存在的一个重要原因即是弥补初次分配与再分配的不足，促进整个社会的公正、正义以及公益事业的发展。

非营利组织通过第三次分配来促进共同富裕的价值主要体现为以下几方面：

一是第三次分配通过对分配正义理论体系的矫正来促进共同富裕。传统分配正义的理论体系主要包含两个维度，即初次分配正义的维度和再分配正义的维度，但是“由于市场失控和政府失灵，在两次分配后，社会协调发展、社会公平正义仍留有空白，尤其是在当前社会转型期出现的贫富差距过大、弱势群体大量出现等社会正义问题，分配正义的价值没有得到充分体现。”③ 这样就使得传统分配正义的理论体系不够完善，而将第三次分配纳入到分配正义体系，则有效克服了市场初次分配与政府再分配的不足，从理论上完善了分配正义的体系，而分配体系的完善正是共同富裕的基础。

二是第三次从道德正义的视角促进了共同富裕。如果说市场分配是以追求效率为目标，那么政府再分配是以追求公平为目标的，而第三次分配则是以追求道德为主要目标。由于市场存在失灵现象，因此基于市场原则的道德是不稳固的，是经济利益的副产品，而不是主要目标，很容易受到自利人的“背德风险”而破坏；而政府的再分配在促进公平的同时也对道德起着监督作用，但是由于政府存在失灵，“面临着不可克服的信息成本和监督成本……

---

① 厉以宁：《中国经济需要发挥道德的力量》，《企业观察家》，2017 年第 10 期。

② 傅小随：《论社会志愿机制及其承载的第三次分配》，《特区实践与理论》，2017 年第 6 期。

③ 李超：《公益伦理：一种必要而不必然的社会正义》，《东南大学学报（哲学社会科学版）》，2015 年第 3 期。

它们强制和惩罚其代理人的能力非常有限”，其结果是“偷懒行为几乎无处不在”①。而第三次分配是以公益使命为目标的，使用的也是公益资产，受到社会更严格的审视，这就使得第三次分配能够大大减少机会主义和背德行为，从而推动道德正义的实现。

三是第三次分配通过推进财富正义来促进共同富裕。财富的使用有三重含义，即按照市场效率原则的财富分配、按照政府公平原则进行的财富分配和按照第三部门的公益目标进行的财富分配。无论是市场的初次分配还是政府的矫正分配，都没有完全实现分配正义中的财富正义。而第三部门将财富用于公益事业，这是第三部门区别于市场财富观与政府财富观的重要因素，也是财富正义的重要来源。第三次分配的财富正义主要通过三个方面表现出来：(1)为公益事业而进行的慈善捐赠是财富分配正义的重要体现。相对于市场与政府，公益事业是利他的事业，是美好生活向往追求的事业，是形成公益型社会的事业。据《民政事业发展统计公告》，2018 年，全国社会组织捐赠收入达 919.7 亿元，比上年增长 26.1%。社会组织将慈善捐赠用于社会慈善事业，本身就是一种财富正义的体现。(2)第三次分配的税收减免或税收优惠政策也体现了财富正义。根据法律，第三部门享有税收等方面的优惠政策。例如《慈善法》规定：自然人、法人和其他组织捐赠财产用于慈善活动的，依法享受税收优惠；受益人接受慈善捐赠，依法享受税收优惠。这方面与市场、政府不同，公益事业的税收优惠是大多数国家采取的通行做法，有助于推进公益活动的积极性和促进公益事业的发展，是财富正义的重要体现。(3)政府购买慈善组织服务也是财富正义在公共服务领域的体现。与市场、政府不同，慈善组织通过政府购买服务，将社会资金与资源用到了政府管不了，也管不好的公益领域，让公益慈善精神渗透到社会的各个角落和各个领域，并为受益者提供了良好的公益性服务，在公共服务领域体现了财富正义。

四是第三次分配通过保障权利正义来促进共同富裕。无论是初次分配还是再分配，对个体权利，特别是弱势群众的权利正义缺乏明确的保护。初次分配最终会导致贫富差距，使得弱势群体的权利难以有效保障；政府的矫正分配又会因为公权力的原因而难以使权利正义渗透到私域的个体。而第三次

① ［德］柯武刚、史漫飞：《制度经济学——社会秩序与公共政策》，北京：商务印书馆，2000 年，第 80 页。

分配以其灵活性、公益性与志愿性可以在市场、政府管不好、管不了的地方发挥作用，特别是第三次分配在慈善救助、保障弱势群体权利、维护社会公平正义等方面起到了初次分配与矫正分配难以起到的功能。

非营利组织除了通过第三次分配促进共同富裕外，还通过志愿服务、参与灾害救助、关注妇女儿童权益、倡导政策参与、保护弱势群体平等权利以及慈善活动等从物质和精神方面助力共同富裕的实现。

思考题

1. 非营利组织服务社会的职能是什么？
2. 非营利组织服务行业的职能是什么？
3. 非营利组织服务会员的职能是什么？
4. 非营利组织服务政府的职能是什么？

综合案例　北京市社会组织助力西部地区乡村振兴与共同富裕

2020年初，受新冠肺炎疫情影响，线下消费市场受到很大冲击。国家层面第一时间采取了相关政策措施来控制疫情的传播，以保障国家及人民的安全。早在2020年2月14日，国务院扶贫办、中央网信办、教育部、农业农村部、商务部、国务院国资委、全国工商联7部门联合印发《关于开展消费扶贫行动的通知》，明确规定了消费扶贫行动的工作目标、基本原则、主要方式、工作要求，提出要充分发挥贫困地区的资源优势、生态优势，组织好扶贫产品货源，确保农产品质量和食品安全，精准对接东部地区和大中城市居民对优质安全扶贫产品的需求，解决“菜篮子”“米袋子”问题，实现优势互补、互惠互利。随后，在2020年5月12日，国资委举办的中央企业消费扶贫工作推进会暨央企消费扶贫电商平台上线，成为消费扶贫的新尝试、新平台。据国务院国资委科技创新和社会责任局有关负责人介绍，中央企业消费扶贫专项行动组织中央企业主动与定点扶贫县对接摸排，形成了178个县1800多种农产品滞销清单，集中采购5.22亿元。

社会组织直播带货也成为消费扶贫的亮点，众多社会组织参与到消费扶贫当中，积极开展了直播带货工作，助力当地公益扶贫与乡村振兴。在2020年5月4日，北京市青年企业家协会就开展了以“一份货　十分爱”为主题的对口直播带货活动。此次直播为行业内首次尝试，直播时长为一小时左右，上架了和田大枣、胡麻油、藜麦、板栗等多种对口地区的特色美食，在线关注人数达到了六万余人，最终这场直播收获了金额超过十万元的带货额度，是社会组织直播带货进行公益扶贫和助力乡村振兴的一次有益尝试。此外，为响应北京市人民政府2020年4月30日发布的《关于新型冠状病毒肺炎疫情二级应急响应情况下推进体育健身场所安全有序开放情况的通报》，直播间还免费发放了北京市青年企业家协会会员企业提供的数百张体验券，包含羽毛球、蹦床、棒球、温泉、长城民宿住宿等。此次直播活动是北京市青年企业家协会公益直播活动的首次尝试，在行业协会中产生了良好的影响。直播活动有效汇聚首都青年企业家的力量，支持脱贫攻坚，助力乡村振兴，关注社会公益，推进社会组织、会员企业、乡村振兴实现共享共建与共赢的局面，为服务经济社会发展、助力乡村振兴与共同富裕做出了重要示范。2022年6月28日，北京市社会组织孵化中心西部基地助农直播活动在孵化基地首播圆满完成。本次助农直播活动采用抖音直播连线方式，分别在北京市社会组织孵化中心西部基地和河北省张家口市沽源县残联温馨家园两个抖音直播间开展，北京直播现场有多个社会组织，线上有许多社区志愿者、居民参与互动。直播取得了良好的效果，一位养殖户非常激动地说："北京帮扶我们销售鸡蛋了，太好了！太感谢了！"

2021年中国完成了消除绝对贫困的艰巨任务后，如何助力乡村振兴、防止返贫及解决相对贫困问题并走向共同富裕就成为北京市社会组织扶贫的重要任务。为切实巩固拓展脱贫攻坚成果，进一步助力西部地区乡村振兴，北京市社会组织积极发挥专业优势和自身专长，在西藏自治区、新疆维吾尔自治区持续开展产业、教育、医疗等支援帮扶工作，全方位拓展扶贫范围和扶贫深度，从产业发展、教育帮扶、慈善公益、医疗保健、文化发展等方面助力当地乡村振兴与共同富裕，彰显社会组织责任担当。

例如：北京建藏援藏工作者协会计划从2022年开始，3年投入3000万元，推动西藏蜂产业健康发展，帮助当地群众增收致富。中关村技术经理人协会积极协助西藏自治区科技信息研究所建设"国家技术转移西藏中心"，推动信息、技术、人才、资本等各种创新要素加速向西藏汇聚，助推当地乡村振兴。北京语泽公益基金会在新疆喀什地区、西藏日喀则市开展"海通·爱朗读"公益项目，帮助当地孩子提升普通话听说水平。北京苹果慈善基金会在累计捐赠2800多万元的基础上继续在西部地区开展公益慈善和助教、助医、助农工作。北京屈正爱心基金会在新疆开展“护心云工程—校园心电监护”和“护心云工程—远程心电监护”项目，向阿勒泰地区中小学、卫生院及伊犁州捐赠心电监测设备等。北京联益慈善基金会在西藏那曲地区开展“危重新生儿救治基金”项目，为当地危重新生儿提供除医保之外的救治资金。北京韩红爱心慈善基金会开展“韩红爱心·关爱藏区公益在行动”项目，向西藏捐赠医疗设施并帮扶医疗救助工作。北京白求恩公益基金会在新疆和田地区开展“幼儿园儿童及小学生结石健康筛查”等项目。北京五八公益基金会针对新疆维吾尔自治区文博院“我帮国宝来说话”青少年文物保护宣传教育项目，有效激发广大青少年的爱国主义情感。北京宋庄艺术发展基金会向北京市援疆和田指挥部捐赠“京韵京味”主题老北京声音藏品，用于建设“北京援疆民族团结进步实践基地”，让自治区群众体验老北京文化。

北京市社会组织助力乡村振兴与扶贫帮扶工作受到上级部门、扶贫支援地区、贫困群众的点赞好评。国务院扶贫办多次肯定北京扶贫支援工作走在全国前列，成效显著。2022 年 5 月，国家乡村振兴局、民政部制定了《社会组织助力乡村振兴专项行动方案》，根据这一部署，北京市出台了《北京市加快推进 2022 年东西部协作工作行动方案》，将继续采用直播带货、对口帮扶、产业扶贫、慈善公益等多种方式，并完善相关法律法规，充分发动社会组织助力西部地区乡村振兴并迈向共同富裕之路。

思考题：

1. 北京市社会组织助力西部地区乡村振兴与共同富裕有哪些举措？
2. 北京市社会组织助力西部地区乡村振兴与共同富裕取得了哪些成效？

第七章 非营利组织的内部治理

非营利组织的发展需要越来越多的资源，但是虽然各领域内非营利组织大量出现，社会能够提供给非营利组织的资源却相对增长缓慢，非营利组织的发展面临越来越大的竞争压力。当非营利组织无力改变外部环境时，就会放更多的注意力到对组织内部结构的治理上。因此，研究非营利组织内部治理结构，理顺组织的发展脉络，有利于将非营利组织的发展与社会进步进行有效融合，从而提高非营利组织的内部治理水平。

第一节　非营利组织内部治理的内涵

一、非营利组织内部治理的含义

在非营利组织发展之初，由于大多数非营利组织从事的是慈善事业，为社会提供公益服务，非营利组织形象较好并受到人们的尊重，非营利组织的治理问题很少引起人们的重视。

随着非营利组织的发展，其在治理层面上的问题逐渐显露，逐渐受到人们的关注和重视，也引起学界的关注。2002 年在南非召开的第三部门研究国际协会第五届年会的主题就是非营利组织的治理；美国 2002 年召开的管理学会年会也将非营利组织的治理问题作为研讨的问题之一。中国于 2007 年开办的第二届治理论坛将“非营利组织治理与和谐社会建设”列为大会议题。

非营利组织的利益相关者范围广泛，不仅包括理事会、监事会、管理层、组织员工、志愿者等内部团体，还包括政党、政府、企业、社区和受益者等外部相关利益者。因此，相应地，非营利组织的治理也包括外部治理和内部治理两部分。所谓外部治理，即非营利组织与外部利益相关者的广泛关系，主要包括非营利组织与政党、政府、企业的关系等。所谓非营利组织内部治理，即非营利组织围绕组织章程，在理事会、监事会、员工大会之间实现责权利合理分配，最终实现组织使命的各种机制、制度和关系的总称。

非营利组织内部治理包括四个层次：第一个层次是非营利组织治理的组织结构，如松散型组织结构、直线职能式组织结构、事业部式组织结构、矩阵网络式组织结构、复杂综合型组织结构、虚拟型组织结构等，有什么样的组织结构，就可能产生什么样的治理模式；第二个层次是非营利组织内部治理的结构形态，包括理事会、监事会、员工大会等，其相互关系决定了非营利组织内部治理的成绩；第三个层次是非营利组织内部治理的模式，即实现责权利的合理分配，并形成集权、分权与授权的治理模式；第四个层次是非营利组织内部治理的机制层面，包括决策机制、执行机制、监督机制等。

二、非营利组织内部治理的特点

1. 激励不相容

非营利组织治理与企业的治理不同。从企业的角度看，在高效市场竞争下，公司董事与管理人员通常拥有公司股票作为报酬的一部分，从而把他们的收入与公司经营效益相联系。当股东不满意公司效益时，作为公司的所有者和剩余价值索取者，股东会进行监督，从而激励公司发展。非营利组织则不然，其产出属于非市场产出，缺乏利润导向机制，且管理绩效不是基于可观察的标准，因此利益相关者不确定，激励动力无法进行量的衡量。

2. 竞争替代机制缺失

根据我国《社会团体登记管理条例》第十三条规定，当同一行政区域内已有业务范围相同或者相似的社会团体时，登记机关就可以认为没有必要，而不予批准成立社会团体。因此，我国多数非营利组织处于垄断地位，竞争替代机制缺失，非营利组织需要建立一个完善的内部机构保证其平稳运转，以此替代外部市场竞争机制的缺失。

3. 所有者缺位

对于非营利组织而言，出资人将财产交给受托人管理或处理，便失去了对其财产的占有、使用、收益、处分以及管理、经营的权利；受托人取得该项财产的处分权，但财产处分后或经营管理中取得的利益要交付受益人；受益人可视为财产所有权的实际享有者，但他也不享有完整的所有权。因此，非营利组织无法找到明确的人格化所有者，只能将其资产归结为法律上的法人所有。

4. 出资与受益角色的分离

尽管对于企业而言，也存在基于委托代理关系而产生的所有权与控制权相分离，但是在理论逻辑上，其原始出资人也是最终“受益人”，所以对于企业而言，“所有权”与“受益权”是统一的。而对于非营利组织特别是其中的公益性非营利组织而言，“出资者(捐助人)”与“受益人”的角色是分离的，而且捐助人一旦完成了捐助行为即丧失其控制权。也就是说，非营利组织的“四权”，即所有权、控制权、经营权和受益权是分离的。因此，非营利组织治理的基础比企业更具有复杂性。

5. 非营利组织面临更广泛的利益相关者的关注

非营利组织使用公益资产，而其资产可能出自政府、企业，也可能出自会员、公民个人，还可能出自其他非营利组织。同时，非营利组织作为政府功能的重要补充，还受到政府和政党的监控。因此，相对于企业而言，非营利组织受到更广泛的利益相关者的关注，这些利益相关者可能包括出资者、债权人、理事层、管理层、员工层、受益者、供应商、行业协会、政党、政府、企业、社区、媒体等。

第二节　非营利组织内部治理的组织结构

德鲁克向我们保证，如果一个组织的结构是鼓励企业家精神和行为的，那么几乎人人都可以成为企业家。反之，如果一个组织的结构是鼓励官僚主义行为的，则几乎任何企业家都会变成官僚主义者。① 非营利组织的内部治理是通过一定的组织结构来实现的，非营利组织的组织结构对于维持非营利组织的高效率至关重要。非营利组织内部治理的组织结构主要有以下几种：松散型组织结构、直线职能式组织结构、事业部式组织结构、矩阵网络式组织结构、复杂综合型组织结构、虚拟型组织结构。

一、松散型组织结构

由于许多非营利组织是基于使命、利益或共同的爱好而建立起来的，使命成为联系非营利组织的纽带，因此，许多非营利组织的组织结构相对松散，如一些联谊会、俱乐部等。这些组织围绕着使命进行工作，专职人员往往较少，甚至只有少数几个领导、秘书或专职工作者在进行日常管理工作。组织结构往往是一个领导负责，下设两三个层次甚至只有一个层次。组织也往往缺乏部门化设置，只设立一个办公室负责日常管理工作。这种情况属于松散型的组织结构，在草根组织中很常见。

松散型组织结构的优点是反应快速、灵活，组织结构简单，运行成本少。这些组织往往处于初建时期，工作量少，规模相对较小，工作重复程度高，因此，采取松散型的结构以提高工作效率和节约成本。但是松散型组织结构也有其不足之处，主要是只能适应于高度集权或小型的组织，随着组织规模的扩大和组织事务的增多，松散型结构就不太适应了。

二、直线职能式组织结构

直线职能式组织结构是现实中运用得最为广泛的一种组织结构，它把直线制结构与职能制结构结合起来，以直线为基础，在会员大会或理事会之下

① ［美］戴维·奥斯本、特德·盖布勒：《改革政府——企业家精神如何改革着公共部门》，周敦仁等译，上海：上海译文出版社，2006 年，第 5 页。

设置相应的职能部门(如规划、财务、公关等部门)，分别从事相关的专业管理，作为该级行政主管的参谋，实行理事长统一指挥与职能部门参谋、指导相结合的组织结构形式。

直线职能式组织结构的优点是：既有保证组织目标实现的直线部门，也有按专业分工设置的职能部门，有助于组织宗旨的实现；深度的专业化，有助于维护组织的权威。但是直线职能式组织结构也有其缺点：各职能部门可能缺乏对组织整体目标的认识，职能间沟通不良可能助长部门主义之风。

如中国老龄事业发展基金会的组织结构图(见图7-1)。

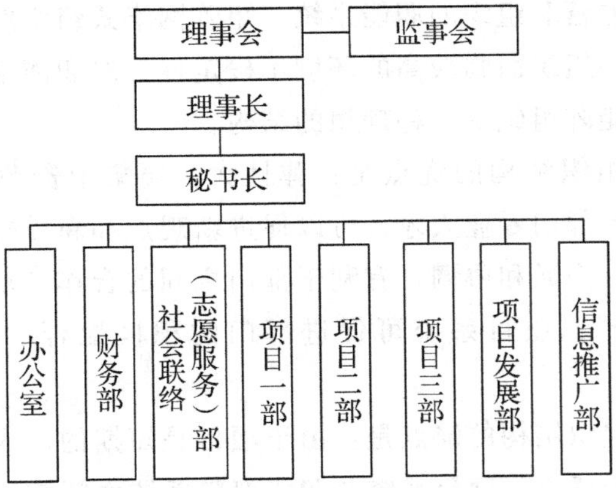

图7-1　中国老龄事业发展基金会组织架构

资料来源：中国老龄事业发展基金会官网，http：//www.cadf.org.cn/page/3。

三、事业部式组织结构

事业部式组织结构是非营利组织常见的一种组织结构。所谓事业部式，是指非营利组织以某个产品、服务、项目、地区或顾客为依据，将相关的下属组织结合成一个相对独立单位的组织结构。这些相对独立单位通常表现为分支机构、专业委员会、工作委员会、专项基金管理委员会等。

这种结构一般适应于较大型非营利组织，非营利组织除了设置职能部门外，还下设了相对独立的各分支机构进行管理。这种组织结构的优点是：有助于发挥职能部门的参谋作用；有助于分支机构根据当地实际情况开展工作，提高效率；分支机构不是服从于职能部门而是服从于理事会，有助于提高决策的快速下达。缺点是：分支机构的增多带来管理幅度的增加，从而增加管理难度；分支机构有可能导致机构的重复设置，增大管理成本；分支机构可能和职能部门产生分歧，从而增加协调成本。中国电力企业联合会的组织结构是一种典型的事业部式组织结构。

中国电力企业联合会的组织结构由直线结构、职能结构和相对独立的分支机构和专业委员会组成。职能部门发挥参谋作用，分支机构根据当地实际情况服务当地的会员，专业委员会服务于专业领域。

四、矩阵网络式组织结构

矩阵网络式组织结构是综合利用各种标准的范例，这是一种由纵横两套系统交叉形成的复合结构组织。其中纵向是为完成某项专门任务而组成的项目系统，横向是非营利组织的职能系统。矩阵网络式组织结构打破了统一指挥的传统原则，当组织面临较高的环境不确定性，对职能部门和项目系统存在双重要求时，矩阵组织是一种理想的结构。

矩阵网络式组织结构的优点是：弹性大，要集中资源迅速完成重要任务；由于集中了各部门专业人才，可以促进新观点和新设想的产生；多部门组合，可促进相互沟通和协调，有利于部门之间的合作；双重晋升路径，使员工有更多的选择；项目系统可促进部门的积极配合，提高项目管理的效率。

矩阵网络式组织结构的缺点是：由于项目是短期的，成员容易产生临时观念，影响部门责任心；项目系统与职能部门系统之间容易因争夺资源而产生摩擦；成员受双重领导，容易影响组织效率。

中国乡村发展基金会(原中国扶贫基金会)是一个典型的矩阵网络式组织结构(见图 7-2)。

中国乡村发展基金会由纵横两个系统组成，纵向的项目系统包括资源发展部、乡村振兴协作部、移动互联网部、公众互动部、月捐发展部、国际发展部、项目合作部、儿童发展项目部、健康发展项目部、教育发展项目部、灾害救援与项目管理部、百美村宿项目部、产业发展项目部、乡村建设项目部、创新与社会企业促进中心办公室等组成。横向的职能部门包括综合事务部、人力资源部、计划财务部、监测研究部、品牌传播部、信息技术部。这样的结构既有利于基金会整合整个组织资源完成任务，又有利于管理成本的降低。

五、复杂综合型组织结构

复杂综合型组织结构是适应大型或超大型非营利组织的一种组织结构。

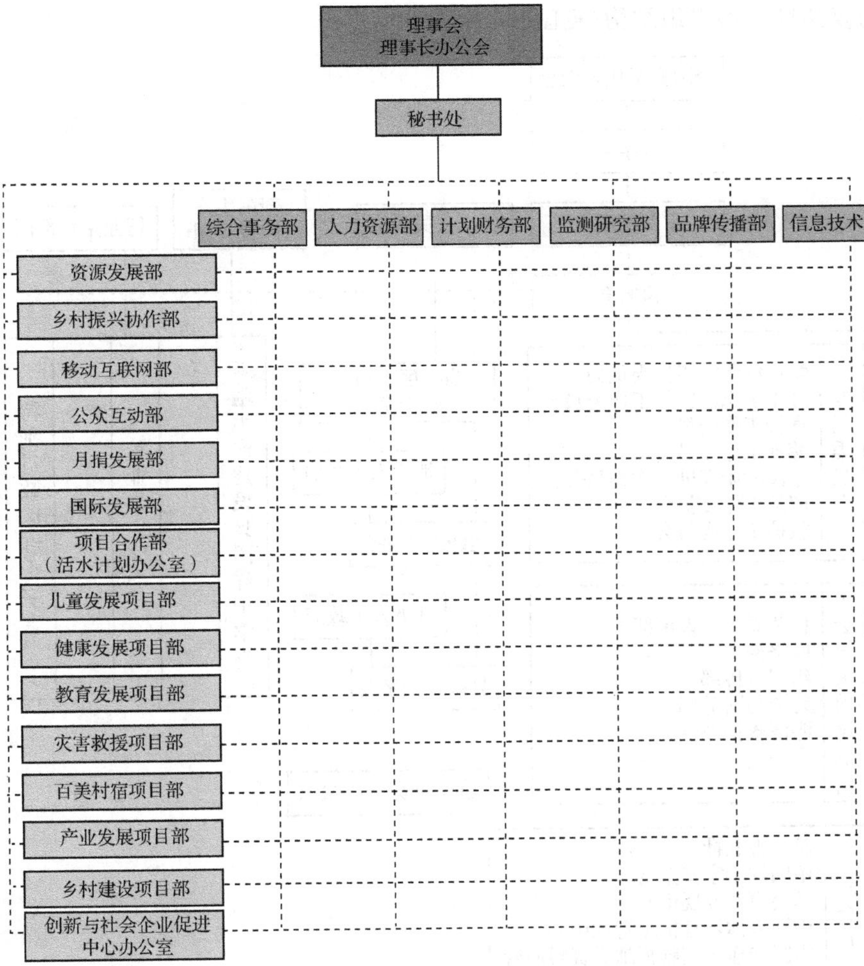

图 7-2　中国乡村发展基金会组织结构图

资料来源：中国乡村发展基金会网站，http：//www. cfpa. org. cn。

这种组织往往在横向上跨越许多部门甚至地区，在纵向上跨越许多层级，形成一个纵横交错的复杂组织网络。

复杂综合型组织结构的优点是：能够通过纵横结构将组织跨部门、跨地区、跨层次的不同需要整合在一起，从而维护整个组织的权威，增强组织的凝聚力。但是这种组织结构也有其不足：由于机构庞大，组织反应迟钝，政策失灵；横向部门和纵向层次过多，导致沟通困难，信息失真度大，政策落实时间长；另外，部门受双重领导，导致矛盾增多。中国红十字会是一种典型的复杂综合型组织结构(见图 7-3)。

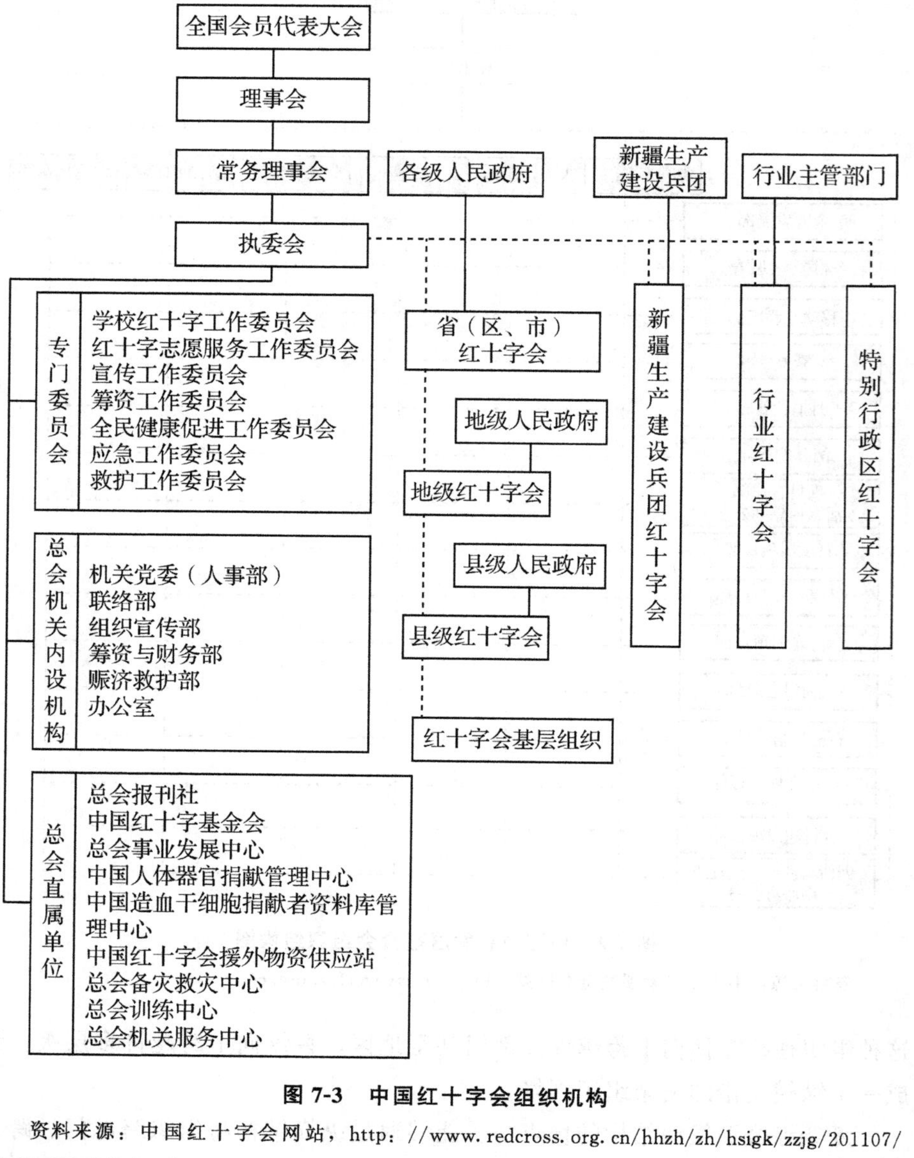

图 7-3　中国红十字会组织机构

资料来源：中国红十字会网站，http：//www.redcross.org.cn/hhzh/zh/hsigk/zzjg/201107/t20110713_841.html。

中国红十字会的组织结构非常复杂。既有直线式结构，也有职能结构；既有相对独立的专门委员会，也有直接领导的直属单位；既有跨地区、跨层次的下属红十字会，也有跨部门、跨系统的主管单位。这些特点使得中国红十字会形成了一套复杂的组织系统。

六、虚拟型组织结构

随着网络时代的兴起，网上出现了大量的非营利组织，即网络社团。网络社团的出现，使得非营利组织的组织结构出现了一种新的取向，即虚拟型组织结构(见图 7-4)。这种组织结构的优点是：具有更大的灵活性和柔性，能够反映快速变化的环境的需求；而且这种组织结构弹性大、精练简单，便于使用电子商务处理，效率高。其缺点是：由于网络的易得性和及时性，道德风险大，可控性差；由于临时性强，员工容易产生短期行为；监管困难。

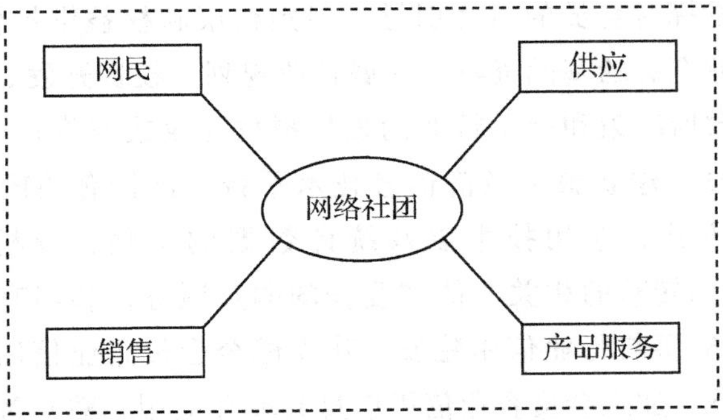

图 7-4　虚拟型组织结构

第三节　非营利组织内部治理的组织机构

非营利组织机构包括会员大会或会员代表大会、理事会，可以根据需要设立常务理事会、监事或监事会。非营利组织负责人不得由在职公务员兼任。此外，还包括非营利组织下设的二级分会、专业委员会等。非营利组织的组织机构必须以章程为依据开展活动。

一、非营利组织的章程

组织章程是组织活动的依据。非营利组织是靠使命维系的，组织章程是非营利组织活动所必须遵循的“法律”。非营利组织的一切活动必须以组织章程为依据，不能出现违背组织章程的行为。制定组织章程应包含以下内容。

一是对非营利组织名称、住所、业务主管单位、性质、使命、宗旨等所做的规定。这个部分通常称为总则。这里特别要指出的是，非营利组织是靠使命或宗旨来维系的，因此，使命和宗旨需要非营利组织根据自身特点来提炼，要高度概括并反映组织的特性。

二是对非营利组织业务范围的规定。这个部分通常要求非营利组织列出业务范围或提供服务的主要范围。例如，中国旅游协会的业务范围包括11项：(1)经政府有关部门批准，参与制定相关立法、政府规划、公共政策、行业标准和行业数据统计等事务；参与制订、修订行业标准和行业指南，承担行业资质认证、行业人才培养、共性技术平台建设、第三方咨询评估等工作；(2)向会员宣传、介绍政府的有关法律法规政策，向有关政府部门反映会员的诉求，发挥对会员的行为引导、规则约束和权益维护作用；(3)收集国内外与本行业有关的基础资料，开展行业规划、投资开发、市场动态等方面的调研，为政府决策和旅游行业的发展提供建议或咨询；(4)利用互联网等现代科技手段，建立旅游经济信息技术平台，进行有关国内外的市场信息、先进管理方式、应用技术以及统计数据的采集、分析和交流工作；(5)接受政府部门转移的相关职能和委托的购买服务；参与有利于行业发展的公共服务；(6)参与行业信用建设，建立健全会员企业信用档案，开展会员企业信用评价，加强会员企业信用信息共享和应用；建立健全行业自律机制，健全行业自律规约，制定行业职业道德准则，规范行业发展秩序；维护旅游行业公平竞争的市场环境；(7)开展有关旅游产品和服务质量的咨询服务，组织有关业务技能培训和人才培养；受政府有关部门委托或根据市场和行业的需要，举办展览会、交易会，组织经验交流，推广新经验、新标准和科研成果的应用；(8)加强与行业内外的有关组织、社团的联系、合作与沟通，促进互利互惠的利益平衡；(9)以中国旅游业的民间代表身份开展对外的交流与合作，搭建促进旅游业对外贸易和投资服务平台，帮助旅游企业开拓国际市场；在对外经济交流，旅游企业"走出去"过程中，发挥协调、指导、咨询、服务作用；(10)依照有关规定编辑有关行业情况介绍的信息资料、出版发行相关刊物，设立下属机构或专门机构；(11)依法从事促进行业发展或有利于广大会员利益的其他工作。

三是对非营利组织的组织机构如会员代表大会、理事会、常务理事会、监事会以及非营利组织负责人等方面的规范。例如，会员大会、理事会、监事会、常务理事会的产生和罢免；理事长、理事、秘书长、会员等的产生及权利和义务；还包括分支机构、专业委员会、二级机构等的产生和管理等。

四是对非营利组织开办资金及经费来源等财务状况所做的规定。要标明注册资金多少，经费来源的构成情况及使用原则。

五是对非营利组织章程修改的规范。章程修改一般经过组织权力机构同意后，需要报业务主管单位和民政部门备案。

六是对非营利组织罚则的规范。对于非营利组织的违规和违法行为，章程中通常规定了对这些违规违法行为的罚则。

七是对非营利组织程序终止和剩余财产的处理。非营利组织终止后，剩余财产需按国家有关规定用于与本组织宗旨相关的事业。

八是对党的建设和社会主义核心价值观的规范。2018 年 5 月民政部在《关于在社会组织章程增加党的建设和社会主义核心价值观有关内容的通知》规定，社会组织党的建设有关内容具体表述为：本会(基金会、中心、院等)根据中国共产党章程的规定，设立中国共产党的组织，开展党的活动，为党组织的活动提供必要条件。而社会主义核心价值观有关内容具体表述为：遵守宪法、法律、法规和国家政策，践行社会主义核心价值观，遵守社会道德风尚。

二、业务主管部门

某些中国非营利组织目前实行的是“双重管理体制”，即非营利组织必须找到业务主管单位并得到业务主管单位的同意后方可在民政部门注册。什么是业务主管单位？非营利组织管理的相关规定是：国务院有关部门和县级以上地方各级人民政府有关部门、国务院或者县级以上地方各级人民政府授权的组织，是有关行业、学科或者业务范围内社会团体的业务主管单位(以下简称“业务主管单位”)。

业务主管单位对非营利组织的监管职责表现为以下几方面：(1)负责非营利组织筹备申请、成立登记、变更登记、注销登记前的审查；(2)监督、指导非营利组织遵守宪法、法律、法规和国家政策，依据其章程开展活动；(3)负责非营利组织年度检查的初审；(4)协助登记管理机关和其他有关部门查处非营利组织的违法行为；(5)会同有关机关指导非营利组织的清算事宜。此外，业务主管单位履行前款规定的职责，不得向非营利组织收取费用。

三、会员代表大会

非营利组织的最高权力机构是会员代表大会。会员代表大会的主要职责是：(1)制定和修改章程；(2)选举和罢免理事、监事；(3)审议理事会、监事会的工作报告和财务报告；(4)决定重大变更和终止事宜；(5)制定和修改会费标准；(6)决定其他重大事宜。

会员代表大会每届 4 年。会员代表大会须有 2/3 以上的会员代表出席方能召开，其决议须经到会会员代表 2/3 以上表决通过方能生效。召开会员代表大会 30 日前，应将换届准备材料送至业务主管单位和社会团体登记管理机关审查，确认符合换届条件后方可召开。因特殊情况需提前或延期换届的，须由理事会表决通过，报业务主管单位审查并经社团登记管理机关批准同意。但延期换届最长不超过 1 年。

在会员的管理上，通常有两个问题值得注意：第一个问题是会员的入口管理，也就是会员加入非营利组织必须具备的条件。有些非营利组织规定会员须达到一定条件才能加入，有些非营利组织则规定会员只需备案即可加入，还有些非营利组织更简单，规定只要在其管辖范围，即自动成为会员。第二个问题是会费怎么收的问题。章程中通常规定会员都得交会费，但在实际中却是千差万别，一些非营利组织严格按章程收取了会费，一些非营利组织只收取了一部分会员会费，还有些非营利组织则无法收取会费，原因是会员过多，而如果组织本身缺乏吸引力，则会费的收取会相当困难。对于会费管理问题，一些学者提出了将会员进行分类，对于一些重点会员收取会费，一些不太方便收取会费的就不收取。总之，如何规范会费的收取问题，仍是非营利组织面临的主要问题之一。

四、理事会与常务理事会

理事会是非营利组织的决策核心和权力中枢，是非营利组织的掌舵人，对组织享有最大的控制权。在组织内部，理事会集决策者、监督者、协调者三个角色于一身。既要负责阐明组织宗旨与使命，为组织设计发展蓝图，又要负责监督组织的宏观运行情况，还要协调组织内部各方利益，为组织目标实现创造一个良好的内部环境。

理事会通常由选举产生，成员包括社会德高望重人士、资助者代表、受益者代表、资深专家等，也有政府机构代表、企业代表。理事长每届通常 4—5 年，理事长连任通常不超过两届。理事可连选连任。社会团体的法定代表人通常具有唯一性，即不得同时担任其他社会团体的法定代表人。理事会通常每年至少召开 2 次会议。理事会须有 2/3 以上理事出席方能召开，其决议须经全体理事过半数表决通过方能生效。理事会会议应当制作会议记录，并由出席理事审阅、签名。

理事会的职能主要表现在对内、对外两个方面。对内职能包括：规划组织宗旨、目标，定期检查组织规程是否与宗旨一致；决定组织的计划、发展，决定组织发展方向并进行监督；管理预算、财务，审核批准财政预算并监督执行情况；为组织寻找合适的领导人，定期评估其工作绩效。对外职能包括：为组织筹款，寻找财源，使组织获得足够经费开展活动；沟通联系政府、社区等其他部门，提高组织公信力，维护组织形象，为组织发展创造良好的外部条件。

理事会中可以设置一定的“独立理事”，独立理事也称为外部理事或非执行理事，是指与非营利组织没有实质性的、直接的或间接的利害的多为外部聘请的理事，独立理事一般不参加非营利组织的日常活动，但是参与非营利组织的重大决策，以保证决策的科学和公正。

一般非营利组织均设立常务理事会，常务理事从理事中选举产生，常务理事会在理事会闭会期间行使相关职权，决策组织重大事项，并对理事会负责。常务理事会须有 2/3 以上常务理事出席方能召开，其决议须经到会常务理事 2/3 以上表决通过方能生效。常务理事会通常至少半年召开一次会议。

五、监事会

监事会是非营利组织的非必设机构。其基本职能是以出资人代表的身份监督理事和执行人员的经营活动，以财务活动为重点，确保理事及执行人员正确行使职权，纠正违反法律法规、组织章程及损害组织利益的行为。

非营利组织通常设置 3 名左右的监事，监事任期与理事任期相同，可以连任。为了保证公正公平，监事实行回避制度，理事及其近亲属不得在组织中担任监事。监事和非专职的理事不得从所在非营利组织获取报酬。

监事的产生方式有三种：一是由主要捐赠人、业务主管单位分别选派；二是登记管理机关根据需要选派；三是通过选举产生。监事的权利和义务为：一是依照章程规定检查非营利组织的财务和会计资料；二是监督理事会遵守法律和章程的情况；三是列席理事会会议，有权向理事会提出质询和建议，并应当向登记管理机关、业务主管单位以及税务、会计主管部门反映情况。

六、秘书长

非营利组织秘书处是理事会的执行机构，在理事会领导下开展日常工作。秘书处设秘书长一人，根据需要可以设副秘书长若干人，实行秘书长负责制。秘书长人选通常由业务主管单位推荐，理事长提名，理事会决定。秘书长每届任期一般为 4 年，任期届满可连任。

秘书长负责管理非营利组织日常工作，是组织核心人物，其主要职责有以下几个方面：主持开展日常工作，组织实施理事会决议；执行理事会制定的所有政策，担负并完成理事会赋予的工作目标和任务；制订、实施业务发展计划和重大项目方案；在理事会的领导下建立、发展与支持客户互动、持续的合作关系；促进组织财务目标的实现，保证捐款收入和资助支出正常，保证经费支出和经费结构合理；根据理事会关于资产运作的原则，具体承担资产管理的责任，实现资产运行安全并保值增值；推荐和领导一支有社会责任和有效能的秘书处管理团队，对不胜任者提出调整职务或岗位的意见和建议；凝聚机构文化，倡导和培育职业精神；负责与理事沟通，与理事长、常务副理事长配合，实现机构信息共享，为理事会决策提供支持；定期向理事会报告年度工作进展和财务计划的执行情况，以及为实施战略计划所采取的长期行动的进展情况，接受理事会和监事会的监督和检查。

七、信息公开

登记管理机关应当向社会公开以下信息：非营利组织的登记事项、章程；对非营利组织的检查、评估结果；对非营利组织的表彰、处罚等。非营利组织应当在规定时间内向登记管理机关报送上一年度的工作报告，并向社会公开。年度工作报告内容为：遵守法律、法规和规章制度情况，履行登记手续情况，按章程开展活动情况，人员和分支机构、代表机构等组织机构变动情况，财务管理的情况，以及接受、使用捐赠、资助情况。须经业务主管单位同意登记的组织，年度报告须同时报送业务主管单位。

非营利组织应当通过登记管理机关统一的信息平台向社会公开分支机构、代表机构等组织信息、年度工作报告、接受使用社会捐赠情况和国务院的登记管理机关要求公开的其他信息，接受新闻媒体、社会公众的监督。并保证所公开信息的真实性、准确性、及时性和完整性，但对于涉及国家安全、商业秘密及个人隐私的，不得公开。

第四节　非营利组织分支机构的管理

从中国的实际情况来看，在民政部注册的非营利组织主要包括社会团体、民办非企业(社会服务机构)和基金会三大类。每一类对非营利组织的分支机构的规范不一样，其管理规范依据分别为《社会团体登记管理条例》《民办非企业单位登记管理暂行条例》《基金会管理条例》。

一、社会团体分支机构的管理

从社会团体来看，允许设立分权机构，但不具有法人资格。1998 年颁发的《社会团体登记管理条例》第十九条明确规定：社会团体成立后拟设立分支机构、代表机构的，应当经业务主管单位审查同意，向登记管理机关提交有关分支机构、代表机构的名称、业务范围、场所和主要负责人等情况的文件，申请登记。社会团体的分支机构、代表机构是社会团体的组成部分，不具有法人资格，应当按照其所属的社会团体的章程所规定的宗旨和业务范围，在该社会团体授权的范围内开展活动、发展会员。社会团体的分支机构不得再设立分支机构。社会团体不得设立地域性的分支机构。

2016 年 12 月，民政部在其官方网站公布《社会团体登记管理条例(修订)》，进一步规范对社会团体分支机构的管理工作。新的社会团体登记管理条例第十七条明确规定："社会团体的分支机构、代表机构是社会团体的组成部分，不具有法人资格，应当按照其所属于的社会团体的章程所规定的宗旨和业务范围，在该社会团体授权的范围内开展活动、发展会员。社会团体的分支机构不得再设立分支机构。"

2018 年民政部又出台了《社会组织登记管理条例(草案征求意见稿)》，明确规定社会团体可以依据其会员组成特点、业务范围的划分、财产的划分设立分支机构。社会团体也可以在其登记管理机关管辖区域内，设立代表该社会团体开展联络、交流、调研的代表机构。分支机构、代表机构不具有法人资格，其全部收支应当纳入社会团体财务统一核算。根据新条例，明确五点：一是社会团体可以设立分支机构和代表机构；二是社会团体的分支机构和代表机构不具有法人资格；三是社会团体的分支机构不得再设立分支机构，也就是说社会团体只能设立一个层级的分支机构，分支机构下面不能再设置分支机构；四是社会团体不得设立地域性的分支机构，也就是说，分支机构可以依业务、会员特点等进行设置，但是不得以地域为单位来设置分支机构，如“全国性行业协会”不得设立“××省分会”“××市分会”等；五是社会团体的分支机构、代表机构不得单独制定会费标准，不得重复收取会费。

二、基金会分支机构的管理

从基金会的情况来看，也允许设立分支机构，但不具有法人资格。2004年颁布的《基金会管理条例》第十二条明确规定：基金会拟设立分支机构、代表机构的，应当向原登记管理机关提出登记申请，并提交拟设机构的名称、住所和负责人等情况的文件。登记管理机关应当自收到前款所列全部有效文件之日起60日内作出准予或者不予登记的决定。准予登记的，发给《基金会分支(代表)机构登记证书》；不予登记的，应当书面说明理由。基金会分支机构、基金会代表机构设立登记的事项包括：名称、住所、公益活动的业务范围和负责人。基金会分支机构、基金会代表机构依据基金会的授权开展活动，不具有法人资格。

2016年5月民政部发布了《基金会管理条例(修订草案征求意见稿)》，进一步规范了基金会的管理工作。新条例第五十条明确规定：“专项基金等分支机构是基金会的组成部分，不具有法人资格，应当在该基金会授权的范围内，使用冠有所属基金会名称的规范全称开展活动，由基金会承担法律责任。专项基金等分支机构全部收支应当纳入基金会财务统一核算。基金会不得设立地域性分支机构。”

2018年8月民政部出台的《社会组织登记管理条例(草案征求意见稿)》明确规定基金会可以依据其业务范围的划分、财产的划分设立分支机构，也可以在其登记管理机关管辖区域内设立代表机构。分支机构、代表机构不具有法人资格，其全部收支应当纳入基金会财产统一核算。这里明确以下几点：一是基金会可以设立分支机构和代表机构，但分支机构和代表机构不得再设立分支机构、代表机构；二是专项基金等分支机构不具有法人资格，应当在基金会授权的范围内活动；三是专项基金等分支机构应当使用冠有所属基金会名称的规范全称开展活动；四是专项基金等分支机构的全部收支应当纳入基金会财务统一核算，不得单独设立财务核算；五是基金会不得设立地域性分支机构，如“全国性基金会”不得设立“××省分会”“××市分会”等。

三、民办非企业单位分支机构管理

从民办非企业的情况来看，1998年颁布的《民办非企业单位登记管理暂行条例》第十三条明确规定：民办非企业单位不得设立分支机构。但是这一规定在新的修订条例中有了进一步的修改。

2016 年 5 月，民政部公布了《社会服务机构登记管理条例》[《民办非企业单位登记管理暂行条例(修订草案征求意见稿)》]，对民办非企业单位分支机构的管理进行了修订。此次修订将民办非企业单位改为了社会服务机构，考虑到这是修订草案，这里仍沿用民办非企业单位。新条例第三十五条明确规定："在县级人民政府民政部门登记的社会服务机构可以在其住所地所在县级行政区域范围内设立分支机构。分支机构是社会服务机构的组成部分，不具备法人资格，应当按照其所属社会服务机构章程所规定的宗旨和业务范围，在社会服务机构的授权范围内，使用冠有所属社会服务机构名称的规范全称开展活动。"

2018 年 8 月民政部出台的《社会组织登记管理条例(草案征求意见稿)》明确规定：社会服务机构可以依据其业务范围的划分、财产的划分设立分支机构，依托场所提供服务的社会服务机构也可以依据其服务需要，在其登记管理机关管辖范围内按场所分布设立分支机构。社会服务机构也可以在其登记管理机关管辖区域内设代表机构。但分支机构、代表机构不具有法人资格，其全部收支应当纳入社会服务机构财务统一核算。这里明确几点：一是社会服务机构可以设立分支机构和代表机构，但分支机构、代表机构不得再设立分支机构、代表机构；二是社会服务机构不得设立地域性分支机构；三是民办非企业单位的分支机构不具备法人资格；四是民办非企业单位的分支机构要使用冠有所属社会服务机构名称的规范全称开展活动。

2022 年 4 月，民政部颁布了《关于开展全国性社会团体、国际性社会团体分支(代表)机构专项整治行动的通知》以及《民政部关于开展社会团体分支(代表)机构专项整治行动的通知》等法规文件，规定全国性和国际性社会团体设立的分支机构(包括专项基金管理委员会)、代表机构，符合下列情形之一的，纳入本次专项整治范围：

1. 已完成社会团体授权任务和宗旨使命的；
2. 超出社会团体章程规定宗旨和业务范围的；
3. 另行制定章程的；
4. 名称或业务范围有相同相似的；
5. 未按照规定程序设立的；

6. 以“中心”“联盟”“研究会”“促进会”“研究院”等各类法人组织名称命名的；

7. 名称中使用“中国”“中华”“全国”“国家”等字样的；

8. 除代表机构外，名称带有地域性特征的；

9. 分支(代表)机构下再设立或者变相设立分支(代表)机构的；

10. 内部管理混乱影响正常运转的；

11. 拒不服从社会团体领导和管理的；

12. 连续两年及以上未开展活动的；

13. 与非法社会组织存在勾连的；

14. 未经社会团体授权或者批准，擅自发展会员、收取会费、接受捐赠，以社会团体名义开展活动的；

15. 财务收支未纳入社会团体统一账户管理的；

16. 开设独立银行账户的；

17. 单独制定会费标准的；

18. 通过收取管理费、赞助费等方式将分支(代表)机构委托其他组织运营的；

19. 存在违规收费或违规开展评比达标表彰活动等情形的；

20. 违反其他管理规定的。

全国性和国际性社会团体发现分支(代表)机构存在上述第1、8、9、10、11、12、13项情形以及其他违法违规问题情节较为严重的，要立即予以终止；存在其他违法违规问题但情节较为轻微的，要限期全面整改，及时纠正违规行为，消除风险隐患。相关终止和整改情况要及时提交理事会(常务理事会)审议，并主动向社会公开，自觉接受会员和社会监督。

思考题

1. 什么是非营利组织的治理?
2. 非营利组织内部治理有哪些结构类型?
3. 非营利组织理事会、会员代表大会、监事会之间的关系是什么?
4. 非营利组织的分支机构管理是怎样的?

综合案例　中国NGO内部治理的困惑

在离开张家口的长途汽车上，朱颜有些伤感地望着窗外的夜色。2008年的平安夜，她正式从NGO组织辞职两年，NGO这个词对她来说，从“乌托邦”，变成了“罗生门”。

两年前大学毕业时，朱颜选择了一家NGO组织工作。朱颜所在机构是一家总部设在美国的国际NGO，主要业务是从美国筹款，在中国发放贷款，开展扶贫。

出于缩减成本的考虑，机构总部决定从北京搬到河北张家口，靠近基层项目，方便管理。新年第一次会议举行时，朱颜见到许多同事，了解了机构的基本结构：中国区包括两个项目区，山西地区有2个办公室，河北有6个办公室。整个机构包括总部、地区经理、办公室经理三级管理，每个办公室下设一个经理，管理若干基层信贷员。而中国区由美国总部和董事会监督管理。

最初六年，机构负责人依靠人格魅力吸引了很多刚毕业的年轻人前来投奔。但宽松自由的工作氛围产生的问题是，财务、业务、人事各方面制度乱成一锅粥，每个人都可以随意进入财务室，经常有一两万元的现金放在办公室抽屉里，来不及存银行大家就回家了。即使办公室之间相互抽查账务，审查方式也没有统一规范。办公室里，员工工作没有效率，聊天一聊就是大半天。“我们开会特别有NGO特色。前三分之一时间差不多都在‘跑题’，大家聊得开心也不管议题是不是搁置。中间三分之一时间才把当天的主题给讲清楚，剩下三分之一的时间就是吵架，每个人都有自己的看法。因为强调要民主，结果常常散会了也没办法形成决议。”

整个机构里各个办公室的发展各自为政，没有一致的方向，总部宁愿放任自由采取“无为”的管理方式也不去干涉。最严重的是，机构负责人按照自己的好恶给予每个员工不同的工资，结果工资在机构内部成了大家最喜欢“八卦”的事情。机构内部也没有什么严谨的员工评估系统能够证明谁比谁工作更出色、更认真，但工资常常相差几百元甚至上千元。一部分员工对此深为不满，觉得缺失公正，但碍于面子，谁也不愿意先说破。

来到中国之后，机构遭遇的第一个问题可能就是水土不服。因为实际发展方向与美国总部所期望的不同，造成双方之间的矛盾。过去六七年来对机构来说最大的难题不只在管理方面，最艰难的问题就是：虽然机构能够实现自己的可持续发展，收入能够覆盖成本，而且坏账率始终维持在1%以下，但服务的客户人群一直在中等收入人群左右徘徊，没有达到美国总部的要求——服务人群应该是当地最贫困的人群。美国总部很难理解中国这种特殊的国情，但在缺乏理解沟通的基础上，矛盾日积月累，最后的结果是：原负责人黯然离去，美国总部派来了“空降兵”管理中国区。

三位外籍领导刚上任便召开机构全体大会，做尽沟通工作。无奈“中国特色”博大精深，岂是空降兵们几日数月之内能迅速消化的？比如说：外国人很难理解中国人为什么好面子不爱借钱，在外国通常有几个人组成一个小组，互相担保轮流借款的小组联保模式，在中国往往很难执行到位。借钱本来就是丢人的事情了，还要组成小组让村里、区里的邻居熟人知道，那不是更丢人丢大了？中国人对这种方式十分抵触。空降兵们也改革无果，带着遗憾离开中国。

朱颜2006年底开始在这家NGO实习的时候，正是三位外籍负责人的时代。2007年夏天，机构开动了最大的一项改革：关闭了五间正在运转的办公室。总部认为这些办公室的发展状况、工作效率以及未来前景都不容乐观，关闭之后可以更好地集中精力投资在那些更有希望的办公室上。中国区有两年的时间去实现美国总部的目标：从现在服务的600多人要翻倍到2000多人，而且这些服务对象至少有三分之一都是当地的贫困人群。

现在回想起来，朱颜有很多遗憾：当时的政策的步伐再温和一些其实更合适，机构在经受若干风波后，员工的心已经筋疲力尽。如果再耐心一些，而不是那样急于改革和进取，可能机构现在的状况会更稳定一些，后来也不会有那么多老员工忍痛离开他们服务多年的机构。员工的高流动率对于机构的发展造成了很多损害。

业务改革逐渐开始，机构加大了在市场调研方面的投入，希望能够找到一个合适中国国情的渠道。也是在2006年，诺贝尔和平奖颁给了孟加拉银行的创始人尤努斯——“小额信贷之父”。一时间“小额信贷”成为媒体舆论中的热门词汇，人们都在期待着中国也出现这样的“穷人银行家”。朱颜他们被赋予了太多的期待和压力——从外界到机构内部。

2007年末的时候，机构内部的一起腐败事件给了朱颜很大的打击。山西的地区经理从保险柜里挪用了一笔资金，被财务经理审计时发现了。从此之后，总部加快了财务和业务方面的改革速度，以杜绝今后同样的事情发生。比如财务制度上严格限制接触到现金和输入账务的人，当日收取的现金必须当日存款，办公室设立专门的行政，而且行政、经理、信贷员之间相互限制监督。

眼看着机构的各方面制度逐渐正规起来，却发生了一件意外的事。2008年的春节前，人们都在购买年货、准备团圆，机构总部却接到从山西省当地的办公室打来的紧急电话。当地电视台制作了一期节目播出，直指该机构为一家打着扶贫名义牟利的非法机构，并且称下期将继续揭露黑幕。

做小额信贷的NGO机构在中国因为《金融法》的规定无法按照社团或者公司注册，但是和山西当地的民政部门签订了具体的合作协议，没想到惹出了麻烦。朱颜赶到山西时已经是黄昏时分，她跳上三轮车就冲向合作单位找联络人，但是事情远远比表面上的还要复杂。新闻报道点中了机构的死穴：没有正式注册文件。这是无论怎么斡旋都是很难挽回的。虽然几次跟当地的民政部门、合作伙伴、媒体和律师沟通，终究还是无力回天——当地办公室被迫关闭——与民政部门签订的合作协议在关键时候毫无保护作用。这件事情过去之后很长时间，整个机构仍旧处在很紧张的氛围里。

2008年，随着工作深入，朱颜已经在NGO从业两年，和机构负责人之间的不同意见也越来越多。最主要的一大分歧是，朱颜认为机构应该在可承担范围内给员工正规的医疗保险和养老保险，给员工基本的安全感和保障，但机构负责人认为目前机构自身的发展是最重要的，既然选择在NGO里工作，就应该做好牺牲的准备。

2008年底，机构的体制比起两年前已经进步很大，但业务方面和当年并无太大差别，和总部要求的目标仍然相差甚远。但她自己却感觉每一天都在疲惫和无力里挣扎。她不知道该如何面对今后的工作，那种没有保障的不安全感深深地啃噬着她曾经的理想主义。有时她也会在心里默默问自己：自己所做的工作是否能像当初幻想的那样，真正去帮助穷人？

（资料来源：王紫薇：《中国NGO的困惑》，载《世界博览—中国卷》2009年第3期，节选。）

讨论题：

1. 该NGO内部治理遇到哪些困境？
2. 怎么才能有效地提高非营利组织的内部治理能力？

第八章 非营利组织的党建工作

非营利组织是党和政府联系社会的桥梁，是党执政的重要基础。党对非营利组织的管理经历了从严格控制、规范管理到支持和鼓励，再到加强党的领导的发展历程。非营利组织的党建工作是引导非营利组织积极参与社会主义事业建设的重要保证。

第一节　非营利组织与党的关系的发展历程

在中国，非营利组织和政党的关系主要体现为中国共产党与非营利组织的关系。1921年在中国共产党成立之初，就已经认识到，要领导社会革命取得成功，就必须依靠社会组织的支持。1922年，中国共产党成立了第一个正式的社会组织——中国共产主义青年团，作为它所依靠的一个重要的非营利组织。此后，在土地革命战争、抗日战争和解放战争中，中国共产党建立了一大批社会组织，包括工会、农会、妇联、青联、文联等，中国共产党通过这些社会组织将分散的社会力量团结起来，从而建立了最广泛的统一战线，最终取得了革命的胜利。

新中国成立后，党对非营利组织的认识经历了一个曲折的过程，这个过程包括改革开放前的严格控制，20世纪末的规范管理，21世纪的认同和支持，非营利组织与党的关系不断发生变化，并最终进入一个良性互动时期。具体来说，新中国成立以来党对非营利组织的认识经历了以下四个阶段。

1. 严格控制阶段

改革开放前，中国对非营利组织基本上持严格控制态度，由于中国奉行的是政治上高度集中的组织和领导体制，党处于领导地位，政府与民间、国家与社会高度融合，因此，难以产生相对独立的社会①，从而形成了“大政府、小社会”的格局。正是由于国家对政治、经济、文化、社会领域的全面控制，非营利组织生存和发展的空间受到限制。从20世纪50年代到改革开放之前，各类民间组织的数量寥寥无几，50年代全国性社团只有44个，60年代也不到100个，而这期间地方性的社团也大约只有6000个。

2. 规范管理阶段

整个20世纪八九十年代，都是非营利组织的调整与规范管理时期。改革开放之初，随着经济体制的改革，非营利组织得到一定程度的发展，但是由于担心非营利组织的发展可能会冲击社会的稳定，1984年11月，中共中央、国务院联合发布《关于严格控制成立全国性组织的通知》，开始对非营利

① 俞可平：《中国公民社会的兴起及其对治理的意义》，载《中国公民社会的兴起与治理的变迁》，北京：社会科学文献出版社，2002年，第204页。

组织进行严格的控制。随着《基金会管理办法》《社会团体登记管理条例》《民办非企业单位登记管理暂行条例》等的出台，非营利组织逐渐步入规范化的管理阶段。

3. 支持与鼓励阶段

大力扶持社会组织，充分发挥其在社会管理及公共服务创新中的作用。2007 年，国务院办公厅《关于加快推进行业协会商会改革和发展的若干意见》要求大办扶持行业协会商会的发展，并要建立健全党的基层组织。《中共中央关于制定国民经济和社会发展第十二个五年规划的建议》指出："按照健全党委领导、政府负责、社会协同、公众参与的社会管理格局的要求，加强社会管理法律、体制、能力建设。""……培育扶持和依法管理社会组织，支持、引导其参与社会管理和服务。""十二五"规划的建议，再次强调了党对社会组织的领导，并且完全认同了社会组织参与社会管理和公共服务的能力和作用，党和非营利组织的关系逐渐进入良性互动时期。

4. 加强党的领导阶段

2015 年，中共中央办公厅印发了《关于加强社会组织党的建设工作的意见(试行)》，提出要建立健全社会组织党建工作机构，理顺管理体系，完善工作机制，落实党建责任，形成党委统一领导、组织部门牵头抓总、社会组织党建工作机构具体指导、有关部门齐抓共管的工作格局。党的十九大报告进一步指出：党政军民学，东西南北中，党是领导一切的。必须增强政治意识、大局意识、核心意识、看齐意识，自觉维护党中央权威和集中统一领导，自觉在思想上、政治上、行动上同党中央保持高度一致。

第二节 党的领导与非营利组织的发展

在中国共产党的领导下，非营利组织与中国共产党的影响是双向的、良性互动的，一方面是非营利组织巩固党的领导，另一方面是中国共产党对非营利组织进行领导。

一、非营利组织巩固党的领导

1. 非营利组织对党的执政基础的影响

在改革开放之前，国家社会体制是一元化结构，国家实行计划经济，对社会各方面进行管控，中国共产党作为执政党对社会各方面具有深远影响。但是，随着改革开放的深入和市场经济的发展，社会领域的自治日益突出，这就意味着部分权力从政府部门向市场和社会领域分散、转移，逐步形成了以国家、市场和社会为支柱的三元化国家社会体制。非营利组织作为社会的一个主要组成部分，吸纳了大量的人才、资源与技术，其范围扩展到社会的各个领域，力量日趋庞大，从而成为党执政的重要基础。

2. 非营利组织对党的执政能力的影响

非营利组织对党的执政能力的影响主要表现为以下几方面：(1)有利于党了解民意，推进决策民主化。民间组织作为党和政府联系人民群众的桥梁，可以向有关部门反映问题、发表意见，建立起党和政府同人民之间对话、协商和沟通的机制。(2)有利于降低执政成本，改善执政形象。非营利组织通过志愿服务可以有效降低执政成本；同时非营利组织从事的各种公益活动如“希望工程”“扶贫工程”等，有利于增强公民的政治认同，改善党的执政形象。(3)有利于优化执政环境，维护社会稳定。民间组织所从事的公益活动，往往体现党、政府和社会对弱势群体的关心，有利于化解社会矛盾，优化党的执政环境，促进社会稳定。(4)有利于提高党和政府管理社会的能力，推动社会发展。民间组织在对改革开放以来新出现的社会成分的管理上，发挥着独特的作用，它通过行业自律等活动，协助党和政府对社会成员进行有效管理。

3. 非营利组织对党的执政方式的影响

非营利组织是一把“双刃剑”，它既可以推动社会的组织化和秩序化的发展，也可以造成社会秩序的动荡不安。非营利组织对党的执政方式的影响主要表现为以下几方面：(1)对党的社会动员方式的影响。非营利组织的发展不仅表现为自身社会政治参与的扩大化，而且扩展了整个社会的政治参与渠道，这对党的传统社会动员方式产生影响，要求党不断拓展非营利组织对社会事务的参与渠道，认同非营利组织在社会动员中的巨大作用。(2)对党的思想政治教育方法的影响。一方面，日趋活跃的非营利组织利益表达和政治社会诉求多样化倾向有利于分担政府的社会管理和经济管理的职能，从而不自觉地充当了党在民间社会中的政治宣传和社会动员角色。另一方面，非营利组织的活跃给党思想政治教育方法带来挑战。(3)对党的决策方式的影响。非营利组织是具有使命的组织，它存在的价值之一就是实现其成员的共同使命，这种使命有时要通过参与或影响党政机关的决策来实现。非营利组织已经成为党的决策的重要推动力量，因此，党在进行决策时，必须认真吸纳非营利组织的想法、意见和建议，努力实现决策的民主化和科学化。(4)对党的监管方式的影响。传统上，党对非营利组织的监管处于一种严格的控制状态，但是近年来的大量案例表明，非营利组织利用得好，也可以成为党的重要合作伙伴，因此党对非营利组织的监管方式逐渐由严格控制到积极支持。

4. 非营利组织对党的执政方式的影响

从非营利组织的性质来看，非营利组织是具有民间性、自治性、志愿性特点的社会组织，其内部是按照民主原则建立起来的，主要负责人必须通过选举产生，重大决策要广泛征求成员意见并得到其认可，同时由于其使用公益资源而被要求有较高的透明度，这对党的执政方式也提出了挑战，要求执政过程的民主化、透明化和科学化。

二、党对非营利组织的领导

1. 党的执政理念对非营利组织的影响

非营利组织和党的执政理念是相互影响的，党的执政理念对非营利组织具有引导作用；反过来，非营利组织的发展对党的执政理念具有重要的影响作用。党的执政理念影响着非营利组织的发展方向，一方面，党对非营利组织的执政态度决定着非营利组织发展的生存环境，如果党对非营利组织的执政是严格控制型的，那么非营利组织的发展会处于其严格的控制之下；另一方面，党的执政理念会对非营利组织的发展起示范作用。例如 2018 年党中央、国务院发起的“打赢脱贫攻坚战三年行动”，中国扶贫基金会等非营利组织深度参与，认真贯彻党的执政理念，为脱贫攻坚战的全面胜利做出了重要贡献。

2. 党的执政方式对非营利组织的影响

党的执政方式对非营利组织有着重要的影响，如果党的执政方式是权威型的、控制型的，那么非营利组织发展的空间相对来说较小、社会的参与度也较低，因为权威型、控制型的执政方式限制了非营利组织的生存空间，从而使得非营利组织处于其严格的控制之下，难以成长壮大。与权威型、控制型的执政方式不同，如果党的执政方式是民主科学型的、依法型的，那么非营利组织生存的空间相对来说较大，社会的参与度也相对较高，自主性较强，可以很好地参与社会的治理。随着“科学执政、民主执政、依法执政”理念的提出，党的执政方式转变，这对非营利组织的发展具有深远的影响。党的十八大提出要“提高党科学执政、民主执政、依法执政水平”，党的十九大又提出要“坚持依法治国、依法执政、依法行政共同推进”。一方面执政方式发生转变，党对非营利组织的管理也由原先的控制型向民主型转变，从而为非营利组织的发展提供了宽广的空间；另一方面，党的依法执政又为非营利组织的发展提供了法制上的保障，非营利组织在法制的范围内享有较高程度的自治，从而为非营利组织的快速发展提供了制度上的保障。

三、非营利组织在党的领导下健康发展

1. 构建非营利组织健康发展的价值基础

非营利组织价值基础源自其特殊的角色定位。相对于政府而言，非营利组织是独立于政府体系之外的非政治性民间组织，实行自我管理；相对于企业而言，非营利组织不以营利为目的，将包括资金在内的各种资源用于普通大众，尤其是弱势群体。这种特殊性使得非营利组织弥补了政府和企业在社会治理中的不足之处。党作为执政党，为民造福是立党为公、执政为民的本质要求。人民至上是理论基点、价值支点、实践原点，也是党治国理政的出发点、落脚点。党坚持站稳人民立场，坚持全心全意为人民服务的根本宗旨，始终把人民利益放在最高位置。非营利组织活动常围绕关注弱势群体、扶贫救灾、环境保护等保障公民权益的内容展开。因此，构建非营利组织健康发展的价值基础，以社会主义价值体系为基础，关键是要坚持以社会主义核心价值观为引领，在人民至上这一价值支点上，确定自己的使命、宗旨和愿景，明确自己的价值基础，实现非营利组织与党的良性互动，在党的领导下，承担一部分社会服务和社会管理职能。

2. 拓展非营利组织政治参与的制度空间

非营利组织的政治参与对于社会的民主化进程有重要的推动作用，但是随着非营利组织影响力的不断提高，非营利组织与政治系统之间的政治沟通问题日益突出，一方面是非营利组织日益凸显的利益表达功能和日益强烈的政治参与要求，另一方面是相对滞后的政治沟通渠道，这种沟通困境容易导致社会不稳定甚至冲突。要从政治稳定的高度来构建党与非营利组织的协商平台，为非营利组织保留足够的制度空间，让非营利组织的利益表达能够得到党的有效回应，共同促进社会的治理。

3. 改进党对非营利组织的管理方式

从目前中国的现状来看，到 2020 年底，在民政部注册的非营利组织数

量达到了389.4万家，虽然非营利组织的数量近些年增长迅速，但仍满足不了社会发展的需要。党和政府已认识到了这个问题，多次强调要大力支持和培育非营利组织的发展。但是非营利组织的培育和发展需要一个相对宽松的制度环境，除了要改革其管理体制外，也要改变党对非营利组织的管理方式，对非营利组织的管理要由传统的过度控制到规范管理，具体来说有以下几点：(1)要民主管理。非营利组织通常具有自发性、志愿性、自治性等特点，很适合于民主型的管理，因此，党对非营利组织的管理在手段上以民主管理手段为主、行政管理手段为辅。(2)要依法管理。由于非营利组织的设立程序相对较宽松，这也为非营利组织的违法行为提供了机会，同时由于非营利组织的公益性，对法制的要求也更高，因此，必须明确通过公共权力实现对非营利组织的管理，减少对非营利组织的直接干预，真正使非营利组织依法设立、依法运行和依法接受监督。(3)要透明管理。非营利组织的宗旨是非营利性，使用的是公共资源，服务的是公益性事业，因此，社会对非营利组织透明度的关注可能比其他组织更高，这就要求党对非营利组织的管理应是透明化的，只有公正透明，才能增强非营利组织的公信力，从而使其得到社会的拥护。(4)要以引导为主。对非营利组织加强管理的根本目的是：既要加强党的领导，又要充分发挥非营利组织的积极性。因此，问题的关键不在于要不要非营利组织发展，而在于怎样改变党对非营利组织的管理方式，使非营利组织真正有效地发挥其服务功能。

4. 建立健全非营利组织和党的沟通机制

长期以来，党和非营利组织之间的沟通机制未受到重视，对非营利组织的管理主要是以控制和约束为主，这种情况不利于非营利组织的发展。要建立非营利组织与党的和谐关系，必须努力构建二者间的沟通机制，但是这种沟通机制首先要以党的意识形态的包容性为前提，使党的意识形态能够代表更多社会成员的利益和愿望，同时能够接受更多社会成员的思想和观念，当然，这种意识形态的包容性是以坚持党的领导为前提的。其次，要支持各种非营利组织依法独立运作，这是非营利组织实现自主治理的基本保障，属于非营利组织的事务，在法律的范围内可以允许其自我治理，以增强其服务社会的积极性。最后，还应努力完善党与非营利组织的协商机制。要充分发挥行业协会、商会、中介组织等各类非营利组织在沟通中的作用，只有这样，非营利组织的声音才能更顺畅地得到传递，党才能更有效地听取不同层面的利益表达，从而做出更科学的决策，真正实现二者的良性互动。

第三节　非营利组织的党建工作

一、在非营利组织中加强党建工作的重要意义

非营利组织是我国社会主义现代化建设的重要力量，是党的工作和群众工作的重要阵地，是党的基层组织建设的重要领域。随着改革开放不断深入，我国非营利组织快速发展，已成为社会主义现代化建设的重要力量、党的工作和群众工作的重要阵地。在协调推进全面建成小康社会、全面深化改革、全面依法治国、全面从严治党战略布局中，非营利组织承担着重要任务，同时非营利组织自身发展也面临许多新情况、新问题、新挑战。在非营利组织中加强党建工作，是有以下重要意义。

1. 有助于引领非营利组织正确发展方向

在非营利组织中加强党建工作，可以使非营利组织以正确的理论武装自己，坚持社会主义道路，坚持正确的方向，从而有效地使非营利组织为社会主义事业服务。

2. 有助于激发非营利组织的活力

加强非营利组织的党建工作，可以充分发挥党组织的战斗堡垒作用和党员的先锋模范作用，通过党建工作激发非营利组织的内在活力，使非营利组织站得高、看得远，从而促进非营利组织在国家治理体系和治理能力现代化进程中更好地发挥作用。

3. 有助于巩固党在非营利组织中的执政基础

强化非营利组织的党建工作，落实党建责任，形成党委统一领导、组织部门牵头抓总、社会组织党建工作机构具体指导、有关部门齐抓共管的工作格局，把非营利组织及其从业人员紧密团结在党的周围，不断扩大党在非营利组织中的影响力，增强党的阶级基础、扩大党的群众基础、夯实党的执政基础。

4. 有助于调动非营利组织积极参与社会主义建设

非营利组织是社会主义事业建设的重要力量。非营利组织不仅自身积极参与社会主义事业建设，还能够通过动员一切可以动员的力量参与社会主义

事业建设。此外，部分非营利组织如行业协会、商会等集中了各个领域的精英，可以更好地服务社会主义事业。

二、非营利组织的党建工作的发展历程

随着非营利组织的发展状大和影响力的增强，非营利组织的党建工作也逐渐受到重视。1998 年出台了《关于在社会团体中建立党组织有关问题的通知》，开始加强了党对非营利组织的领导。2000 年又出台了《关于加强社会团体党的建设工作的意见》，进一步强化了党对社会团体的领导。2004 年 9 月 19 日中共十六届四中全会通过的《中共中央关于加强党的执政能力建设的决定》指出：发挥社团、行业组织和社会中介组织提供服务、反映诉求、规范行为的作用。……加大在新经济组织、新社会组织中建立党组织的工作力度。2009 年，党的十七届四中全会上又一次提出了要“抓紧在非公有制经济组织中建立党组织，加大在中介机构、协会、学会以及各类新社会组织中建立党组织力度”。2009 年的《中共中央关于加强和改进新形势下党的建设若干问题重大问题的决定》，再次强调全面推进各领域党的基层组织建设，党对非营利组织的领导逐渐加强。

非营利组织党建工作在党的报告中也体现明显。党的十八大报告指出，“加大非公有制经济组织、社会组织党建工作力度，全面推进各领域基层党建工作，扩大党组织和党的工作覆盖面。”党的十九大报告明确了党在非营利组织中的领导地位，“党政军民学，东西南北中，党是领导一切的”。2018 年发布的《深化党和国家机构改革方案》也明确指出，“始终坚持党对群团组织的领导，坚决贯彻党的意志和主张，自觉服从服务党和国家工作大局。”

随着党对各项工作加强领导，非营利组织的党建工作不断深入发展和完善。2015 年 9 月，中共中央办公厅印发了《关于加强社会组织党的建设工作的意见(试行)》，提出了加强非营利组织中党组织建设的 23 条意见，并明确了党组织在非营利组织(社会组织)中的功能定位，即：社会组织党组织是党在社会组织中的战斗堡垒，发挥政治核心作用；要着眼履行党的政治责任，紧紧围绕党章赋予基层党组织的基本任务开展工作，严肃组织生活，严明政治纪律、政治规矩和组织纪律，充分发挥党组织的政治功能和政治作用；要按照建设基层服务型党组织的要求，创新服务方式，提高服务能力，提升服务水平，通过服务贴近群众、团结群众、引导群众、赢得群众。2016 年民政部公布的《社会团体登记管理条例》《基金会管理条例(修订草案征求意见稿)》

《民办非企业单位登记管理暂行条例(修订草案征求意见稿)》均规定了要设立中国共产党组织、开展党的活动。2017年3月，民政部又印发了《部管社会组织2017年党建工作要点》，提出要"全力推进部管社会组织党的组织和党的工作'两个全覆盖'，积极探索部管社会组织党组织和党员充分发挥作用的有效途径，扎实开展部管社会组织党风廉政建设"。2018年5月，民政部发布了《关于在社会组织章程增加党的建设和社会主义核心价值观有关内容的通知》，明确要求将党的建设和社会主义核心价值观有关内容写入章程。

三、非营利组织党建工作的主要内容

加强非营利组织的党建工作，并不是要以控制非营利组织为出发点，而是以党如何有效联系非营利组织并发挥非营利组织的功能为出发点。因此，非营利组织中的党建工作，应坚持"有所为有所不为"的原则，其着重点应放在引导非营利组织坚持正确的政治方向以及发挥非营利组织建设社会主义事业的功能方面，以保证非营利组织真正反映社情民意，成为党和政府联系社会的重要桥梁。

1. 加强党对非营利组织的领导

党的十九大报告也指出，坚持党对一切工作的领导。2018年《深化党和国家机构改革方案》也指出：牢牢把握改革正确方向，始终坚持党对群团组织的领导，坚决贯彻党的意志和主张，自觉服从服务党和国家工作大局，找准工作结合点和着力点，落实以人民为中心的工作导向，增强群团组织的吸引力影响力。要聚焦突出问题，改革机关设置、优化管理模式、创新运行机制，坚持眼睛向下、面向基层，将力量配备、服务资源向基层倾斜，更好地适应基层和群众需要。促进党政机构同群团组织功能有机衔接，支持和鼓励群团组织承接适合由群团组织承担的公共服务职能，增强群团组织团结教育、维护权益、服务群众功能，充分发挥党和政府联系人民群众的桥梁纽带作用。加强组织领导，加强统筹协调，加强分类指导，加强督察问责，认真总结经验，切实把党中央对群团工作和群团改革的各项要求落到实处。

2. 社会组织党建工作的基本原则

坚持党对非营利组织的领导，加大非营利组织中的党组织建设力度，同时充分发挥非营利组织自身的积极性和创新性。

3. 社会组织党建工作的功能定位

(1)推进社会自治功能，巩固和拓展党的执政基础。(2)推进政治发展功能，以社会民主和监督促进国家政治民主化进程。(3)引导和培育功能，维护社会组织健康发展，推进社会转型有序。(4)推进政党现代化功能，探索社会组织党组织的民主化转型。

4. 社会组织党建工作的模式设计

(1)建立扶植社会组织发展的管理服务体系。一是在继续推进经济体制改革的同时，加快行政管理体制改革，为社会组织的发展提供更为宽松的政治环境和资源条件。二是加强社会组织的立法工作。三是建立统一的社会组织监管体系和统一的执法队伍。(2)建立扎实有效的社会组织党组织管理体系。建立依托街道社区的集中管理、分级负责的立体化组织领导体系。突出重点，逐步建立党在社会组织的组织网络。创新社会组织党组织管理运作模式。推进群团组织的民间化。(3)建立资源支持保障体系。一是加强经费投入。二是以街道社区为依托，统筹社区党建和新经济组织、社会组织党建，建立统一管理的基层党组织体系。三是以专业化和职业化为目标，建立一支强大的党务干部队伍。(4)充分利用大数据、云计算等现代科技在党建工作中的作用，推动非营利组织党建工作治理的现代化。

思考题

1. 请结合实践谈谈非营利组织与党的关系的发展历程。
2. 非营利组织如何进行党建工作？

综合案例　社会组织党建的“北京方案”

北京是全国政治中心，是首善之区。2014 年 2 月，习近平总书记视察北京时强调，“看北京首先从政治上看”。社会组织党建抓得新不新、实不实、好不好，也折射出“政治上看北京”要求落实得到不到位。经过不断探索，北京市初步建成以综合党委为领导核心，以联合党委为四梁八柱，以社会组织党支部为基层基础，以党建支持力量和各项保障机制为辅助的党建工作体系，基本实现了党的组织和工作全覆盖，社会组织党建“北京方案”取得显著成效。

一、以社会组织自治属性为依托，建立以综合党委为领导核心联合党委为纽带的组织体系

为确保党建工作脱钩不脱管，2016 年 12 月，北京市委组织部批复成立了北京市行业协会商会综合委员会(以下简称“综合党委”),统一领导全市性行业协会商会脱钩后党建工作,并承担市民政局作为业务主管、直接登记无业务主管单位的市级社会组织的党建工作。面对近3000家社会组织的党建工作,综合党委直接抓抓不过来,宏观抓抓不实,只抓典型又抓不全面。经过深入研究、反复论证,建立了“综合党委—联合党委—社会组织党组织”三级组织体系。在这一组织体系中,联合党委是最为关键的环节,也是北京社会组织党建最重要的创新举措。

联合党委的组建坚持以下三项原则:一是分类组建。按行业、类别、领域组建了52家联合党委,每个联合党委覆盖50家左右行业性质相近的社会组织,把单独组建和联合组建的社会组织党组织,以及相关领域尚未具备组建党组织条件的社会组织纳入相关领域联合党委,保证大小合适、结构均衡,确保联合党委能管得住、管得好。二是依托书记单位。构建以书记“任班长、负总责、配资源”的联合党委领导体制,由书记单位配备专职党务工作者和党建指导员,场地、人员、资源随着书记走,书记在哪儿,阵地就在哪儿,保证联合党委能够围绕在书记周围有序开展工作。三是从社会组织来,到社会组织中去。所有的联合党委书记、副书记、委员,都是从社会组织内部产生,或是由党委书记推荐,由综合党委任命,确保联合党委委员既懂党建工作,又懂社会组织业务,真心为社会组织服务。

二、以民政登记管理职能为抓手,建立齐抓共管谋党建的管理体制

综合党委坚持将党建工作与民政部门登记管理职责有机结合,将党建融入社会组织登记、年检、等级评估、执法监察等各环节。一是在登记审批环节,要求社会组织在章程中增加党的建设和社会主义核心价值观有关内容,提交社会组织党建工作承诺书和党员情况调查表,在社会组织成立之初同步纳入相应联合党委管理。二是在年度检查环节,将党建工作情况纳入社会组织年检重要内容,不配合不支持党建工作的社会组织,纳入异常名录。三是在等级评估环节,凡是党建工作薄弱,应建未建党组织的,不得被评为4A级以上社会组织。四是在社会组织党组织组建环节,由社团、民非、基金会等业务管理部门推荐联合党委委员,对成立社会组织党支部及书记人选进行初审把关,确保政治素质合格。五是在执法监察环节,各个部门都实行党建和业务同向同步同责,确保形成齐抓共管谋党建的合力。

三、以党建引领社会组织发展为方向，推动党建与业务有机融合

综合党委践行以人民为中心的发展思想，以党建引领社会组织参与社会治理。一是在政治引领层面，推动党组织政治核心作用发挥，确保社会组织正确政治方向。二是在议事决策层面，指导社会组织党组织列席社会组织重要会议，推动社会组织党建与业务有机融合。三是在协同管理层面，推动联合党委与业务部门深度配合，将联合党委建设成为管理部门与所属社会组织之间联结的纽带、沟通的桥梁和管理的助手。四是在社会动员层面，推动联合党委树立“政工＋社工”理念，既要抓政工工作，也要抓社会工作，推动社会组织资源与参与社会治理的充分融合。五是在扶持发展层面，推动联合党委的引领示范作用有效发挥。

四、以社会组织自身特点为基础，完善北京社会组织党建工作机制

综合党委紧密结合社会组织自身特点和运行方式，建立了一套与社会组织高度契合、责任明确、运转有序、保障到位的工作机制。一是建立工作协调机制，构建上下贯通、左右联动、优势互补、共管共治的社会组织党建工作格局。二是建立规范运行机制，为社会组织规范化、标准化建设打下基础。三是建立人才培养机制，建立社会组织党建智库，为形成具有北京特色的社会组织党建模式提供理论支撑和专业指导。四是建立支持保障机制。按照“上级提供基础保障、社会组织充分动员自身资源”的工作思路，建立多元化的党建工作保障机制。

（资料来源：北京市民政局：《社会组织党建“北京方案”的实践探索》，载《中国民政》杂志 2020 年第 14 期，略有删减。）

讨论题：

1. 社会组织党建的“北京方案”是什么？
2. 如何加强社会组织的党建工作？

第九章 非营利组织与政府的关系

非营利组织与政府作为公共部门，在社会公共事务治理中发挥重要的作用。随着政府改革的深入和政府购买非营利组织服务的发展，非营利组织承担着越来越多的政府职能。非营利组织日益成为政府的重要战略合作伙伴。

第一节　非营利组织与政府关系的发展历程

非营利组织与政府的关系也经历了一个曲折的过程，从严格控制到规范管理，再到支持和鼓励非营利组织发展，反映了从“大政府，小社会”到“强政府，大社会”的发展过程。

一、改革开放前政府对非营利组织的严格控制阶段

从新中国成立到改革开放以前，中国实行高度集中的计划经济，国家掌握了社会中绝大部分资源的控制和配置权，政府长期扮演着“全能政府”的角色，对整个社会实行包揽政策，个人要想获得最基本的生存条件，必须也只能通过国家的制度性安排，即单位制度、户籍制度和身份制度来获取，具有明显的“强政府，弱社会”的特征，在这种背景下，我国的非营利组织不但受到当时社会形势以及法律法规的制约，还受到政府对社会管理体制的制约，几乎没有任何自我生存和发展的空间和环境。这一时期，非营利组织的数量非常少，1965 年全国性社团还不到 100 个，地方性社团也只有 6000 多个。20 世纪六七十年代，非营利组织的发展几乎停滞。因此，可以这样说，改革开放前的中国非营利组织实质上是政府向社会的延伸，完全是由于党和政府发挥政治职能的需要而产生的。

二、改革开放后政府对非营利组织的规范管理阶段

改革开放后，非营利组织快速发展，逐渐得到整顿和规范。这些规范化的管理表现为一系列法律法规的颁布。例如，1988 年颁布了《基金会管理办法》，1989 年颁布了《社会团体登记管理条例》和《外国商会管理暂行规定》，1998 年颁布了《民办非企业单位登记管理暂行条例》和修订后的《社会团体登记管理条例》，1999 年颁布了《公益事业捐赠法》《社会团体设立专项基金管理机构暂行规定》，2004 年通过了《基金会管理条例》。这一系列法规的出台，为非营利组织的发展提供了合法性基础，政府对非营利组织的管理也逐渐形成了业务主管部门和民政部门为领导的双重管理体制。

三、21 世纪初以来政府对非营利组织的支持与培育

进入 21 世纪特别是中国加入世贸组织以来，非营利组织得到快速发展，全球化的进程对政府处理复杂问题的能力提出了挑战，政府在不断的改革过

程中也认识到了将部分职能转移到非营利部门的重要性。经过几轮机构改革，政府对非营利组织的发展采取了更为宽松的培育政策，非营利组织得到迅猛发展，并且正向着“强政府，大社会”的方向发展。

第二节　非营利组织对政府行为的监督与补充

一、非营利组织对政府的监督

在非营利组织与政府的关系方面，最重要的一个方面是非营利组织对政府行为的监督与制约，这种监督与制约行为主要通过“社会制约权力”体现出来。政府权力通常受到三个方面的约束：一是通过法律来约束政府权力；二是通过权力来约束政府权力；三是通过社会来约束政府权力。而以社会来约束政府权力更具有广泛性和约束力，因为政府权力需要通过社会来体现，社会在承受政府权力干预的同时也有制约政府权力的责任。这种社会制约政府权力的责任主要通过非营利组织表现出来。其一，政府应该有一个权力的边界，这个边界为法律所限定，非营利组织维护公民的自由权利不能受到政府在法律许可范围之外的干涉；其二，非营利组织能够对政府制衡与监督还体现为非营利组织可以直接参与政府的决策，从而有效地对政府决策行为实施监督；其三，非营利组织还可以对政府明显不合理的政策或违反国家法律的行为进行约束，迫使政府放弃不合理或违法的行为，从而达到监督政府的目的。

二、非营利组织与政府功能上的互补

非营利组织与政府作为公共部门，在功能上具有互补性，特别是在公共服务方面，非营利组织与政府能够形成有效的合作伙伴关系。主要表现为两方面：一方面，非营利组织能够部分地替代政府的公共服务，也就是说，有些公共服务并非一定要由政府部门承担，非营利组织也可以承担，例如在救助、捐赠、扶贫、环保等方面，非营利组织提供的服务在某些方面甚至具有政府不可比拟的优越性。另一方面，非营利组织可以在政府失灵的地方，即政府管不到、管不了、管不好的地方发挥作用，从而形成对政府功能的互补。例如，在留守儿童照顾及慈善救助方面，政府由于人力财力有限，难以提供周到的服务，但是非营利组织由于其志愿性、公益性和自治性，从而在

这些分散性公共服务方面具有其自身的优越性，甚至比政府在提供公共服务方面更有效率和质量。

三、非营利组织有效承接政府转移的职能

改革开放以来，政府比较大的机构改革到目前为止共有八次，分别是1982年、1988年、1993年、1998年、2003年、2008年、2013年、2018年，这八次机构改革提出的目标是精简机构、转变职能，但是在2008年的“大部制”改革前，机构改革容易出现反弹现象，甚至陷入“精简—膨胀—再精简—再膨胀”的怪圈，主要原因在于政府机构虽减少了，但其职能并没有相应转变。2008年和2013年进行的“大部制”改革，即对职能进行重组，克服部门主义，真正实现政府职能的转变。而2018年的《深化党和国家机构改革方案》则在传承“大部制”改革基础上提出要着眼于转变政府职能，坚决破除制约，使市场在资源配置中起决定性作用，更好地发挥政府作用的体制机制弊端，建设人民满意的服务型政府。政府通过“还权于社会”的方式来转变职能，需要社会上有相应的组织实体来承接政府转移出来的职能，而且这个组织实体主要表现为非营利组织。随着近几年非营利组织的迅猛发展以及“强政府，大社会”的逐渐形成，非营利组织承接着越来越多的原先由政府承担的职能，这些职能分布在广泛的领域，从慈善救助到环保、从项目采购到政策制定，都需要非营利组织参与其中，以便接替政府的部分职能，非营利组织越来越成为政府不可或缺的重要合作伙伴。

第三节　政府购买非营利组织的服务

2013年9月26日，国务院办公厅颁布了《关于政府向社会力量购买服务的指导意见》。2014年11月25日，财政部、民政部发布了《关于支持和规范社会组织承接政府购买服务的通知》。2014年12月15日，财政部、民政部、工商总局联合印发了《政府购买服务管理办法(暂行)》的通知，对政府购买服务的主体、内容、目录、方式、程序等进行了规范。2016年8月，中共中央办公厅、国务院办公厅印发了《关于改革社会组织管理制度促进社会组织健康有序发展的意见》，提出要充分发挥社会组织服务国家、服务社会、服务群众、服务行业的作用，努力走出一条具有中国特色的社会组织发展之路。

2016年12月，财政部、民政部发布了《关于通过政府购买服务支持社会组织培育发展的指导意见》，提出要大力推进政府向社会组织购买服务，引导社会组织专业化发展，促进提供公共服务能力的提升。2019年11月，财政部发布了《政府购买服务管理办法》，自2020年3月1日起施行，该办法对政府购买服务的内容和目录、购买活动的实施、购买合同及履行、监督管理及法律责任等进行了规范，同时2014年印发的《政府购买服务管理办法(暂行)》废止。2020年12月，财政部印发了《中央本级政府购买服务指导性目录》，明确了2个一级目录、30个二级目录和121个三级目标。政府对非营利组织服务的购买通常有三种表现：一是对非营利组织服务的直接购买；二是政府对非营利组织财政税收上的支持；三是政府对非营利组织的直接资助。

一、政府通过购买服务来实现对非营利组织的支持

随着政府改革的深入发展，公共服务可以由政府、市场与社会来共同提供，这已经是学术界的一个共识，也就是说，非营利组织已经成为公共服务的重要供给主体。由于非营利组织具有非分配约束的优势，在公共服务提供中，非营利组织相较于企业而言可获得更多的社会信任；而相对于政府而言，非营利组织的去官僚化结构和服务于特定人群的特征，使得非营利组织具有政府无法比拟的公共服务提供优势。① 根据 Feiock 与 Andrew 的研究，公共服务中非营利组织的角色可以分为七种类型：(1)独立的服务提供者(autonomous service provider)，非营利组织独立地向社区提供公共服务；(2)合作的服务同盟(coordinated service ally)，非营利组织通过参与公共服务提供的计划与实施以配合和补充政府的行动；(3)接受补贴的服务提供者(subsidized provider)，非营利组织获得政府包括直接拨款、补贴、税收减免以及免费的土地与办公设施在内的多种形式的支持；(4)合同商/代理商(con-tractor/agent)，非营利组织通过取得政府的服务合同而获得公共资金；(5)合作伙伴(partner)，非营利组织与政府在公共服务方面建立合作的伙伴关系，共同提供服务；(6)战略竞争者(strategic competitor)，非营利组织与政府在提供服务方面存在竞争；(7)倡导者/说客(advocate/lobbyist)，即非

① 汪锦军：《政府购买公共服务与非营利组织的角色——基于北京、浙江两地的问卷调查数据分析》，《中共浙江省委党校学报》，2012年第3期。

营利组织在民主过程中推进公民参与，实现组织使命、服务支持者。①

随着政府改革的持续推进和非营利组织的不断壮大，政府购买非营利组织的公共服务已经成为推进社会公益事业发展的一种重要制度安排。目前北京、上海、天津、河北、深圳、成都、无锡、宁波等省市都已建立政府购买非营利组织公共服务制度，实行政府购买非营利组织公共服务。2009年12月，一笔来自财政部的5000万元拨款划入了中国红十字基金会小天使基金的账户，使1548名在小天使基金等待救助的白血病患儿每人获得了3万元的医疗救助金，一些媒体称，这是首例“政府用财政资金购买非营利组织服务”，有着开创性的示范意义。

2014年6月，北京市人民政府办公厅发布了《关于政府向社会力量购买服务的实施意见》，对政府购买社会服务进行了规范；此后，北京市民政部又发布了《北京市承接政府购买服务社会组织资质管理办法(试行)》，对社会组织承接政府服务的资质进行了规范。2016年，北京市级社会建设专项资金继续面向北京地区各级各类社会组织购买500项服务项目。项目内容涵盖了社会公共服务、社会公益服务、社区便民服务、社会治理服务、社会建设决策咨询服务共5大类30个方向。自2010年市级社会建设专项资金设立以来，已经连续六年共购买了2732个社会组织服务项目，总计投入4.2亿元。在已经结项的2252个项目中，参与社会组织达43500个次，服务对象1763万人次，开展活动35万场次，累计提供专业服务970万小时。2017年9月，北京市印发了《关于改革社会组织管理制度促进社会组织健康有序发展的实施意见》，提出要采取政府购买服务、设立项目资金、补贴活动经费等措施，加大对社区社会组织扶持力度，重点培育为老年人、妇女、儿童、残疾人、失业人员、农民工、服刑人员未成年子女、困难家庭、严重精神障碍患者、有不良行为青少年、社区矫正人员等特定群体服务的社区社会组织。2020年3月，北京市财政局关于印发《北京市政府购买服务预算管理办法(修订)》，明确规定政府购买服务所需资金按照现行预算管理办法列入部门预算，统筹管理。

从广东省的情况来看，早在2008年9月，广东省人民政府办公厅就发

① Feiock R. C., Andrew S. A., Introduction: Understanding the Relationships between Nonprofit Organizations and Local Governments. *International Journal of Public Administration*. 2006, 29, pp. 759-767.

布了《关于发展和规范我省社会组织的意见》，提出力争用3—5年时间，在全省逐步建立起与经济社会发展相适应的定位准确、功能齐全、作用显著的社会组织发展体系，形成党委领导、政府负责、社会协同、公众参与的社会管理格局和科学、有效、规范的社会组织监管体制和机制，实现社会组织与经济社会协调发展。2009年10月，广东省财政厅制定了《关于开展政府购买社会组织服务试点工作的意见》，明确了政府购买服务的指导思想、基本原则、实施范围、承接资质、经费来源、监督和绩效评估。2012年5月，广东省政府办公厅印发了《政府向社会组织购买服务暂行办法》，对购买主体、购买范围、购买服务目录、购买程序、供应方条件以及资金安排等进行了规范。2014年7月，广东省人民政府办公厅发布了《政府向社会力量购买服务暂行办法》，对购买主体、承接主体、购买内容、购买服务目录、购买方式、购买程序及资金安排等重新进行了规范。2015年6月，广东省发布了《政府向社会力量购买服务指导目录》，购买服务的指导目录包括三级，一级目录包括基本公共服务事项、社会事务服务事项、行业管理与协调事项、技术服务事项、政府履职所需辅助性和技术性事务5项，二级目录包括教育类、基本医疗卫生类、公共安全类、资源环境类、社工服务类等57项，三级目录有323项。政府购买社会组织服务离不开社会组织自身的发展与规范，2017年广东省又出台了《关于改革社会组织管理制度促进社会组织健康有序发展的实施意见》，提出要建立结构合理、功能完善、竞争有序、诚信自律、充满活力的社会组织发展格局。根据《广东社会组织蓝皮书》显示，2016—2017年，广东省本级社会组织承接政府购买服务项目总数超过5000个，金额超过50亿元。2021年4月，广东省民政厅印发《广东省培育发展社区社会组织专项行动实施方案(2021—2023年)》，提出从2021年起用3年时间，开展广东省培育发展社区社会组织专项行动，通过实施一批项目计划和开展系列主题活动，进一步提升质量、优化结构、健全制度，推动社区社会组织在建设人人有责、人人尽责、人人享有的社会治理共同体中更好地发挥作用。

上海市在政府购买社会组织服务方面起步较早，早在2002年，上海市就出台了《上海市促进行业协会发展规定》《上海市行业协会暂行办法》等，为政府向社会组织购买服务奠定了基础。2007年，上海市出台了《浦东新区关于政府购买公共服务的实施意见(试行)》，提出将政府购买公共服务的费用全部纳入财政预算。2009年，上海市从福利彩票公益金中列支5000万元，开展社区公益服务项目招投标和公益创投工作，鼓励扶持有能力的公益性组织参与安老、济困、扶幼、助残等社区公益服务项目。2014 年，上海市制定了《浦东新区政府购买服务实施暂行办法》，2017 年制定了《浦东新区政府购买服务管理实施办法》，对政府购买服务的相关事项进行了规范。2021 年 8 月，上海市浦东新区财政局又出台了《浦东新区政府购买服务管理实施办法》，对购买主体与承接主体、购买内容与目录、预算管理、购买活动、合同履行、绩效管理及监管责任等方面的事项进行了规范。2021 年，上海市民政局、市社团局编制了《上海市承接政府购买服务社会组织推荐目录(2021版)》，共有 173 家社会组织被纳入了政府购买服务的范围，服务项目包括扶贫济困、养老服务、残疾人服务、妇女儿童服务、社区治理、社会服务、社区服务、医疗卫生、劳动就业、文体活动、防灾减灾、专业支持等。上海市政府购买社会组织服务的项目取得了良好的成果，仅浦东新区 2019 年“区级财政安排政府购买服务经费 29.67 亿元”①。

二、政府对非营利组织财政税收上的支持

政府不仅通过直接拨款、资金补助、购买服务等方式支持非营利组织，而且也通过优惠的税收政策支持非营利组织的发展。早在 20 世纪末期，政府就对非营利组织的免税资格制定了相关政策，1999 年国家税务总局印发的《事业单位、社会团体、民办非企业单位企业所得税征收管理办法》就规定，对事业单位、社会团体、民办非企业单位的一些收入项目免征所得税；同年出台的《中华人民共和国公益事业捐赠法》对捐赠行为的税收规定做了说明。2000 年财政部和国家税务总局发布的《关于医疗卫生机构有关税收政策的通知》以及 2001 年发布的《关于非营利性科研机构税收政策的通知》分别对非营利性医疗机构和非营利性科研机构的税收优惠政策做了相应规定。2001 年财政部、国家税务总局、海关总署联合发布的《扶贫、慈善性捐赠物资免征进口税收暂行办法》则对进出口公益性事业方面的免税资格进行了规定。

2008 年 1 月执行的《财政部、国家税务总局关于非营利组织免税资格认定管理有关问题的通知》(财税〔2009〕123 号)对非营利组织免税资格的认定管理进行了系统的归纳。2018 年 2 月，财政部税务总局又出台了《关于非营利组织免税资格认定管理有关问题的通知》，规定了非营利组织免税资格认定

① 张淑贤：《浦东探索政府购买服务取得积极成效》，《浦东时报》，2019 年 10 月 11 日。

必须符合以下八项条件。

(1)依照国家有关法律法规设立或登记的事业单位、社会团体、基金会、社会服务机构、宗教活动场所、宗教院校以及财政部、税务总局认定的其他非营利组织。

(2)从事公益性或者非营利性活动。

(3)取得的收入除用于与该组织有关的、合理的支出外,全部用于登记核定或者章程规定的公益性或者非营利性事业。

(4)财产及其孳息不用于分配,但不包括合理的工资薪金支出。

(5)按照登记核定或者章程规定,该组织注销后的剩余财产用于公益性或者非营利性目的,或者由登记管理机关采取转赠给与该组织性质、宗旨相同的组织等处置方式,并向社会公告。

(6)投入人对投入该组织的财产不保留或者享有任何财产权利,本款所称投入人是指除各级人民政府及其部门外的法人、自然人和其他组织。

(7)工作人员工资福利开支控制在规定的比例内,不变相分配该组织的财产,其中:工作人员平均工资薪金水平不得超过税务登记所在地的地市级(含地市级)以上地区的同行业同类组织平均工资水平的两倍,工作人员福利按照国家有关规定执行。

(8)对取得的应纳税收入及其有关的成本、费用、损失应与免税收入及其有关的成本、费用、损失分别核算。

通知公布后,非营利组织纷纷提出申请免税资格待遇,仅 2008 年,北京市总共就有 500 余家非营利组织获得了免税资格待遇,而上海市则有近 300 家非营利组织获得免税资格待遇。

此后,一些省市在转发财政部和国家税务总局关于非营利组织免税资格认定通知的基础上,陆续出台了地方性的非营利组织免税资格文件及执行规范。例如,上海市 2020 年 12 月出台了《关于非营利组织免税资格认定管理有关问题的通知》;北京市 2018 年 9 月出台了《非营利组织免税资格申请网上办理操作手册》;广东省出台了《关于广东省省级非营利组织免税资格认定的申报指引》。

三、政府对非营利组织的直接资助

作为公益性部门,相对于企业与政府而言,资金来源更是非营利组织生存的基础。调查显示，有41.4%的社团认为它们面临的首要问题是资金缺乏。[①] 一些非营利组织由于经费严重不足而陷入困境，因此，政府的资助成为非营利组织重要的资金来源。据一些学者的调查，1998年度，被调查的我国非营利组织的资金来源中有50%以上来自政府的财政拨款、补贴及项目经费；[②] 另据一些学者的研究，中国非营利组织资金来源中政府财政支出占到60%。[③]政府之所以资助非营利组织，是因为非营利组织能够提供政府提供不好或提供不了的公共服务，同时非营利组织提供公共服务也有助于克服市场失灵现象。政府对非营利组织的直接资助除了资金支持外，还可以通过资助办公室、办公用品等方式体现出来。除此之外，政府还通过人事制度来支持非营利组织的发展，例如政府可能资助非营利组织除志愿人员外的专职人员工资，以便支持非营利组织更好地为社会提供服务。

第四节　行业协会商会与行政机关脱钩改革

一、行业协会商会中存在的问题

1. 行政化色彩较浓。从政府主管部门方面来看，由于我国一些行业协会商会是随着政府机构改革和专业部门的撤销设立的，与政府之间有着密切关系，行业协会商会的领导大多由业务主管单位推荐，一些政府部门对主管的行业协会商会不重视、不信任、不放手的问题依然不同程度地存在。例如，一些政府部门假意“下放”权力给下属行业协会商会，却仍从中牟利。从行业协会商会方面来看，一些官办行业协会商会长期依附于行政主管部门，担心脱钩后失去政府提供的平台以及人、财、物方面的支持优势，缺乏应有的市场竞争能力和服务意识，有些行业协会商会作为独立的法人主体其自主性较为欠缺，有的甚至借助行政主管部门的影响力向会员企业摊派会费，热衷于评比、表彰，增加企业负担。

① 王名、贾西津：《中国非营利组织：定义、发展与政策建议》，《科技信息(科学·教研)》，2007年第19期。

② 邓国胜：《非营利组织评估》，北京：社会科学文献出版社，2001年，第58页。

③ 刘俊：《从资金来源看中国非营利组织和政府的关系》，《广西大学学报(哲学社会科学版)》，2010年第3期。

2. 对行业协会商会的认识有待深化。一些地方和部门以及社会舆论对行业协会商会地位、作用的认识还停留在计划经济时代，对行业协会商会发展规律认识不足，对新形势下行业协会商会的发展意义、发展趋势认识不清。

3. 行业协会商会自身能力建设不足。部分行业协会商会尚未建立起现代社会组织制度，内部治理不完善，组织机构不健全，民主管理不落实，财务管理不透明，自律性和诚信度不高，社会公信力不足，人才队伍建设滞后、职业化程度不高。还有些行业协会商会对行业基本情况和基础数据掌握不全，缺乏对全局性、战略性、方向性、创新性的研究和思考，服务会员的质量和水平有待提高，特别是承接政府职能转移、承接政府购买服务方面的能力还有不小的差距，这些都在一定程度上制约了行业协会商会的发展。

4. 行业协会商会法律规范滞后。我国至今没有国家层面上的行业协会商会专门法律，虽然各部委也出台了一些文件，一些地方政府出台了地方法规，但这些法规文件无法有效地保障行业协会商会健康发展。

5. 行业协会商会监管不足。行业协会商会行政化比较严重，政府部门缺乏动力去监管行业协会商会；另外，行业协会商会由于自身建设滞后，还未建立起有效的自律机制，导致行业协会商会在从事公共服务时存在权力寻租等现象。

针对行业协会商会发展过程中的问题，国家相关部门多次强调：行业协会履行或代行政府职能时收取的费用应作为行政事业性收费管理，未按规定报经省级以上财政、价格主管部门批准，不得收取费用；行业协会受行政机关委托，对企业开展各类技术评审、评估、审查、检验、检测、鉴定等活动，不得向企业收取费用；行业协会商会开展评比达标表彰活动，不得向评选对象收取任何费用，不得在评选前后收取各种相关费用或通过其他方式变相收费。

二、行业协会商会与行政机关脱钩的五大任务

2015 年 7 月，中共中央办公厅、国务院办公厅印发了《行业协会商会与行政机关脱钩总体方案》，其总体要求是：贯彻落实党的十八大和十八届二中、三中、四中全会精神，加快形成政社分开、权责明确、依法自治的现代社会组织体制，厘清政府、市场、社会关系，积极稳妥推进行业协会商会与行政机关脱钩，厘清行政机关与行业协会商会的职能边界，加强综合监管和党建工作，促进行业协会商会成为依法设立、自主办会、服务为本、治理规

范、行为自律的社会组织。

此次脱钩的主体是各级行政机关与其主办、主管、联系、挂靠的行业协会商会。其他依照和参照公务员法管理的单位与其主办、主管、联系、挂靠的行业协会商会，参照本方案执行。同时具有以下特征的行业协会商会纳入脱钩范围：会员主体为从事相同性质经济活动的单位、同业人员，或同地域的经济组织；名称以“行业协会”“协会”“商会”“同业公会”“联合会”“促进会”等字样为后缀；在民政部门登记为社会团体法人。个别承担特殊职能的全国性行业协会商会，经中央办公厅、国务院办公厅批准，另行制定改革办法。

行业协会商会与行政机关脱钩的五大任务和措施有：

1. 机构分离，规范综合监管关系

取消行政机关与行业协会商会的主办、主管、联系和挂靠关系。行业协会商会依法直接登记和独立运行。行政机关依据职能对行业协会商会提供服务并依法监管。依法保障行业协会商会独立平等法人地位。按照有利于行业发展和自愿互惠原则，对行业协会商会之间、行业协会商会与其他社会组织之间的代管、协管、挂靠关系进行调整，并纳入章程予以规范。调整行业协会商会与其代管的事业单位的关系。行业协会商会代管的事业单位，并入行业协会商会的，注销事业单位法人资格，核销事业编制，并入人员按照行业协会商会人员管理方式管理；不能并入行业协会商会的，应当与行业协会商会脱钩。行政机关或事业单位与行业协会商会合署办公的，逐步将机构、人员和资产分开，行政机关或事业单位不再承担行业协会商会职能。

2. 职能分离，规范行政委托和职责分工关系

厘清行政机关与行业协会商会的职能。剥离行业协会商会现有的行政职能，法律法规另有规定的除外。业务主管单位对剥离行业协会商会有关行政职能提出具体意见。加快转移适合由行业协会商会承担的职能。行政机关对适合由行业协会商会承担的职能，制定清单目录，按程序移交行业协会商会承担，并制定监管措施、履行监管责任。

3. 资产财务分离，规范财产关系

行业协会商会应执行民间非营利组织会计制度，单独建账、独立核算。没有独立账号、与行政机关会计合账、财务由行政机关代管或集中管理的行业协会商会，要设立独立账号，单独核算，实行独立财务管理。对原有财政预算支持的全国性行业协会商会，逐步通过政府购买服务等方式支持其发

展。自2018年起，取消全国性行业协会商会的财政直接拨款，在此之前，保留原有财政拨款经费渠道不变。地方性行业协会商会的财政拨款过渡期和过渡办法，由各地自行确定，但过渡期不得超过2017年底。各业务主管单位对其主管的行业协会商会财务资产状况进行全面摸底和清查登记，厘清财产归属。财政部门会同机关事务主管部门按照所有权、使用权相分离的原则，制定行业协会商会使用国有资产管理办法，确保国有资产不流失，同时确保行业协会商会的正常运行和发展。行业协会商会占用的行政办公用房，超出规定面积标准的部分限期清理腾退；符合规定面积标准的部分暂由行业协会商会使用，2017年底前按《中共中央办公厅、国务院办公厅关于党政机关停止新建楼堂馆所和清理办公用房的通知》及有关规定清理腾退，原则上应实现办公场所独立。

4. 人员管理分离，规范用人关系

行业协会商会具有人事自主权，在人员管理上与原主办、主管、联系和挂靠单位脱钩，依法依规建立规范用人制度，逐步实行依章程自主选人用人。行政机关不得推荐、安排在职和退(离)休公务员到行业协会商会任职兼职。现职和不担任现职但未办理退(离)休手续的党政领导干部及在职工作人员，不得在行业协会商会兼任职务。领导干部退(离)休后三年内一般不得到行业协会商会兼职，个别确属工作特殊需要兼职的，应当按照干部管理权限审批；退(离)休三年后到行业协会商会兼职，须按干部管理权限审批或备案后方可兼职。对已在行业协会商会中任职、兼职的公务员，按相关规定进行一次性清理。任职的在职公务员，脱钩后自愿选择去留：退出行业协会商会工作的，由所属行政机关妥善安置；本人自愿继续留在行业协会商会工作的，退出公务员管理，不再保留公务员身份。在行业协会商会兼职的公务员，要限期辞去兼任职务。行业协会商会全面实行劳动合同制度，与工作人员签订劳动合同，依法保障工作人员合法权益。工作人员的工资，由行业协会商会按照国家有关法律、法规和政策确定。行业协会商会及其工作人员按规定参加基本养老、基本医疗等社会保险和缴存住房公积金。行业协会商会与行政机关脱钩后，使用的事业编制相应核销。现有事业人员按国家有关规定参加机关事业单位养老保险。历次政府机构改革分流人员仍执行原定政策。

5. 党建、外事等事项分离，规范管理关系

行业协会商会的党建、外事、人力资源服务等事项与原主办、主管、联

系和挂靠单位脱钩。全国性行业协会商会与行政机关脱钩后的党建工作，按照原业务主管单位党的关系归口分别由中央直属机关工委、中央国家机关工委、国务院国资委党委领导。地方行业协会商会与行政机关脱钩后的党建工作，依托各地党委组织部门和民政部门建立社会组织党建工作机构统一领导；已经建立非公有制企业党建工作机构的，可依托组织部门将其与社会组织党建工作机构整合为一个机构。行业协会商会脱钩后，外事工作由住所地省(区、市)人民政府按中央有关外事管理规定执行，不再经原主办、主管、联系和挂靠单位审批。行业协会商会主管和主办的新闻出版单位的业务管理，按照文化体制改革相关要求和新闻出版行政管理部门有关规定执行。人力资源服务等事项由行业协会商会住所地有关部门按职能分工承担。

三、行业协会商会与行政机关脱钩配套政策

1. 完善支持政策

制定有针对性的扶持引导政策，加强分类指导。完善政府购买服务机制，支持行业协会商会转型发展。

完善行业协会商会价格政策，落实有关税收政策。按照行政事业性收费管理的有关规定，规范行业协会商会承接政府委托的行政事业性收费事项。对符合条件的非营利组织落实企业所得税优惠政策。

鼓励行业协会商会参与制定相关立法、政府规划、公共政策、行业标准和行业数据统计等事务。有关部门要充分发挥行业协会商会在行业指南制定、行业人才培养、共性技术平台建设、第三方咨询评估等方面的作用。

建立信息资源共享机制。全国性行业协会商会的有关行业统计数据，按原规定报送国家统计局。行业协会商会应按原渠道向行业管理部门报送相关行业数据和信息。有关职能部门要建立行业公共信息交汇平台，整合全国性行业协会商会的有关数据，为政府制定和实施相关政策提供信息服务，为行业协会商会提供必要的行业信息和数据。

支持行业协会商会在进出口贸易和对外经济交流、企业“走出去”、应对贸易摩擦等事务中，发挥协调、指导、咨询、服务作用。鼓励行业协会商会参与协助政府部门多双边经贸谈判工作，提供相关咨询和协调服务。鼓励行业协会商会积极搭建促进对外贸易和投资等服务平台，帮助企业开拓国际市场。

2. 完善综合监管体制

加强法律法规制度建设。加快推进行业协会商会立法工作。行业协会商

会脱钩后，按程序修改章程并报民政部门备案。健全行业协会商会退出机制，在实施脱钩中对职能不清、业务开展不正常、不适应经济社会发展的行业协会商会依法予以注销。鼓励和促进行业协会商会间公平有序竞争。

完善信用体系和信息公开制度。建立行业协会商会信用承诺制度，完善行业协会商会的信用记录，建立综合信用评级制度。对行业协会商会的信用情况开展社会评价，评价结果向社会公布。建立健全行业协会商会信息公开和年度报告制度，接受社会监督。

完善政府综合监管体系。制定行业协会商会综合监管办法，健全监督管理机制。民政部门依照相关登记管理法规，对行业协会商会加强登记审查、监督管理和执法检查，强化对主要负责人任职条件和任用程序的监督管理。财政部门负责对政府购买行业协会商会服务的资金和行为进行评估和监管，并会同机关事务主管部门对行业协会商会使用的国有资产进行登记和监管。税务部门对行业协会商会涉税行为进行稽查和监管。审计部门对行业协会商会依法进行审计监督。价格部门对行业协会商会收费及价格行为进行监管。行业协会商会组织论坛、评比、达标、表彰等活动，要严格按相关规定执行，并接受监督。各行业管理部门按职能对行业协会商会进行政策和业务指导，并履行相关监管责任。探索建立专业化、社会化的第三方监督机制。

建立完善法人治理结构。行业协会商会要按照建立现代社会组织要求，建立和完善产权清晰、权责明确、运转协调、制衡有效的法人治理结构。

思考题

1. 请结合实践谈谈非营利组织与政府的关系。
2. 非营利组织如何承接政府职能？
3. 政府如何购买非营利组织服务？
4. 行业协会商会与行政机关脱钩的内容是什么？

综合案例　社会组织协助政府抗疫：尽所能当好“七大员”

面对突如其来的疫情，福建省民政厅坚决扛起防控政治责任，打好健全领导机制、发出动员倡议、制定工作方案、加强全省调度、营造良好氛围、强化党建引领“组合拳”，发动全省社会组织参与疫情防控。各社会组织各尽所能当好“七大员”，在前线后方、线上线下精准发力，形成有钱出钱、有物出物、有力出力、有智出智的良好局面。

一、慈善组织当好“后勤保障员”：为前线提供防疫物资

疫情防控阻击战是物资消耗战，后勤保障面临大考。

福建省石竹慈善基金会联合福建省永传助残扶贫服务中心第一时间发动社会力量，先后为湖北筹集5批物资，向武汉等地10多家医院捐赠消毒液15400公斤、成人纸尿裤9万多片。该中心负责人欧晓东对记者说：“中心理事成员从正月初三开始奔波，特别是筹集第一批防疫物资时，经多方联络才找到消毒液厂家，说明来意后，厂家终于答应在春节假期赶工生产；谁承想，灌装桶又成了难题，大家跑遍闽侯县多个村落，才将附近酒厂近400个酒桶全部购回，赶紧完成消毒液的灌装运往武汉。”

在福建省，像这样为前线筹集款物的社会组织还有很多。厦门市红十字基金会累计发动6456人次、147家团体(企业)捐赠，接收捐款1267.76万元，接收口罩181.52万只、防护服2200件、隔离衣2200件、护目镜6950副、医用手套2万双、消毒液100桶。

二、行业协会当好“行业引导员”：号召会员企业保障市场供应

行业协会商会通过倡议等形式引导会员拓展货源，确保供应，稳定市场，不囤积居奇，不哄抬物价；积极发挥行业引导作用，为行业企业科学有序复工复产提供支持。

龙岩市医药行业协会会同19家会员企业发出倡议，号召各会员企业保障市场供应、守法经营；春节期间，多家零售药店照常营业，保证物资供应；国药控股、国药器械等物流配送企业及时做好配送工作。

福建省职业经理服务行业协会联合福建省中小企业服务中心、开锐咨询等单位共同启动“福建省‘共克时艰与企同行’暖心服务之中小企业自救自助公益行动”，公益项目包括“中小企业自救指南”、公益微课、线上及968871“专家义诊”三个模块。截至目前，已服务11400多家中小企业。

三、学术与科技类社会组织当好“疫情宣传员”：正面发声科学引导

学术类、科技类社会组织发挥自身凝聚专家学者和专业人才的优势，通过网站、微信公众号等形式加强疫情防治宣传，普及防疫科学知识，引导社会公众相信科学，不造谣、不信谣、不传谣，释疑解惑、稳定人心。

福建省药学会通过学会微信公众号等媒体宣传防疫物资及药品的正确使用方法等科普知识，多位药师会员在短短十多天内推出十余篇高质量的药学科普文章，得到社会关注。福建省电机工程学会通过学会微信公众号，围绕疫情防控的科学解读和舆论引导，从多家权威媒体找出群众易于理解的科普文章，有针对性地进行防疫知识普及和科学辟谣。

四、社会工作服务机构和社区社会组织当好“社区联防员”：构筑最大防控同心圆

社区是疫情防控的关键环节和重要基础。社会工作服务机构和社区社会组织发挥了“左膀右臂”作用。

“谢谢，太感谢你们了……”近日，家住福州市长乐区梅花镇的林女士站在自家门口对身穿绿马甲的社工说。林女士的丈夫常年在外工作，年前返回家中，由于疫情的影响和防控需要，他们一直在家隔离。随着疫情的发展，一家人的心情都变得焦虑和紧张。长乐区天朗社会工作服务中心的社工得知情况后，就一直在线上对她家进行安抚，虽然14天隔离早已结束，丈夫也一切正常，但林女士依旧有些担心。2月13日，社工得知林女士家中急缺口罩，通过链接社会资源，当天就戴着口罩来到她家门口，社工还对林女士进行了情绪上的安抚。

该中心负责人曾文婷介绍说：“为积极协助当地村‘两委’开展工作，我们春节期间开通了驻村24小时值守热线，党员社工与处于医学观察的返乡村民结对子，通过线上、电话访问等方式，为需要帮助的村民做好安抚与帮扶工作。目前，共实施线下服务687人次，电话访问746人次，线上服务1532人次，协助社区工作者一起构筑最大防控同心圆。”

五、救援类社会组织当好“疫情防护员”：守护群众生命健康

面对来势汹汹的疫情，救援类社会组织把疫情当作命令、防疫视为责任，勇敢逆行、冲锋在前，积极投身疫情防控前线，守护人民群众生命健康。

福建省蓝豹救援队分别在福州市鼓楼区大梦山社区、闽清县坂东镇和白中镇主干道等重点地区开展消杀、定点检查、检测体温活动。长汀县蓝天救援队深入社区(村)开展疫情防控宣传，为公安、交警、环卫、新闻媒体等一线工作人员免费赠送口罩6000余只、测温枪10把。2月2日起，每天组织队员配合长汀动车南站、长汀高速收费站对旅客进行体温测量，服务过往群众5000多人次。

六、心理健康服务类社会组织当好“心理疏导员”：认真倾听耐心劝导

为缓解突如其来的疫情给社会大众带来的心理压力，心理健康服务类社会组织主动为受疫情影响的人群提供心理支持，为有需要的人戴上“心理口罩”。

一天中午，援助热线铃声突然响起。“您好，这里是抗击疫情心理援助热线，我是……”福能心理咨询师小张话音未落，已被对方不耐烦的声音打断。“我都要崩溃了。昨天爱人被确诊为新冠肺炎已隔离住院治疗。现在全家人也都被居家隔离，整整14天呐，今天才第一天。”小张静静地倾听着这位确诊患者家属的倾诉与无助。除了倾听，他还帮助她寻找积极的资源，讨论在隔离期间如何安排好生活，如何应对亲朋好友甚至好事者的电话等，经过近一个小时的疏导，这位女士终于重新树立信心，表示在先生住院期间先把家照顾好，把自己照顾好，相信医院、相信政府会全力救治先生的。

像这样的救助电话，每天会接到很多。福建省心理卫生协会联合省公安厅、福州大学、福能心理卫生职业技术学院，组织专家团队搭建的福建省新冠肺炎防控心理援助平台正式上线并入驻“闽政通”App，该平台同时加入多家媒体等共同倡议成立的心理热线联盟；协会连日来组织业内专家为志愿者开展公益讲座并进行线上志愿者督导和培训等，为公众提供专业的心理援助服务。

七、文化类社会组织当好“加油鼓劲员”：用艺术作品凝聚力量

在抗击疫情的关键时刻，文化类社会组织创作了一批抗“疫”作品，用艺术作品凝聚全民抗“疫”的强大精神力量。

福建省青少年音乐教育协会创作了抗击疫情公益歌曲《为什么我的眼里常含泪水》，为一线医务工作者呐喊助威，表达协会对全民抗“疫”、共渡难关的真切祝愿。漳浦县剪纸协会创作了一批剪纸作品，用剪纸凝心聚力、传递抗“疫”理念、致敬逆行者，刻下战胜疫情的决心和勇气。

莫道浮云终蔽日，严冬过尽绽春蕾。疫情终将过去，只要我们团结一心，守望相助，“战”在一起，一定会迎来胜利的号角。

（资料来源：《当好“七大员”全线战疫情》，载《中国社会报》2020年4月1日，记者：田亚硕，通讯员：李峰华。略有改动。）

讨论题：

1. 非营利组织是如何协助政府抗疫的？
2. 试述如何有效构建政府与非营利组织的合作关系。

第十章 非营利组织与企业的关系

非营利组织与企业在社会、经济活动中都占有非常重要的地位。随着企业社会责任运动的兴起、非营利组织的发展，两者之间的交流对话成为必然。企业的社会责任通过非营利组织来实现，社会企业的出现使非营利组织的形式更为丰富化，而共益企业的出现则反映了企业与非营利组织的关系在不断创新、融合与进步。在信息时代构建企业与非营利组织的战略伙伴关系已经成为一项重要的议题。

第一节　企业社会责任与社会企业

一、企业社会责任

企业社会责任(Corporate Social Responsibility，简称 CSR)的提出可以追溯到1899年美国钢铁集团公司创始人安德鲁·卡内基所著的《财富福音》一书，始于对劳工问题的关注。20世纪西方国家的经济在经历过多次动荡后，资本势力不断壮大，直到冷战结束后，资本在放松管制的政策环境中加速了在全球范围的流动，跨国域的大型企业不断涌现。然而，在资本迅速扩张与企业国际化的发展背景之下，并没有伴随着全球经济的同水平提升。[①]欧洲委员会就业与社会福利事务委员 Vladimir Spidla 在"2005年中欧企业社会责任北京国际论坛——责任竞争力与和谐社会"上的讲话指出：全球化带来的成果没有在世界上得到公平的分配，反而造成了跨国域的、全球性的对劳动的压制与剥夺，造成劳资力量对比的严重失衡，跨国企业的生产与供应链上常常发生各种对劳工权益侵害的事件，劳工问题成为全世界关注的焦点。由此，对劳动条件和劳工标准不满的企业社会责任运动开始发展并蔓延开来，企业社会责任成为各国政府、社会各界以及全球企业都不可回避的问题。

企业社会责任运动在20世纪90年代中期全面展开，随着经济的全球化，企业社会责任问题的日益全球化，对企业社会责任的呼吁从西方国家起源，逐渐渗透到国际社会，其最初的直接成果是跨国企业为了应对社会危机而制定的生产守则。随后，一系列由跨国公司、工会组织、消费者组织、非政府组织、人权组织在内的生产守则多边机构等制定的正式或非正式标准开始不断涌现。这表明企业社会责任的驱动力量逐步扩大到包括政府、社会和企业在内的多方主体，企业社会责任所关注的问题也从劳工领域逐渐扩大到包括环境问题在内的多种社会问题。总的来说，企业社会责任的驱动力来自政府、非政府组织、工会、企业自身，随着工业社会的发展，围绕劳工标准的各种矛盾在不断加深，企业社会责任背后的推动力也在不断壮大。

---

① 余飞侠：《企业社会责任的驱动力及作用机制研究》，北京：中国人民大学出版社，2007年，第11—12页。

近几十年来，企业社会责任概念伴随着企业社会责任运动的实践得到了不断的丰富与发展，学术界与企业界围绕着什么是企业社会责任、企业承担社会责任的理论依据、企业社会责任的界定等问题进行了积极的探讨。雷蒙德·鲍尔(Raymond Bauer)给出了企业社会责任的初步见解，他认为“企业社会责任是关于公司行为对社会影响的认真考虑”。① 基思·戴维斯(Keith Davis)和罗伯特·布罗姆斯特朗(Robert L. Blomstorm)则将企业社会责任与社会义务和企业伦理放在同一层面，指出：企业社会责任“是决策者在考虑自己的利益的同时，也有义务采取措施以保护和改善社会福利”。② 美国企业社会责任专家阿尔奇·卡罗尔(Archie·Carrol)对企业社会责任给出了具有代表性的定义，他认为“企业社会责任意指某一特定时期社会对组织寄托的经济、法律、伦理和自由决定(慈善)的期望”。③ 卡罗尔指出，企业社会责任是社会寄希望于企业履行之义务；社会不仅要求企业实现其经济上的使命，而且期望其能够遵守法度、重伦理、行公益。④

我国对企业社会责任的论述早在20世纪80年代就提出来了，袁家方在《企业行为规范丛书之五——企业社会责任》(1989)中指出：在生产经营中，企业不但要考虑本企业的利益，还必须考虑社会诸方面的利益，考虑到社区、消费者、相关企业、社会整体以及国家的利益。因此，企业不仅应具有经济的观念，还应具有社会的观念、宏观经济发展的观念、公众利益的观念乃至人类生存与发展的观念。中国官方对于企业社会责任的研究始于劳动和社会保障部劳动科学研究所课题组发表的《企业社会责任运动应对策略研究》，文章从企业社会责任运动的背景入手，介绍了社会条款、体面劳动、全球契约等概念和运动，并重点分析了SA8000标准的实施方式和影响，做出了对企业社会责任运动若干问题的基本判断，认为“企业社会责任运动在中国，其贸易保护主义和人权斗争的色彩更为浓厚一些”。⑤

---

① [美]A. B. 卡罗尔、A. K. 巴克霍尔茨：《企业与社会：伦理与利益相关者管理》，北京：机械工业出版社，2004年，第23页。

② [美]A. B. 卡罗尔、A. K. 巴克霍尔茨：《企业与社会：伦理与利益相关者管理》，北京：机械工业出版社，2004年，第23页。

③ [美]A. B. 卡罗尔、A. K. 巴克霍尔茨：《企业与社会：伦理与利益相关者管理》，北京：机械工业出版社，2004年，第24页。

④ 李淑英：《企业社会责任：概念界定、范围及特质》，《哲学动态》，2007年第4期。

⑤ 余飞侠：《企业社会责任的驱动力及作用机制研究》，北京：中国人民大学出版社，2007年，第28页。

随后，我国学术界对于企业社会责任概念的研究也有所增多。“所谓公司社会责任，是指公司不能仅仅以最大限度地为股东们营利或赚钱作为自己的唯一存在目的，而应当最大限度地增进股东之外的其他所有社会利益。”①“所谓企业社会责任，乃指企业在谋求股东利润最大化之外所负有的维护和增加社会利益的义务。”②还有学者认为企业的社会责任包括九个维度，即经济责任、法律责任、环境保护、客户导向、以人为本、公益事业、就业、商业道德、社会稳定和进行。③

总的来说，企业社会责任指的是企业不能够仅仅将利润的最大化作为自己的唯一存在的目的，还应肩负维护和增加社会利益的责任与义务。这也表明，在传统企业具有的经济责任与法律责任外，还需要在最大限度下承担起社会责任。

二、社会企业

社会企业(Social enterprise)这一概念最早是由法国经济学家蒂埃里·让在 1998 年提出的。他认为，社会企业不是以工资、收益等资本主义经济的计量方法来衡量的，它的产出是把社会效果和间接的经济效益结合在一起的。④ 自此，世界各国学者对社会企业的研究逐渐深入。在欧洲，经济合作与发展组织(Organization for Economic Co-operation and Development，简称 OECD)认为，社会企业是指任何可以产生公共利益的私人活动，具有企业的商业策略，以达成特定经济或社会目标，而不追求利润最大化，并有助于解决社会问题的组织。⑤ 2003 年，OECD 在《变革经济中的非营利部门》一书中对社会企业进行了进一步界定，即社会企业是在采取私营部门的企业技能的基础上，利用交易活动以达成目标及财政自主的非营利组织，具有强烈的社会使命特质。而欧洲委员会则认为，社会企业是合作社和非营利组织的交叉组织。其中，合作社包括劳动者合作社和使用者合作社；非营利组织包括生产型非营利组织和倡议型非营利组织，而社会企业则属于偏向劳动者合

① 刘俊海：《公司的社会责任》，北京：法律出版社，1999 年，第 6—7 页。

② 卢代富：《企业社会责任的经济学和法学分析》，北京：法律出版社，2004 年，第 96 页。

③ 徐尚昆、杨汝岱：《企业社会责任概念范畴的归纳性分析》，《中国工业经济》，2007 年第 5 期。

④ 赵莉、严中华：《国外社会企业理论研究综述》，《理论月刊》，2009 年第 6 期。

⑤ Organization for Economic Co-operation and Development(OECD)，Social enterprise，OECD，1999，pp. 5-12.

作社与生产型非营利组织的混合体。美国学术界对社会企业的界定由“非营利组织的创收战略”发展到“有创业精神的非营利组织”。Dennis R. Young 进一步拓展了社会企业的概念，他认为社会企业是采用企业的运营方式，开展商业活动，但不以营利为目的，而是以促进社会进步或产生社会效益为目标，同时赚取部分盈余的连续体组织。① J. Gregory Dees 则在 2003 年提出了著名的“社会企业光谱”概念，认为社会企业并非单纯为财务目标存在，也不是只关注社会目标，而是一种纯慈善(非营利组织)与纯营利(商业企业)之间的连续组织形式。②

我国对于企业社会的研究与实践相对于欧美国家较晚，关于社会企业的概念 2004 年开始出现于各个学术研讨会与相关会议中，引起了学术界的热情关注与广泛讨论。2013 年由青年社会企业家基金(Foundation for Youth Social Entrepreneurship，简称 FYSE)发布的《2012 年中国社会企业报告》中指出：在中国，对社会企业的翻译主要有三种形式，一是社会企业；二是社会创业；三是公益创业。此外，国际上对社会企业的具体定义是为了在获取利益与创造社会价值之间取得平衡，我国对社会企业的具体定义研究主要集中在两个方面：一是组织性质，社会企业是使用商业模式和机制运营，不以利润最大化为目标，创造社会价值，介于商业企业与传统非营利组织之间，但倾向于前者的组织。二是创收与公益，社会企业是通过产品或服务的市场销售创造收入，还是由政府补贴和社会捐赠来维持财务可持续。大部分学者认为，社会企业的收入至少大部分来自于通过产品或服务赚取的利润，这是社会企业区别于传统非营利组织的重要标准之一。徐家良、何立军在 2022 年出版的《社会企业蓝皮书：中国社会企业发展研究报告》中对中国社会企业的概念内涵、发展历程及未来方向进行了研究。还有学者认为，社会企业是“驾驭市场经济，服务于社会公共利益，解决社会问题，处于社会性组织、经济性组织和政府组织之间的交叉组织。”③还有学者认为，“在我国，社会企业是一个新型组织形态，它强调社会企业是企业商业经营行为与公益组织的

---

① Dennis R. Young，Organizational identity in nonprofit organizations：strategic and structural implications，*Nonprofit Management & Leadership*，2003(2)，pp. 139-157.

② Dees，J. Gregory. New definitions of social entrepreneurship：free eye exams and wheelchair drivers，2003，pp. 135-147.

③ 时立荣：《转型与整合：社会企业的概念、特点与益处》，《和谐·创新·发展——首届北京中青年社科理论人才“百人工程”学者论坛文集》，2007 年，第 226—231 页。

社会责任和崇高使命的完美结合，是为实现既定的社会、环境目标和可持续发展而进行商业交易的组织。”[①]而另一些学者从我国当前社会形势，以及对公开数据分析得出：社会企业是一种具有业务领域广泛，既有直接从事公益服务的操作型组织也有致力于公益行业的支持型组织，其注册类型包括民办非企业单位和企业，存在历史较短、规模小且影响范围有限的组织。[②]

总的来说，我国对社会企业概念的界定本质上与西方欧美国家是相似的，都认为社会企业具有传统非营利组织与商业企业的混合特征，主要受社会使命的驱动，创造社会价值，解决社会矛盾，服务社会公众。

三、非营利组织是企业实现社会责任的有效途径

企业与社会之间存在着千丝万缕般的联系，企业源自社会，也必须回报社会。更重要的是，社会是企业的生存环境，没有一个健全的经营环境，企业自身也难以生存。因此，企业对社会的安定和健康发展负有不可推卸的责任。而企业履行其社会责任的一个重要途径，就是通过对各种非营利组织的赞助和支持来实施的。Bryan(2003)基于成本收益的考虑，从中心性和专业性两个维度出发，比较了企业实施社会责任最常见的三种方式:[③]通过公司的慈善捐赠外购社会责任；通过内部项目的方式内化社会责任；采取与非营利组织合作的方式实施企业社会责任。总体来说，企业通过非营利组织来实现社会责任主要有以下途径。

1. 企业通过捐助非营利组织来实现其社会责任

企业承担社会责任的一个重要方式是向非营利组织进行捐助，企业捐助非营利组织有时并非是一种纯公益性行为，而是因为这种捐助也能够为企业带来某种利益。

Galaskiewciz 认为，企业捐助非营利组织的原因在于：(1)把捐助行为当作一种营销工具，认为企业积极参与公益行为，可以提升消费者对企业本身或产品的认同度，从而增加销售量；(2)以建立公共关系为目的的捐助，通过慈善捐助来彰显其良好的企业公民道德；(3)把捐助作为一种减税策略，

---

① 潘小娟：《社会企业初探》，《中国行政管理》，2011 年第 7 期。

② 王天夫、郭心怡、袁丛珊：《社会企业：社会治理创新的新动力》，《社会政策研究》，2017 年第 2 期。

③ Bryan W. Husted, Governance Choices for Corporate Social Responsibility: to Contribute, Collaborate or Internalize? *Long Range Planning*, 2003(36), pp. 481-498.

通过适当捐助的公益行为而获得政策上的优惠措施减低税收负担；(4)处于长期自利的行为，企业希望通过捐助的公益行为而改善社区环境，提高购买、消费能力，提升商业环境的品质，从而降低成本，提高利润。

企业捐助非营利组织的方式主要有以下几种：(1)金钱捐助。企业最为常见的捐助方式，直接而简单，不需要过多的管理过程与操作手续，可显著地达到企业想要与非营利组织建立良好关系的目的，这种方式对企业欲达到的目的的收效最为快速。(2)实物捐助。企业向非营利组织提供自身产品和相关非企业内产品的一种低成本而有效的捐助方式。一旦其捐助物品很好地满足了非营利组织需求，就将极大地起到宣传其产品的目标作用。(3)志愿服务捐助。这是企业在与非营利组织建立长期的关系中发展起来的一种新型捐助方式，企业将自己的部分员工定期或不定期地安排到非营利组织中，为其提供服务，使员工也得到多元化锻炼，有助于形成良好的企业文化。(4)技术与服务捐助。这是一种企业非实物的捐助方式，在现行的市场环境下知识与技术日益成为组织生存和发展的重要资源，有效的人力服务和技术支持对于处在发展阶段的非营利组织而言尤为重要。(5)创新的多元支持方式。这种方式是企业根据自身所在的行业特点和拥有的资源，创新性地对非营利组织的需求制定有主题的多种方式相结合的捐助方式。这种方式的最大好处在于利用企业的优势为非营利组织创造最需要的支持，缺点是其往往需要组织付出更多的管理和组织成本。但是随着信息化的发展，这一捐助方式越来越容易为企业所采纳。

2. 社会企业推动了非营利组织社会目标的实现

实现社会责任的另一个重要途径是社会企业。根据一些学者的研究，社会企业通常具有如下特点：(1)社会企业具有一般企业的形式，但不是以盈利最大化为目标的。也就是说，社会企业可以实现一定程度的利润，但这种盈利只是为了生存所采取的手段，营利不是最终目标。因此，尽管社会企业在形式上可以具有一般企业的特征，但从严格意义上来说，社会企业不是纯粹的企业。(2)社会企业在经营上通常采取商业经营的模式，自负盈亏。(3)社会企业具有明确的社会目标。这些社会目标如社会福利、社区发展、环境保护、社会救助等，其经营的目标是为了实现社会利益。(4)社会企业的经营收益用于社会目标或社会公益，而不在出资人中进行分配。(5)社会企业通常依赖于基金会、企业、个人捐款来运营。由此可见，社会企业并不等同于企业，也不等同于非营利组织，它既重视经济效益，也重视社会目标，社会企业虽然也通过商业手法来实现目标，但是社会企业追求的最终目标却是社会利益。

社会企业的出现，一方面为非营利组织提供了寻求资金的机会，另一方面也促进了其社会责任的实现。因为社会企业通过营利来扶助弱势群体、促进社区发展以及公共福利，从而有效地实现了社会目标和社会价值。

第二节　共益企业与企业公益

一、共益企业

作为新概念，“共益企业”的提出要晚于“社会企业”，并且与“社会企业”之间有着较强的联系，甚至有论者将共益企业称为“社企运动中的新亮点”。要深入了解非营利组织领域的组织创新趋势，我们应对共益企业这一“新亮点”给予一定的关注。

2006 年，美国的非营利组织“共益实验室”(B-Lab)以“商业向善”为口号，旨在“重新定义商业成功”，即所有企业竞争的目的，不应只是成为最赚钱的企业，还要成为对世界最有益的企业。围绕这一使命，共益实验室提出了一套成为“好公司”的评估认证体系，这套认证体系设计了覆盖员工、社区、环境、治理以及影响力商业模式五个板块、满分为 200 分的测评体系，所有参与测评并得分达到 80 分以上的企业，都可以申请认证为“共益企业”。共益企业 (B-Corp)中的“B”代表的是“利益”(Benefit)，指的是符合社会与环境影响力、公信力与透明度，以及法律责任最高审核标准的企业。它不仅以股东利益为重，同样以其他利益相关方的利益为重，对社会、对环境负责。这一概念的提出，意在引领一场实现共赢的商业向善全球倡导活动，打破商业即是利润最大化的传统观念，重新确立“好企业”的认定标准。

作为一种全新的法律框架，共益公司制度是美国社会试图利用营利性组织模式解决社会问题的又一次创新尝试。有研究者认为，共益企业认证运动是社会企业运动的一种延续。一些学者分析，在社会企业成立和发展的各个阶段，传统公司法律责任和决策机制的限制、追逐经济利益的投资者们所施加的压力、因未能有效实现股东利益最大化可能导致诉讼的法律风险等因素，都可能驱使企业日渐偏离原本的公益目的。为了避免社会企业在早期成长或发展阶段，被传统公司"股东利益最大化"的法律要求所绑架，无法继续创办时所确认的社会使命，共益企业认证制度正为解决此类社会企业在发展过程中可能产生的矛盾而提出。2010 年 4 月，美国马里兰州成为第一个以立法形式认可"共益企业"概念的州郡。截至 2017 年 7 月，美国已有 33 个州相继出台了与共益企业相关的规定，同时已有来自 50 多个国家的 4 万多家企业获得共益企业认证。

2016 年，共益企业的概念正式引入中国。作为一种新型的企业公益模式和社会创新，共益企业必将与中国传统的公益精神很好地衔接，并在中国得到茁壮成长，从而实现更高的经济社会价值。因此，可以将共益企业定义为："一种将企业经济导向价值与社会责任价值相融合，在运行过程中既遵循市场经济的运行逻辑，又关注社会需求和社会问题的新型组织形式。"①

二、企业公益

(一)公益与慈善之辨析

概念是思维的细胞，是形成判断与构成推理的前提。② 当前，"公益"与"慈善"二者的概念和相关新闻报道频繁出现在人们的视野中，但在公众对"公益""慈善"的社会认知程度普遍提高的同时，对二者概念的理解混淆与滥用现象却日益严重。核心概念是指那些对某类社会问题、社会现象或社会现实本质特征予以高度概括的基本术语，通常是某门学科中最主要的基本词语，典型反映某类学科的性质、目标、范围内容与主体。③ 不言而喻，"公益"与"慈善"的概念直接关系到紧迫的现实问题以及制度建设，如慈善制度的建设，往往涉及多个核心概念的学术积累与理论创新，核心概念的内涵与外延的模糊，直接影响制度的制定与学术的交流、对话。更为重要的是，在我国社会福利制度仍处于起步阶段这一现实条件下，"公益"与"慈善"的混用，易造成制度的机构分化程度不高，制度之间的社会边界模糊不清，进而影响社会服务的提供。因此，厘清"公益"与"慈善"二者的核心概念具有重要

① 李水金、欧阳蕾：《共益企业在中国的兴起、困境及发展路径研究》，《中国管理信息化》，2019 年第 7 期。

② 王银春：《慈善的概念应与公益有所区别》，《中国社会报》，2013 年 10 月 28 日。

③ 刘继同：《慈善、公益、保障、福利事业与国家职能角色的战略定位》，《南京社会科学》，2010 年第 1 期。

的理论意义与现实意义。

"公益"是"公共利益"的缩写，是近现代社会才开始使用的新兴词汇。我国使用的"公益"一词是五四运动后，从西方翻译而来，最早见于鲁迅所著《准风月谈·外国也有》中"只有外人说我们不问公益，只知自利，爱金钱，却还是没法辩解"。[①] 我国对公益事业最早的法律诠释是在1999年颁布的《中华人民共和国公益事业捐赠法》中第三条规定："本法所称公益事业是指非营利的下列事项：(1)救助灾害、救济贫困、扶助残疾人等困难的社会群体和个人的活动；(2)教育、科学、文化、卫生、体育事业；(3)环境保护、社会公共设施建设；(4)促进社会发展和进步的其他社会公共和福利事业。"在学术界，对于"公益"一词的研究角度更为宽泛，从伦理学的角度看，公益是指以人类幸福为终极价值目标的价值体系与行为机制。从政治学的角度看，公益是一种以社会为中心的国家治理结构和治理权利分配体系。从经济学的角度看，公益则是一种以他人利益为目标的投资者不参与分配盈余的社会资源分配机制。从法学的角度看，公益是一种以社会整体公平、正义、伦理道德价值为标准的权利义务分配体系。[②] 从社会学的角度，公益是一种着眼于社会公众的共同利益，提升社会公众整体福利水平的分配体系，具体表现为社会保障、社会工作、社会福利和社会救济等方面。[③] 从行为学的角度看，公益行为主要指的是"民间个人捐赠于公共事务(教育、研究设施、公共建筑、体育、水利设施等)"。[④]

"慈善"(charity)二字的组合使用开始于魏晋南北朝时期，最早对于慈善的载录是《魏书·崔光传》中"宽和慈善，下逆于物，进退沉浮，自得而已"。在我国学术界，慈善的核心被强调为慈善救助、慈善捐赠。其具有代表性观点是《中国大百科全书》中将"慈善"定义为：私人或社会团体基于慈悲、同情、救助等观点，为灾民、贫民及其他生活困难者举办的施舍、救助活动的统称。[⑤] 从经济学的角度看，慈善事业是社会的再分配，是社会道德事业和

---

① 刘忠祥：《基金会的理论和实践与〈慈善事业法〉之二"非营利""公益"与"慈善"辨析》，《中国社会组织》，2015年第10期。

② 唐欢：《论公益》，长沙：湖南大学，硕士论文，2007年。

③ 卓高升：《公益精神概念辨析》，《理论与现代化》，2010年第1期。

④ 杨超、唐亚阳：《"公益"概念辨析》，《伦理学研究》，2015年，第116页。

⑤ 郭祖炎：《中国慈善伦理研究》，长沙：湖南师范大学，2013年，第34页。

社会保障体系的必要组成部分。[①] 从社会学的角度看，慈善是指在政府的倡导或帮助与扶持下，由民间的个人或团体自愿组织和开展活动，对社会中遇到灾难或不幸的人，不求回报地实施救助的一种高尚无私的支持与奉献行为。[②] 从行为学的角度看，慈善行为主要指的是“教会实惠给具体的个人（济贫、抚孤等）”。[③] 从伦理学的角度看，慈善作为人类所特有的一种道德现象与社会活动，是指公民个人或组织在良心、慈悲、怜爱等道德心理驱动下基于人道主义精神，通过某种方式或途径自觉自愿地向社会弱势群体中非亲人、非利益关系的人或组织，不求回报地实施救助与援助的民间行为或活动。[④]

公益与慈善既相互联系，也有本质区别。二者的主要区别与比较见表10-1。

表 10-1 公益与慈善的区别

分析层次	公益	慈善
对应英文	Philanthropy	Charity
产生时期	近现代社会	封建社会
服务性质	利他、非营利	利他、非营利
价值基础	博爱与关爱	给予与施舍
社会问题	贫困与生活	贫困与生存
服务对象	弱势与劣势	贫困与弱势
服务方式	物质与服务	实物给予
执行机构	第二、三部门	宗教团体
资金来源	企业与非营利组织	宗教团体
发展动因	宗教、经济社会	宗教信仰
服务周期	较长	短暂
作用影响	社会关怀	扶贫济贫

① 郑功成：《构建和谐社会》，北京：人民出版社，2005年，第447页。
② 周秋光、曾桂林：《中国慈善简史》，北京：人民出版社，2006年，第6页。
③ 杨超、唐亚阳：《“公益”概念辨析》，《伦理学研究》，2015年，第116页。
④ 郭祖炎：《中国慈善伦理研究》，长沙：湖南师范大学，2013年，第38页。

(二)企业公益的模式

1. 公益创投模式

公益创投(Venture Philanthropy)起源于欧美，是一种新型的公益伙伴关系和慈善投资模式，资助者与公益性非营利组织合作的长期性和参与性是“公益创投”的重要特征，它强调资助方与受资助方不再是简单的捐赠关系，更重要的是与被投资人建立长期的、深入参与的合作伙伴关系。这种合作伙伴关系带来的是双方的共赢：合作伙伴能够更快地成长，则资助者就更为有效率地达到了最初设定的社会目标。近几年来，我国政府和社会更加注重对非营利组织培育模式的探索与选择，公益创投这一新型模式由于具有对非营利组织初期培育的功能与作用，越来越受到重视。该模式的功能与作用主要表现为以下方面。

(1)平衡公益资源分配，拓宽非营利组织融资渠道。目前我国非营利组织的发展，普遍存在着资金不足的情况，这一点在处于初创期的中小型非营利组织身上体现得尤为明显。缺乏多样的资金来源渠道，政府对非营利组织的发展投入明显不足，整个行业处于僧多粥少的局面。而处于初创期的中小型非营利组织由于发展刚刚起步，难免存在着自身能力建设不足，缺乏相关的管理技术以及社会资源与人脉关系等问题。加之没有官方背景的支持，没有承接大型公益项目的经验，缺乏社会公信力。公益创投模式与以往对非营利组织其他方式的资金投入模式有所不同，该模式不仅仅是单纯的资金投入，而是在于投资方与被投资的非营利组织之间建立一种长期的合作关系，投资方除了对非营利组织所申报的项目进行投资之外，更从技术、管理、组织机构、场地、财务等多方面对非营利组织进行投入。

(2)促进非营利组织自身的能力建设。非营利组织要想争取公益创投所带来的资源，从根本上给了非营利组织自我提升的内部动机因素。对于非营利组织而言，在目前这种发展前景广阔但是生存资源相对缺乏的大背景之下，如何获得更多的资源、资金支持是关系到其生存发展的大事。尤其是对于处于初创期的中小型非营利组织来说，所以公益创投对于它们来说既是机遇也是挑战。公益创投模式对于非营利组织的培育意义重大，非营利组织因此就要不断提高自身的能力建设，以争取到更多的资源、政策等的倾斜。此外，在公益创投过程中，投资方、政府、社会以及第三方评估组织对公益创投的监督机制也给了非营利组织自我提高的外部动机因素。非营利组织要参与公益创投进行公开项目竞争，首先要做到对外公开自己的组织运营情况，只有加强自身的组织能力建设提高社会公信力，达到投资方的需求才有可能获得公益创投资源。

(3)加强其与政府间的联系，提高对政府制定政策的话语权。从世界范围来看，随着经济的发展，各国政府都逐渐意识到仅凭自身的力量很难满足随着经济社会发展、人民生活水平的提高所带来的人民更高层次的需求，也很难解决发展所带来的复杂的社会、环境等问题，他们不得不求助于处于第三部门的非营利组织。而公益创投这种模式的创新性使用，则大大增加了政府与社会组织之间的互动与合作。但是在传统的社会组织承接政府公共服务的沟通渠道，缺乏在政府政策制定以及公共服务职能转让的过程中的话语权，而是自己处于劣势地位。在我国的社会背景之下，非营利组织加强与政府之间联系的重要性和必要性尤为凸出。非营利组织参与公益创投，扩展与政府的沟通交流渠道，努力提升自己的地位以改变自己“体制外”等不利因素。提升了自己的话语权，才有能力在公共服务项目的制定、有关非营利组织政策方面的把握、公益性非营利组织从业人员自身权益的保护上提出自己的意见，同时把政府缺乏关注的社会问题引出来。

2. 企业公益营销

为应对非营利组织的发展要求，社会中逐渐形成了社会营销概念。社会营销观念认为，纯粹的营销观念忽视了消费者短期的消费欲望与长期的社会福利之间可能存在的冲突。随着非营利组织筹集渠道的扩展，私有企业也成为非营利组织的重要资金来源。公益营销是企业的长远利益与战略，虽然企业进行公益活动不纯粹为了商业目标，但企业并不是慈善家，更希望看到与合作方的“多赢”局面。公益营销做得十分成功的企业告诉我们，公益营销是企业投身公益事业，公益组织履行了自己的使命，特定群体得到了帮助，企业获得了经济上的回报，是“三赢”的局面。因为在公益组织、企业和受益群体三者之间，逻辑上原本就不存在利益冲突的关系，这就是公益营销的客观前提。

企业公益营销的对象是消费者，为了提升消费者对该品牌的品牌忠诚度，从而降低营销成本，吸引新的消费者，公益营销具有巨大的能量。品牌忠诚度同时也意味着消费者信任该品牌，产品自然会受到消费者的青睐。因此公益营销的核心就是建立和强化消费者与企业之间的信任。公益营销的合作伙伴是具有一定权威性的非营利公益组织。主要是利用公益资源及其权威性。而非营利组织公益营销的对象可以是社会公众也可以是企业，建立起和公众的信任可以提升非营利组织的品牌知名度与社会公信力。与企业建立起信任关系则有可能与企业长期合作，获得制约非营利组织发展的资金。

第三节 非营利组织与企业的战略伙伴关系

一、非营利组织与企业合作的原因

1. 非营利组织的角度

(1)资金筹集的需要。随着政府对非营利组织资助的减少以及公众对于非营利组织提供社会服务要求的增加，非营利组织开始寻求从企业获得更多的捐助，并把与企业的合作作为它们获取资源的重要选择。非营利组织与企业合作有助于其扩大资金来源，使得非营利组织潜在的收益来源多样化，从而减少对政府部门资助的依赖性。

(2)社会效应。非营利组织的使命倾向于带有社会目的，因而其加入战略合作的一般性动因主要是利他主义。基于这一点，许多非营利组织都看到了与企业合作所带来的额外收获，即有助于对全球层次社会问题的解决，如人权、劳工权、健康或者环境问题等。与企业合作为非营利部门提供了对企业产生积极影响的机会，非营利组织可以通过与企业合作关系的开发、知识转移、意识改造、经营重构及管理和雇员能力的开发等使彼此受益。非营利组织与大型企业结成伙伴关系，往往可以得到更多的媒体报道，可以带来社会信誉和认知程度的增加。同时，为非营利组织提供了机会，以赢得那些原本属于企业的顾客群体成为新的目标市场。

(3)知识角度。非营利组织与企业之间的知识转移，尤其是对企业效率和运营模式的学习，也是非营利组织与企业合作的原因之一。从企业学到的知识有利于非营利部门的员工培训。合作过程中潜移默化的经营和管理培训可以提升非营利组织的整体经营效率，既降低了成本，也提高了非隶属项目和组织的运作效率。因此，非营利组织通过与企业合作所获取的知识一方面提升了组织的内部效率，同时还可提高其在外部利益相关者群体中的可信度，有助于增加资金来源和项目参与。

2. 企业角度

(1)降低财务风险。企业价值依托于其获取显性和隐性资产收益的能力。显性资产如土地和制造设备，仅仅代表公司现有价值的一小部分。随着企业影响力的增大，消费者对企业履行义务和社会责任的期望值也不断增加。在这一背景下，企业开始关注与非营利组织间的战略合作，并将其视为减少消费者批评和建立积极公共关系的途径。企业致力于“符合伦理要求的社会参与有利于提高公司的整体的财务价值”。由于非营利组织固有的社会公益性，通过与一个有积极形象的非营利组织建立合作关系，企业可以展示出较佳的企业公民身份，提升公众形象和公众意识。

(2)提高信息获取能力。企业与非营利组织合作可以增强企业信息获取的能力并减少运营风险。与企业相较而言，非营利组织(尤其在新兴市场国家)往往更容易得到其所在当地人口、立法或文化方面的关键信息，而这些信息很难通过政府或企业渠道获得。在与非营利组织的合作中，依靠这些信息，企业可以进行有效的目标顾客群选择和伦理实践，从而减少或清除市场进入和运营风险，并提高企业的市场份额，而这些收益显然无法通过企业与企业之间的交流实现。因此，非营利组织与企业合作主体之间的知识转移被视为“为了获得关键隐性知识的捷径”。

(3)降低人力资源成本。与非营利组织的合作不仅能提高企业培训员工的技能，而且可以提高员工保有率，减少员工离职率，从而降低人力资源成本。非营利组织与企业的结构、文化与核心使命存在很多差异，通过双方各层次的交流，有助于拓宽企业员工的视野并提供独特的学习机会，这是部门内合作无法做到的。此外，参与社区开发或志愿者活动可以激发员工的组织身份认同感和工作热情，从而提高生产力，降低员工离职率，也降低了企业的运营成本。企业实践表明，与非营利组织长期合作的企业已经开始将这种合作关系视为公司形象的一部分，认为对改善现有的经营结构和公司战略能够起到重要作用。

二、非营利组织与企业合作的方式

1. 非营利组织与企业共同置身于社会生态系统中

不同于过去的工业社会，现代社会如同自然环境一样，更加注重社会自身所具有的生态系统。从社会生态的视角来看，非营利组织与企业并非孤立存在的，而是置身于普遍联系之中。非营利组织本身作为社会生态系统中的一个组成部分，与企业之间的关系不是相互排斥与对立，而是相互吸引与合作。对于企业战略来说，通过与非营利组织的互动，企业捐赠付出的是钱和物，得到的回报是荣誉、声望、关系与自我满足和价值的体现等。在企业看来，这是一种以经济利益推动的企业行为，最终目的还是为了获得尽可能多的利益。对于非营利组织的战略而言，则是利用自身的巨大社会影响力、丰富的符号资源，与企业发生互动，进行资源的交换，来维持非营利组织的运作和发展。

2. 非营利组织与企业是合作与竞争并存

非营利组织与企业之间应是合作与竞争并存，既有合作中的竞争，也有竞争中的合作的关系。在市场化运作下，非营利组织与企业的合作主要体现在一些商业化项目的互惠合作上，非营利组织通过商业企业的赞助能够实现某一公益目标，而企业则通过参与支持公益项目，来进行企业形象塑造、产品宣传推广和提升潜在的客户群。二者之间的竞争则主要在于随着企业内竞争的加剧和利润空间的挤压，越来越多的营利性的商业企业，开始进入和开拓传统上因利润微薄而不愿涉足的社会服务领域，导致非营利组织不仅要面对同类的竞争，还要越来越多地面对来自营利组织竞争的压力。这种竞争也体现在二者与政府公共部门的关系上。为了提升社会资源配置效率，同时也为了满足服务供给的多元化需求偏好，在新的治理理念指导下，政府释放部分权力，以契约外包的形式通过招投标机制，将服务呈递责任移交给社会，但并不对服务投标主体做出特别的限制性规定，非营利组织与营利性的商业企业可平等地参与竞标，以此在一定程度上来创造准市场竞争机制。

第四节　非营利组织的市场化运作

非营利市场化运作已经成为当今世界非营利组织发展的一种潮流和必然选择，在世界各国的实践中也证明了非营利组织市场化运作是可取的、成功的。本节介绍了非营利组织市场化运作的概念及动因、运作模式以及运作过程。

一、非营利组织市场化运作的概念及动因

1. 非营利组织市场化运作概念

随着非营利组织数量的增加、规模的扩张以及非营利组织所从事的任务

日益的多元化、租税优惠政策的获得，非营利组织所处的制度环境发生了深刻的变化，非营利组织内部的某些问题（如非营利组织的自主性问题、与政府的关系问题、营利化倾向以及与营利型企业的竞争等）开始暴露出来，非营利组织不再是问题的解决而是问题本身。① 彼得·德鲁克（Peter Drucker）在《非营利组织的管理》一书中指出："非营利组织不只是提供服务，它希望其终端服务对象不要成为消极的受惠者，而是成为积极的行动者。"②非营利组织的市场化有诸多称谓，如非营利组织的商业化、非营利组织的企业化、非营利组织的民营化等，其实这几个概念的核心思想是基本相同的，都是借鉴市场机制的方法来运作非营利组织，以解决非营利组织日益面临的资源危机。对于非营利组织市场化运作的研究，最具有代表性的是美国学者莱斯特·M. 萨拉蒙（Lester M. Salamon），他研究了非营利组织市场化或商业化运作过程中面临的诸多问题，并首先明确指出了市场在非营利组织活动领域中的重要作用。萨拉蒙的观点对非营利组织市场化运作的发展产生了深刻的影响，他对非营利组织的社会功能进行研究的同时，还对非营利组织的自主性地位以及利他主义等问题进行了分析。③ 彼得·德鲁克则将非营利组织的市场化运作的研究具体到了管理层面。他认为，非营利组织的管理实践和理论已经成为一个新的管理理论领域，是对现有的管理理论的一个有益补充。④

近年来，非营利组织在中国得到了快速发展，国内学者的研究也随之增多，目前国内学术界对非营利组织市场化的研究主要集中在管理方面。有学者认为，中国非营利组织融资能力较弱，这一点直接影响非营利组织的独立性与安全性，并指出，如果非营利组织的资金主要来自于政府或者社会的捐助，其发展基础就比较薄弱。⑤ 有学者认为，非营利组织在发展过程中有多种获得资金的渠道，但非营利组织的市场化行为对其发展非常重要。还有学者则对非营利组织的营销活动进行研究，认为非营利组织可以与其他组织展

---

① 虞维华：《从"志愿失灵"到危机：萨拉蒙非营利组织研究建议》，《行政论坛》，2006 年第 2 期，第 91—95 页。

② ［美］彼得·德鲁克：《非营利组织的管理》，北京：机械工业出版社，2009 年，第 40 页。

③ 张如君：《基于市场化运作的非营利组织三方合作机制研究》，天津：南开大学，博士学位论文，2014 年，第 30 页。

④ ［美］彼得·德鲁克、吉姆·柯林斯：《组织的使命》，《21 世纪商业评论》，2009 年第 11 期。

⑤ 王锐兰、刘思峰：《我国非营利组织融资"脆弱性"及相机治理》，《审计与经济研究》，2005 年第 3 期。

开合作，从而提高营销活动的效果。①

总而言之，所谓非营利组织市场化运作，指的是非营利组织越来越多地借助市场的力量来获得运行资本，在组织的管理和运作中采用源于营利型的商业企业运作的成功管理方式，与企业、政府以及其他非营利组织进行竞争，相较于传统的组织运作方式，非营利组织市场化运作更多地从事具有营利性质的经营活动。

2. 非营利组织市场化运作的动因

非营利组织的宗旨是不以营利为目的，提供的产品以准公共产品为主，市场活动或商业活动似乎与非营利组织有着井水不犯河水的关系，但事实上，非营利组织不以营利为目标并未否定非营利组织也可以赢得一定的利润，只不过这种盈利不是目的而是手段，是非营利组织生存的手段。因此，非营利组织进行市场化运作不仅具有可能性，也具有合理性。具体来说，非营利组织推行市场化运作战略的原因在于以下几点。

(1)非营利组织面临的资源危机使其产生了强烈的营利动机

近年来，非营利组织数量的激增导致非营利组织总量迅速膨胀，这使得非营利组织面临运营成本上升和资源竞争加剧的双重压力。如果遇到政府财政削减和私人捐赠的下降，那么非营利组织将面临更大的不确定性。这样，非营利组织不得不面对资源日益稀缺的现实而产生强烈的营利动机，从而寻求依赖于市场机制解决经费问题。

(2)非营利领域竞争的加剧对非营利组织效益提出了更高的要求

随着营利部门内部竞争的加剧和盈利空间的减少，越来越多的营利性商业企业开始进入和开拓传统上因利润微薄而不愿涉足的社会服务领域如救助、医疗、文化等，而这些领域传统上是非营利组织居优势地位的，这就导致非营利组织不仅要面对同类的竞争，还要越来越多地面对来自营利组织竞争的压力。采用市场化的运作方式来提高效益，就成为非营利组织竞争的一种重要手段。

(3)公共服务市场化改革为非营利组织进行市场化运作创造了空间

20 世纪 80 年代以来，由新公共管理运动推动的行政管理改革，都强调转变政府职能，缩小政府规模，减少政府活动范围，大力推行公共服务市场

① 董文琪：《合作营销：非营利组织发展的现实选择》，《经济与管理研究》，2005 年第 7 期。

化，重塑国家与社会间的权力关系，政府逐渐放权于社会，形成政府与社会二元化管理格局，从而实现“善治”。① 随着政府改革的深入和政府职能的转变，国家与社会的关系得到调整，政府逐渐放权于社会、放权于市场，政府逐渐放松对教育、医疗、社会保障体系等公共服务方面的管制，这为非营利组织的市场化运作创造了良好的机遇。

二、非营利组织市场化运作的模式

“为非营利组织的服务项目设计合适的营销策略是首要的基本战略任务：非营利组织需要市场知识，需要制订一个长期和短期目标都明确的营销计划，即需要承担起营销责任，需要严肃认真地满足客户需求。”②自 20 世纪 80 年代以来，随着经济一体化的进程加快，世界各国的非营利组织的经营环境、制度环境发生了巨大变化。一方面是因为西方国家政府加大了改革力度，使得政府对非营利组织的财政支持减少；另一方面，企业、社会、个人捐赠积极性的降低，加之非营利组织之间的竞争加剧，很多非营利组织为了维持自身的生存与发展，开始意识到“即使是最令人受益的服务也还是需要进行营销的。”③从而改变了传统的组织运作模式，借助市场机制来提高自身的绩效，在这种背景之下，非营利组织开始了市场化运作。

非营利组织市场化运作的基本模式有：④

1. 内部管理企业化

内部管理企业化即非营利组织在其内部治理中移植源自企业领域成功的管理技术、方法和手段，从而改善非营利组织的内部治理，如理事会制度、财务管理制度、绩效评估制度等，从而改善非营利组织的内部管理机制。内部管理企业化有助于非营利组织形成一个良好的产权结构，实现财权的平衡，在一定程度上能够提高组织内部的治理能力，进而更好地为社会提供服务。内部管理企业化的主要方式包括两方面：一是引进企业的人力资源管理方式，通过招聘、选拔、薪酬、绩效等企业化人员管理流程对组织内部进行管理，培养专业化的人才队伍；二是引入市场机制，适当利用市场“无形的

---

① 张玉磊：《困境与治理：非营利组织的市场化运作研究》，济南：山东大学，硕士学位论文，2008 年，第 22—23 页。

② [美]彼得·德鲁克：《非营利组织的管理》，北京：机械工业出版社，2009 年，第 42 页。

③ [美]彼得·德鲁克：《非营利组织的管理》，北京：机械工业出版社，2009 年，第 41 页。

④ 张玉磊：《困境与治理：非营利组织的市场化运作研究》，《中国农业大学学报（社会科学版）》，2008 年第 4 期。

手”来把控组织的运作，提升非营利组织的运行效率，进而加强组织的制度化建设。

2. 实行服务收费制

非营利组织提供的主要是准公共产品，由于准公共产品具有不完全竞争性或不完全排他性，可以按照受益原则，向受益人收取一定的费用，来补偿部分产品成本。如大学实行收费制、博物馆收取门票等。非营利组织实行对其公益服务的收费，既可以扩大经费来源，以维持非营利组织的良好运转，又可以减少公众在享受公益服务过程中极易产生的“搭便车”行为，降低公共资源的过度浪费，提高公益资源的配置效率。但在实行服务收费制的过程中，易出现社会的两种质疑声，一是公众对收费服务的认可问题。在当前的社会生活中，公众普遍认为非营利组织提供的公益服务都是免费的，收费的服务便不再具有公益性质了。二是收费服务如何定价的问题。非营利组织提供的收费服务一般是针对具有排他性和竞争性的公益服务，并不是适用于所有的公益服务。此外，针对不同人群、阶层的需要，尤其是存在贫困差距的社会群体，应采取不同的定价原则，才能更好地促进社会公平。

3. 政府购买公共服务

即政府通过合同的方式购买非营利组织的公共服务(Purchase of Service Contracting，POSC)，政府大量采用委托模式即通过合同或协议等契约外包的形式，广泛采用招投标机制，非营利组织与营利组织平等地参与竞标。POSC成为主要的公共服务提供机制后，它对非营利组织产生了深远的影响，使非营利组织进入公共服务领域拓展其功能与范围，并且开辟新的、更加稳定可靠的资金来源。同时也使其自身的组织结构、组织特性、管理方式、价值理念、社会形象等产生了显著变化。

4. 与企业互惠合作和竞争

随着市场竞争的加剧和产品差异化的缩小，企业更加注重通过承担社会责任来树立良好形象，因而，企业非常乐意通过商业赞助等方式与在社会公众中有强大影响力的非营利组织合作，从而扩大企业的知名度和美誉度。而非营利组织通过与企业的合作，可以使自己获得更多的经费和捐赠，缓解资源紧张的状况。同时，也可以促使非营利组织不断从商业企业中学习先进的管理经验，增强危机意识，提高运作能力和公共服务的质量。

5. 商业投资

商业投资是非营利组织把所获取的资源用于为社会公益服务的目标项

目，通过资本运作将其投放出去，实现资金的保值和增值，以便有更多的资金投入为社会公益服务的活动中。例如慈善基金会可将闲置的资金投入经营中，在市场中实现保值增值。但是非营利组织进行商业投资时必须合理合法，并遵循安全性、收益性、流动性和合法性的原则。非营利组织进行商业投资的过程中要完善监督机制，避免非营利组织异化为营利取向。

思考题

1. 什么是企业的社会责任？什么是社会企业？
2. 什么是共益企业？
3. 共益企业认证运动在全球范围内的兴起，对于非营利组织的创新有什么意义？
4. 非营利组织与企业合作的方式有哪些？
5. 非营利组织如何进行市场化运作？

综合案例　广州社会组织跨界助力企业复工复产

疫情之下合同纠纷难理清，财务风险控制难度增加……，在复工复产的道路上，不少企业由于疫情影响面临法律、财务、税务、劳动社保、金融等专业问题，成为发展路上的“堵点”。

在严格遵守疫情防控要求下，如何让企业家不再为这些问题抓耳挠腮，推动行业回暖复苏、支援企业复工复产？2020 年 3 月 23 日，在广州市社会组织管理局的指导下，广州市社会组织联合会联合广州市律师协会、广州注册会计师协会、广州市纳税人协会、广州人力资源服务协会、广州金融业协会 5 家专业协会组建成立了广州市社会组织“暖业援企”专业服务团。

据悉，该服务团的 5 家专业型行业协会推荐了业内 38 名专家分别组建了法律、财务、人力资源、社会保障和金融 5 个专业服务组，由行业协会主要负责人担任组长，通过线上线下专业服务宣讲会、对接会，为受疫情冲击和影响的企业提供包括公益法律服务、免费财税咨询、劳务用工、金融信贷在内的“定制服务”。

在广州市社会组织联合会秘书长、服务团焦团长看来，“资深”“专业”“公益”是广州市社会组织“暖业援企”专业服务团的最大特色，自该服务团成立以来，已开展了多场线上线下活动，为广州青年商会、广州市房地产行业协会、广州物流与供应链协会、广州市企业联合会、广州市企业家协会、广州工业经济联合会会员企业提供及时的专业支持，服务逾5000人次。

从场地租赁和劳务方面的法律问题，到人才招聘培训的在线平台服务，以及各家金融机构针对不同企业、不同需求的金融服务……该专业服务团从多个方面为受疫情冲击和影响的企业提供切实管用的帮困解困脱困服务。焦团长透露，工商经济类社会组织在助力行业企业科学有序复工复产的同时，其实也提升了协会服务水平和治理能力，并将形成为企业服务的长效机制。

据悉，该服务团接下来还将继续通过各行业协会商会对接跟进各企业需求，提供契合行业企业需求的"定制服务"，以专业组织的专业服务积极推动行业回暖复苏、支援企业复工复产。广州市社会组织管理局负责人对此表示，在助力复工复产过程中，社会组织要及时把握政策动向，准确解读政策服务；要把专业服务团提供的专业服务精准对接，将政策措施转化为复工复产的实效；要及时提炼工作经验，不断优化服务水平，多渠道、多层次、多形式创新服务模式，为坚决打赢疫情防控人民战争、总体战、阻击战，努力实现经济社会发展目标任务贡献社会组织力量。

(资料来源：《广州日报》2020年4月13日A08版，原标题为"助力复工复产　广州社会组织跨界聚力暖业援企"，略有改动。)

讨论题：

1. 非营利组织在企业复工复产中发挥了怎样的作用?
2. 如何构建非营利组织与企业的战略关系?

第十一章 非营利组织的战略管理

战略管理是非营利组织的重要职能之一，在全球化时代，非营利组织也面临着竞争，这种竞争有来自本行业领域的，也有来自企业或政府的，虽然非营利组织竞争的目的与企业、政府不同，但是非营利组织要想获得竞争优势以及更好地生存，就必须实施有效的战略管理、选择正确的战略工具并正确地推行符合非营利组织特点的战略措施。

第一节 非营利组织战略管理的概念

一、当前的竞争形势

在传统观念里，竞争是企业经常使用的词汇，而非营利组织很少使用“竞争”这个词汇。对于企业而言，为了争夺更多利润，企业之间往往进行着残酷的竞争，而战略则是获得竞争优势的重要手段。经验表明，一家公司的竞争优势，通常只能保持一段时间，竞争对手模仿这家公司战略的速度决定了竞争优势持续的时间。

今天，特别是在全球化时代，竞争具有的传递效应使得非营利组织也面临激烈的竞争，尽管这种竞争不是以利润为目标而是以生存或实现宗旨为目标的，但也是普遍的、持续的、广泛的。许多非营利组织不仅面临本行业的竞争，而且还面临来自企业、政府部门等的竞争威胁。例如公益性医院，不仅需要和其他公益性医院竞争，还需要和民营性医院竞争。在竞争时代，每年均有很多非营利组织因为资金、制度、环境等困难而面临消亡，也有许多非营利组织因善于竞争而获得快速发展。因此，竞争也成为非营利组织必须面对的常态问题，而获得竞争优势的主要途径之一是制定正确的战略。许多非营利组织经过长期的战略管理形成了公益品牌，从而在竞争中处于更有利地位；也有许多非营利组织因缺乏战略眼光而陷入困顿。在全球化时代，战略已经成为非营利组织获取竞争优势的重要手段之一。

二、战略管理的内涵

“战略”(strategy)一词最早用于军事，它是指对战争全局的策划和指挥，换一种说法，战略是军事指挥官在战争过程中利用军事手段达到战争目的的科学与艺术。随着企业环境的变化，战略的概念被应用于企业管理，逐渐发展成为一门科学，即战略管理。早期管理学大师亨利·明茨伯格(Henry Mintzberg)对战略提出过经典的定义：战略是计划(plan)，战略是模式(paradign)，战略是定位(position)，战略是观念(perception)，战略是计谋(policy)。

格里·约翰逊(Gerry Johnson)和凯万·斯科尔斯(Kevan Scholes)提出了战略的另一种定义：战略主要涉及组织的远期发展方面和范围，在理想情况下，它应使资源与变化的环境，尤其是它的市场、消费者或客户相匹配，以便达到所有者的预期希望。约翰逊和斯科尔斯还提出了战略的七个特点：(1)战略决策一般与组织的活动范围有关。如组织应该集中在某个活动领域还是数个领域。(2)战略要与一个组织的运营环境相匹配。如组织所在国家的经济状况、人口的增长幅度、竞争的激励程度、商品的需求水平、技术水平等。(3)战略要与组织的资源潜力相匹配，即要将组织的活动与其资源容量相匹配。这不仅指组织将遭遇环境威胁或获得发展机会，还意味着组织的资源要与这些机会和威胁相匹配。(4)战略决策经常作为组织的关键资源要素。战略不仅要考虑组织现有资源能力适用于环境的程度，还要考虑可获得和控制的资源适用于未来战略发展的需要。(5)战略决策会影响日常的经营性决策。组织中的变化要求经营层做出一整套、一系列的决定。(6)组织战略不仅受到环境力量和资源可得性的影响，还受到那些在组织内或组织周围拥有权力的人们的价值观和期望的影响。(7)战略是组织要遵循的长期发展方向。

现代管理学认为，战略是对开发核心竞争力并获得竞争优势的整套承诺和行动的整合和协调。这里的"核心竞争力"是指能为企业带来相对于竞争对手的竞争优势的资源和能力；当一组织实施了一项战略，而其他组织无法模仿它或因为成本太高不能模仿时，这个组织就获得了竞争优势。

战略管理的核心是战略规划，所以有时候战略管理指的就是战略规划，即狭义的战略管理。① 战略规划是指对组织及其内外环境进行系统的战略思考，从而确定组织的宗旨和目标，制定切实可行的规划，积极而有步骤地推进规划实施，并及时加以调整的一系列的方法和过程。战略规划立足于根本性、大方向，着眼于非营利组织的未来发展规划，战略规划涉及的是非营利组织的中长期规划。

从上述看出，战略涉及一个组织的决策、资源、环境、能力、技术、规划等方方面面，它具有全局性、长远性、纲领性等特点，它决定着一个组织未来的发展蓝图和发展方向。

三、非营利组织战略管理的特点和意义

非营利组织战略管理与企业、政府机构的战略管理相比，既有相似之处，也有独特的地方。相似之处在于，三者都是对组织未来的发展方向与发

① 王名编著：《非营利组织管理概论》，北京：中国人民大学出版社，2010年，第95页。

展蓝图制定一个明确的路径；不同之处在于，三者的核心使命不同，带来的内外驱动力也不同。企业的战略使命是以利润驱动的，政府的战略使命是以公共利益来驱动的，而非营利组织的战略使命则是通过公益宗旨来驱动的。

在方法上，非营利组织战略管理虽然借鉴了不少企业战略管理的概念和工具，但是相对于企业以利润为中心而言，非营利组织具有宗旨为先、不以营利为目的的特性，这使得非营利组织的战略管理与企业的战略管理相比，至少有两个明显的差异。首先，非营利组织更重视宗旨、使命与价值观，强调如何实现宗旨。宗旨是非营利组织最重要的目标，宗旨在战略管理中占有关键的地位，而且非营利组织的宗旨是公益性的、非营利性的，而企业则着眼于扩大市场和实现利润。其次，非营利组织的战略管理需要更大范围内的参与，因为非营利组织使用的是公益资产，面临着更广泛的利益相关者，包括顾客、捐赠者、志愿者、理事、专职员工、社会等，因此需要让各种不同的声音能反映到组织的战略中，被吸收和采纳。而企业只要能获得利润最大化，基本上能使企业内外上下都满意。

目前，中国非营利组织战略管理还处于起步的阶段，不管是理论上还是实践中都有待发展。在全球化背景下，推进非营利组织的战略管理具有重要意义，表现为以下几方面。

(1)非营利组织战略管理是获得竞争优势的重要途径。在全球环境中，特别是在市场经济条件下，必须明白的是：公益事业也有竞争，也就是说非营利组织也面临竞争，这种竞争有来自国内的，也有来自国外的；有来自行业领域内的，也有来自行业外部的。非营利组织要获得竞争优势，就必须培养非营利组织的核心竞争力；而非营利组织要培养核心竞争力，就必须推行战略管理，对非营利组织的资源实行最有效率的使用。战略管理为非营利组织制定了一个全局的、综合的、长期的发展方案，从而可以舍弃那些无效或无关紧要的工作，将有限的资源用于组织发展最紧迫的事情，最终在对有限资源优势配置的基础上培育非营利组织的核心竞争力。为非营利组织参与竞争、参与公益事业并走进国际市场提供基础。

(2)非营利组织战略管理是融入全球化的需要。当前的公益事业，很大一部分由发达国家主导，发达国家利用先进的技术、资源、制度及战略理念，占据着国际公益事业的大部分市场。成为跨国际的非营利组织，这些跨国非营利组织不断向其他国家特别是发展中国家输送自己的价值观念，成为当前非营利组织国际化发展的一个重要特点。而中国非营利组织由于发展时间短，在国际上还缺乏有效的话语权。因此，非营利组织要想成功地融入全球化，走向国际舞台，就必须不断加强战略管理，通过战略管理提高非营利组织的整体实力，从而为非营利组织的国际化打下基础。

(3)非营利组织战略管理是推动非营利组织创新的需要。在竞争时代，一个组织随时都可能消亡，成功只不过是一时的成就而已。没有永恒的竞争优势，竞争优势只是一时的，企业是如此，非营利组织也是如此，每年均有很多非营利组织由于陷入资金困难、人力资源短缺而生存不下去。要在21世纪的竞争环境里游刃有余，创新是有效实施战略必需的一部分；同时，良好的战略又是推动创新的重要一环。因此，战略管理与创新是相辅相成的，通过战略管理，非营利组织可以寻求新的发展机会、新的发展资源、新的发展手段，从而为创新提供坚实的基础；同时，非营利组织只有不断创新，才能寻求新的竞争优势，从而为自身的战略管理提供新的手段。

(4)非营利组织战略管理是创建非营利组织服务品牌的需要。非营利组织是为社会提供公益性服务的。在公益性服务市场中，非营利组织如果想提高自身的美誉度和知名度，获得更广泛的资源和公众支持，就必须努力形成自己的服务品牌。非营利组织的战略管理能够对非营利组织所面临的环境进行客观分析，通过分析环境集中优势资源发展适合自己的产品和服务，从而有助于打造公益服务品牌，为社会提供更优质的服务。同时，非营利组织的战略管理是关注未来发展的，未来的发展需要今天的战略眼光，通过今天的战略管理逐渐实现未来的目标，并形成品牌，这也是非营利组织塑造品牌的重要途径之一。例如中国青少年发展基金会的“希望工程”就是典型的公益服务品牌，它是经过长期的战略管理慢慢培养起来的。服务品牌的形成又有助于推动非营利组织的长远发展。

(5)战略管理有助于非营利组织宗旨和使命的落实。宗旨和使命是非营利组织存在的理由，与企业和政府不同，非营利组织的所有活动均是围绕着宗旨和使命来进行的。宗旨有没有好坏呢？答案是有。管理大师德鲁克曾指出，宗旨应该简单明确，专注在组织真正想做的，而且足以胜任的事情上，反映出组织独特的机会、能力和投入感。换言之，成功的宗旨应能使组织员工及社会大众从心里生出一种对组织的自愿认同感。宗旨如果过于空泛，就会失去指导行动的作用，整个组织的活力和凝聚力也将下降。非营利组织通过战略管理，可以为组织的宗旨提供一个完整的蓝图和行动规划，同时制定一系列有效的整体性战略措施，从而为组织宗旨和使命的完成和落实提供有效的途径。

第二节　非营利组织的战略环境

非营利组织的战略环境的分析主要从非营利组织的外部环境分析、利益相关者分析、内部资源与能力分析、行业环境分析四个方面进行。战略环境分析是非营利组织战略管理的前提和基础，直接影响着非营利组织战略管理的质量。

一、非营利组织的外部环境分析

非营利组织的外部环境包括全球化环境、法律政策环境、政治经济社会文化环境等，外部环境是非营利组织制定战略的重要依据。

(一)全球化环境分析

1. 全球市场与全球竞争

非营利组织必须具备全球战略眼光，才能在全球化背景下不被淘汰。在全球化背景下，全球环保组织、国际扶贫组织等均在展开竞争，抢占全球市场，非营利组织也面临广泛的竞争。非营利组织在国际上展开竞争的背后是国家的强大利益，因为在国际交往中，有些公共服务如环保、扶贫、救援、资源占有等，非营利组织去实施比政府去实施更有效率、更不易引人误会。因此，非营利组织进行国际参与有其独到的好处。正因如此，许多国家特别是发达国家以本国政府作为强大后盾，利用非营利组织在国际上进行价值宣传、市场竞争、资源抢占等。全球市场与全球竞争是非营利组织实施战略管理必须重视的一个重要外部环境。

2. 全球技术革新与全球制度变革

非营利组织要有效地进行国际竞争，必须关注国际市场上的技术革新和制度变革，一项技术革新或制度变革有可能给非营利组织的国际参与带来重要影响。例如，在环保领域，一些技术日新月异，非营利组织如果想在国际舞台上发挥作用，就必须随时跟进国际技术革新，不断吸纳全球范围内的前沿成果；又如，国际市场上的一些法律与制度的变革，会给全球企业带来新的转向，甚至淘汰一些企业。因此，协会、商会类的非营利组织必须随时注意国际市场上法律与制度变革的新动向，并及时将这些变革信息向相关组织传达，随时做好应对国际市场需求的准备。

3. 全球文化差异

非营利组织在进行全球战略管理过程中，必须注意的另一个重要问题是文化差异。在全球舞台上，每个国家都有自己独特的文化，国与国之间的文化甚至可能发生矛盾与冲突。特别是价值理念、语言、法律环境等方面，更易发生矛盾和冲突。因此，非营利组织必须努力注意这种文化差异，适应这种文化差异，避免因文化差异原因而导致非营利组织战略管理的失败。

(二)法律政策环境分析

1. 非营利组织的合法性

非营利组织作为社会的第三部门，其生存的首要问题是其法律地位的合法性。中华人民共和国宪法明确规定了公民的结社自由，从根本上认可了公民的自由结社权和非营利组织的组织合法性。但是从实践中看，中国法律体系对非营利组织合法性认定的重要途径之一是实行审批制，即登记注册的组织才具有以非营利组织名义开展活动的资格。未经批准、登记以上述名义开展活动的将受到处罚。2000 年民政部颁布了《取缔非法民间组织暂行办法》，规定凡未经登记以社会团体或者民办非企业单位名义进行活动，或未经批准开展社会团体筹备活动的，以及被撤销登记后继续以上述名义活动的，均被视为非法组织，由社会团体和民办非企业单位登记管理机关取缔并没收其财产。

上述管理条例和办法制定的本意是通过有效的管理形成规范，从而促进非营利组织的健康发展，但是在实践中却显现出一些弊端：一方面，随着市场经济体制的发展，社会自主空间逐步增大，社会组织成为一种不可抵挡的趋势，限制注册登记的做法，并不能抑制这些组织的存在，而只能使得大批组织转而寻求变通的生存空间，如以企业名义在工商注册，或者挂靠在党政系统的某个单位之下开展活动，甚或干脆选择“法外”生存，利用个人关系、其他各种名义开展活动。① 另一方面，“合法”与“非法”的强硬界线人为地阻断了本来是连续发展的结社现象，造成“身份”差异，使得政府将管理的注意

① 贾西津：《第三次改革——中国非营利部门战略研究》，北京：清华大学出版社，2005 年，第 127 页。

力大量倾注在非营利组织合法性问题上，而忽视对组织行为的各项管理。

2. 税收政策

税收政策在世界各国都是激励社会公益，调控非营利组织宏观发展的重要手段。对非营利组织税收政策的一个重要方面是税收优惠。一般而言，对非营利组织的税收优惠包括两个方面：一是对非营利组织自身的优惠；二是对面向非营利组织的捐赠方的优惠。

3. 人事、就业、福利保障等配套措施

非营利组织除了需要一个良好的法律政策环境之外，还需要一个健康的内部人事管理的环境。非营利组织难以留住人才是目前非常普遍的现象，这不仅在于工资待遇的差距，更重要的在于人事制度上的不规范。例如，人员编制问题，缺乏统一的规范，一些实行事业编制，一些参照公务员待遇，相当多的非营利组织没有独立编制，完全靠兼职人员或合同制运作。尽管民政部于 1991 年下发《关于全国性的社会团体编制及其有关问题的暂行规定》，但是由于社团编制在职称、工资、福利、户口、档案、保障等方面没有配套政策，与行政机关人事编制、事业单位编制不衔接，缺乏吸引人才的良好环境。与编制问题有关联，非营利组织的专职就业人员往往面临户口、档案管理、人事流动、职称、工资、福利、社会保障等方面的一系列困难，这些都成为制约非营利组织吸引优秀人才的重要因素。非营利组织战略管理必须考虑到非营利组织内部人事制度中存在的困难。

(三)政治经济社会文化环境分析

1. 党的领导和政府管制

从政治上看，党的领导是政治体制的核心，中国的政治体制实行党领导下的多党合作和政治协商制度，中国共产党是执政党，其他政党是参政党。因此，非营利组织作为社会团体和第三部门，也必须服从党的领导，并在党的领导下与政府协作提供公共服务。从政治的角度看，非营利组织是党和政府联系群众的桥梁和纽带。党和政府对待非营利组织的态度将决定非营利组织未来的发展方向、发展速度及发展规模。

2. 经济增长与分配公平

经济环境对非营利组织的影响也较大，包括宏观政策、税收政策、国家人口变化、国民收入及就业水平等。从经济发展的角度看，以下趋势对非营利组织的发展将产生重要影响。

一是国家的税收政策特别是对非营利组织的税收政策将影响非营利组织的发展，在税收优惠政策完善的环境里，非营利组织发展的阻力将减少，在税收制度不完善的环境里，非营利组织发展的阻力将较大。

二是国家人口的变化也将给非营利组织带来挑战，据2021年国家统计局《第七次全国人口普查公报(第五号)》显示，截至2020年11月1日，60岁及以上人口为2.64亿人，占总人口的18.7%；其中65岁及以上人口为1.9亿人，占总人口的13.5%。中国进入了老龄化社会。老龄化社会的到来，既为非营利组织带来了挑战，也带来了机遇，一些涉及老年人照顾的非营利组织将迅速发展。

三是经济增长与社会不平等。在改革开放以前，中国实行的是高度集中的计划经济，一切按照国家的指令进行，独立的非营利组织缺少存在的基础。改革开放之后，随着市场经济的发展，城乡居民的收入与生活水平获得了很大的发展，但是在经济发展的同时，社会不平等的问题也显露出来，成为社会发展需要解决的突出矛盾，这些矛盾不仅表现为城乡之间发展的不平衡，也表现为城乡内部发展的不平衡，还表现为经济增长的波动和人口失业量的增加。随着贫富差距的不断拉大，中国已经跨入居民收入很不均衡国家行列，收入分配问题已成为中国当前社会问题中最引人注目的问题。伴随贫富分化的是大量贫困群体和弱势群体的出现，如何解决这些贫困群体和弱势群体的生存问题，不仅是政府关心的事情，也是非营利组织关心的事情。

3. 文化发展与信仰问题

中国是一个具有悠久历史的国家，有着丰厚的历史文化积淀。中国传统文化中的奉献、诚信、德治、守信等传统美德是中国优秀的慈善文化传统。非营利组织的发展离不开这种历史传统，可以说，当今西方国家的大多数慈善精神，在中国古代文化中均能找到其影子。因此，中国传统文化中的精髓，也成为非营利组织面临的一个重要课题。

但是改革开放以来，随着市场经济的发展，中国社会发展中出现了新的问题，主要表现为市场经济对社会道德的冲击，在追求经济利益的同时忽视了道德文化的建设，致使诚信意识、道德意识、文化信仰等还未深入人心，这些也影响到了非营利组织的公信力建设。

非营利组织作为社会的第三部门，是以社会公益为核心的。非营利组织代表着整个社会的良知、信仰、诚信、奉献、道德关怀等精神，如何更好地建设整个社会的道德秩序和公益精神，将是非营利组织面临的重大挑战。非营利组织的战略管理必须认识到这个挑战。

二、利益相关者分析

在影响非营利组织的诸因素中，利益相关者构成了重要的影响，这些利益相关者与非营利组织有着或多或少的利害关系，能够对非营利组织的战略管理产生一定的影响。非营利组织的利益相关者主要包括出资者、职员、服务对象、社区、政府等(见图 11-1)。

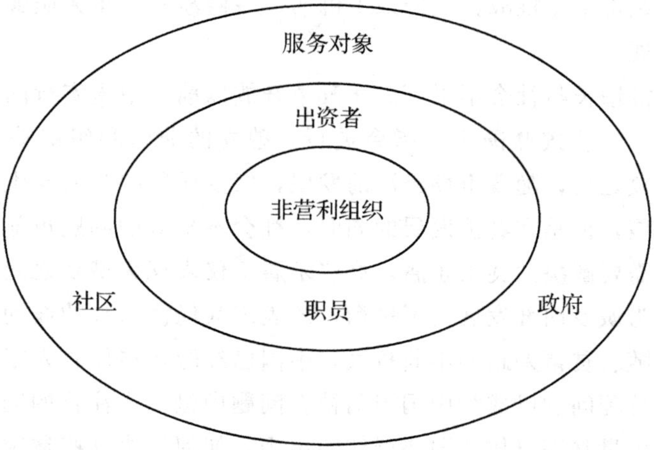

图 11-1　非营利组织利益相关者

资料来源：李维安：《非营利组织管理学》，北京：高等教育出版社，2005 年，第 51 页。

1. 出资者

不管是个人、基金会、法人团体还是政府部门，他们都可能是非营利组织的利益相关者。非营利组织接受资助和慈善物品的捐赠，相应地，非营利组织也应该努力使其出资者的期望得到实现。

2. 职员

职员中影响较大的是志愿者，他们提供志愿服务，贡献志愿劳动；非营利组织为志愿者个人提供了相关渠道，获得了志愿者这种特殊的人力资源，双方形成一种平等的交换关系。这就决定了二者之间不同于一般组织管理中控制与服从的关系，非营利组织进行志愿者管理的基础只能是组织和志愿者共有的价值观。为了实现目标，非营利组织必须充分考虑志愿者的愿望，为其提供良好的环境，使其能够在组织中实现自己提供志愿服务的愿望。

3. 服务对象

服务对象是非营利组织在使命的指引下的目标市场，也就是组织服务的需求者，此目标市场可能是某些特定的群体，也可能是广大的社会公众。例如，社区的非营利组织主要的服务对象是社区居民；一些少年基金会的服务对象是贫困地区失学儿童和城市部分下岗职工子女，目的是使他们重返学校。

4. 社区

社区的支持对非营利组织非常重要，非营利组织离开社区将很难保证目标的实现。因此，非营利组织与社区居民、商界人士、宗教组织及相关机构建立良好的关系，有助于实现组织的目标和计划。另外，非营利组织大规模参与社区建设和社区管理，能更好地满足社区居民的多种需求，改善社区服务质量，并推动社会管理的创新。

5. 政府

非营利组织对政府有补充作用，政府对非营利组织的影响是两方面的。一方面非营利组织作为一种公共组织，通常会得到政府所赋予的一些权力，而这些往往是营利组织无法得到的，如税收优惠、政府购买非营利组织服务等；另一方面非营利组织也接受政府的评估和监督，政府是非营利组织最重要的支持者和监督者。

三、内部资源与能力分析

资源、能力与核心竞争力是构成非营利组织竞争优势的基础。资源是非营利组织能力的来源，能力又是非营利组织核心竞争力的来源，而核心竞争力则是非营利组织获得竞争优势的基础。在全球化背景下，传统上的那种认为非营利组织仅靠政府就能够生存的观念正被日益强大的相对自由的资源流动所抵消。非营利组织要想发展新的竞争优势或占领更有利的市场，就必须动用更多的资源，并深入研究内部资源和能力的组合方式。

1. 内部资源

资源是指非营利组织拥有物力、财力以及其他能够带来竞争优势的资源的数量和质量，以及这些资源相互之间的独特组合方式。事实上，非营利组织的竞争优势可以来源于几种资源的独特的组合。非营利组织的资源可以是有形的，也可以是无形的，例如非营利组织的理念、品牌等。

(1)有形资源。有形资源是指那些可见的、能量化的资产。有形资源通常有四种表现形式，即资金、组织、实物及技术。许多有形资源的价值反映在财务报表系统中，但是这些报表并不能完全反映非营利组织的资产价值，因为它忽略了一些无形资源。这些无形资源如非营利组织提供的服务、理念以及在长期过程中形成的公益品牌等，难以直观地从报表中反映出来。事实上，有形资源的价值也是有限的，很难更深地挖掘它们的价值，也就是说，很难从有形资源中获取额外的业务和价值。例如非营利组织的资金数量是有限的，很难从现有资金中获取及时的无形资源。

(2)无形资源。无形资源是指那些根植于非营利组织的历史、文化以及长期积累起来的资产。无形资源通常表现为三种形式，即人力资源、创新能力及声誉。其中人力资源包括知识、信任、管理能力等；创新能力包括制度创意、技术能力、创新能力等；声誉包括公益品牌、客户声誉、对服务质量的理解、双赢的关系能力等。它们常常以独特的方式存在，所以非常不易被其他组织所了解和模仿。与有形资源相比，无形资源是一种更高级的更有效的核心竞争力来源。因为无形资源更难被竞争对手了解、购买、模仿或替代，非营利组织更愿意将其作为能力和核心竞争力的基础。实际上，一种资源越不可见，在它之上建立起来的竞争优势就越具有持久性，如在公益品牌基础上建立起来的竞争优势就具有更多的持久性，因为人们总是对非营利组织的公信力特别关注，品牌使人们获得一种对非营利组织的信任感。

2. 内部能力

能力是指非营利组织分配资源的效率，这些资源被有目的地整合在一起并进行高效率的分配，以达到一种预想的最终状态。例如红十字会对捐赠资源的整合，就能充分反映非营利组织的能力。能力是建立在资源的基础上的，通过组织的有形资源和无形资源的不断融合而产生。能力通常在某种功能性领域或者功能性领域的部分领域得到发展。例如红十字会的能力就可能存在于捐赠资源分配领域中；环保组织的能力就可能存在于环保宣传领域与行动领域中；慈善组织的能力就可能存在于其所拥有的募捐能力领域中。从实践来看，由于非营利组织使用的是公益资产，很多非营利组织将能力建设的重点放在人力资本的积累、组织资金的募集、外部关系的积累及透明制度的建设等方面，这些方面的建设更有助于非营利组织能力的提高。

3. 核心竞争力

核心竞争力指能为非营利组织带来相对于竞争对手的竞争优势的资源和

能力。核心竞争力能使非营利组织在竞争中脱颖而出并能反映非营利组织的特性。例如一个公益品牌的建立不仅能使非营利组织在竞争市场中获得竞争优势，而且能反映非营利组织在公益方面的发展特性。

由于竞争对手的复制，非营利组织竞争优势的生命是有限的，非营利组织面临的挑战就是要有效地管理现有的核心竞争力，同时发展新的核心竞争力。

那么有没有标准能识别出一种能力是不是组织的核心竞争力呢？答案是有的。判断一种能力是不是核心竞争力，可以从四个方面来看，这四个方面是：有价值的能力、稀有的能力、难于模仿的能力和不可替代的能力（见表 11-1）。

表 11-1　决定核心竞争力的四个标准

标准	能力描述
有价值的能力	帮助非营利组织减少威胁及利用机会
稀有的能力	指那些极少数现有或潜在竞争对手能拥有的能力
难于模仿的能力	独特而珍贵的组织文化和品牌；理事之间以及理事与职员之间的人际关系、信任、友谊以及企业声誉；模糊性的因素
不可替代的能力	不具有战略对等的资源，一种能力越是不可替代，其战略价值就越高

资料来源：[美]迈克尔·A. 希特、R. 杜安·爱尔兰、罗伯特·E. 霍斯基森：《战略管理：竞争与全球化》（第 6 版），吕巍译，北京：机械工业出版社，2006 年，第 61—62 页。根据内容进行整理。

这四个能力成为一个组织相对于竞争对手而言的竞争优势的来源，不能满足这四个标准的能力就不是核心竞争力。也就是说，每一种核心竞争力都是能力，但并非每一种能力都是核心竞争力。在实际操作中，一种能力要想成为核心竞争力，必须是“从客户角度出发，是有价值并不可替代的；从竞争者的角度出发，是独特并不可模仿的”①。

四、行业环境分析

行业环境研究最著名的当属迈克尔·波特的“五种力量模型”。迈克尔·

① C. H. St. John & J. S. Harrison, Manufacturing-based relatedness, synergy, and coordination, *Strategic Management Journal*, 1999(20), pp. 129-145.

波特(Michael Porter)是国际著名战略管理专家，对战略研究有深远影响。根据迈克尔·波特的研究，行业的竞争程度和行业利润潜力可以由五个方面的竞争力量共同决定：新进入者的威胁、供应商的讨价还价能力、购买者的讨价还价能力、替代品的威胁、当前竞争对手之间的竞争程度(见图 11-2)。

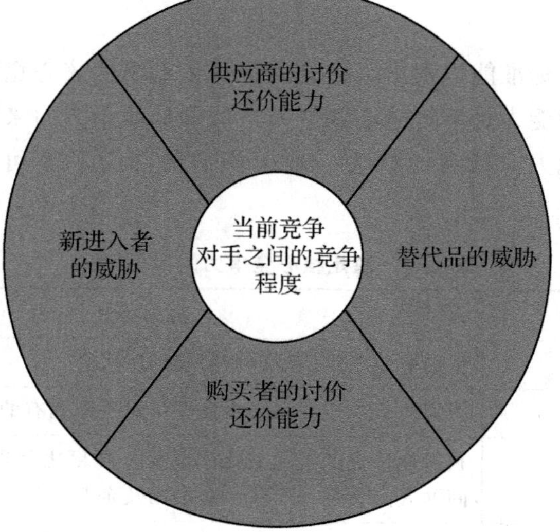

图 11-2 迈克尔·波特的五种力量模型

1. 新进入者的威胁

对于一个产业来说，进入威胁的大小取决于进入壁垒及可能遇到的现有守成者的反击，现有企业总是设法给进入该行业制造壁垒，而潜在的进入者会寻找那些壁垒较低的市场进入。进入障碍主要来自以下六个方面：规模经济、产品差异、资本要求、转移成本、销售渠道、不受规模支配的成本优势。

2. 购买者的讨价还价能力

购买者(买方、顾客、消费者)为了降低成本，通常会讨价还价，要求更高的质量、更多的服务以及更低的价格。购买者在以下情况下更具有讨价还价能力：他们购买了行业产出的大部分；他们购买的产品销售收入占卖方年收入的大部分；他们能够不花费很大代价就转移到其他产品；行业产品差别不大或者说标准化，并且买方后向整合进入行业的可能性大。

3. 供应商的讨价还价能力

供应商可能会通过提高价格或降低质量来对行业内的竞争者显示自己的

力量。供应商在以下情况下更具讨价还价能力：供应商掌握在少数组织手中，跟它们销售对象所在的行业比起来更为集中；没有很好的替代品；对整个供应行业而言，这个行业中的组织不是它们的重要客户；供应商的产品对买方而言非常关键；供应商的产品已经制造了很高的转移成本；供应商前向整合，进入组织所在行业的可能性很大。

4. 替代品的威胁

替代品是指那些来自不同行业的产品或服务，但是这些产品和服务的功能与该行业的产品和服务相同或相似。一般来说，如果客户面临的转换成本很低甚至为零，或当替代品的价格更低或者质量更好，性能相似甚至超过竞争产品时，替代品的威胁会很强。在顾客认为有价值的方面如价格、质量、售后服务、地点等进行差异化，可以降低替代品的竞争力。

5. 当前竞争对手之间的竞争程度

因为行业内的组织相互制约，一个组织的行为必然会引发竞争反应。通常地，组织会在顾客认为有价值的、组织拥有竞争优势的方面，努力使自己的产品或服务与竞争者不同。影响组织竞争程度的主要因素还有：大量或均衡的竞争对手、行业增长缓慢、高额固定成本或库存成本、缺少差异化或低转换成本、利益相关度高、较高的退出障碍。

迈克尔·波特的"五种力量模型"为非营利组织分析所处的行业环境提供了良好的工具，非营利组织在制定战略时也可以借鉴迈克尔·波特的"五种力量模型"，对行业做出自己的判断和选择。

第三节　非营利组织的战略工具

在对非营利组织环境进行分析的基础上，可以为非营利组织的战略制定选择必要的战略工具。但是由于非营利组织追求的目标是社会效益而非经济效益，因此并不是所有的战略工具都适用于非营利组织。下面介绍几种非营利组织常用的战略工具。

一、SWOT 战略工具

SWOT 战略工具是 20 世纪 80 年代兴起的一种战略分析工具，由美国旧金山大学的管理学教授海因茨·韦里克(Heinz Weihrich)提出。SWOT 是一种战略分析方法，用来确定组织本身的优势(strength)、劣势(weakness)、机会(opportunity)和威胁(threat)，从而将组织战略与组织内部资源、外部环境有机结合。其中优势、劣势反映了组织有形资源和无形资源的绝对性和相对性评价，机会是指外部环境中对组织有利的因素，威胁描述了环境中对组织不利的因素。

SWOT 分析有三个步骤：第一步，自身能力分析，即通过组织自身资源与内部能力的分析，找出组织自身存在的优势和劣势；第二步，外部环境分析，即通过分析组织所处的外部环境，找出环境中存在的机会和威胁；第三步是在能力和环境之间进行“优化匹配”。

通过对优势、劣势、机会、威胁的组合分析，可以形成四种战略模式，即增长型战略模式、扭转型战略模式、多元化战略模式和防御型战略模式。这四种战略模型形成 SWOT 矩阵图(见图 11-3)。

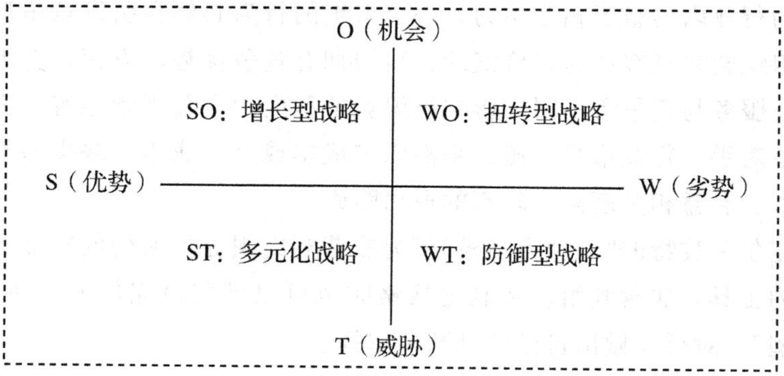

图 11-3　SWOT 矩阵图

(1)增长型战略模式(即优势—机会)。这种战略又称 SO 战略，这是一种发挥组织内部优势以利用组织外部机会的战略。所有的管理者都希望自己的组织处于这样一种状况，可以利用自己内部优势的同时抓住外部有利趋势所提供的机会。这种战略模式是一种理想的战略模式，可以有效地达到预期效果，应积极扩大这一战略。

(2)扭转型战略模式(即机会—劣势)。这种战略又称 WO 战略。这种战略的目标是通过利用外部机会来弥补内部劣势。适用于这一战略的基本情况是：存在一些外部机会，但是组织的一些内部劣势妨碍它利用这些外部机会。组织通过自身扭转这些劣势，或者从外部获得所需要的能力，以便使组织利用外部环境中存在的机会。

(3)多元化战略模式(即优势—威胁)。这种战略也称ST战略。这种战略是利用组织自身的优势回避或减少外部环境中威胁的影响，目的是扩大组织优势，降低外部威胁。扩大组织优势的方法是实行多元化战略，增加组织优势的机会。

(4)防御型战略模型(即劣势—威胁)。这一战略称之为WT战略。这种战略是一种旨在减少内部劣势，同时回避外部威胁的防御型技术，一个面对大量外部威胁和具有众多内部劣势的组织一定处于不安全和不确定的状态。组织如果防御不到位，很可能面临解体。

二、波士顿矩阵(BCG矩阵)战略工具

波士顿矩阵(Boston Consulting Group Matrix)又称BCG矩阵，由波士顿咨询公司创建，是为促进有多个经营部门的组织制定战略而专门设计的决策方法。该方法认为，在确定每个经营单位的活动方向时，应综合考虑该经营单位在市场上的“相对竞争地位”和“业务增长率”，并据此将组织的经营单位分为四类，即明星类、幼童类、金牛类和瘦狗类。

由于非营利组织的公共性所带来的组织特征，非营利组织的战略管理者在运用营利组织管理的一些原则(如明确的经营目标、利润、密切关注反映财务结构的市场机制)时，必须小心谨慎。因此，保罗·C. 纳德和罗伯特·W. 巴可夫将波士顿矩阵进行了改造，从而形成了改进的波士顿矩阵战略分析工具，以便将其应用于非营利组织。改进的波士顿矩阵是多部门非营利组织通过考察各分部相对于其他分部的相对市场份额和产业增长速度的状况而决定如何管理组织业务组合。

在改进后的波士顿矩阵中，用“利益相关者支持程度”和“可控性”分别代替了原有的“相对竞争地位”和“业务增长率”。其中，“利益相关者支持程度”显示了将要受到影响的人们所持的态度。“可控性”指组织成功地解决某一议题的可能性，它依赖于技术问题、目标人群(包括目标人群的人口构成以及目标人群的可变性)。通过对这两个维度的考察，为了更贴切地描述非营利组织的业务单元，我们用坐鸭(sitting ducks)、黑马(dark horses)、怒虎(angry tigers)、睡狗(sleeping dogs)描述矩阵中的四个象限，分别替代原有的明星、幼童、金牛和瘦狗(见图11-4)。

高　　中等　　低

坐鸭 这类议题具有高可控性和高度的利益相关者支持，因而处理这类议题比较容易。对那些容易处理的重要议题采取行动可以为组织带来信誉，并能为处理怒虎类议题赢得时间	黑马 这类问题可以解决，但行动本身却不一定会得到利益相关者支持。因为组织自身具有解决这类议题的能力，所以它应该处理这些议题，并且公布因此而获得的成就
怒虎 虽然这类议题得到的利益相关者支持程度较高，但可控性低。它们要求立即采取行动，但事实上很难成功	睡狗 这类议题既不受利益相关者支持，也不具有可控性

图 11-4　改进的波士顿矩阵

三、麦克米兰矩阵战略工具

1983 年，美国哥伦比亚大学商业研究所麦克米兰教授(I. C. MacMilliam)写了一篇专门论述非营利部门竞争问题的文章。文章的题目是“非营利组织的竞争战略”，在这篇文章中，麦克米兰教授提出了一个非营利组织的战略矩阵，即麦克米兰矩阵(The MacMilliam Matrix)。

麦克米兰矩阵根据四项标准评估目前的(或预期的)每一个方案，即符合使命、竞争地位、吸引潜在的资源和加强现有方案、选择范围。这四个标准的相互组合形成了包含十个方格的矩阵。

(1)符合使命。这一标准描述方案与组织使命的关系，符合的条件包括：与组织使命一致，与其他计划协调，利用组织中的现有技术。

(2)竞争地位。该标准反映了方案可实现的竞争优势，比如提升非营利组织的美誉度、获得充足的资金支持，或者为受益人提供更便捷的服务。

(3)吸引潜在的资源和加强现有的方案。符合的条件包括：与现有方案协调一致或能强化现有计划；吸引更多的志愿者或资金；获得政府支持。

(4)选择范围。该标准描述了方案的可替代程度，即被其他方案替代的难易程度。如果很难找到替代方案，选择范围属于“低”；反之，选择范围属于“高”。

麦克米兰矩阵(见表 11-2)将上述四项标准作为评估目前及潜在战略的标准。除编号 6 的“机构的灵魂”以外，矩阵中每一个单元都伴有相应的战略发展建议，包括选择、竞争、放弃、扩大计划和合作，这是麦克米兰矩阵的核心思想。“机构的灵魂”的方案符合非营利组织的使命，可为组织带来竞争优势，可替代程度低，但组织目前的资源难以支持该方案的实施，选择这种方案，非营利组织将面临巨大的挑战，但若成功，非营利组织将获得巨大的进步。

表 11-2　麦克米兰矩阵

<table>
<tr><td colspan="2" rowspan="3">项目</td><td colspan="2">吸引潜在的资源和加强现有方案：是</td><td colspan="2">吸引潜在的资源和加强现有方案：否</td></tr>
<tr><td colspan="2">选择范围</td><td colspan="2">选择范围</td></tr>
<tr><td>高</td><td>低</td><td>高</td><td>低</td></tr>
<tr><td rowspan="2">恰到好处</td><td>优势竞争地位</td><td>1. 激励竞争</td><td>2. 积极的成长</td><td>5. 逐步形成一流的竞争者</td><td>6. 机构的灵魂</td></tr>
<tr><td>弱势竞争地位</td><td>3. 积极的放弃</td><td>4. 加强实力或放弃</td><td>7. 依次放弃</td><td>8. 外援或合资</td></tr>
<tr><td colspan="2">不太符合</td><td colspan="2">9. 积极的放弃</td><td colspan="2">10. 依次放弃</td></tr>
</table>

资料来源：Jane. Arsenault. *Forging Nonprofit Alliance*. San Francisco：Jossey-Bass Publiers，1998，p. 178。

第四节　非营利组织的战略选择

非营利组织类型众多且千差万别，表现为：一个行业协会的战略选择可能和一个俱乐部的战略选择有所差别，一个官办的非营利组织和一个民办的草根组织在战略上可能也有所不同，而非营利组织内外环境又非常复杂，因此，非营利组织的战略选择是十分困难的，关键取决于非营利组织自身的实际情况。下面介绍非营利组织常用的几种战略选择，分别是借力发展战略、兼并战略、联盟战略和国际化战略。

一、非营利组织的借力发展战略

借力发展战略是由美国R. P. 尼尔森(R. P. Nielsen)创造性地应用于非营利组织的战略形式。这种战略是根据非营利组织自身的特点，开发合适的经营项目创造收入，为实现非营利组织的使命提供充足的资金支持。

借力发展战略的重点在于开发合适的经营项目创造收入，非营利组织为什么可以开发项目创造收入呢？这种收入是否会影响非营利组织的性质呢？答案是，不会影响非营利组织的性质。因为虽然非营利组织是以非营利性为宗旨的，但并不意味着非营利组织不能赢得利润，只不过这种利润是为了维持非营利组织的生存需要，而不是非营利组织追求的目标。在现实中，非营利组织大多使用公益资产，这就使得非营利组织更容易处于资金困境，因此，为了维护组织的生存，非营利组织通过开发项目创造一些收入是允许的，也是合法的。

借力发展战略虽然能够解决非营利组织资金短缺的问题，但是在实施过程中也存在以下潜在问题。

(1)新的经营活动在短期内因需要投入一定资金，可能进一步加剧资金的短缺。

(2)新的经营活动会干扰、冲击非营利组织的使命，甚至会出现“喧宾夺主”的现象，因此，使用这一战略时要特别小心。

(3)在新的经营活动收入剧增的情况下，原先提供资金的资助者可能会减少资助，从而造成非营利组织新的困难。

(4)新的经营活动可能会干扰非营利组织的日常管理工作。

针对这种情况，非营利组织在采用借力发展战略开展经营活动时，应注意以下几个问题。

(1)经营与组织主要服务项目有关的，并存在市场需求的产品或服务。

(2)聘用优秀的管理人才。

(3)谋求理事会的支持。

(4)与营利组织合作经营，学习营利组织的经验。[①]

---

① [美]E. 斯科路特：《非营利(组织)需要经商吗?》，《哈佛商业讨论》，1983年第1—2期。

二、非营利组织的兼并战略

资源的稀缺性使得非营利组织不得不考虑实施兼并战略。通过实施兼并战略，非营利组织可以利用规模效应节约社会资源，同时为受益人创造更多的利润。非营利组织在选择兼并战略时需要考虑以下几个问题。

(1)两个不同的非营利组织的兼并首先要考虑它们的使命是否一致或类似。

(2)非营利组织的管理机制，不同的非营利组织有不同的管理机制，如果处理不当，不但不会产生综合效益，反而会增加内耗，降低兼并的成功率。

(3)非营利组织的文化，包括组织成员的信仰、价值观等，信仰和价值观不同，也会造成兼并的困难。

三、非营利组织的联盟战略

联盟战略也称战略联盟，是 20 世纪 90 年代以来国际上流行的一种新兴的战略管理思想。联盟战略是指两个或两个以上的组织为了实现某种共同的战略目标而达成的长期合作安排。联盟战略可以实现优势互补、形成综合优势，并且，边际报酬递增的结果，完全可能出现在联盟组织的绩效中。

为了更好地推行联盟战略，非营利组织在选择联盟战略时需要注意以下原则：(1)合作对手的价值活动比自己做得更好，而这些价值活动是自己所需要的；(2)已经建立了保护自己核心能力的壁垒；(3)单独进行某价值活动的风险太大；(4)某些价值活动具有较高的外部性，且易被对手所模仿，从而难以专有。

通常战略设计者选择联盟战略的工作程序如下：(1)列出所有与机构有直接和非直接关系的利益各方；(2)列出机构和利益各方的主要活动，包括关键竞争对手；(3)列出鉴定机构的相同和不同之处；(4)考虑利益各方目前活动的业绩；(5)考虑机构和利益各方在计划联盟之后是否存在共同的利益。

近年来，联盟战略经常被非营利组织所采用，以增强综合实力，为客户提供更出色的服务。通过与其他组织组成联盟能够在资源共享的基础上，为双方带来共同的发展。非营利组织的联盟战略，不仅包括非营利组织之间的联盟，还包括非营利组织与营利组织的合作。

四、非营利组织的国际化战略

如何应对全球化带来的系列问题和挑战，是各国非营利组织不得不思考的问题。随着现代化的发展，许多问题都超出了国界，例如全球环境污染、食品安全、应对气候变化等。非营利组织推行国际化战略已经成为一个国家发展水平的重要标志。

1. 非营利组织实施国际化战略的步骤

非营利组织推行国际化战略有以下三个步骤：(1)确定一个现实的需求目标和方向。要从研究国外市场开始，寻找世界主要地区的发展趋势、机会和活动的相关资料，从中发现潜在的需求，为推行国际化战略确定一个明确的方向。(2)要对潜在的需求和组织提供的产品和服务之间的关系进行分析。要努力分析国际潜在的需求是否和组织自身的实际相符合，组织在提供这些产品或服务时有哪些优势和劣势，国际上还有哪些潜在的竞争者，只有知己知彼，才能更好地融入全球化。(3)要善于和国外非营利组织、政府或企业建立战略合作伙伴关系。由于非营利组织进入国际市场面临诸如语言、习俗等障碍，因此，非营利组织要想方设法与国外非营利组织、政府或企业建立合作伙伴关系，与熟悉当地情况的组织建立合作伙伴关系以推行国际化战略，会取得更好的效果。当然，非营利组织在进行国际化战略时，还需要考虑文化、习俗等的差异。

2. 非营利组织推行国际化战略时需要注意的问题

国与国之间的发展不同，环境也不同，非营利组织推行国际化战略势必会遇到一系列问题。这些问题总体看来有以下四方面：一是文化差异。不同的国家有着不同的文化背景，在非营利组织进行国际参与时，必须考虑到这些文化的差异，了解世界各国不同的文化习惯有助于非营利组织更好地进行国际参与。二是语言差异。语言差异也是非营利组织的国际化过程中经常遇到的问题，语言不同可能导致对相同表达的语言差异或理解差异，甚至可能导致国际化过程中的误解。三是经济差异。经济上的差异集中表现为汇率的差异、免税资格等的差异，非营利组织在国际化过程中也必须注意这一点。四是政治差异。每个国家的体制不同，政治制度不同，也会对非营利组织的国际化产生影响，例如民主型的国家和专制型的国家对非营利组织国际化的态度可能存在差异。因此，非营利组织在积极进行国际参与的过程中，必须注重这些差异的存在，并且必须想方设法努力适应新的国际环境。

3. 非营利组织推行国际化战略的途径

为了克服国际化战略中的壁垒，非营利组织需要寻求一种更少障碍的途径推行国际化战略。非营利组织可以通过三种途径进入国际领域：(1)招募国外成员。因为当地的组织和成员了解当地的经济和文化习俗，扩募国外成员，可以扩大组织的参与程度，能够使组织不断地成长和壮大。向国际成员敞开组织的大门，可以提高组织的形象和威望，拓展组织的目标，为组织带来额外的收入以及开阔国内成员的视野。(2)出版刊物。为了克服国际成员间的沟通障碍，出版刊物成为顺利进行国际领域交流的有效途径。一些组织发行了专门报道有关组织事业、职业或行业方面全球新闻的专门刊物。刊物的出版不仅宣传了该组织的实际情况，获得相关方面的理解，而且也为国际战略的开展奠定了基础。这些刊物的形式包括：简讯、期刊和报告。在确定出版内容时，要咨询组织的国际成员，并向他们约稿。对于比较重要的出版物，甚至可以将版权出售或免费转让给国际合作者，规定统一的费用。(3)举办会议。举办研讨会或者行业展览会，可以宣传组织的形象。通过向与会的会员提供满意的服务，可以将他们发展成为组织的成员，并使他们有兴趣在将来再一次和组织进行业务合作。另外，随着国际与会者的增加，为这些与会者提供的条件也随之提高，可以考虑增加休闲或商务中心，在会中提供多种语言服务，或举办特殊的国际招待会等。

思考题

1. 请论述战略管理的内涵及非营利组织战略管理的意义。
2. 简述非营利组织战略管理的过程。
3. 结合实际论述非营利组织的战略环境。
4. 非营利组织的战略工具有哪些？
5. 非营利组织有哪几种战略选择？

综合案例　中关村产业技术联盟联合会助力科技创新战略

二十大报告强调必须坚持科技是第一生产力、人才是第一资源、创新是第一动力，深入实施科教兴国战略、人才强国战略、创新驱动发展战略；同时要加快实施创新驱动发展战略，加快实现高水平科技自立自强，以国家战略需求为导向，集聚力量进行原创性、引领性科技攻关，坚决打赢关键核心技术攻坚战。创新是一个民族的灵魂，也是一个社会进步的动力。早在2006

年，全国科技大会提出自主创新、建设创新型国家战略，目前我国已经进入创新型国家行列，但是在有些关键核心技术领域，离全球先进国家还存在一定差距。加快创新已经成为影响中华民族伟大复兴的重要战略举措。北京作为全国科技创新中心，拥有着得天独厚的科技创新资源。在2022年12月19日发布的《国际科技创新中心指数2022》中，北京首次超越伦敦，在全球国际科技创新中心中位列第三。

这里的科技创新即新型举国体制的创新，不仅包括企业创新和政府创新，还包括社会组织创新等。其中科技类社会组织作为社会化创新网络的重要载体，在科技创新中发挥着至关重要的作用，特别在集中众多市场主体创新资源、推进产学研成果转化、提升科技民主化决策水平、推进科技文化的普及等方面更是如此。所谓科技类社会组织，是指直接或间接服务于科技创新并在民政部门注册的非营利组织，具有专业性、独立性、自发性、自治性等特征，包括科技研究类团体、提供科技资金支持的基金会、科技服务类的社会服务机构等。通常来说，科技创新包括确定方向、整合资源、开展活动、占领市场、自主创新、形成品牌、形成核心竞争力等流程。社会组织的科技创新过程，既包括社会组织自身的创新活动，也包括社会组织通过科技服务来促进会员企业的创新过程。

作为科技类的社会组织，中关村产业技术联盟联合会(以下简称“联合会”)是北京中关村乃至全国产学研合作创新的典型模式，是科技创新型社会组织，在科技服务业中具有代表性和影响力。中关村产业技术联盟联合会是以产业技术联盟为会员单位并且具备社团法人资格的科技创新型社会组织。联合会于2009年由活跃在中关村的13家产业技术联盟自发组织成立。2014年3月，联合会在北京市民政局正式注册为社团法人。目前，联合会拥有会员单位100余家，关联了万余家企业(包括小米、百度等世界一流的高科技公司)，数百家大学和科研院所(包括清华大学、北京大学、中国科学院、中国工程院等著名高校和研究机构)，及其他社会组织；在新一代信息技术、生物健康、高端装备、新材料、新能源与节能环保、现代服务等中关村重要优势产业领域具有极大影响力。

2022年7月，北京市科学技术委员会、中关村科技园区管理委员会联合发布了《北京市科技型社会组织服务企业聚力发展的行动方案(聚力行动)》，提出到2025年，打造30家以上运作规范、核心服务能力突出、专业水平高、代表性强、影响力大的科技型社会组织，引领带动100家以上科技型社会组织提高科技服务能力，服务北京国际科技创新中心建设和中关村国家自主创新示范区发展。支持社会组织带动企业制定发布、推广和应用一批国际标准、国家标准、行业标准和中关村标准；搭建服务平台（或共性技术平台）、组织品牌活动，每年服务不少于10000家次企业；与国际科技组织建立合作机制，服务一批企业开展国际交流合作；编制一批具有影响力的产业报告，为中小企业发展提供咨询服务。中关村产业技术联盟联合会始终围绕“十四五”时期北京建设国际科技创新中心的战略任务和中关村国家自主创新示范区创新发展的工作要求，积极落实北京市科技型社会服务企业聚力发展的行动方案，深入开展“联合护航行动”，不断挖掘科技企业创新活力与潜力，不断完善科技企业的创新生态系统，从而更好地服务于国家创新战略，成为推动中关村产业协同创新发展的重要社会力量。

2022年11月，北京市民政局发布《北京市2022年度市级社会组织评估结果》。根据《中华人民共和国慈善法》和《社会组织评估管理办法》相关规定，2022年北京市民政局委托第三方评估机构，对268个市级社会组织从内部治理、党的建设、发挥作用情况、遵章守规情况、诚信建设五方面进行了评估。中关村产业技术联盟联合会继2017年被评为5A级社会组织后，2022年参加复评，再获5A级殊荣；此外，联合会还获得2021—2022年度全国“四好”商会，可谓“双喜临门”。2023年1月10日，由中国科协学会服务中心和北京市科协共同主办的“2023科学跨年·首都学术专场活动”在京举办。在此次活动上，北京市科协分别发布了“2022十佳影响力学术会议”名单和首批“北京特色一流学会”创建名单，中关村产业技术联盟联合会双双入选，成为“十佳影响力学术会议”和“北京特色一流学会”。

思考题：

1. 中关村产业技术联盟联合会是如何助力科技创新战略的？
2. 科技型社会组织在科技创新中发挥着什么样的作用？

第十二章 非营利组织的领导与决策

非营利组织与企业、政府不同，企业与政府是靠精确的组织建立起来的，在纵向和横向结构上都有着严密的组织体系。但是非营利组织不同，非营利组织是靠使命联系起来的，组织结构没有企业与政府那样集中和精确。因此，对于非营利组织这样一个只靠少数专职人员全职工作的组织来说，领导更为关键，领导行为对组织的影响也更大。那么非营利组织需要什么样的领导者及领导行为呢？非营利组织的领导方式与理论有哪些呢？如何对非营利组织进行有效的领导呢？这是本章所要回答的问题。

第一节　非营利组织领导概论

卓有成效的领导是保证组织成功的关键。随着内外环境的复杂化，领导力已成为非营利组织以及一切在当今动荡环境中生存和成长的组织所必须予以重视的重要的组织资源和功能。领导与追随者关系密切，领导需要实现组织愿景，领导需要权力和影响力；领导与管理、领导与决策都是影响领导的重要因素。非营利组织的领导具有自己的特点。

一、领导的内涵

1. 领导的含义

什么是领导？不同的书籍有不同的界定，不同的学者有不同的看法。

Roach & Behling(1984)认为，领导是对一个有组织的群体施加影响，以推动其实现目标。

Tichy & Devanna(1986)认为，领导是改造追随者，创建可达的目标愿景，并明确告知追随者实现目标的方法。

Campbell(1991)认为，领导是集中资源创造渴望得到的机会的活动。

Hogan Curphy(1994)认为，领导是一种人际关系，在这一关系中他人服从是因为自己想服从，而非不得已。

Ginnett(1996)认为，领导者的工作在于创造使团队富有成效的条件。

著名领导学家詹姆斯·麦格雷戈·伯恩斯则认为：领导是领袖劝导追随者为某些目标而奋斗，而这些目标体现了领袖以及追随者共同的价值观和动机、愿望和需求、抱负和理想。①

由此可见，要对领导下一个统一的定义是困难的。事实上，领导有静态和动态两种说法，静态的领导即“领导者”的简称。动态的领导是指“领导者”所从事的活动，即指挥、带领、引导和鼓励下属为实现目标而努力的过程。对于非营利组织来说，这个定义也同样适用，只不过非营利组织的领导是率领组织成员去实现组织的宗旨和使命。

从上述可以看出，领导必须具备三个特征：一是领导者必须有部下或追

① [美]詹姆斯·麦格雷戈·伯恩斯：《领袖论》，刘李胜等译，北京：中国社会科学出版社，1996年，第21页。

随者，如果没有部下或追随者，就没有领导对象了；二是领导者拥有影响追随者的能力或力量，领导应该具有影响追随者的能力，这样才能有部下或追随者追随他；三是领导的目的是通过影响下属达成使命或目标，领袖及其追随者一般都有一定的需求和理想，有希望达成的使命或目标，若要达成使命或目标，领袖必然劝导追随者为实现目标而奋斗，必然领导着部下或追随者去达到预定的使命或目标。

2. 领导与追随者

领导必须有追随者，而且追随者越多，对领导的要求可能会越高。所谓追随者，是指在领导活动中与领导者有共同的利益和信仰，追求共同组织目标的人。领导者致力于满足追随者的愿望、需要以及其他动机，同时也满足自己的需要。

杰出的领导者，一般具有能够吸引下属及其追随者的个人魅力，是他们心目中的榜样、英雄或偶像，能够帮助下属树立成功的信心和达成目标的力量，能够在复杂多变的情境下激励下属完成组织使命和目标。这样，领导者作为一种独立的力量通过满足其动机而改变了追随者的动机。

追随者对领导者也有着重要的影响，主要表现为：追随者是领导者信息的主要来源；追随者是领导者工作的有力助手；追随者帮助领导者变得更加优秀；追随者与领导者建立相互信赖的关系；追随者有时具有独到见解，可以为领导提供咨询服务。

3. 领导者和愿景

愿景是组织未来可能和有望达到的前景和设想，它反映出领导者对组织未来的信心。杰出的领导者都有愿景。摩根公司前任主席 Swiggett 指出：“领导者的工作是创造未来。”MIS 的主管 Nevin 也认为，领导者是“组织蓝图的描绘者和成功道路的设计者”。“自然之友”的愿景是：“在人与自然和谐的社会中，每个人都能分享安全的资源和美好的环境。”无数的实践和研究已经表明：清晰的愿景以及对愿景的理解可以为组织使命与目标的完成带来更多的机会。

对于非营利组织来说，愿景尤其重要，因为将非营利组织员工凝聚起来的不是组织的规模和影响力，更不是组织的经济利益，而是组织的使命和愿景，这种使命和愿景能使员工清晰地看到组织的长远目标和为社会服务的价值，并认为加入非营利组织可以更好地实现愿景和自身的价值。

4. 领导者的权力

领导者通常拥有权力，这种权力既来自于职位的特殊要求，也来自于领导者个人的能力和魅力。这些权力如果细分，可以分为五类。

(1)惩罚权。惩罚权来自于下属的恐惧感，即下属感到领导者有能力惩罚他。惩罚权虽然可以使下属基于恐惧而服从，但这种服从是表面的、暂时的，不一定心悦诚服。为了维持这种服从，领导者必须时时监督，如果发现下属行为没有达到组织要求，将对其进行惩罚。

(2)奖赏权。奖赏权来自于下属追求满足的欲望，即下属感到领导者有能力欣赏自己。采用奖赏的办法来引导下属完成领导者所分配的任务，效果比惩罚要好一些，既可以增加领导者对下属的吸引力，也能使下属满意并提高工作效率。但这种方法的使用要有度，并且要公平才能更好地发挥作用。

(3)合法权。合法权来自于领导者所处职位带来的权力，这种权力由于是职位赋予的，通常具有权威感。下属接受这种权力是因为只有这样才能得到领导者的接纳和认可，才能符合法定的要求，如果不服从将受到惩罚甚至解雇。但如果下属对这种权力是基于职位权威而服从，则这种服从不能形成较高的工作效率和个人满意度。

(4)参照权。参照权来自于下属对领导者的信任和个人魅力的服从，即下属相信领导者具有他所需要的智慧和品质，都是为了组织的宗旨而奋斗，从而对领导者产生钦佩和赞誉，愿意模仿和追随。

(5)专长权。专长权来自于下属的尊敬，即下属感到领导者具有某种专门的知识、技能和专长，能够帮助他指明方向，排除障碍，达到组织目标和个人目标。参照权和专长权一般都能引起公开和私下的服从、内心的信服，带来的影响力也比较持久。

二、非营利组织领导的特点

非营利组织对领导功能有着特殊的依赖，不仅如此，非营利组织领导本身具有不同于政府和企业领导的一些特点。

1. 非营利组织领导更注重公益使命的完成

非营利组织不以营利为目标，也就是说，非营利组织追求的是一种公益使命，追求的是一种使社会变得更加美好的使命。因此，与企业领导及政府领导不同，非营利组织的领导更看重使命的完成，他们密切关注组织的活动，忠于使命，忠于本组织成员，忠于组织在社会中的角色，并将公益理念贯穿于组织的整个过程。同时，非营利组织的领导也在完成使命的过程中实现自身的价值，这种价值是一种精神层面的价值，是一种不同于企业经济利益和政府公共权力的价值，是一种无私奉献的价值。

2. 非营利组织领导更注重志愿性

很多非营利组织靠志愿者来维护工作，专业人员很少，而志愿者往往不是为了金钱才来非营利组织工作的。因此，非营利组织的领导与员工之间并不存在像企业那样的经济主导型心理契约。员工来工作是自愿的，专职员工的工作也带有很大程度的志愿性，不像企业那样能够拿高薪。同样，非营利组织的领导也带有很强的志愿性，根据非营利组织相关条例的规定，非营利组织的理事长一般连任不超过两届，每届通常不超过四年。在担任领导职务期间，很多非营利组织的领导并没有工资补贴或工资补贴很少。而专职人员的减少又使非营利组织领导从事大量的日常管理工作，因为有些非营利组织是由领导者发起的，有些工作即使很简单，也很难被员工替代，必须领导者亲自出面，所以非营利组织的领导可谓是既当领导者又当管理者，有时还当普通员工。因此，非营利组织的领导必须具有强烈的奉献精神才能胜任，如果不是出自志愿性的参与，非营利组织领导是难以做好本职工作的。

3. 非营利组织领导更注重弹性化的工作方式

非营利组织的领导更注重弹性化的工作方式，这是因为很多非营利组织的领导也是兼职的，或由退休员工担任，或由会员单位领导兼任。即使是专职的领导者，驻会工作的也较少，即平时较少留在非营利组织机构工作。非营利组织的平时工作由志愿者及专职员工完成，志愿者缺乏或专职员工较少时，部分领导者会亲自参与日常管理工作。因此，非营利组织领导的工作带有相当程度的弹性化。

4. 非营利组织的领导更注重社会资本的积累

由于非营利组织不以营利为目标，从事的又是公益活动，因此自身拥有的资源较少。非营利的资源主要来自政府、企业或公民个人的资助，一旦资助中断，非营利组织将很快面临资源危机。因此，非营利组织的领导最大的一项任务是募集资源，维护非营利组织本身的生存与发展。在很大程度上，募集资源需要领导者具有很强的社会资本积累能力，需要领导者利用个人的权威、魅力以及社会资本网络去募集资源。在现实中，由于资金有限，非营利组织的很多活动都是由领导者凭借个人社会资本网络去募集资源而开展的。因此，与企业和政府的领导不同，非营利组织领导更注重社会资本的积累。当然，随着非营利组织的发展，募集资源也可能交由专业和专职的人员去完成。

第二节　非营利组织领导理论及领导方式

虽然非营利组织的领导与企业、政府的领导有所不同，但是二者也有共同之处，一些企业或政府的领导方式和理论也同样适用于非营利组织。下面介绍几种适用于非营利组织的领导方式和理论。

一、领导方格理论

美国俄亥俄州和密歇根大学的一项研究显示了两种有效领导者的行为导向：一是任务导向行为——计划、日程安排、协调、提供资源和确定绩效目标；二是关系导向行为——表示信任和信心、行为友好和周到、赞赏、使员工知晓等。美国管理学家布莱克和穆顿据此提出了著名的领导方格理论，在方格中，领导者被分为绩效导向行为(关心生产)和员工导向行为(关心人)(见图 12-1)。

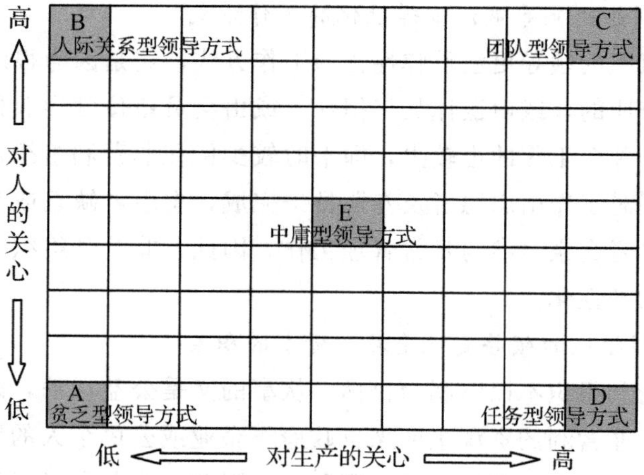

图 12-1　领导方格理论图

从图 12-1 可以看出，根据对生产和人的关心程度，有五种典型领导方式。

A. 贫乏型领导方式。表示对人和生产都极不关心，称为“贫乏型领导方式”。当然，下属素质高时也是可取的，即“无为而治”。

B. 人际关系型领导方式。表示领导者对人极为关心，但忽视工作的进行和效果，称之为“人际关系型领导方式”。

C. 团队型领导方式。表示对工作和人都极为关心，这种领导者能使组织目标与需求最有效地结合起来，称为“团队型领导方式”。

D. 任务型领导方式。表示对工作极为关心，但忽视对人的关心，称之为“任务型领导方式”。

E. 中庸型领导方式。表示将工作和人们的士气保持在一个令人满意的水平上，可以达到充分的组织绩效，称为“中庸型领导方式”。

这五种典型的领导方式在非营利组织领导中均有所反映。一些非营利组织如校友会、联谊会等充分反映了人际关系取向的领导方式；一些行业协会、商会等反映了团队型领导方式；一些基金会、中介组织等反映了任务型领导方式；一些艺术绘画类非营利组织管理较松散，反映了贫乏型领导方式；还有些官方非营利组织则采取了中庸型领导方式。

在这五种模式中，团队型领导对非营利组织领导非常具有借鉴意义。非营利组织领导如果是团队型领导，应该扮演好以下角色：一是对外联络官角色，包括上级管理层、组织中的其他工作团队、客户、供应商。二是困难处理专家角色，帮助员工针对困难进行交流，并获得解决困难所需的资源。三是冲突管理者角色，当出现意见不一致时，他们帮助解决冲突。四是教练角色，他们明确期望和角色，提供教育与支持，为成员的成功喝彩，尽一切努力帮助团队成员保持高水平的工作业绩。

二、领导行为“三分法”理论

美国学者勒温(K. Lewin)在实验的基础上，根据权力定位于谁，将领导方式分为三种。

1. 专制型领导方式。领导者个人决定一切，布置下属执行；下属绝对服从，决策是领导者的事情。

2. 民主型领导方式。领导者发动下属讨论，共同商量，共同决策，上下融洽、合作一致地工作。

3. 放任型领导方式。领导者撒手不管，下属怎样做完全自由，仅为下属提供信息并与外部联系。

三种领导方式均有自己的特点(见表 12-1)。

表 12-1 三种领导方式的比较

比较角度	专制型	民主型	放任型
方针政策	一切由领导决定	群体与领导共同决定	由群体或个人决定
工作方法	领导以命令方式	成员有选择方法的自由	提供所需材料，及时回答成员问题
与下属关系	严厉不可亲近，高高在上	可以亲近与依靠，不以特别身份出现	可以亲近，但觉得不太可能
发生问题时	不向下属做任何说明，即下命令	向下属说明情形，再加以适当指示	不向下属做任何说明，也不做指示
听取下属意见	根本不让下属发表意见	尽可能听取下属的意见	不太注意下属的意见
成员反应	缺乏自主意识，依赖性大，不负责任	个性发扬，群体观念强	感到自由，但缺乏群体观念
参与及工作评价	领导者以个人善恶来表扬或批评	依据客观事实来表扬或批评	除非成员要求，不经常发表评论

专制型、民主型、放任型三种领导方式各有优缺点，不能说专制型领导方式就不可取，在一些混乱而又不确定性的组织中采取专制型领导方式可能具有更高的效率性和更高的稳定性；同样，也不能说民主型领导方式就一定比其他领导方式优越。不同的组织需要不同的领导方式，非营利组织的领导方式同样如此。在一些非营利组织中，由于大多聘用了志愿者从事活动，而志愿者又往往对工作不熟悉，这时采用专制型领导方式往往能取得较高的效率；另一些非营利组织，如行业协会、商会等，涉及会员的利益较多，这时采取民主型领导方式，让会员充分参与显得更有必要。

三、领导的权变理论

领导权变理论(Contingency Theory)是 20 世纪 60 年代由美国心理学和管理学教授菲德勒(Fiedler)提出来的。认为领导行为效果的好坏，不仅取决于领导者本人的素质和能力，而且还取决于诸多客观因素，如被领导者的特点、领导的环境。

领导权变理论用公式表示就是：

领导 = f(领导者、追随者、环境)

领导权变理论的实质是：没有一种“最好”的领导行为，一切要以时间、地点、条件为转移。

在领导权变理论中，最著名的当属菲德勒的权变理论。菲德勒是领导权变理论的创始人，他经过15年的调查试验，提出了“有效领导的权变模式”。菲德勒认为：任何领导行为都可能是有效的，也可能是无效的，关键要看它是否与环境相互适应。菲德勒把影响领导者领导风格的环境因素归纳为三个方面：职位权力、任务结构和上下级关系。

(1)职位权力。职位权力指的是与领导者职位相关联的正式职权和从上级、整个组织各个方面所得到的支持程度，这一职位权力由领导者对下属所拥有的实有权力所决定。领导者拥有这种明确的职位权力时，则组织成员将会更顺从他的领导，有利于提高工作效率。

(2)任务结构。任务结构是指工作任务明确程度和有关人员对工作任务的职责明确程度。当工作任务本身十分明确，组织成员对工作任务的职责明确时，领导者对工作过程易于控制，整个组织完成工作任务的方向就更加明确。

(3)上下级关系。上下级关系是指下属对一位领导者的信任爱戴和拥护程度，以及领导者对下属的关心、爱护程度。这一点对履行领导职能是很重要的。因为职位权力和任务结构可以由组织控制，而上下级关系是组织无法控制的。

菲德勒设计了一种问卷来测定领导者的领导方式，即领导者对最不与自己合作的同事的评价。如果评价带有敌意，则该领导趋向于工作任务型的领导方式；如果评价带有善意，则该领导趋向于人际关系型的领导方式。

领导权变理论综合考察了领导现象的复杂性。领导是一个极为复杂的社会现象。一种领导现象的出现，不仅是领导者本人的行为结果，而且还有赖于周围的领导环境。这对非营利组织来说具有重要的借鉴意义，非营利组织种类繁多，内外环境千差万别，例如社会团体、基金会、民办非企业单位的环境就存在较大差别；而官办型的非营利组织和草根类的非营利组织的环境也差异很大。因此，内外环境不同，非营利组织采取何种领导方式要考察具体的环境和领导者个人，不能一概而论。

四、领导的路径—目标理论

领导的路径—目标理论由罗伯特·豪斯提出，路径—目标是领导者既要帮助下属充分理解工作目标，又要指明实现目标所应遵循的路径。该理论提出了两类情境变量作为领导行为——结果关系的中间变量，即环境因素和个人特点。环境因素包括任务结构的清晰状况、正式权力体系情况以及工作群体的情况等；个人特点包括个体控制力、个人经验、知觉能力等。环境因素和下属个人特点决定着领导行为选择。

路径—目标理论同以前的各种领导理论的最大区别在于：它立足于下属，而不是立足于领导者。这一理论有两个特点：一是领导方式必须是下属乐于接受的方式，只有能够给下属带来利益和满足的方式，才能使他们乐于接受。二是领导方式必须具有激励性，激励的基本思路是以绩效为依据，同时以对下属的帮助和支持来促成绩效。也就是说，领导者要能够指明下属的工作方向，还要帮助下属排除实现目标的障碍，使其能够顺利达到目标，同时在工作过程中尽量使下属需要得到满足。

路径—目标理论根据情境变化界定了四种典型的领导方式：(1)指导型领导方式：让下属知道对他的期望是什么，并对如何完成工作给予具体指令。(2)支持型领导方式：十分友善，表现出对下属的各种需要的关怀。(3)分享型领导方式：与下属共同磋商，并在决策之前充分考虑他们的建议。(4)成就导向型领导方式：设置富有挑战性的目标，并期望下属实现自己最佳的水平。

路径—目标理论认为，上述四种领导方式具有不同的适用条件，领导者应根据具体情境需要来选择一种或几种恰当的领导方式(见表 12-2)。

表 12-2 路径—目标领导方式的适用情况示例

领导方式	适用条件	适用原因
指导型领导	员工独立性强，任务描述模糊不清、组织规则和职权体系混乱无力	指导型领导通过为员工提供工作上的指导和心理上的支持来完成工作
支持型领导	员工从事重复且没有挑战的工作——任务框架结构已较为明确，但却令人不满意甚至令人沮丧	支持型领导通过教育培训等行为来激励员工，使得那些从事平凡、单调工作的员工有一种“人性化”的感觉

续表

领导方式	适用条件	适用原因
分享型领导	任务不明确	分享型领导能清楚地解释特定的路径与特定的目标之间的关系，这使得员工能够弄明白什么路径能够达到什么目标
	员工的自主性和支配欲都比较强	分享型领导能满足员工喜欢参与决策制定和工作体系建设过程的需要
成就导向型领导	任务描述不明确，员工有能力和信心迎接挑战	成就导向型领导对员工能力提出挑战，为其制定了较高的标准，从而唤起员工对完成工作的信心和决心。这类领导者使员工觉得其努力一定能产生有效的成果

资料来源：李维安：《非营利组织管理学》，北京：高等教育出版社，2005 年，第 105—106 页。

路径—目标理论固然追求高绩效，但它的重点更在于人，即领导者要了解并满足下属的需求，帮助他们克服困难和障碍，培养他们树立信心和决心以实现目标。这种领导理论对非营利组织非常重要，因为非营利组织聘用的员工大多是志愿者，更需要关心和培养，更需要信心、勇气和清晰的目标。

五、领导生命周期理论

领导生命周期理论(Situational Leadership Theory，SLT)是由科曼首先提出，后由赫西和布兰查德发展的一种流传广泛的领导行为情景理论。

这一理论的特点是，不仅考虑领导者的风格，而且考虑到其下属的“成熟度”(即工作成熟度和心理成熟度)，强调其下属的区别。赫西和布兰查德认为，成功的领导者是通过针对下属的意愿和成熟程度选择正确的领导风格来获得的。

领导生命周期理论认为，下属的成熟度有四个阶段。

第一阶段：不成熟。这些人对于执行某任务既无能力又不情愿。他们既不胜任工作又不能被信任。

第二阶段：初步成熟。这些人缺乏能力，但愿意执行必要的工作任务。他们有积极性，但目前尚缺足够的技能。

第三阶段：比较成熟。这些人有能力，却不愿意干领导者希望他们做的工作。

第四阶段：成熟。这些人既有能力又愿意干让他们做的工作。

按照下属从不成熟到成熟的发展过程，领导方式可分为四种。

(1)不成熟——命令型。领导进行角色分类，告知下属做什么、如何做。

(2)初步成熟——说服型。领导者既提供指导性行为，又提供支持性行为。

(3)比较成熟——参与型。上级极少进行命令，而是与下属共同进行决策。

(4)成熟——授权型。领导几乎不提供指导或支持，通过授权鼓励下属自主做好工作。

领导生命周期理论对非营利组织的启示为，非营利组织的员工分为两部分：一部分为专职人员，另一部分为志愿人员。因此，非营利组织领导者应根据员工的不同类型和成熟度采取不用的领导方式。对于志愿者来说，可采用命令型和说服型；对于专职员工或成熟的志愿者来说，可以采用参与型和授权型的领导方式。

六、变革型领导理论

变革型领导(Transformational Leadership)是 20 世纪 80 年代由詹姆斯·麦格雷戈·伯恩斯在他的经典著作《领袖论》中提出的一种领导类型。变革型领导是使人们为了群体而超越个人利益，他们建立起兴奋而富有活力的组织；他们关注每一个下属的兴趣所在与发展需要；他们帮助下属用新视角来看待老问题从而改变了下属对问题的看法；他们能够激励、调动和鼓舞下属为实现群体目标付出更大的努力。

变革型领导特别关注组织和员工的兴奋点，并通过以下四种方法来制造兴奋点。

(1)理想化影响力。超凡的领导者具有令员工心悦诚服的特质或行为，如以伦理和道德为准则，与员工分担风险，考虑员工的需求胜过自己的需求等。因而变革型领导成为员工崇拜学习的理想对象，使员工怀有强烈的认同，心甘情愿遵照指令完成任务，并与领导者产生深厚的情感关联。变革型领导通过展示道德魅力，向员工提供愿景和观念，解释任务的意义，引发自豪感，获得员工的崇拜、尊重、钦佩和信任。

(2)精神鼓励。变革型领导通过为员工提供有意义且富有挑战性的工作，明确告诉对员工的工作期望、展示对整个组织目标的承诺、采取积极和乐观的工作态度等方式，激发员工的工作动机，使员工在乐观与希望中展望未来的发展，并因此形成强烈的向心力和团队精神。

(3)个别关怀。变革型领导给员工以个别的关心，他们区别性地对待每一个员工，给予其培育和指导，赋予其责任，使其觉得备受重视而努力。他们注意听取员工的心声，尤其关注员工的成熟和成长的需求，针对员工的能力和个性特点给予关心和帮助，促使员工的思想和行为发生改变。

(4)智力激发。变革型领导不断用新观念、新手段和新方法对员工进行挑战，他们提出新主意，并从员工那儿得到创造性的问题解决方法。变革型领导鼓励员工在工作中采用新的思想和革新性的方法来解决问题，增长知识。他们通过问题假设和挑战自我来使员工的创造力得到积累，增强员工的意志力、思考力、想象力和解决问题的能力，促进其信念和价值观的形成和转化。

变革型领导通常采用以下一种或几种技能或战略来实现目标：(1)变革型领导拥有一个愿景，一个吸引人注意的目标；(2)传达他们的愿景；(3)通过一致、可靠和坚韧来建立信任；(4)挑战现状和不断创新；(5)他们拥有一个积极的自我认识。

变革型领导对非营利组织领导来说既是一种挑战，也是一种重要的领导方式。说对非营利组织是一种挑战，是因为变革型领导强调创造、强调关怀、强调鼓励、强调智力开发，对领导的要求比较高。而现实中的非营利组织领导通常年龄偏大，比较保守，会影响变革型领导效用的发挥。但是变革型领导也为非营利组织提供了一种重要的领导方式。由于非营利组织资源有限，通常需要具有制造兴奋点的能力，以便为非营利组织寻求到新的资源，因此，从这一方面来说，变革型领导对非营利组织的影响非常大。另外，变革型领导强调对员工的关怀、鼓励等对非营利组织的影响也很大，非营利组织从事的是公益事业，作为领导者，更需要从精神层面对员工进行关心、鼓励，使员工创造价值并超越自我。

第三节 非营利组织领导技能与领导效率

非营利组织领导者的领导素质、领导角色、领导技巧影响着领导能力的发挥；领导者的时间效率、工作效率影响着领导效率的实现；领导既是科学又是艺术，在领导过程中注重决策艺术、沟通艺术、用人艺术有助于成功领导的实现。

一、非营利组织领导素质

领导素质是一个常谈的话题，但又是必须注重的一个话题，不同的领导者的素质决定着领导效能的发挥。与普通管理者不同，领导者的素质要求更高，更注重长期的视野与眼光。

关于领导者素质的讨论由来已久，并且出现了许多理论学派和素质模型。苏伦斯·格利纳在哈佛商学院通过对300多人进行调查后，得出有效的领导者应具备的特质包括十种。

(1)劝告、训练与培训下属；

(2)有效地与下属沟通；

(3)让下属人员知道对他们的期望；

(4)建立标准的工作要求；

(5)给予下属参与决策的机会；

(6)了解下属人员及其能力；

(7)了解企业的士气状况，并能鼓舞士气；

(8)不论情况好坏，都应让下属了解真实情况；

(9)愿意改进工作方法；

(10)下属工作好时，及时给予表扬。

在关于领导者素质的讨论中，领导特性理论是影响力较大的一种领导素质模型理论。领导特性理论侧重研究领导者个人特性对领导有效性的影响，试图确定伟大领导者所共有的素质特性，最初是心理学家开始研究的。该理论假定优秀的领导者具备某些特质，组织可以通过对这些特质的识别来培养和选拔“正确”的领导者。领导特性理论有两种观点：传统领导特性理论认为，领导者的品质和性格是天生的、超人的，是由遗传因素决定的；而现代领导特性理论则认为，领导者的品质和性格是在实践中逐步形成的，是可以通过教育训练培养和改造的。

领导特性理论认为，成功的领导者应具备下列素质特性。

(1)努力进取。包括成功的强烈欲望、不断地努力提高、抱负、精力、毅力、主动性。

(2)领导动机。他们有强烈的权力欲望，喜欢领导别人而不是被人领导。

(3)正直。正直即言行一致，诚实可信，激发他人对自己的信任。

(4)自信。领导者角色是具有挑战性的，自信能让领导者克服困难，激励下属达成目标。

(5)业务知识。一个有效的领导者对他们的行业、公司和技术问题了解颇多。

(6)感知别人的需要和目标并据此调整领导的方式方法的能力，这种个人技能可能是最重要的。

领导特性理论试图找出成功领导者所具备的共同特性。尽管批评者认为成功的领导没有统一的模式，但领导特性理论对非营利组织选拔和培养领导者具有重要的启示意义。非营利组织在选拔和培养领导过程中，也要注意正直、自信、业务知识、进取精神、感知别人的需要等这些特性的要求。

非营利组织是从事公益活动的组织，因此，它对领导者的素质要求更高。除了要具备领导特性理论所要求的上述素质外，理想的非营利组织领导者还应具备以下素质。

(1)道德楷模。非营利组织大多涉及宗教、慈善或公益等事业，因此，在某种意义上，它对领导者的道德要求更高，人们期待非营利组织的领导者应当富有正义感和同情心，应当展示出某种道德精神，成为道德楷模。一旦非营利组织领导者的道德形象出现污点，那将是对非营利组织的重大打击，领导者自身的形象也将大打折扣。

(2)勇于奉献。非营利组织事业是高尚的事业，不以营利为目的，因此，很多非营利组织的领导者是没有工资补贴的，靠的完全是自身具有的奉献精神。如果领导者是抱着追求经济收入的目标而从事非营利组织的事业，那必将给非营利组织带来灾难性的后果。一些非营利组织异化为营利性组织，受到社会公众的质疑就是典型的例子。此外，由于很多非营利组织资源有限，专职人员又少，很多日常管理工作事实上均由领导者承担，因此，没有强烈的奉献精神是很难当好非营利组织领导者的。

(3)善于沟通。非营利组织是不以营利为目的的，其所使用的资源自然有限。很多非营利组织不得不靠社会的资助来完成其所承担的工作。而要获得社会的资助，就需要领导者具有很强的沟通能力。一方面，领导者要与社会沟通，通过与企业、政府、其他非营利组织及具有捐赠意愿的个人的沟通来获取资源；另一方面，非营利组织领导又必须善于和内部员工沟通，因为维持非营利组织运作的很可能不是经济利益，而是一种自觉自愿的奉献，这需要领导者以个人魅力来获得内部员工的支持。因此，无论从对内还是对外的角度来说，领导者都需要善于沟通。

二、非营利组织领导角色

现代组织中的领导者需要扮演多重复杂的角色。早在 1970 年，著名管理学家亨利·明兹伯格(Henry Mintzberg)就提出了管理者扮演的十种角色，即领导者、代表人、联络者、监督者、传播者、发言人、企业家、干扰对付者、资源分配者、谈判者，这十种角色可被归入三大类：(1)人际关系角色；(2)信息传递角色；(3)决策制定角色。

凯拉·珐仁(Caela Farren)和贝菲里·卡耶(Beverly L. Kaye)认为领导者扮演着五种角色，即促进者、评估者、预测者、指导者和最终帮助者[①](见表 12-3)。

表 12-3　领导者的角色和行为特征

角色	行为特征
促进者	◆帮助人们明确自己的职业价值、工作兴趣以及技术能力 ◆帮助人们认识长期工作计划的重要性 ◆营造一种公开、坦诚的气氛，有助于人们讨论各自工作中遇到的疑问 ◆帮助人们理解和弄清楚他们从工作中到底需要得到什么
评估者	◆把个人的成绩和名誉真实地反馈给每一个组织成员 ◆使每个组织成员清楚评估成就的标准和期望值 ◆留心听取人们的想法，以便知道关于他们目前的工作什么东西是最重要的和他们想怎样改善它 ◆指出人们的成就、名誉和工作目标之间存在的关系 ◆对于个人如何提高自己的成就和名誉提供具体的行动建议
预测者	◆提供组织、职业和产业信息 ◆帮助人们发现并使用补充信息源 ◆指出可能影响人们职业前景的新趋势和新变化 ◆帮助人们理解组织的文化和行政现状 ◆把组织的战略目标传达给每一个组织成员

① ［美］F. 赫塞尔本：《未来的领导》，成都：四川人民出版社，2000 年，第 204—205 页。

续表

角色	行为特征
指导者	◆帮助人们区分各种各样的有用的工作目标 ◆帮助每个人选择符合实际的工作目标 ◆把个人的工作目标与组织的需要和战略意图联系起来 ◆指出个人在实现工作目标的过程中可能遇到的有利条件和不利条件
最终帮助者	◆帮助个人开发详细的行动计划去实现各自的工作目标 ◆通过安排组织成员同其他行业或组织的人们进行有益的交流来帮助组织成员实现各自目标 ◆同能够提供潜在机遇的人讨论组织成员的能力和工作目标 ◆帮助人们同实施工作行动计划所需要的资源建立联系

三、非营利组织的领导能力

在学者们的研究中，领导者与普通管理者不同，领导者从事的是一种宏观性的战略性的事业，因此，领导者的能力必然区别于一般管理者的能力。那么，领导者到底需要什么样的能力呢？

萨拉·E. 梅隆德斯(Sara E. Melendez)通过实践考察指出成功的领导者具有以下十一项能力。①

(1)想象力。领导者能清楚地想象出事情应该是什么样的，他们能传达这种想象，所以其他人能和他们一起分享这种想象，从而可以使其他人团结成一个整体来工作，每个人为实现这样的想象而贡献自己的最大力量。

(2)接受多样化。优秀的领导者必须有能力看到组成现在劳动力的多样化的个人和团体的才能和技巧，而且这些个人或团体在将来的劳动力当中甚至会更加多样化。领导者应当相信其他人，即使当这些人与领导者是不同的类型。

(3)激情。有效的领导者会热衷于他们正在进行的目标，以及热衷于他们对更大利益或公共利益的承诺，会员式基金组织和非营利组织的创建目的是促进慈善事业和志愿活动，它们所信奉的价值观之一就是“超越自我的承诺”，创建这些组织的领导者致力做出一些积极的改变，并且都热衷于自己的工作。

(4)明确的目标。优秀的领导者常常能简洁明了地解释他们力图达到的

① [美]F. 赫塞尔本：《未来的领导》，成都：四川人民出版社，2000年，第325—333页。

目标，并且他们能为说明这个目标的重要性而举出一个令人信服的事例，优秀的领导者都是卓越的谈判好手和达成协议的专家。

(5)坚定不移的信念。优秀的领导者能从失败中学到很多有用的东西——他们不断地尝试，有时是以不同的方式。他们也是终身学习者。这种坚持不懈地学习的艺术就是要应用所学的知识，并且要知道什么时候应该放弃，而去尝试其他的东西。优秀的领导者了解员工有时也可能会失败，但他们不会处罚失败的员工，而是帮助他们向失败学习。

(6)平易近人。优秀的领导者会友好地、诚实地对待他们身边的每一位员工，并会尊重身边的每一位员工，同样地，他们也希望员工们这样对待他们。

(7)诚实和正直。优秀的领导者首先应该是正直的人，尤其是在非营利部门可能更是如此。他们不仅必须诚实地对待公众、捐赠人、政府和媒体，而且也要诚实地对待他们的同事。

(8)持续不断地革新。这种革新包括自我革新和组织革新。一个组织或个人如果日复一日地做相同的工作就会变得停滞不前，今天解决问题的办法很可能成为明天的问题所在。有效的领导者和组织会不断地回顾和自我评价。

(9)作为教师的领导者。优秀的领导者也是优秀的教师。非营利部门所从事的事情当中有许多是涉及教导的事情——教导员工关于组织的特殊问题，教导顾客、政府、媒体、捐赠人和组织的全体职员。优秀的领导者能用各种方式来和下属沟通，从而能解除下属的束缚，并能吸引下属做出最大的贡献。

(10)幽默感。对领导者来说，幽默感和嘲弄自己的能力是必要的。

(11)自知之明。

从中国非营利组织的实际情况来看，非营利组织领导者具备下列能力有助于实现成功的领导。

1. 战略思维能力

非营利组织追求的是实现公益使命，使命始终处于非营利组织的核心。为了维持非营利组织的生存和更好地发展，非营利组织领导必须具备战略思维能力，要善于运用马克思主义的宽广眼界全面观察和审视世界，既从历史发展的逻辑角度去观察和审视问题，又密切注意世界政治、经济、科技、文化等领域的发展动态，善于在普遍联系的事物中发现事物发展的规律，以便更深刻更全面地认识面临的形势。同时运用战略性思维制定好本组织的发展目标和发展战略，实现组织的可持续发展。

2. 人际沟通能力

非营利组织为了获取丰富的资源，必须与外部环境保持密切的联系。作为领导者，应具备较强的人际沟通能力，具备良好人际沟通能力的领导者懂得如何激励、引导和鼓舞员工实现组织目标；同时，具备良好人际沟通能力的领导者也懂得如何协调外部关系，善于利用外部丰富的资源为组织服务。

3. 应对复杂局面的能力

在网络时代，非营利组织面临许多新情况、新问题，面临更大的不确定性外部环境；更面临自然的或人为的各种矛盾、冲突和突发事件的威胁。作为非营利组织的领导者，应构建应急管理机制，尽力找出潜在的矛盾和冲突并将其消灭在萌芽状态。否则，一旦这些矛盾和冲突表现出来，将对非营利组织造成严重的冲击。因此，领导者必须具备应对复杂局面的能力，将非营利组织面临的风险化解在无形中。

4. 开拓创新的能力

非营利组织领导是公益事业的组织者、推动者，其开拓创新能力强不强，直接关系到社会公益事业的良好发展。提高领导者的开拓创新能力对非营利组织来说具有重要的意义：首先，开拓创新能力是当今世界发展的大势所趋，改革创新是当今时代的特征，非营利组织发展还很薄弱，需要领导者不断开拓进取，只有不断开拓创新，才能跟上世界竞争的发展潮流。其次，开拓创新是提高非营利组织生存与发展的需要。当前，非营利组织还面临着资金不足、资源有限、能力不强等困难，符合中国国情的非营利组织理论研究也欠缺，这些都要靠领导者的开拓创新来解决，只有创新才能推进非营利组织理论创新、方法创新，才能解决非营利组织面临的一系列困难。最后，开拓创新也是提高领导者领导能力的重要途径。非营利组织领导通过开拓创新，开阔眼界，增强创新意识，本身就可以提高领导能力，从而推动非营利组织更好地发展。

5. 概念能力

概念能力是领导者对复杂情况进行抽象与概念化的能力，它是指领导者统观全局、面对复杂多变的环境，具有分析、判断、抽象和概括并认清主要矛盾，抓住问题实质，形成正确概念，从而形成正确决策的能力。概念能力关注的是全局，是整个组织，是一种宏观的感知能力。它包括：理解事物的相互关联性从而找出关键影响因素的能力，确定和协调各方面关系的能力以及权衡不同方案优劣和内在风险的能力。运用这种能力，管理者能够将组织看作一个整体，使组织更适应它的环境。这种能力对于高层领导者相当重要，而且这种能力获取的难度较大。作为非营利组织的领导，应努力培养和掌握这种能力，以实现非营利组织的持续和健康发展。

四、非营利组织的领导效率

领导者经常会陷入这样的尴尬处境：时间不能由自己支配；忙于日常事务；工作成果得不到别人的正确理解或利用等。出现这样的情况时，领导者需要考虑领导效率问题。

1. 时间效率

高效利用时间是一个优秀的领导者最重要的特点之一，因为时间是最紧缺的资源之一，缺乏对这种资源的有效利用可能会失去很多宝贵的领导机会。时间效率最重要的判断标准是在单位时间内做尽可能多的事情，以实现时间产出的最大化。所以，优秀的领导者最显著的特点就是能够珍惜时间，合理安排时间和利用时间。

领导者在时间利用上要正确处理以下事项：一是要分清哪些时间是领导者必须付出的，哪些时间可以分配给下属去利用。对于非营利组织来说，由于全职工作的人员数量有限，很多事情由领导者亲自处理，导致非营利组织的领导效率很低，有效进行时间管理已经成为非营利组织面临的重大挑战之一。二是即使是领导者要亲自处理的事情，也必须分出轻重缓急来，哪些重要的事情需要先处理，哪些事情不太紧急可以后处理，都应做出合理安排。三是领导者必须注重利用零碎时间来处理问题。一些领导者往往认为只有大块的时间才能处理重要事情，其实许多重大决策不仅可以在办公室实现，也可以在餐桌上、马路上、球场上，甚至浴室里实现，关键是看领导者的灵感和利用时间的能力。

2. 工作效率

要提高领导效率，合理利用时间非常关键。当然，除了时间效率外，领导效率还包括工作效率。所谓工作效率，是指工作投入与产出之比，通俗地讲就是在进行某任务时，取得的成绩与所用时间、精力、金钱等的比值。产出大于投入，就是正效率；产出小于投入，就是负效率。

提高工作效率的方法很多，作为非营利组织的领导，可以注意以下八个方面。

(1)保持最佳的工作激情。工作激情也可以说是工作意愿，是积极主动、认真负责地工作，还是敷衍了事、拖拖拉拉地工作，两种截然不同的心态，使得工作效率的具体表现也大相径庭，因此工作激情成为提高工作效率的首要因素，也就是说提高和保持工作激情是提高工作效率的前提。

(2)按照非营利组织的使命和宗旨行事。使命和宗旨是领导者一切工作的源头，也是保证领导者持续朝着正确的方向努力的目标。如果方向错了，领导者就会在错误的路上越走越远，工作效率也就无从谈起。

(3)尽量选择最好的工作方法。做任何工作可能都有很多方法可以选择，不同的方法可以殊途同归，就像解数学题，方法有多种，但是如果选择最简便的方法，就会在单位时间内做出更多的题目。同理，尽力找到最好的方法就能为领导者减少不必要的时间浪费。所以，在工作前，请认真思考什么才是最好的方法。"磨刀不误砍柴工"说的就是这个道理。

(4)工作中尽量选择最佳的工具。"工欲善其事，必先利其器"，选择好的工具能事半功倍。当然，这些工具可以理解为物体，也可以理解为人才。例如，在领导非营利组织时，可以采用新的技术、新的设备、新的管理制度、新的优秀人才等。

(5)制订科学的工作计划。"人无远虑，必有近忧。"只有制订详细周到的计划，才能应对环境的挑战，使得工作有方向、有步骤、有程序，减少工作的选择成本，不断提高工作的效率。

(6)善于对工作分类。每一项工作都有其轻重缓急之处，对工作分类的目的是找出哪些工作重要又紧急，哪些工作不太重要也不紧急，只有合理安排工作流程，才能保证工作的高效率。

(7)要养成良好的工作习惯。也就是说，要"今日事今日毕"。今天的事不要等到明天再做，本月的事不要等到下月再做，今年的事不要等到明年再做。要勤学好问，平时注意工作知识的积累；遇到紧急状况要冷静以避免出错；要学会从工作总结和他人的错误中获得经验；要走群众路线，注重调研，避免工作失误。

(8)要学会放松和管理自我。不会休息就不会工作，其实很有道理，休息好了才能精力充沛，精力充沛才能以最好的状态工作。在现代社会，领导者面临来自家庭、组织、社会以及上级领导等方方面面的压力，重压之下要保持工作效率就必须懂得劳逸结合，学会放松自己，保持最佳工作状态，这样才能做到事半功倍。

五、非营利组织领导艺术

成功的领导需要成功的领导艺术。领导艺术使领导工作看起来充满艺术的美。领导艺术主要包括决策艺术、沟通艺术、用人艺术。

1. 决策艺术

毛泽东曾经指出："领导者的责任，归结起来，主要的是出主意、用干部两件事。"①这里的"出主意"，是指领导决策。领导决策除了使用科学的决策原则、决策技术及业界公认的决策方法外，决策的艺术也显得日益重要，决策的艺术不仅能够减轻决策过程中的障碍，而且还能够有效降低决策执行过程中的障碍。

巴纳德在1938年出版的作品《经理人员的职能》中谈到了决策的艺术："对现在还不适当的问题不作决策，时机不成熟时不作决策，对不能有效地实行的事不作决策，对应该由别人来决定的事不作决策。"在巴纳德看来，"不发出不能或不会被服从的命令，这条原则是良好组织的管理行为中最为确定的原则"。

2. 沟通艺术

(1)树立沟通理念。沟通是领导者的一项非常重要的能力。通过沟通，领导者往往能够了解下属的想法，并获得下属对工作的建议和意见；通过沟通，领导者还可以发现自己工作中的不足之处以及员工们对自己的看法；通过沟通，领导者可以加快组织与外界的交流和合作，并在沟通中发现组织存在的问题从而加以改进。总之，沟通不仅是领导者信息的交流，更是组织和员工以及组织与外部的信息交流。这种信息交流使得组织能够进行自我修正和改进，减少因信息不流通造成的失误，并为顺利与外界进行合作打下基础。

(2)善于倾听和提问。对沟通而言最重要的并不是说，而是倾听与提问。我们处在一个传播过度的社会，我们说得太多，听得太少，这才是真正的问

---

① 《毛泽东选集》(第二卷)，北京：人民出版社，1991年，第527页。

题所在。从前，人们只需要轻轻招呼，现在不行了，必须大声呼叫才行。要应对这个困境，领导者只是改善说的技巧并不能真正地解决问题。好的领导者必须具备“作为一个听者所拥有的非凡技能”。被誉为“企业经营之神”的日本企业家松下幸之助，用一句话概括自己的经营哲学：“首先要细心倾听他人的意见。”成功的领导者往往是最佳的倾听者。倾听的技能还包括让人们说出真实想法的能力。由于地位的原因，领导者并不容易了解真正的情况。要让人们自愿说出真实想法，领导者除了必须认真倾听下属的建议外还必须学会提问。正如韦尔奇在《赢》中指出的：你必须做好思想准备，要显得是部门中最无用的人。每次对一项决策、一项提议或一条市场信息进行讨论时，你都要一个劲地提问：“如果……会出现什么情况呢？”“为什么我们不……呢？”“怎么样才能……？”

(3)努力拓展沟通的渠道。现代网络社会为沟通提供了丰富的沟通手段，但是也使沟通过程显得更为松散，因为沟通的网络化使得实体间面对面的沟通减少。每个人都有自己喜爱的沟通方式，领导也不例外，而且每种沟通方式均有自己的优点和缺点。作为领导者，应该综合运用各种沟通手段进行沟通，除了传统的打电话沟通和会议沟通外，还可以使用微信、QQ、邮件等进行沟通。最重要的是，领导者必须学会面对面的沟通，这种传统的沟通方式虽然受到网络沟通的冲击，但是面对面的沟通具有独到的好处。实践表明，在很多场合，面对面的沟通比网络沟通的效果要强。因为面对面的沟通能使沟通双方相互见面，比较直观，让沟通者充分感受到自己被重视，从而更融入组织文化。

(4)注意不同群体的沟通技巧。领导者面对的是多个群体，每个群体都有自己独特的需求，每个群体的沟通手段和沟通方式都有所不同。

对于客户群体来说，领导者必须注意以下沟通原则：①关注客户需要，让客户满意。客户通常是非营利组织的捐赠者、支持者或帮助者，他们往往希望能从支持非营利组织中得到自己需要获取的东西，因此，领导者与客户沟通时一定要关注客户的这些需求。②微笑沟通，让客户舒心。微笑是最让人舒心的事了，客户在与非营利组织打交道的过程中也希望得到舒心的服务，而领导者的微笑沟通使得这种要求得到很好的满足。③学会倾听，让客户感动。再也没有什么情形比一个领导倾听客户的意见和建议更让人感动的了。领导注意倾听客户的意见、想法和建议，能使客户有一种强烈的归属感，从而更好地支持非营利组织。④良好的态度，让客户称赞。态度决定人品，当客户发现自己受到非营利组织领导者的尊重时，自然会感到很温暖，从而更好地支持非营利组织的发展。

对于下属群体，非营利组织领导需要注意以下六个原则：①坦诚相见，平等待人。在非营利组织，领导与下属是一种平等的关系，一种相互支持、相互鼓励的关系。因此，领导者对下属应坦诚相见，平等相待，不要用有色眼镜去看下属。②换位思考，求同存异。在沟通中，领导者要站在下属的角度来思考问题，理解下属的难处和需求，即使下属意见不一样，也要充分尊重他们，减少分歧。③主动了解，关怀爱护。领导者需要关心、爱护自己的员工，主动地了解他们的工作、生活，把员工当作自己的家人来对待。④提供方法，紧盯过程。对于下属的工作，领导者可以提供完成工作的方法，充分授权下属去完成任务，在这个过程中领导者不要过多干涉，只需要紧盯员工在工作过程中保持正确的方向即可。⑤少批评，多鼓励。在对待下属方面，当下属做得不够好时，领导者应少采用批评和责难的方法，应该多了解和沟通，查看问题出在什么地方，找到问题后多鼓励下属再接再厉完成任务，让下属感动。⑥以身作则，慎用权力。在工作过程中，领导者要以身作则，用个人魅力来获得下属的尊重，同时领导者本人也要尊重下属，多和下属沟通，少用权力来发号施令，充分获得下属的理解和支持。

如果非营利组织的领导者属于一个部门的领导，那么如何与平级的部门沟通呢？需要把握以下几点：①善于找到利益共同点。同属一个组织，部门之间必须找到某种利益共同点，在沟通中，领导者需要有效利用共同点主动进行沟通，如采用会议、研讨等方式沟通共同问题。②善于换位思考。部门之间沟通需要换位思考，遇到问题时要站在对方的角度思考问题，尽量不要给其他部门带来难题和麻烦。③主动承担责任而不推诿。当部门之间共同完成任务时，需要主动承担责任，要主动支持与配合，不要推诿。④善于协调支援而不逃避。遇到部门矛盾时，要善于主动协调关系，主动支援对方，主动协调对方，不要逃避矛盾和冲突。⑤善于建立非正式沟通渠道和文化。部门之间要建立起经常性的正式沟通渠道，因为平时私下的沟通有可能会派上用场，所以平时应多建立一些沟通渠道，创造一种沟通的文化氛围。

3. 用人艺术

钢铁大王安德鲁·卡内基曾说过："将我所有的工厂、设备、市场、资金全部夺去，但只要保留我的组织人员，四年之后，我仍将是一个钢铁大王。”卡内基之所以敢说出这样的话，是因为人才是他最宝贵的东西。在竞争日益激烈的今天，谁赢得了人才，谁就将在竞争中处于有利地位。对于非营利组织来说，由于工资待遇、社保、档案等方面的影响，非营利组织要留住人才更难，这就要求非营利组织领导者要善于用人，吸引优秀人才为非营利组织服务。

（1）使用聪明的人。成功的领导者都应是伯乐，其责任在甄别、延揽“比他更聪明的人才”。古往今来，使用比自己更聪明的人，成就了许多领导者的梦想。对于非营利组织来说，优秀人才的缺乏是其发展瓶颈之一，因此，非营利组织更应重视对优秀人才的招揽。值得注意的是，也许聪明人有这样那样的缺点，但是领导者要注意用人之长，要懂得每个人都有缺点，不要怕用有缺点但有专长的人，不要怕用不听话但做事认真的人，不要怕用比自己强或批评过自己的人。一个高明的领导者不一定是最有智慧的人，而应该是善于吸引和利用他人智慧的人。非营利组织要取得快速甚至跨越式发展，就必须千方百计地使用聪明人为其服务。

（2）使用有德的人。与企业追求利润不同，非营利组织追求的是公益，因此，对人才的道德要求更高。挑选人才，忠诚是基本，但更重要的是德才兼备，要谨记只有忠诚但能力低下的人和道德水平低下的人同样会累垮团队、拖垮组织，是最不可靠的人。

（3）善于群策群力。非营利组织的使命是追求公益，很多非营利组织的成员是基于使命而团结在非营利组织周围的，他们对非营利组织的参与愿望比较强烈，特别是会员制的非营利组织，更关心自己的民主参与。因此，非营利组织的领导者要善于群策群力，善于利用众人的智慧来为组织出谋划策。正如韦尔奇指出的：“我想提醒你们我观念中的领导艺术是什么。它只是跟人有关。只是要得到最优秀的员工。并且我们想让每一个人都有发言权，我们需要每一个人的想法。现在，不再是某个人驾驶着船引导前进，而是某个人与大家团结在一起，倾力驾驶这艘船。”

（4）善于赞扬和激励。“良言一句三冬暖，恶语伤人六月寒。”美国哈佛大学教授威廉·詹姆斯发现，按时计酬职工一般仅能发挥20％—30％的能力，而如果受到充分激励，则可发挥80％—90％的能力，其中的差距是激励的作用所致。根据心理学家的研究，每个人都有渴望被表扬、赞美和肯定的心理，一旦这种心理需求得到满足，就能转化为巨大的精神动力。作为非营利组织的领导者，更需要对那些从事公益活动、默默奉献的志愿者和员工给予赞扬和激励，感谢他们为国家、社会和组织做出的贡献。

(5)关心和支持下属。领导者在经济、家庭和个人健康方面主动关心、帮助下属，是对下属莫大的鼓励。在工作中，领导者要与下属形成信任、友谊、诚恳的关系。要全力支持下属完成工作，对于下属工作中遇到的困难要积极主动地指导和关心，鼓励下属创新并允许下属失败。

(6)加强团队建设和文化建设。作为从事公益事业的组织，非营利组织的团队精神尤其重要，因为很多非营利组织都使用了志愿者，而志愿者通常来自各个领域，集中到一起就是为了某个共同的没有报酬的目标，需要在团队合作中进行协作和提供服务，形成团队精神。团队建设要求非营利组织领导创建一个适合团队发展的文化氛围，通过文化建设形成非营利组织的文化导向和核心价值理念，增强团队成员的向心力、凝聚力和团队精神，从而更好地实现非营利组织的使命。

(7)用好中层管理者。除了用好员工外，领导者还需要特别注意用好中层管理者。一项调查表明：一个组织的低效，20%是机制和战略的问题，80%是没有建立和培养一支强有力的中层管理团队。中层管理者发挥着承上启下的桥梁作用，领导决策的落实，关键在于中层，中层执行着大量的日常管理工作，用好中层管理者可以起到事半功倍的作用。对于中层管理者的地位问题，有人形象地指出：中层管理者既是执行者，又是领导者，他们的作用发挥得好，是高层联系基层的一座桥梁；发挥得不好，是横在高层与基层之间的一堵墙。因此，作为非营利组织的领导，必须重视对中层管理者的选拔和培养，充分发挥他们在沟通中的作用。

第四节　非营利组织的决策

决策是组织的核心职能之一。非营利组织从事的公益事业，也面临着竞争和挑战，因此也需要决策，决策的质量直接影响着非营利组织的发展。那么什么是决策？非营利组织决策的原则与方法是什么？如何保证非营利组织决策的科学化与民主化呢？

一、非营利组织决策概论

1. 决策的含义

关于决策的含义，可谓仁者见仁，智者见智。杨洪兰(1996)认为：“从两个以上的备选方案中选择一个的过程就是决策。”路易斯、古德曼和范特(1998)认为：决策是指“管理者识别并解决问题的过程，或者管理者利用机会的过程”。周三多(1999)认为：“所谓决策，是指组织或个人为了实现某种目标而对未来一定时期内有着活动的方向、内容及方式的选择或调整过程。”张石林、欧阳云(2003)认为，决策是“人们为了达到一定目标，在掌握充分的信息和对有关情况进行深刻分析的基础上，用科学的方法拟订并评估各种方案，从中选出合理方案的过程”。

从上述对决策的定义可以看出，决策的内涵是非常丰富的，尽管学者们从不同角度进行了定义，但决策还是有一些基本的特点。

(1)决策的主体是管理者，因为决策是管理的一项职能。管理者既可以单独做出决策，这样的决策称为个体决策；管理者也可以和其他的管理者共同做决策，这样的决策称为群体决策。

(2)决策的本质是一个过程，这一过程由多个步骤组成，尽管各人对决策过程的理解不尽相同。

(3)决策的目的是解决问题或利用机会，也就是说，决策不仅仅是为了解决问题，有时也是为了利用机会。

(4)决策贯穿管理的整个过程，不仅计划中有决策、执行中也有决策，决策贯穿管理的整个过程。

非营利组织的决策与管理决策一样，对于非营利组织来说，决策是为了有效实现组织的使命，综合运用各类知识来识别内外机会并做出选择的过程。非营利组织决策的侧重点是识别内外存在哪些机会，然后制定和选择决策方案来获取这个机会，最终实现非营利组织的使命。

2. 决策的原则

决策应遵循最优原则还是满意原则？古典决策理论认为，人是完全理性的，因此决策应该遵循利益最大化的原则，即决策的目的在于为组织获取最大的利益。这种决策原则叫作最优原则。要想达到决策最优，必须满足以下三个条件：(1)获得决策有关的所有信息；(2)了解全部信息并制定所有可能的方案；(3)准确预期每个方案在未来的执行结果。

但在现实中，上述这三个条件往往得不到满足。这一点正如著名决策学家西蒙指出的，人是有限理性的，要使决策的最优条件得到满足是不可能的。原因在于以下几点：(1)决策者很难收集到组织内外反映和决策有直接或间接影响的所有信息；(2)对于收集的信息，决策者能力有限，只能制定数量有限的决策方案；(3)未来是不确定的，决策者对未来状况的预测可能和实际有出入。因此，上述这些条件决定了决策者难以做最优决策，只能做出相对满意决策。

除了西蒙的"有限理性"决策模式遵循满意原则外，林德布洛姆也认为决策的最优难以达到，决策难以达到完全理性，决策只是一个"渐进"的过程。在林德布洛姆看来，决策不应大起大落，而是一个渐进的过程，否则会危及社会稳定，给组织带来危害。决策不能只遵守一种固定的程序，而应根据组织外部环境与内部条件的变化进行适时的调整和补充。

3. 决策的过程

尽管决策制定是一个复杂的过程，但是仍然可以遵循一些制定决策的步骤。通常来说，决策制定过程包括六个步骤。整个决策过程开始于识别决策问题和确定决策标准，以及为每个决策分配权重；然后进入到开发、分析和选择备选方案；接下来是实施备选方案，并最终评估决策结果。

(1)识别决策问题。决策制定过程开始于一个存在的问题，或者更具体地说，开始于现状与希望状态之间的差距。但是在现代社会，问题的识别并非一件简单的事情，要意识到问题的存在，决策者需要观察事情的现状及其希望的状态，需要对组织内外的信息有充足的了解，只有这样，才能为决策提供充足的信息，从而准确地把握问题所在。

(2)确认决策目标。一旦决策者确定了他需要关注的问题，对于解决问题来说，确认决策的目标就非常重要了。也就是说，决策者必须清楚到底什么和决策有关，决策要达到一个什么样的目标。根据时间的长短，可把决策目标分为长期目标、中期目标和短期目标。目标不同，决策的类型和方式也不同。

(3)拟订备选方案。决策者将决策目标定下来之后，下一步就是拟定备选方案了。决策者通常借助个人经验、经历和对有关情况的把握来提出方案。为了提出更精确的方案，决策者也通常聘请"外脑"来拟定备选方案，聘请"外脑"的好处是可以充分发挥专家的知识，使决策方案更科学、更合理、更精确。拟订方案的过程可以采用头脑风暴法、德尔菲法等，以尽量使备选方案具有创造性。

(4)筛选方案。决策过程的第四步是确定所拟定备选方案的价值或恰当性，并确定最满意的方案。为此，决策者需要对各种方案的价值或相对优势进行评估，仔细考察每种方案带来的预期成本、收益、社会价值、不确定性和风险等，最后对备选方案进行排序。在此基础上，决策者就可以从中选择一个最满意的方案。尽管选择一个方案看起来很简单，但实际上做出选择也是很困难的，因为每种方案都可能有其优点，也有其不足之处。因此，筛选方案这一步很重要，需要决策者获得充足的信息认真考察。

(5)执行方案及派生方案的确定。选定方案后，接下来就需要对方案进行执行。制定决策方案非常重要，但是执行决策方案也同样显得重要。再好的决策方案，如果没有执行，也是一纸空文。方案的执行未必一定是靠决策者，可能更多地靠一般管理者去执行。在现实中，方案的执行可能不可避免地会影响一部分人的利益，也可能使另一部分人获得利益，在这种情况下，决策者需要制定一些派生方案。这些派生方案是为了使决策方案更有效地执行下去。例如，决策者可以根据实际情况出台补偿方案消除对方的顾虑，化解决策执行过程中的阻力，从而顺利实施决策方案。

(6)评估效果。决策过程的最后一步是评估决策结果，看看问题是不是得到了解决，选择的方案和实施的结果是否达到了期望的效果。如果评估结果表明问题仍然存在，将会发生什么事情？这时决策者也许需要仔细地分析：哪里出了差错？问题是否被错误地定义？在评估各种备选方案时出现了哪些偏差？是否方案的选择是正确的，但在执行过程出了问题？问题的答案也许要求决策者重新回到决策过程的某个步骤，甚至可能要重新开始整个决策过程。

二、非营利组织决策的方法

根据要决策的对象不同，采用的决策方法也存在差异。决策所使用的方法既依赖于客观条件，也依赖于决策者自身的能力和判断力。下面介绍几种非营利组织经常遇到的决策方法。

1. 头脑风暴法

头脑风暴法的创始人是英国心理学家奥斯本(A. F. Osborn)。头脑风暴法的特点是：针对解决的问题，相关专家或人员聚在一起，在宽松的氛围中，敞开思路，畅所欲言，寻求多种决策思路。头脑风暴法的目的在于创造一个自由思考的氛围，诱发创造性思维的共振和连锁反应，产生更多的创造性思维。

该决策的四项原则：

(1)各自发表自己的意见，对别人的建议不做任何评价，也不讨论。

(2)建议越多越好，畅所欲言。

(3)鼓励独立思考，想法越新奇越好。

(4)可以补充和完善已有的建议。

2. 名义小组技术法

在集体决策中，如果大家对问题性质的了解程度有很大差异，或彼此的意见有较大分歧，直接开会讨论效果不好，可能争执不下，也可能权威人士发言后大家随声附和。这时，可以采用“名义小组技术法”。

名义小组技术法是：决策者先选择一些对要解决的问题有研究或有经验的人作为小组成员，并向他们提供与决策问题有关的信息；小组成员各自先不通气，独立思考，提出决策建议，并尽可能详细地将自己提出的备选方案写成文字材料；然后召集会议，让小组成员一一陈述自己的方案；在此基础上，小组成员对全部备选方案投票，产生大家最赞同的方案，并形成对其他方案的意见，提交决策者作为决策参考。

3. 德尔菲决策法

德尔菲决策法由兰德公司提出，用于听取专家对某一问题的意见。其做法如下：

(1)根据问题的特点，选择和邀请做过相关研究或有相关经验的专家。

(2)将与问题有关的信息分别提供给专家，请他们各自独立发表自己的意见并写成书面材料。

(3)决策者收集并综合专家们的意见后，将综合意见反馈给各位专家，请他们再次发表意见。如果意见分歧很大，可开会集中讨论；否则，决策者分头与专家联络。

(4)如此反复多次，最后形成代表专家组意见的方案。

4. 经营单位组合分析法

经营单位组合分析法是由波士顿咨询公司提出来的。该方法认为，在确定每个经营单位的活动方向时，应综合考虑该经营单位在市场上的相对竞争地位和业务增长情况。相对竞争地位体现在市场占有率上，它决定了销售量、销售额和盈利能力；业务增长率反映业务增长的速度，影响投资的回收期限。

根据这两个标准将经营单位的服务和产品分为四大类型(见图 12-2)。

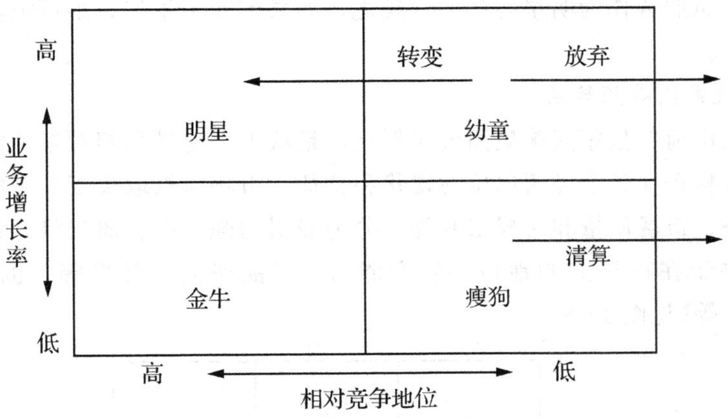

图 12-2　经营单位组合分析图

从图 12-2 可以看出，经营单位组成分析将非营利组织的产品和服务分为四种类型，即“明星”类产品和服务、“幼童”类产品和服务、“金牛”类产品和服务、“瘦狗”类产品和服务。每种类型的产品和服务都有自己的特点，非营利组织可根据实际情况采取不同的战略。

(1)“金牛”类产品和服务。这类产品和服务的特征是市场占有率较高，而业务增长率较低，可带来较多的利益，其大量现金可满足组织的经营需要，组织可以大力推销或维持此类产品和服务的供给，保持稳定的市场占有率。

(2)“明星”类产品和服务。这类产品和服务的特征是市场占有率和业务增长率都高，是非常有发展前景的产品和服务，非营利组织可以将其作为品牌产品或服务来打造，可以投入必要的资源增加规模。

(3)“幼童”类产品和服务。这类产品和服务的特征是业务增长率较高而市场占有率较低，属于刚开发型。如果其有发展潜力，就可以投入资金提高市场份额，转化为“明星”类产品和服务；如果确实没有发展前途，则不妨放弃此类产品和服务的生产和提供。

(4)“瘦狗”类产品和服务。这类产品和服务的特征是市场份额与业务增长率都较低，前途不景气，应采取收缩或放弃的战略。

如果一家非营利组织既为儿童提供服务，又为妇女提供服务，既为青年人提供服务，又为老年人提供服务，它想知道未来哪些产品和服务可以持久地发展，则可以根据经营单位组合分析法来分析。如果未来的发展趋势是老龄社会，则可以把老年人服务当成明星产品；如果未来儿童权利问题突出，则可将儿童服务作为明星类产品；反之，如果前途不景气，则可放弃该类产品或服务。

5. 政策指导矩阵法

该法由荷兰皇家壳牌集团公司创立，是从市场前景和相对竞争能力两个角度来分析企业各个经营单位的现状和特征。市场前景取决于营利能力、市场增长率、市场质量和法规限制等，分为吸引力强、中、弱三等。相对竞争能力取决于在市场上的地位、生产能力、产品研究和开发等，也分为强、中、弱三等(见图 12-3)。

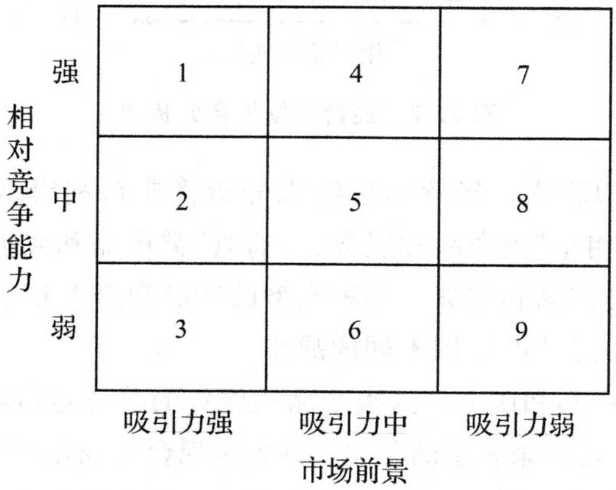

图 12-3　政策指导矩阵示意图

从图 12-3 可以看出，政策指导矩阵根据市场前景和相对竞争能力将组织的产品和服务分为九个经营模块。

(1)经营模块 1 和经营模块 4 的相对竞争能力较强，市场前景也较好，应优先发展。

(2)经营模块 2 虽然市场前景好，但利用不够，应给其分配更多资源以提高竞争力。

(3)经营模块 3 市场前景虽好，但相对竞争能力弱，有前途的应迅速发展，没前途的逐步淘汰。

(4)经营模块 5 在市场上有 2—4 个竞争对手，应分配足够的资源使其发展。

(5)经营模块 6 和经营模块 8 市场吸引力不强且相对竞争能力弱，或虽有一定竞争能力但市场吸引力较弱，应缓慢放弃这些经营单位。

(6)经营模块 7 相对竞争能力较强但市场前景不容乐观，不应得到发展，但可利用它们为其他单位提供资金支持。

(7)经营模块 9 市场前景暗淡且相对竞争能力较弱，应尽快放弃这些经营单位。

三、非营利组织决策的民主化、科学化与制度化

非营利组织追求的是公共利益，使用的是公益资产，这些公益资产如何使用，不仅是非营利组织关心的问题，而且也是社会关心的问题。因此，非营利组织决策的公开、透明、科学等都非常重要，简言之，就是要实现非营利组织决策的民主化、科学化和制度化。三者之间相互关联，缺一不可，决策的民主化是科学化的前提和保障，决策科学化是民主化的必然结果，决策制度化又是决策民主化和科学化的保障。

1. 非营利组织决策的民主化

决策的民主化即非营利组织的每项决策都必须公开透明，尽最大可能让利益相关者参与。特别是对涉及面广、与非营利组织利益相关者密切相关的重大决策事项，必须全程透明、阳光操作，实现民意最大化。减少决策中的暗箱操作，特别要防止董事长、理事长“一言堂”的现象。

2. 非营利组织决策的科学化

指决策要以充足的事实为依据，按照事物的内在联系对大量的资料和数据进行分析和计算，遵循科学的程序，进行严密的逻辑推理，从而做出正确决策。要善于利用现代科学技术来做决策，防止“拍屁股决策”“拍胸脯决策”“拍脑袋决策”现象的出现。在实践的决策过程中，通过科学化建设尽力避免决策的人为失误，在未深入调查研究、全面掌握各种变量时，不应匆忙决策；未对方案进行科学性、可行性论证时，不应匆忙决策；未对多种方案进行比较优选时，不应匆忙决策。

3. 非营利组织决策的制度化

非营利组织作为社会公益组织的代表，其决策直接影响到整个社会的风气，因此，决策的制度化非常重要。决策制度是防止个人拍板和决策失误的重要保证，目的在于建立公众参与、专家论证和集体决断相结合的决策机制。这些制度主要包括：一是公众参与制度。对涉及经济和社会发展全局的

重大事项，要广泛征询意见，充分进行协商和协调；对专业性和技术性较强的重大事项，要认真开展专家论证、技术咨询、决策评估；对同群众利益密切相关的重大事项，要实行公示、听证等制度，扩大群众的参与度，使决策既符合客观实际，又有坚实的群众基础。二是专家咨询制度。重大问题的决策，必须充分发挥各方面专家的作用，对有关数据资料和复杂情况进行全面分析综合，找出问题的内在联系以及在不同条件下发展变化的多种可能性，从不同角度对各种方案进行充分的论证，为优化选择提供科学依据。三是集体决策制度。重大问题的决策，必须由决策机构集体讨论，决不能由个人或少数人匆忙拍板。只有依靠集体的智慧和经验，才能保证决策正确无误，即使出现失误也比较容易纠正。四是个人负责制度。重大决策一经做出，就要具体落实到个人负责组织实施，力求克服职责不清、互相扯皮、贻误时机、逃避责任的现象。五是监督反馈制度。对决策的原则、程序和制度的执行情况进行监督，对重大决策的实施情况跟踪反馈，一旦发现问题，及时予以补救和调整。六是责任追究制度。公共决策实际上是在一种委托代理关系中展开的。如果决策出现失误，造成资源浪费和经济损失，决策者必须承担相应的政治、经济、法律和道义责任，这是现代法治国家的一条基本准则。

思考题

1. 什么是领导？领导与管理有什么区别？
2. 非营利组织领导具有什么特点？
3. 非营利组织的领导理论有哪些，各有什么特点？
4. 什么是领导技能，非营利组织有哪些领导技能？
5. 非营利组织有哪些领导艺术？
6. 什么是非营利组织的决策？非营利组织决策的方法有哪些？简述非营利组织决策的民主化、科学化与制度化建设。

综合案例　北京市海淀睿搏社会工作事务所在社工服务中的领导力

北京市海淀睿搏社会工作事务所成立于2010年，是经过民政局系统正式注册的民办非营利社会工作专业服务机构，法定代表人为范燕宁教授。睿搏社工事务所主要服务领域是司法矫正社会工作、青少年及其家庭社会工作、社区发展及社会工作行业服务，其主要服务对象为各类面临成长困难的特殊青少年及其家庭，同时也积极承接政府、社区及其他社会组织、团体委托的各类社会管理、社会服务创新项目，为有需要的组织、家庭和个人提供各类专业社会工作服务。睿搏社工事务所在2013年就被评为4A级社会组织，并先后被评为全国百强社工服务机构、北京市青少年犯罪预防先进单位、北京市民政局首批社会工作实务实习实训基地、北京市社会领域先进党组织、北京市社会公益服务品牌项目等多项荣誉称号和奖项。睿搏社工事务所这些成绩的取得，是与事务所的正确决策分不开的，特别是与范燕宁所长强有力的领导分不开的，范燕宁所长本人及其社工成员袁菁等曾先后获得"北京市社会组织先进个人""北京市最美社工"等荣誉称号。

首先是建立一整套聘人、用人、留人的激励机制。睿搏社工事务所是由北京市海淀区社会建设工作办公室担任业务主管单位、以首都师范大学社会学与社会工作系为业务依托的社会服务机构。针对社会组织招人难、留人更难的问题，睿搏社工事务所在范所长积极领导下，建立了一整套聘人、用人、留人的激励机制，使得睿搏社工事务所吸引了社会工作人员90余人，其中专职社会工作人员50余名，党员20余名，中级社工师10余名，社会工作专业背景社工占75%。

其次是建立了完善的培训机制。为了提高社工服务水平，睿搏社工事务所坚持强化社工的培训，不仅派社工参与海淀区、北京市共青团等举办的各种培训，还联合首都师范大学社工专业及首都师范大学公共管理专业建立了香港实习实践基地，每年派社工赴香港协青社学习与实践，培养了一大批优秀的社会工作人员。睿搏社工事务所自身也成为北京大学、中国政法大学、中国青年政治学院等十余所高校的实习实践基地。

再次是开展丰富多彩的爱心项目展现睿搏社工事务所的领导力。睿搏社工事务所的领导力主要体现在其开展的丰富多彩的爱心项目中，特别是在未成年人的帮扶项目中。睿搏社工事务所长期面向各类特殊儿童及青少年群体尤其是留守儿童、困境儿童、闲散及边缘青少年群体提供个案帮扶、团体服务、危机介入、心理疏导、资源链接、法律援助、成长引导等专业服务，积极倡导努力营造关爱儿童青少年安全保护、犯罪预防、健康成长的社会环境。先后参与或开展了"成长进行时"项目以帮扶海淀区涉案涉罪未成年人、

“0—3岁城市流动和贫困儿童家访示范项目”“外来务工家庭子女夏令营活动”“病残儿童家庭综合服务帮扶项目”等50余个项目。其中2010年开始实施的深宵外展项目，专注于特需未成年人的成长，睿搏社工事务所每年派专业社工人员深入到24小时营业的酒吧、网吧、台球厅、夜餐店等未成年人聚集的场所，去寻找夜不归宿，或有其他问题、行为的青少年作为服务对象并进行帮扶。中央电视台13频道新闻周刊栏目以“夜幕下的寻找”为题，报道了睿搏社会工作事务所深宵外展项目。同时事务所又发挥专业社工力量，积极开展专业社工机构介入北京市社区矫正综合服务项目，2016年直接参与帮扶各类矫治活动的社区服刑人员1520余人，获得北京市优秀社会服务项目奖励。2016年睿搏社工事务所团结了京津冀地区12家社会组织，开展专业社工帮扶服务，协助张家口、唐山、保定、天津地区6家社会工作机构完成孵化过程，为张家口地区留守儿童开班了“美丽心灵、快乐同行”夏令营，建立起了留守儿童的帮扶机制。同时，为了建立帮扶的长效机制，睿搏社工事务所通过问卷和家访等方式对所帮扶的未成年人进行评估分类，具体开展相应的个案帮扶措施，提供具有即时性、预防性和支持性的服务，并对回归家庭的帮扶对象开展后续回访跟踪服务，提供配套成长小组、团体活动、家庭服务和职业发展等后续的支持和发展性服务。

最后是通过业绩来展现睿搏社工事务所的道德影响力。通过这些切实完善的帮扶体制和帮扶机制，睿搏社工事务所成立以来社会工作服务取得一定效益和社会反响，其服务范围也不断扩大，除北京市海淀睿搏社会工作事务所外，还成立了北京市睿联社会工作事务所、北京睿成社会工作事务所、北京市通州区睿民社会工作事务所。其事迹也先后被北京晨报、北京晚报、北京青年报、中国青年报、京华时报、公益时报、中国社工时报、海淀社会建设信息普刊、北京社会建设网、BTV生活频道《面对面》栏目、CCTV13新闻周刊(分别在2014年、2015年和2017年被报道)和香港健康卫视刊登或报道。

讨论题：

1. 北京市海淀睿搏社工事务所在帮扶未成年人中取得了哪些业绩?
2. 北京市海淀睿搏社工事务所在服务社会中是怎样展现其领导力的?

第十三章

非营利组织的人力资源与志愿者管理

人力资源管理是非营利组织内部管理的基本职能之一。非营利组织的人力资源管理不仅包括专职员工的管理，还包括志愿者的管理。此外，志愿服务、志愿精神也是非营利组织人力资源管理的重要内容。非营利组织人力资源管理和企业的人力资源管理有相通之处，但也存在重大区别。非营利组织人力资源管理是不以利润为驱动的，志愿者的管理更是一种公益性质的管理。因此，非营利组织人力资源管理具有不同于普通人力资源管理的特点。

第一节　非营利组织人力资源管理的内涵

非营利组织所提供的社会服务，从产业形态的角度来讲属于劳动密集型和专业技术型的活动，所以对于非营利组织而言，人才就是关键。人力资本不仅是最有意义的因素，也是决定非营利组织生存与发展的重要因素。

一、非营利组织人力资源管理的含义

随着中国社会的发展，非营利组织不管在数量上还是在规模上都得到迅猛发展。可以预见的是，中国社会将有越来越多的人力资本投入非营利组织事业之中。人力资本的不断增长使得非营利组织的人力资源管理越来越重要。德鲁克早在《非营利组织的管理》中就指出：人力资源决策是组织最终的——也许是唯一的——控制措施。① 人力资源决定了非营利组织的绩效水平，非营利组织的一切活动都是靠人来完成的。人力资源的质量，在很大程度上决定了非营利组织是否可以有效运转，也决定了其使命、价值观和目标是否可以实现。

非营利组织人力资源管理的重要性可以从两个方面来理解。一方面，有效的人力资源管理可以充分调动和发挥雇员和志愿者的积极性，充分发挥个人潜能，实现个人价值。另一方面，人是管理中最重要的核心要素，科学的人力资源管理，可以提高组织的工作绩效，有利于非营利组织目标的实现。特别是专职人员、志愿者及社工人员的协作，为非营利组织的可持续发展提供了丰富的人才资源。据《2021 年民政事业发展统计公报》，截至 2021 年底，全国持证社会工作者共计 73.7 万人，其中助理社会工作师 55.9 万人，社会工作师 17.7 万人。

但是非营利组织的人力资源管理又与企业和政府的人力资源管理不同。非营利组织、志愿性的根本属性决定了非营利组织人力资源管理具有自己的特性，这种特性表现为以下四个方面。

1. 非营利组织人力资源管理的道德文化性

非营利组织的成立是基于共同的价值观和共同的理想，成员对于组织文

① ［美］彼得·德鲁克：《非营利组织的管理》，吴振阳译，北京：机械工业出版社，2007 年，第 117 页。

化有较高的认同感。这一点与企业人力资源管理追求的利润目标不同，道德文化性成为非营利组织吸引员工的主要特性。

2. 非营利组织人力资源管理的志愿性

非营利组织需要广泛动员社会力量，需要大量的志愿者的参与来推动其发展。这些特征也决定了其相应的管理将不同于一般意义上的企业或者政府的人力资源管理。

3. 非营利组织人力资源管理的公共性

非营利组织追求人性基础上的公平、正义和人文关怀，具有公共性。非营利组织站在公益的角度上对社会需要帮助的群体如妇女、儿童等进行资助和支持，本身也充满了人性关怀精神。这使得非营利组织的人力资源管理更注重公平、正义、人性关怀等精神。

4. 非营利组织人力资源管理的使命性

与企业人力资源管理追求利润不同，非营利组织人力资源管理是为了完成使命，这种使命不是为了实现利润，而是为了"使社会变得更加美好"这样一种取向，因而其带有很强的使命性。

上述这些特性决定了非营利组织人力资源管理将不同于一般意义上的企业或者政府的人力资源管理。因此，可以将非营利组织人力资源管理界定为：为了实现组织的使命和宗旨，利用现代人力资源管理理论和技术方法，对包括志愿者在内的一切人才资源进行开发、培训、使用、考评等一系列政策、管理实践以及制度的总称。

二、非营利组织志愿人员与专职人员的关系

尽管学者们对非营利组织人力资源管理的分类存在争议，但是总体来看，非营利组织的人力资源大致分为两大类：一类是受雇的员工，另一类是志愿者。其中受雇的员工又包含专职的工作人员和兼职的工作人员。

在非营利组织中，无论是受雇员工还是没有薪酬的志愿者，都不是"利润驱动"，而是"使命驱动"，尤其是对其社会责任感和使命感有特殊要求，这一点既会影响受雇员工能否持久工作，也会影响到志愿者参与的积极性。

在非营利组织人力资源管理中，专职人员与志愿者之间既有联系也有区别，二者都是基于某个共同的使命而服务于非营利组织。但是非营利组织志愿人员与专职人员也存在较大差别，主要表现为以下五方面。

1. 选拔方式不一样

非营利组织的专职人员和志愿者的选拔是不一样的，志愿者通常从社会中招聘，招聘程序相对简单，只要符合组织要求并具有志愿精神的都可以加入。但是对于专职人员的选择相对较严格，因为专职人员需要组织解决工资甚至解决社会保险问题，此外，非营利组织专职人员数量有限，每一个专职人员需要发挥作用才能保证组织的正常运转。因此，非营利组织在招聘专职人员时程序相对复杂，考查也相对全面，除了考查志愿精神外，还需要考查工作能力、组织水平等。

2. 工作动机不一样

非营利组织志愿人员与专职人员的工作动机是不一样的。从志愿人员角度看，由于加入非营利组织是一种志愿行为，而且没有工资收入，缺乏利润动机，因而其工作动机具有复杂性，可能是为了体现自身的人生价值，也可能是为了获得某种工作经历，甚至也可能仅仅是为了结交几个新朋友。而专职人员加入非营利组织的工作动机相对简单，一方面可能是为了获得某个工作机会或工作体验，另一方面可能是一种谋生的方式，获得组织的资源。

3. 待遇不一样

非营利组织的志愿人员和专职人员的工作待遇可能不一样。志愿人员的待遇包括从事志愿活动时必需的生活补贴、交通补贴、服装补贴等，也可以获得保险补贴，但是一般没有工资待遇；而专职人员大部分除了上述补贴外，可能还有一定的工资收入和完善的保险待遇，甚至还可能获得晋升的机会。因此，二者的工作待遇是不一样的。

4. 工作方式不一样

非营利组织志愿人员和专职人员的工作方式是不一样的。志愿人员通常是从社会上招聘来的，大部分是兼职的或是临时性的，志愿活动完成后往往得回到原单位。而专职人员的工作通常是全职的，一般负责非营利组织的日常管理事务，全职在组织工作。

5. 对组织认同程度不一样

非营利组织的志愿人员和专职人员对组织的认同度、忠诚度都是不一样的。志愿人员由于是志愿加入的，通常服务时间比较短，因此，容易产生短期行为，对组织的认同程度可能受到影响。而专职人员由于选择了组织作为自己的职业发展目标，因而对组织的认同程度可能高些，对组织的忠诚度也相对较强些。

尽管非营利组织志愿人员和专职人员存在重要区别，但是二者的关系是一种伙伴关系。因此，要努力通过促进二者之间的合作和交流，形成较强的团队精神，共同促进组织目标的实现。一方面，针对受雇员工，要考虑如何充分发挥其员工的主动性和积极性，如何留住人才，保证组织的有效运转及发展；另一方面，要考虑如何调动志愿者的积极性，以弥补组织活动人力资源不足的现状。

三、非营利组织人力资源管理的过程

非营利组织人力资源管理中最能代表其特征的志愿者管理是主要组成部分，但是组织中的正式员工同样需要予以特殊关注。正式员工与志愿者二元并存的状况是非营利组织人力资源管理的显著特征。正式员工的管理过程同志愿者管理的流程基本相同，但有以下几点需要区别对待。

1. 非营利组织人员招募和甄选

非营利组织的正式人员关系到组织的使命是否可以实现，关系到组织的生存与发展，因此对于正式人员的要求会比志愿者更高。首先，必须要强调的就是员工的价值观念，非营利组织必须寻找与其组织有共同价值观的人才，因为现阶段在非营利组织工作的员工，各方面待遇与企业还存在一定的差距，这里的人更多的是为理想、为价值而工作，而不是为物质财富的积累。其次，非营利组织正式人员的招募需要严格按照程序执行，避免随意性。从最开始的人力资源规划、工作分析，到随后公布招募信息、面试等各个环节，需要严格对待。因为中国目前很多非营利组织成长的模式是，在某位名人的号召下成立，员工的招募和甄选具有很大的主观色彩，往往会出现一个人说了算的情况。这不利于组织人力资源的科学管理和组织未来的发展规划。

非营利组织正式人员的甄选需要比志愿者更加严格，可以参考的甄选方法，如笔试法，主要测试应聘者在基础知识、专业知识、管理知识等相关知识方面的能力。面试法，这是最为常用的一种甄选方法，主要通过交谈、倾听、谈话等手段进行，具有双向性、直接性的特点，可以对应聘者有一个直观的印象。测评法，在企业中使用测评法始于 20 世纪 80 年代中后期，随着企业人力资源开发与管理的科学化，测评法也得到越来越多企业的青睐。但是在目前的非营利组织中很少有组织使用测评法。测评法包括通过无领导小组讨论、文件筐测验、管理游戏、角色扮演等形式来对应聘者进行能力测试；通过职业兴趣测评、人格测评和情商测评等来对应聘者进行心理测评。这样可以更全面地了解应聘者。测评法应该是未来非营利组织面试需要采纳的一种科学方法，目前由于非营利组织资源有限，这一方法还没有得以广泛实施。

2. 非营利组织员工的培训

对非营利组织正式员工的培训除了使员工了解并认同组织的使命，掌握基本知识和技能，更需要注重对员工的开发，要着力于实现长期目标的行为，目的是使员工掌握将来所需要的能力，以应对组织未来的需求。

另一个重点是加深员工对组织使命和价值观念的认同，非营利组织的原动力来源于它的价值体系，同时理想主义和使命感在非营利组织中占据着重要地位。然而很多人在没有实际接触非营利组织之前，对它并没有概念，这需要通过培训来宣传组织文化，加深共同价值观的认同。

培训的另一个重要作用就是减少行政化办公。这主要是由于中国很多非营利组织脱胎于某些政府部门或者事业单位，进而一些员工或多或少带有一些行政机构的办公风格，这与非营利组织的工作作风是不相符的。这也不利于随后与志愿者的合作。因此需要通过培训来转变工作习惯。

3. 非营利组织员工的薪酬福利

薪酬是指员工因被雇用而获得的各种形式的经济收入，广义的薪酬除了货币化的收入还包括组织给员工提供的福利。

员工的福利是指企业根据国家有关法律法规及其自身需要，向全体或者部分员工提供的直接经济报酬以外的各种实物和服务等，用以提高或改善员工的物质及精神生活质量①。员工福利来自两部分，法定福利和组织福利，而非营利组织不涉及营利，没有经济收入，因此非营利组织的福利只包含员工的法定福利问题。

工资、奖金以及其他类型的福利对于雇员的生活及工作具有重要的影响。一方面，工资和福利是保证正式员工生存的基本需要，尽管非营利组织的员工不以谋求经济收入为目标，但是工资和福利却是保证基本生活的需要；另一方面，工资和福利还是一种强大的推动力，一种有效的工资战略对于组织的成功能够产生举足轻重的作用，可以为非营利组织吸引优秀人才并有效满足员工的成就感。目前中国非营利组织正式员工在薪酬福利上面临的主要问题包含以下内容。

---

① 侯光明主编：《人力资源管理》，北京：高等教育出版社，2009年，第213页。

一是薪酬普遍较低，很难起到激励作用，而且部分组织还存在不能正常发放工资的现象，甚至会拖欠员工工资。只有使组织成员物质上得到基本满足，精神上能够有成就感，其奉献精神和服务意识才能得到充分的发挥。

二是薪酬与工作内容不匹配。非营利组织从节约成本的角度出发，希望能够用较少的人力资本来完成任务，但是可能会出现一个人需要承担超负荷的工作，而相应的薪酬却不能达到相应水平的现象。这也是非营利组织人员流动性很大的原因。

三是很多非营利组织不能保证员工的法定福利，我国的法定福利包括社会保险、休假制度、住房公积金等。由于种种原因，在很多非营利组织，大部分正式员工不能享受到国家规定的社会保险、公积金待遇，工作任务的繁重让员工很少享有休假，严重影响了正式员工的生活质量。

4. 非营利组织的员工激励

非营利组织的自身特性决定了在其人力资源管理上要更加强调价值追求和使命感。非营利组织的原动力来源于它的价值体系，同时理想主义和使命感在非营利组织中占据着重要的地位。因此，组织应该侧重对员工进行精神层面的激励，提高员工工作潜力。在进行人力资源配置时，要把握能级相符的原则，同时尊重员工的选择和兴趣，以增加工作本身带给员工的成就感，做到人尽其才，物尽其用。

在非营利组织可以承担的范围内尽量为员工争取更多的福利，除了物质奖励以外，可以为员工提供更多的学习机会，例如，定期或者不定期安排优秀员工到国外或者港澳台地区培训学习。

在非营利组织人力资源的激励内容中，也应当包括对员工的尊重，尊重员工的参与和意见表达，给予员工一定的自主权。不管是组织的创始人还是管理者，其首要职责就是“使那些想做好工作的人、领薪工作的人、具备技能做好工作的人能够顺利有效地做好本职工作，给他们提供必要的工作和信息，消除障碍”①。

5. 非营利组织员工的劳动关系

劳动关系，是指劳动者与劳动力使用者在实现劳动过程中建立的社会经济关系，其实质是生产关系中直接与劳动相关的那部分生产关系，也称为劳

① ［美］彼得·德鲁克：《非营利组织的管理》，吴振阳译，北京：机械工业出版社，2007 年，第 115 页。

资关系、劳雇关系等。劳动关系双方都有自己的利益诉求，在工作过程中难免会产生利益的冲突或者摩擦，除了组织内部可以自己协商解决外，还可以从法律机制、监察机制、市场机制和冲突处理机制四个方面解决。

劳动合同的签订，使双方都能够明确彼此的权利和义务，具有一定的约束力，使各种问题也有章可循，有法可依。

6. 非营利组织员工职业生涯规划

生涯规划(Career Planning)是指根据个性特征和个人需要，结合环境中的机会而制订的个人在职业领域未来发展计划的活动。计划的内容主要包括职业选择、目标确立和道路设计三个方面。①

通过对非营利组织员工的职业生涯进行规划，可以帮助员工更好地认识自己，可以更加客观、准确地认识自己的优势和劣势，意识到自己的潜能，从而最大限度地在工作中扬长避短。同时可以更好地实现组织的人力资源的优化配置，充分利用资源。

通过职业生涯规划，可以很好地将员工的价值目标与组织的使命融为一体，增强员工对组织的归属感和认同感。为员工做职业规划，体现了组织对员工的重视和关怀，有利于塑造和谐、团结的组织氛围。

与志愿者管理相同的一点是，在正式员工的管理中同样需要融入更多的人情化因素，例如，尊重员工基本的权利，加强文化管理，增强员工对组织的归属感。

第二节　志愿者及其管理

在非营利组织的人力资源管理中，志愿者是一支非常重要的力量。2008年北京奥运会，170万名志愿者积极参与，“志愿者的微笑是北京最好的名片”，其真诚的服务为北京奥运会的成功举办做出了重要贡献。随着2010年上海世博会、2011年深圳大运会以及2022年北京冬奥会的成功举办，志愿者的数量在中国得到迅猛增长。据2022年出版的《中国志愿服务发展报告(2021—2022)》显示：截至2021年10月30日，中国志愿者总人数达到2.17

---

① 吴志华、刘晓苏主编：《公共部门人力资源管理》，上海：复旦大学出版社，2007年，第180页。

亿。志愿者数量的迅速增长，对于完善社会公益事业、净化社会风气、培育社会志愿精神以及推进社会管理创新等都具有重要的意义。如何完善志愿者的管理机制以充分挖掘志愿者的潜力，保证志愿服务的可持续供给，是摆在面前的一项紧迫性任务。

一、志愿者的含义

"志愿者"(Volunteer)的概念起源于欧洲，英文志愿者一词"volunteer"是由拉丁文"volulltas"一词演变而来。"voluntas"一词的本义是"意愿"，但是无论在英语中还是法语中，"志愿者"一词的内涵都要远远大于"voluntas"的本义。对于志愿者这一概念，尚未形成一个明确、规范、统一的认识，不同国家的人对志愿者活动含义存在不同的理解。Cnaan 等曾指出："纯粹的志愿者是严格地限定在这四个维度之中的，即自愿提供服务、没有任何报酬、在正式的组织中工作、与受益者无任何亲属关系。"①联合国前秘书长科菲·安南对志愿者的界定是："志愿者是指在不为物质报酬的情况下，基于道义、信念、良知、同情心和责任，为改进社会而提供服务，贡献个人的时间及精力的人和人群。"②

从国内来看，对志愿者的称谓也没有形成统一认识，内地(大陆)称之为志愿者，香港称之为义工，台湾称之为志工。2006 年共青团中央出台的《中国注册志愿者管理办法》(中青发〔2006〕55 号)将志愿者的内涵界定如下：志愿者(Volunteer，也称志愿人员、义工、志工)是指不以物质报酬为目的，利用自己的时间、技能等资源，自愿为社会和他人提供服务和帮助的人。2007 年 9 月通过的《北京市志愿服务促进条例》将志愿者界定为：不以物质报酬为目的，利用自己的时间、技能等资源，自愿为社会和他人提供服务和帮助的人。我国志愿者协会给"志愿者"下的定义是：不为物质报酬，基于良知、信念和责任，志愿为社会和他人提供服务和帮助的人。而 2017 年 12 月 1 日开始实施的《志愿服务条例》将志愿者定义为：以自己的时间、知识、技能、体力等从事志愿服务的自然人。

从学界来看，对志愿者的界定也未形成统一认识。有学者认为："志愿者是利他主义和慈善主义的志愿精神的实践者，是指那些具有志愿精神、能

---

① 宋玉芳：《奥运会志愿者管理研究》，北京：北京体育大学出版社，2008 年，第 6 页。

② 冯英、张惠秋、白亮编著：《外国的志愿者》，北京：中国社会出版社，2008 年，第 1 页。

够不计报酬、主动帮助他人、承担社会责任的人。”[①]有学者认为：“志愿者是指那些具有志愿精神，能够主动承担社会责任而不关心报酬的人，或者说是不为报酬而主动承担社会责任的人。”[②]也有学者认为“志愿者是指不受法律及其他任何形式的强制，自愿提供服务的人”[③]。还有学者用描述性的方法将志愿者的内涵解释为以下几个要点：(1)志愿者的行动是个人行为；(2)志愿者的行为必须是自愿的；(3)志愿者所开展的活动具有一定的社会价值；(4)志愿者不是孤立地开展活动，而是在组织中进行协作；(5)志愿者的活动动机是利他的和无私的。[④] 一般来说，志愿者即志愿精神的实践者，是指那些具有志愿精神、能够不计报酬、主动帮助他人、承担社会责任而提供志愿服务的人。

如今，世界各国非营利组织在为志愿者提供各种各样机会的同时，也越来越依赖志愿者的力量和奉献。志愿服务的发展已经成为一个社会文明和进步的标志，志愿者的身影已遍布我们社会生活的各个领域。

二、中国志愿者的发展历程

中国的志愿服务虽然起步晚，但是其历史渊源早已有之，志愿服务体现的核心概念就是“爱”，而这种爱又源于中国传统文化中的“善”，慈善文化在中国五千年的历史中源远流长，异彩纷呈，影响了世世代代人们的伦理观念和行为规范，慈善也成为中华民族的传统美德之一。先秦诸子百家对此有精辟的论述，儒家倡导“仁爱”，孔子提出“仁者爱人”，孟子在其基础上进一步提出“老吾老以及人之老，幼吾幼以及人之幼”，道家主张“积德”，墨家提出“兼爱”等。虽然各自论述的侧重点不一样，但是殊途同归，其内涵都是为了实现造福民众、济世救人的理想，这与志愿服务的精神实质具有内在的一致性。

新中国成立后，志愿者的发展经历了三个阶段。

1. 缓慢发展时期(1949—1992年)

这一阶段是志愿者发展的初期阶段，志愿服务带有浓厚的政治色彩。

---

① 王名编著：《非营利组织管理概论》，北京：中国人民大学出版社，2002年，第142页。

② 丁元竹、江讯清：《志愿活动研究：类型、评价与管理》，天津：天津人民出版社，2001年，第2—4页。

③ 张瑾：《奥运会志愿者与人力资源管理》，《首都体育学院学报》，2003年第6期。

④ Maria Luisa Honrubiay Villar and Angel lgnacio Fernadez Ni-no, Volunteering Versus Olympism, Poper presented at the Volunteers, Global Society and the Olympic Morement loference, lausanne, 1999, pp. 24-26.

1955年，团中央发出了《关于组织青年参加边疆建设问题的一些意见》，随后“北京市青年志愿垦荒队”成立，这是除“志愿军”之外，在我国社会中较早出现的“志愿”词汇。1963年3月5日，《人民日报》《光明日报》《中国青年报》等刊登了毛主席的题词“向雷锋同志学习”，在全国形成了空前的学习雷锋的冲击波，无数的“红领巾”“学习雷锋小组”等志愿者走上街头从事义务劳动，到养老院、孤儿院慰问老人和孩子……这些画面成了很多人难以忘怀的美好记忆。邓小平同志曾多次谈道：新中国成立“以后相当一段时间，整个社会风气、秩序和纪律是好的。学生自觉地遵守纪律，可以看到红领巾拿着喇叭，维持交通秩序。”①雷锋也成为那个时代的道德标兵、精神典范与志愿者楷模，并影响到今天。2012年，中国再次掀起了学习雷锋精神的浪潮。改革开放后志愿服务继续向前发展，1987年，广州市诞生了第一条志愿者电话服务热线；1988年，天津市诞生了第一个“为您服务”志愿者小组；1990年，深圳市诞生了第一个正式依法注册的志愿者社团(深圳市义务工作者联合会)等，此时的志愿组织大多是青年自发建立，力量比较薄弱，社会影响力有限。

2. 快速发展时期(1993—2007年)

这一阶段是志愿者力量快速增长的阶段。1993年，共青团中央制定了《在建立社会主义市场经济体制进程中我国青年工作战略发展规划》，指出跨世纪青年文明工程先从青年志愿者、青年文明号、青年文化园三个方面展开，随后“中国青年志愿者活动”开始启动。1994年在共青团中央的推动下，诞生了全国性的“中国青年志愿者协会”，该协会的成立是一个标志性事件，中国青年志愿者行动开始“步入其发展过程的第二个时期，即持续发展和深化阶段”②，志愿服务开始在全国大范围地推广和实践。1998年10月，《社会团体登记管理条例》正式发布，志愿服务开始得到规范化管理。1999年8月，广东省人大通过了国内第一部地方性青年志愿服务条例，青年志愿服务的立法工作也取得了突破。2000年，江泽民在杰出青年志愿者的来信上做出重要指示：“青年志愿行动，是当代社会主义中国一项十分高尚的事业，体现了中华民族助人为乐和扶贫济困的传统美德，是大有希望的事业。努力进

---

① 中共中央宣传部：《毛泽东　邓小平　江泽民论社会主义道德建设》，北京：学习出版社，2001年，第190页。

② 安国启主编：《志愿行动在中国——中国青年志愿者行动研究》，北京：中央文献出版社，2002年，第33页。

行好这项事业，有利于在全社会树立奉献、友爱、互助、进步的时代风貌。”[①]随后，共青团中央志愿者协会依据国际志愿服务精神以及中国的特色，把“奉献、友爱、互助、进步”作为中国志愿者精神，也是当代中国志愿者的价值观体现。2001年，随着全球化的发展特别是“国际志愿者年”的开展，中国志愿活动逐步和世界接轨。随后，青年志愿者“一助一”长期结对服务计划、大学生志愿服务西部、志愿者扶贫接力计划、社区志愿者行动计划等活动进一步推动了中国志愿者力量的发展。

3. 繁荣成熟时期(2008年至今)

这一阶段是志愿者力量迅猛发展的阶段。2008年“5·12”汶川地震后，数以万计的志愿者奔赴灾区进行志愿活动，在这场气壮山河的抗震救灾斗争中，各级团组织、广大青年团员和志愿者经受了考验，做出了贡献，并使得“志愿者”这三个字一夜之间成为中国百姓最亲切的词语。2008年另外一件重要事情即北京奥运会的成功举办，在北京奥运会、残奥会上，10万名赛会志愿者、40万名城市志愿者、100万名社会志愿者和20万名啦啦队志愿者投入整个奥运会的筹备、举办中，在各类服务领域累计服务超过2亿小时，其高水平的志愿服务，在世界人民面前展现了中国青年良好的精神面貌和志愿精神，联合国志愿组织中国项目官员曾说“2008年将是中国志愿服务元年”。联合国还授予北京志愿者协会“联合国卓越志愿服务组织奖”。此外，2010年举办的世博会，共有近200万名志愿者参与其中，志愿者的良好形象和服务得到了各方的一致好评，志愿者的管理体系及相关激励政策也得到完善。志愿者行动不再仅仅是世博会的一部分，更是对中国几十年来志愿活动的一个总体检验，也是中国公民进行的一次更为深刻的志愿者精神教育。2011年深圳大运会的举办又是一个标志性事件，参与大运会服务的志愿者达到127万人。2022年的北京冬奥会，有近1.9万名赛会志愿者和20余万名城市志愿者参与了服务。总体上看，志愿者的管理体系逐步健全，志愿者进入繁荣成熟的发展时期。

三、中国志愿者发展概况

1. 中国注册志愿者发展概况

自2002年共青团中央、中国青年志愿者协会颁布《中国青年志愿者注册

---

① 《江泽民寄语青年志愿者不懈奋斗　不断创造　奋勇前进》，《人民日报》，2000年1月18日。

管理办法(试行)》以来，中国注册志愿者的人数得到快速增长。2002年，中国注册志愿者人数约1000万人；到2007年达到2511万人；2008年为2946万人；2009年，注册志愿者人数突破了3000万人；到2013年时注册志愿者达到了4043万人。2013年12月，民政部印发了《中国社会服务志愿者队伍建设指导纲要(2013—2020年)》，提出到2020年，注册社会服务志愿者占居民总数的比例达到10%。据《中国志愿服务发展报告(2017)》显示：截至2017年底，全国实名注册志愿者人数超过6700万人。而据中国志愿服务网的数据，截至2022年9月10日，中国实名志愿总数达2.24亿人，志愿者队伍总数达129万个，志愿项目总数超951万个，志愿服务时间总数超395601万小时。

2. 地方志愿者发展概况

从2012年调研的情况来看，虽然没有掌握全国志愿者人数的准确情况，但是地方志愿者的人数近几年也呈快速增长趋势。地方志愿者发展的一个显著特点是：志愿者力量发展的速度并不均衡，东部、南部地区志愿者人数发展较快，西部、北部志愿者人数发展较慢。例如：北京、上海、广东都是志愿力量发展比较快的城市，其中广东现有注册志愿者410万人，到“十二五”期末，广东注册志愿者将占常住人口的10%以上，志愿者总数超过1000万人。西部地区西藏、青海、新疆、内蒙古等地的志愿者人数相对较少，其中2009年新疆的志愿者人数为65万余人，2008年青海注册志愿者人数为10万名，2011年西藏拉萨市注册志愿者为4.6万名。

3. 志愿者管理状况

(1)初步建立了多层次的志愿者管理的制度体系。从国家及地方层面来看，出台了一系列管理和激励志愿者的政策法规，这些政策法规包括志愿服务条例、志愿者管理办法、指导意见、实施细则等。从国家层面看，这些激励政策有《国务院关于加强和改进社区服务工作的意见》(国发〔2006〕14号)、《中国注册志愿者管理办法》(中青发〔2006〕55号)、《中国社区志愿者注册管理办法》(2005年9月16日起试行)、《中国青年志愿服务条例》(2005)、《志愿服务记录办法》(2012)等。从地方层面来看，尽管激励的手段各异，但是全国各省、市、自治区以及直辖市都出台了符合自己实际情况的志愿者激励政策，这些激励政策包括《志愿服务条例》《社区志愿者注册办法》《义工服务管理办法》《义工管理指导意见》等。据初步统计，这些激励政策法规多达100余项。

(2)实现了志愿者管理与激励手段的多样化。从国内的实践来看，尽管各地出台的志愿者激励措施千差万别，但是这些激励措施归总起来主要包括以下十个方面：①志愿者的补贴激励，包括交通补贴、餐饮补贴、服装补贴、通信补贴等。②志愿者的保障保险激励，包括人身意外保险、医疗保险、职业保障等。③志愿者的就学、就业及考公务员等方面的政策优待，包括鼓励有关单位在招录公务员、招聘员工、招生时，同等条件下优先录用、聘用；参与志愿服务的志愿者，可以在报考硕士研究生时给予加分政策等。④志愿者的星级认定及奖励，大部分对志愿者实行了星级认定与奖励制度，一般包括一至五个星级，志愿服务达到一定小时数即给予相应的星级认定，并给予相应的奖励。⑤表彰激励，即通过对优秀志愿者、杰出志愿者、星级志愿者的认定来表彰志愿者，并发给相应荣誉证书。⑥通过公益宣传来激励志愿者，即通过广播、电视、报刊、网站等来宣传志愿者事迹，从而达到激励志愿者的目的。⑦志愿者的物质激励政策，通过设立志愿者专项补贴基金或通过直接发给物质奖励来激励志愿者。⑧时间银行的激励，即通过时间银行的建设，储蓄志愿者的服务时间，将来志愿者需要时可以获得相同时间的被服务。⑨对志愿者的关怀激励，包括志愿者生日、体格检查、领导慰问、温馨提示、纪念品、参与激励、文化活动、困难资助等。⑩对志愿者的表彰激励，即通过对优秀志愿者、杰出志愿者的认定来表彰志愿者，发给荣誉证书。

(3)初步完善了志愿者激励的制度建设。这些制度建设包括：志愿者激励的记录制度，即通过科学的方法将志愿者从事志愿服务的时间及内容等基本信息记录下来，作为评价志愿者工作质量的标准；志愿者的绩效评估机制，包括对志愿者从事志愿服务的工作表现及工作质量进行评估，为志愿者的星级认定及表彰提供依据；志愿者激励的荣誉制度，包括：颁发荣誉证书、评选志愿者之星、评选杰出志愿者、设立志愿墙、团队激励等。

四、志愿者的动机

行为是建立在动机基础上的。所谓动机，是指在内心深处拥有的自然而持续的想法和偏好，它们将驱动、引导和决定一个人的外在行动。

国外对志愿者动机研究的文献非常丰富，从20世纪70年代开始，一些研究者就开始研究志愿者的动机模型，此时的志愿者动机模型的研究集中于两个方面，即利他动机和利己动机的研究。到了20世纪90年代，以Synder为代表的一批研究者开始从功能分析(Functional Analysis)的角度集中探讨志愿者的参与动机。Clary(1990)及其同事对前人的研究进行系统总结，提出了志愿者动机的“六因素模型”，这六个因素分别是价值观、理解和学习、职业机会、社会影响、自我提升、防御保护。到了21世纪，Strigas(2001)在已有理论的基础上对志愿者的动机模型进行调查研究，用五大因素来解释志愿行为，这五大因素分别是：社会角色、有形回报、自我实现、使命感、外界影响。Anne Birgitta Yeun(2004)则提出了志愿者动机的“八角模型”(The Octagon Model of Volunteer Motivation)。总之，国外对志愿者动机的研究表现为三个层次：第一个层次认为志愿者是被需求或生存所驱使，即为了生存而参与志愿活动；第二个层次认为志愿者是为了追求外在的认同，即追随公认的价值理念，在从业中获得一种归属感或其他目标；第三个层次认为志愿者是发自内心的需求，即为了追求人生的价值与目标而从事志愿活动，实践个人理念。

从国内的研究现状来看，对志愿者激励过程的动机研究还比较薄弱，只有一些零星的调查研究，其研究视角比较单一，提出的动机类型缺乏系统性，研究结论缺乏理论深度。代表性的有：张俐俐、张茹(2009)通过调查研究提出了七大类志愿者动机：成就动机、自我提升、自我奉献、体验娱乐、交际归属、获得认同、自我检验，并得出了成就动机、自我提升、自我奉献是最主要的动机。① 唐杰(2008)将志愿者的动机分为五类：理想型动机、回报型动机、交往型动机、学习型动机和盲目型动机。② 谭建光、凌冲、朱莉玲(2005)将志愿者的动机分为十六个方面：帮助有需要的人、热心公益并做有益社会的事、消磨空闲时间、因为宗教信仰、让人生更有意义、增加工作经验和社会经验、有助于以后找工作、让自己的技能用于做好事、想多结识些朋友、这是我的社会责任、倡导社会文明、发挥潜能并了解自己长处、有成功感和满足感、精神文明建设的需要、必须参加的共青团的活动、受自己的亲友影响而参加。③

为了更深入地了解实践中的志愿者参与志愿服务的动机，以便为志愿者的管理政策提供经验支持与理论指导，我们选取北京、上海、广州、青岛四地的志愿者们进行了广泛的问卷调查(共发出450份调查问卷)和访谈，并根

① 张俐俐、张茹：《广州亚运会志愿者服务动机研究》，《体育文化导刊》，2009年第1期。
② 唐杰：《北京公众参与志愿服务动机研究》，《北京社会科学》，2008年第3期。
③ 谭建光、凌冲、朱莉玲：《现代都市志愿者心态分析》，《中国青年研究》，2005年第1期。

据调查结果提出了志愿者的22种动机模型。见表13-1。

表13-1　志愿者从事志愿服务的22种动机统计结果

序号	志愿者动机	非常同意	基本同意	一般	不太同意	非常不同意	合计
1	被生存所驱动	28	59	64	162	97	410
2	实现自身价值	174	177	57	18	9	435
3	获得训练机会	156	198	59	13	3	429
4	获得外部的认可	86	173	121	34	13	427
5	就业升学晋升等好处	42	85	152	98	49	426
6	从众心理使然	68	80	105	102	57	412
7	丰富实践经验	195	160	51	17	12	435
8	结交朋友	165	165	71	24	3	428
9	拓宽知识与视野	205	144	43	21	2	415
10	自我荣誉感与成就感	140	139	92	47	14	432
11	迫于组织压力	32	74	83	106	122	417
12	承担社会责任	138	164	84	23	12	421
13	提高能力与素质	177	176	51	14	2	420
14	关心他人的本性	178	160	54	17	6	415
15	获得物质奖励	72	54	76	109	130	441
16	获得社会荣誉	63	96	123	89	53	424
17	将来得到回报	48	63	92	117	92	412
18	从奉献中获得快乐	176	147	84	27	8	442
19	发挥自己的特长	147	165	77	23	8	420
20	所在单位的尊重	91	91	124	70	28	404
21	公益事业值得做	188	140	56	15	1	400
22	所受教育或天性使然	193	163	59	21	7	443
合计		2762	2873	1778	1167	728	—

资料来源：李水金：民政部项目"基于复杂动机模型的中国志愿者激励机制研究"(项目编号MZ2012ZYZ-3001)，2012年。

从表 13-1 中可以看出，22 种动机总体上得到了志愿者们的认可，“非常同意”的共有 2762 人次，占 29.67%；“基本同意”的共有 2873 人次，占 30.87%；“一般”的共有 1778 人次，占 19.10%；“不太同意”的共有 1167 人次，占 12.54%；“非常不同意”的共有 728 人次，占 7.82%(见图 13-1)。

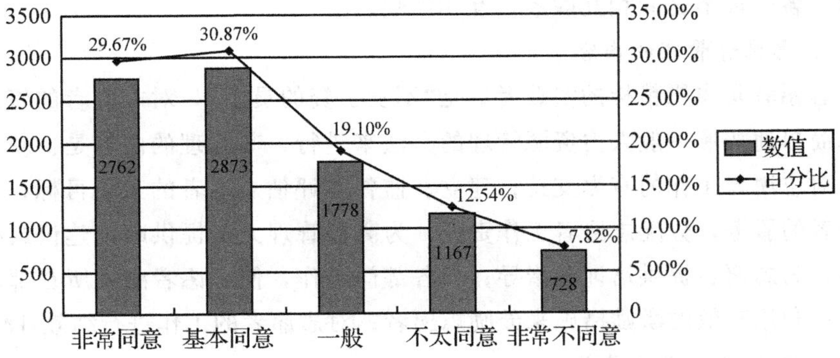

图 13-1　志愿者对 22 种动机的总体认可情况

虽然 22 种志愿服务的动机得到了志愿者的认可，但在 22 种志愿服务的动机中，每种动机受到志愿者的认可程度是不一样的，具有认可上的差异。其中在各种动机中认可程度“非常同意”占比排在前五位的分别是拓宽知识与视野、公益事业值得做、丰富实践经验、所受教育或天性使然、关心他人的本性，分别为 49.40%、47.00%、44.83%、43.57%、42.89%。

在志愿者的 22 种动机中，志愿者“非常同意”占比最高的五个动机并非是物质方面的，而是精神层面的。那么，志愿者“非常不同意”占比最高的五个动机又是什么呢？通过调研，我们提炼出了志愿者“非常不同意”的五个动机，包括：获得物质奖励(占比 29.48%)、迫于组织压力(占比 29.26%)、被生存所驱动(占比 23.66%)、将来得到回报(占比 22.33%)、从众心理使然(占比 13.83%)。由此可见，物质激励是志愿者最不希望的激励方式；志愿者参与志愿服务的动机是自愿的，并非出于组织压力或生存所迫；志愿者参与志愿服务具有自主性，能够自主做出决策，也并非是从众心理使然。

综上所述，志愿者的行为动机是复杂的，如有的是为了获得更好的受薪职位，有的是希望获得一点工作经验，有的是为了改善社会的愿望，有的是为了通过志愿服务扩展自己的人脉，有的是觉得所受教育或天性使然，有的是希望获得个人成长或外部的承认等。志愿者的管理必须仔细研究志愿者的这些动机。

五、志愿者的管理

根据人力资源管理的一般流程，非营利组织的志愿者管理也包括以下基本环节：人力资源规划、招募与甄选、培训、激励与团队建设、绩效评估、遣散。各个环节之间相互联系，互相影响。

1. 志愿者管理的内容

志愿者是志愿精神的实践者，是“不发工资的员工”，对志愿者的管理就不能简单地按照一般人力资源管理的办法来进行，其管理的内容是：获取并维持对志愿者工作的有力支持；建立、监督并评估志愿者的工作目标；了解志愿者的服务，分配志愿者工作责任；为高层管理人员提供政策建议或行动方案；为志愿者提供培训和指导；与各部门合作，使志愿者融入所在部门的工作；利用有效的激励措施来鼓励志愿者；对志愿者的工作进行绩效评估。

2. 志愿者管理的模式

志愿者的管理模式通常包括以下四种。

第一种是自主管理模式。在这种管理模式中，志愿者拥有全部的工作决定权，他们可以自主处理他们认为应当处理的事情。

第二种是定期报告模式。在这种管理体制中，志愿者是工作的主导，可以亲自处理他们的事项，但需要定期向管理者汇报工作进展情况，接受管理者的监督。

第三种是监督工作模式。在这种管理模式中，志愿者也是工作的责任人，但在采取行动前，他要向管理者提出采取行动的建议并获得认可。

第四种是指令工作模式。在这种管理模式中，志愿者无需为工作提出建议，也不能自行做出决定，他们只需按管理者的指令行事。

3. 志愿者的规划

非营利组织人力资源规划，是指非营利机构根据一定时期内组织的发展战略与近期目标，运用科学的方法和技术，了解和预测组织对人力资源的供求状况，并确定组织人才需求结果的管理活动过程①。

从宏观角度讲，非营利组织的规划在明确现有人力资源结构的基础上，根据组织未来的发展趋势来预测未来组织的人才总体结构。可以说，这是非

① 陈漭：《非营利组织战略管理问题研究》，哈尔滨：黑龙江人民出版社，2003年，第206页。

营利组织人力资源管理的重要组成部分。

从微观角度讲，非营利组织的规划需要明确一定时期内或者某个部门的人力资源需求状况，并为其制订计划，为组织活动的开展奠定人力基础。

非营利组织志愿者的规划需要考虑到志愿者的特殊身份，志愿者与正式员工相比，没有工资，同时参与志愿服务的内在动机比较高。因此，在规划中，需要涉及如何满足志愿者的参与动机，同时兼顾好与正式员工的合作关系。

志愿者的规划主要有以下几点：一是明确组织的目标体系，目标体系是多层次和多维度的，包括长期的使命、近期目标。一个非营利组织强大的关键因素之一是组织对清晰使命的承诺，这也是非营利组织的价值所在。而近期目标可以更好地将使命转化为具体实际行动。二是明确组织架构。组织架构是指组织内关于职务及权利义务关系的一套形式化系统，它阐明各项工作如何分配，谁向谁负责及内部协调机制。明确、清晰的责任分工，适当的协调和沟通机制，可以较好地凝聚组织成员，能够保证组织有效率地开展活动。三是进行工作分析。工作分析指的是获取与工作有关的详细信息的过程，工作分析对于人力资源管理者是如此重要，以至于它被看作人事工作者所从事的所有活动的基石。工作分析包括工作描述和职位说明，工作描述确定工作的具体内容、工作任务、工作条件和环境等，职位说明即对任职者的资格说明，如任职者必须具备的知识、技能、能力等。

4. 志愿者的招募与甄选

招募是指组织为了发展的需要，根据人力资源规划和工作分析的要求，寻找候选人，并从中选出合适人员予以录用的过程。志愿者的招募与甄选能够保证找到符合组织需要的志愿者，同时也能够吸引志愿者，使其愿意参与组织活动。一方面，它取决于工作分析是否科学可行；另一方面，取决于招募和甄选过程的有效性。

志愿者的招募和甄选具有以下特点：在招募宣传和信息沟通上要求更高；招募方法和应聘者来源更具有社会性；应聘者选择标准上，更强调品德操守、基本价值观取向、同情心，以及员工自身情绪成熟度与稳定性等；招募志愿者更倾向于招募本地人和有专业技术的人。

志愿者招募的方法主要包括广告招募、职业机构推荐、校园招募、招聘会招募、员工推荐和申请人自荐。这几种主要方式各有优缺点。但是目前很多非营利组织由于自身资源的有限，在通过学校或者其他单位招募志愿者的过程中，缺乏有效的甄选，基本是通过学校推荐或者集体接受，没有规范的甄选标准和流程，缺乏社会化的机制，导致招募的志愿者水平参差不齐。社会化招募机制应该主要是通过民间慈善团体、志愿服务机构来招募志愿者或者直接吸纳非营利组织成员。在西方一些发达国家，非营利组织是志愿服务的重要构成力量和推动者。在美国，生命力强大的各种非营利组织构成了美国志愿服务的有效社会招募机制，形成了美国的志愿服务优势。

志愿者的招募还应该注意随着中国社会的发展，越来越多的人想加入志愿服务的队伍中，却可能缺少信息或者有效途径，所以应该加大宣传力度，同时关注更多的社会群体，例如退休人群、海外志愿者等。吸引和使用具有才华的志愿者资源是成功的非营利组织得以脱颖而出的优势之一。

5. 志愿者的培训

培训是指公司为了有计划地帮助员工学习与工作有关的综合能力而采取的努力，这些能力包括知识、技能或者对于成功地完成工作至关重要的行为①。培训的目的主要是为了使员工能够尽快适应新的工作环境，提高工作效率。

具体到非营利组织志愿者的培训，一方面，是为了让志愿者掌握志愿服务需要的基本技能；另一方面，是为了传播一种价值观念，宣传志愿精神，和志愿者建立一种精神连接。后者的作用显得更为重要，很多志愿者参与活动可能仅仅停留在参与的层次上，内心并没有接受或者理解志愿精神，志愿服务也很难坚持和深入下去。

对于志愿者的培训大致可以划分为两部分，一是理论培训，二是实践培训。理论培训主要包括如下内容：组织的使命、组织机构、管理制度、工作流程、发展历史等。实践培训主要涉及在具体实践活动中可能会用到的技能，例如急救常识、如何与人沟通、如何开展一次活动等。培训过程中突出组织使命和服务理念培育是志愿者培训的重点。两部分的培训要注意比例的均衡，侧重效果，避免形式化。

在培训的方法方面，在开展具体的培训之前，非营利组织需要对受训主体进行调查：志愿者的期望是什么？文化程度大概是什么？倾向于接受什么形式的培训？等等。有针对性地开展培训，同时注意培训方式的多样化和灵

---

① ［美］雷蒙德·A. 诺伊、约翰·R. 霍伦贝克、巴里·格哈特等：《人力资源管理：赢得竞争优势》，刘昕译，北京：中国人民大学出版社，2005 年，第 261 页。

活化，避免单调乏味。常用的培训方法有：讲座；情景模拟，即模拟开展志愿服务的场景，进行实地演练；小组讨论；案例研讨以及综合运用多媒体等影像资料。

6. 志愿者的激励与团队建设

激励是指组织通过设计适当的外部奖酬形式和工作环境，以一定的行为规范和惩罚性措施，借助信息沟通，来激发、引导、保持和归化组织成员的行为，以有效地实现组织及其成员个人目标的系统活动。[①] 激励是组织人力资源管理的核心问题，它对于充分调动组织成员的工作积极性，确保组织能够吸引人才和留住人才，以及提高组织整体的绩效具有重要意义。与企业不同，非营利组织志愿者的激励并不是为了薪资的提高，或者职位的晋升，而是为了激发志愿者的积极性和志愿精神，是为了满足志愿者参与志愿服务的个人需求，也是为了最终实现组织的总体目标。

志愿者的激励通常包括以下五方面：一是志愿者的工作保障；二是志愿者的表彰激励；三是志愿者的职业激励；四是志愿者的制度激励；五是志愿者的人文关怀激励。

在激励的基础上，必须进行志愿者的团队建设。许多志愿活动需要志愿人员的团队合作才能有效地完成，例如，中国许多援外工程的志愿者就是一个高绩效的团队。那么。如何建立高绩效的团队呢？

高绩效团队建设的步骤包括以下五方面：一是建立共同的目标；二是把目标转变成可衡量的团队目标；三是设计团队任务使其具有内在激励性；四是设计团队绩效评估系统；五是提供团队报酬，包括物质和精神层面的报酬。

7. 志愿者的绩效评估

绩效评估是指考评主体对照工作目标或绩效标准，采用科学的考评方法，评定志愿者对工作任务的完成情况及履行职责情况，并将评定结果反馈给员工的过程。

绩效评估的目的：一是个人的评价与奖惩；二是给予员工自我完善的机会；三是作为培训、任职等人事决策的依据。

志愿管理工作者与志愿者之间应当彼此了解对方的期望，并以特定的工作目标建立起一个日程安排，以便每隔一段时间就进行一次工作评估。如果

---

① 余凯成主编：《组织行为学》，大连：大连理工大学出版社，2002 年，第 5 页。

工作成绩难以达到组织的要求，组织应该拥有适宜的政策保证志愿工作的结束，使志愿者体面地退出组织。

8. 志愿者的遣散

非营利组织志愿者的遣散是志愿者管理的最后一个环节，也经常容易被忽视。在志愿服务过程中，志愿者的工作往往具有阶段性和临时性，当一个项目结束时，志愿者的志愿服务也随之完成。在志愿者的遣散过程中，需要注意：一是让志愿者分批次、分阶段遣散，以保证项目能够顺利收尾；二是在遣散之前，确保完成对志愿者的评估及其他事项；三是做好志愿者工作的总结，为日后工作的开展做好铺垫。

第三节　志愿服务与志愿精神

志愿者、志愿服务和志愿精神是三个紧密联系的概念，志愿者是志愿服务的提供者，也是志愿精神的践行者。志愿服务和志愿精神作为非营利组织人力资源管理的重要内容，是社会进步的标识，对于推进社会的公益精神具有重要的意义。据《2021 年民政事业发展统计公报》显示，截至 2021 年底，全年共有 2227.4 万人次在民政领域提供了 6507.4 万小时志愿服务。

一、志愿服务的含义

志愿服务(volunteer service)是指任何人自愿贡献个人的时间和精力，在不为物质报酬的前提下，为推动人类发展、社会进步和社会福利事业而提供的服务。

志愿服务有别于有偿服务和强制性劳动，其主要特点是：

1. 公益性

志愿服务或是出于社会利益或是出于爱心，它是基于利他主义的、自发的、不受任何人强迫的，且不以谋取报酬为目的的自愿性行为。

2. 自愿性

尽管有些志愿活动掺杂着某些义务性的或利益性的因素和压力，但是志愿活动的本质是志愿性的而非强制性的。

3. 公众性

志愿服务是公众参与社会生活的一种重要方式和途径。有两种形式：正式的参与和非正式的参与，正式的参与是有组织的参与，非正式的参与是指自发地、不计报酬地为社会或他人服务。

二、志愿服务的价值

志愿服务之所以得到国家和社会的重视，主要原因是志愿服务所体现的价值与整个社会的价值诉求是一致的，志愿服务在关于人与人之间关系、人与社会之间关系，在追求公平、幸福道德等方面与构建和谐社会具有内在的一致性。

1. 对国家、社会的贡献

志愿服务体现了人的本性——利他主义。在发扬利他主义、培育社会关照和集体主义方面，市场和国家都有其自身的局限性，而志愿服务恰恰能够弥补这一缺陷。志愿服务体现了对社会责任的一种担当精神，启发公民的公民意识，有助于建立一个关怀、互助、信任、具有奉献精神的社会，并充分利用社会的人力资源。

2. 对所在组织的贡献

表现为三方面：首先，志愿者通过更加灵活的形式来提供志愿服务，在节约国家资源的同时，还有助于改善服务质量；其次，志愿服务有助于建立良好的组织形象，不仅可以培养组织良好的团队精神，而且还可以紧密组织与公众之间的联系；最后，志愿服务有助于组织节约成本，具有一定的经济价值，如 2004 年雅典奥运会因此节省 1.2 亿美元。

3. 对志愿服务的提供者和受益者的贡献

志愿服务使提供者和受益者都能够从心理上获得较高的满足感和认同感。在传统的国家福利模式下，提供者和受益者都会围绕福利问题产生诸多矛盾，而受益者也经常受到种种怀疑，甚至可能会受到社会的歧视。政府通过税收来实施各种福利计划，由于纳税人无法直接参与政府的政策，加之一些腐败或者资金挪用的现象，纳税人虽然对社会福利做了贡献，但从中获得的心理满足感并不高。由于志愿服务是建立在主动参与的基础上，不存在强制性的问题，志愿者为他人提供志愿服务，也符合志愿者自己认可的价值观。从另一方面来看，志愿者对自己时间的消费，从中还可以提升自己的潜能，培养实践的才能，而不会被认为是一种负担或者浪费。由于志愿服务的形式比较灵活多样，而且具有人性化的特点，受益者也不会有太大的精神压力，可以减轻或者消除接受服务时的自卑感和疏远感，能够增强自尊心和自信心，能够更好地融入社会，在志愿活动中可以发展良好的人际关系，培养友谊和丰富生活经验。

4. 对国家的贡献

志愿服务一旦跨越国界，将有利于国际交流，特别当派出志愿者赴国外从事志愿服务时，能够使非营利组织在国际上树立良好形象，并促进志愿服务的国际化，促进世界的和平与发展。

三、志愿服务的历史发展

西方国家的志愿服务理念源于历史中对“善”的追求。现代志愿服务起源于19世纪初期宗教性慈善服务，宗教慈善人员成为第一批志愿服务者。亚里士多德在《政治学》中指出：“所有共同体中最崇高、最有权威，并且包含了一切其他共同体，所追求的一定是至善。”①

到了19世纪末20世纪初，欧美各国先后通过了一系列有关社会福利方面的法律法规，这些法律法规一方面要有大量具有职业献身精神的社会工作者从事，另一方面，也招募大量的志愿人员投入其中。1863年成立的红十字国际委员会(International Committee of the Red Cross)即出现于这一时期。

二战后，伴随着各国经济的快速发展，志愿服务在各国得到迅猛发展，志愿活动也广泛开展起来，志愿服务得到进一步规范，大批的志愿组织成立。例如国际志愿者协会(International Association for Volunteer Effort)、国际志愿服务协调委员会(the Coordinating Committee for International Voluntary Service)、国际志愿者日 (International Volunteers Day)等都出现于这一时期。

到21世纪初期，志愿活动已经涉及社会生活的各个领域，如医疗救护、重建家园、安置孤儿、经济建设、环境保护、社会进步等。志愿服务已经成为社会发展不可或缺的重要力量。志愿服务正以其突出的社会收益受到越来越多国家政府和社会的重视。例如，在美国，75%的美国人向慈善事业捐献，每4个美国公民中就有3个是慈善事业的定期捐助者；在英国，约半数的英国人参与了志愿服务活动，志愿服务参与者每周平均贡献4小时，10月25日是英国的“志愿日”；在法国，法律规定年满18岁的法国男性必须履行国民志愿役，志愿者约占总人口的19%；在德国，1954年形成著名的志愿者行动“为别人服务一年”，大约每3个成年人中就有一人每月花费15小时

① ［古希腊］亚里士多德：《政治学》，颜一、秦典华译，北京：中国人民大学出版社，2003年，第1页。

从事志愿服务工作；在韩国，目前有近1600个志愿服务组织，有志愿者约3.5万名，汉城奥运会后，志愿服务活动在韩国掀起高潮。

在中国，自古就有乐善好施的文化传统，同时中国传统文化中也存在志愿服务的思想，例如孔孟思想中，就有“老吾老以及人之老；幼吾幼以及人之幼”“君子喻于义，小人喻于利”等。中国传统思想跨越了历史和疆界的限制，提倡人与人之间应该互相关爱，互帮互助，这与志愿服务倡导的奉献社会是相通的。

新中国成立是中国志愿服务的开端，毛泽东同志发出“向雷锋同志学习”的号召；邓小平倡导全国义务植树运动。20世纪末21世纪初，是志愿服务迅猛发展时期。如“大学生志愿服务西部计划”“青年志愿者扶贫接力计划”，支教、支农、支医、环保等志愿活动广泛开展。志愿者组织也如雨后春笋，1993年北京志愿者协会成立，1994年中国青年志愿者协会成立；高校志愿者组织如北京大学爱心社、清华大学紫荆志愿者总队等相继成立；社区志愿组织蓬勃发展，1989年天津成立第一个社区志愿组织，目前全国社区志愿者组织已有7万余个。

近几年是志愿服务活动发展的鼎盛时期。党的十七大指出，要“发挥社会组织在扩大群众参与、反映群众诉求方面的积极作用，增强社会自治功能”。随着“南方冰灾”“汶川地震”等灾害发生以及“2008年北京奥运会”“2022年北京冬奥会”的成功举办，人们对志愿服务的认识越来越深入，志愿活动逐渐深入人心。

总体上讲，我国志愿服务的成就是十分显著的。据统计，截至2007年，我国就已累计1.5亿多人次的青年志愿者在扶贫开发、社会建设、海外服务、大型赛会、环境保护、应急救援等方面为社会提供了超过55亿小时的志愿服务①。另据《2017年社会服务发展统计公报》显示：全年有1761.4万人次在社会服务领域提供了395.6万小时的志愿服务。

四、志愿服务文化体系建设

党的十八大报告提出要扎实推进社会主义文化强国建设。作为一种公益性文化，志愿服务文化的建设成为解决志愿服务问题的一个重要途径。志愿服务文化体系建设通过打造志愿服务品牌价值来增强志愿者的凝聚力和向心力。

---

① 朱磊：《志愿者立法在期待中渐行渐远》，《法制日报》，2007年12月3日。

1. 努力宣传和营造志愿服务的文化氛围

在研究中发现，志愿者了解志愿服务信息的主要途径是网络、报纸及电视台，占到42.7%，排在第一位。因此，要广泛利用报纸、网络、电视台等宣传志愿服务，提高志愿服务的社会认可度；同时还要通过一系列志愿服务活动，如广泛建立“志愿者之家”“志愿者中心”“志愿者论坛”等，营造志愿服务的文化氛围；要通过制定一系列的志愿者激励政策措施、优惠政策措施等鼓励社会广泛的志愿服务参与；要通过志愿服务的培训、教育以及投入培育阳光、快乐、向上的志愿文化。

2. 强化志愿服务的价值观建设

志愿服务体现的是一种公益精神，大部分志愿者参与志愿服务也并非是为了报酬。在调研中，有33.85%的志愿者对报酬采取“无所谓”的态度，而30.75%的志愿者认为“志愿服务是一种公益行为，不应该有报酬”。因此，在志愿者激励过程中，强调价值观建设非常重要，要通过开展评估激励等弘扬志愿精神，通过公益电影、公益话剧、公益活动等多种形式在全社会倡导志愿精神，使“公益”“慈善”“爱心”的理念及“奉献、友爱、互助、进步”的志愿服务价值观深入人心。同时，要深入挖掘中国传统文化中的公益精神与公益理念，形成符合中国国情并具鲜明特色的志愿服务文化和价值观。

3. 努力培育志愿服务的文化品牌

志愿服务是一项公益事业，更是一项伟大的文化事业，志愿服务完全可以和企业产品一样塑造成文化品牌。要通过志愿服务文化建设加快志愿服务的品牌建设，鼓励各地在实践中形成独具特色的志愿服务文化品牌。争取通过中长期的建设，在全国打造一系列志愿服务的文化品牌。

4. 加大志愿服务的宣传力度

在对450名志愿者进行的一项调查中，有48.05%的志愿者没有听说过“时间银行”。此外，还有许多志愿者对志愿服务的信息、志愿服务的激励政策等不太了解，因此，加强志愿服务文化体系的宣传，显得非常重要。

五、志愿服务记录与时间银行

据《慈善蓝皮书：中国慈善发展报告(2021)》报告，2020年中国志愿服务发展达到一个新的里程碑高点，我国实名注册志愿者总数达到1.92亿人，志愿团体79万个，累计志愿服务时间总数37.19亿小时，贡献人工成本价值1620亿元。庞大的志愿者和志愿服务力量不仅推动了中国经济社会的健康发展，也成为中国公益事业发展的重要源泉。那么，尽管志愿服务的动机千差万别，但是如何设计有效的激励制度，推动志愿服务的可持续发展，就成为一项紧迫的议题。

2017 年 8 月 22 日，国务院发布了《志愿服务条例》，自 2017 年 12 月 1 日起施行。作为鼓励和规范志愿服务的规范性文件，条例明确规定：志愿服务组织安排志愿者参与志愿服务活动，应当如实记录志愿者个人基本信息、志愿服务情况、培训情况、表彰奖励情况、评价情况等信息，按照统一的信息数据标准录入国务院民政部门指定的志愿服务信息系统，实现数据互联互通；志愿者需要志愿服务记录证明的，志愿服务组织应当依据志愿服务记录无偿、如实出具。2020 年 12 月民政部颁布了《志愿服务记录与证明出具办法（试行）》，进一步明确了志愿服务记录的相关要求，规定志愿服务组织应当及时记录志愿服务信息，志愿服务组织记录的志愿服务信息，包括志愿者的个人基本信息、志愿服务情况、培训情况、表彰奖励情况和评价情况。

除了规范志愿服务记录，促进志愿服务事业发展的另一项鼓励制度是志愿服务时间银行的建设。“时间银行（Time Bank）”，又称“道德银行”“爱心银行”“公益银行”，最早由美国律师埃德加·卡恩（Edgar Cahn）提出，其宗旨是用“时间币来交换服务”。1980 年埃德加构思了一种“时间银行”的服务模式，根据这一模式，劳动不分贵贱，每个人的工作时间都是平等的，如果别人帮助了你，那么这个人就可以用帮助你的时间去换取另一个人相同时长的帮助，以此循环下去。这样，志愿者可以将志愿服务的时间存入虚拟的“时间银行”，待到需要时再取出来使用。因此，可以将志愿服务的时间银行界定为：“是指志愿者将志愿服务的时间以‘时间币’的形式记录下来并存储进时间银行，以便获得将来某种可预期的回报或激励，从而保证志愿服务可持续供给的一种制度安排。”①

作为激发志愿者潜能的一种制度安排，时间银行的建设具有重要的意义：一是时间银行为志愿者的服务行为提供真实可靠的记录和档案，对完善志愿者管理机制具有重要的意义；二是时间银行为志愿服务提供了激励机制，时间银行通过记录志愿者的志愿服务行为，并据此进行奖励或提供优待政策，可以激励志愿服务的持续供给；三是时间银行有助于建设一个充满关

① 李水金：《浅探中国志愿服务时间银行发展的现状、问题及对策》，《经济研究导刊》，2015 年第 3 期。

爱与关怀精神的社会，这是因为时间银行通过“时间币”来实现互助行为的有效结算，不仅惠及当事人，还惠及了当事人所在的社区，有助于形成“我为人人，人人为我”的公益型社会；四是时间银行有助于解决整个社会慈善不足的问题，志愿服务作为一种公益行为，有助于慈善理念在整个社会的普及，从而解决整个社会的慈善不足问题。时间银行的建设逐渐受到各级政府及社会组织的重视，例如2022年1月，北京市就发布了《北京市养老服务时间银行实施方案(试行)》，明确规定要“构建市、区、街道(乡镇)三级养老服务时间银行管理体系，实现政府主导、社会组织运营、社会力量协同、公众参与、资源共享、协同推进的管理模式”。

总之，作为一种激励性的制度安排，志愿服务记录和时间银行为中国志愿服务潜力的充分挖掘提供了强有力的制度保障。

六、志愿精神

志愿精神是一种公益文化，对于整个社会风气的改善具有重要的意义。一个充满志愿精神的社会，必是一个人人向善、充满人文关怀的社会，也是一个利他主义的社会。

1. 志愿精神的含义

志愿精神(volunteerism)是一种利他主义和慈善主义的精神，是一种自愿的、不为报酬和收入而参与推动人类发展、促进社会进步和完善社区工作的精神，是公众参与社会生活的一种非常重要的方式。

联合国前秘书长安南在“2001国际志愿者年”启动仪式上的讲话中指出：“志愿精神的核心是服务、团结的理想和共同使这个世界变得更加美好的信念。”在一些国家，志愿精神是社会和社会组织的精髓，是个人对生命价值、社会、人类和人生观的一种积极态度，是一种仁爱的、利他的、为公益着想的精神。

2. 志愿精神的内涵

(1)独立。这是志愿精神的前提。志愿组织是独立于政府的第三部门，它不在政府强制命令之内。而志愿本身也是人们能够自主做出决定。因此，政府可以鼓励、宣传志愿活动，但是不能强制人们参加志愿活动，否则就与志愿服务的精神背道而驰。

(2)奉献。这是志愿精神的核心。志愿者在不计报酬、不求名利、不要特权的情况下参与能够帮助需要帮助的人，与人为善，互帮互助，推动人类发展、促进社会进步的活动，这些都体现着高尚的奉献精神。

(3)参与。这是志愿精神的本质。政府管理总是有其涉及不到的方面，社会问题也从未停止出现，社会对志愿者的需要一直存在，只有亲身参与其中，投身志愿服务的大军，才能真正为社会的进步做出一分贡献。志愿服务本身也是现代公民参与社会公共事务的一个重要途径。公民参与的可能不仅仅是普通的公共事务，例如环境保护、教育、医疗等，难免也会涉及一些政治领域。

(4)进步。这是志愿精神的目的。志愿者通过参与志愿服务，丰富个人的生活经历与体验，使自己的能力得到提高，同时能够启发现代公民意识，推动社会的发育与成长，从而促进社会朝着更加成熟、更加理性的方向发展，最终实现“善治”。

思考题

1. 非营利组织的人力资源管理与企业人力资源管理的区别。
2. 志愿者、志愿服务和志愿精神的含义。
3. 志愿者管理的主要流程。
4. 志愿者的动机是什么？
5. 志愿服务有什么意义？分析志愿服务存在的问题。
6. 志愿精神的内涵是什么？

综合案例　北京冬奥会志愿者——最美的雪花

第 24 届冬季奥林匹克运动会，简称北京 2022 年冬季奥运会，是由中国举办的国际性奥林匹克赛事，于 2022 年 2 月 4 日开幕，2 月 20 日闭幕。继 2008 年北京夏季奥运会后，北京成为全球首个也是唯一的“双奥之城”。在北京冬奥会期间，中国运动健儿奋力进取、顽强拼搏、突破自我，最终共收获 9 金、4 银、2 铜共 15 枚奖牌，位列奖牌榜第三，金牌数和奖牌数均创历史新高。

北京冬奥会的成功举行，离不开成千上万志愿者的参与。北京冬奥会面向全球招募志愿者，从 115 万的报名人次中择优选取了 1.8 万余名赛会志愿者，另有 20 余万名城市志愿者参与其中。北京冬奥会开幕式是雪花和冰的故事：完全不同的雪花汇聚到北京，成为一朵人类的雪花，一朵共同的雪花。志愿者就是最美的雪花，他们克服新冠疫情、冰天雪地、两地办赛等种种困难和挑战，用微笑的眼睛和温暖的双手，用青春和奉献提供了周到细致暖心的服务，既磨炼了毅力，又锤炼了意志，向全世界展示青春靓丽、热情友好、蓬勃向上的中国青年形象，是北京城市最美的雪花。国际奥委会主席巴赫在北京冬奥会闭幕式致辞中赞叹道："我要对所有的志愿者说，你们眼中的笑意温暖了我们的心田，你们的友好善意将会永驻我们心中。"新当选的国际奥委会运动员委员会委员代表全体运动员，向6名志愿者代表送上红灯笼，感谢所有志愿者为北京冬奥会成功举办做出的贡献。

2022年4月8号，北京冬奥会、冬残奥会总结表彰大会在人民大会堂隆重举行。会议以党中央、国务院名义表彰一批在北京冬奥会、冬残奥会筹办和竞赛中做出突出贡献的集体和个人，其中一位获此殊荣的志愿者动情地说："在现场聆听总书记的重要讲话，几十个日日夜夜关于北京冬奥的记忆一下子涌上了心头，那些数不清的意蕴隽永的场面，激发起我们内心最深沉的爱国热情。我想在最美的年华里与这样的祖国和时代同行是我们的光荣。"还有志愿者表示，这次冬奥会并不是拥抱世界的结束，而是拥抱世界的开始。北京冬奥会的成功，是中国的成功，更是世界的成功；这场举世瞩目的体育盛会，不仅为身处疫情寒冬的各国人民带来了温暖与希望，更为动荡不安的世界注入了和平与团结的宝贵力量。

北京冬奥会的赛会志愿者分为专业赛会志愿者、通用赛会志愿者两大类。其中，专业赛会志愿者是指具备赛会志愿服务所需要的专业知识、技能与经验，能提供专业化服务的赛会志愿者，包括但不限于：语言服务、医疗服务、驾驶服务等。专业赛会志愿者以外的其他志愿者均为通用赛会志愿者。在竞赛场馆提供服务的赛会志愿者上岗时间一般为赛前7天至赛后3天(冬残奥会为赛后1天)。

赛会志愿者的招募条件包括两类：一是符合下列基本条件的人员可报名申请赛会志愿者。这些条件包含以下五点：(1)遵守中国的法律法规，自愿为北京冬奥会和冬残奥会提供志愿服务，接受北京冬奥组委的工作指导和管理；(2)截至2022年1月1日年满18周岁(即2004年1月1日及以前出生)，具备开展志愿服务所需要的身体条件和健康素质；(3)具备志愿服务岗位所需要的基础知识和基本技能；(4)能使用汉语或英语进行交流；(5)能认真参加赛前培训，并为北京冬奥会或冬残奥会赛时运行提供满足需要的志愿服务。二是符合下列条件之一的申请人同等情况下可被优先录用。这些条件包含：(1)能够参与“相约北京”系列冬季体育赛事志愿服务；(2)能够同时为北京冬奥会和冬残奥会提供赛时志愿服务；(3)具备一定专业知识与技能，包括但不限于：口笔译服务、医疗服务、驾驶服务、信息技术保障等；(4)其他赛时运行保障所急需紧缺的人员。

赛会志愿者的选拔录用程序包括以下几点：(1)资格审核。北京冬奥组委及其授权或委托的组织机构对赛会志愿者申请人的资格条件进行审核。(2)测试选拔。北京冬奥组委及其授权或委托的组织机构采取现场测试、远程测试等方式，面向赛会志愿者申请人进行择优选拔。(3)岗位预分配。在充分考虑赛会志愿者申请人个人意愿的同时，北京冬奥组委及其授权或委托的组织机构进行服务岗位分配，明确到岗时间，并与申请人本人沟通。(4)录用。北京冬奥组委向被确认为赛会志愿者的人员发出录用通知书。(5)上岗服务。赛会志愿者凭录用通知书及个人有效身份证件，在指定时间、到指定地点，参与赛前培训、签署志愿服务承诺书、进行注册并领取制服等物资后，上岗提供志愿服务。

作为北京 2022 年冬奥会和冬残奥会赛会志愿者，将得到北京冬奥组委提供的以下保障：(1)身份注册卡、制服、人身意外伤害保险、相关医疗服务的保障；(2)志愿服务期间的免费餐饮；(3)服务期间将按照服务场馆的不同和赛区的不同，安排志愿者集中住宿；(4)服务期间，赛会志愿者可凭本人身份注册卡，免费乘坐主办城市公共汽(电)车、城市轨道交通、赛区内及赛区间通勤班车。此外，北京冬奥组委还将采取以精神激励为主的方式，对赛会志愿者进行激励，激励措施包括但不限于颁发志愿服务证书、发放相关纪念品等。

作为城市志愿者，可以通过各种培训机会学习冬奥会和冬残奥会常识、志愿服务常识、赛区历史文化、英语口语、文明礼仪、助残服务、急救技能、舆情防控、媒体宣传等通用知识，以及岗位周边环境、交通信息、实操技能等岗位知识，可以获得必要的工作保障，还有机会参加评优表彰。

讨论题：

1. 根据材料，请谈谈志愿者需要哪些基本素质。
2. 如何看待志愿者参与志愿服务的激励措施？

第十四章
非营利组织的项目管理

很多非营利组织并不制造具体产品，因此，项目运作就成为非营利组织普遍采用的方式。甚至有的非营利组织是为了运作项目而成立的，其主体工作就是一个大型项目。非营利组织的项目运作过程联系着筹款、志愿者招聘、财务管理等重要内容。因此，能不能申请到项目，能不能管理好项目，是关系到非营利组织能不能生存的重要问题，也是实现其组织使命的重要手段。

第一节　中国非营利组织项目管理的内涵

一、非营利组织项目管理的含义

1. 项目管理概念

所谓项目管理，就是项目的管理者，在有限的资源约束下，运用系统的观点、方法和理论，对项目涉及的全部工作进行有效的管理。即从项目的投资决策开始到项目结束的全过程进行计划、组织、指挥、协调、控制和评价，以实现项目的目标。项目管理的应用从 20 世纪 80 年代仅限于建筑、国防、航天等行业迅速发展到今天的计算机、电子通信、金融业，甚至政府机关等众多领域。随着社会经济的发展，项目管理也应用到了非营利组织之中，并且依托项目来开展活动成为非营利组织实现其宗旨的重要方式之一。例如中国乡村发展基金会(原中国扶贫基金会)在国内开展的项目有百美村庄项目、产业助农项目、乡村基础设施建设项目、大病救助项目、童伴妈妈项目、爱心包裹项目、生态林建设项目、宜居家园项目、活水计划项目、乡村能力培训项目、乡村工匠项目等；国际项目有缅甸的缅甸胞波助学金项目、尼泊尔的贫困妇女职业支持项目、埃塞俄比亚的家庭水窖与学校净水项目、乌干达的社区融合项目等，其中针对全球贫困地区儿童饥饿问题的国际微笑儿童项目 2019 年入选联合国系统、世界银行等 7 家组织评选的“最佳全球减贫案例”。

2. 非营利组织项目管理的概念

根据清华大学教授王名的定义，所谓非营利组织的项目管理是指这样一个系统的过程：非营利组织为了实现其宗旨，通过项目申请的形式获取资金、人力等社会资源，优化配置所获得的资源，有效地组织、计划、控制项目的运作过程①。非营利组织主要以项目为导向，每个社会宗旨与服务的实现都是以项目的形式来进行的。每个项目都有其具体的目标和针对群体。所以项目运作是非营利组织运营的核心。非营利组织的活动包括日常性活动和项目性活动两个方面。非营利组织的项目活动主要集中在这几个领域：环境

---

① 金罗兰：《我国非营利组织与项目管理》，《北京工商大学学报(社会科学版)》，2005 年第 6 期。

保护、生态和资源的保护、救助贫困和促进发展中国家的经济社会发展、对弱势群体的权益保护、城乡社区服务、经济中介。包括各种形式的行会、商会、企业家协会等由经营者组成的经济中介组织，工会等由劳动者组成的经济中介组织，由律师、会计师、审计师组成的专业性事务所等经济中介组织、慈善救济组织等。因此，非营利组织的项目以服务类项目为主，有各种不同的分类方法。按照项目资料来源，可分为组织内部项目和组织外部项目；按照项目资料来源的国别，可以分为国内项目和国际项目等；按照不同的领域划分，可分为扶贫项目、医疗卫生项目、环保项目和教育培训项目等①。

二、非营利组织项目管理的原则

根据非营利组织项目管理的特殊性，在实施项目管理的时候，需要遵循下列原则。

1. 紧扣组织宗旨

非营利组织的属性客观上要求非营利组织的项目立项及项目运作必须紧密结合其宗旨。中国红十字会“博爱送万家”项目在实施过程中就紧扣组织宗旨，大力弘扬“人道、博爱、奉献”的红十字精神，保护人的生命和健康，积极发挥在政府保障和改善民生、建设和谐社会方面助手的作用，自 1999 年起即组织开展了针对困难群众进行人道救助的“红十字博爱送万家”活动。此项活动遍及全国，募集款物逐年增加，受益人口逐年扩大，得到了社会的广泛认可，已经成为中国红十字会对困难群众进行人道救助的一个品牌项目。

2. 目标管理的思想

非营利组织为了完成其目标，将组织目标分解成若干小目标，并以项目的形式落实给某项目团队或项目部门，而项目团队或项目部门进一步将项目细分成更小的工作模块，分配给更小的团队或个人作为工作目标。这种目标管理的思想，保证了项目完成的进度和质量。

3. 团队的开放性

根据项目组建团队，根据项目进展的阶段和状况来灵活调整团队成员，这种组建工作群体的办法打破了传统的固定建制的组织形式。项目团队在人员规模、专业背景、工作时间上保持了足够的弹性，有利于降低人力资源成本。此外，非营利组织的项目管理越来越倾向于国际合作，不仅可以相互交

---

① 黄浩明主编：《国际民间组织合作实务和管理》，北京：对外经济贸易大学出版社，2000 年，第 171 页。

流经验，还能够在项目管理上相互学习，共同进步。

4. 注重项目运作的效率

非营利组织开展项目虽然不以营利为目的，但这并不表示项目管理不用顾及效率，这是一种误解。非营利组织项目管理也需要控制成本，优化资源，提高效率。由于其特殊的性质和特殊的地位，非营利组织的项目管理在提高效率和绩效考核方面往往会面临更加复杂的局面，这就需要公众加大对非营利组织的监督，并且领导者也要提高自身的素质，在提高效率方面积极创新。

5. 坚持项目管理的可持续性

由于非营利组织的领导层更换比较频繁，因此在项目的运作过程当中，项目管理的可持续性至关重要。一些非营利组织的项目往往进行到一半就被迫停止，这不仅造成了资源的浪费，更是对非营利组织长期树立的形象的损害。项目的可持续性不仅仅体现在一个项目从开始到结束的过程，项目管理发展到当今阶段，项目的可持续性往往还包括多个项目之间的连接和持续，项目的专业化也加大了对可持续性的要求，未来的项目管理更偏向于碎片化、专业化的模式。

三、非营利组织项目管理的要素

非营利组织以项目为导向，现实中存在项目操作很不规范的问题，很多个人和组织虽然有热情和积极性，愿意为非营利组织投资和奉献，但是大部分情况是不懂项目操作的外行，在操作和管理项目时，常常结果不理想，让人失望，极大地阻碍了非营利组织项目管理的良性发展。规范化的项目操作直接影响项目的成功与否，所以了解非营利组织项目的标准程序和流程，了解非营利组织项目管理的各个要素，是非常必要的，非营利组织项目管理包括四个要素。

1. 项目目标

项目目标是在一定时间内，对一定区域的特定人群某种社会需求的满足。它也是项目投资方想要达到的目标，即社会效益与经济效益，由项目时间、项目成本和项目质量组成。项目时间是指项目进度控制和周期，可以用进度计划描述与项目时间相关的因素，说明完成相关工作所需时间，并规定每个相关工作的具体开始和完成时间。项目成本指实现目标所需要的人力、物力和财力资源，要求以预算为基础，把成本控制在预算内。项目质量指项目达到利益相关者的性能。一般通过交付物来检测质量，检测其经济效益和社会效益，非营利组织更注重社会效益与社会需求目标的实现。

2. 利益相关者

利益相关者是指项目参与者以及与项目的成败利益相关的个人和组织。每个项目都是为了满足各种需求而发起和实施，非营利组织利益相关者主要是指：政府、媒体、公众、捐助方、合作伙伴、竞争组织、志愿者与内部员工、服务对象、社区与自然生态等。

3. 项目组织结构

非营利组织以项目为导向，采取项目管理，建立一次性组织结构，对时间、成本和质量进行控制，以保障更好地达到项目目标。成立项目部，项目成员是组织内部成员，根据工作计划确定人力需求，设计相应的组织结构。

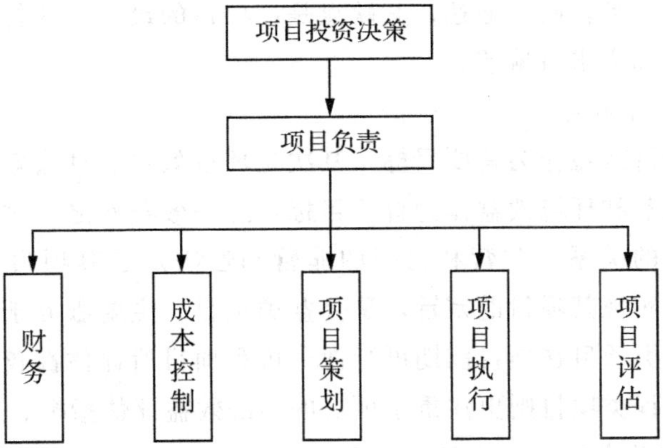

图 14-1 非营利组织结构图

4. 融资渠道

融资渠道主要指资金来源，有以下来源：个人、企业、基金会、政府捐助，企业合作，争取国外援助等方式。

四、非营利组织项目管理与营利组织项目管理的区别

企业和政府项目可以称为工程类项目，非营利组织项目则叫作公益类项目，两者既有相同点，也有不同点。相同点在于，都是科学地运用项目管理的技术完成既定的目标，以最小的投入获得最好的产出；两者运行的程序也大致相同。不同点归纳为以下六点。

1. 投资规模不同

企业和政府的项目投资一般要远大于非营利组织，政府、企业项目投资

上亿元也不足为奇，而非营利组织的投资额度一般都比较低。这是因为非营利组织的项目侧重于服务类，根据社会需求来启动项目，而且服务类项目往往投资额度较小，周期短，并且见效快。因此，从某种意义上说大部分非营利组织项目的成果都会对政治和社会产生较大的影响。尽管非营利组织的投资小，但其制度相对健全，当然，这就要求项目管理人员素质高，项目机构齐全，项目操作过程科学规范。

2. 管理方式不同

非营利组织通常采取参与式管理方式。这是因为非营利组织使用的是公益资产，涉及的利益相关者较多。相反，营利组织的项目管理参与度较小，其管理方式通常是“自上而下”，员工参与度较低，其优点是：统一领导，统一指挥，统一行动，政令通达；其缺点是：项目的设计与执行以及要解决问题的实际情况和需求有偏差。

3. 最终目标不同

企业把经济效益作为首要目标，其次是环境效益和社会效益，而非营利组织把社会效益和环境效益作为首要目标，经济效益次之。这和非营利组织的性质有很大的关系，非营利组织的非营利性决定了其项目不以营利为目的，而是为了实现其项目的宗旨，是公益类项目，主要服务于经济发展和社会进步。公益类项目在项目前期可行性分析和项目后评估都较为注重社会效益指标，而工程类项目则更注重于项目的经济效益评估指标。

4. 利益相关者的受关注程度不同

非营利组织拥有较多数量的复杂的利益相关者，其项目受社会更多关注。会员客户、外部服务供应商、政府主管部门、国外合作者都可以看作是我国非营利组织的利益相关者，他们有不同的需求，为了有助于项目的成功，必须很好地协调他们之间的关系，让他们都满意。营利组织项目的利益相关者相对较少，受社会关注度相对较低。

5. 国际项目合作的性质不同

项目发展趋势与全球社会和经济的发展趋势相同，随着我国对外开放的逐步深化，我国非营利组织国际合作项目越来越多。非营利组织合作事业是一项新兴事业，是从国际技术合作方面产生出来的，中国非营利组织与国外非营利组织在社会发展和经济发展领域建立合作项目，这些合作项目都带有无偿援助的性质，通过合作改变了受助者的观念，使中方学到了许多项目管理方面的经验，培养了一批从事国际非营利组织合作事业的专业人员，并对我国的环境保护和扶贫开发，以及其他社会事业的发展做出了巨大的贡献。各合作伙伴来自不同的国家，文化背景不同，项目管理会呈现出个性化，在合作项目管理过程中沟通和协调尤为重要，要尽量避免文化冲突，实现有效沟通。营利组织的国际合作项目往往以营利为目标。

6. 项目资金的申请环节不同

项目资金的来源以外部资助为主，非营利组织大都是向外部组织申请，所以项目资金申请环节非常重要，要做大量的准备工作，以提高申请的成功率，确保项目运作的成功。

第二节　非营利组织项目管理的程序

在项目活动中，任何一项活动的程序和过程大致都要经历项目计划、执行、控制、评估这几个阶段，一个项目的完成需要多方合作才能顺利完成，其完成周期也随项目的大小而长短不一①。

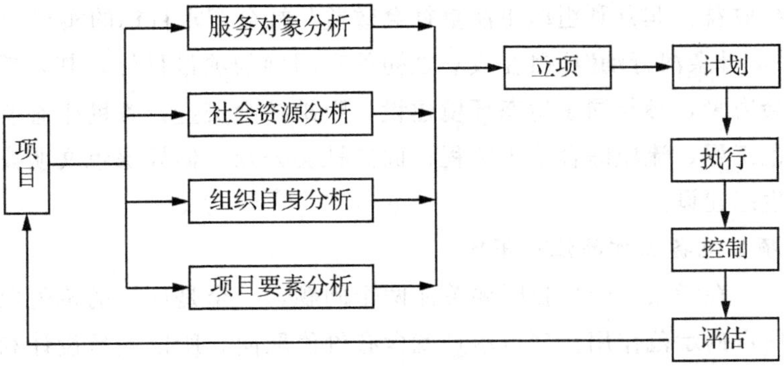

图 14-2　非营利组织项目管理程序示意图

一、非营利组织项目管理的计划

任何一项组织活动的完成都离不开科学合理的计划和设计，非营利组织项目管理活动需要完整的计划说明和指导，才能在复杂多变的社会环境中保

① 刘国靖编著：《现代项目管理教程》，北京：中国人民大学出版社，2009 年，第 25 页。

持正确的方向。非营利组织项目管理的计划包括确定项目目标、明确立项依据等内容，是项目管理的首要任务。下面以中国青少年发展基金会的“保护母亲河行动”项目为例，来分析非营利组织项目管理的程序。

我国生态环境十分严峻，水土流失严重，流失面积达179.4万平方公里，占全国国土面积的18.7%。沙漠化土地以年均增长2100平方公里的速度扩展，北方地区沙漠、戈壁、沙漠化土地已超过149万平方公里，约占国土面积的15.5%。生态治理能力远远赶不上破坏速度，生态赤字逐渐扩大。保护和改善我国生态环境已迫在眉睫。

1. 项目目标

项目目标，是在一定时间内，对一定区域的特定人群某种社会需求的满足。它也是项目投资方想要达到的目标，即取得社会效益与经济效益，由项目时间、项目成本和项目质量组成。项目时间是指项目进度控制和周期，可以用进度计划描述与项目时间相关的因素，说明完成相关工作所需时间，并规定每个相关工作的具体开始和完成时间。项目成本指实现目标所需要的人力、物力和财力资源，要求以预算为基础，把成本控制在预算内。项目质量指项目满足利益相关者的程度，一般通过交付物来检测质量，检测其经济效益和社会效益，非营利组织更注重社会效益与社会需求目标的实现。

“保护母亲河行动”项目在成立之初就有明确的项目目标，其宗旨为广泛动员社会力量，参与国家生态环境建设，吸纳社会资金，资助生态恶劣地区建设绿色工程、流域综合治理工程；面向社会公众，倡导绿色文明意识，推动国家生态建设。

2. 项目准备工作的注意事项

第一，在考察一个项目时要关注两个问题，一个是项目的价值取向，另一个是项目的示范作用。项目本身就含有价值取向，所以项目设计和实施也含有一定程度的价值取向，如强调公平的机会和平等参与的原则，认为公众不论贫富状况和性别差异，都享有社会发展的权利，并且享有公平的机会和平等的权利。主张通过项目达成社会发展的宗旨，提高目标群体的自助行为和自力更生的能力，受助方能够变得强大，最终实现人的自我发展。项目的示范作用，指项目发展单位希望通过项目的成功实施对周边地区产生良好的示范作用，一方面受助人能够举一反三，实现更好的自我发展并帮助其他人，另一方面援助方和项目实施单位的知名度和项目效果的外延也能由此得以进一步扩大。

第二，非营利组织的项目小，要求配套资金在项目总额投资的三分之一以上。现在，非营利组织在我国飞速发展，规模不等，有些项目的资金极少、规模极小，这些项目“麻雀虽小，五脏俱全”，项目设计所包含的发展观念、项目中各项成分搭配都有其深刻的内涵。这些小型项目带给社会的效益和启示并不亚于许多大型项目，这一点正是非营利组织项目最具特色的一个方面。

“保护母亲河行动”项目资金来源，首先是内部员工的捐助，内部员工给企业做讲座或提供其他服务而接受的企业和个人的捐助，以及政府的资助，针对这部分资金组织内部成立了保护母亲河基金；其次是通过项目募集资金，接受社会、企业和个人的资助，不同的项目有不同的资金来源，专款专用；再次是和基金会合作，基金会出资。另外，由于资金的局限，中国青少年发展基金会尝试办社会企业，用以弥补资金的不足。

3. 项目立项的原则

第一，实际原则，结合项目实际情况设计项目，并充分利用本组织、外来因素、当地以及社会上的各种资源，包括物资和人力资源。只有根据项目本身、项目单位和目标群体的实际情况和特点，才能设计出成功的项目，更好地解决存在的问题。在做项目立项工作时，最好不要参考其他项目文件。如果参考其他项目文件，一方面会误导项目人员的设计思路，很容易导致脱离实际情况，另一方面也会无形之中限制设计人员的主观能动性和创造能力。因此，正确的做法应该是根据项目本身特点，因地制宜，量体裁衣，制定出有自身特点的项目设计。

第二，效益原则，即投入小、产出大，少花钱、多办事原则。非营利项目大都面向基层目标群体，要展开的活动多、收益面广，但是项目的投入额却很小，因此要求项目管理人员坚持效益原则。“保护母亲河行动”增强了青少年乃至社会公众对生态环境保护和建设的责任感，同时使黄河两岸生态环境得到了根本改善，产生了巨大的生态效益和社会效益。

第三，参与原则，即目标群体应直接参与项目的设计和实施过程。目标群体直接参与非营利组织项目的设计和实施有助于提高项目管理的质量，这称为参与式项目管理。参与式项目管理的优点是项目能够真实地反映要解决问题的实际情况和需求，通过积极主动地参与项目的实施，锻炼了受益群众的相关能力，有利于完成项目的最终目标：自力更生、自我发展的实现。

第四，能力建设原则，把能力建设和可持续发展作为一项重要内容加以考虑。实施项目会有一些具体和有形的成果，但是更为重要的是对项目参与人员，即管理人员和目标群体，各种相关能力的培养和提高。可持续发展有两层含义：一层含义是通过能力建设提高人员素质；另一层含义是强调发展与环境的协调性，社会发展项目不能以破坏周边环境和过度利用自然资源为代价，否则就会和项目本身的社会宗旨背道而驰。

在充分考虑以上大原则之后，最终确定项目之前，应当将被选项目按照实际要求排出优先顺序，选择排在前面的项目作为工作重点。另外，在进行项目立项工作时不能只看到表面现象，制定简单的项目措施，而是要对症下药，对项目周围环境做分析，对其目前存在的困难和问题进行全面了解，制定出项目措施，以达成实现项目目标的目的。

二、非营利组织项目管理的执行

非营利组织的项目执行分为三部分：制订项目计划、项目管理与控制、项目审计。非营利组织都有不同的项目管理方法和程序，是为了加强项目资金和活动的管理，利用有限的资源最大限度地实现既定项目目标。项目管理程序、日常计划和评估工作力求做到简单、高效和操作性强，以便了解项目实际进展情况，及时发现问题，解决问题，确保项目顺利实施。项目执行也叫项目的实施管理工作，包括如何制订项目计划、如何将计划落到各项具体活动中、通过评估来检查项目的实施情况，使项目管理具有连续性。

1. 项目执行第一步是制订项目计划

首先，项目一经批准就进入了启动的关键阶段，在实施项目之前要明确下面一系列的问题：选定此项目的原因是什么？项目预期目标是什么？项目受益者是谁？怎样实施项目？由谁负责？时间多久？投入有哪些？影响项目成败的外部因素有哪些？通过对这些问题的了解，明确今后项目实施的工作方向。

其次，项目启动之后，要制订项目实施工作计划，这是为了根据项目目标把项目设想和战略变为具体明确的行动，以及确定各项活动的投入和有关工作的职责。项目实施工作计划一般包括：制订项目实施工作计划和制订年度工作计划。具体内容如下：根据批文和预算来制订项目实施计划，先了解项目的目标、投入、各项活动的产出，排出各项活动的优先顺序。项目进行一段时间后，管理人员要检查原定的项目目标和现实目标计划展开的各项活动，依据项目实施区域的现实情况制订项目实施计划，明确开展各项工作的责任人。

在一般情况下，项目实施工作由简单的、急需的、困难较少的、短期可以完成的项目活动开始，这样做的原因是便于操作与实施。项目管理部门批准各项活动和经费使用的依据是年度工作计划。在制订年度工作计划时，要参照批文和各项活动预算。在项目年度计划中应明确年度的工作内容、方法、时间、地点、参加人员和预期效果，以及各项活动所需资金等，计划是年度各项活动和投入的依据。

2. 项目执行第二步是项目管理与控制

项目一经批准就开始实施，接下来就是管理的问题，决定项目成败的关键因素是管理，其作用是有效地实施项目以达到预期效果。因此，项目实施机构的组织和管理能力非常重要，项目实施机构要编制项目报告，报告包括项目活动进展报告和财务报表。进一步的工作是要把项目文件中的目标和工作计划中的产出指标和实际产出情况进行对比，并做出定量分析，对项目进展情况做文字性概述，列出各项投入与支出情况，将项目实施过程中的问题进行分析，然后提出建议和对策。

项目报告包括项目活动进展报告和财务报表。项目活动进展报告的主要内容是：报告各项活动进展情况；简介项目管理机构和人员；指出项目现存的主要问题；项目实施的效果和项目既定目标的实现情况；项目下一步的工作安排等。项目监测也是项目管理中很重要的一个环节，不断地对项目实施进行跟踪，及时掌握项目目标的实际情况，发现问题并解决问题。监测项目的财务执行也很必要。要经常对项目进行内部评估，计划和评估是一个连续不断的工作；计划、实施、评估是一个完整的过程，也是一个循环往复的过程，在项目管理环节中占极为重要的地位。对项目财务管理要求也是必需的，要建立独立的账户，确定出纳和会计各一名，建立项目财务管理制度，对于项目的收入支出必须单独记账。根据项目进度情况分批拨付资金。各项活动的支出按批准预算执行，除特殊情况外，不能超支，要按时提交财务报表。

三、项目管理的过程控制

过程控制主要包括进度控制、财务控制、人事控制、风险控制。过程控制的主体包括项目执行团队，特别是项目经理、代表组织管理该项目的项目主管，以及外部的利益相关者。

1. 进度控制

组织要依据项目实施计划确定的各项指标，对项目的实际执行情况进行测量和评估，在此基础上，发现差距，寻找原因，提出解决问题的方案，并按照方案采取行动，以确保计划的实现。

2. 财务控制

健全的财务管理是项目顺利实施的重要保障。财务报告是必需的，项目管理机构需要，组织需要，资助方也需要，甚至它还需要接受独立审计并对外公开。组织应为项目设立独立账户，保证专款专用，最好由专业财务人员管理。严格执行预算，根据预算控制支出。除非有特殊理由，否则不得修改预算。需要修改预算时，必须征得上级主管和资助方的同意。尽早发现财务缺口，并尽快寻找妥善的解决办法。一旦发现财务问题，不能隐瞒，不能无视，要迅速采取措施予以解决。

3. 人事控制

组织应及时对项目实施者进行称职性考察，及时更换不称职的人员特别是项目经理。要避免员工之间发生冲突，鼓舞士气，增强团队的凝聚力。控制人员流动，要对新成员进行培训，保证他们拥有相关能力。

4. 风险控制

在风险控制方面应注意：(1)制定应急方案。组织应充分考虑各种可能出现的突发情况，提前制定多种风险应对方案，当出现危险时可以按预案及时处理，不致出现手足无措的局面。(2)定期进行风险分析，并编写报告，报告应包括风险描述、可能性分析、影响、应对措施等。(3)发现风险并及时处理。

四、非营利组织项目管理的评估

非营利组织的项目评估是项目管理过程中相当重要的环节。评估工作的基础和手段是项目文件。了解项目启动时的情况和问题，明确项目主要宗旨和目标，收集各项投资和活动情况的材料，对评审工作起着至关重要的作用。项目评估的内容和步骤包括：项目管理机构提出评估要求；专家或有专业背景的相关人员组成评估组；列出评估提纲作为评估的依据和基础。评估提纲内容包括：项目背景，项目概述和现阶段的基本情况，评估目的，评估成员，日程安排，提交报告的程序，预算等①。

评估组根据项目文件和评估提纲，确定工作方式，拟定问题和搜集相关资料。评估的问题一般为：项目总体发展目标；项目战略；项目目标和结果；投入、活动和产出；项目的组织和实施；项目的持久性和地方性；项目收益群体的参与等方面。

评估的方法一般采用实地考察，取得第一手材料，并对项目建立感性认识，编写评估报告的参考提纲，其提纲内容有：评估的任务和方法；项目内外的影响因素；项目简介；工作程序；项目基本作用和实施战略的说明；评估中收集的材料和调查的内容，对调查内容的分析和结论；最后的结论和意见。评估报告应附上与有关问题相关的文字材料，统计数据和有关文件索引，以及评估中接触的人员名单。评估的后续工作包括对报告中有关问题的反馈、吸取的经验和教训。通过评估了解项目的详细情况，评估结束后应尽快将评估报告提交，以便及时调整下一步的工作开展。

非营利组织开展的项目评估现状：20 世纪 80 年代以来，中国的非营利组织开始引入“项目”的方式，但在项目管理，特别是项目评估方面没有及时跟上，以至于项目的绩效并不理想。20 世纪 80 年代中后期，少数较为超前的非营利组织开始尝试进行项目评估，到目前为止项目管理还不是很成熟。国内非营利组织开展的项目评估类型主要包括三种：第一种是非营利组织请外部专家对本组织的项目绩效开展评估；第二种是非营利组织对自身项目开展的评估；第三种是海外资助机构、国际非政府组织、国际金融机构、联合国体系对所资助的非营利组织进行的评估②。

第三节 非营利组织项目管理的方式

非营利组织最主要的任务就是为社会提供公共服务。公共服务社会化供给论早期研究认为，非营利组织参与公共服务供给的主要方式有：志愿服务、无偿捐助及不以营利为目的的收费服务。然而，这些方式一直受非营利

① 邓国胜：《非营利组织评估》，北京：社会科学文献出版社，2001 年，第 170 页。

② 李颖：《非营利组织项目绩效评估研究——以绵阳市“30 万亩优质果品产业化富民工程”为例》，成都：四川大学，博士学位论文，2007 年，第 3—4 页。

组织的生存压力、政府与非营利组织之间的权力制衡和市场活动的冲击所困扰。但是，随着社会经济的发展和非营利组织的不断探索，其参与社会公共服务供给的方式已经逐渐多元化。

一、非营利组织与政府合作进行项目管理

非营利组织作为社会公共服务的提供者，往往采取与政府合作的方式，在一些政府失灵的地方参与公共服务的供给。在与政府合作的项目中最主要的方式有：(1)公共服务社区化。这种方式主要是非营利组织在一些特定的社区建立公益事业，政府机构帮助组织社区互助，以实现政府的压缩式管理。(2)与政府签订承包合同。政府确定某种公共物品或服务的数量和质量标准，非营利组织投标承包，中标后按与政府签订的供给合同为享受福利的人群提供公共物品或服务。(3)特许经营。政府不需要以纳税人的税收去购买物品或服务，而是以政府特许或其他形式，吸引中标的非营利组织来提供。(4)接受政府资助或享受免税待遇等优惠政策。政府以此鼓励非营利组织提供公共物品或服务。(5)政府补助。这种方式是非营利组织安排、生产公共服务(政府主要支持的公共服务项目，如助老、助残等)。这些服务项目都是公众真正需求的，可能存在的“搭便车”者并不多，所以这种服务项目不能采用服务收费制度，至少收取的服务费要少于其成本。因此，非营利组织开展这种公共服务项目必须要寻求资金的投入，而政府多以补助的形式补偿非营利组织服务供给的差价。(6)公共服务的凭单制。即政府部门给有关消费者发放某种服务的服务券，消费者凭服务券到相关的非营利组织处进行消费，然后政府用现金收回服务券。实行这一制度的目的是让有关部门为争取消费者手中的服务券而展开竞争，通过给消费者“用脚投票”的机会，促进公共服务水平和质量的提高。使用凭单制的公共服务的成本都是由政府来承担，非营利组织只是负责生产服务。这种制度为相关的非营利组织提供了发展的机会，在与其他组织进行竞争时，非营利组织必须凭借其质优价廉的服务才能取得成功。

在与政府组织合作的项目中，最为典型的就是红十字会的“扶贫救心——红十字在行动”项目活动。为大力弘扬“人道、博爱、奉献”的红十字精神，保护和改善弱势人群的生命与健康，中国红十字会总会与武警总医院(现为中国人民解放军总院第三医学中心)于 2005 年 7 月 28 日联合发起“扶贫救心——红十字在行动”活动，重点救助偏远贫困地区的先天性心脏病患

者，以切实改善社会弱势群体的生活质量和身体健康素质。

“扶贫救心——红十字在行动”以项目为载体，以弘扬人道主义精神为主线，以服务和救助先天性心脏病患者为目标，通过持久长期的运作，努力让更多的贫困先天性心脏病患儿能够接受专业的治疗，早日恢复健康，实现“奉献一份爱心、救助一个患儿、帮助一个家庭”的目的。中国红十字会积极募集社会爱心企业和个人的捐赠；武警总医院组织优质医疗资源，面向偏远贫困地区的百姓，提供先天性心脏病的疾病咨询、义诊筛查、健康讲座、手术治疗、人员培训等活动，将当地不具备治疗条件的贫困先天性心脏病患者接到北京武警总医院接受手术治疗，并对贫困先天性心脏病患者给予治疗费用的减免。

该项活动自开展以来至 2017 年，已开展义诊活动近千场，筛查患者万余人次，实施手术救治 3000 多例，累计投入救助款已达 5000 多万元。

二、非营利组织与企业合作进行项目管理

由于非营利组织自身非营利的性质，其项目的运作往往需要持续的资金，而政府有时候能够提供的资助也有限，所以非营利组织的项目管理就要寻找一些企业进行合作共赢，保证项目的持续进行。并且企业有时候也需要参与一些非营利组织的项目以提高其社会知名度和影响力，这种合作方式是一种共赢的方式①。与企业的合作方式主要包括以下四种：(1)与交易关联的公益推广活动。营利性公司将销售收入的一定比例以现金、实物或设施的形式捐赠给非营利组织。(2)共同主题营销。非营利组织与私人企业达成协议，通过分发企业产品和宣传资料及做广告等方式，共同解决某个社会问题。(3)核发许可证。非营利组织在收取一定费用或提取部分收入的条件下批准营利性公司使用其名称或商标。(4)企业对非营利组织进行公益性捐赠，通过捐赠提升企业的影响力和树立其社会形象。

在与企业进行合作的非营利组织项目中，韩国三星集团一直是我国非营利组织长期合作的优秀伙伴。作为一个具有影响力、负责任的企业，三星一直将“做中国人民喜爱的企业，贡献于中国社会的企业”作为自己的企业理念。在这一理念的指导下，三星围绕教育支援(希望运动)、社会福利(爱心运动)、农村支援(分享运动)和环境保护(绿色运动)四大领域开展了一系列

① 耿立新：《对国际非政府组织管理的对策建议》，《江南社会学院学报》，2004 年第 12 期。

社会公益活动。三星在中国青基会设立了“希望工程三星 Anycall 基金”。

截至 2012 年，三星 Anycall 已经向该基金投入了 900 万元人民币，在中国的贫困地区建设了 45 所希望小学，覆盖了包括黑龙江、吉林、辽宁、河北、天津、内蒙古、山西、河南、江西、湖南、湖北、福建、云南、贵州、四川、重庆、广西、陕西、甘肃、宁夏、青海、新疆、西藏共 23 个省(区、市)。

三、非营利组织自身进行项目管理

随着社会环境的变化和非营利组织自身的不断完善，使得我国的非营利组织在越来越多的项目运作当中具有了自己开发、设计、执行的能力。通过不断的学习和与国外先进非营利组织的经验交流，我国的非营利组织在众多的活动和突发事件中都表现出了强大的持续力和凝聚力。以 2008 年汶川地震为例，中国红十字会、中华壹基金等非营利组织，都通过自身的组织平台出色地完成了使命和任务。尤其是在 2008 年北京奥运会中，中国志愿者更是成为奥运会的代名词，他们出色的专业素质和能力，使得北京奥运会成为史无前例最成功的一场运动盛典。这当中，就离不开非营利组织的参与和贡献。

事实证明，我国的非营利组织有能力在一些活动中独立完成一些项目。所谓独立完成项目，就是非营利组织在保持独立性的前提下，通过自身的努力提供某种公共服务，满足特定的公共需求。非营利组织为了保持独立性，往往通过收取会费、接受私人捐赠、服务收费等形式筹集资金，依靠自身力量提供各种形式的公共服务。当然，我国非营利组织参与公共服务供给基本上是无偿的，仅有极少数组织(约 3.7%)供给是完全有偿的服务，有 39.5% 的组织提供一定补偿的服务项目(来补偿经费不足)。此外，非营利组织还可以通过志愿劳动的形式提供人们需要的服务。

非营利组织自身进行项目管理往往具有一定的风险，这就要求政府和一些有责任心的企业进行适时的监控和帮扶，让我国的非营利组织能够健康地成长。非营利组织的项目管理涉及许多的利益相关者，所以，项目的实施也必须综合考虑多方的因素和条件，不断调和各方的需求，使得非营利组织能够在多方参与的情况下顺利完成项目运作。

在非营利组织自身进行的项目活动中，中国红十字会为大力弘扬“人道、博爱、奉献”的红十字精神，保护人的生命和健康，积极发挥政府在保障和改善民生、建设和谐社会方面助手的作用，自 1999 年起即组织开展了针对困难群众进行人道救助的“红十字博爱送万家”活动。自“红十字博爱送万家”

活动开展以来，总会筹集资金 7068 万元，为 35.34 万户 141.36 万人送去慰问物资；地方各级红十字会在活动中积极开展募捐活动，共筹集价值 13.62 亿元的款物，为 680.88 万户 2723.54 万贫困人群送去慰问物资。目前，此项活动遍及全国，募集款物逐年增加，受益人口逐年扩大，得到了社会的广泛认可，已经成为中国红十字会对困难群众进行人道救助的一个品牌项目。

第四节　非营利组织项目管理的品牌塑造

企业发展中的品牌研究目前已比较深入，但非营利组织中的品牌研究则较少。在非营利组织市场化运作的今天，品牌起着越来越重要的作用。科学的品牌经营是获得市场成功的保障，它同时是促进社会资源、自然资源进入新的组合方式的最佳平台。品牌是指不同竞争者为相互识别而赋予各自产品或服务的名称、说明、标记、符号、形象设计以及它们的组合。这是美国营销协会(AMA)1960 年对品牌的定义，它被营销管理界普遍接受。非营利组织项目管理的品牌所强调的是，以文化为存在方式，以活动内容为依托，为实现公益目的和组织使命而施行带有个性化倾向的品牌运营统一体。

一、非营利组织项目品牌塑造的内涵

品牌是刺激非营利组织发展的一个重要的内在工具，非营利组织拥有的最大竞争优势之一就是其通过长期努力塑造出来的品牌，它通过品牌名称、标记、符号、个性或者承诺等明确告诉公众和世界它是谁。当营利组织渗透到非营利性业务中来时，非营利组织原有的公益优势逐渐消失，品牌建设已成为非营利组织应对激烈竞争的一个重要营销手段。

非营利组织的品牌所强调的是，以文化为存在方式，以活动内容为依托，为实现公益目的和组织使命而施行带有个性化倾向的品牌运营统一体。品牌在企业发展中的研究已比较深入，但在非营利组织中的研究较少。在非营利组织市场化运作的今天，品牌起着越来越重要的作用。科学的品牌经营是获得市场成功的保障，它同时是促进社会资源、自然资源进入新的组合方式的最佳平台。

对于非营利组织来说，一个强大的品牌会使捐赠者、志愿者、拥护者、政府部门等迅速地信任组织。强大的品牌能帮助保留忠实的拥护者，确保组

织的筹资渠道，保障政府政策的调整，吸引更多的志愿者和职员，并且确保组织能顺利渡过危机。当顾客及其他利益相关者与非营利组织接触时，他们都会把所见、所感与品牌联系在一起。品牌是志愿者和组织成员向服务对象传递的信息，是公众从媒体获得有关的非营利组织的信息，是非营利组织的活动宣传途径，还是公众与组织交流的重要媒介。

二、非营利组织项目管理品牌塑造的意义

1. 塑造非营利组织项目的品牌，可以提升其自身公信力

非营利组织的公信力应是它在社会上被接受和信任的程度。一个优秀的公益组织是不被任何利益集团所左右的，它始终能够按照它的愿景和使命行动，保持其独立性和民间性。建立非营利组织品牌，通过品牌推广活动，使公众认识该品牌；通过品牌建设活动，使公众了解该品牌。拥有良好的品牌形象，可以提升非营利组织的公信力。

2. 塑造非营利组织项目的品牌，有利于进行市场细分，进而市场定位

市场细分是将庞大的潜在市场划分为不同的对象。市场定位是指组织设计自己的形象和价值，从而在目标顾客心中确定与众不同的地位，便于组织的消费者理解并欣赏该组织独特的理念。塑造非营利组织特色鲜明的品牌，能够使目标公众产生归属感，有助于他们对品牌产生认同感，进而支持该品牌。

3. 塑造非营利组织项目的品牌，可以得到更多、更具体的资金来源

为了服务公众、实现组织目标，非营利组织必须提供相应的产品或服务，而且必须筹得资金。建立自己的品牌，在很大程度上会鲜明地亮出组织的特性，从而得到更多的资金来源。企业选择非营利组织捐赠对象时，很大程度上要从捐赠双方品牌契合度上考虑。

4. 塑造非营利组织项目的品牌，有利于提高效率

非营利组织运作市场化、建立品牌，意味着对公益项目开发、运作的全面控制和协调。在品牌营销框架之外，如对有关项目的决定是任意做出的，则会导致无效及高成本。很多时候，非营利组织的预算非常紧张，成本效益最大化对它们来说意义重大。建立非营利组织品牌，规划完整的品牌营销战略，对实现组织目标非常重要。

5. 塑造非营利组织项目的品牌，有利于提高消费者的满意度

有效的营销是“从使用者出发的”，它强调衡量和满足消费者需求的重要性。开发产品或服务更像是在提供一个较高的满意度。建设非营利组织品

牌，建立其独树一帜的风格，让消费者有心理上的认知与认同感，可以提高他们参与组织活动的满意度。

三、中国非营利组织品牌塑造的有效途径

通过以上对品牌建设的分析，我们认为非营利组织品牌的塑造和发展有以下一些途径。

1. 品牌塑造注重情感沟通、诉求

与企业品牌运作不同的是，非营利组织的公益特点从内在上要求品牌运作中要更加突出情感上的沟通。因此，在品牌形象设计、塑造方面更要注重目标公众的情感诉求。中国妇女发展基金会是以女性为帮助对象的公益组织。给大家留下深刻印象的中国妇女发展基金会的宣传品牌项目是“大地之爱·母亲水窖”。“大地之爱·母亲水窖”项目于2003年11月被评选为“中国十大公益品牌”之一，它的核心内涵是：大地生长万物，母亲养育人类。万物感恩和关爱大地，人类感恩和关爱母亲，这就是“大地之爱”。项目品牌高举母爱的旗帜，倡导社会以捐建水窖的形式关爱缺水的妇女并惠及他人，他们将捐建的水窖称为“母亲水窖”。“大地之爱”是一个永恒的主题，“母亲水窖”是一个专项扶助行动，这个项目包含了爱母和母爱的双重意境。母爱、爱母是中国人民的传统美德，这个主题唤起了公众的爱心，在全国妇联的领导下，通过各级妇联网络的发动和媒体的强力参与，至2000年底，中国妇女发展基金会为该项目共募集善款1.16亿人民币。

2. 品牌建设运作，紧扣组织使命

非营利组织关注的是社会公益事业，建立品牌为的是能更好地为公众服务，这就要求组织在品牌运作中紧紧抓住组织使命这个主题，让所有的品牌建设活动都围绕使命开展①。“三辰影库”是希望工程的深化，它已被命名为“中国青少年素质教育的希望工程”。中青会筹划的“三辰影库”项目，是一个超大规模的影视经典作品集成，已经推出一套九年制义务教育全动画VCD教材和幼儿班应用的美术等全动画教材。此外，还推出了由1000部中外优秀少儿影视片构成的“VCD影库”，其中包括37个系列的故事片、动画片、知识专题片，今后还将开发各种优秀作品的激光唱片、“CD-ROM电子库”。这些将构成“三辰影库音像电子馆”。“三辰影库”做这些事情的目的并不为了

① 陈祝平：《品牌管理》，北京：中国发展出版社，2005年。

赚钱，而是承担起了一项义务、一种责任。他们贯穿始终的就是他们的使命——“把世界上最好的影片献给孩子”。“三辰影库”的活动全部是围绕实现其使命展开的。

3. 运用事件营销，树立传播品牌形象

在品牌推广的过程中，要充分运用事件营销的时机，进而实现树立品牌形象并将其传播的目标，提高非营利组织的知名度、美誉度。2005 年，复旦大学借百年校庆之机，树立了我国非营利组织品牌推广的典范。从同年 9 月开始，复旦大学举办了一系列百年校庆庆典活动，这其中既有百年庆典晚会等文艺活动，也有国内外百位校长参加的学术性论坛，还包括建校一百周年纪念碑揭幕和校史博物馆落成等仪式。其中，胡锦涛总书记和联合国秘书长安南的亲笔贺信，更是成了庆典活动中的一个亮点。各个院系也举办了建系周年庆典，体现了复旦的深厚底蕴。复旦大学整个庆典的安排，特别像商业品牌的推广，不同之处在于它是由一所大学发起的。复旦大学的这项活动不仅提升了自身的知名度，同时也说明了品牌推广在非营利组织中是需要的，且是切实可行的。

4. 品牌管理透明化，与公众互动

与企业的资金来源不同，非营利组织的资金除部分由政府拨款外，大多是来自公众的捐款。拿着公众的资金，要更加负起责任来，让资金的每一笔花费都合理，每一笔走向都明晰[①]。让公众清楚地知道所捐之款都用在哪里。在这里，就可以借鉴上市公司的做法，定期向公众交代账目。与捐助者建立联系，清楚地告知每一笔捐款的走向，这样不仅让公众知情，且可以获得他们的信任，提升品牌形象。同时，非营利组织也要接受公众的监督，积极处理公众提出的问题，维护品牌形象。

中国非营利组织的项目管理还处于起步阶段，我们在总结经验教训的情况下也要为我们取得的成绩感到骄傲。但是我们不能故步自封，更要看到我国非营利组织在现阶段所面临的危机公关。我们所处的社会环境将更加复杂，各种突发情况也对非营利组织提出了更高的要求，但是我们必须对中国的非营利组织充满信心，坚信非营利组织在项目管理上能够有更好的表现和长久的发展。

---

① 陈祝平：《品牌管理》，北京：中国发展出版社，2005 年。

思考题

1. 非营利组织项目管理的要素有哪些?
2. 简述非营利组织项目管理的程序。
3. 非营利组织项目管理的方式有哪些?
4. 论述非营利组织项目品牌塑造的有效途径。

综合案例 北京春苗儿童救护服务交流中心的孤残儿童救助项目

北京春苗儿童救护服务交流中心于2013年10月由北京春苗慈善基金会资助,在北京市民政局注册成立,法人代表为崔澜馨,在2017年度社会组织等级评估中被确定为4A级。春苗人坚守"愿每一个孩子都拥有家、健康、关爱、快乐和希望"的愿景,秉承"爱与专业"的服务理念,为患有先天性疾病的困境儿童提供"全人多元"社工服务,遵循以"儿童为中心"的原则建立躯体、心理、社会的儿童支持体系。通过"实践—教研—推广"模式,促进儿童救助服务体系的不断完善。

北京春苗儿童救护服务交流中心开展的项目有:小花关爱项目、小苗医疗项目、小树成长项目。(1)小花关爱项目:与贫困地区福利院合作,为0—18岁患有先天性疾病的孤残儿童提供"全人多元"社工服务,帮助他们顺利融入领养家庭,能够独立有尊严地融入社会。(2)小苗医疗项目:为0—18岁患有先天性疾病的孤贫儿童提供以"儿童为中心"的躯体、心理、社会的全人医疗救助服务。采取"社工+志愿者"的联动模式,遵循医务社工服务理念,帮助患儿寻求医疗资源、提供资金支持和生活帮助,协助医患沟通,给予疾病护理和康复指导,完善社会关系,让受助者自助并希望其成为帮助者。同时开展医务社工培训和开发实习基地,为行业输送拥有实践能力的服务型人才。(3)小树成长项目:与贫困地区福利院合作,为0—18岁患有先天性疾病的孤残儿童提供"全人多元"社工服务,帮助他们顺利融入领养家庭,能够独立有尊严地融入社会。

2017年5月9日,民政部办公厅发布了《民政部办公厅关于2017年中央财政支持社会组织参与社会服务项目立项名单的通知》,北京春苗儿童救护服务交流中心申报的《小花关爱孤残儿童救助服务试点项目》通过立项,获得中央财政立项支持。据民政部《2017 年社会服务发展统计公报》显示，截至 2017 年底，全国共有孤儿 41.0 万人，其中集中供养孤儿 8.6 万人，社会散居孤儿 32.4 万人，全国共有儿童收养救助服务机构 663 个。对儿童尤其是孤残儿童的照护和养育越来越需要专业力量的投入。小花关爱项目从 1995 年开始实施，起初由志愿者团队接收福利院的重症孤儿给予救助服务，2013 年纳入春苗慈善基金会项目部管理运作，2017 年转入春苗救护服务交流中心独立运营。20 多年来，小花关爱项目都在坚持一件事情——给孤残儿童专业的救助服务，这些孤残儿童大都是早产或有复杂治疗需求的重症儿童。项目的工作人员会根据婴幼儿身心发育特点，为每个孤儿定制科学喂养与护理计划，建立成长档案，以妈妈般的陪伴培养他们安全感，支持孤儿进入领养家庭融入社会。项目从孤儿接收、救治、养育并得到领养，有严格的服务标准和规范，配备 94 人的专业团队，这些具备专业能力的保育阿姨实行两班倒提供 24 小时护理服务。更值得骄傲的是，项目救助的早产儿存活率达到了 95%，北京春苗儿童救助基金会与业内专家共同撰写了《早产儿家庭养育指导手册》。

截至 2018 年 6 月 30 日，小花关爱项目为重症孤儿提供救助服务累计达 3349 人次；小苗医疗项目为患儿提供资助服务累计达 2214 人次，医务社工为患儿及家属提供救助咨询服务累计达 8513 人次；小树成长项目服务孤残儿童累计达 241 人次。2018 年 9 月，“中国慈善信用榜”发布会在清华大学隆重举行，春苗基金会凭借良好的公信力、透明度、品牌及社会影响力，入选该榜单，在“民间筹款型慈善机构”排名第七。在 2018 年底的中国公益年会上，崔澜馨获得“2018 年度中国公益人物”的荣誉。2018 年底，中央电视台《社区英雄》栏目组走进春苗，访谈了春苗慈善基金会秘书长、北京春苗儿童救护服务交流中心法人代表崔澜馨，记录了很多救助孤儿的故事。

（资料来源：根据北京春苗慈善基金会网站资料整理，网址：http://www.cmjjh.org/WebSite/Index，访问时间：2019 年 1 月 16 日。）

讨论题：

1. 北京春苗儿童救护服务交流中心孤残儿童救助项目的重要意义是什么？
2. 民间慈善组织如何有效地以项目形式参与社会公益服务？

第十五章 非营利组织的募捐管理

非营利组织在成立以后，最重要的活动之一就是为实现组织目标而进行募捐。随着经济发展水平的提高，社会中蕴藏丰富的募捐资源，有效地开发这些资源，是非营利组织的主要功能之一。但是在全球化的市场条件下，非营利组织募捐将面临竞争与诚信的双重考验，掌握适当的募捐技巧、建立有效的募捐机制，对中国非营利组织而言具有重要的意义。

第一节　非营利组织募捐概述

一、非营利组织募捐的重要性

所谓募捐，就是指非营利组织将社会的资源汇聚起来用以满足组织自身及社会的相关需求。成功的募捐对于非营利组织的成功至关重要，在米歇尔·诺顿(Michael Norton)看来，非营利组织募捐的重要性表现为五个方面：生存、扩张和发展、降低依赖性、组建自己的支持者队伍、创建自立的可持续发展的组织。[①] 对于中国非营利组织来说，募捐的重要性表现为以下五方面。

1. 持续生存的需要

为了生存与发展，非营利组织首先必须有资金支持。除了支付员工薪酬需要资金、开展项目需要资金、进行日常管理需要资金外，非营利组织最重要的是要考虑资金使用的延续性，保证非营利组织的长远发展，如果没有长期的资金筹措，非营利组织很容易陷入生存的困境。据清华大学 NGO 研究所对 1508 家非营利组织进行的调查结果分析，有 41.4%的非营利组织认为资金缺乏是制约其发展的最突出问题，占所有非营利组织面临问题的第一位。[②]

2. 拓展业务的需要

很多非营利组织之所以不能够主动去发展业务，很大程度上是因为受制于资金；有些非营利组织明明有很多事情需要去做，却总是因资金紧张而展不开手脚；还有些组织面对日益庞大的需要市场，例如照顾留守儿童的非营利组织，却因为资金有限，发现自己什么也做不了。非营利组织要扩展自己的业务，或拓展新的业务，都需要资金支持。

3. 适应国际募捐市场竞争的需要

随着全球化的发展，西方国家的募捐市场相对成熟，而国内非营利组织的募捐市场相对薄弱，未来的竞争都将在全球化的背景下进行，如果中国非营利组织不能够建立起有竞争性的募捐机制，那么将面临国外募捐市场的严

---

① ［美］米歇尔·诺顿：《全球筹款手册：NGO 及社区组织资源动员指南》，张秀琴、江立新译，北京：中国人民大学出版社，2005 年，第 1—3 页。

② 崔执树：《我国非营利组织筹资现状及对策研究》，《北方经济(综合版)》，2007 年第 23 期。

峻挑战。因此，中国非营利组织应尽快建立起自己的募捐机制与募捐模式，以应对国际市场的挑战。

4. 降低依赖性的需要

中国许多非营利组织的资金来源靠政府的资助，带有浓厚的官方色彩，由于资金受限制，有的非营利组织甚至仅仅是政府的某种辅助性工具，这大大限制了其功能的发挥；还有些非营利组织仅仅依赖于某一个或为数不多的几个捐助者，一旦募捐被撤回，非营利组织将面临解体风险，因此，为了增强非营利组织的生存力，非营利组织需要建立起并拓宽自己的募捐渠道。

5. 应对突发事件的需要

突发事件，例如地震、冰灾、洪灾、泥石流等，对人们的生命财产安全造成严重威胁，非营利组织作为社会灾害的主要责任承担者，需要及时动员整个社会的资源，帮助灾区渡过难关或重建家园。因此，建立起行之有效的募捐渠道，将社会闲散资金汇聚起来，可有效地增强非营利组织应对突发事件的能力。

二、非营利组织的资金来源

从世界范围来看，非营利组织的资金来源不外乎四个渠道：民间捐赠、服务收费、政府补贴和外国援助。所有国家的非营利组织都或多或少地依赖前三种来源，但对于那些发展中国家的很多非营利组织来说，外国捐款也是一个重要的资金来源。就中国非营利组织而言，根据邓国胜的《中国 NGO 问卷调查的初步分析》，政府补贴占 53%，服务收费占 31%，民间捐赠占 10%，外国援助仅占 2%，还有其他收入占 4%。[①] 总体来看，中国非营利组织的资金来源主要有以下五个方面。

1. 政府补贴

政府补贴主要包括两种方式：一是直接的方式，即政府拨出部分税收收入用于资助非营利组织；二是间接的方式，即给非营利组织捐款的个人和企业提供减免税的待遇，并给非营利组织收入免税待遇，实质上是将本应由政府收取的税款用于资助非营利组织。

2. 社会捐赠

社会捐赠既包括企业捐赠，也包括社会团体及个人捐赠，主要是企业捐

---

① 吴凤珍、刘德建：《中国非营利组织的资金来源及分析》，《法制与社会》，2006 年第 12 期。

赠。世界各国为了激励企业自愿捐赠行为，都普遍采取了以减免税为主要形式的优惠措施，若企业为慈善组织捐款，则企业的所得税可以抵扣或宽免。在发达国家，民间捐赠比例最高的是美国，也仅占到 19%，其余国家则更为有限，英、德、法、日分别仅占 12%、4%、7%、1%。

从中国的社会捐助情况来看，社会捐赠正处于一个良好的发展趋势，据民政部《2017 年社会服务发展统计公报》，截至 2017 年底，民政部门和社会组织共接收社会捐款 754.2 亿元。

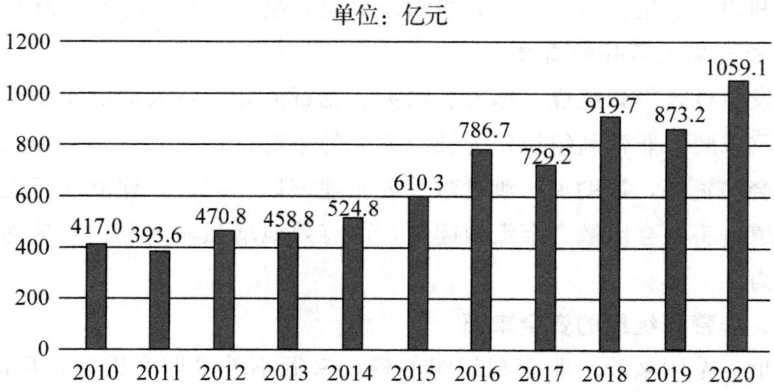

图 15-1　全国社会组织捐赠收入情况(2010—2020 年)

3. 会员费

会员费是一种较为传统的筹资方式。它是伴随着组织成立而成长起来的一种原始的筹资方式。它相当于那些有会员的组织中组织会员的个人费用份额。目前我国非营利组织收取会员费占自创收入的比重整体上偏高。

4. 有偿服务

有偿服务是非营利组织获得资金的极其重要的来源，在一些国家，来自有偿服务收费活动和商业经营的收入超过了所有其他来源的收入，构成了非营利组织总收入的最大部分。有偿服务的收入主要有两个来源：一是对外提供服务所获得的收入，如接受政府委托提供有关服务，此外，非营利组织通过发行彩票募集"慈善博彩"资金也属于有偿服务的范畴；二是向会员企业提供的有偿服务，这在国外比较普遍，比如行业协会等。另外，一些非营利组织，比如非营利医院、大学等，通过提供特定的服务，向服务对象收费来弥补成本的一部分甚至全部。但是在中国，非营利组织在有偿服务项目中的收入比较少，限制了非营利组织的进一步发展。

5. 外国援助

外国援助包括来自发达国家政府机构、基金会和其他非营利组织的拨款和捐款，它是发展中国家非营利组织收入的重要来源。

三、人们捐助非营利组织的动机

非营利组织募捐管理主要研究人们对非营利组织的捐助，了解人们的捐助动机有助于非营利组织更好地开展募捐工作。关于人们捐助的动机在西方国家研究比较成熟，Neiheisel(1994)在考虑了企业的商业环境和政治气候的影响后，指出企业捐赠是为了获得可靠的利润和从重大外部公共事件中减少处罚。Harbaugh(1998)、Stephenbrammer and Andrewmillington(2005)以及Benabou and Tirole(2006)通过实证分析发现捐款人有向公众公开自己捐款信息以获得声誉的偏好，公益捐赠额度高的企业拥有更好的声誉，公益捐赠能弥补企业在社会上不负责任的行为，可以保护企业声誉。Cooter and Broughman(2005)则通过分析指出人们捐赠起因于一种利他主义的动机和倾向。

美国非营利组织学者詹姆斯·盖拉特(James P. Gelatt)则总结了可能激发大额捐助的七种动机。①

(1)个人决定因素。关心环境保护可能就是一个典型的例子，当某人收到“野生环境协会”的请求，而这位受邀者正好非常重视环境的维护，“野生环境协会”就可能因此获得捐赠。

(2)认可该机构经营有方。某一家公共电视台连续几年都在年底要求赞助者提供额外捐助，以帮助平衡财政赤字，这样一来反而暴露出该台对其募集的资源管理不善，效果可能适得其反。

(3)跻身士绅名流。大专院校经常利用意义重大的校友会(如10年、20年的聚会等)，成功地募集高额的捐款。在这些特殊的场合中，出席的校友们得以与显赫的社会名流如运动明星、电视红星、政治家们摩肩接踵、面对面地接触，因而有较强的荣誉感(不论任何校友团体，总会有认识名流的亲友或同窗吧)。

(4)义务和责任感。某些团体中老一辈的捐助者仍存有这种应尽义务的心态，不过对年轻一辈而言却不尽然：就像战后的“婴儿潮”人士，他们认为

---

① [美]詹姆斯·P. 盖拉特：《21世纪非营利组织管理》，邓国胜等译，北京：中国人民大学出版社，2003年，第112—113页。

要获得尊重是必须付出代价的，他们的捐助不受义务与责任感的影响，这些不构成他们赞助的充分理由。

(5)借资助表达感激。愧疚如果是阴暗面的反映，感激就是光明面的表露，医院和保健机构都知道，一些心存感激的患者及其家属都可能成为主要赞助人；同理，某位校友为了表达对母校的感激之情，可能发起类似的捐助。

(6)鉴于这项事业值得资助。企业提供赞助是一种普遍的行为，因为赞助对它们有利，对某些全职或兼职的创业者或者顾问而言，可能也是极具创意的激励方式。

(7)通过资助行为成就大我。除了肯定该项非营利事业的意义以外，心存感激，希望能为完成大我而贡献一己之力，这是更成熟的动机，这种动力不但能持久，也可成就多方面的期望，这才是一个非营利机构应该竭力开发的重点。

从国内来看，研究捐助动机的文献较少，现有文献侧重企业捐助的经济动机研究，例如，有学者从汶川地震的实证资料证明：公司业绩对总捐款和现金捐款的数量和占收入比例都有显著的正面影响；负债率高的公司，其总捐款占收入比例要显著高于其他公司，并认为负债率越高的公司可能更依赖外部资本市场，因此希望通过捐款得到更好的社会声誉，更有利于从外部融资。[①] 另有学者对企业捐献的经济动机进行了归总研究：基于广告效应视角的企业捐赠动机研究，基于企业声誉视角的企业捐赠动机研究，基于战略安排视角的企业捐赠动机研究。[②]

第二节 非营利组织募捐的基本模式

从捐款者和受益者这两类主体是单一还是复数出发，可以将非营利组织的募捐模式排列为四种：单一捐款者 vs 单一的受益者；单一捐款者 vs 复数

① 山立威、甘犁、郑涛：《公司捐款与经济动机——汶川地震后中国上市公司捐款的实证研究》，《经济研究》，2008 年第 11 期。

② 冯建、程文莉：《企业捐赠的经济动机与影响因素：综述与启示》，《经济学动态》，2010 年第 9 期。

的受益者；复数的捐款者 vs 单一的受益者；复数的捐款者 vs 复数的受益者，即"一对一""一对多""多对一""多对多"。[①] 这里的"一"既可以是个人，也可以是法人，如民营企业、希望小学等；这里的"多"既可以指多个自然人，也可以指多个法人。

一、"一对一"募捐模式

"一对一"募捐模式即由单数的捐款者（包括单数的自然人与法人）以单数的受益者（包括单数的自然人或法人）为目标的捐款模式（见图 15-2）。"一对一"模式比较典型的当属中国青少年发展基金会（下简称"青基会"）"希望工程"之"1+1"助学行动。在"1+1"助学行动中，捐款人根据青基会的项目设计，挑选被资助儿童，将捐款汇给中国青基会或省一级的希望工程实施机构。青基会再负责将助学金转拨给受助学生，并通知捐款人。之后，捐款人与受助学生之间可以直接通信，由学生向捐款人汇报捐款使用情况及学习成绩。由此看出，劝募人（青基会）作为中介者，主要起到了帮助资助双方结对的作用。起初，青基会提出"零成本"运作要求，即捐赠人每一分钱都将用于被资助儿童，而青基会只能依靠时间差进行投资获得必要的行政费用。在这种情况下资金在两个环节中不会流失。但是，自 2004 年《基金会管理条例》规定了 10%的行政费用之后，青基会才从目前的捐款中明确提出行政成本。例如，在"圆梦行动"项目中，捐助标准为一名特困大学生 4400 元/年，其中受助学生的助学金 4000 元，中国青基会项目管理及行政费用 400 元。这样，在无形当中就将增加的成本转嫁到资助人身上，有可能导致捐助人的捐助热情降低。

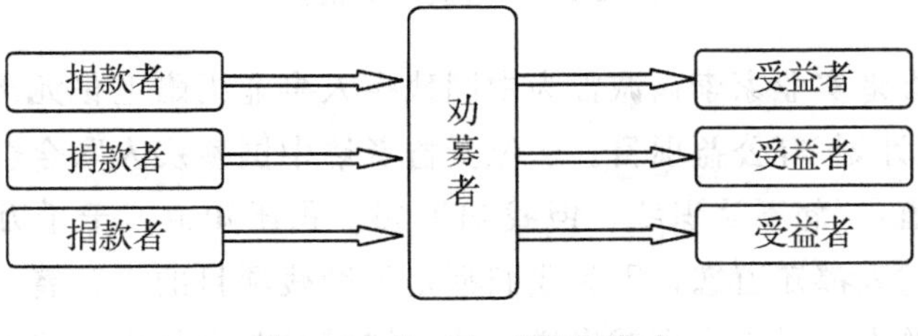

图 15-2 "一对一"募捐模式

可以说，一对一捐赠是人类社会最常见、最直接的慈善举动。这种捐赠

---

① 徐宇珊、韩俊魁：《非营利组织筹款模式研究——兼论世界宣明会筹款模式》，《中国非营利评论》（第四卷），北京：社会科学文献出版社，2009 年，第 174 页。

方式最大的优点在于资金透明度高、资助双方易建立密切关系。一对一的捐赠形式体现为直接的人际关系信任基础。在青基会的助学行动中，与其说资助人的信任感来自对这个公益机构的信任，还不如说是对这种明确可感的资助方式的信任。该模式隐含了“资助的完整性”，即每一笔“标准化”捐赠能够实现一个完整的公益目标，其信任基础是明确的资金流向。捐款人通过与受助儿童的通信可以得知自己的捐款完全给予了被资助者，而没有被任何中间环节克扣，于是客观上形成了对“希望工程”的刚性自动监督机制。但是，这种以个人慈善心的激发为起点的运作方式不利于转化为一种制度化的安排，从而将更多的募捐用于更多需要资助的人们。同时，这种捐赠模式限于助学等规定明确捐助额度的项目，对于公共卫生、综合扶贫等项目却基本上无能为力。

二、“一对多”募捐模式

所谓“一对多”募捐模式，即由单数的捐款者(包括单数的自然人与法人)以不特定的受益者(包括不特定的自然人或法人)为目标的捐款模式(见图 15-3)。“一对多”模式中，捐赠者仅限于那些经济实力比较雄厚的捐赠个体。这些资助者可能是自然人或法人，而受助者依然为不特定群体。

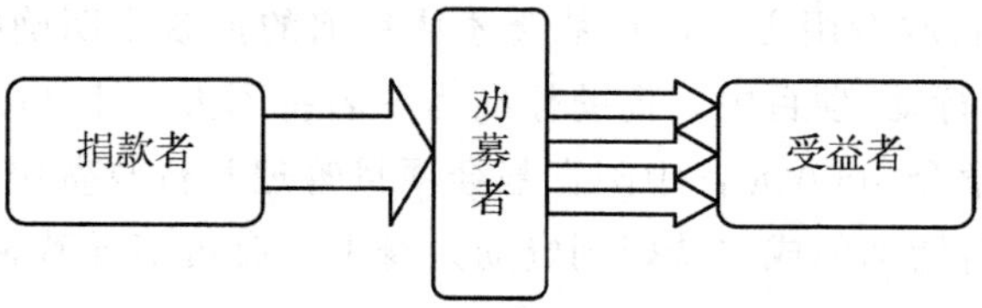

图 15-3 “一对多”募捐模式

例如，香港实业家李嘉诚曾为中国残疾人事业捐赠上亿元港币，实施了“长江新里程计划”等公益项目。一位受益者请中国残疾人联合会转寄给李嘉诚的信中写道：“您不认识我，但我知道您。我还知道，千千万万像我这样的您不认识的人都知道您，因为我们都是您助残项目的受益者，都是对您心存万分感激的人。”对于李嘉诚来说，他只知道受益方是中国残疾人群体，而并不清楚具体的受助对象。对于受益者群体来说，他们很清楚资金的来源而对捐赠者抱有深切的感激之情。这是典型的“一对多”募捐模式。

这种模式对于树立慈善典范、调动一些富有者的捐赠热情来说有很大作用。但是，这种模式对于捐赠主体的条件要求非常高，在将单一的捐赠者如何变成复数以实现最大限度的募捐方面尚存在困难。而且，这种模式在很大程度上面临捐赠行动经常化的问题，也容易因难以监督捐款的具体去向而损及捐款者的积极性。

三、"多对一"募捐模式

所谓"多对一"募捐模式，即由复数的捐款者（包括复数的自然人与法人）以单数的受益者为目标的捐款模式（见图 15-4）。这类募捐往往由媒体、受助者所在单位发起，在特定的地域和时间内为特定的个人筹集资金，它具有"一次性""特定性""临时性""善款零消耗"等特点。媒体等原本不具备募捐资格的机构充当了临时劝募人的角色。此类捐款的好处在于调动社会力量，增强其公益意识，而且可以在极短的时间内筹集大量资金用于解决受赠方之难题。但是，资金处理结果却往往不尽如人意，尤其当捐款额超过受助者实际需要时，如何处置剩余捐款的问题。

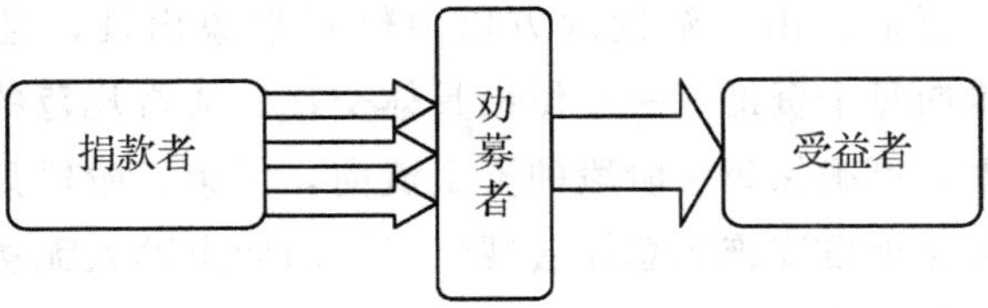

图 15-4 "多对一"募捐模式

四、"多对多"募捐模式

所谓"多对多"募捐模式，即由复数的捐款者（包括复数的自然人与法人）以复数的受益者（包括不特定的自然人或法人）为目标的捐款模式（见图 15-5）。这是一种最为普遍的制度化募捐和资助方式。即捐赠人群体向非营利组织捐赠金额不等的款项，非营利组织将捐款聚沙成塔之后捐赠给受助者群体。但捐款者并不知道自己的捐赠用于哪一个具体的受助者。

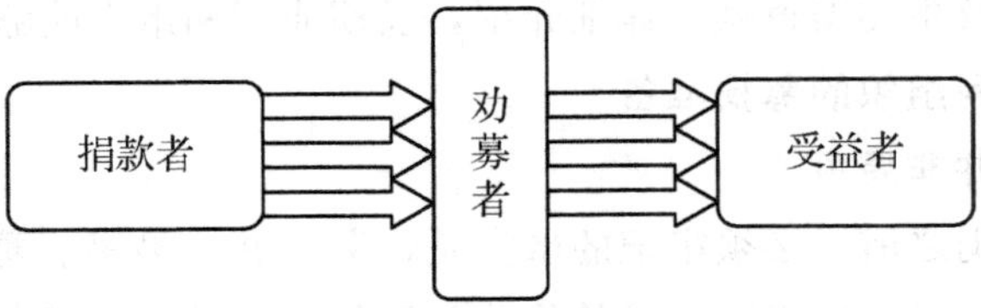

图 15-5 "多对多"募捐模式

慈善机构针对自然灾害发起的募捐活动、中国民政部门发行的福利彩票、大部分公益慈善项目如“幸福工程”和“母亲水窖”等皆属于此类模式。在福利彩票中，彩民在购买彩票时实际就与发行机构达成了约定——即募集资金用于扶老、助残、救孤、济困等社会公益事业。因此，彩民购买彩票的同时实施了社会捐赠，但他们也不知道所募资金的最终使用人，故属于“多对多”的募款模式。

“多对多”募捐模式的特点是：首先，在“多对多”捐款模式中，除了资助者和被资助方是复数的“群体”之外，资助者在进行捐赠时只知道被资助群体的基本概况而并不了解具体的被资助对象个体。其次，资助人无须固定捐赠金额，而是根据自己的经济能力、捐赠意愿选择合适的数额。再次，资金流从资助人群体先到劝募人(非营利组织)，再通过劝募人到达受助人群体，其间必然要扣除劝募人的行政费用或福利彩票的适度奖励等，故资金流在第二阶段将会衰减。最后，由于资助双方以“群体”形象出现，且捐赠金额不固定，劝募者很难向每个资助者一一做出具体交代。通常规范的劝募者会开具专用发票或收据，可确保第一阶段的资金流向，但第二阶段只会在相关网站或媒体上公布公益项目实施的总体宏观情况，因而资助人无法获得自己捐赠金额所对应的受益者信息。

第三节　非营利组织募捐的方式与途径

在全球化环境下，非营利组织募捐市场是高度竞争的，因此，掌握恰当的募捐方法与策略，对非营利组织而言非常重要，特别是作为募捐市场还不成熟的发展中国家来说，募捐需要面临更多的挑战，本部分对募捐的基本技巧、方法策略及主要渠道做了详细介绍，以期非营利组织能够成功募捐。

一、非营利组织的募捐准备

(一)募捐并非易事

在进行募捐之前，必须牢记的事实是，募捐并非易事。募捐行为是一种公益行为，捐款者是出于善心或其他公益思想而捐款，并且捐款者一旦捐出钱款，会希望知道自己的钱款是否能够发挥有效作用，因此，专业的募捐者需要找到合适的募捐人选，是很困难的事。募捐失败的例子很多，这就要求募捐人要掌握募捐的基本技巧，这样才能提高募捐的成功率。作为非营利组织，要破除传统上的那种“等”“靠”“要”思想，主动走出去寻找募捐的机会，要将募捐作为一种事业来对待，如果募捐成功，既是对自己能力的锻炼，又使受益者得到更多帮助，是一种双赢的结果。

(二)募捐的基本原则

掌握一些基本的募捐原则有助于募捐成功，这些原则有：

1. 必须去求人

求人是募捐的基本原则之一，募捐并非易事，必须有求人的勇气与胆量。一家大型慈善机构在调查一项针对失学儿童的慈善活动时，曾询问过那些没有参加捐助活动的人：“为何不参加捐助活动?”对方的回答很简单：“因为从来没有人来请求我们实施帮助。”募捐市场非常巨大，可以说人人都有慈善的内在冲动，关键是募捐人如何去激发他们潜在内心深处的这种冲动。募捐人必须树立这样的信念：我是为了帮助别人而去求人，是为了使生活更美好而去求人，这样去求人是一件很光荣的事。

2. 运用具有个性的募捐方法

通常来说，募捐人所运用的募捐方法越具有个性，就越有效率。许多人喜欢摆一个募捐摊子，制作宣传单子等待别人前来捐款，这样的方法成效不大。独特的方法才能够有效地打动捐款人，引起他们内心的共鸣，例如，可以请未来的捐款人会见一下受益人或让他参观你工作的成效，也可以带上相片、录像等资料向未来的捐款人直观地展示受益人需要的帮助，还可以通过策划感人的公益活动打动捐款人等，这样主动的方法比起等待别人来到你面前捐款要强得多。

3. 站在捐款人的角度思考问题

捐款人为什么要不计回报地捐款，这是募捐人必须深思的一个问题，募捐人必须明白，很多捐款人之所以愿意捐款，不是因为他资金多得不得了，而是你的表现触动了他，或者说他认为值得为你捐款，物有所值，能够从捐款中获得另一种回报，这种回报可以仅仅是精神上的，例如，得到别人认可；也可以是物质上的，如获得奖励。因此，成功的募捐人必须站在捐款人的角度思考问题，让他看到希望看到的结果，利用恰当的方式激发捐款人的捐款兴趣和热情。

4. 培训募捐人

要想提高募捐的成功率，就必须培训募捐人，募捐人的素质会直接影响募捐效果。杰罗尔德·潘纳(Jerold Pannas)在《天生募款高手》(*Born to Raise*)一书中访谈了业界公认的50位顶尖高手，整理出下面募捐成功率高的一些条件，如博览群书的专家、目标导向与激励、重视细节的坚持者、申请赞助大无畏、对其服务的组织宗旨具有高度的认同、擅长倾听、努力不懈、勇于任用强者、对组织的发展具有前瞻眼光，且能充分与人沟通组织的愿景。[①] 只有对募捐人进行培训，才有可能取得理想的募捐效果。

5. 掌握恰当的募捐时机

掌握恰当的募捐时机非常重要，甚至有时会达到事半功倍的效果。要掌握恰当的募捐时机，首先必须对募捐市场做深入调查，了解募捐的成效、捐款人对组织的评价、捐款人的捐款兴趣等，这些有助于改善组织的募捐环境并抓住关键的募捐人；其次还要对募捐市场做可行性研究，募捐人必须了解：本组织最可能的资助者是谁？目标群体是否充分了解组织使命、目标及相关活动，他们对组织有什么样的价值观？假如组织推行募款活动，成功的概率会有多大？这种可行性研究可以委托具有咨询专业的外部单位承办，能够做到知己知彼，有利于抓住最佳的募捐时机，提高募捐的成功率。

6. 善用回馈

如果你接受了别人的捐款，那你就必须做到：按照当初的募捐目的使用捐款，承担必要的责任，不挪用捐款，不欺骗捐款人；经常给捐款人回馈，告诉他捐款的使用情况以及捐款所带来的效果，这样捐款人会非常乐意看到他的捐款起了作用，并愿意与你进一步合作；此外，还应诚心诚意地向捐款人致谢，感谢他的帮助，并希望得到他的再一次捐款，这样捐款人或许会为你的诚意而再次捐款。

(三)制订切实可行的募捐计划

非营利组织进行募捐时会遇到不可预料的风险，因此，制订切实可行的募捐计划不仅有助于减少环境变化的冲击，而且为募捐指明了努力的方向，最小化了资源和时间的浪费。根据Joanne Fritz的研究，一项有效的募捐计划包括六个步骤。[②]

---

① [美]詹姆斯·P. 盖拉特：《21世纪非营利组织管理》，邓国胜等译，北京：中国人民大学出版社，2003年，第105页。

② Joanne Fritz：6 Steps to a Fundraising Plan for a New Nonprofit，http：//nonprofit. about. com/od/fundraisingbasics/tp/basicfundraisingtips. htm.

1. 制定募捐目标

你应该有需要募捐的目标金额，以及该款项的用途。是否会将其用于管理费用，是否为正在进行项目或新项目筹集资金，是否要建立一个新的设施，还是成立一项应急基金，以备不时之需，或者是为了弥补赤字，你可能有一系列目标。如果是这样，制定每一个目标的募捐计划。目标应该由董事会制定，并由董事会签署。董事的参与，也为他们参与募捐本身提供了平台。

2. 写下募捐计划

重要的是不要只从一个募捐方案跳到下一个方案。制订一个书面计划，陈述募捐的数量、来源以及募捐方式。不要担心，在着手实施过程中可以修改该计划。并非你所有想法都有用，或者在前进的道路上你可能会找到新的资金来源。从你现有的项目和现有的资金出发。这笔资金是否足以补偿，或仍有缺口？你是否想做得更多，但缺乏资金？这一初步财务核算将帮助你达成目标。

3. 估算募捐计划的成本

包括邮资、网站建设费、特别活动运作费、致力于募捐的工作人员的费用、对协助募捐的志愿者进行管理的工作人员的费用等成本。估算成本时要现实一点，但计划使用具有成本效益的方法，使成本不要耗费掉所有的募捐所得。大多数专家建议，募捐和整体行政费用不得超过整体经营预算的25％。换言之，四分之三的费用应当用于主要业务。

4. 为募捐计划制定一个时间表

用具体的活动填写日历，并确定谁将带头负责这些项目。更进一步，制定每个募捐活动的时间表，如直接邮寄宣传、网上拍卖或计划的捐款会。时间表肯定会在这一年中有所变化，但有一个时间表将确保你取得一些成就。

5. 确定资金来源

是否可以利用当前来源，产生更多的收入呢？有没有你还未倾听到的听众？你是否考虑了政府或基金会的赠款，或者民间团体、教会或大学？利用产品销售或其他方式来实现收入？你是否有能力在线争取到资金？

6. 在这一年里评估你的募捐计划

评价将改善你的结果。计划每隔几个月评估自己在做什么。制定你所使用的标准，如筹集到的金额、新的捐助者数量、与基金会做了多少接触、发展捐助者活动中的改进等。什么是最大的成功？什么是最大的挑战？应该改变、减少或增加哪些？一旦你的组织筹集到一年运作所需的资金，则要接着制订多年的计划，设定更高的目标，使用更加复杂的战略，以及新技术。

二、非营利组织募捐的主要方式

非营利组织募捐的方式多种多样，而且募捐方式越具个性越能提高募捐的成功率，根据不同的潜在捐款人，可以采取灵活多样的募捐方式，甚至可以结合多种手段采取综合化的募捐方式以提高募捐的成功率。

1. 面对面募捐

面对面募捐通常由非营利组织的理事会、专业募捐人或其他高层管理人员与潜在捐款人面对面劝募，由于募捐人拥有一定的权威与资源，容易得到捐款者的信任，因而这种募捐方式成功率也比较高。

2. 信函或邮件

以信函或邮件的方式直接寄给潜在的捐款者，请求获取支持，这是比较常用的方法之一。信函与邮件的成本较低，但是效果也比较差，由于潜在捐款人仅凭信函或邮件无法进一步了解募捐人所在组织的基本情况，因而积极性比较差，募捐的效率因此受到影响。

3. 电话劝募

所谓电话劝募，就是根据收集到的潜在募捐者的对象名单，以打电话的方式逐一向其募捐。电话募捐的关键在于对募捐对象有详细深入的了解，而且了解越深，成功的可能性也越高。但是如何在短短的时间内向潜在募捐人成功募款，也是一个很有讲究的问题，这时培训募捐的沟通能力非常重要。电话募捐一般由志愿者担任，也可由非营利组织的专业募捐人担任，以提高募捐的成功率。

4. 网上募捐

随着全球化、信息化的发展，网络成为人们生活的重要组成部分，网络购物、网上交易、网络论坛成为人们越来越喜欢的生活方式。通过互联网进行募捐，特别是通过网络营销进行募捐，容易形成募捐的汇集效应，募得大量捐款，但是在我们当前网络环境、网络安全还没有完善的情况下，网络募捐也受到一定影响。

5. 义演义卖

义演义卖常见于文化、艺术、体育、娱乐类非营利组织，它是指通过对某一特定募捐事件进行以义演义卖的形式募集善款，然后将所得善款捐赠给非营利组织或受益人的募捐方式。这种方式由于经常请名流来进行，所以容易激发捐款者的兴趣，并且可能激发大额捐款，但是由于地域限制，募捐的范围有限。

6. 小型项目募捐

这是一种非营利组织为了解决一些需要捐款的紧急事件，临时设立一个小型项目进行的募捐活动，一般专款专用，时间比较短。例如，一个贫穷家庭的小孩得了重病，急需治疗经费，在这种情况下，往往由非营利组织通过小型项目获得募捐。

7. 大型公益工程募捐

采用这种方式募捐，一般需要牵扯很大范围内的人，需要花费很长的时间来运作，可以得到巨大的预期效果，这种大型公益工程需要广泛宣传来打出声誉以获得最大范围的社会支持。例如在中国运行良好的"希望工程"就是这类募捐方式。

8. 遗产捐赠

捐款人把部分或全部遗产捐给非营利组织的方式叫遗产捐赠，遗产捐赠一般数额巨大，是丰富的募捐来源之一。而且捐赠对象一般是捐赠人感兴趣，又有重大需求的非营利组织，如学校、艺术类组织、研究机构、医院等。例如，2010 年 5 月《福布斯》发布"中国艺术家公益慈善 25 人"，其中由徐悲鸿妻子廖静文女士所捐赠的 1353 件徐悲鸿作品，估计市值已在 21.59 亿元人民币，位列诸位艺术家之首，而中国美术馆则成为最大的捐赠去向之一，接纳了上榜艺术家所捐赠作品的五分之一以上。

9. 计划募捐

计划募捐是我国常用的一种募捐方式，这种募捐方式一般由上而下进行，当发生重大灾情时，通过党团等组织向社会发出号召，征收不定额的捐款。由于党团等组织具有严密的组织性和纪律性，这种募捐方式一般范围较广，且能征集到大量的善款，但是这种捐款方式的一个重要特点是带有一定的约束力，并非所有成员都是出于自愿。

10. 电视及公益活动募捐

这种捐款方式是通过电视或组织公益活动的形式来募集善款，非营利组织通过电视台，制定一整套的募捐节目向社会不特定人群募集善款，或通过举办一系列公益活动现场募集善款，这种方式涉及面较广，如果活动组织得好，可以募集到相当数量的捐款，但是由于电视与公益活动的公众收视率广，容易将小额捐赠者排除在外。

三、非营利组织募捐的主要途径

(一)个人募捐途径

个人募捐途径是指非营利组织通过各种募捐方式向个人募集一定数量善款的募捐方式，这种方式越个性化，募捐的成功率越高。向个人募款不限于资金，还可以是物资，甚至可以是要求参与慈善活动、购买义卖产品、提供志愿帮助等。

要想向个人成功募捐，需要掌握以下几个环节：一是要通过募捐市场的调查发现潜在捐助者范围，即哪些个人将成为你可能的捐助者，再根据潜在捐助者的范围适当展开募捐意愿调查。二是要将你的募捐信息通过正当的方式传达给你的潜在捐助者。你可以通过媒体、新闻报告会、宣传小册子、举办募捐活动等表达你的募捐需求，这里的关键是要激发潜在捐助者的兴趣并说服他们实施捐助。三是请求潜在捐款者实施捐款，告诉潜在捐助者你需要他们的帮助，他们的帮助将发挥什么作用，他们可以以什么方式帮助你。四是运用重量级人物来帮助你成功募款，重量级人物包括明星、高级官员、慈善企业家等，他们人际关系广、影响力大，将大大提高你募款的成功率。五是要善用反馈。对于捐助的个人，无论处于什么情况，都要向其表示真诚的感谢，并记下他们的名单及联系方式，以便日后向他们反馈他们的捐款在实践中取得哪些成效，这样做的目的是让他们看到自己捐款的成果，以激励更大范围的捐款。

(二)公司募捐途径

公司募捐途径是指非营利组织通过寻求公司赞助来获得所需善款资源的一种募捐方式。通常说来，公司实施赞助的主要原因在于这些赞助活动可以为公司本身带来利益，而不是纯粹的利他主义初衷。这些利益如建立信誉、推广其产品和服务、带来免税好处等。公司赞助的方式多种多样，例如现金捐赠、慈善义卖、实物捐赠、借调员工、提供慈善办公室、开展慈善活动等。

由于公司的盈利导向，向公司募捐最重要的是要了解公司对哪些项目感兴趣，或者说哪些项目既可以为非营利组织带来善款，同时也有利于公司获取正当利益或声誉。通常说来，下面一些项目容易获得公司的赞助：重大文艺活动，如公开在电视台募捐灾区善款，电视捐款能够帮助公司扩大声誉，因而容易提供赞助；体育运动类项目容易获得公司赞助，运动项目有很好的收视率，容易获得公司赞助，例如，中国健力宝曾三次捐助亚运会就是典型的例子；与公司的产品或服务相关的活动，例如，康复机械公司更愿意为老年人捐助各种康复器材；公司经营区域的重大地方性项目，例如，2010年广州亚运会更容易获得广东地区企业的支持、上海世博会更容易获得上海地区企业的支持等；经济开发类项目，这些项目赞助可能给公司带来经济利益，因而公司更愿意赞助；教育、医疗、环境类项目，这类项目公益性强，容易获得人们的支持，因而公司也愿意赞助；有重要人物支持的项目也容易获得公司的赞助，公司会借助重要人物来扩大自己的声誉；重大灾情，灾情是人类共同面临的困境，出于同情心及责任感，企业会尽心尽力支援灾区。

2021年7月，福布斯发布了《2021福布斯中国慈善榜》，这是福布斯中国第十五次发布中国慈善榜，上榜的100位企业家(企业)现金捐赠总额为245.1亿元，与去年的179.1亿元相比，上涨37%。是继2011、2017、2018、2019、2020年之后，总捐赠金额第六次突破100亿元，也是首次突破200亿元大关。慈善榜入围门槛为2200万元，远远高于去年的1000万元。2021年的慈善榜中捐赠过亿元的企业高达51家，捐赠总额为221.7亿元，它们的捐赠金额占到总额九成以上。

(三)政府募捐途径

政府募捐途径是指非营利组织从政府部门筹得善款的一种募捐方式，政府经费资源通常以项目的形式由非营利组织申请并做到专款专用，也可能通过签约外包的方式委托给非营利组织。政府赞助的数额通常都比较大，而且随着政府从直接提供公共服务到购买公共服务产品的角色转化，政府赞助的数额还会不断增加。政府与非营利组织合作提供公共服务的机制，现在已经为许多国家所接受，而且被广泛应用于提供各种公共服务，包括社会福利规划、环境保护和社区开发。

向政府募捐的优点是资源丰富，支持数额较大，可为非营利组织提供稳定可靠的经费来源，尤其在非营利组织与政府合作治理的情况下，非营利组织获取政府支援的机会通常很大；但是向政府募捐通常审查严密，对非营利组织的要求很高，并且通常是专款专用，需要非营利组织提供配套支持。

(四)基金会募捐途径

基金会是指利用自然人、法人或者其他组织捐赠的财产，以从事公益事业为目的，按照基金会管理条例的规定成立的非营利性法人。基金会是独立的拨款机构，其来源是各类捐赠或某种形式的持续募捐，基金会的主要业务就是提供经费赞助，它多以投资所得与资金利息款项资助非营利组织，许多非营利组织都将其得以生存的原因归功于基金会的支持。基金会募捐的好处是可能成本效益很高，而且基金会的资源相当丰富，支持范围较广。但是向基金会募款的难处是，大多数基金会可能只注意特定的主题，并无意广泛从事赞助。此外，基金会仍有相当程度的封闭，向其申请需经过较严格的审查。

(五)国际援助与发展基金募捐

国际援助与发展基金是非营利组织一个丰富的募捐来源，国际援助与发展基金通常资金雄厚，并且愿意捐助那些全球性的公共问题，因此，非营利组织如能获得国际援助及发展基金会的支持，将会获得丰富的资金来源。

国际援助组织及发展基金包括以下几类：(1)外国政府的援助计划提供的援助，这就是所谓的“双边援助”，国与国之间的援助计划；(2)联合国、世界银行、欧盟等国际机构的援助，这就是所谓的“多边援助”；(3)国际发展组织的援助，如国际乐施会(Oxfam)、世界宣明会(World Vision)等的援助；(4)国际志愿组织的援助，如海外志愿服务组织(Voluntary Service Overseas)等；(5)全球慈善组织的援助，如国际红十字会(International Committee of the Red Cross)等；(6)国际发展基金会的帮助，如国际社区基金援助署(The International Grants Programme of the Community Fund)、洛克菲勒基金会(Rockefeller Foundation)等。

目前在中国开展援助活动的机构主要有：联合国开发计划署(The United Nations Development Programme)、联合国粮农组织(Food and Agriculture Organization of the United Nations)、世界粮食计划署(United Nations World Food Programme)、联合国儿童基金会(United Nations International Children's Emergency Fund)、联合国妇女发展基金会(United Nations Development Fund for Women)、联合国工业发展署(United Nations Industrial Development Programme)、国际劳工组织(International Labour Organization)、联合国人口基金会(United Nations Population Fund)、洛克菲勒基金会(Rockefeller Foundation)、世界宣明会(World Vision)等。

第四节 非营利组织慈善募捐活动的管理规范

2016年3月16日第十二届全国人民代表大会第四次会议通过了《中华人民共和国慈善法》(下称《慈善法》)，该法自2016年9月1日起执行。这是我国首部规范慈善事业的综合性法律，这对弘扬中国传统美德、推进依法治国、创新慈善事业体制机制、促进慈善事业的规范化发展，具有十分重要的意义。2016年9月1日执行的《慈善组织公开募捐管理办法》进一步明确了公开募捐资格和公开募捐管理活动。2018年9月1日开始执行的《慈善组织信息公开办法》，明确规定慈善组织应当建立信息公开制度，明确信息公开的范围、方式和责任，并且对信息的真实性负责。

一、慈善组织的规范

1. 慈善组织的含义

慈善组织是指依法成立、符合本法规定，以面向社会开展慈善活动为宗旨的非营利性组织。慈善组织可以采取基金会、社会团体、社会服务机构等组织形式。慈善组织应符合以下条件：以开展慈善活动为宗旨、不以营利为目的、有自己的名称和住所、有组织章程、有必要的财产、有符合条件的组织机构和负责人等。符合条件的基金会、社会团体、社会服务机构等可以向其登记的民政部门申请认定为慈善组织。

2. 慈善组织的慈善活动

慈善组织可以依法开展慈善活动，慈善活动即自然人、法人和其他组织以捐赠财产或提供服务等方式自愿开展的公益活动。慈善活动范围为：扶贫、济困；扶老、救孤、恤病、助残、优抚；救助自然灾害、事故灾难和公共卫生事件等突发事件造成的损害；促进教育、科学、文化、卫生、体育等事业的发展；防治污染和其他公害，保护和改善生态环境，等等。慈善组织开展慈善活动，应当遵循合法、自愿、诚信、非营利的原则，不得违背社会公德，不得危害国家安全、损害社会公共利益和他人合法权益。

3. 慈善组织的内部规范

主要表现为：一是完善内部治理结构，执行统一会计制度。慈善组织应当根据法律法规以及章程的规定，建立健全内部治理结构，明确决策、执行、监督等方面的职责权限，开展慈善活动。慈善组织应当执行国家统一的会计制度，依法进行会计核算，建立健全会计监督制度，并接受政府有关部门的监督管理。二是慈善工作报告制度。慈善组织应当每年向其登记的民政部门报送年度工作报告和财务会计报告。报告应当包括年度开展募捐和接受捐赠情况、慈善财产的管理使用情况、慈善项目实施情况以及慈善组织工作人员的工资福利情况。三是慈善组织的公共性。慈善组织的发起人、主要捐赠人以及管理人员，不得利用其关联关系损害慈善组织、受益人的利益和社会公共利益。慈善组织也不得从事、资助危害国家安全和社会公共利益的活动，不得接受附加违反法律和违背社会公德条件的捐赠，不得对受益人附加违反法律法规和违背社会公德的条件。

4. 慈善组织的终止

慈善组织出现以下情况，应当终止：因分立、合并需要终止的；连续两年未从事慈善活动的；依法被撤销登记或吊销登记证书的；出现章程规定的终止情形的等。慈善组织终止时应当进行清算，清算后的剩余财产，应当按照慈善组织章程的规定转给宗旨相同或相近的慈善组织；章程未规定的，由民政部门主持转给宗旨相同或相近的慈善组织，并向社会公布。

5. 中华慈善日

《慈善法》明确规定每年的9月5日为“中华慈善日”，慈善组织将在每年的这一天举办系列慈善活动。

二、慈善募捐与慈善捐赠的规范

慈善募捐，是指慈善组织基于慈善宗旨募集财产的活动。慈善募捐包括两类：一是面向社会公众的慈善募捐；二是面向特定对象的定向募捐。

1. 公开募捐资格

慈善组织开展公开募捐，应当取得公开募捐资格。依法登记满二年的慈善组织，可以向其登记的民政部门申请公开募捐资格。慈善组织符合内部治理结构健全、运作规范的条件的，发给公开募捐资格证书；不符合条件的，不发给公开募捐资格证书并书面说明理由。法律、行政法规规定自登记之日起可以公开募捐的基金会和社会团体，由民政部门直接发给公开募捐资格证书。不具有公开募捐资格的组织和个人基于慈善目的，可以与具有公开募捐资格的慈善组织合作，由该慈善组织开展募捐并管理募得款物。

2. 公开募捐资格的认定

2016年9月1日执行的《慈善组织公开募捐管理办法》进一步明确了公开

募捐资格和公开募捐管理活动。明确规定依法取得公开募捐资格的慈善组织可以面向公众开展募捐，不具有公开募捐资格的组织和个人不得开展公开募捐。依法登记或者认定为慈善组织满二年的社会组织，申请公开募捐资格，应当符合下列条件：一是根据法律法规和本组织章程建立规范的内部治理结构，理事会能够有效决策，负责人任职符合有关规定，理事会成员和负责人勤勉尽职，诚实守信；二是理事会成员来自同一组织以及相互间存在关联关系组织的不超过三分之一，相互间具有近亲属关系的没有同时在理事会任职；三是理事会成员中非内地居民不超过三分之一，法定代表人由内地居民担任；四是秘书长为专职，理事长(会长)、秘书长不得由同一人兼任，有与本慈善组织开展活动相适应的专职工作人员；五是在省级以上人民政府民政部门登记的慈善组织有三名以上监事组成的监事会；六是依法办理税务登记，履行纳税义务；七是按照规定参加社会组织评估，评估结果为3A及以上；八是申请时未被纳入异常名录；九是申请公开募捐资格前二年，未因违反社会组织相关法律法规受到行政处罚，没有其他违反法律、法规、国家政策行为的。此外，《慈善法》公布前设立的非公募基金会、具有公益性捐赠税前扣除资格的社会团体，登记满二年，经认定为慈善组织的，可以申请公开募捐资格。

3. 公开募捐形式

公开募捐可以采取以下形式：在公共场所设置募捐箱；举办面向社会公众的义演、义赛、义卖、义展、义拍、慈善晚会等；通过广播、电视、报刊、互联网等媒体发布募捐信息。慈善组织通过互联网开展公开募捐的，应当在国务院民政部门统一或者指定的慈善信息平台发布募捐信息，并可以同时在其网站发布募捐信息。开展募捐的，应当制定募捐方案，募捐方案包括募捐目的、起止时间和地域、活动负责人姓名和办公地址、接受捐赠方式、银行账户、受益人、募得款物用途、募捐成本、剩余财产的处理等，并且募捐方案应当在开展募捐活动前报慈善组织登记的民政部门备案。

4. 定向募捐

慈善组织自登记之日起可以开展定向募捐。慈善组织开展定向募捐，应当在发起人、理事会成员和会员等特定对象的范围内进行，并向募捐对象说明募捐目的、募得款物用途等事项。开展定向募捐，不得采取或变相采取公开募捐的形式。

5. 开展募捐活动的规定

开展募捐活动，不得摊派或者变相摊派，不得妨碍公共秩序、企业生产经营和居民生活。禁止任何组织或个人假借慈善名义或者假冒慈善组织开展募捐活动，骗取财产。自然人、法人或者其他组织假借慈善名义或假冒慈善组织骗取财产的，由公安机关依法查处。

6. 慈善捐赠

慈善捐赠即自然人、法人和其他组织基于慈善目的，自愿、无偿赠与财产的活动。捐赠人可以通过慈善组织捐赠，也可以直接向受益人捐赠。捐赠人的财产应当是其有权处分的合法财产，捐赠财产包括货币、实物、房屋、有价证券、股权、知识产权等有形和无形的财产。捐赠人应当按照捐赠协议履行捐赠义务，捐赠人通过广播、电视、互联网等媒体进行了公开承诺捐赠或捐赠财产用于扶贫、济困、救灾等活动并签署书面捐赠协议的，慈善组织和其他接受捐赠的人可以要求交付，如果捐赠人违反捐赠协议逾期未交付捐赠财产，慈善组织和其他接受捐赠的人可以依法向人民法院申请支付令或提起诉讼。捐赠人有权查询、复制其捐赠财产管理使用的有关资料，慈善组织应当及时主动向捐赠人反馈有关情况。慈善组织违反捐赠协议约定的用途，滥用捐赠财产的，捐赠人有权要求其改正；拒不改正的，捐赠人可以向民政部门投诉、举报或向人民法院提起诉讼。

三、慈善信托与慈善财产的规范

1. 慈善信托的含义及备案

慈善信托属于公益信托，是指委托人基于慈善目的，依法将其财产委托给受托人，由受托人按照委托人意愿以受托人名义进行管理和处分，开展慈善活动的行为。

设立慈善信托、确定受托人和监察人，应当采取书面形式，受托人应当在慈善信托文件签订之日起七日内，将相关文件向受托人所在地县级以上人民政府民政部门备案。未按照规定将相关文件报民政部门备案的，不享受税收优惠。

2. 受托人确定与变更

慈善信托的受托人，可以由委托人确定其信赖的慈善组织或信托公司担任。慈善信托的受托人违反信托义务或难以履行职责的，委托人可以变更受托人，变更后的受托人应当自变更之日起七日内，将变更情况报原备案的民政部门重新备案。

3. 受托人、监察人的义务

慈善信托的受托人应当根据信托文件和委托人的要求，及时向委托人报告信托事务处理情况、信托财产管理使用情况。慈善信托的受托人应当每年至少一次将信托事务处理状况向其备案的民政部门报告，并向社会公开。

慈善信托的委托人根据需要，可以确定信托监察人。信托监察人发现受托人违反信托义务或难以履行职责的，应当向委托人报告，并有权以自己的名义向人民法院提起诉讼。

4. 慈善组织财产的处置和使用

慈善组织的财产包括：发起人捐赠、资助的创始财产；募集的财产；其他合法财产。慈善组织对募集的财产，应当登记造册，严格管理，专款专用。慈善组织的财产应当根据章程和捐赠协议的规定全部用于慈善目的，不得在发起人、捐赠人以及慈善组织成员中分配。任何组织和个人不得私分、挪用、截留或侵占慈善财产。

慈善组织开展慈善活动，应当依照法律法规和章程的规定，按照募捐方案或捐赠协议使用捐赠财产，慈善组织确需变更募捐方案规定的捐赠财产用途的，应当报民政部门备案，确需变更捐赠协议约定的捐赠财产用途的，应当征得捐赠人同意。

慈善组织应当积极开展慈善活动，充分、高效地运用慈善财产，并遵循管理费用最必要原则，厉行节约，减少不必要的开支。

5. 慈善组织财产的保值和增值

慈善组织为实现财产保值、增值进行投资的，应当遵循合法、安全、有效的原则，投资取得的收益应当全部用于慈善目的。慈善组织的重大投资方案应当经决策机构组成人员三分之二以上同意。政府资助的财产和捐赠协议约定不得投资的财产，不得用于投资。慈善组织的负责人和工作人员不得在慈善组织投资的企业兼职或领取报酬。

6. 受益人使用财产的规定

慈善组织确定慈善受益人，应当坚持公开、公平、公正的原则，不得指定慈善组织管理人员的利害关系人作为受益人。慈善组织根据需要可以与受益人签订协议，明确双方权利义务，约定慈善财产的用途、数额和使用方式等内容。受益人应当珍惜慈善资助，按照协议使用慈善财产，受益人未按照协议使用慈善财产或有其他严重违反协议情形的，慈善组织有权要求其改正，受益人拒不改正的，慈善组织有权解除协议并要求受益人返还财产。

7. *慈善组织剩余财产的处置*

慈善组织应当建立项目管理制度，对项目实施情况进行跟踪监督。慈善项目终止后捐赠财产有剩余的，按照募捐方案或捐赠协议处理，募捐方案未规定或捐赠协议未约定的，慈善组织应当将剩余财产用于目的相同或者相近的其他慈善项目，并向社会公开。

四、慈善信息公开与促进措施

1. *慈善信息公开的范围*

慈善组织信息公开应当真实、完整和及时。慈善组织信息公开主要有以下几个方面：一是慈善组织章程、决策、执行、监督信息公开。慈善组织应当向社会公开组织章程和决策、执行、监督机构成员信息以及国务院民政部门要求公开的其他信息，这些信息有重大变更的，慈善组织应当及时向社会公开。二是会计财务信息的公开。慈善组织应当每年向社会公开其年度工作报告和财务会计报告，具有公开募捐资格的慈善组织的财务会计报告须经审计。三是募捐信息和项目信息公开。具有公开募捐资格的慈善组织应当定期向社会公开其募捐情况和慈善项目实施情况。慈善组织开展定向募捐的，应当及时向捐赠人告知募捐情况、募得款物的管理使用情况。四是受托人信息公开。慈善组织、慈善信托的受托人应当向受益人告知其资助标准、工作流程和工作规范情况。五是民政部门信息公开。县级以上人民政府民政部门和其他相关部门应当及时向社会公开下列慈善信息：慈善组织登记事项；慈善信托备案事项；具有公开募捐资格的慈善组织名单；具有出具公益性捐赠税前扣除票据资格的慈善组织名单；对慈善活动的税收优惠、资助补贴等促进措施；向慈善组织购买服务的信息；对慈善组织、慈善信托开展检查、评估的结果；对慈善组织和其他组织以及个人的表彰、处罚结果等。六是不公开信息的情况。涉及国家秘密、商业秘密、个人隐私的信息以及捐赠人、慈善信托的委托人不同意公开的姓名、名称、住所、通讯方式等信息，不得公开。

2018 年 8 月，民政部又通过了《慈善组织信息公开办法》，进一步明确了慈善组织的信息公开管理办法，该法自 2018 年 9 月 1 日执行。根据《慈善组织信息公开办法》，慈善组织应当建立信息公开制度，明确信息公开的范围、方式和责任，并且对信息的真实性负责，不得有虚假记载、误导性陈述或者重大遗漏，不得以新闻发布、广告推广等形式代替应当履行的信息公开义务。其中规定慈善组织应当在民政部门提供的统一信息平台上向社会公开下列信息：慈善组织的机构(包括分支机构、代表机构等)、人员、章程、业务范围、专项基金等基本信息；年度工作报告和财务会计报告；公开募捐情况；慈善项目有关情况；慈善信托有关情况；重大资产变动及投资、重大交换交易及资金往来、关联交易行为等情况；法律法规要求公开的其他信息。

2. *慈善组织的促进措施*

《慈善法》明确规定慈善组织及其取得的收入依法享有税收优惠。自然人、法人和其他组织捐赠财产用于慈善活动，依法享受税收优惠。企业慈善捐赠支出超过法律规定的准予在计算企业所得税应纳税所得额时当年扣除的部分，允许结转以后三年内在计算应纳税所得额时扣除。境外捐赠用于慈善活动的物资，依法减征或者免征进口关税和进口环节增值税。受益人接受慈善捐赠，依法享受税收优惠。捐赠人向慈善组织捐赠实物、有价证券、股权和知识产权的，依法免征权利转让的相关行政事业性费用。慈善组织开展扶贫、济困、扶老、救孤、恤病、优抚等项目需要服务设施的用地，可以依法申请使用国有划拨土地或者农村集体建设用地，这些慈善服务设施用地非经法定程序不得改变用途。慈善组织、捐赠人、受益人依法享受税收优惠的，有关部门应当及时办理相关手续。

五、慈善募捐的监督管理与法律责任

1. *慈善募捐的监督管理*

县级以上人民政府民政部门应当依法履行职责，对慈善活动进行监督检查，对慈善行业组织进行指导。县级以上人民政府民政部门对涉嫌违反本法规定的慈善组织，有权采取下列措施：对慈善组织的住所和慈善活动发生地进行现场检查；要求慈善组织作出说明，查阅、复制有关资料；向与慈善活动有关的单位和个人调查与监督管理有关的情况；经本级人民政府批准，可以查询慈善组织的金融账户；法律、行政法规规定的其他措施。

民政部门应当建立慈善组织评估制度，鼓励和支持第三方机构对慈善组织进行评估，并向社会公布评估结果。慈善行业组织应当建立健全行业规范，加强行业自律。任何单位和个人发现慈善组织、慈善信托有违法行为的，可以向民政部门、其他有关部门或者慈善行业组织投诉、举报。民政部

门、其他有关部门或者慈善行业组织接到投诉、举报后，应当及时调查处理。国家鼓励公众、媒体对慈善活动进行监督，对假借慈善名义或者假冒慈善组织骗取财产以及慈善组织、慈善信托的违法违规行为予以曝光，发挥舆论和社会监督作用。

2. *慈善组织的法律责任*

慈善组织有下列情形之一的，由民政部门责令限期改正；逾期不改正的，吊销登记证书并予以公告：未按照慈善宗旨开展活动的；私分、挪用、截留或者侵占慈善财产的；接受附加违反法律法规或者违背社会公德条件的捐赠，或者对受益人附加违反法律法规或者违背社会公德的条件的。

慈善组织有下列情形之一的，由民政部门予以警告、责令限期改正；逾期不改正的，责令限期停止活动并进行整改：违反规定造成慈善财产损失的；将不得用于投资的财产用于投资的；擅自改变捐赠财产用途的；开展慈善活动的年度支出或者管理费用的标准违反规定的；未依法履行信息公开义务的；未依法报送年度工作报告、财务会计报告或者报备募捐方案的；泄露捐赠人、志愿者、受益人个人隐私以及捐赠人、慈善信托的委托人不同意公开的姓名、名称、住所、通讯方式等信息的。此外，慈善组织违反本法规定泄露国家秘密、商业秘密的，依照有关法律的规定予以处罚。

开展募捐活动有下列情形之一的，由民政部门予以警告、责令停止募捐活动；对违法募集的财产，责令退还捐赠人；难以退还的，由民政部门予以收缴，转给其他慈善组织用于慈善目的；对有关组织或者个人处二万元以上二十万元以下罚款：不具有公开募捐资格的组织或者个人开展公开募捐的；通过虚构事实等方式欺骗、诱导募捐对象实施捐赠的；向单位或者个人摊派或者变相摊派的；妨碍公共秩序、企业生产经营或者居民生活的。此外，广播、电视、报刊以及网络服务提供者、电信运营商未履行相关规定的验证义务的，由其主管部门予以警告，责令限期改正，逾期不改正的，予以通报批评。

慈善信托的受托人有下列情形之一的，由民政部门予以警告，责令限期改正；有违法所得的，由民政部门予以没收；对直接负责的主管人员和其他直接责任人员处二万元以上二十万元以下罚款：将信托财产及其收益用于非慈善目的的；未按照规定将信托事务处理情况及财务状况向民政部门报告或者向社会公开的。

县级以上人民政府民政部门和其他有关部门及其工作人员有下列情形之一的，由上级机关或者监察机关责令改正；依法应当给予处分的，由任免机关或者监察机关对直接负责的主管人员和其他直接责任人员给予处分：未依法履行信息公开义务的；摊派或者变相摊派捐赠任务，强行指定志愿者、慈善组织提供服务的；未依法履行监督管理职责的；违法实施行政强制措施和行政处罚的；私分、挪用、截留或者侵占慈善财产的；其他滥用职权、玩忽职守、徇私舞弊的行为。

此外，慈善组织不依法向捐赠人开具捐赠票据、不依法向志愿者出具志愿服务记录证明或者不及时主动向捐赠人反馈有关情况的，由民政部门予以警告，责令限期改正；逾期不改正的，责令限期停止活动。慈善组织弄虚作假骗取税收优惠的，由税务机关依法查处，情节严重的，由民政部门吊销登记证书并予以公告。慈善组织从事、资助危害国家安全或者社会公共利益活动的，由有关机关依法查处，由民政部门吊销登记证书并予以公告。

思考题

1. 非营利组织募捐的重要性表现在哪些方面？
2. 请用案例说明：人们捐助非营利组织的动机是什么？
3. 非营利组织募捐的模式有哪些？
4. 非营利组织募捐的主要途径有哪些？它们各有什么优缺点？
5. 非营利组织募捐中存在什么问题？如何完善？

综合案例　腾讯“99公益日”：共筑全民公益3.0时代

腾讯公益慈善基金会是由腾讯公司2006年9月发起筹备，2007年6月在国家民政部注册的全国性非公募基金会(即不面向公众募捐的基金会)，是中国第一家由互联网企业发起的公益基金会。它的原始基金数额有2000万元，来源于腾讯公司的捐赠，腾讯承诺每年都会将利润的一定比例捐赠给基金会。秉承着“人人可公益的创联者”的理念，腾讯基金会推动互联网与公益慈善事业的深度融合与发展，通过互联网的技术和服务推动公益行业的发展。以“腾讯网络捐赠平台”“益行家”“腾讯公益网”等产品为平台，培养亿万网友的公益习惯，推动人人可公益的生态建设。其中“腾讯公益”网络募捐平台作为腾讯公益基金会推出的公益项目自主发布平台于2016年8月22日由民政部批准成为首批13家互联网募捐平台中的第一家。在运作上，腾讯公益慈善基金会采取“一个平台，两个互动，三大方向，基于互联网释放爱心的力量”的策略运作。“一个平台”指的是以腾讯公益网为基础的公益网络平台；“两个互动”是指通过这个互联网的公益平台，让中国众多公益慈善组织与热心公益的网民互动起来，让需要帮助的人与热心公益的组织和个人互动起来；“三个方向”则分别指：帮助——帮助需要帮助的人，参与——提供简单、便捷的通道让网友参与公益，辐射——向更多人传递公益理念和爱心。腾讯公益慈善基金会有着得天独厚的网络运行条件，微信、QQ等网络平台为基金会及其下属公益产品提供了丰富的用户群和便捷的参与渠道。

“99公益日”是由中央网信办网络社会工作局、国家社会组织管理局指导，腾讯公益、中国互联网发展基金会联合数百家公益组织、知名企业、明星名人、爱心媒体共同发起的一年一度的全民公益活动。2015年9月9日，中国将迎来史上首个全民公益日——“99公益日”。本次公益日的活动主题为“一起爱”，旨在用移动互联网化、社交化等创新手段，用轻松互动的形式，发动全国数亿热爱公益的网民通过小额现金捐赠，步数捐赠、声音捐赠等行为，以轻量、便捷、快乐的方式参与公益。网友除了可在微信、QQ、腾讯新闻等众多线上入口进入“99公益日”活动页面，还可在线下数千家合作门店体验多元化的公益互动。作为发起者和连接器，腾讯公益慈善基金会也宣布在“99公益日”期间对数千个公益项目进行配捐。9月7日至9日，网友每捐1元，腾讯公益慈善基金会配捐1元；走路也能做公益，网友每捐10000步，腾讯公益慈善基金会(及其爱心伙伴)配捐2元。让点滴的微爱汇聚成浩瀚的洪流，配捐上限最高可达9999万元。腾讯主要创始人、腾讯公益慈善基金会发起人陈一丹在“99公益日”主题致辞里提道：“社会的痛点就是公益的起点。”传统的公益模式中，存在一个“信任的黑盒子”，导致监督纽带的缺失、执行过程难以透明化，也消耗了大家的热心。打破黑盒子，建立公众对慈善事业的持续信心，探索“互联网连接公益”更多更美好的可能。过程的透明，是信任最重要的基石。而“99公益日”则旨在创造一种新的互信机制，让公益生态链中的每一个环节都得到有效的连接。他说，“我们希望传递一种全新的公益理念：那就是汇聚每一个微小的力量。”首届“99公益日”，205万人次爱心网友捐款1.279亿元，创下国内互联网的募捐纪录。

2016 年第二个“99 公益日”，腾讯公益慈善基金会正式宣布，其提供的配捐金额将再追加 1 个亿，总额达到 1.9999 亿元。配捐的全面“加码”，旨在撬动更多爱心力量加入，推进公益项目更广泛地连接公众。来自四面八方的企业加入配捐资金池，也是 2016 年“99 公益日”的机制新亮点。本年总计善款金额超过 6 亿元，刷新了国内互联网的募捐纪录。

2017 年“99 公益日”推出“小朋友画廊”公益互动，获 580 万用户 18 小时内捐款 1300 万，成为互联网公益的里程碑。2018 年“99 公益日”推出“小红花”公益符号，以小红花记录亿万公众在腾讯公益平台的每一件好事。2021 年“99 公益日”期间，用户通过捐款、捐步、公益答题、捐阅读时长、捐会议时长、捐积分等多种公益行为获得超过 9000 万朵公益小红花。小红花这一承载着国人儿时记忆的符号，不仅逐渐成为“一块做好事”的公益符号，也升级成为腾讯公益“小红花开放体系”，成为连接慈善组织、爱心企业、捐赠人和受助者，让爱心不断流转的纽带。

自 2015 年开始，腾讯公益平台每年 9 月第一周发起中国最大的全民公益节日——“99 公益日”。2021 年，“99 公益日”的捐款人次从最初的 205 万增长到 6870 万人次，涵盖扶贫救灾、疾病救助、教育助学、生态环保、文化保育等各类公益议题，已成为中国参与人数最多、影响力最广、场景最多元的全民公益行动日。

（资料来源：根据腾讯公益网相关新闻整理，https://gongyi.qq.com/jjhgy/jjhxwdt/jgdt/list.htm。）

讨论题：

1. 腾讯“99 公益日”的发展模式经历了哪些变化？
2. 互联网募捐有什么优势？如何看待“让人人公益成为一种生活方式”？
3. 在深度互联网、数字技术和人工智能化时代，公益募捐的发展趋势是什么？

第十六章 非营利组织的营销管理

非营利组织在其产生和发展之初，营销的理念是片面的，其管理者甚至认为市场营销只适用于营利组织，非营利组织并不需要市场营销。但在现代市场竞争环境下，非营利组织与营利组织一样，面临着生存压力：顾客背弃、会员减少、机构成本上升、捐赠与资助减少、财政困难、服务需求扩大等状况，而且营利性组织也进入了社会服务领域，使非营利组织竞争加剧。非营利组织虽然不以营利为目标，但是却可以赢得一定利润，以实现组织自身的生存与发展。非营利组织要在激烈的竞争中生存和发展下去，就必须正确对待营销，提高自身的生存能力和竞争力。

第一节 非营利组织营销概述

一、非营利组织营销的必要性

非营利组织要更好地为社会提供服务，就需要动员整个社会的有限资源。为了解决资源的有限性与需求的无限性之间的矛盾，非营利组织营销显得尤其重要，其必要性体现在以下诸方面。

1. 非营利组织的特性决定了非营利组织需要营销

非营利组织与营利组织的重要不同之处在于非营利组织的公益性与志愿性，这种公益性与志愿性使得非营利组织在激发人们动机方面存在更大困难，因为人们参与非营利组织的活动不是以利润为导向的，其从事的公益活动不能补偿其成本，从这方面来说，非营利组织比营利组织更需要营销。要将非营利组织的公益理念、公益事业深入到人们内心深处，就需要非营利组织采取有效的营销手段。

2. 营销是非营利组织获取资金、资源的重要手段

在一项对非营利组织的调查中，有高达 41.4%的非营利组织认为资金缺乏是他们面临的首要问题。如何获得资金与资源，是非营利组织生存发展的重要保证。非营利组织必须很好地理解人们支持非营利组织的动机，才能使营销变得更为有效。人们通常所谓的“利他主义”动机其实掩盖了隐藏在捐赠和资助行为背后的复杂动机。最有说服力的假设：这些人“给出”资金或资源是为了“得到”其种东西作为回报，换言之，决不要把捐赠看成是资金转移，而应看成是一笔交易。① 例如，有些人支持非营利组织是为获得人们对其好评从而达到精神上的享受，有些人支持非营利组织是为了获取更长远的利益，有些人支持非营利组织则是为了通过交换获取其他所需要的资源等。所以，非营利组织在营销中必须对社会各界的支持者进行动机分析和调查，积极地挖掘隐藏在他们背后的深层次动机与心理，才能使营销变得更有效。

3. 非营利组织营销是适应现代市场竞争的需要

传统观念认为营销只适应营利组织，非营利组织不需要市场营销，但是

---

① 王方华、周洁如：《非营利组织营销》，上海：上海交通大学出版社，2005 年，第 57 页。

随着市场的发展，越来越多的营利组织加入非营利组织的服务领域中，越来越多的非营利组织需要与营利组织竞争，并且非营利组织相互之间也存在竞争。例如，公立医院需要争夺资源与病患，公立学校需要争夺生源等。因此，非营利组织要获取竞争优势，提高核心竞争力，就需要很好地谋划营销策略。尤其值得注意的是，在全球化、信息化时代，非营利组织还面临来自国外的竞争者，这使得非营利组织的营销变得更为重要。

4. 公益服务品牌的塑造需要营销

营利组织可以通过市场塑造企业品牌，那么非营利组织是否也可以通过市场塑造公益品牌呢？答案是肯定的。在公众非营利组织的公益服务中，有些非营利组织之所以能够脱颖而出，得到社会公众的广泛认可，从而塑造了良好的公益形象与公益品牌，这与非营利组织长期的营销策略是分不开的。例如，中国青少年发展基金会塑造的“希望工程”公益品牌，就是典型的一例。随着非营利组织营销的展开，将会有越来越多的公益品牌被塑造出来。

5. 营销是非营利组织实现核心使命的需要

核心使命是非营利组织的生命所在，非营利组织只有让社会公众理解其核心使命，才能给予非营利组织更多支持，非营利组织的生存才有意义。但是由于非营利组织的数量成千上万，人们只能接触与了解有限的非营利组织，大部分的非营利组织公众并不熟悉，更不用说了解其核心使命了。因此，非营利组织要想在社会推广其核心使命，就必须通过营销宣传手段来实现。例如，一些环保组织的核心使命是保护环境，非营利组织通过各种媒体广泛宣传其环保使命，倡导其政策主张，引导公众朝着非营利组织希望的方向发展，从而获得广泛的公众支持，其中“怒江案例”(参见第一章综合案例)就是典型的一例。

6. 营销是非营利组织扩大公共服务范围的需要

非营利组织的优势在于能够提供政府与企业不愿意提供或提供不好的服务，这种服务对非营利组织来说非常重要，也可以说，这是非营利组织的本职工作。在国外，基本形成了政府、市场、社会提供公共服务的“三足鼎立”局面，非营利组织在社会服务提供方面承担着重要的职能。但是从中国的现实来看，非营利组织提供服务的范围还非常有限，社会大量的公共服务，例如贫困群体的救助、留守儿童的照顾、乡村环境保护、社会矛盾的化解等，这些服务都是政府或企业不愿做也难以做好的，非营利组织本应承担起这一重任，但是由于不少非营利组织在组织机构、社会认可、人力物力等方面还比较弱小，限制了其提供公共服务的能力。因此，非营利组织要想扩大公共服务的范围，承担更广泛范围的公共服务，就必须通过营销手段引起公众对非营利组织服务领域的关注与支持，从而获得更广泛的支持。

7. 营销是非营利组织获取国外援助的有效手段

在全球化时代，许多资源可以全球通用，例如世界银行、联合国开发计划署、全球性非营利机构等，都有计划项目向发展中国家进行援助，非营利组织要想获得国外援助进行公益活动，营销就成为其必不可少的手段。此外，中国非营利组织要更多地参与国际援助，也需要市场营销。

8. 营销是非营利组织可持续发展的需要

目前，世界非营利组织营销思想的时代已经到来，营销理念已经成为非营利组织成功的主要要素和基本因素。在信息化时代，非营利组织认为它们做的每一件事，特别是它们的使命与服务，都要受到公众行为的影响。不论是倡导环境保护，还是开展贫困救助；不论是维护世界和平，还是保护弱势群体；不论是政府扶助，还是志愿者奉献，这些领域都涉及营销。尤其在中国，非营利组织的数量还非常有限，非营利组织的基础还比较薄弱，非营利组织可持续发展还面临着各种各样的困难，“大社会，强政府”的局面还未形成，这些都需要营销。

二、非营利组织营销的含义及特点

1. 非营利组织营销的概念界定

20 世纪 60 年代以前，市场营销往往被非营利组织忽视，营销理论应用于非营利组织的思想诞生于 1969—1973 年，科特勒(Kotler)和利维(Levy)等几位著名的学者先后撰写了一些文章，这些文章认为营销是一种非常普遍的社会活动，并不局限于传统产品推销，它也能应用于非政府公共组织。营销不只是销售牙膏、肥皂和钢铁，政治竞选提示我们，那些候选人就像肥皂一样需要营销；学生升入大学提示我们，高等教育需要营销；筹款提示我们，其“理由”需要营销；等等。正如营销专家菲利普·科特勒指出的：“营销引起了各种非营利组织，如大学、医院、教会和艺术团体等的浓厚兴趣。”[①]20 世纪 80 年代以来，非营利组织营销的专业人员开始出现，非营利

① [美]菲利普·科特勒：《营销管理》，王永贵等译，上海：上海人民出版社，1999 年，第 31 页。

组织营销的课程在大学得到开展，非营利组织营销活动日益增多。

然而，对于非营利组织的含义，学术界尚未形成统一的概念。一些学者认为："非营利组织营销是指在市场经济条件下，非营利组织如何根据外部环境的变化以寻求自身的发展，即能否按照营销观念采取某些策略性行动以争取更多公众的理解、支持和合作。其宗旨是谋求目标群体的利益，为整个社会造福。"①另一些学者认为："非营利组织营销是指达成组织目标、满足消费者需要的交换过程。"②在盖拉特(Gelatt)看来，非营利组织营销的目的是完成交易，特别是自愿性的交易，交易的内容可能是以金钱换产品或服务，为某个目的而换取贡献，或是志愿者付出的时间，它们都有自愿性的意味在内。③

根据学者们的研究，可将非营利组织的营销界定如下：所谓非营利组织营销，是指非营利组织围绕着使命，根据市场环境的变化及自身发展的需要，采取一定的营销策略以实现非营利组织的公益目标并获取公众支持、理解与合作的一整套行动。从这个概念可以看出，非营利组织的营销始终是围绕着使命来进行的，其目标是公益性的目标，这一点与营利组织的营销有本质的区别。另外，非营利组织的营销可采取营利组织营销的许多策略来进行，从而达到赢得公众支持与合作，实现社会公益的目标。

著名的管理学家德鲁克指出：营销的目的是让销售行为变得多余。这句话同样适用于非营利组织。也就是说，通过营销，非营利组织对它们服务对象的需求有足够深入的了解，并且能够根据需求者的信息进行准确的市场定位、客户定位与产品定位，从而使非营利组织提供的服务产品更能适应市场与客户的需求，这样，非营利组织的服务无需销售就能自行"卖"出去。

2. 非营利组织营销的特点

非营利组织营销具有与企业营销显著不同的特征，1978年克里斯托弗·H. 勒夫洛克(Christopher H. Lovelock)和查理·B. 温伯格(Charles B. Wemberg)在《公共及非营利销售》一文中将非营利组织营销的特征归为四个方面，即服务对象的多重性、目标的多重性、提供的是服务而不是具体的商品、公众的检

① 李长江、徐静：《非营利组织的营销观念及策略更新》，《营销世界》，2004年第24期。

② 王辉：《我国非营利组织营销困境及对策研究》，《企业家天地：下旬刊》，2007年第10期。

③ [美]詹姆斯·P. 盖拉特：《21世纪非营利组织管理》，邓国胜等译，北京：中国人民大学出版社，2003年，第47—48页。

查监督。①

从中国非营利组织营销的实际情况看，具有如下特点。

(1)非营利组织营销的目标是为了实现公益目标，而不是为了最终获得利润。这种公益目标可以是为了获得社会对某种观念的支持，也可以是为了推销非营利组织的某种产品或服务，还可以是为了倡导非营利组织的政策主张。

(2)与营利组织相比，非营利组织营销中关于捐赠者特征、受益者特征、消费者特征的研究较少，特别是非营利组织消费者的行为、媒体偏好、观念、态度、心理等方面研究显得薄弱，这增加了非营利组织营销的难度。

(3)非营利组织的营销容易产生“搭便车”行为。由于非营利组织提供的是公共产品或准公共产品，其外部性较大，容易产生“搭便车”行为，在某些时候，那些配合非营利组织并且付出精力、时间、金钱的人得到的回报很少或根本没有，这使得消费者配合非营利组织得到的效果并不明显。

(4)通常要求消费者配合的问题未必是所有人关心的问题。非营利组织的营销通常针对的是特定的领域，如环境保护、弱势群体照顾、医疗服务等，但是这些问题并非所有人都会给予关注。这就使非营利组织的营销通常投入大，取得的成效可能并不明显，需要非营利组织在营销方面做更多的努力。

(5)非营利组织面临的顾客的身份具有多样性并且可能来自不同的领域。例如，非营利组织通常的顾客可能是捐赠者，可能是受益者，也可能是电视台或政府；面临的顾客群体包括学生、观众、病人、家庭、赞助人、企业家、媒体、政府部门等。这就使得非营利组织的营销更具复杂性，常常要利用更广泛的沟通来吸引顾客、留住顾客。

(6)非营利组织的营销接受公众检查的程度高。由于非营利组织以公益性为目标，相当一部分资产来自社会的捐助或自营性收入，并且有税收上的优惠，而且很多工作人员都是志愿者，因此，它开展营销活动时往往要接受更严格的公众监督，它的一举一动也常常引起大众媒体、捐助者和顾客的关注。正因如此，非营利组织所受的公众压力远远大于营利组织，一旦受到公众质疑，将会大大影响非营利组织的公益形象。例如，网络曝光的“海南省

---

① Christopher H. Lovelock, Charles B. Wemberg, Maketing for Public and Nonprofit Managers, *John Wiley & Sons NewYork Chichester Brisbane Toronto Singapore*, 1978, pp. 416-420.

某红十字会收取捐赠者5%的管理费”就是典型的一例。①

(7)非营利组织并不一定时时以“客户为核心”。对营利组织而言，始终贯彻的是“以顾客为中心”“顾客是上帝”，但是对非营利组织而言，有时并非以“客户”为核心，而是需要以“社会利益”为准，强制向客户推广或提供部分产品。例如，以改造社会不良习惯为使命的戒烟组织就面临这种情况。

第二节 非营利组织的营销定位

非营利组织在进行营销时，必须对市场有准确的理解，以“市场为导向”对市场进行细分，以准确满足市场的服务需要；同时也要以“客户为导向”进行客户分析，关注客户(包括潜在客户)的需求，挖掘客户的潜力，获取客户的广泛支持。

一、非营利组织的市场细分与市场定位

(一)市场细分

将市场分为具有不同需要、特征或行为，因而需要不同产品或营销组合的不同购买者群体的过程，被称为市场细分(market segmentation)。② 对于非营利组织而言，市场细分就是根据目标市场的特征与规律，将具有相同或类似需求的目标群体进行分类组合，根据目标市场的需求状况进行整体营销的一种方法。

之所以要进行市场细分，是因为非营利组织的服务或产品往往具有专一性特征，而提供某一类专一的产品或服务，面临松散的市场力量，非营利组织难以用同一种方式有效地应对所有目标群体。通过市场细分，非营利组织能够更准确地了解市场、更明智地选择市场、更有效地管理市场，从而有助于非营利组织找出共性的消费者群体，更有效地提供服务以满足目标市场的需求。

---

① 据南海网2008年5月24日报道：近日一个以“某车友会联合红十字为四川地震搞募捐活动，三亚红十字会副会长兼秘书长王某态度恶劣”为名的视频帖子在网上迅速传播。视频显示，这名被称作三亚红十字会副会长兼秘书长的王某，站在一堆蹲在地上点数捐款的志愿者中间，态度恶劣地向捐赠者叫嚷称，用红十字会这个品牌就要收取5%的管理费，不能白给用，并称若早知道志愿者这样(指不愿给5%的费用)，就不该答应和他们合作，若志愿者坚持，她将上网发布，把他们搞臭。

② 王方华、周洁如：《非营利组织营销》，上海：上海交通大学出版社，2005年，第425页。

可以根据地理、人口、心理和行为等因素来对非营利组织的目标市场进行细分。

1. 地理细分

地理细分是指以地理为单位来进行市场细分，例如可以按国家、地区、省、县、镇、乡、村进行地理细分，也可按区域、城市或居民区来进行地理细分，还可以按全球区域、洲际区域及地方性区域来进行市场细分。非营利组织可以根据自身的业务特点选择适合自己的地理细分市场，例如，环保组织可以选择城市区域来进行环保宣传，中国红十字会可以以全国作为一个整体来进行献血义务宣传。

非营利组织以地理为单位来划分市场，可以方便地将地理单位作为一个整体来管理，更为重要的是，地理细分比较容易定义和估量，相关信息可以从公开的资料中免费获得。这种细分有操作上的便利，尤其有利于开发高效的营销系统、消费者联系系统、特定服务系统。

但是地理细分的局限性也很明显，过于关注地理位置，可能忽略同一地理单位消费者的不同需求。道格拉斯和克来格(1983)曾强调：过于关注地理位置，认为同一地方的消费者需求相同，会有危害，即使在一个小地区里，需求也是多样的。地理细分还导致营销成本的增加，每个地区可能都要重复同样的营销策略，导致人力、物力成本的增加。此外，建立在地理细分基础上的营销，还容易受到竞争对手的攻击，竞争对手可能会采取以消费者导向的市场细分战略来满足消费者的多样化需求，从而争夺现有市场份额。

2. 人口细分

人口细分是指根据各种人口统计变量，如年龄、性别、职业、收入、教育、宗教、种族、国籍、家庭结构等，把市场分割成狭窄的目标群体。人口细分是一种常见的细分变量，因为顾客的需求、偏好等都与人口因素有关。

(1)按年龄划分市场。顾客需求的种类与数量会因年龄的不同而变化，例如儿童的需求与青年人的需求不同，而青年人的需求又可能与老年人不同，非营利组织可以根据人口细分市场的需求有效地满足某一特定的目标市场，很多为儿童及老年人提供服务的活动就是这种划分方法。

(2)按性别划分市场。按性别来划分市场是非营利组织常用的一种营销方法，由于男性与女性需求的差异性，用这种方法可以很方便地满足某一特定市场需求。例如妇女基金会提供的服务就属于此类。

(3)按职业及收入划分市场。职业不同，需求也不同；同理，收入不同，需求也会存在差异。非营利组织有时会根据职业及收入来划分人口市场，例如募捐类机构往往会选择那些职业与收入较好的群体来开展募捐工作。

(4)按教育划分市场。针对教育的不同程度来提供服务是非营利组织采取的一种常见方法，例如一些非营利组织针对高知群体跳楼现象开展的危机干预行动就是典型的例子。

(5)按宗教及种族划分市场。宗教不同，信仰不同，需求也不一样；种族不同，需求也存在差异。这些都可能成为非营利组织营销的目标群体。

(6)按国籍划分市场。国籍不同，需求也不一样，营销的方法也不同，很多留学机构按照国别来提供服务就是典型的一例。

(7)按家庭结构划分市场。家庭类型、家庭人口、家庭组成等都可能为非营利组织营销提供营销渠道。

由于目标群体存在着广泛的需求与利益，非营利组织往往难以有效满足所有人的需求，所以人口细分有助于非营利组织找准自己的定位，更好地满足某一狭窄人口市场的细分需求。同时，按人口统计学上的变量来划分市场，可以为非营利组织提供准确的信息，而且消费者的详细信息可为非营利组织营销战略提供可靠的根据。

但是按人口划分市场也有不足之处，由于人口统计完全是描述性的，如果假定某一类人口完全具有相似的需求，这不完全正确。此外，按人口划分市场往往容易为竞争对手所模仿，难以成为有效的竞争优势。

3. 心理细分

心理细分(psychographic segmentation)，就是根据购买者的社会阶层、生活方式、个性特点或偏好，将购买者划分成不同的群体。心理因素十分复杂，包括生活方式、个性、动机、价值取向以及对服务供求局势和销售方式的感应程度等变量，属于同一人口群体的人可能表现出差异极大的心理特征。

(1)社会阶层。由于不同的社会阶层所处的社会环境、成长背景不同，因而兴趣偏好不同，对产品或服务的需求也不尽相同。陆学艺根据职业分化及组织资源、经济资源与文化资源的占有状况将中国社会分为十个阶层：国家与社会管理者阶层，经理人员阶层，私营企业主阶层，专业技术人员阶层，办事人员阶层，个体工商户阶层，商业服务业员工阶层，产业工人阶层，农业劳动者阶层，城乡无业、失业、半失业者阶层。①

(2)生活方式。生活方式是指个体在成长过程中，在与社会诸要素相互作用下，表现出来的活动兴趣和态度模式。来自不同文化、社会阶层、职业的人有不同的生活方式。生活方式不同的消费者对产品有不同的需求。例如一些戒烟组织根据吸烟者的生活方式采取不同的戒烟措施就是一例。

(3)个性。个性是一个人心理特征的外在反映，不同个性的消费者往往有不同的兴趣偏好。消费者在选择服务或产品时，会在理性上考虑产品的实用功能，同时在感性上评估不同品牌表现出的个性。例如，一些非营利组织可以根据消费者的不同个性来提供不同的服务模式。

4. 行为细分

行为细分是根据消费者对一件产品或服务的了解程度、态度、使用情况或反映，将他们划分成不同的群体。行为细分包括购买时机、寻求的利益、使用率、品牌崇信度等。

(1)购买时机。好的购买时机不仅可以激发购买者的购买欲望，而且可以有效地提高非营利组织的知名度。非营利组织要很好地销售其产品与服务，必须选择最佳的购买时机，例如在世界水日这一天宣传节水意识效果可能比平时要好得多。

(2)寻求的利益。消费者寻求的利益对非营利组织的营销具有重要的意义，非营利组织在营销时必须准确地预见到消费者追求何种利益，同样一件服务或产品，有些消费者可能追求省时，有些消费者可能追求经济，另一些消费则可能二者兼具。例如，知识分子家庭的子女在选择大学时可能更注重学术水平，而商业家庭的子女在选择大学时可能更注重课程的实用性。

(3)使用率。使用率为非营利组织提供了使用者情况的基本信息，从使用方面看，有重度使用者、中度使用者及轻度使用者，非营利组织根据使用率的不同情况采取不同的营销策略。

(4)品牌崇信度。与使用率一样，品牌崇信度也是个有用的机制，在多样化的时代，消费者对某一品牌的崇信程度是脆弱的，受到很多威胁，甚至容易被竞争对手所替代，因此，非营利组织培养消费者的品牌崇信度至关重要。

---

① 陆学艺:《当代中国社会分层研究报告》，http://wenku.baidu.com/view/b681c5dc5022aaea998f0f34.html。

（二）市场定位

非营利组织的市场细分有一个可行的市场分析方法，可根据市场细分的特点来进行准确的市场定位，非营利组织的市场定位主要表现为以下几种。

1. 市场领导者

如果非营利组织的服务或产品在某一细分市场拥有最大的市场份额，并且相对于竞争对手来说具有竞争优势，那么该非营利组织在该细分市场上就成为市场领导者。这时非营利组织营销最重要的是要保持其核心优势及领导地位，可以通过扩大市场总需求及技术创新来维持其核心竞争力及市场领导地位。

2. 市场挑战者

如果非营利组织在某一细分市场具有相当的竞争力，但是还未达到市场领导者的地位，那么非营利组织可以采取市场挑战者的策略。此时，非营利组织营销最重要的是需要不断进行技术创新及公关宣传，使提供的服务或产品达到或超过市场领导者服务或产品的质量，在提高服务或产品质量的同时还需要大力宣传，在公众中塑造良好的形象，以争取更多的市场份额。

3. 市场追随者

市场追随者是指非营利组织拥有一定的市场份额，但其竞争地位处于次要的层次，无法与现在的竞争对手抗衡，不得不处于市场追随者的地位。市场追随者往往自身力量有限，希望维持其市场份额和平稳发展，不希望遭遇竞争所带来的风险。因此，市场追随者所能采取的策略是：仿造者、紧跟者、模仿者、改变者，努力扩大其市场份额以获取更多利益。

4. 市场补缺者

市场补缺者是指非营利组织选择那些没有其他竞争者愿意进入或进入成本很高的市场行业。补缺者在传统上是一些草根非营利组织，提供着政府或社会不愿或难以提供的服务与产品，以维护一个细分市场的消费需求。市场补缺者可通过服务创新、增加产品线、扩大市场范围等来提供其竞争力。

二、非营利组织的客户细分与客户定位

（一）客户细分

客户细分于 20 世纪 50 年代由美国学者温德尔·史密斯提出，其理论依据在于顾客需求的异质性和企业需要在有限资源的基础上进行有效的市场竞争。对于非营利组织而言，面临着更为广泛的利益相关者，因此也需要进行

客户细分并进行适当的客户定位。

非营利组织进行客户细分的目的在于：从客户方面来看，不同类型的客户有不同的需求，想让不同客户对同一服务或产品感到满意，就要求非营利组织提供有针对性的符合客户需求的产品和服务，而为了满足这种多样化的异质性需求，就需要对客户群体按照不同的标准进行细分；从非营利组织的资源和能力来看，如何对不同的客户进行有限资源的优化应用是每个非营利组织必须考虑的，所以在客户管理时非常有必要对客户进行分类管理、统计与细分，以赢得、扩大和保持高价值的现有客户群，并吸引和培养潜在的客户群。

客户细分的方法主要有：客户需求分析、客户价值分析、客户的消费行为(RFM)分析。

1. 客户需求分析

首先是对非营利组织客户群体进行分类。这些相关利益群体如大众媒体、学生、观众、病人、资金提供者、政府机构、企业、基金会、专业团体、合作组织、政治人物等，他们对非营利组织的重要性是不一样的，因此要进行合理的分类。这种分类有助于非营利组织对客户群体进行准确的定位。

其次是客户需求调查。美国非营利组织营销专家盖拉特指出："真正的营销并不是以产品为主(如果我们有好产品，销售量就会大增)，也不是以销售为主(如果我们努力促销，人们就会购买我们的产品)。相反地，你必须以研究为出发点，从找到需求开始。"①非营利组织可以通过对客户进行调查、访谈、实践等，发现客户真正的需求所在。

再次是分析客户群体的基本特征。非营利组织的客户特征主要涉及六个W：即谁购买(Who)；购买什么(What)；何时购买(When)；何地购买(Where)；购买原因(Why)；购买方式(Way)。例如，中国青少年发展基金会对捐款人进行了一次抽样调查，获得了募捐市场的一些基本信息，如发现捐款主要来自于大中城市，主体是文化程度高的社会群体，信息来源主要是报纸杂志等。这种分析有助于非营利组织更好地把握客户的需求。

① [美]詹姆斯·P. 盖拉特：《21世纪非营利组织管理》，邓国胜等译，北京：中国人民大学出版社，2003年，第55页。

2. 客户价值分析

从客户价值的方面来看，不同的客户能够为非营利组织提供的价值是不同的，非营利组织要知道哪些客户是最有价值的客户，哪些客户是忠诚的客户，哪些客户是潜在客户，哪些客户的成长性最好，哪些客户最容易流失等。这些都是客户的价值性分析，非营利组织必须对自己的客户进行细分以进行正确的营销定位。

3. 客户的消费行为(RFM)分析

RFM 的 R(recency)表示客户最近一次购买的时间有多远，F(frequency)表示客户在最近一段时间内购买的次数，M(monetary)表示客户在最近一段时间内购买的金额，RFM 是根据客户的消费行为进行细分的方式，它通过检查客户最近一次购买的时间有多远、客户在最近一段时间内购买的次数以及客户在最近一段时间内购买的金额来从数量上决定哪些客户是最好的，哪些客户需要淘汰等不同的客户信息。但是按照消费行为来分析通常只能适用于现有客户，对于潜在客户，由于消费行为还没有开始，分析就缺乏可靠数据。

(二)客户定位

1. 核心客户

客户分析为非营利组织进行准确客户定位提供了可靠的依据，非营利组织在面临广泛的客户群体时，要找准自己的位置，寻找核心客户群体。核心客户是指能给自己带来关键影响的群体。例如，一所名牌大学在招生时，它的营销宣传不会针对所有考生，而只是针对每个地区成绩最好的那部分考生；对于一所普通地方院校而言，把精力放在高考状元上是不明智的。此外，非营利组织在客户细分的基础上，可以将客户进行准确的排序，有效地把握自己的核心客户群体，从而对核心客户群体进行有针对性的重点营销。

2. 一般客户

一般客户虽不像核心客户那样对非营利组织产生重要影响，但也是非营利组织不能忽视的一个重要群体。一般客户处于核心客户的外围，通常对非营利组织的口碑和宣传能起到很好的作用，需要得到公平对待。

3. 潜在客户

潜在客户是指那些对非营利组织的未来发展具有重要潜在影响的客户。潜在客户重在挖掘和培养，需要非营利组织努力将其争取到自己的阵营中，从而成为自己的目标客户。

值得注意的是：非营利组织也不一定时时以“客户为核心”，有时需要以社会利益为准，强制向客户提供自己的服务，如以改造社会不良习惯为使命的戒烟组织就面临这种情况。

第三节　非营利组织的营销策略

非营利组织在市场定位与客户定位的基础上，需要采取一定的策略来营销非营利组织的产品与服务，非营利组织的营销策略主要有产品(Product)策略、渠道(Place)策略、价格(Price)策略和促销(Promotion)策略，简称4P策略，4P策略是非营利组织营销中的重要内容。有学者在4P策略的基础上又增添了合作伙伴(Partner)策略和消费者(Purchaser)策略，形成6P策略。还有学者在4P策略的基础上增添了人(People)的策略、有形展示(Physical Evidence)策略和过程(Process)策略，形成7P策略。

一、非营利组织营销的产品策略

1. 非营利组织产品的含义

非营利组织产品是介于政府提供的“公共产品”和营利组织提供的“私人产品”之间的产品形态。非营利组织产品包含内容十分广泛，有的偏向公共产品，如博物馆、交通运输；有的偏向私人产品，如戒烟糖、收费性学校等。一般来说，纯公共产品由政府提供，私人产品由私人组织提供，而生产其他非营利组织产品的重任应该由非营利组织来承担。

2. 非营利组织的产品分类

非营利组织的产品种类繁多，比企业产品更为复杂多样，而且差异性很大。根据通常的标准，将非营利组织的产品分为三类，即有形产品、观念、实践。第一类产品是有形产品，例如非营利组织医院的药品、红十字会提供的物质等。第二类产品“观念”及第三类产品“实践”属于无形产品。观念包括看法、态度、价值观，例如“吸烟有害健康”就属于非营利组织倡导的观念；实践包括服务、行为等，例如环保组织发放环保宣传单就属于此类产品。

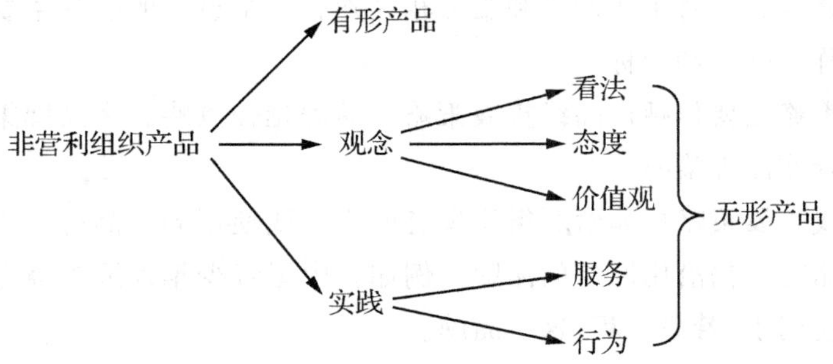

图 16-1　非营利组织产品分类

3. 非营利组织产品的生命周期与营销策略

从某种意义上讲，所有产品和服务都有生命周期。当产品和服务进入市场后，它们一般都要经过导入期、成长期，然后进入相对稳定的成熟期，最后是衰退期。非营利组织由于提供产品的无形性、不可分割性、易变性、易消失性，其产品的生命周期的研究便更具价值和意义。利用生命周期分析可以帮助非营利组织在生命周期的各个阶段制定相应的营销战略。

表 16-1　非营利组织产品生命周期的特点及营销策略

生命周期	特点	营销策略
导入期	消费者认识度低	营销的重点是促使公众首次尝试使用新产品
成长期	销售迅速增长，新竞争者开始加入	加大宣传，增加产品，实现扩展策略
成熟期	市场成熟，客户稳定，大量竞争者加入市场	提升产品品牌，支持产品创新，开发多样性产品，提供额外附加产品
衰退期	由于技术创新或消费偏好转移造成产品供大于求	可采用持续策略、集中策略与放弃战略

4. 非营利组织产品的品牌策略

像企业品牌一样，非营利组织也可以塑造自己的公益品牌。美国市场营销协会(AMA)对品牌的定义是：品牌是一个名称、术语、标记、符号或图案设计或者是它们的不同组合，用以识别某个或某一类企业或组织的产品或服务，使之与竞争对手的产品和服务相区别。一个组织的品牌主要包括三个部分：名称、标志和商标。

品牌策略主要包括产品线扩展策略、品牌延伸策略、多品牌策略、新品牌策略、合作品牌策略。

产品线扩展策略指非营利组织现有的产品线使用同一品牌，当增加该产品线的产品时，仍沿用原有的品牌。例如，中国青少年发展基金会采取的诸多活动都使用了“希望工程”这一品牌。

品牌延伸策略是指一个现有的品牌名称使用到一个新类别的产品上，品牌延伸并非只借用表面上的品牌名称，而是对整个品牌资产的策略性使用，品牌延伸是实现品牌无形资产转移、发展的有效途径。

在相同产品类别中引进多个品牌的策略称为多品牌策略，尽管某一品牌起初一枝独秀，但一旦等它辛辛苦苦开垦出一片肥沃的市场，其他人就会蜂拥而至，多个品牌使非营利组织有机会最大限度地覆盖市场。

为新产品设计新品牌的策略称为新品牌策略，当非营利组织在新产品类别中推出一个产品时，它可能发现原有的品牌名不适合它，或是对新产品来说有更合适的品牌名称，这时就需要设计新品牌。

合作品牌策略(也称为双重品牌)是两个或更多的品牌在一个产品上联合起来，每个品牌都期望另一个品牌能强化整体的形象或购买意愿。

二、非营利组织营销的渠道策略

1. 媒介营销渠道

媒介营销渠道是指非营利组织通过电视、收音机、报纸、杂志、网络等传媒来营销产品、服务与观念等，以引起公众或消费者的广泛关注。

媒介营销的优点是可利用的渠道广泛，还可同时利用多种媒介的优势进行联合营销；媒介营销充分利用了现代传媒，公众知晓面广、传播快、容易产生轰动效应；此外，媒介营销还具有门槛低、成本低、人人可参与、互动性强、效率高的优点；但是媒介营销也具有不足的地方，主要表现为媒介容易被人利用从而仅仅成为“劝服”的艺术，媒介的远距离性使得公众缺乏真实的感受，容易产生媒介的“信任危机”。

2. 合作伙伴营销渠道

合作伙伴营销渠道即通过与企业、政府或其他非营利组织等进行合作来开展营销活动。借用企业、政府或其他非营利组织的营销渠道具有成本低、影响力大、信任度高、资源丰富等优点。

合作伙伴营销渠道主要包括两个方面：一是利用企业公益营销渠道。企业的公益营销成为非营利组织重要资金来源渠道，例如，邵氏影业创始人邵逸夫以个人名义成立的“邵氏基金”长期致力于慈善事业，为中国内地教育、文化、医疗事业捐款高达25亿港元。二是利用政府购买服务渠道。政府购买服务成为非营利组织丰富的慈善来源。2009年12月，一笔来自财政部的5000万元拨款划入了中国红十字基金会小天使基金的账户，使1548名等待小天使基金救助的白血病患儿获得每人3万元的资助，这是首例政府用财政资金购买非营利组织服务，有着开创性的意义。政府购买非营利组织服务在国外已司空见惯。2007年，美国民间慈善捐赠总额为3070亿美元，占GDP的2.2%，而政府购买非营利组织的服务通常为民间捐赠总额的1.5倍，近5000亿美元。

3. 公益项目营销渠道

公益项目营销渠道即非营利组织通过策划多种公益项目进行营销活动，以汇集资源，扩大非营利组织的公益影响力。例如，中国青少年发展基金会实施的项目有“希望工程”“希望医院”“保护母亲河”“红丝带行动”“展望计划”等，涉及教育、环保、文化、卫生等方面。

4. 网络营销渠道

网络时代，网络营销正成为一个新的营销取向。网络营销具有独特的优点：一是网民数量庞大。根据2013年1月公布的《中国互联网络发展状况统计报告》，截至2012年12月底，我国网民规模达5.64亿人，全年共计新增网民5090万人，互联网普及率为42.1%，较2011年底提升3.8个百分点；我国手机网民规模为4.2亿人，较上年年底增加约6440万人，网民中使用手机上网的用户占比由上年年底的69.3%提升至74.5%。如此庞大的网络资源，为非营利组织的网络营销提供了巨大的机遇和潜力。二是网络营销具有形式多样的特点。进行网络营销，不仅可以用邮箱、QQ、微博、博客等，还可以利用论坛、网上社区等进行营销，多种方式都有其自身的优势。三是网络营销具有传播快、操作简便、成本小等特点。网络营销传播非常快，一条好的营销信息几天内甚至几小时可以传播到全国甚至世界各地；同时，网络营销操作比较简便，只需用鼠标轻轻一点就可以将营销信息传播至网络。四是成本小也是网络营销的优势，网络营销没有实体组织，只是一个虚拟组织，因此成本小，网络营销可以不需要面对面的讲解，减少了操作成本。正因为如此，网络营销将成为非营利组织营销的新趋势。

三、非营利组织营销的价格策略

许多非营利组织的产品与服务，例如计划生育工程、环境保护工程、网瘾治疗、公立医院药品等，都需要收取一定的费用。但是非营利组织不以营利为目标，收费过高，会使非营利组织产生趋利化的倾向；收费过低，又不能维持非营利组织的正当生存，也无法与竞争对手相竞争。因此，如何对非营利组织的产品与服务收取费用就成为一个重要的营销问题，非营利组织必须对其产品与服务制定正确的价格策略。

1. 成本导向的价格策略

成本导向的定价是以成本为基础进行定价，是定价的底线。成本定价的一种方法是在产品的成本之上加上一个标准的利润组成，例如博物馆的文创店制定价格时即是如此。成本定价简单可行，但是容易为竞争对手模仿而很快失去优势。

2. 需求导向的价格策略

需求导向的定价是根据顾客的需求程度而不是根据成本的高低来定价，需求导向定价所采用形式通常是需求差异价格法。需求差异定价也称为价格歧视，即非营利组织采用两种或两种以上的价格来销售同一种产品或服务。

需求导向的定价方法又可分为以下几种：(1)根据顾客差异进行定价，即按不同的价格把相同的产品或服务提供给不同的顾客。(2)根据产品或服务的差异进行定价，例如对公立医院来说，主任医师的挂号费可能高于普通医师的挂号费。(3)根据地点差异进行定价，例如非营利组织的贫困补助可能根据不同地区的消费水平来确定。(4)根据时间差异进行定价，例如对贫困儿童的培训费在周末可能要贵一些。

需求导向的定价策略能够挖掘市场的独特需要，可以很好地满足细分市场需求，但这种定价方法也容易为竞争对手所模仿，并且差异定价容易让顾客产生不公平感。

3. 竞争导向的价格策略

竞争导向价格策略是指非营利组织在进行定价时，不必考虑其价格与成本或需求之间有何关联，只要将其价格瞄准竞争者的价格即可，可高于、等于或低于竞争者价格。

采用竞争导向的定价策略可以获取相对于竞争对手的竞争优势，可以有效推动产品的市场占有，并且能够与竞争对手维持均衡的局面；但是竞争导向的定价策略容易招致竞争者的反击，如果其价格低于成本，则可能给非营利组织带来经济损失。

四、非营利组织营销的促销策略

1. 广告策略

非营利组织的广告策略即通过广告进行营销宣传，获得公众支持。相比营利性组织而言，非营利组织的广告策略通常受到忽视，事实上，广告策略对非营利组织营销至关重要，特别是在树立非营利组织的公益形象方面。

2. 公益活动策略

公益活动策略即通过电视、广播、报纸等传媒来举办各类公益活动，从而调动社会资源来获得帮助的一种营销策略。公益活动的影响面广，可信度高，获取公众支持的渠道多，是非营利组织一种常见的推广策略。

第四节　非营利组织的公共关系

非营利组织的公共关系即非营利组织为了塑造其良好的形象，通过传播沟通手段，赢得公众理解与支持的一项管理职能与艺术。随着信息化、网络化的发展以及竞争程度的加深，非营利组织公共关系工作变得日益重要，有时甚至决定着非营利组织的生死存亡。

一、非营利组织公共关系的特点

与营利性组织相比，非营利组织的公共关系具有如下特点。

1. 公共关系目标与任务方向的特点

企业公共关系的目标与任务始终不能脱离为提高经济效益、获取最高利润而创造良好社会关系环境的基本要求，而非营利组织具有公益性、志愿性等特点，其根本目标不是营利，因此，其公共关系目标与任务是围绕着实现公益使命而展开的。这就决定了非营利组织的知名度、美誉度、形象更具有实际意义。

2. 公共关系媒介的特点

由于非营利组织自身一般都没有足够的经费来开展耗资巨大的大型公共

关系活动，因而，非营利组织在开展公关活动时，经常要获取社会的赞助，非营利组织通常会选择那些花费少的活动方式。

3. 公共关系活动实施人员的特点

非营利组织是以社会公益目标为使命的，要求公共关系实务人员具有较高的道德素质、社会责任感和奉献精神。

4. 公众特点

非营利组织的服务对象通常是社会大众，不具有针对性，所以，这类组织应更重视对整个社会环境的研究，应从社会的宏观结构角度来制定公共关系战略和策划公共关系方案。

5. 公共关系实务效果评价的特点

企业公共关系的效果评价比较直观，从利润可直接看出来，但是非营利组织的效果评价不是以利润为目标，所以定量评价难度大，往往以定性评价为主。因此，应更广泛地注重综合信息的收集，以全面、综合、准确地评价非营利组织公共关系的实效。

二、非营利组织的形象塑造

对于营利组织来说，塑造良好的形象有助于盈利水平的提高；同理，对于非营利组织而言，良好的公益形象更有助于非营利组织获得广泛的社会资源，从而更好地从事公益性服务工作。

非营利组织是属于公益性组织，面临更广泛的利益相关者，因此，非营利组织需要对公众倾注更多关注，以获取更广泛的公众支持。从公众发展过程中不同的特点来看，非营利组织面临的公众可以分为四类：非公众、潜在公众、知晓公众、行动公众。非公众是指处于非营利组织的影响范围之中，但却与该组织无关，其观点、态度和行为也不受该组织影响的观众。潜在公众是有可能成为非营利组织支持者的公众，这类公众需要非营利组织采取公关行为进行转换。知晓公众是潜在公众的逻辑发展，即公众已经知晓非营利组织的行为，并希望有机会能够与非营利组织进一步沟通以了解更多信息并采取支持行动。行动公众是指认可非营利组织的行为，并进行实际支持的公众，这类公众是非营利组织最重要的公众。

非营利组织通常通过塑造良好的组织形象来获取公众的理解与支持，非营利组织的形象由知名度和美誉度构成。所谓知名度，是指一个组织被公众知晓、了解的程度，是评价组织名气大小的客观尺度，侧重于“量”的评价，即组织对社会公众影响的广度和深度。美誉度是一个组织获得公众欢迎、接纳、信任的程度，是评价组织声誉好坏的社会指标，侧重于“质”的评价，即组织社会影响的美丑、好坏。作为公益性组织，非营利组织的知名度与美誉度代表了非营利组织的形象，两者缺一不可，非营利组织的公关活动必须围绕着两者来完成。

公众对非营利组织形象的评价是通过以下几方面进行的：一是对非营利组织机构的评价，如机构是否健全、人员是否精干、办事程序是否公开等；二是管理水平的判断，包括经营决策、服务提供、管理效率等；三是对人员素质的评价，包括人员创新能力、服务水平、决策水平、知识结构、办事能力、团队精神等；四是对价值层面的判断，诚信建设、财务透明度、公信力等。非营利组织需要通过公共关系在以上几方面塑造良好的公众形象，获取广泛的公众支持。

三、非营利组织公共关系活动的基本形式

非营利组织可以举办丰富的公共关系活动来推广其公益使命，并获取公众与社会的广泛支持。

1. 庆典活动

庆典活动指非营利组织举办的庆贺活动、典礼仪式，以及具有特殊文化、社会意义的活动项目，其活动模式主要包括开业典礼、奠基典礼、落成典礼、周年纪念、节日庆典、聚会庆典等。

2. 赞助活动

指非营利组织为了实现特定的公益使命，从其他组织或团体处获得资金、产品、设备、设施和免费服务以资助社会公益事业的活动。

3. 展览活动

是指非营利组织通过举办特定的展览活动来宣传其公益使命，从而使公众了解、支持非营利组织的行为，并获取社会资源用于公益事业的活动。

4. 联谊活动

指非营利组织与公众进行情感交流、信息沟通的一种特别的群体传播形式，是“感情投资”的一种主要手段。具体活动形式有茶话会、座谈会、聚餐会、舞会、卡拉 OK 演唱会、游艺大联欢、文艺晚会等。

5. 开放参观活动

指非营利组织为了使公众了解自己所从事的事业，从而开放内部活动让公众实地参观，以加深公众认知和了解的一种活动。

6. 新闻发布会

指非营利组织将公众急需了解的事项和信息，通过特定媒介向社会公开的活动。新闻发布会可以通过举办记者招待会发布，也可以以网络直播的形式发布。

7. 捐赠会

是指非营利组织为了吸纳社会公共资源用于公益事业，通过各种途径举办的以捐赠为目标的活动。

8. 政策倡导

指非营利组织为了特定目的，通过集会、演讲、谈判等活动来宣传其政策主张、获取社会支持的活动。

非营利组织可以综合使用这些活动形式，以达到更好的效果。

思考题

1. 什么是非营利组织营销，它与营利组织营销有什么区别?
2. 请论述非营利组织营销的必要性。
3. 非营利组织如何进行市场定位与客户定位?
4. 请论述非营利组织的营销策略。
5. 从公共关系角度论述非营利组织形象塑造的有效途径。

综合案例　壹基金的品牌营销策略

壹基金是李连杰先生于2007年4月创立的创新型公益组织，2010年12月作为中国第一家民间公募基金会在深圳注册。壹基金以“尽我所能，人人公益”为愿景，搭建专业透明的公益平台，专注于灾害救助、儿童关怀与发展、公益支持与创新三大领域，致力于成为中国公益的开拓者、创新者和推动者。

与其他非营利组织不同，壹基金品牌的特色在于，它的资源主要不是来自于政府，而是来自于民间，其在企业和个人募捐领域开展了成功的品牌营销。壹基金的品牌营销之所以能够成功，是与它丰富的营销策略和手段分不开的。

1. 科学而清晰的理念和使命定位

作为中国公益行业的倡导者和实践者，壹基金致力于传播创新的、人人参与的公益文化，提出“一人＋一元＋每个月＝一个大家庭”的理念。壹基金倡导每人每天一点爱，壹家人互相关爱、彼此关怀的公益互动模式，在能力可及的范围内“小额定期定额”捐赠，持续支持公益事业。因此，壹基金的理念和使命是科学而清晰的，突出了“壹”的理念和哲学，让人一目了然，而且对捐赠人来说，每人每月“一块钱捐赠”是完全能够承受得了的。

2. 准确的市场需求预测

2004 年南亚海啸发生后，李连杰开始考虑成立壹基金。他花了将近三年时间潜心研究，到各地考察以了解国内的慈善环境，咨询律师以熟悉完全不同于电影行业的运作规则，并请贝恩(中国)公司为壹基金量身订做了调查报告和未来发展规划。李连杰在这段时间里，钻研了全球慈善相关的法律法规，也吃透了《基金会管理条例》等国内的法律法规。同时，基于对国人公益意识逐步提高的认识，李连杰增强了信心，逐步提出了“每个人每个月捐一元钱”的公益模式，让所有人都能够参与公益。

3. 丰富的营销资源

李连杰本身的明星效应为壹基金做宣传提供了无数便利。此外，李连杰还拥有数量庞大的“拥护者”，并且他非常积极地，甚至是不遗余力地去调动这些“拥护者”的支持，他们包括“李连杰的老相识、长久盟友、商界人士、各路明星、大学生、白领、公务员、普通行动者，以及声名显赫的国际精英。三年来，壹基金建立了一个庞大的电子网络库，从联合国到外资银行，从国企到民企，从大学到 NGO，只要需要，李连杰随时都能找到他们。”[①]这些“拥护者”和媒体为壹基金开展品牌宣传、争取捐款奠定了坚实基础。在壹基金营销规划和方案制定过程中，国际著名咨询机构贝恩(中国)公司为壹基金的长期战略发展提供了指导；奥美、BBDO、麦肯光明等多家全球领先的广告公关公司亦为壹基金提供了国际专业水准的传播规划服务。

4. 重视品牌创建阶段的策划与营销

壹基金成立后，建立了一套自己的标识体系、理念、口号，其代言人就是李连杰自己。2007 年，高级职业经理人周惟彦加盟后，壹基金的品牌营销

---

① 雷晓宇：《李连杰和他的企业家朋友们》，《中国企业家》，2010 年第 7 期。

工作进入了一个新的阶段。壹基金的上海办公室是品牌中心，负责设计、策划和广告；北京办公室是公关中心，负责业务拓展和公共关系维护。2007年底，壹基金宣传了新的定位，即从原来的“心理环保”转变为一个平台，服务于所有公益行业、服务于大众，推广产业发展、推广公益文化。现上海李连杰壹基金公益基金会已清算注销，由深圳壹基金公益基金会承接项目、资金。

5. 积极利用活动项目开展营销

壹基金目前的主要营销项目包括：(1)壹家人年会。每年一届，立足中国，在世界范围内为政府、专家、企业、非营利组织、媒体等搭建一个公益慈善探讨与交流的平台，加强国际公益合作，分享经验，广泛集聚公益资源。(2)“壹基金典范工程”及“潜力典范”。每年评选一次，围绕“公信、专业、执行、持续”四个标准，评选出十家左右组织治理严谨、运营能力优秀、财务透明、可持续发展以及有社会影响力的公益典范组织，并给每家公益组织颁发一百万元人民币的资助金，同时每年评选出五家左右的潜力公益典范组织。(3)壹基金之家。通过为广大“家人”(捐款人和志愿者)和公益组织提供一个基于互联网的交互平台，实现公益捐款、活动发布、义工招募，以及提供给义工和公益组织独立的后台管理功能，同时，满足壹基金自身对捐款账务、义工、合作组织、项目等的管理需求。

讨论题：

1. 壹基金在品牌塑造过程中采取了哪些营销手段？
2. 与营利组织相比，非营利组织营销有什么特点？
3. 非营利组织进行品牌营销的主要途径有哪些？

第十七章 非营利组织的危机管理

一切皆有可能，这句话给大多数人带来希望与梦想，但在危机管理的学者眼中，这意味着“高度的不确定性”。随着社会的发展，非营利组织所面临的风险与危机日益增多，这对非营利组织的危机应对能力提出了巨大的挑战。但是，如果能够有效地控制风险，则可以避免危机的发生。本章介绍了非营利组织危机管理的内涵、过程以及在危机状态下的应急处理与应急对策。

第一节　非营利组织危机管理概述

一、危机管理的内涵

危机意识在我国古典理论中也有所体现。“安而不忘危，存而不忘亡，治而不忘乱”“思所以危则安矣，思所以乱则治矣，思所以亡则存矣”是我国古代学者对危机预防思想的经典概括；“祸兮福之所倚，福兮祸之所伏”是我国古代对危机两面性的辩证思考；“亡羊补牢，犹未为晚”是我国古代危机总结的学习思想。

危机是一种紧急事件或紧急状态，在非营利组织中，它的出现和爆发将严重影响组织正常运作，对组织的内外部环境造成威胁、损害与破坏，要求非营利组织采取特殊的措施加以应对，及时对已产生的或可能产生的危机进行管理。危机管理这一概念是由美国学者于 20 世纪 60 年代初提出的，是指对危机进行控制和管理，以防止和回避危机，使组织和个人得以在危机中生存下来，并将危机所造成的损害限制在最低限度。① 随着社会的发展、科技的进步，危机的内涵与外延不断拓宽，各个领域对危机管理的内涵也有着不同的界定。

1. 从组织管理或企业管理的学科视角来定义危机管理

格林于 1992 年指出，危机管理的一个特征是“事态已发展到无法控制的程度”，他认为危机管理的任务是尽可能控制事态，在危机事件中把损失控制在一定的范围内，在事态失控后要争取重新控制住。米特罗夫和皮尔森认为收集、分析和再传播信息是危机管理者的直接任务。② 危机发生的最初几个小时(或危机持续时间很长时的最初几天)，管理者应同步采取一系列关键的行动。这些行动是“甄别事实，深度分析，控制损失，加强沟通”。③ 斯蒂文·芬克认为，危机管理是指组织对所有危机发生因素的预测、分析、化

① 张继远：《新时期非营利组织危机管理探析》，北京：经济与社会发展出版社，2012 年，第 77 页。

② Ian I. Mitroff & Christine M. Pearson，*Crisis Management*：*A Diagnostic Guild for Improving organization's crisis-preparedness*，San Francisco：Jossey-bass Publishers，1993.

③ [澳]罗伯特·希斯：《危机管理》，北京：中信出版社，2001 年，第 19 页。

解、防范等而采取的行动，包括组织面临的政治的、经济的、法律的、技术的、自然的、人为的、管理的、文化的、环境的和不可确定的等所有相关因素的管理。危机管理是“对于组织前途转折点上的危机，有计划地挪去风险与不确定性，使组织更能掌握自己前途的艺术”①，主要观点是对风险与危机的规避艺术。菲利普·亨斯洛认为危机管理是“对任何可能发生的危害组织的紧急情境的处理能力”②，主要观点侧重于组织发生危机时对危机的处理能力。米特罗夫和皮尔森将危机管理界定为“协助组织克服难以预料事件的心理障碍，让经营管理者在面对最坏的状况时，能做最好的准备”③，认为危机管理是组织以外在关联利益人为导向而进行的规避危机事件或者有效处理已经发生的危机事件的活动，观点主要侧重于危机的预防与组织核心管理人员面临危机时的心理培育。罗伯特·希斯认为，危机管理是指“对危机事前、事中、事后所有方面的管理”④，危机管理是随着危机越来越多而必须对其进行处理应运而生的科学。日本的企业管理顾问藤井定美认为，所谓危机管理就是针对那些事先无法预想何时发生，然而一旦发生却对组织经营造成极端危险的各种事件的事前事后的管理。它包括对从天灾到人祸等各种突发事件的应对处理。日本学者龙泽正雄认为，危机管理是将发现、确认、分析、评估、处理危机视为危机管理的流程，在每一个操作阶段，始终必须以“如何以最小的费用取得最大的效用”为目标。可见，日本学者对危机管理的研究较为广泛，并将“效用论”纳入了其流程的各个阶段。

2. 从公共关系学的学科视角来定义危机管理

危机管理是一种应急性的公共关系。当意外事件发生时，组织陷于困境，所面临的公众压力处于极限状态，组织的公共关系亦处于应急状态。危机管理便是立足于应付组织突发的危机事件，通过有计划的专业处理系统将危机的损失降到最低。同时，成功的危机管理还能利用危机，使组织在危机过后树立更优秀的形象。从另外一个角度看，每一次危机既包含了导致失败

---

① Steven Fink, *Crisis Management: Planning for the Invisible*, New York: American Management Association, 1986, p. 15.

② Philip Henslowe, *Public Relations: A Practical Guide to the Basics*, London: The Institute of Public Relations, 1999, p. 76.

③ Ian I. Mitroff & Christine M. Pearson, *Crisis Management: A Diagnostic Guild for Improving Your Organization's crisis-preparedness*, San Francisco: jossey-bass Publishers, 1993.

④ ［澳］罗伯特·希斯：《危机管理》，北京：中信出版社，2001 年，第 17 页。

的根源，同时又蕴藏成功的种子。危机管理做得好，往往可以使危机变为商机，通过负责、有效的危机管理战役，公众将会对组织有更深的了解、更大的认同，优秀的组织及企业家也因此脱颖而出。因此，在危机面前，发现、培育，进而收获潜在的成功机会，是危机管理的精髓；而错误地估计形势，并令事态进一步恶化，则是不良危机管理的典型特征，越是在危机时刻，才越能昭示出一个优秀组织的整体素质和综合实力。

3. 从国际政治学的学科视角来定义危机管理

科拉尔·贝尔将危机管理等同于和平地解决冲突，认为它的成功完全取决于能否避免战争。认为危机本身是真正的敌人，并主张由于核武器有大规模毁灭能力，因此在核大国之间，必须避免冒险；任何一方在采取新的行动前须权衡是否可能由此导致战争，如果答案是肯定的，就应该选择较少危险的行动；各参与方在消除战争危险和使事态恢复正常的任务方面有共同利益，实际上是伙伴。[①] 奥兰·扬将危机管理看作争取获胜的过程，其目标是迫使对手让步，并在国际上进一步推进己方的利益。他认为，“国际政治中的危机是一个被看作发生高度紧张事件的互动过程，其特征为：正常的政治流程被突然打断、持续时间短、发生暴力的可能性上升，以及对国际政治中的某些系统(或关系样式)的稳定产生重大影响”，危机是增进己方利益的机遇，敌对国家而不是危机本身是敌人。他主张，一方在采取新的行动前必须先以能否迫使对手屈服的标准来衡量，如果为了达到预期的结果而需要采取更大的冒险行动，就应该这样做；危机管理的作用是迫使对手做出最大的让步，而己方只做出最小的让步。[②] 威廉·金特纳和戴维·施瓦茨把危机管理定义为“赢得一场危机，同时将危险和冒险限制在双方所能忍受的范围内”，并提出，危机管理是“达成一个能为双方所接受的解决方案，而不诉诸武力”。强调在一场危机中，双方既想达到各自的目的，又将减少危险和避免灾难作为优先考虑因素，因而危机管理的实质是平衡和调和上述多种因素。其原因是，核大国避免使它们之间发生的危机升级为核冲突是其共同利益所

---

① Coral Bell, *The Conventions of Crisis: A Study in Diplomatic Management*, London: Oxford University of International Affairs, 1971.

② Oran R. Young, *The Politics of Force: Bargaining during Superpower Crisis*, Princeton: Princeton University Press, 1968, p. 15.

在，而且即使它们因某个问题而发生危机，但在其他领域也有许多利益交汇点。[①] 帕特里夏·扬森引用伦敦外交与联邦事务部的资料指出“危机管理既不是一门艺术，也不是一门科学，而是一种有效的‘外交工具’”。[②]

中国学者对危机管理的研究仍然处在初期阶段，主要是介绍、引进并消化西方危机管理的有关研究成果。但是在此基础上，对于危机管理的界定，中国学者也提出了一些富有创见性的见解。有学者认为，危机管理是对危机进行管理，以达到防止和回避危机，使组织或个人在危机中得以生存，并将危机所造成的损害降到最低的目的。[③] 还有学者认为，危机管理是指在企业中树立危机意识，时时注意与各方面进行有效的沟通交流，努力消除自身缺点和对企业不利的各种影响，以防患于未然。因为有些小事件、小缺点、小灾害有时足以毁掉一个组织，所以“危机管理”又叫“零缺点管理”，有的干脆叫“末日管理”。[④]

而从非营利组织的视角来定义危机管理，危机期间的管理是非营利组织在各种压力情况下的管理。从本质上说，危机管理是非营利组织的一种行动型的管理职能，它谋求确认那些可能影响组织的潜在的或萌芽中的各种问题（立法的、规章制度的、政治的或社会的）。然后，动员并协调该组织的一切资源，从战略上来影响那些问题的发展，最终促成有利于该组织的公共政策。在此过程中，需要建立和维系各种重要关系，研究和预测它们的发展趋势，以及对可能出现的对社会有破坏性影响的问题或事件采取措施，从而最大限度地减少那些问题或事件对社会的不利影响。总之，从非营利组织的视角来看，所谓危机管理，是一种有组织、有计划、持续动态的管理过程，政府针对潜在的或者当前的危机在危机发展的不同阶段采取一系列的控制行动，以期有效地预防、处理和消弭危机。危机管理的重点在于：危机信息的获取和预警；危机的准备与预防；危机的控制与回应；危机后的恢复与重建；持续不断的学习与创新。

---

① William R. Kintner & David C Schwarz, *A Study on Crisis Management*, Philadelphia: University of Pennsylvania Foreign Policy Research Institute, 1965, Appendix B, p. 21.

② Patricia Younson, “Coercive Containment: The New Crisis Management”, *International Relations*, 2001, 15(5): 48.

③ 魏加宁：《危机与危机管理》，《管理世界》，1994 年第 6 期。

④ 蒋永祥、罗殿军：《管理现代企业的九个方向》，《工业企业管理》，1996 年第 5 期。

二、非营利组织危机管理的基本原则

有的学者在系统梳理非营利组织危机管理经验的基础上，总结出了应对非营利组织危机的六大基本原则。

一是效率性原则。突发事件的发生具有突然性，有时候来势汹涌，其破坏性、危害性和负面影响最初难以确定，这时就必须在信息极为不充分的情况下立即做出反应，否则不但会贻误时机，而且会使事态更加恶化，立即采取有效措施紧急处置符合精干高效的效率性原则。

二是协同性原则。突发事件引起的非营利组织危机是多方面的，涉及的领域是综合性的，需要各个部门和社会组织、公民个人共同参与，才能够最有效地应对非营利组织危机。这就需要非营利组织危机应对的各方协同运作，优化整合各种资源，发挥整体功效，最大可能地减少事故损失。

三是安全性原则。在非营利组织危机应对中，必须强调应急处置与救援的优先次序问题，即哪些需要最先解决，哪些可以稍微后置一点。在非营利组织危机应对中，排在第一位的即首要任务就是保障民众的生命安全，以确保受害人员的生命安全为基本前提，同时还必须最大限度地保护参与处置公共危机应急人员的生命安全，这是“以人为本”理念的直接体现。在保证人员生命安全的基础上，还应该尽力保障国家和人民群众的财产安全。

四是依法应对原则。依法应对原则对政府来说就是依法行政，这是现代民主法治原则的基本要求，这也有利于制约非营利组织在应对危机中滥用自由裁量权来侵犯公民权益。

五是科学性原则。非营利组织危机应对虽然需要全体非营利组织成员共同参与，但并不是说人海战术效果最佳。

六是适度性原则。非营利组织危机的应对也是有成本的，若反应过度就会造成巨大的资源浪费，非营利组织危机的应对效率也就无从谈起。

三、非营利组织危机的双重影响

非营利组织危机具有双重效果。从一定意义上看，非营利组织危机并不仅仅意味着危险，而且还包含转机和契机。正如美国危机管理专场诺曼·R.奥古斯丁所指出的：“每一次危机既包含了导致失败的根源，又蕴藏着成功的种子。发现、培育进而收获潜在的成功机会，就是危机管理的精髓；而错误地估计形势，并令事态进一步恶化，则是不良危机处理的典型特征。”①

1. 非营利组织危机的消极影响

在当代社会，非营利组织危机给非营利组织带来的损失与伤害与日俱增，具体体现在以下方面。

一是威胁公共利益、直接造成资源的损失。非营利组织危机必然对公众利益造成冲击，此外，非营利组织危机直接破坏非营利组织的正常生产和服务并增加产品和服务的成本，从而导致生产和服务提供的损失；其间接损失还包括增加债务的负担、增加财务的支出。

二是直接打断非营利组织的正常发展规划。非营利组织危机与其他部门、企业危机一样，具有突发性，而这种突发性一般不在非营利组织的发展计划之内。因此，非营利组织危机会干扰或打断非营利组织的正常发展计划，迫使非营业组织不得不将注意力和发展资源从所计划的领域转移到危机的回应与重建方面，从而使发展从长期的考虑转到满足近期的需求，使长期发展规划服从于权宜之计，打断了发展的战略性和连续性，影响了发展的速度。

三是破坏非营利组织的公共形象，降低非营利组织的社会公信力和支持度。突发的非营利组织危机事件打破了社会原有的平衡，非营利组织是否能够在危机的压力下有所作为，使动荡不安的局面实现新的平衡，直接体现着非营利组织管理水平，影响着非营利组织的公共形象；也是非营利组织重新获得社会公信力和支持度的至关重要的现实问题。而非营利组织危机的破坏性力量是远远大于其建设性力量的。非营利组织危机不仅打击了一个非营利组织，而且也打击了公众对非营利组织的信心。如果非营利组织不能通过危机处理的绩效来满足公众的利益需求，获得公众的认可，并以此增加自身的合法性，非营利组织形象将濒临崩溃的边缘。

四是直接考验非营利组织的抗逆水平和综合管理能力。在危机压力下，非营利组织对危机处理的失误和不力，都将对自身运作系统的基本价值和行为准则构架产生严重威胁，非营利组织危机成为非营利组织抗逆水平和综合管理能力提升中难以回避的否定性事件。非营利组织危机的出现无疑是对非营利组织的挑战，不适当的非营利组织政策、管理的失误、非营利组织对危

① [美]诺曼·R. 奥古斯丁等：《危机管理》，陈松译，北京：中国人民大学出版社，2001 年，第 36 页。

机缺乏有效的回应、非营利组织和社会之间缺乏有效的沟通、非营利组织责任的丧失等皆会造成非营利组织与社会大众之间的紧张关系，引发非营利组织的信任危机，从而对非营利组织的稳定产生负面的影响。

2. 非营利组织危机的积极影响

从发展的角度来看，非营利组织危机也孕育着新的机会，具体体现在：

一是非营利组织危机能够促进社会的协调和整合。非营利组织危机是社会冲突的一种集中表现形式，但冲突和危机也能够增强特定社会关系或群体的适应和调节能力，从而促进社会的协调和整合。实际上，社会冲突是促进社会有机体团结和统一的过程，是保持社会整体或某些子系统完整的过程。在结构松散、灵活、异质性高和功能互补性高的社会中，冲突和危机的爆发较为频繁，但其强度则相应较低。它们把不同的观点分散在不同的问题上，不会把分歧集中在一个断裂点上，也不至于使冲突和危机一发生就集中在核心价值上，从而使冲突和危机常规化、制度化。允许冲突和危机存在并使它们制度化，给社会带来震荡最少，从而起到积极的作用。

二是非营利组织危机可以改变非营利组织结构、社会关系和信念体系，从而为社会的发展提供变革、改进和创新的机会。在现实社会中，突发性非营利组织危机事件可以促进组织的变革，还可以促进制度的革新和环境的变革。无论从历史还是从现实的情况来看，在面对非营利组织危机时，如果非营利组织有所作为的话，那么危机出现所产生的社会影响往往会转化成变革的推动力和催化剂；导致非营利组织危机的因素和发展的薄弱环节往往受到非营利组织和社会的关注，从而成为新的发展领域。

三是非营利组织危机可以提高非营利组织对公共问题的敏感性，从而成为非营利组织自身改进和完善的外部动力。非营利组织危机的出现，可以提高非营利组织对公共问题的敏感性，以利于及时发现并推动危机问题进入政府政策议程，从而使危机问题得到解决。从公共管理的意义上而言，非营利组织危机的出现具有发现公共问题、推动公共问题进入政府议程，促使政府制定有效的公共政策解决公共问题的积极作用。特别是对于承担公共管理职责的现代政府而言，非营利组织危机的出现是个警示信号。如果政府能够把握危机的契机，回应社会系统提出的要求，适应新环境的变化，开展积极主动的或渐进性的变革，那么，非营利组织危机就有助于维持政府系统的活力和生命力。

四是非营利组织危机可以促使非营利组织改进管理方法，提高管理能力，从而推进非营利组织的变革。每一次非营利组织危机的发生都是对非营利组织管理能力的考验。从非营利组织管理的意义上而言，非营利组织危机的出现会促使非营利组织重新评估其制度、政策和行为；危机过后，非营利组织也会反思自己在危机中的表现和危机管理水平的高低，从而改进管理方法、提高管理能力。非营利组织危机可以暴露现行非营利组织管理体制多方面的问题，在一定意义上可以指明非营利组织变革的基本方向；而非营利组织应对危机的实际运作过程，也可能促使非营利组织变革在既定的发展方向上实现某些方面突破性的进展，进一步推进中国非营利组织变革。

第二节　非营利组织危机管理过程

一、非营利组织危机预防

非营利危机事件的发生机理是指某一隐患因素由量变到质变，达到一定的临界点而最终导致危机事件发生的原理和规律。非营利组织危机事件的发生并非横空出世，它的爆发从本质上来说就是一个隐患因素由量变到质变的发展变化过程。通常来讲，酿成非营利组织危机的因素经过一个逐渐积累的过程，如果这一过程事先未被人们及时认识和有效控制，达到一定的程度后，就会产生质变，导致非营利组织危机。非营利组织危机事件虽然是事物内部矛盾由量的逐渐积累发展到质的飞跃的产物，但它是通过一定的契机诱发的，而这种契机以什么方式出现，什么时候出现，则有着很大的偶然性，有时不是人们能预测的。这就决定了非营利组织危机事件发生的具体时间、态势和影响深度、实际规模，是难以完全预测的。大多数公共危机往往是在意想不到、没有准备的情况下突然爆发的，也就是说，在危机发生之前，很少有人会意识到危机的发生。如果处理不当可能会给公共生活和公共秩序带来巨大的破坏，需要社会公众和管理部门及时做出对策，化解危机，消除影响，减少损失。由于非营利组织危机出现突然，可利用的资源十分有限，在短时间内的聚合力会较弱，甚至在特定的情况下可能束手无策，这正是我们有必要加强非营利组织危机预防的基本理论依据。非营利组织危机的事前预防措施主要包括以下三种。

1. 对潜在风险进行分类

风险是指影响未来事件及其结果的某种不确定性，它是关于某一事件发生的可能性及其对发展目标影响的描述。公共风险是以多种形态存在的，非营利组织风险类型多种多样。按照风险分布的领域划分，风险可以分为政治的、经济的、社会的、个人的、道德的等几类。按照风险来源划分，可以分为自然具有的风险、技术引发的风险、制度引发的风险、政策或决定造成的风险以及个人造成的风险。按照吉登斯的理解，这些风险可以被归纳为两大类：外部风险，即自然具有的风险；人为风险，包括其他所有风险。按照人类的认知程度划分，可以分为已知的风险、疑似的风险以及假定的风险等。[①] 有的学者认为，风险在当代社会中的主要表现形式有经济风险、系统性金融风险、战略风险、国家风险、政治风险、声誉风险、社会风险、传染疾病风险、环境风险等。[②] 总而言之，所有的风险都由两个要素组成：不确定性和风险暴露(影响)。影响程度的大小可以决定风险的等级，划分和确定非营利组织风险等级就是要找出非营利组织危机管理中的重点，并安排有关人员去具体执行。

2. 非营利组织风险的识别

非营利组织危机的事前管理是对风险进行识别、评估和控制，以最小的成本使风险损失降到最低的管理活动。所以，风险管理的第一个步骤就是风险识别，有些风险是有前兆与迹象的，这些前兆和迹象就是风险信息，这为风险识别提供了可能。非营利组织风险识别的任务就是，要从错综复杂的环境中找出非营利组织以及整个社会所面临的主要风险。非营利组织风险识别一方面可以通过感性认识和历史经验来判断，另一方面也可通过对各种客观的资料和风险事故的记录来分析、归纳和整理，以及必要的专家咨询，从而找出各种明显和潜在的风险及其损失规律。

3. 非营利组织风险的评估

风险识别之后，接着需要做的就是风险评估，风险评估是风险管理的重要环节，也是非营利组织危机管理工作的重要组成部分。关于风险评估的定义，有的观点认为，风险评估就是对识别后所存在的风险做进一步的分析和度量，也就是对某一特定的公共风险的性质、发生的可能性以及可能造成的

---

① 杨雪冬等：《风险社会与秩序重建》，北京：社会科学文献出版社，2006 年，第 19—20 页。

② 卢林：《制度转型及风险管理》，上海：上海人民出版社，2010 年，第 54—144 页。

损失进行估算、测量。有的观点认为，“风险的评估是指对风险程度的度量和评级，它包括对风险事件在给定时间内发生的可能性的估计，以及对风险暴露，即风险事件一旦发生，可能造成的后果的估计”。[①] 还有的观点认为，风险评估是指通过识别分析风险发生的概率和可能的后果确定风险级别，并制定哪些风险需要控制以及如何控制的方案的过程。非营利组织风险评估是指在风险识别的基础上，应用一定的方法对所收集的大量的信息加以分析，估计和测定风险发生的可能性及其影响程度，确定其风险级别和管理优先级的过程。这一过程又包括两个方面：风险分析和风险评价。风险评估的任务具体包括识别系统面临的各种风险、评估风险概率和可能带来的负面影响、确定系统承受风险的能力、确定风险消减和控制的优先等级、探究风险消减对策等。

二、非营利组织危机的事中决策

非营利组织危机的事中决策属于现代决策的重要内容，由危机决策发展而来，“危机决策是指决策者在有限的时间、资源等约束条件下，制定应对危机的具体行动方案的过程。危机决策作为危机管理的核心，通常具有决策目标动态权变、决策环境复杂多变、决策信息不对称、决策步骤非程序化等特点”。[②] 非营利组织危机的事中决策的构成一般需要具备三个要素：一是非营利组织危机的发生、发展具有突然性、急剧性；二是可供决策者利用的时间和信息等资源非常有限；三是决策后果很难预料。其中，非营利组织危机决策信息的有限性主要表现为：第一，信息不完全。非营利组织危机状态下，由于非营利组织危机事态发展的随机性和不确定性，很多非营利组织危机信息是随着事态的发展而演变的。因此，决策者需要适应信息，在非常有限的时间内掌握和控制事态发展信息。第二，信息的不及时性。由于非营利组织危机事态发展的急剧变化性，而且非营利组织危机信息要从事发现场传输到危机指挥决策机构，中间还需要经历许多的组织和环节，因此，核心决策机构掌握的信息常常具有滞后性。第三，人力资源紧缺。在非营利组织危机状态下，由于时间紧迫，而且有关决策问题的信息和可供决策者选择的备选方案都极其有限，因此决策者往往要承受巨大的决策压力。在非营利组织危机发生后，其主要决策步骤包括以下六方面。

---

① 卢林：《制度转型及风险管理》，上海：上海人民出版社，2010 年，第 16 页。
② 郭瑞鹏：《基于预案的危机决策方法研究》，《科技进步与对策》，2000 年第 2 期。

1. 确认决策面临的问题

因为预期情境与实践情况之间总有差距，决策者在决策之初都会遇到一些问题，所以他们必须清醒地认识到问题的存在。

2. 确认决策标准

对决策的主张及约束的明确分析，能够清楚地知道决策的内容及标准，从而做出决策，所以决策者不仅要选取各种可能的标准，还要对其相应的结果进行评估。

3. 决定评估标准、方式、权重

为保持系统性和连贯性，每一标准的权重和含义都应通用于计划决策方案及其备选方案之中。

4. 制定和评估备选方案

完成某一任务有许多方法，因此决策者可以通过集思广益的头脑风暴法以及正式、非正式的专业咨询，形成所有可能的备选方案，以寻求更多的选择方法，努力使“预料之外”变为“意料之中”；一旦大多数完整的替代方案形成，决策者就需要评估它们各自对有效解决问题的贡献。

5. 选择和执行备选方案

累计决策模式产生的最高分数，便是最好的选择，因此这一步决策者的工作就是从替代方案中挑选出最优备选方案；决策者向那些受到影响以及围绕决策采取行动的人们传达决策结果，同时检验并评估决策制定程序以及决策的影响。

6. 评估决策程序以及决策结果的影响

决策者需要重温产生决策结果的过程和决策的影响，以提高决策水平。

三、非营利组织危机的事后恢复

当非营利组织危机局势得以控制，不会再对生命和财产造成大的损害时，就进入了危机管理的下一阶段——恢复与重建，危机应对中的恢复与重建一直持续到所有系统恢复或基本恢复正常状态之时，是全过程突发事件应急管理的重要组成部分和不可或缺的环节。恢复与重建是消除突发事件短期、中期和长期影响的过程。恢复，就是使社会生产生活运行恢复常态。非营利组织危机的事后恢复并不仅仅是恢复到危机事件前的水平，而是应该利用危机管理这次机会转“危”为“机”，在更高的起点上向着更高的目标改革、建设与发展。为了高效、有序地开展非营利组织危机的事后恢复的各项工作，必须要遵循一定的原则。

1. 及时高效原则

危机事件一旦发生，非营利组织应根据需要随时开展相应的恢复工作。各项相关工作都要衔接紧密，不延误时间，务必讲求效率。

2. 统筹协调原则

非营利组织在危机事件发生后，应统筹协调好以非营利组织运行为取向的紧急恢复和以未来发展为取向的持续恢复关系，协调好成本与效益之间的关系，通过非营利组织的恢复，实现组织本身的可持续发展。

3. 公开公正原则

非营利组织应当根据由于自身原因对社会成员造成的损失的不同程度以及不同需求，拨付相应的资金补偿，并在恢复过程中，自觉和充分地接受社会各界的监督，使非营利组织根据其导致的问题对社会成员采取有效的弥补措施。

第三节　非营利组织危机管理的应对策略

美国著名报业人物普利策曾说："倘若一个国家是一条航行在大海上的轮船，新闻记者就是站在船头上的瞭望者。他在一望无际的海面上观察一切，审视海上不测风云和浅滩暗礁，及时地发出警告。"同时，新闻媒体能够向政府反馈公众情绪和想法，在应急沟通中扮演着举足轻重的角色。因而，非营利组织危机管理者必须学会与媒体建立一种合作而非对抗的关系，这有助于非营利组织危机管理者在危情时刻更好地引导舆情、与公众沟通。

一、非营利组织危机管理体制的建设

虽然国家层面建立了应急管理部，但这是一个宏观的部门。在微观层面上，非营利组织要应对各种危机，必须对原有的体制进行改革。一方面，非营利组织要正确处理与政府的关系，在发生危机时能够迅速调动一切资源进行危机干预和处理；另一方面，非营利组织要建立一个灵活的治理体制和治理结构，能够灵活而迅速地动员一切资源进行危机处理。此外，要创新非营利组织的管理机制，引入竞争机制、改革决策机制、完善信用机制、实现最广泛的社会参与，充分发挥非营利组织在危机管理中的作用。

二、非营利组织危机管理机制的建设

一是危机管理的预警机制。任何危机都是重在预防，一旦危机发生，无论采取什么措施，都将产生难以挽回的影响。因此，建立预警机制能够有效预防危机的发生。预警机制能够及时预警非营利组织即将发生的危机，提前采取消除危机的措施，防患于未然，或者将危机消灭于萌芽状态之中。

二是应急沟通机制的建设。所谓应急沟通，就是指非营利组织危机管理者与社会公众建立良好关系以交流信息、互动反馈的双向过程。在这里，社会公众大致可以包括三类：(1)危机的直接受害者；(2)一般的社会公众；(3)新闻媒体。应急沟通对于非营利组织危机管理至关重要，这是因为沟通可以防止危机的进一步演化，有助于非营利组织危机管理者做出并顺利实施应对风险的有效决策，能够增强危机管理者的公信力，树立良好的公关形象。

三是协同治理机制的建设。非营利组织的危机管理，单靠非营利组织自身有时难以应对，因此建立一个广泛参与的协同机制就显得尤为必要。这种协同机制包括与公众的协同，广泛吸纳公众参与危机处理；与政府的协同，如果能得到政府的支持，非营利组织的危机管理将会顺畅很多；与媒体的协同，媒体作为非营利组织危机处理的喉舌，起到至关重要的作用，非营利组织的危机管理必须处理好与各种新老媒体的关系。

四是非营利组织危机管理的快速反应机制建设。非营利组织使用的是公益资产，对公信力、诚信、公正公平等价值非常重要，所以，非营利组织应建立起危机快速反应机制，一旦发生危机，能够迅速处理，将危机消灭在萌芽状态。

五是建立公开透明的新闻发布机制。危机发生时，要建立及时的新闻发布机制显得很重要，以便及时、准确地将信息发布，消除公众的质疑、不信任等，达到信息的公开透明，取得公众的谅解和信任。当然，可以根据公众的心理接受程度分步骤、分阶段地发布信息，在危机的潜伏期、爆发期、处理期、善后期等都要有相应的新闻信息发布机制。

三、建立有效的非营利组织危机沟通方式和策略

在非营利组织危机管理的沟通中，由于非营利组织—媒体—公众三者之间关系密切，非营利组织危机管理者必须要学会如何与媒体和公众打交道。良好的沟通可以使非营利组织危机管理者事半功倍。因此，非营利组织应综

合运用多样化的危机沟通对策，使公众对非营利组织危机的实际情况有正确的认识，避免公众对发生危机的非营利组织产生不必要的误解。

1. 非营利组织危机管理的沟通方式

高质量的沟通在很大程度上取决于沟通方式的选择及其科学组合。因此，非营利组织必须根据具体的环境、对象、内容等选择不同的沟通方式，并根据具体情况灵活地进行各种沟通方式的组合。沟通的方式多种多样，按照不同的依据从不同的角度可以有多种分法。根据沟通所使用的符号系统划分，沟通方式有言语沟通和非言语沟通两种方式；根据沟通的传递方向有无反馈划分，有单向沟通和双向沟通两种方式；根据沟通的渠道划分，有正式沟通和非正式沟通两种方式。这些沟通方式都有各自的优缺点，在日常的沟通中都比较常用。

在非营利组织危机管理中，非营利组织要针对危机的高度不确定性、时间紧迫性、事件的严峻性等特点，采取适当的沟通方式，让群众能够在第一时间了解到事件的发展状况。非营利组织在开展沟通时，所选择的方式也影响到沟通的效果。比较常用的公共沟通方式主要有以下六种。

(1)现场沟通。现场沟通要特别注意沟通的方法和艺术，在遵循“伤害不扩大”原则的前提下开展沟通。危机沟通者特别要注意言语的艺术，包括重音、音调的变化和停顿的艺术等，而且其眼神、手势、表情动作等也会影响与接收者的沟通，对于这些沟通细节，危机沟通者都应当注意。

(2)新闻公告。一般用于全国或区域性大范围的非营利组织危机，适用于受害者众多，单独沟通无法完成的情况。新闻公告要组织电视和报纸杂志等新闻媒体，发布新闻公告和声明，就事件的发生表示遗憾，向受害者表示慰问和同情，同时要澄清危机时期产生的各种不利谣言。

(3)个别会谈。一般用于情绪反应激烈的受害者，针对其特殊情况，在采取单独会谈的方式表达特别关心和慰问的同时，对其存在的疑问要进行澄清，争取他们的理解和支持。对于情况相似的受害者群体可以召开座谈会。

(4)电话和信件。公共部门可以及时向受害者拨打电话或者发送电子邮件，这样做能起到缓解悲痛、稳定情绪、防止过激行为等作用。

(5)接待中心。非营利组织对于特大突发事件，可以专门设立受害者接待室，由专人负责接待。其工作人员不仅要礼貌热情，掌握必要的沟通技巧，训练有素，还要了解政策，统一口径，回应和解决部分实际问题。

(6)网络平台。网络已经成为现代组织与利益相关者沟通、互动的主要渠道之一。在危机中，非营利组织要充分利用网络传播的即时性和互动性。

2. 非营利组织危机沟通的对策

在非营利组织危机管理的沟通中，由于危机所涉及的范围和人员较广，需要非营利组织采取一定的沟通策略，才能取得事半功倍的效果。在公共沟通中要注意三项策略：差异沟通、对等沟通、双赢沟通，这是保障非营利组织危机管理的沟通取得良好成效的关键。

(1)差异沟通策略。非营利组织危机管理的沟通，需要遵循差异沟通的原则。根据具体情况，针对沟通群体的特征，有差异地开展良性沟通。①利益相关者——及时沟通，积极协调。利益相关者的利益在危机之中受到损害，有可能产生极端行动和非理性行为。为此，公共部门要及时协调和沟通，争取其理解和支持。②旁观者——鼓励直言，征询信息。旁观者由于亲历现场，掌握了大量一手信息，而这些信息正是危机管理所需要的。旁观者在亲历危机现场后形成自我判断，从感性认识上升到理性认识，有可能会过滤有关信息，或者是由于某些原因而故意隐瞒一些重要的信息，因此，非营利组织危机管理者要鼓励旁观者放下后顾之忧，大胆直言，以便收集足够的信息。③专家学者——专业咨询，权威认证。对于技术问题，专家最有发言权，他们从专业的角度给公众答疑解惑，可以打消公众心中的疑虑。因此，非营利组织可以针对一些存在于社会公众中的典型问题专门组织相关专家进行讲解和答疑。这是非营利组织主动与公众进行沟通的良好途径和方式。对于有足够科学证据支撑而有较大社会需求的企业行为，非营利组织也要给予有力支持。④志愿者——鼓励支持，引导管理。志愿者往往具有极大的热情，对于志愿行动，政府要积极鼓励和引导，对于表现优秀的志愿者，可以给予一定的物质或精神奖励。在全社会对他们的行为进行推广和宣传，以培养更多的志愿者和更广泛的志愿精神。

(2)对等沟通策略。沟通的前提是平等，非营利组织在开展沟通时，尤其要注意对等沟通。①平等沟通，对等协商。非营利组织在沟通时，平等是前提和基础。在平等的前提下，非营利组织才能与社会各界开展全面和深入的危机沟通活动。在沟通的方式上，尽量采取体现平等的协商方式，保障沟通的实效。②换位思考，决策倒置。非营利组织要善于与公关对象换位思考，评估公关对象的博弈思路。危机公关的决策可以采取“决策倒置”的方式，一方面要从公众的需求出发，在可能的范围内满足公众的要求；另一方面提前预测公众的应对思路，预防沟通时可能出现的问题。③社会问题“个人化”，个人问题“内部化”。非营利组织在沟通时，要善于运用社会问题“个人化”、个人问题“内部化”的危机公关策略。非营利组织可以把社会层面的问题转移到个人层面，再把个人层面的问题转移到个人内部，这是危机沟通取得成效的有效方法。

(3)双赢沟通策略。在民主和法治社会，非营利组织在沟通时，从理念到行为，都要注重双赢沟通。①尊重个人权利，掌握主动。非营利组织需要承认和尊重公民的个人权利，在沟通中，主动考虑公众的个人权利问题，这样非营利组织就在沟通时掌握了先机和主动。②互利互惠，寻求共赢。非营利组织要善于和公众互利互惠，寻求非营利组织与公众的“双赢点”。以“双赢点”为重点开展沟通，成效一般都比较好。

思考题

1. 非营利组织危机管理的意义是什么？
2. 非营利组织危机管理的过程是怎样的？
3. 非营利组织危机管理的策略是什么？

综合案例　湖北省红十字会口罩分配风波

2019 年底新冠肺炎疫情发生后，口罩成为紧缺商品。2020 年 1 月 30 日，湖北省红十字会官方网站公布了新冠肺炎疫情以来第一次接收捐赠物资的使用情况名单。名单显示，武汉仁爱医院、武汉天佑医院总计获赠来自企业的 N95 口罩 3.6 万个，两家医院各获赠 1.6 万个口罩，而武汉市协和医院则仅收到个人捐赠口罩 3000 个。有网友对 N95 口罩的分配提出了质疑。质疑的理由是：为何主打不孕不育诊疗并且不是发热门诊定点单位的武汉仁爱医院收到了 1.6 万个 N95 捐赠口罩，而武汉市 61 家发热门诊之一的协和医院仅收到 3000 个口罩？网友认为湖北省红十字会对捐赠物资分配不合理。

针对“捐赠物资分配不合理”的质疑，湖北省红十字会国内物资捐赠工作人员回应记者称，“部分物资为定向捐赠”。该工作人员表示，目前，湖北省多地市封城，各类医院都缺少疫情防控物资。只有通过红十字会开通行单，疫情防控物资才能进城。红十字会需要将所有捐赠资料透明化，其中也包括定向捐赠。“定向捐赠物品可直接进入医院。前期通过红十字会审核，但实际发放是捐赠者和医院联系人直接对接。”

针对网友的质疑，湖北省红十字会于1月31日发布了《关于“N95口罩36000个”接收和使用情况更正说明》。内容如下：2020年1月29日和1月30日，湖北省红十字会分别在“博爱荆楚”微信公众号和门户网站上公布了第一批次防控新型冠状肺炎捐赠物资使用情况。有网友对《物资使用情况公布表(一)》中第14条记录“N95口罩36000个”的接收和使用提出疑问。对此，我们高度重视，对有关信息进行了复核，发现确因工作失误导致公开的信息不准确。现将捐赠的“N95口罩36000个”更正为“KN95口罩36000个”，其流向“武汉仁爱医院1.6万个、武汉天佑医院1.6万个”更正为“武汉仁爱医院1.8万个、武汉天佑医院1.8万个”。有关情况说明如下：2020年1月26日，一家爱心企业向湖北省红十字会捐赠3.6万个KN95口罩。经向卫生健康部门了解，该型号产品不能用于新冠肺炎治疗定点医院一线医护人员防护，但可用于普通防护。当时，武汉科技大学附属天佑医院、武汉仁爱医院向省红十字会发来紧急求助信息，申请紧急救助，提出也参与了新冠肺炎防治工作，在本医院也有很多发热群众候诊就医，急需防护用品。经沟通，本着人道救急的客观需求和当时的物资现状，捐赠给武汉科技大学附属天佑医院1.8万个口罩、武汉仁爱医院1.8万个口罩。在此向广大捐赠人和社会公众进行更正说明，我们对因工作失误导致捐赠信息发布不准确表示歉意。我们将在今后的工作中加强公开捐赠信息的审核，欢迎社会各界对省红十字会工作进行监督。

该说明回应了网友的部分疑问，但远未到肃清网友心中全部疑虑的程度，并引发了更多的质疑。有网友提出了更多的疑问：工作是如何失误的？红十字会受捐物资究竟归谁调配？1月31日有记者就物资调配问题致电湖北红十字会备灾救灾中心，接电工作人员表示所有红十字会接收的物资均由湖北省或者武汉市防控指挥中心调配，不是由红十字会调配，因此整个事件与湖北红十字会无关，那么谁拥有调配权呢？针对将N95口罩更正为KN95口罩问题，有网友问，KN95口罩真的不适合协和医院防护吗？

针对网友质疑，湖北省红十字会于2月1日进行了第二次回应，发布了《关于捐赠物资分配有关情况的说明》，就媒体和网友关心的问题进行了三点说明：一是关于分配给仁爱医院口罩的问题。2020年1月26日下午，我单位收到一家爱心企业捐赠KN95口罩3.6万个的意向。KN95口罩不在新型冠状病毒肺炎疫情防控用品清单目录内，我单位根据1月26日上午仁爱医院等单位的紧急求助信息，协调捐赠方于1月27日下午由捐赠方捐赠给武汉科技大学附属天佑医院1.8万个、仁爱医院1.8万个口罩。仁爱医院在1月24日以前，设有发热诊室和隔离观察室。二是关于协和医院3000个口罩的问题。2020年1月26日，一位爱心人士定向捐赠协和医院3000个口罩。三是关于省红十字会内部管理问题。我单位连夜召开党组会议，深刻查找捐赠物资接收分配中的管理问题，对存在的审核把关不严、执行程序不严格、工作不细致、作风不扎实等问题，党组做出深刻检讨，并将对直接责任人依纪依规追责。下一步，省红十字会将痛定思痛、举一反三、认真整改，进一步压实责任、转变作风，全程接受纪检监察部门监督，接受广大媒体和网民的监督，以更加严谨的工作态度，严格按职责、按规定、按程序接收和使用好社会各界捐赠的款物，竭尽全力配合做好疫情防控工作。

针对反映湖北省红十字会在捐赠款物接收分配中的有关问题，湖北省纪委监委迅速开展调查核实工作，最终湖北省红十字会3名领导被问责。

（资料来源：作者整理。）

讨论题：

1. 湖北省红十字会在处理危机中存在哪些问题？
2. 出现这些问题的深层次原因是什么？如何解决？

第十八章 非营利组织的财务管理

财务管理对于非营利组织的运作和发展具有重要的意义，是非营利组织管理的重要环节之一。非营利组织的财务管理，不仅有助于组织内部效率的提高和运作成本的降低，而且有助于其对外树立形象，提高组织的公信力，进而有助于组织的使命、宗旨和目标的实现。

第一节　非营利组织财务管理概况

虽然非营利组织不以营利为目标，但财务也是非营利组织管理的一项资源，而且是至关重要的一项资源，财务资源使用的依规有序，关系到非营利组织的合法性基础。同时，在非营利组织评估中，财务评估也是一项必评的重要内容。

一、非营利组织财务管理的含义

财务管理(Financial Management)是指在一定的整体目标下，关于资产的购置(投资)、资本的融通(筹资)和经营中现金流量(营运资金)，以及利益分配的管理。所谓非营利组织的财务管理，即非营利组织为了实现组织使命和宗旨，运用各种财务手段来组织财务活动，协调财务关系，从而实现资金有效运转的过程。

一般来说，非营利组织的财务管理包括三大部分的内容：预算管理、收入管理、支出管理；同时，由于非营利组织地位的特殊性，在非营利组织的收入和支出管理中，与一般营利企业不同，存在着一定程度的税收优惠，这是非营利组织财务管理的特征之一。

二、非营利组织财务管理与营利组织财务管理的区别

与营利组织追求利润的目标不同，非营利组织财务管理的目标是实现其非营利的宗旨，二者有着本质的区别，如表 18-1 所示。①

表 18-1　两种组织财务管理目标比较

营利组织	非营利组织
持有最多的股份	稳定
利益最大化	宗旨和责任
最大的边际效益	行为目标
行为目标	社会责任
社会责任	

① 王名：《非营利组织管理概论》，北京：中国人民大学出版社，2010 年，第 116 页。

对于非营利组织来说，其首要的目标应是组织的稳定和长期的发展，借此才能实现组织的宗旨并履行其对社会和受益人的责任。一个非营利组织不能像营利组织那样，为了对股东或投资人负责任而拼命追求短期的、即时的利益，也不能像营利组织那样一旦发生危机就裁减雇员以保全资产，非营利组织追求的是长远的、具有公益性的目标，它首先考虑受益人的利益。

综上所述，非营利组织的财务管理具有如下特征。

1. 顾客不是主要的资金来源

企业的主要资金来源是通过销售产品和服务从顾客处获取的收入，而非营利组织则不完全依靠从顾客那里获取的收入来维持生存和发展，有些非营利组织资金的主要来源是服务收入，被称为顾客支持型组织，其他非营利组织则被称为公众支持型组织。因此，顾客所接受的服务与其向组织提供资源的多少之间没有直接的关系。

2. 不存在利润指标

在企业的财务管理中，利润指标是衡量企业绩效的标准，为企业提供量化分析的方法。然而，非营利组织是不以获取利润为目的的社会公益性组织，在非营利组织的财务管理中通常缺少利润这一指标。这一特点，是非营利组织的一大特征，也是非营利组织进行绩效考核和管理决策的一大困难。

3. 权责利不十分明确

就企业而言，内部管理通常可以划分为许多责任中心，对每一个责任中心都明确其职责，并赋予相应的权力，并在对其职责履行进行考核评价的基础上，给予其相应的利益。非营利组织由于不存在利润指标，对各部门职责履行的情况难以考核评价，因而对各部门的权责利也就无法明确。

4. 所有权形式特殊

对于企业而言，企业的股东投资创办了企业，是企业的所有者，拥有企业的所有权权益。而对于非营利组织，财产的所有权属于组织本身，而不是股东个人，这就使得非营利组织不能对其资产权益进行转让、出售，并且需要按照资产提供者和外部监督者的要求来运作、管理和处置资产；另一方面，资产的提供者不期望收回投资或获得经济上的收益，因此非营利组织通常不进行损益的计算，也不进行净收入的分配。[①]

---

① 苗丽静：《非营利组织管理学》，大连：东北财经大学出版社，2006年，第96—97页。

由此，根据非营利组织的财务特点和实际状况，我们认为，非营利组织的财务管理不同于营利组织的财务管理，因此，采用了与传统企业财务管理不同的编写体例，从非营利组织的预算管理、收入管理、支出管理和税收优惠的四个模块入手，对非营利组织的财务管理进行介绍。

三、非营利组织财务管理的意义

1. 明晰的账目是非营利组织的立足之本

通常来说，非营利组织对自身的财务只享有一定程度的自主权，因为非营利组织的资金来源是以无偿捐助和财政拨款为主，组织自身并不享有对财物的完全所有权。在一定程度上说，非营利组织只是一个托管中介，依靠信任资源，将其他组织、个人自愿捐助的财产交由专业的非营利组织机构配置到需要的地方去。因此，非营利组织的财务就有向托管人甚至全社会公开透明的义务，这也是非营利组织获得信任资源的来源渠道。

2. 非营利组织通过财务报表接受监督

与私营企业不同的是，非营利组织的财务应该是放在阳光之下的，资金的捐助者、政府的监管部门以及其他机构，对非营利组织的资金流向和使用情况都享有知情的权利。非营利组织的公信力产生于监督之中，在社会各界的监督之中获得认可，非营利组织正是在这样的监督认可中得到公众的承认。

3. 财务管理是规范非营利组织管理的基础

在任何组织，对钱财物的管理都是组织管理的重要内容，非营利组织也不例外，而各国政府对非营利组织通常都给予了一定的税收、政策优惠。非营利组织的财务报表是享受这些优惠的申报材料，所以，为了规范非营利组织自身的管理，也为了使政府和社会对非营利组织进行监督治理，清楚明了的财务报表、科学透明的财务流程、良好的财务管理秩序都是必要的。

第二节　非营利组织预算管理

很多专家学者认为，财务管理的核心内容就是进行预算管理。预算可以使有限的资金得到合理配置和充分利用，使稀缺的资源产生最大的效用。对于非营利组织也不例外。因此，构建多层次的非营利组织预算管理模式，加强非营利组织的控制和监督，提高经营绩效，对于发挥非营利组织向社会提供公共物品和公共服务方面的独特优势，促进非营利组织与政府的相互补充和配合具有重要的意义。非营利组织预算管理的系统运转如图 18-1 所示。

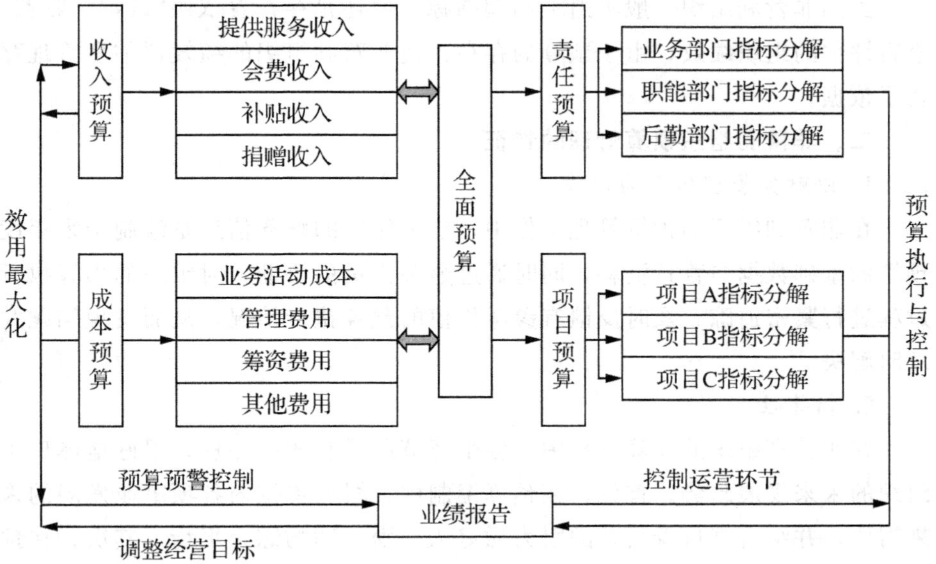

图 18-1　非营利组织预算管理系统图

资料来源：王海燕：《非营利组织预算管理模式研究》，《财会月刊(理论)》，2006 年第 11 期。

一、预算的意义

对于非营利组织来说，预算具有以下四种基本功能。

1. 为有限的资源合理分配打下基础

经济理论认为，需求是巨大的，而资源的供求是稀缺的，因此需要研究如何将稀缺的资源投入合适的地方最大化地满足需求，预算的编制是为了实现这一目的。

2. 指明未来筹资的需求规模和时限

预算决定了在这一财务周期内的资金如何使用、使用多少，而这一财务周期的资金使用情况直接影响到下一个财务周期，是否产生了盈余和赤字等因素，都将决定未来筹资的需求。

3. 为管理者决策提供依据

为了编制预算，组织会对自身所掌握的资源进行详细的盘点和规划，使得管理者对组织的财务能力产生充分的了解，从而制定出维系组织存在和发展切实可行的决策。

4. 预算时绩效评估的基础

虽然非营利组织一般不追求利润指标，但还是存在着依照“成本—收益”进行评估的组织绩效，由于预算的存在，使非营利组织的绩效评估和管理存在了依据。

二、非营利组织预算管理的特征

1. 以财务管理体系为保障

在非营利组织的预算管理工作中，前一年度的财务信息是编制未来年度预算的基础数据与背景资料，同时通过财务人员的协助，对组织的预算执行过程进行紧密追踪，及时反馈有参考价值的预算执行情况，从而发现问题并及时解决。

2. 指导性

在非营利组织的预算管理中，各个环节所具有的指导性，很好地体现了组织的未来发展趋势。首先，在预算编制中，根据单位内各项事业发展的未来需要，并结合其自身具备的财力做好人、财、物的综合平衡。其次，在预算编制完成后，通过预算的执行，发挥其指导性作用。

3. 动态性

在非营利组织中，预算除了具有稳定性以外，还具有其独特的动态性，使得预算在设计时更加符合组织的实际情况，如在采用固定预算方法的同时，在环境不稳定的情况下，采用弹性预算的方法；面对未来经济活动的不确定性，将长期预算与短期预算相结合等，这一动态性也使得非营利组织的预算在编制和执行的时候，更加符合外部环境的要求。

4. 综合性

在预算实施的过程中，凡是会影响目标实现的业务、事项，在预算中均以货币等计量形式加以反映并进行管理。通过将预算起点、预算依据、预算编制过程与方法、预算组织与控制、预算考评等内容贯穿到每一个单位、部门或个人，帮助组织实施完整的预算管理。

5. 约束性

在非营利组织的预算管理过程中，各个程序和环节都具有约束性，任何部门和个人都不能随意进行调整和更改。在实际工作中，通过增加预算指标分配和预算调整约束性、消除长官意志、对预算财力的使用实施有效的监督等措施，从而增强预算管理的约束性，使非营利组织的预算管理更加科学、合理。

三、编制预算的方法

1. 递增法

在上一年度实际支出的基础上，考虑下一年度需要增加支出的因素，如通货膨胀、增加员工福利等，结合新计划所需要的支出，计算出下年度预算总额。这种方法只能用来预测下年度的支出，没有考虑项目成果和实际需求的变化，是一种粗略的预算方法，往往与实际情况出入较大。

2. 项目预算法

将组织拥有的资源按比例分配给不同的项目，并将预算执行与项目评估结合起来，同时考核项目运作的效率和组织目标的实现程度。

3. 零基预算法

零基预算的基本问题包括以下几个方面：组织需要什么才能有效率地运行？下一年度组织想达到什么样的目标？要达到这些目标需要投入什么？零基预算的制定方式不是根据目前的限制束缚思维，而是先在第二年拟执行的项目上达成共识，依照项目需要决定编制多少预算。即每期的预算先归零，从零开始考虑预算增减。

4. 弹性预算法

将未来的收入预算值看成一个概率分布，准备多种不同的方案。这种预算方法主要适用于处于不稳定情况下的组织，可根据情况的变化随时调整预算。①

第三节　非营利组织收入管理

收入管理是财务管理的重要内容。虽然非营利组织不以营利为目标，但是却可以获得一定的收入，这些收入包括捐赠的收入、维持生存所获得的营业收入以及上级的支持等。

① 康晓光：《非营利组织管理》，北京：中国人民大学出版社，2011 年，第 112 页。

一、非营利组织收入的界定

由于非营利组织的不以营利为目的的特点，使得对非营利组织的收入进行界定是一项看似简单实则复杂的工作，国内外的会计准则都一直在进行探索。例如，美国财务会计准则委员会在《财务会计概念公告》第六号中，给收入下的定义是：营业收入是一个主体在其持续的、主要或核心业务中，因交付或生产产品或提供劳务，或进行其他活动，而获得的或增加的资产，或因而清偿的负债(或者两者兼而有之)。该公告宣称其适用于营利组织和非营利组织。非营利组织的收入包括非限定收入、暂时限定收入和永久限定收入，并将捐赠的劳务纳入收入的核算范围。而加拿大特许会计师协会的《财务报表概念》中则规定：收入是经济资源的增加，是一个主体在正常活动中产生的流入，或者资产的增加或负债的减少。许多非营利组织所取得的收入，很大部分来自捐款、政府补助及其他捐赠形式。因此根据加拿大税法，劳务不是一项资产，所以收到劳务不能确认收入。澳大利亚会计研究基金会则根据《会计概念公告》第四号认定，收入是指一个主体以增加资产或减少负债形式，流入或增加的服务潜力或未来经济利益，或者节约服务潜力或未来经济利益的流出，但不包括导致报告期效益增加的所有者出资。

我国对非营利组织的会计管理规范，主要是采用中华人民共和国财政部2004年8月公布的《民间非营利组织会计制度》，兼收了澳大利亚和加拿大等国的特点，规定："收入是指民间非营利组织开展业务活动取得的、导致本期净资产增加的经济利益或者服务潜力的流入。收入应当按照其来源分为捐赠收入、会费收入、提供服务收入、政府补助收入、投资收益、商品销售收入等主要业务活动收入和其他收入等。"规定对于接受的劳务捐赠，不予确认，但应当在会计报表附注中做相关披露。收入区分为交换交易形成的收入和非交换交易形成的收入，分别界定其确认标准。在对收入进行核算时，视相关资产提供者对资产的使用是否设置了限制，分别对限定性收入和非限定性收入进行核算。

二、我国非营利组织收入的分类

对非营利组织的收入进行考察，就有必要对其收入进行分类，从而根据不同类别收入的特点进行管理。

1. 货币性收入与非货币性收入

对于企业而言，收入通常表现为货币性收入，最终以货币或广义的现金收取。然而，对于非营利组织来说，情况则大不相同，在非营利组织的收入中，政府拨款和社会捐赠的资金财务，有相当一部分是非货币性资产，比如物资和劳务。为了管理上规划现金收支的需要，通常将非营利组织的收入区分为货币性收入和非货币性收入。

2. 自创收入与非自创收入

非营利组织收入按其来源可分为自创收入和非自创收入。自创收入是指非营利组织通过提供产品或劳务而向使用者直接收取的收入以及通过投资从受资方取得的收益。自创收入主要包括业务收入、经营收入和投资收入。对于自创收入，非营利组织通过使用者付费的形式按照法定或约定的价格标准取得。而非自创收入是指非营利组织接受的政府拨款和社会捐赠。对于此类收入，非营利组织需要依法定程序申请或者采取措施获得。

3. 限定性收入与非限定性收入

非营利组织的收入根据提供者的规定要求不同可以分为限定性收入和非限定性收入。例如，接受一笔捐款，若捐款人未规定其使用方向或者期限，可由非营利组织自主调配使用，则属于非限定性收入，而如果捐款人规定这笔捐款本身的用途或期限，则列为限定性收入，进一步来说，如果捐款人另外还规定了由于运用这笔捐款所产生的收入的用途，则这种派生的收入也属于限定性收入。对于限定性收入，非营利组织自然应当严格按照捐款人规定的用途使用。①

三、我国非营利组织的收入来源

根据我国非营利组织的会计制度，非营利组织的收入分为捐赠收入、会费收入、服务收入、政府补贴收入、投资收益、商品销售收入和其他收入。除了来自非营利组织自身的会费收入和政府补贴的收入外，非营利组织的收入很大一部分来自捐赠。

1. 什么是捐赠

美国学者盖拉特(James P. Gelatt)提出了一个很严峻的问题："募款究竟是艺术、科学，还是骗局?"他的回答是："三者都是。"为什么说募款具有这三种特征呢?

因为这项工作需要对募款有良好的直觉，能够为潜在的捐款者清晰地勾

① 张彪:《浅议非营利组织收入管理》,《今日科苑》,2008 年第 18 期。

画出一幅美景，所以是一门艺术。因为整个募款工作已经系统化、逻辑化，并有相当的可预见性，而且在专业知识和职业道德上都有成文法则可以遵循，所以它也是一门科学。因为佯称募款工作却没有完全兑现募款时的承诺的组织并不少见，更有一些骗子，以募款为名中饱私囊，所以它也可能是骗局。①

鉴于社会捐赠是非营利组织收入的主要资金来源。所以非营利组织应当采取积极的措施，获取尽可能多的社会捐赠，以更好地实现组织的社会使命。

2. 获取面向特定对象的捐赠

特定对象主要是指社会所存在的其他企业法人。非营利组织与工商企业建立紧密的关系，对双方都有益。一方面，非营利组织可以得到资金与财物的援助，更好地生存和发展，进而展开组织活动；另一方面，企业可实现社会责任，在公众面前树立良好的社会形象，跳出赚钱机器的刻板印象。

企业的社会责任是当代社会的一个新理念，是企业内在的利益追求与外在的社会要求相结合的结果，正在成为企业文化，特别是大企业的企业文化所必要的组成部分。传统的观点认为，企业的责任仅是增加股东的利益。而在今天，这个观念已然改变。越来越多的企业经营实践，认为企业的社会公益成果，可以帮助企业的经营取得更佳的成效，从而增加公司的收益，吸引更多的投资者。

为使非营利组织获得更多的收入，使企业从捐赠中获得更好的投资效益，为企业带来更高的认同和更好的形象，非营利组织应当为企业特别是大型企业的公益捐赠确定出一个统一的，与企业的营业需要有关的主题，并且尤为注重与企业结成合作伙伴，使企业能做出一个长期的支持承诺。企业对非营利组织的支持形式，可以是捐献资金、产品、企业的专门技术和知识，也可以是企业员工的义务服务。由于非营利组织与工商企业成为伙伴，为企业的未来进行投资，不仅可以更有效地利用公司的资源，改善企业经营的外部环境，而且往往可以使非营利机构的管理更有效益、更具活力，从而达到双赢的效果。

3. 获取社会公众非特定对象的捐赠

面向社会公众非特定对象的捐赠也是非营利组织获取社会捐赠的重要途

① 康晓光：《非营利组织管理》，北京：中国人民大学出版社，2011 年，第 90 页。

径。非营利组织在进行募捐时，应当为捐赠者提供足够能用来抉择的真实准确和没有故意误导的信息。对于信息的提供，可以根据公布信息的成本、渠道特点和预期收益决定公布信息的多少。

要使募捐取得好的效果，公益项目的选择以及社会公信度非常重要。中国青少年发展基金会实施的“希望工程”就是一个成功的范例。募捐的方式应当灵活多样。比如，上海市慈善基金会就采取了具有上海特色的系列化募捐方式：万人上街募捐、慈善义赛、慈善义拍、慈善义卖、慈善一日捐等。

4. 非营利组织捐赠收入以外的其他收入

许多人认为非营利组织不应该有经营收入，其资金应全部来自捐赠和拨款，这是对非营利组织的误解。非营利组织的“非营利”意指组织不留存收益也不分配收益。同时，美国学者萨拉蒙教授主持的约翰·霍普金斯非营利部门比较项目研究表明，没有一个国家的非营利部门主要是由私人慈善支持的。国外实践表明，非营利组织收入可来源于接受民间捐赠和公共部门的支持，但其主要来源是自创收入。然而，在我国非营利组织的收入来源中，自创收入的比重还相当低。扩大自创收入，是我国非营利组织发展的必然要求。自创收入是指非营利组织通过提供产品或劳务而向消费者直接收取的收入以及通过投资而从受资方取得的收益。自创收入主要包括业务收入、经营收入和投资收益。

(1)业务收入。业务收入是指非营利组织为实现其社会使命而开展业务活动取得的收入，是自创收入的基本形式，主要是顾客支持型非营利组织对其顾客提供服务时收取一定的费用所形成的收入。除了慈善型非营利组织，公众支持型非营利组织同样可以向其服务对象收取一定的费用形成业务收入，以扩大收入来源，从而更好地提供服务。

然而需要注意的是，非营利组织是为实现其社会使命而运作，因此，对于为实现其社会使命所提供的服务，其收费应当是低水平甚至是免费的，而不能按照市场经济价值规律来收费。

(2)经营收入。经营收入是指非营利组织在其实现社会使命的业务活动之外开展经营活动取得的收入。为了筹款支持其非营利活动，非营利组织可以从事活跃的经济活动。对许多国家的非营利组织而言，从事经济活动的获利，是一个极重要的资金来源。

非营利组织从事合法的经营来支持其非营利性的活动，需要同时符合下列条件：一是利润或收入不可分配给其创立人、所有者或员工，二是其主要目的并非单纯从事逐利的经济活动，而是实现其非营利的服务宗旨。

(3)投资收入。非营利组织所获取的资金，在运用于实现其社会使命的具体项目之前，可以通过资本运作方式进行投资，获取投资收益，以实现资金的保值与增值。然而，投资是有风险的。非营利组织进行投资时，必须认真研究投资项目的收益及其风险，优化投资组合，在不提高风险的条件下使收益最高，或者在一定的收益条件下使风险降至最低。

第四节　非营利组织支出管理

非营利组织的性质决定了其所获得收入的公益性，不能留存收益是非营利组织区别于营利组织的本质特征之一，也是非营利组织之所以为非营利组织的根本要素。人们将自己的资金或劳务自愿捐助给非营利组织，就在于非营利组织能将所需要的资源分配到所需要的地方去。然而从实际情况来看，非营利组织管理中出现问题的集中之处，正是在支出的环节，如浪费、欺诈、低效等问题。这些问题，一方面是对公众和捐助者的不负责任，另一方面也在动摇着非营利组织的合法性根基，不可不重视。

非营利组织的支出是指非营利组织为组织自身的生存和发展，以及开展业务活动从而实现其宗旨而产生的各项资金或劳务花费，主要包含两方面的内容：一是维持组织运转而产生的花费，即行政支出；二是为实现组织的宗旨而开展的主营业务产生的费用或劳务，也就是项目和活动支出。非营利组织的支出与企业的支出不同，企业的支出讲究的是获利，支出的管理必须从效益出发，而非营利组织支出注重的是社会价值，支出的管理是从社会使命出发。对于非营利组织行政性的支出，应当厉行节俭，尽可能地控制行政支出的额度，同时，讲究物尽其用，必要的支出提高使用效率，建立一个小而美的组织架构。而对于项目和活动支出，则应该占据非营利组织支出的绝大部分，通过组织的规划和监督，保证最大限度地实现组织的社会价值。

一、非营利组织的支出结构

1. 非营利组织的行政费用

非营利组织自身的管理也会发生各种资金消耗，这将导致非营利组织本期净资产减少或者服务潜力的流出。自身行政费用的管理是非营利组织财务管理的题中应有之义，自身内部财务的分配和有效利用是非营利组织财务管理的重点问题，也是对组织开展的项目和活动等外部财务进行有效管理的重要基础。

2. 非营利组织的项目和活动支出

非营利组织要开展业务，项目和活动支出的管理就是组织财务管理的核心问题，具体管理主要包括以下方面。

(1)建立项目和活动支出的管理制度。为了实现对项目和活动的监督管理，尤其是实现对资金支出的严格管理，非营利组织应该建立一套完整的项目和活动支出的管理制度，切合组织自身的特点。管理制度应包括以下几方面的内容：①对项目与活动支出的管理要规范化；②有条件的机构可开发一套项目与活动支出的管理软件；③制定项目成功的标准，注重项目运作效率[①]；④建立与各获得资助组织之间交流、反馈的机制。

(2)立项报告审计。非营利组织应当对各个方向所提交的资金使用申请和立项报告进行严格审查，立项报告包含的信息是组织判断是否批准该申请的重要依据。立项报告应包含：①申请组织信息，包括申请者名称、申请者类别、联系信息、专业经验等；②项目活动基本信息，包括项目活动名称、资金使用方向、项目活动介绍、项目活动周期、项目活动概述等；③项目活动详细信息，包括目标和方式方法、活动计划、实施困难、预期结果和成效、可持续性等；④经费预算，对所需经费进行说明和注释，预算包括费用明细、申请资金和其他经费来源等。

(3)预算审查。非营利组织对于资金支出预算的审查，应当注意两方面的问题：①提供的预算是否符合项目实施的实际需求；②预算中的支出与市场实际价格是否存在偏差。因此，组织应对项目和活动所提交的预算申请进行审查，发现问题及时予以纠正，控制好每一分钱的花费。对预算中存在的问题，务必及时进行整改，对问题严重而又整改不到位的，应及时中止预算审查，取消资金的拨付。

(4)结项审计。项目和活动结束后，组织应对财务状况进行审计，对项目和活动的执行方提交的财务报表进行审查，检查各项财务支出是否真实合

---

① 金罗兰：《我国非营利组织与项目管理》，《北京工商大学学报(社会科学版)》，2005 年第 6 期。

理，发票和收据是否符合要求。组织可以自行开展内部审计，可以聘请无利益关联的第三方组织进行评估，也可提请专业审计机构对项目和活动的执行方进行审计。结项审计是衡量资金使用情况和效果的重要环节，通过审计可以发现资金使用上的问题，对资金使用的不规范行为进行正确的引导，对违规行为进行惩处，对财务管理规范、资金使用透明的进行表彰，从而纠正、规范、促进组织的财务管理水平提高。

(5)奖惩制度。针对项目和活动实施过程中的检查和结束后的审计，对存在问题的单位及时进行警示，对财务规范、资金使用效率高的单位进行奖励。

3. 非营利组织的投资支出

为了组织的稳定和可持续发展，非营利组织通常也有投资活动。非营利组织的投资活动是指运用营运资金、固定资产和年度结余等从事资产保值增值的活动。

非营利组织的投资活动应当遵从三大原则：一是有一定的投资回报率；二是保证资金的增值；三是安全，低风险。前两条原则是投资的一般性准则，而第三条原则则是非营利组织从事投资活动的特点原则。非营利组织在从事投资活动时，即便资产没有得到增值，也务求资产的保值，因为其资产并不属投资者所有，而是与出资者呈一种“委托—代理”关系，因此，从事投资的安全原则是非营利组织投资管理最重要的准则。比如，在美国的法律规制中，规定非营利组织从事投资必须遵循《一般审慎投资者法》(*Uniform Prudent Investor Act*)，按照该法律，非营利组织的投资不得是为了获利的“投机”，而是在确保操作稳健、风险合理基础上的“投资”。

二、我国非营利组织支出管理的完善

1. 明确非营利组织的社会使命

非营利组织是为了完成某一具体的社会使命而存在，而不是为了自身的生存而存在。这是非营利组织与营利组织的根本区别。任何一个非营利组织，如果无法实现其具体的社会使命，那么该组织就没有存在的必要。在某种意义上来说，社会使命是非营利组织的命脉。因此，非营利组织只有在其具体社会使命为社会所认同时才有存在的意义。而为社会所认同的社会使命必须是解决受到社会广泛关注的现实问题。也就是说，该组织要将自己的支出花在解决直接影响社会整体利益的某个特定群体的需要上，是为社会公益服务。

2. 进一步完善组织机构

一个完整的组织需要一整套完善的机构高效运转才能发挥出应有的效能。作为非营利组织也是这样。其组织机构不仅包含行政方面的人员如项目干事、主任，也包含董事、理事等成员。这是一个比较完善的组织机构。而完善的行政机构有利于制定并实施合理的工作方案，也就能够有效地管理组织的资金支出。

3. 制定一套健全的财务管理制度

制定健全的财务管理制度是解决会计财务问题的重中之重，能够强化会计工作的基础环节，规范地设置会计机构，控制财务预算，以及进行支出的绩效管理，使资金支出的流程规范合理，监督机制切实发挥到作用，弥补审计和监督的缺失。科学地规范财务管理，能够降低管理的成本，非营利组织如果要得到社会的广泛支持，就必须尽可能地将资金用于实现组织目标，这就需要拥有很高的社会公信度，通过建立严格的财务制度来确保财务的透明度，这是树立非营利组织社会公信度的重要基础。

4. 完善法律体系，加强外部监督，同时加强自身会计人员业务能力

规范非营利组织支出行为的法律体系的完善，使得非营利组织的财务管理做到有法可依，有据可循。同时加强外部的监督力度，使非营利组织的各项工作透明化、合理化和规范化，同样有利于提高自身的社会公信力。

另外，非营利组织工作人员的素质对非营利组织能够向着良好健康的方向发展起着至关重要的作用。所以应该吸收一些责任心强、有魄力、有能力的高素质财务管理人才，更需要自主地培养人才，选拔有干劲、有才能、脚踏实地、积极向上的工作人员重点培养，提高支出管理工作的水平，建立相应的监督和奖惩体系，明确责任和分工，使支出管理的基础性工作规范化。

5. 恰当运用负债和权益筹资

通过负债和权益形式来支付发展所需要的资金也可以作为当前形势下解决非营利组织发展过程中普遍存在的资金问题的途径之一。但是我们也同时需要看到这一形式给非营利组织的可持续发展带来的危机和压力。因此，负债一定要适度，以免带来较大的支出财务风险。

第五节　非营利组织税收优惠

非营利组织是不以营利为目的的，这就使得非营利组织的税收管理与一般企业的税收管理相比具有不同之处，作为一项激励措施的制度安排，非营利组织的税收优惠有助于推进社会慈善事业与公益事业的发展。2016 年 9 月 1 日起施行的《中华人民共和国慈善法》明确规定，慈善组织、捐赠人、受益人依法享有税收优惠。

一、非营利组织税收的必要性

1. 非营利组织具有收益性

根据税法的基本原则，税收是对社会财富进行分配和再分配，只有存在收益，才存在分配的问题。如之前所述，非营利组织并非一定是没有收益的。非营利组织存在着捐赠收入、拨款收入、营利收入以及会费收入等收益来源，这些收益既有货币性的也有实物性的，属于现实发生的有形收益，符合税收的前提要件。因此，税务机关根据税法的规定，审核认定非营利组织的收益是否需要课税，便有了实际的意义。收益并不是征税的充分条件，从规制上对非营利组织减免税收待遇的界定，明确了非营利组织接受扶持的地位。

2. 非营利组织具有公益性

“公益性”是一个比较宽泛的概念，其内涵和外延都具有不确定性。一般意义上，判断某一行为是否具有公益性，主要考虑的因素是主观性、客观性和社会性。凡从事社会需要而市场本身不能满足，政府又无能力或难以满足的事业，有助于社会公共问题的解决，使不特定的社会公众从中受益的行为，即可认定其具有公益性。从非营利组织所从事的活动来看，它满足了公共物品的多元化供给的需要，在税法规制上给予非营利组织免税或者减税地位，是对非营利组织事业的肯定和提倡。

3. 非营利组织的非营利性宗旨

根据我国现行的法律体系，我国第一部民间非营利组织的会计制度准则——《民间非营利组织会计制度》于 2004 年 8 月 18 日由财政部发布，其中第二条明确规定了民间非营利组织应当同时具备以下特征：一是不以营利为目的和宗旨，二是资源提供者向该组织投入资源不得取得经济回报，三是资源提供者不享有该组织的所有权。这一规定与通常所认为的非营利组织衡量标准是基本吻合的。在现实生活中，一些营利性组织采取各种欺骗性手段将自己包装成“非营利组织”，从而享受税收优惠待遇，也有非营利组织利用税收优惠地位，大量从事与其宗旨无关的商业行为，逃避税收，造成了市场的不公平竞争，国家税收也受到了损失。因此，有必要强化对非营利组织的税法规制，一方面使符合法律和政策要求的非营利组织享受应有的优惠待遇，另一方面又严防非营利组织滥用其税后优惠资格，从而促进非营利组织整体的健康有序发展。①

二、非营利组织的税收优惠地位

按照国际惯例，各国政府对非营利组织的财务活动通过税收上的优惠予以支持。例如，《美国国内收入法典》501(C)条款(1)—(25)项界定了慈善和宗教、社会福利、法律服务、互助协会等 25 种不同类型的非营利组织。同时在联邦税法 501(C)(3)规定，法律规定的 25 类非营利组织，享受免税或者减税的待遇。对于免税组织 9 类收入免征所得税，同时，根据美国税法规定，凡是被赋予免税资格的非营利组织，其营业税和财产税均可全额免除。美国对非营利组织在运作中使用的国外货物可以免收关税。对大部分非营利组织免征州和地方销售税、财产税，对私人捐赠允许所得税基扣除，甚至免征赠予税和遗产税。除了联邦税法外，美国各州还自设了一些优惠税种。加利福尼亚州税法规定，对于获得免税资格的非营利组织，还可免除消费税，诸如此类。另外，为了鼓励社会捐赠来支持非营利组织的发展，美国还实施了从源头上鼓励即对捐赠者的税收扣除。②

在我国的税法中，关于非营利组织减免税收的规定目前主要有两类，一是对非营利组织本身的税收优惠政策；二是对向非营利组织捐赠的单位和个人的税收优惠。这些税收优惠通过多部法律法规来加以明确，包括《中华人民共和国企业所得税法》《中华人民共和国企业所得税法实施条例》《中华人民共和国公益事业捐赠法》《关于公益性捐赠税前扣除有关事项的公告》《公益事业捐赠票据使用管理暂行办法》《中华人民共和国慈善法》等。

---

① 陈风、张万洪：《非营利组织税法规制论纲——观念更新与制度设计》，《武汉大学学报(哲学社会科学版)》，2009 年第 5 期。

② 邵平、叶开钟等：《比较视野下中美非营利组织的税法适用研究》，《法制与社会》，2012 年第 4 期。

三、我国非营利组织的税收优惠措施

1. 对于非营利组织本身收入的税收优惠措施

为了鼓励非营利组织从事慈善事业，我国对非营利组织自身的收入采取了一些优惠措施。《企业所得税法》第二十六条第四款规定：符合条件的非营利组织的收入是免税收入。2016年出台的《中华人民共和国慈善法》明确规定：慈善组织及其取得的收入依法享受税收优惠。自然人、法人和其他组织捐赠财产用于慈善活动的，依法享受税收优惠。受益人接受慈善捐赠，依法享受税收优惠。2018年1月1日起执行的《关于非营利组织免税资格认定管理有关问题的通知》明确规定了非营利组织免税资格认定的八个条件，包括财产及其孳息不用于分配，取得的收入用于公益性或非营利性事业等。

2018年8月民政部颁布的《社会组织登记管理条例(草案征求意见稿)》明确指出：社会组织以及对社会组织进行捐赠的个人和组织符合条件的，按照税收法律、行政法规的规定享受税收优惠。

2. 向非营利组织实施捐赠行为的捐赠方所享有的所得税优惠措施

我国为鼓励捐赠，对向非营利性组织实施捐赠的企业和个人同样给予一定的优惠措施。《企业所得税法》第九条规定："企业发生的公益性捐赠支出，在年度利润总额12%以内的部分，准予在计算应纳税所得额时扣除。"《企业所得税法实施条例》第五十一条规定："企业所得税法第九条所称公益性捐赠，是指企业通过公益性社会团体或者县级以上人民政府及部门，用于《中华人民共和国公益事业捐赠法》规定的公益事业的捐赠。"对准予享受税前扣除优惠的公益性捐赠做出了具体的规定。当捐赠方为个人时，所得税优惠体现在《中华人民共和国个人所得税法》第六条："个人将其所得对教育、扶贫、济困等公益慈善事业进行捐赠，捐赠未超过纳税人申报的应纳税所得额百分之三十的部分，可以从其应纳税所得额中扣除；国务院规定对公益慈善事业捐赠实行全额税前扣除，从其规定。"《个人所得税法实施条例》第十九条进一步明确："个人所得税法第六条第三款所称个人将其所得对教育、扶贫、济困等公益慈善事业进行捐赠，是指个人将其所得通过中国境内的公益性社会组织、国家机关向教育、扶贫、济困等公益慈善事业的捐赠，所称应纳税所得额，是指计算扣除捐赠额之前的应纳税所得额。"《中华人民共和国慈善法》规定，自然人、法人和其他组织捐赠财产用于慈善活动的，依法享受税收优惠。企业慈善捐赠支出超过法律规定的准予在计算企业所得税应纳税所得额

时当年扣除的部分，允许结转三年内在计算应纳税所得额时扣除。

3. 涉及非营利组织的其他税种的优惠措施

我国对于非营利组织在较小范围内制定了如营业税等其他税种的优惠措施。例如增值税优惠，根据《增值税暂行条例》第十五条的规定，对直接用于科学研究、科学实验和教学的进口仪器和设备、对由残疾人组织直接进口供残疾人专用的物品免征增值税。该规定显然是针对科研、教育机构和残疾人福利组织的。

思考题

1. 非营利组织与营利组织的财务管理有什么区别？
2. 非营利组织预算管理有哪些基本模式？
3. 非营利组织收入管理存在什么问题？如何完善？
4. 非营利组织支出管理结构是怎么样的？
5. 非营利组织有哪些税收优惠政策？这些税收优惠政策对非营利组织的发展有什么意义？

综合案例　非营利组织免税资格认定管理有关问题的通知

根据《中华人民共和国企业所得税法》第二十六条及《中华人民共和国企业所得税法实施条例》第八十四条的规定，现对非营利组织免税资格认定管理有关问题明确如下：

一、依据本通知认定的符合条件的非营利组织，必须同时满足以下条件：

(一)依照国家有关法律法规设立或登记的事业单位、社会团体、基金会、社会服务机构、宗教活动场所、宗教院校以及财政部、税务总局认定的其他非营利组织；

(二)从事公益性或者非营利性活动；

(三)取得的收入除用于与该组织有关的、合理的支出外，全部用于登记核定或者章程规定的公益性或者非营利性事业；

(四)财产及其孳息不用于分配，但不包括合理的工资薪金支出；

(五)按照登记核定或者章程规定，该组织注销后的剩余财产用于公益性或者非营利性目的，或者由登记管理机关采取转赠给与该组织性质、宗旨相同的组织等处置方式，并向社会公告；

(六)投入人对投入该组织的财产不保留或者享有任何财产权利，本款所称投入人是指除各级人民政府及其部门外的法人、自然人和其他组织；

(七)工作人员工资福利开支控制在规定的比例内，不变相分配该组织的财产，其中：工作人员平均工资薪金水平不得超过税务登记所在地的地市级(含地市级)以上地区的同行业同类组织平均工资水平的两倍，工作人员福利按照国家有关规定执行；

(八)对取得的应纳税收入及其有关的成本、费用、损失应与免税收入及其有关的成本、费用、损失分别核算。

二、经省级(含省级)以上登记管理机关批准设立或登记的非营利组织，凡符合规定条件的，应向其所在地省级税务主管机关提出免税资格申请，并提供本通知规定的相关材料；经地市级或县级登记管理机关批准设立或登记的非营利组织，凡符合规定条件的，分别向其所在地的地市级或县级税务主管机关提出免税资格申请，并提供本通知规定的相关材料。

财政、税务部门按照上述管理权限，对非营利组织享受免税的资格联合进行审核确认，并定期予以公布。

三、申请享受免税资格的非营利组织，需报送以下材料：

(一)申请报告；

(二)事业单位、社会团体、基金会、社会服务机构的组织章程或宗教活动场所、宗教院校的管理制度；

(三)非营利组织注册登记证件的复印件；

(四)上一年度的资金来源及使用情况、公益活动和非营利活动的明细情况；

(五)上一年度的工资薪金情况专项报告，包括薪酬制度、工作人员整体平均工资薪金水平、工资福利占总支出比例、重要人员工资薪金信息(至少包括工资薪金水平排名前10的人员)；

(六)具有资质的中介机构鉴证的上一年度财务报表和审计报告；

(七)登记管理机关出具的事业单位、社会团体、基金会、社会服务机构、宗教活动场所、宗教院校上一年度符合相关法律法规和国家政策的事业发展情况或非营利活动的材料；

(八)财政、税务部门要求提供的其他材料。

当年新设立或登记的非营利组织需提供本条第(一)项至第(三)项规定的材料及本条第(四)项、第(五)项规定的申请当年的材料，不需提供本条第(六)项、第(七)项规定的材料。

四、非营利组织免税优惠资格的有效期为五年。非营利组织应在免税优惠资格期满后六个月内提出复审申请，不提出复审申请或复审不合格的，其享受免税优惠的资格到期自动失效。

非营利组织免税资格复审，按照初次申请免税优惠资格的规定办理。

五、非营利组织必须按照《中华人民共和国税收征收管理法》及《中华人民共和国税收征收管理法实施细则》等有关规定，办理税务登记，按期进行纳税申报。取得免税资格的非营利组织应按照规定向主管税务机关办理免税手续，免税条件发生变化的，应当自发生变化之日起十五日内向主管税务机关报告；不再符合免税条件的，应当依法履行纳税义务；未依法纳税的，主管税务机关应当予以追缴。取得免税资格的非营利组织注销时，剩余财产处置违反本通知第一条第五项规定的，主管税务机关应追缴其应纳企业所得税款。

有关部门在日常管理过程中，发现非营利组织享受优惠年度不符合本通知规定的免税条件的，应提请核准该非营利组织免税资格的财政、税务部门，由其进行复核。

核准非营利组织免税资格的财政、税务部门根据本通知规定的管理权限，对非营利组织的免税优惠资格进行复核，复核不合格的，相应年度不得享受税收优惠政策。

六、已认定的享受免税优惠政策的非营利组织有下述情形之一的，应自该情形发生年度起取消其资格：

(一)登记管理机关在后续管理中发现非营利组织不符合相关法律法规和国家政策的；

(二)在申请认定过程中提供虚假信息的；

(三)纳税信用等级为税务部门评定的C级或D级的；

(四)通过关联交易或非关联交易和服务活动，变相转移、隐匿、分配该组织财产的；

(五)被登记管理机关列入严重违法失信名单的；

(六)从事非法政治活动的。

因上述第(一)项至第(五)项规定的情形被取消免税优惠资格的非营利组织，财政、税务部门自其被取消资格的次年起一年内不再受理该组织的认定申请；因上述第(六)项规定的情形被取消免税优惠资格的非营利组织，财政、税务部门将不再受理该组织的认定申请。

被取消免税优惠资格的非营利组织，应当依法履行纳税义务；未依法纳税的，主管税务机关应当自其存在取消免税优惠资格情形的当年起予以追缴。

七、各级财政、税务部门及其工作人员在认定非营利组织免税资格工作中，存在违法违纪行为的，按照《公务员法》《行政监察法》等国家有关规定追究相应责任；涉嫌犯罪的，移送司法机关处理。

八、本通知自2018年1月1日起执行。《财政部 国家税务总局关于非营利组织免税资格认定管理有关问题的通知》(财税〔2014〕13号)同时废止。

讨论题：

1. 非营利组织获得免税资格的条件是什么？
2. 非营利组织申请免税资格认定需要提交什么材料？
3. 享受免税资格的非营利组织在什么情况下会被取消免税资格？

第十九章 非营利组织的伦理与责任

与政府、企业不同，非营利组织的宗旨与使命是以公益为核心的，为社会提供公益服务，使用的是公益资产，实现的是非营利组织的目标。因此，非营利组织的伦理建设、问责及公信力建设非常重要，这三者之间有共同点，但是也存在较大区别。三者的完善是实现非营利组织伦理与道德责任的重要途径。

第一节　非营利组织的伦理建设

一、非营利组织伦理建设的必要性

1. 非营利组织的公益使命要求其承担伦理责任

与政府、企业不同，非营利组织的宗旨是承担公益使命，这种使命的核心是让社会变得更加美好。非营利组织的公益使命取向使其获得了广泛的社会支持，并获取了一种良好的公益形象。因此，非营利组织对伦理道德有着特殊的要求，要求非营利组织要始终坚守自己的信仰和使命，并努力为社会提供力所能及的公益服务，这样才能保证非营利组织的公益性和道德操守。一旦非营利组织违背自己的公益使命，忽视社会公众对非营利组织公益性的需求，那么非营利组织很快就会失去社会的支持。

2. 非营利组织使用公益资产要求其承担伦理责任

非营利组织之所以对道德伦理有着更高的要求，是因为非营利组织使用的资金相当一部分来自社会捐赠，即使用的是公益资产。不同于企业对其资产有着完整的私有产权，非营利组织对公益资产并不拥有产权，因此，其使用资金会受到社会更为广泛的关注，社会对非营利组织使用资产的道德要求也更高。因此，非营利组织必须将资产用于公益目标，并且使用资产过程必须公正、公开与透明，使社会公众能够知晓资产的去处和用途，只有这样，非营利组织才能获得更为广泛的公众支持。

3. 非营利组织的非营利性也要求其承担伦理责任

非营利组织不是以营利为目标的，非营利性是非营利组织最重要的特点之一。也就是说，非营利组织的财产不能有任何私营目的性，组织内部财产也不能用于分红。正因为非营利组织的这种非营利性，使得其可以享受税收上的优惠政策。非营利组织的非营利性是建立在公众的信任基础上的，如果非营利组织违背非营利性的要求，从事营利性活动并以其作为追求目标，从而转变为自己谋取私利的工具，那么非营利组织就会立刻受到社会的质疑，并可能因失去公众信任而陷入“危机”的境地。

4. 非营利组织内部治理的特殊性要求其承担更多的伦理责任

非营利组织的内部治理与营利组织不同，非营利组织由于使用着公益资产、为社会公益服务，其内部治理有着更严格的要求。非营利组织通常是基于某种共同的爱好或某种共同的公益责任而成立的，其组织结构相对松散，组织主要由成员共同制定的章程来维持。因此，非营利组织的活动必须紧紧围绕着章程展开，会员大会、理事会必须严格按章程召开，并且必须建立在民主、公正与透明的基础上，更加体现权力的制衡性、民主性和科学性。只有这样，才能获得会员与社会公众的支持，因此，非营利组织的内部治理与企业的内部治理不同，非营利组织的内部治理对伦理道德有着更高的要求。

5. 伦理建设是为了防止非营利组织腐败

非营利组织作为公益部门，其腐败对社会将产生更为深远的影响，所以要加强预防非营利组织腐败的发生。一些非营利组织缺乏伦理道德建设，随意挪用公益资金或利用非营利组织的名义赚取非法利益，这些都是非营利组织伦理道德丧失的表现。因此，加强非营利组织伦理建设也是防止非营利组织腐败的有效途径之一。

二、非营利组织伦理建设的内涵

1. 使命方面的伦理道德

非营利组织追求的是公益使命，因此，其使命方面的伦理道德就集中表现为：非营利组织必须使社会变得更加美好而采取任何有益的行动。作为社会的第三部门，与政府和企业不同，非营利组织最重要的是其使命，这种让社会变得更加美好的使命不仅是为了实现对社会弱势群体的关怀，也是为了实现人、社会与自然的和谐统一发展。这种使命让非营利组织获得广泛的社会支持，并通过使命保持非营利组织的高度纯洁性。

2. 资金使用方面的伦理道德

非营利组织使用的是公益资产，接受社会捐赠，因此，对伦理道德有着较多的要求。非营利组织在资金使用方面的伦理道德主要表现为三个方面：一是非营利组织要按照规范的途径来使用资金，将资金用于特定的规范用途，不能将资金挪用或使用于任何使私人受益的项目；二是非营利组织在资金使用方面必须坚守非营利性，而不能追求营利性的目标，尽管非营利组织可以在一定范围内营利，但是这种营利只是为了维持组织的生存，是一种生存的手段，而不是目的，如果营利变成了目标，那么非营利组织就违背了自己的伦理道德；三是非营利组织资金使用方面的伦理还表现为非营利组织财务体制的公开化、透明化，资金使用的情况要随时让捐助者或社会公众知晓，接受社会的监督，这样才能真正使非营利组织的伦理道德目标得到实现。

3. 制度建设上的伦理道德

制度建设上的伦理道德对非营利组织而言非常重要，因为制度好可以使坏人无法任意横行，而制度不好可以使好人无法充分做好事，甚至会走向反面。所谓制度伦理主要是指对社会性组织为主体的规范体系和运行机制的内在联系的伦理思考和要求。制度上的伦理建设主要表现为三方面：一是制度主体的伦理要求。要求制度主体在制定和实施制度时要本着客观的原则来进行，在对待制度上无私人偏见。二是制度本身的伦理规范。制度是一个对特定群体具有约束力的规范，因此，制度本身的伦理规范如公正、公平等是保证制度得到拥护的前提条件，如果制度本身不公正，那么制度本身就不符合伦理要求。三是制度运行体系的伦理要求。制度在运行中也必须强调伦理规范，特别是在拥有自由裁量权的制度运行中，要本着实事求是的原则，使制度运行不带有偏见。

4. 内部治理方面的伦理道德

非营利组织的内部治理相对于企业来说有着更严格的要求，因为非营利组织是基于公益使命而成立的，其成立的章程就成为非营利组织活动的重要依据之一。非营利组织章程规范了非营利组织的基本活动，特别是在内部治理方面，要求理事会、会员大会要按规范召开，同时要保证监事会在内部治理中的作用，以便充分实现内部治理的民主性、科学性。

5. 决策方面的伦理道德

非营利组织使用的是公益资产，其受到社会的关注度更高，由于决策会影响非营利组织的发展，因此，非营利组织在决策方面也必须体现伦理道德。决策方面的伦理道德主要表现为决策的科学化、民主化、制度化和公开化。在科学化方面，与传统的非营利组织不同，在全球化时代，现代非营利组织同时面临着营利组织及其他非营利组织的竞争，因此，只有科学的决策才能为非营利组织带来长远的可持续发展。在民主化方面，社会关注的是一项决策是不是经过民主产生的，只有民主产生的决策才能获得公众的信任和支持；在制度化方面，决策的程序是否规范、决策的主体和客体是否合适，这些都影响到决策的制度化建设。在公开化方面，决策应该在规范的范围内公开，让公众知晓，而暗箱操作只能带来公众的怀疑，甚至影响非营利组织决策的绩效。

三、非营利组织伦理建设的主要途径

1. 加强非营利组织伦理意识建设

非营利组织的伦理意识建设主要包括非营利组织的伦理自觉和伦理自律。从伦理自觉来看，非营利组织要在履行职能过程中始终流着“公益”的血液，自觉把“公益”作为组织的DNA，并在实践中除承担法律责任外，还自觉承担法律规范之外的社会伦理责任，为使社会变得更为美好而采取力所能及的行动。同时，非营利组织要努力加强伦理自律建设，完善内部治理结构，使自律不仅体现在非营利组织成员的内心，还体现在制度伦理之中。

2. 加强非营利组织的伦理文化建设

非营利组织要实现伦理责任，就必须加强伦理文化建设，主要有以下几项工作要做：一是非营利组织要努力加强核心价值观建设，使伦理责任内化为非营利组织的核心价值观，通过核心价值观来实现伦理责任；二是要加强非营利组织的道德规范建设，如诚信守则、道德宣言、文明公约等，通过这些活动为非营利组织创造良好的文化氛围；三是非营利组织要通过多种文化活动来努力宣传公益文化理念，在增强自身凝聚力的同时动员社会参与公益活动，通过公益活动提高整个社会的道德认知水平，从而在整个社会形成良好的社会风气；四是要加强非营利组织的伦理教育建设，这种教育可以融入中小学德育课堂，通过经常性的伦理教育来提高社会风气，改善非营利组织生存的伦理环境。

3. 努力弘扬中华民族的传统美德

中华民族在五千年发展中积累了丰富的传统美德，如诚信、奉献、节约、感恩、正义、慈善等，成为中华民族文化的巨大财富和精神资源。这些美德在今天仍具有重要的意义，如雷锋精神就是传统美德的集中体现，对非营利组织具有重要影响。非营利组织作为社会公益的实践者和传播者，更有责任传承中华民族的优秀传统美德。非营利组织要通过多种活动来弘扬中华民族传统美德，通过对传统美德的建设使非营利组织成为美德的传承者和传播者，从而带动整个社会道德水平的提高。

4. 加强非营利组织的伦理制度建设

缺乏健全的制度规范不仅会给坏人提供作恶的机会，而且可能使好人失去行善的信念，进而走向恶的边缘。因此，加强非营利组织的伦理制度建设

非常重要。一是要加强非营利组织的内部治理结构，通过不断完善理事会、监事会、会员大会的治理结构，不断实现非营利组织的民主治理、科学治理和依法治理；二是要加强非营利组织的激励制度建设，这种激励制度不仅要能够有效地抑制恶的行为，而且还要能够保护和鼓励善的行为，使组织形成一种向善的文化风气；三是要加强法律制度的建设，伦理道德不但不具有强制力，而且还需要法律的保障，伦理道德只有在法律的保护下，才能更充分地发挥作用。因此，完善非营利组织的相关法律制度建设，就成为非营利组织伦理建设重要的一环。

第二节　非营利组织的问责

一、非营利组织问责的含义

企业需要承担社会责任，非营利组织由于使用公益资产、从事公益事业，本身就是承担社会责任，所以非营利组织的社会责任以往很少受到关注。但是随着非营利组织规模和数量的扩大以及一些负面事件的传播，要求对非营利组织进行问责的呼声也越来越高。要对非营利组织进行问责，首先要弄清楚非营利组织社会责任的内涵。非营利组织的社会责任受到重视是最近十几年的事情，所谓非营利组织社会责任是指非营利组织在承担法律义务的基础上就组织内部运作情况向社会所做的交代，这种交代包括公共信息的披露、法律与管制的遵守、内部治理结构的运作、募捐伦理与廉洁、组织使命的正当性、利益相关人的关系以及公共资源的管理等。

对非营利组织问责是推动实现非营利组织社会责任的重要途径。美国约翰·霍普金斯大学公民社会研究中心萨拉蒙(Lester Salamon)教授指出，人们应当去除关于非营利组织“德行完美的神话”。约翰·哈克斯(John Hawks，1997)通过实证研究也发现非营利组织存在滥用减免特权、高工资、贪污、演变为特殊利益集团等丑恶现象，非营利组织的作用并没有人们想象的那样完美。因此，非营利组织也需要问责，而且这种问责更受到社会的广泛关注。

所谓问责(accountability)，从字面上看，有“说清楚”“负责任”“追究责任”的意思。通常认为，非营利组织的问责即问责对象就其决策、行为、行为结果向问责主体进行说明、解释、辩护的过程，并据此接受问责主体给予的奖励和惩罚。简而言之，问责是问责主体对非营利组织履行责任行为的一种监督行为方式。根据一些学者的研究，非营利组织的责任可以粗略地分为三类：第一类是组织层面的责任，包括决策及财务的透明，执行效率以及在法律限定的框架内以透明的方式操作，然而，后一种责任是假定非营利组织在普遍的权利得到尊重的情况下运行的；第二类是嵌入到非营利组织使命中的责任，例如，推动穷人和儿童的权利，消除饥饿或者拯救环境；第三类是面向影响着非营利组织或参与非营利组织活动的不同利益相关者的责任。①

非营利组织的问责是一个全球性的话题，面对媒体曝光的一个个公益腐败，非营利组织到底应构建一个什么样的问责体系？就中国来说，对非营利组织的问责至少包括以下内容。

(1)非营利组织的行为必须符合宗旨和章程，并且非营利组织必须在法律的范围内从事自己的工作。

(2)非营利组织必须确保资源特别是财务资源不被滥用。

(3)非营利组织应该确保所宣称的公益活动对外公开，而且能接受公众和其他组织的质询。

(4)公众应该有机会知道一个组织都在做些什么，并能对其进行提问，而且得到满意的答复。

(5)公众也应该知道非营利组织内部到底是怎么运行的，是否建立在民主与科学的基础之上。

(6)非营利组织的工作绩效是否获得了公众或社会的认可。

总之，非营利组织作为与政府、企业相区别的公益部门，应该得到社会更多的关注，中国非营利组织的问责，就是要识别、揭露那些披着慈善外衣的“违法团体”，保护那些真正努力为社会公益做出贡献的组织，并保证这些组织能够持续地生存下去。

二、非营利组织问责的必要性

1. 非营利组织在数量和规模上的快速增长要求问责

改革开放以来，中国非营利组织的数量逐步增多，改革开放之初的非营利组织只有6000个，到21世纪初，随着中国政府改革的深入，政府逐渐将

---

① [美]丽莎·乔丹、[荷兰]彼得·范·图埃尔：《非政府组织问责：政治、原则与创新》，康晓光等译，北京：中国人民大学出版社，2008年，第4—5页。

职能还权于社会、还权于市场、还权于个人，从而为非营利组织的发展提供了宽松的环境，非营利组织在数量和规模上得到迅猛发展。2000 年，社会组织只有 15.4 万个，而截至 2017 年底，全国共有社会组织 76.2 万个。

事实上，实际的非营利组织远不止这个数，还有许多未经登记也无法统计的草根非营利组织，据一些学者估计"至少上百万个，远远超过了法定非营利组织的总数"①。中国非营利组织的快速增长使得非营利组织在社会中扮演着越来越重要的角色，其业务范围涉及科技、教育、文化、卫生、劳动、民政、体育、环境保护、法律服务、社会中介服务、工伤服务、农村专业经济等社会生活的各个领域，如果说非营利组织发展之初曾经被视为人类的天使而免于问责的话，那么这种"好时光"结束了，"如今，世界各地的政府、企业、媒体、公众，都不约而同地齐声对 NGO 发出了问责的要求"②。

2. *非营利组织吸收社会资源的增多使得问责成为必要*

非营利组织作为社会公益组织，其资产主要来源于社会捐赠，随着非营利组织的快速发展，其吸纳资金的能力越来越强，社会要求对其进行问责的呼声也越来越高。就中国的非营利组织而言，其接受社会捐赠款的能力不断提高。

2003 年，民政部接受社会捐款只有 41 亿元，而到 2017 年，接受社会捐款达到 754.2 亿元，增长了 18 倍多。如此巨大的资金如何使用，使用中如何保证捐助款落实到受助人身上，这些都要求对中国非营利组织进行问责。此外，非营利组织在民政事业、社会救助、福利事业等项目中的支出不断增加，仅 2013 年的社会服务事业费支出就达 4276.5 亿元，如何防止这些资金违规使用，也增强了对非营利组织进行问责的需求。

3. *中国非营利组织在公共政策中发出更多的声音也要求实现问责*

随着中国非营利组织的崛起和迅猛发展，非营利组织在公共生活中承担着越来越重要的公共责任，甚至参与了政府的核心决策日程。在日常生活中，人们也可以感受到非营利组织提交了许多公共政策议程，这些议程包括环境保护、弱势群体权利维护、危机事件处理等。非营利组织在参与公共政

---

① 贾西津：《第三次改革——中国非营利部门战略研究》，北京：清华大学出版社，2005 年，第 64 页。

② [美]丽莎·乔丹、[荷兰]彼得·范·图埃尔：《非政府组织问责：政治、原则与创新》，康晓光等译，北京：中国人民大学出版社，2008 年，译者前言。

策过程中获得了更大的权力，也承担着更大的责任，并且能够在更为广泛的范围内动用社会的公共资源。那么，如何确保非营利组织有效地使用公共资源？如何确保非营利组织在公共议程中真正代表利益相关者特别是弱势群体的利益？如何使非营利组织发出的声音能够得到及时有效的回应？这些都要求对非营利组织进行问责。

4. 问责是提高非营利组织公信力的有效途径

非营利组织的特殊性在于其公共性、非营利性和志愿性，使用着公益资产，承担着实现公益使命的责任。然而，在现实中，非营利组织不断暴露出的责任问题使得问责成为强烈的要求：一方面，一些非营利组织没有很好地承担起维护公民权益的责任。例如，2009 年发生在河南、湖南等省的“尘肺农民工”维权事件中，很少听到非营利组织的声音。另一方面，非营利组织不断被曝光的腐败问题推动了对其实现问责的要求，例如，2004 年曝光的某基金会会计“2 亿元公款挪用案”、2006 年曝光的某组织借评比之名乱收费案等，对中国非营利组织的公信力造成严重冲击，因此，加强对非营利组织的问责具有紧迫性和必要性。

三、完善中国非营利组织问责机制的对策途径

中国非营利组织已经纳入了问责的视野，一些学者也对非营利组织的问责进行了制度设计。如王名提出，非营利组织的问责机制包括：建立在一定法制基础上的公开性和透明度原则；必要的法律秩序和制度框架；媒体的监督；包括捐赠者、受益者等利害相关者在内的广泛的社会参与；由专业化机构进行的资质认定和评估；建立在相互信任、信息共享、平等竞争基础上的行业互律；实行规范性管理、制度化管理和能力建设基础上的组织自律。①

1. 在道德层面上，构建起中国非营利组织的道德规范和诚信文化

从近几年暴露出的非营利组织腐败案件看，非营利组织在人们心目中的天使形象正受到公益腐败的腐蚀，不讲诚信、不讲道德的观念冲击着非营利组织的公益与慈善精神。因此，要重建非营利组织的公益形象，首先必须构建起非营利组织的道德规范，使非营利组织在道德规范中实现自律。这一点我们可以借鉴国外的一些做法，如美国一个由 800 多个非营利组织组成的联合会，发起了一项旨在推进高道德标准的运动，制定了 9 项伦理道德规范：

---

① 王名：《关于 NGO 问责的思考》，《人民政协报》，2003 年 3 月 24 日。

无私的奉献、道德承诺、公益使命优先、尊重人的价值和尊严、包容社会的多元性并维护社会公平、对公众负责、公开和诚实、慎用社会资源、服从法律。[①] 从中国的情况看，非营利组织缺乏统一完善的道德规范和诚信文化，各自作战，在公众中难以形成有效的整体公益形象。因此，必须在非营利组织之间“构建起一种讲究诚信、讲究道德的文化氛围和伦理规范，一方面可对非营利组织的内部员工起到教育与警示作用，另一方面可以随时受到社会公众的监督，当非营利组织违背道德与诚信时受到道德层面上的制约。”[②]

2. 在内部治理层面上，完善行业自律、信息公开以及法人治理结构

首先，要完善非营利组织的行业自律。非营利组织的类型五花八门、规模大小不一、数量成千上万，所以这些仅靠外部的监督是难以保证非营利组织的公益使命的，加强非营利组织的行业自律具有非常重要的意义。对于非营利组织的自律，最重要的是要建立各种详细规范的操作标准和规则，如专业人员标准和理事会的标准、最佳实践标准、筹款管理与使用标准、财务透明标准等，防止非营利组织由于管理不善造成腐败。在这方面，国内也积累了一些很好的经验。2014 年 10 月 31 日，民政部、中央编办、发展改革委、工业和信息化部、商务部、人民银行、工商总局、全国工商联联合发布了《关于推进行业协会商会诚信自律建设工作的意见》，对行业协会商会的诚信自律进行了制度规范。此外，行业自律还要求政府发挥有效的作用，政府应转变对“非营利部门怀有戒心”的观念，积极倡导、扶持那些旨在推动建立非营利组织自律机制的努力，并鼓励非营利组织通过必要的行业规约与行业道德来加强彼此之间的交流、合作与相互监督管理，不断完善非营利组织的行业自律。

其次，要推进非营利组织的透明度建设。非营利组织的透明度建设是将反映其运营状况的主要信息，如提供的服务状况、筹资进展、财务与投资报告、治理结构变动、年度重大事项等，真实、准确、及时、完整地向出资人、政府、受益人及其他利益相关者予以公开的过程。美国大法官 Louis Brandeis 曾指出：“公开制度作为现代社会与产业弊病的矫正政策而被推崇，

---

① 徐晞：《我国非营利组织治理问题研究》，北京：知识产权出版社，2009 年，第 217 页。

② 李水金、侯静：《中国非营利组织问责中存在的问题及对策》，《国家行政学院学报》，2009 年第 6 期。

阳光是最好的防腐剂，电灯是最有效的警察。”①非营利组织应将捐赠情况、资金流向及使用效果及时进行公示，使非营利组织在阳光之下运作，消除公众误解，树立组织的良好形象。

最后，要完善非营利组织的法人治理结构。有效的法人治理结构是保证非营利组织正常运转的基础条件，完善法人治理结构必须注意以下几点：一是要明确非营利组织作为公益法人的产权结构，这种公益产权既不是私营企业那样的私有产权，也不是国有企业那样的国有产权，而是一种建立在委托人、受托人、受益人三方分离基础上的公益产权，明确公益产权有利于解决非营利组织对谁负责的问题。二是要完善非营利组织的董事会、监事会、会员大会等结构，为了防止非营利组织受到政府或个别人的干扰和控制，建立董事会是必需的，同时为了防止非营利组织的“内部人控制”（即非营利组织内部人员为追求个人收益最大化而偏离组织目标或使命从而架空所有者的控制及监督的情形），还必须保证董事会中具有一定比例的独立董事，并使董事会受制于监事会及会员大会，只有这样，才能使非营利组织有效地履行责任。三是要完善内部治理结构的制度建设，这些制度包括财务会计制度、会员管理制度、民主决策制度、信息公开制度等，只有制度完善了，才能有效预防和堵住非营利组织容易出问题的制度漏洞。

3. *在外部层面上，要强化以第三方评估机构为重点的利益相关者问责机制*

首先，要建立独立的第三方评估制度。传统的问责是政府及相关利益者的问责，但是仅靠政府及利益相关者来对非营利组织进行问责是不够的，因为“被服务群体往往是分散的个体，他们通常缺乏专业的知识来评判非营利组织所提供的信息，所以，为了避免这种问责流于形式，保证评估的公正和公平，更需要有独立的评估机构来帮助公众对非营利组织提供的信息进行分析与评估”②。因此，建立独立而又专业化的第三方评估制度，可以客观公正地对非营利组织进行监督与问责。这一点国外有一些成功的做法，例如，美国很早就建立了独立的评估机构即“慈善信息局”，该机制制定了慈善组织的9项标准，要求慈善组织将所有信息按标准先进行自我评估，然后提供给该

---

① Louis D. Brandeis, *Other People's Money and How the Bankers Use It*, New York: Frederick A. Stokes Company, 1967.

② 邓国胜：《构建我国非营利组织的问责机制》，《中国行政管理》，2003年第3期。

局组织相关专家进行审查评估，并将评估结果定期上网公布，由于该局属于独立的评估机构，评估结果往往客观公正，对非营利组织形成了有效的约束与激励机制。当前，独立的民间评估机构在中国还处于萌芽阶段，随着中国非营利组织的不断发展，独立的专业化评估机构具有较大的发展空间，如可以筹划成立独立的中国慈善监督委员会、中国非营利组织联合会等，这些独立的第三方机构将成为非营利组织问责的又一道防线。

其次，要建立起捐赠者与受助者的问责机制。捐赠者与受助者都是非营利组织的重要利益相关者，捐赠者是为了公益目的或不特定的社会成员而将自己的资产捐赠给非营利组织的行为者，捐赠者捐出资产后虽不再拥有所捐赠的财产，但是事先有权就该笔资产指定特别的用途，如果非营利组织违背指定的用途，捐赠者有权要求非营利组织返回该笔资产。捐赠者还享有对受托人的知情权，能够随时要求捐助对象提供财务信息和报告，以防止非营利组织损害公益目标。与捐赠者相比，受助者的问责往往被忽视，其原因在于受助者处于一种不平等的地位，其实受助者作为直接的利益相关者，对非营利组织的问责发挥着重要的作用。受益人的问责体现在请求权与赔偿权上，有权要求捐赠人履行原先约定的给付义务，当受赠的非营利组织不履行合约义务造成损失时，有权要求进行赔偿，从而达到问责的目的。

最后，要完善媒体与公众的问责机制。媒体与公众的监督一般是通过新闻事件形成社会舆论，进而对非营利组织进行监督与问责。随着非营利组织的快速发展，披露出的公益“腐败”案件也增多，如挪用救灾款建办公大楼，总部到分支机构层层提取高额管理费，将本应用于外地某个救灾项目的资金截留用于本地未来的救灾项目，等等。这些案件公开后受到广泛的关注，并在媒体与公众的评判下形成强大的社会舆论，最终官方成立专门调查小组对案件进行调查，查明有腐败行为的，对责任人进行处罚，充分体现了媒体与公众在非营利组织问责中发挥的作用。

第三节　非营利组织的公信力建设

一、非营利组织公信力建设的必要性

1. 公信力是非营利组织的生命线

由于非营利组织的公益性，其公信力更受到社会的广泛关注。非营利组

织公信力重在“公”字，它使用的是公益性的资产，提供的是公共服务，接受的是公众的支持和监督。公信力反映了非营利组织对广大社会公众的影响力与号召力，是非营利组织赢得组织声誉和获取社会捐赠、资助、吸引志愿者以及实现组织终极目标的必要前提，也反映了公众对非营利组织的满意程度、评价水平和支持程度。非营利组织实现良性运作的关键并不在于有多少钱或者有多大的权，恰恰在于其是否具有足够的社会公信力，这也是非营利组织有别于其他类型社会组织的关键所在。因此，可以说公信力是非营利组织的生命线，如果丧失了公信力，非营利组织的生命线也就不存在了，加强公信力建设对于非营利组织而言极为重要。

2. 公信力是促进慈善事业发展的需要

非营利组织只有公开透明，让信息在阳光下操作，接受社会和公众的监督，使暗箱操作无藏身之地，才能有效地预防危机事件。正如《人民日报》指出的：“一家企业，台上给希望小学递去面额‘贰拾万元’的支票模型，台下却只肯兑现 2000 元；某地，旧衣物被市民投进印有‘爱心’字样的回收箱后，转手竟被卖到非洲；还有企业，名义上组织大学生去乡村支教，实际上却是办辅导班赚钱。”①非营利组织要预防类似事件的发生，必须加强公信力建设，实行信息公开透明。让非营利组织接受社会和公众的监督，这样才能使非营利组织有效地预防危机事件，并促进慈善事业的发展。

3. 公信力是改善非营利组织形象的需要

非营利组织将内部基本信息，包括业务信息、财务信息以及公众捐赠资源的应用信息进行信息公开，一方面可以反映非营利组织履行社会责任的情况，另一方面也可以接受公众监督，从而有效提高非营利组织的形象。即使非营利组织某些工作做得不到位，但是由于及时将信息公开，展现了非营利组织面临的困难和问题，也容易获得公众理解和支持，从而为非营利组织树立正面的形象。而非营利组织形象的改善，又反过来会影响非营利组织的公信力建设，二者相辅相成，相互促进。

4. 公信力建设是预防“公益腐败”的需要

非营利组织虽不以营利为目的，但是也会存在公益腐败现象。“公益腐败”主要包括公益机构的违规筹款；挪用公益基金及捐赠物资从事不符合宗

① 刘念：《慈善的名义，不容假借》，《人民日报》，2017 年 7 月 17 日。

旨的活动和事业；侵占或贪污捐赠的款物；逃税漏税、逃汇骗汇等。公益腐败一旦发生，其对社会造成的影响远比企业腐败和政府腐败严重。因为非营利组织使用的是公益资源，这些公益资源来自社会公众的资助或捐款，公众会非常关心这些公益资产的去向。随着非营利组织数量的增多和所使用财务规模的扩大，公益腐败案件也逐渐受到重视，这些腐败案例严重损害了中国社会非营利组织的形象，并进一步从分配上破坏中国非营利组织生存和发展的基本环境。公信力建设将非营利组织曝光在公众视线内，从而可以有效预防此类事件的发生。2014 年 11 月 6 日，民政部、财政部发布了《关于加强社会组织反腐倡廉工作的意见》，对社会组织的反腐倡廉工作进行了规范，有效提高了社会组织的公信力。

二、非营利组织公信力建设中存在的问题

1. 信息披露在广度和深度方面仍存在不足

据独立第三方机构中民慈善捐助信息中心发布的《2012 年度中国慈善透明报告》的数据显示：2012 年度，在 500 家公益慈善组织监测样本中，年度透明指数在 80 分以上的组织有 20 家，占 4%；年度透明指数在 60 分以上 80 分以下的组织有 82 家，也就是说，60 分以上的组织共计 102 家，占 500 家样本的 20.4%；年度透明指数在 60 分以下的组织 398 家，占整个样本的 79.6%，其中，年度透明指数在 40 分以上 60 分以下的组织有 236 家。即使是在已进行信息披露的非营利组织中，也存在如下问题：一是非营利组织的信息披露是不均衡的，在 500 家公益慈善组织样本中，年度透明指数在 80 分以上的 20 个组织，以基金会为主，仅一家民办非企业单位，没有社会团体。二是募捐与项目信息公开的力度不够，在 240 家公开了募捐信息的组织中，仅 7 家公开了募捐项目的财务决算，在 459 个提供了项目信息的组织中，仅 123 家公开了项目资金使用计划。三是公众的满意度还比较低，虽然公众对慈善信息公开的满意度从 2012 年的 8%上升到了 2013 年的 39%。但是，有 61%的反馈信息表示对慈善信息公开状况并不满意，这说明公众对慈善行业信息公开有着很高的期待。据 2014 年《中国慈善透明度报告》称，2014 年中国慈善透明指数为 44.1 分(总分 100 分)，近 8 成慈善组织透明度不合格，而且近半数受访者对慈善组织信息公开度不满意。当然，需要指出的是，透明是慈善事业成功的必要条件，但不是充分条件，是手段，而不是

目标；一个最透明的组织，不一定是一个最有效的组织。①

近年来，中国慈善组织的信息披露有了很大提升。特别是2016年《中华人民共和国慈善法》《境外非政府组织境内活动管理法》以及相关配套法规颁布后，慈善组织逐渐进入法制化的轨道。据《2018年度中国慈善捐助报告》，各公益平台进一步加强规范化建设，强化信息公开、在线投诉等功能，尝试了区块链、财务披露组件等新技术，有效提升了信息披露水平，各爱心筹款平台还发布了大病互联网求助行业自律公约，提高了慈善捐助的透明度。其中，一些地方的慈善组织透明度也有了大幅提升。据《2020年度广州地区慈善组织透明度评价报告》显示，186家慈善组织的透明度平均得分为110.45分(满分150分)，透明度为A等级的占到了32.8%，表明广州慈善组织的透明度建设和公信力走在了全国前列。但是尽管如此，从全国非营利组织信息披露的广度和深度来看，仍存在不足。

2. 非营利公信力建设方面的法律法规还不健全

这主要表现为三个方面：一是有些非营利组织不愿意进行信息公开。有些非营利组织会计法规和制度存在许多不完善的地方，使得非营利组织不愿意披露会计信息，从而导致有些非营利组织的内部财务管理混乱，公信力下降。二是非营利组织的信息披露缺乏制度保障。尽管《中华人民共和国公益事业捐赠法》《基金会年度检查办法》等法律法规对非营利组织的注册登记、监督机制、工资待遇、行政支出等进行了规范，但对公众最关心的涉及规范信息披露的相关法律法规则还不健全，致使公众的信息需求缺乏法律保障，从而导致非营利组织缺乏为公众披露会计信息的动力。三是缺乏强制性的信息披露规范。虽然《基金会信息公布办法》《公益慈善捐助信息公开指引》等文件涉及慈善组织的信息披露问题，但多倾向于确定信息公开的原则、肯定信息公开的重要性等，而没有具体建立强制性的信息披露规则和程序，从而使得慈善组织"是否公开信息，很大程度上取决于慈善组织的道德自觉"②。

3. 非营利组织公信力建设的监管不足

从监管方面看，非营利组织在公信力建设方面至少存在三个问题：一是监管主体不明。由于政府对非营利组织实行的是双重管理体制，包括登记管

① 《刘佑平在2012慈善透明报告发布会上的发言》，http://www.charity.gov.cn/fsm/sites/diaphanous2012/preview1.jsp? ColumnID=841&TID=20130106105532770982588。

② 赵新培：《中国式慈善：透明为何这么难》，《北京青年报》，2011年8月8日。

理机关进行的登记管理和业务主管单位进行的日常管理，其中以日常管理的社团年检制度为主要形式。然而，这种管理体制最后造成两个主管机关都没有对非营利组织进行有效的监管。二是对“法外生存”的组织监管缺位。由于双重管理体制造成登记的困难，许多非营利组织不得不在工商部门注册或未注册，这些未在民政部门登记的非营利组织被称为“法外生存”的组织。这类组织数量庞大，因缺乏监管主体而处于法外生存及监督管理之外。三是监管形式单一。对非营利组织缺乏详细有效的制度规定和监督流程规范，导致很多监管措施流于形式，监管的缺失导致非营利组织公信力建设缺乏强有力的制度保障。

4. 非营利组织自律机制不健全

自律机制不健全也是非营利组织公信力建设中存在的问题。据 2009 年中民慈善中心发布的《全国性慈善组织信息披露监测报告》显示，28 家可以开展“5·12”地震募捐活动的社会组织中，对于公众最关心的捐赠实际支出或转移，只有 12 家组织在网站上公示，不足半数。从常规信息的披露情况看，包括中华慈善总会和中国红十字会总会在内的 82 家全国性组织中，在其网站上披露机构年报和机构财务报告的分别只有 29 家和 23 家，均不足 40%，而 6 家机构甚至没有官方网站。[①] 自律机制的不健全使得非营利组织缺乏动力将自己的信息进行披露。

三、完善非营利组织公信力的途径

1. 加强非营利组织信息披露制度建设

信息披露分为强制性信息披露和自律性信息披露。从强制性信息披露来看，许多国家都用法律的形式规定了非营利组织的信息披露制度。如美国联邦税法规定任何人都有权向非营利组织要求查看它的原始文件及前三年的税表，也可写信给国税局以了解某非营利组织的财务情况和内部结构；英国 1992 年的《慈善法》规定只要交付合理的费用，公众中的任何成员有权获得慈善组织的年度账目和财务报告。为了规范非营利组织的行为，许多国家都在道德原则和行为标准上制定了自律性信息披露制度，而中国非营利组织自律性披露制度建设才刚刚迈出探索性的一步。因此，非营利组织要在完善强制性信息披露制度的同时，重视完善自律性信息披露制度，这样做既有利于接

① 《民政部酝酿出台慈善信息公开办法》，《新京报》，2009 年 8 月 14 日。

受公众的监督，也有利于提高自己的公信力。

2. 加强非营利组织公信力方面的法律法规建设

2014 年 12 月 24 日，民政部发布了《关于全面推进民政法治建设的意见》，明确提出了要构建完备的民政法律制度体系，推动民政法律制度严格实施，确保民政权力规范高效运行。但在公信力的法律建设方面，还需强调以下几点：一是要加强非营利组织的法律法规建设。尽管非营利组织也建立了一系法律法规，但是非营利组织法律层次低，缺乏一部统一的非营利组织法律。因此，首先要尽快制定与宪法衔接的非营利组织专门法，为非营利组织正常活动提供法律和制度上的保障。二是要建立与非营利组织法律、政策相关的实施细则及单行法规。在非营利组织法律的建设过程中，要注重非营利组织相关法律法规的配套建设，需要根据不同类型的非营利组织的特点分别制定详细具体并且具有可操作性的专门性法律法规，形成一整套健全的法律法规体系。三是要加强非营利组织法律法规的执行力度。通过强化执行将可能危及非营利组织公信力的行为遏制在萌芽状态，从而为非营利组织的公信力构建一道坚固的防火墙。

3. 加强非营利组织自身能力建设

一是建立以使命为中心的组织文化。著名管理学大师杜拉克认为，非营利组织在运作管理上堪称企业的楷模，因为它们不是靠"利润动机"驱使，而是凭借"宗旨和使命"而行动，这提出了更高的要求，将组织置于依靠凝聚力和宗旨为先的境界。所以我们应当重新审视非营利组织的使命，建立以使命为中心的组织文化是非营利组织获得社会公信力的重要保证。只有肩负着鲜明社会使命的非营利组织才能产生感召力和凝聚力，赢得社会公众的支持和信任。二是要加强内部监管制度建设。内部制度建设可以有效地预防损害非营利组织公信力行为的发生，例如通过建立内部民主化、制度化、科学化的决策机制，能有效预防因决策失误而影响非营利组织公信力的行为。三是建设程序规范、运作透明的工作机制。美国卡耐基基金会前主席卢塞尔曾说过："慈善事业要有玻璃做的口袋。"非营利组织必须让公众明白：非营利组织拥有什么样的公益资源？这些资源的使用经过了什么样的程序？这些资源的使用在社会上产生了什么样的效果？只有建立透明规范的工作机制，才能真正获得公众的支持。四是要积极推进非营利组织信用机制建设。要建立以信息公开为核心的非营利组织信用机制建设，通过信用机制建设逐步建立起非营利组织的信用文化，同时要依靠行业组织制定并监督实施社会组织从业人员的道德规范，逐步形成非营利组织之间相互监督、合理竞争、共同发展的良好局面。

4. *构建以政府为核心的外部监督体系*

政府对非营利组织的监督是最具权威性的，我国非营利组织的成长环境要求其必须在一定程度上接受政府的监管。政府一般通过制定相关的规章和日常管理制度两种方式对非营利组织进行监督。前者通过规章的权威性对非营利组织的活动进行系统约束以保证非营利组织目标的实现，而后者就是从微观层面上对非营利组织的主体资格审查、财务运作、税收优惠以及其他活动进行规制。同时，非营利组织享有独特的税收优惠政策，为此，政府对非营利组织的税收规制是实行监督的有效手段。在政府的监督下发挥社会监督、第三方评估机构等多元监督主体的作用。加强社会监督，包括新闻媒体、捐赠者与公众的监督，这使非营利组织的工作效益能更符合广大人民群众的意愿。第三方评估机构作用的发挥则是一大创新，这种监督方式更具有专业性、技术性，避免问责交代流于形式，同时也可以更客观和公正公平，这种监督形式是提高非营利组织公信力的重要途径。

第四节　非法社会组织的治理

一、非法社会组织治理的必要性

随着政府改革的持续推进，非营利组织飞速发展，但非营利组织的飞速发展与其监管体制的滞后形成鲜明反差。一方面，大量未经登记的“法外生存”的社会组织游离于政府的监管之外；另一方面，一些非法社会组织利用监管的漏洞从事非法活动的丑闻接连爆出，例如“全国高技术产业化协作组织”①的非

① 2011年5月17日，民政部依据《社会团体登记管理条例》的有关规定，依法对未经登记、擅自以社会团体名义开展活动的“全国高技术产业化协作组织”(以下简称“全国高协组织”)及其非法设立的相关机构宣布取缔。经查，“全国高协组织”是一个由李恒光等人长期操控、冒用国家机关名义开展活动，以牟取经济利益为目的的非法社会组织。该非法组织打着所谓“九部委协作联盟”的旗号，骗取社会信任，非法设立了大量分支机构，招摇撞骗，敛取钱财，社会影响十分恶劣。“全国高协组织”的非法活动严重损害了国家机关的形象，破坏了社会组织登记管理秩序，干扰了市场经济的正常运行，已成为影响社会稳定的隐患。

法收费、“全国小记者培训活动中心”[①]非法牟利等。仅在2018年上半年，民政部分六批次公布了涉嫌非法社会组织的名单，如“中国军民融合联盟”“扶贫创业基金会”“中国公益事业联合会”“中国爱心工程委员会”“世界华人联合会”“中国医疗行业协会”等三百余家非法社会组织名单。部分非法社会组织以圈钱敛财为目的，打着服务国家战略旗号、冠以“国字号”头衔招摇撞骗，严重损害了社会公众合法权益；部分非法社会组织人员利用社交场合、节庆活动自我营销、故作玄虚，严重损害社会组织公信力。截至2018年8月24日，民政部取缔、劝散非法社会组织1800多个。因此，寻求一种对非法社会组织进行有效监管的制度措施，就成为一项紧迫性的任务。

非法社会组织治理的意义在于：(1)有助于政府掌握非法社会组织非法活动的现状及问题，从而为其对非法社会组织的治理决策提供依据；(2)有助于构建政府对非法组织的监控体系，通过对非法组织的活动特征、危害及成因的深入分析，构建起政府对非法社会组织的监控体系；(3)有助于维护合法社会组织的公益形象，并有效保护公民的合法权益；(4)有助于推进社会组织管理体制的创新，并有助于形成“统一登记、各司其职、协调配合、分级负责、依法监管”的社会组织管理格局。

二、非法社会组织的概念界定、特征和成因

1. 非法社会组织的概念界定

从法律上来看，对非法社会组织的概念界定主要见于《社会团体登记管理条例》的条款。该条例第三十五条规定：“未经批准，擅自开展社会团体筹备活动，或者未经登记，擅自以社会团体名义进行活动，以及被撤销登记的社会团体继续以社会团体名义进行活动的，由登记管理机关予以取缔，没收非法财产；构成犯罪的，依法追究刑事责任；尚不构成犯罪的，依法给予治安管理处罚。”第三十二条规定：“社会团体在申请登记时弄虚作假，骗取登记的，或者取得《社会团体法人登记证书》之日起一年未开展活动的，由登记管理机关予以撤销登记。”第三十四条规定：“社会团体的活动违反其他法律、法规的，由有

---

① 2011年8月11日和12日，民政部、文化部、中国红十字基金会相继就中华爱国工程联合会“在清理整顿期违规主办‘共和国脊梁’评选等活动”“至今8年未年检”“非法成立‘全国小记者培训活动中心’搞活动骗钱”“携‘中国红基会’成立‘海内外小记者专项基金’敛财”等违法违规行为做出回应。据调查发现，全国小记者培训活动中心于2008年底选择挂靠“中爱联”，成为其理事单位，由此，该中心披上了一件“官方”外衣。而该培训中心开展的小记者培训业务均由一家民营公司负责。在这件“官方”外衣的作用下，该培训中心在广州、北京、上海等近百个城市建立分站，进行商业牟利。

关国家机关依法处理；有关国家机关认为应当撤销登记的，由登记管理机关撤销登记。”

从上述内容可以看出，界定一个组织是不是非法社会组织可以从以下几方面来辨别：一是未经批准，擅自开展社会团体筹备活动的；二是未经登记，擅自以社会团体或者民办非企业单位名义进行活动的；三是被撤销登记后继续以社会团体或者民办非企业单位名义进行活动的；四是虽然登记，但其活动明显属于违法犯罪的。

值得注意的是，“非法社会组织”不同于“离岸社团”和“山寨社团”。“离岸社团”是指内地居民在境外登记条件较为宽松的国家或地区依规注册，却在中国境内以社会组织名义开展活动的组织。有的离岸社团，实际是营利社团，利用境内外的管理差异和信息上的不对称，打法律的“擦边球”，游走在监管的“空白地带”。“山寨社团”是指“离岸社团”中与内地合法登记的社会组织名称完全相同或极其相似的组织。对“离岸社团”“山寨社团”监管的法律依据是我国《境外非政府组织境内活动管理法》。截至 2018 年 12 月，中国社会组织公共服务平台曝光的“离岸社团”和“山寨社团”达到了 1292 个，包括全球华人祖国和平统一促进会、中国房地产行业协会、中国公益事业促进会等。这些“离岸社团”和“山寨社团”与正规的社会组织有时真假难辨，其从事的违法活动不仅影响正规社会组织的声誉，而且带来很多社会危机。

2. 非法社会组织的特征

(1)非法性。非法社会组织一般不会得到法律的认可，因此，从法律上来看处于非法状态。

(2)活动的隐蔽性及诈骗性。非法社会组织通常以合法性的外衣为掩护，甚至披着慈善的外衣，从事非法的活动。

(3)内部结构的严密性。非法社会组织为了从事非法活动，往往建立了严密的内部结构，一方面是为了更好地从事非法活动，另一方面是为了不被发现。

(4)危害结果的扩大性。非法社会组织由于从事非法活动，损害了整个社会组织的公益形象，甚至对社会道德产生严重冲击，因此，其危害性比较大。

3. 非法社会组织的成因

首先是法律规范的不完善。表现为：一方面，我国对社会组织的管理主要依据于行政法规及部门规章，立法层次低，还没有社会组织方面的基本法律。另一方面，现有法规主要以程序性规范为主，实体性规范不足，使得一些从事非法活动的境外社会组织也难以受到监管。

其次是双重管理体制造成非法组织的监管困难。双重管理造成登记“门槛”过高，大量社会需要的社会组织找不到业务主管单位没法登记，游离于依法管理之外，处于“非法生存”状态，其中有一部分成为非法社会组织。

最后是登记管理力量薄弱，日常监管不足。由于社会组织数量非常庞大，监管任务繁重，而民政部门人力、物力、财力及资源非常有限，导致非法组织的日常监管不足，再加上监管职责不清，使得一些非法组织更难以得到有效监管。

此外，有些社会组织内部管理制度不完善，自我约束意识不强，自我治理流于表面，未能建立起有效的自律机制。

三、非法社会组织从事非法活动的手段和领域

1. 非法社会组织从事非法活动的手段

非法社会组织从事非法活动的常见手段有：一是非法举办评比表彰、培训认证、项目合作、会议会展等活动。“全国小记者培训活动中心”的违规牟利即是典型的一例。二是借助正规社会组织的名义开展违规收费等非法活动。2011 年被民政部给予警告处理的“中国电子商会”利用其主办的“315 消费电子投诉网”违规收费即是典型的一例。三是违背非营利组织宗旨进行以营利为目标的组织。被民政部给予撤销登记的“中国地区开发促进会”对分支机构采用交由企业承办运营就是典型的一例。四是通过设立非法分支机构从事非法活动。这是大多数非法社会组织的共同特征。

2. 非法社会组织从事非法活动的领域

非法社会组织活动的领域非常广泛，主要表现为：一是经济领域；二是政治领域；三是宗教领域；四是文化领域。此外，还有些非法社会组织的活动领域涵盖了政治、经济、文化等多个领域。例如，2011 年被民政部依法取缔的“全国高技术产业化协作组织”，其活动领域遍布全国，涉及教育科技、文化卫生、农业农村、知识产权、食品健康等诸多领域，非法开展评比表彰、培训认证、项目合作、会议会展等活动，大肆牟取经济利益。

四、非法社会组织治理的途径

1. 构建社会组织监管的现代化预警信息平台

预防胜于治疗，社会组织数量庞大，给监管带来难题。据《2020 年民政事业发展统计公报》，全年共查处社会组织违法违规案件 6935 起，行政处罚

6707起。另据中国社会组织政务服务平台显示，2021年取缔非法社会组织六百余个，追赃超亿元。如果能够建立一个科学化、信息化的预警监管平台，则可大大提高监管效率及水平。

2. 改革社会组织的管理体制

主要是改革双重管理体制，完善直接登记制度，建立现代化的社会组织管理体系。2016年8月中央办公厅、国务院印发的《关于改革社会组织管理制度促进社会组织、健康有序发展的意见》进一步明确了行业协会商会类、科技类、公益慈善类、城乡社区服务类社会组织可以直接向民政部门依法申请登记，这就是建立现代化社会组织管理体制的有益尝试。

3. 完善社会组织的监管手段

要明确监管责任、严格年度检查和日常监管；同时，要完善社会组织监管的法律法规，综合运用税收、法律等监管手段监督，使不合格的社会组织进入不了公众视野。

4. 强化社会监督的力量

通过广开言路，利用社会公众、媒体以及独立的第三方等及时曝光社会组织违规操作的行为，使社会组织的活动处于“阳光”监管之下。例如民政部在中国社会组织公共服务平台上建立了曝光台，截至2018年底，共曝光一千余家“离岸社团”和“山寨社团”，这些社团由内地居民在登记条件宽松的国家和地区注册。

5. 完善社会组织的自律机制

要规范社会组织的内部治理结构，通过专项治理等加大综合整治力度，促使社团组织增强自律意识，形成自我发展、自我管理、自我约束的良性机制。

6. 完善相关法律制度

早在2000年4月，民政部就发布了《取缔非法民间组织暂行办法》。随着《慈善法》《境外非政府组织境内活动管理法》《社会组织登记管理条例》等法规的出台，对社会组织的管理将越来越规范化、法制化。

思考题

1. 论述非营利组织伦理建设的必要性及途径。
2. 请结合实际谈谈非营利组织问责中的主要困难。
3. 请论述非营利组织公信力建设的主要途径。

综合案例　网络募捐的乱象

“救救我的孩子、老公”，2018年10月9日晚，一条筹款求助信息在岳阳人的朋友圈刷屏。不到13个小时，200万元善款筹满。让人意外的是，10日上午9点多，目标筹款金额却由原先的200万元改成了500万元。不久，又改成了300万元。数额为何频频修改？网友们对筹款的真实性产生怀疑，“利用爱心圈钱”的质疑声在社交网络上刷屏。

后期经过警方调查核实，发出求助信息的网友“小阳”的丈夫和两个孩子均在10月5日的一起涉险事件中被大火严重烧伤。目前，3人也确实是在医院接受救治，截至10日仍未脱离生命危险。“年轻的妈妈”含泪求助，很快就筹措到200万元的善款，可以说是灾难无情人有情的真实写照。

但求助者在短时间内两次修改目标筹款金额，且金额差额较大，却给事件蒙上了阴影。不仅让当事人遭遇了巨大的舆论压力，也可能动摇网络募捐平台的公信力，甚至有可能影响伤者的后续治疗。如此反复、随意的变更目标筹款金额，引发网友的质疑自然不奇怪。有些人认为是由于监管的缺失，使爱心筹款有沦为爱心骗款的危险，但也有人认为网友对“监督”的要求过于苛刻。

对此，网络募捐平台有关工作人员在接受记者采访时表示，他们对于类似非公益性的众筹项目，项目的审核周期是从发起日到提款期之间，并非一定要求审核通过后才能发出，项目页面上也会写明“该项目信息不属于慈善公开募捐信息，真实性由信息发布个人负责”字样。

美国卡耐基基金会前主席卢塞尔指出：“慈善事业要有玻璃做的口袋。”2016年3月通过了《中华人民共和国慈善法》，明确规定禁止任何组织、个人假借慈善名义骗取财产，这对中国慈善事业的规范化发展起着积极的推动作用。

讨论题：

1. 网络平台的筹捐为何频频引起争议？
2. 请论述可以从哪几个方面来加强对网络募捐平台的监管。

第二十章 非营利组织的国际参与

一个国家在国际社会的影响力主要取决于其综合国力的强弱，具体来说，这种综合国力不仅包括政府与企业的能力，还包括非营利组织在国际上的影响力。随着全球化进程的加快，非营利组织在国际舞台上日益活跃，甚至一些草根组织也经常出席世界妇女大会、联合国气候变化大会等影响深远的大型国际会议并扮演重要角色。非营利组织的国际参与成为各国政府越来越重视的课题，有些国家甚至把非营利组织的国际参与当成政府外交政策中的一个重要组成部分，因此，探讨中国非营利组织的国际参与，对于提高中国在整个国际社会的影响力，具有重要的意义。

第一节 非营利组织国际参与的兴起和意义

一、非营利组织国际参与兴起的背景

非营利组织国际参与兴起的背景应分为国际和国内两个方面来讨论。从国际角度来看，随着全球化进程的加快加深，越来越多的跨国性问题、全球性问题开始出现并受到人们的关注。而这些问题单凭传统上的主体国家政府或企业都不能很好地得到解决。这就从客观上产生了呼吁非营利组织参与的需求。从一国国内角度来看，自20世纪50年代以来，公共管理的理论和实践都发生了很大的变化，传统的国家治理方式受到了越来越多的质疑和挑战。各国政府发现，社会管理、对外援助等传统意义上的政府职能并不是政府的专利，公民与国家的关系需要重构，非营利组织的作用也需要重新认识。政府购买服务、跨域合作逐渐发展，非营利组织开始在一定层面上帮助甚至代替政府参与国际性事务。这两方面的背景并不能截然分开，正是二者互相交织、相互影响，共同推动了非营利组织国际参与的发展。以下对此二者分述之。

1. 全球治理的要求

这方面构成了非营利组织发展的国际背景。如前所述，全球化进程带来了非营利组织参与国际事务的需求。信息技术的发展使得全球的时空出现了“压缩效应”，市场经济在全球范围内的发展使得商品、资本、服务等生产要素在全球范围内流动，环境问题的逐渐恶化使得全人类都面临人口膨胀、全球变暖、资源匮乏等相似的挑战，这些情况表明，全球化并非空穴来风，而正在影响人类生活的方方面面。全球化进程带动了全球治理理念的发展。所谓全球治理，是针对实践中出现的一系列诸如环境污染、贫穷、病毒扩散等带有跨国性、非地域性特征的问题而提出的解决问题之道。与传统的问题解决方式相比，全球治理理论最明显的不同之处在于强调治理主体的多元性和多样性。在治理主体上，全球治理理论由原来的“国家中心论”转变成了“多中心论”。2000年4月，联合国秘书长安南在其发表的“千年报告”中将国家、私人企业、社会组织(以非政府组织为代表)和地方部门共同参与的全球治理视为人类迎接全球化挑战的主要手段。带来这种转变的原因，不外乎以下几

点：首先，这些区域性、全球性问题的解决本身就超出了单个国家解决问题的能力。其次，很多非营利组织成立的宗旨致力于环境、发展、人权等问题的解决。再加上 20 世纪 80 年代以来，社会组织在全球范围内飞速发展——萨拉蒙称其为“全球结社革命”，使得越来越多的观察者将社会组织视为相对独立于国家而又跨越国家边界的领域和空间，各类非营利组织正是在该领域中活动的主要行为体，这些行为体之间的联系越来越紧密，它们相互之间形成的网络能够在全球性问题的解决上发挥十分重要的作用。这些因素使得非营利组织及其相互之间形成的网络在全球治理的舞台上显得越来越重要。目前，许多非营利组织能够参与或影响全球公共政策的制定与实施，能够动员资源参与解决国际公共问题的行动，联合国和各国政府都逐渐承认了非营利组织的这种作用，这一点从许多重要国际会议对非营利组织的重视程度就能够窥见一斑。例如，联合国应对气候变化的相关会议吸纳了相当数量的非营利组织参与。

2. 公共管理改革运动的影响

传统的管理中，国家主导是其基本模式，国家权力是控制社会的基本力量，所有问题的解决都要诉诸权力的运作。在传统意义上，外交是国家的基本职能之一，国际援助、国际合作也以政府为主导进行。20 世纪 50 年代以来，以“治理”与“善治”为核心的新公共管理理论风靡全球，不少国家据此进行了改革。我国的改革开放最初以经济层面的改革为主，发展到现阶段改革已经逐渐过渡到政治、社会层面，“社会管理创新”可视为公共管理改革运动在我国的具体实践。受此过程的影响，中国逐渐开启了与民间组织合作的大门。以往，我国的对外援助和国际合作主要集中在政府主导的大型项目上。但近年来，我国政府越来越多地支持和鼓励民间组织参与对外援助和国际合作。以“中国青年海外志愿者服务计划”的推出为例，该计划由政府主导，由中国志愿者协会这一具有官方背景的社会组织负责具体实施，仍保证了其公益性，社会价值深远、影响力持久。实际上这种做法在国际上并不鲜见，许多国家政府都认识到了与非营利组织合作开展国际援助、国际合作的好处，如日本早在 20 世纪 90 年代就在外务省经济协力局设立民间援助支援室，并建立了外务省与 NGO 定期协议会制度，将国际合作方面政府与 NGO 的伙伴关系在制度层面加以确立。在美国、英国等其他发达国家，也都做出了类似的制度安排。

二、非营利组织国际参与的意义

1. 许多发达国家将非营利组织的国际参与作为国家政策的组成部分

随着全球化的深入和全球相互依赖的加强，非营利组织在国际事务中的地位与作用日益上升。许多问题在原有的国家和国际制度的框架内或被忽视或难以解决，市场机制也难以调控。于是，新的需求就呼唤新的行为体和新的国际机制。非营利组织就是在这种背景下走上国际历史舞台的。特别是在发展、环境保护、救灾、人权保护、人道主义救援等领域，更显示出非营利组织独特而不可或缺的作用，因此，许多发达国家都将非营利组织的国际参与作为国家政策的一个重要组成部分。例如，1945 年在旧金山召开的联合国创立大会上，美国就有 42 个民间非营利组织的代表以顾问的身份、约 160 个民间非营利组织的代表作为观察员出席，大会通过的《联合国宪章》第七十一条规定了民间非营利组织具有与联合国经济社会理事会就相关事项进行协议的权利，这也是民间非营利组织进入国际协作领域展开活动的国际法依据。又如日本，二战后就建立了一批致力于海外慈善救助、发展援助的慈善组织。1995 年阪神大地震后，日本非营利组织得到快速发展，并促成了《特定非营利活动促进法》的产生；1994 年开罗世界人口大会，日本民间组织首次加入政府代表团出席会议。为了加强与国外的交流，日本还成立了非营利组织国际合作中心。从 1991 年起，日本设立了“国际志愿服务储蓄基金”，呼吁民众捐出邮政储蓄的 20%，作为海外援助项目基金。此后，日本非营利组织在国际事务中日益活跃，并获得了政府资金的强有力支持，非营利组织与政府一道共同为日本国家利益服务。

2. 非营利组织国际参与是提高一国国际影响力的重要保证

由于非营利组织具有与政府、企业不同的优势，发达国家非常重视非营利组织在国际上的影响力，非营利组织逐步在国际事务中占据领导和主导地位。这是因为一些发达国家的非营利组织发展历史悠久，并且种类多、规模大、能力强、资金雄厚，这样就为它们在国际事务中发挥影响力提供了广泛的物质基础和组织基础，而恰恰是这些基础，使非营利组织的全球意识和全球目标更为明确和自觉，有的非营利组织甚至受雇于政府部门，为政府进行国际扩张提供支持网络。而发展中国家特别是中国，尽管近些年非营利组织发展迅速，但是由于非营利组织的发展时间较短、数量少、资金短缺、组织能力有限、全球意识与全球关怀明显不足，导致其在国际上的影响较弱。因此，非营利组织的国际参与是提高一个国家国际影响力和国际地位的重要保证。正如一位学者指出的："如果一国的政府对本国NGO的跨国活动给予大力支持，又能在相当大程度上影响国际NGO的行为理念和活动议程，那么毫无疑义，这反映了该国的国际影响力，增强了该国的国际地位。"[①]

3. 非营利组织国际参与可以弥补政府外交功能上的不足

政府与非营利组织的关系存在三种类型：自由主义类型、激进主义类型和合作互补类型。自由主义为政府设定了一个边界，主张用社会组织来制衡政府；激进主义主张用社会组织对抗政府，以便保护日益发展壮大的社会组织；而合作互补则是近来出现的一种更为理性的观点，主张社会组织和政府合作互补、共生共强。虽然前两种主张历史悠久，社会影响力也大，但是随着社会生活的日益复杂和相互依存的增强，第三种主张得到社会更多的认同。这种主张的依据是：现代社会是复杂的，特别是在全球化背景下，国际关系日趋复杂，有些国际事务单靠一国的努力很难完成，如应对国际气候变化、重大灾害等，政府在处理国际事务中存在着日益严重的"失灵"现象，而非营利组织作为政府功能的补充，能够在国际事务中充分发挥自己独特的作用，用自己的优势来弥补政府的弱势。因此，非营利组织的国际参与能够克服政府在外交功能上的不足。也正因为如此，一些国家政府才会大力支持非营利组织的发展，例如，瑞典官方援助机构曾将援助资金的80%交给非营利组织去执行，美国在20世纪90年代曾将海外开发署掌握的援外资金的30%交由非营利组织执行。显而易见，政府与非营利组织的这种互动关系使得国家的国际影响力通过非营利组织的对外活动间接反映出来，并且这种影响力可能更有持久性和渗透性。

4. 非营利组织国际参与是解决共同问题的需要

有些国际问题的解决仅由政府或企业参与是不够的，还需要非营利组织的国际参与。这有三种情况：一是非营利组织的国际参与可缓解一些国家或地区间的矛盾和冲突。当今世界，各种矛盾和争端此起彼伏，国与国之间、地区与地区之间都可能出现矛盾和冲突，由于政府身份的敏感性，在解决这些冲突时可能会加剧冲突，此时由非营利组织出面来解决这些矛盾和冲突可起到缓冲的作用。二是随着全球经济社会的发展，各国面临一些共性的公共

---

① 蔡拓：《NGO：评判美国国际影响力的一个新向度》，《现代国际关系》，2004年第3期。

问题，如气候变化、环境污染、贫富分化、突发事件不断涌现等，这些公共问题仅靠政府的努力难以解决，非营利组织以其自身的优势可发挥重要的作用。三是非营利组织的国际参与也是进行沟通与协作的需要。国与国之间、地区与地区之间利用非营利组织来进行沟通与协调日益变得普遍，非营利组织之间的沟通与协调具有非正式性和自愿性，这种沟通与协调是政府与企业难以比拟的，所以许多国家都用非营利组织来进行国际交流，一方面使国家事务得到交流，另一方面则加大了对国家政策的宣传。

5. 非营利组织国际参与是防范国际非政府组织非法渗透的需要

随着全球化的发展，非营利组织在国际舞台上日益显出其重要性，同时非营利组织有机会非法渗透他国内政。由于中国选择的是不同于西方国家的道路，容易遭到国外一些不友好势力的攻击。例如，中国与非洲有着传统友谊，并有着共同的利益和愿望，具有良好的合作关系。但是一些西方国家借助媒体、非政府组织挑拨中非关系，试图破坏中非双方经过长期建设积累起来的友谊。此外，西方国家在非洲资助了很多环保组织，常利用这些发展中国家的非营利组织作为遏制中国等竞争伙伴的工具。通过先资助本国非营利组织，再借助其间接资助非洲非营利组织，来建构其对非洲的影响力及话语权；借助非营利组织的影响力及话语权来实现政府难以达成或不便达成的政治企图；借助非营利组织在非洲推行西方发展模式和民主价值理念。① 中国非营利组织的国际参与有助于揭露国外非法组织的渗透，有助于推进中国国家政策与理念的正面宣传，从而有效地维护国家利益。

6. 非营利组织国际参与是维护国内相关利益群体权益的需要

20 世纪末 21 世纪初，中国一些非营利组织开始走向国际舞台，这些非营利组织特别是行业协会、商会等不仅为国内相关企业、公司等进行产品及服务宣传，而且开始注意维护国内企业在国外市场上的权益。特别是中国加入 WTO(世界贸易组织)后，为了适应全球化的需要，中国企业发起成立了一系列行业协会、商会，这些行业协会、商会在国际舞台上发挥着自己的作用。例如，温州打火机协会应对欧洲的反倾销调查、广东省玩具协会应对“毒玩具事件”等，很好地维护了国内企业的相关利益。

---

① 龙小农、陈阅：《NGO 与中国在非洲国际影响力及话语权的建构》，《现代传播：中国传媒大学学报》，2013 年第 7 期。

第二节　非营利组织国际参与的领域与形式

一、非营利组织国际参与的领域

非营利组织国际参与的领域非常宽广，涉及社会福祉、文化教育、体育和医疗、国际交流和国际协作、环境保护、保护消费者权益、维护人权及保护妇女儿童权益等。具体来说，非营利组织国际参与的领域主要表现为以下几方面。

1. 参与国际非营利组织的事务

国际非营利组织是各成员国为了规范某一具体领域的活动而相互协商成立的国际组织，各成员国非营利组织必须按照国际非营利组织的规范行使各自的权利，履行各自的义务。自中华人民共和国成立以来，非营利组织得到快速发展，并在国际非营利组织领域发挥着重要的作用。以国际商会(ICC)为例，这是目前世界上最重要的经济贸易组织之一，也是联合国的一级商务咨询机构，该机构成立于 1919 年，总部设在法国巴黎，主要任务是促进国家间的货物、服务、资本、技术等的自由流通，通过制定国际商界自律规则，国际商会确立了它作为全球商界发言人的地位。中国自 1985 年开始向国际商会提出申请，经过长达 9 年的谈判，才于 1994 年 11 月正式加入国际商会，并于 1995 年 1 月 1 日正式组建了国际商会中国国家委员会。作为国际商会的一员，中国国际商会积极参与国际商会的活动，并在国际商业社会中维护了自己的利益，表达了自己的主张，提高了国际影响力。

2. 参与国际环境治理领域的事务

环境治理具有全球性。目前，全球面临许多共性的环境问题，有区域性的环境污染和大规模的生态破坏，也有温室效应、臭氧层破坏、全球气候变化、海洋污染等大范围的和全球性环境危机，严重威胁着全人类的生存和发展。一些学者认为人类面临十大全球环境问题，包括全球气候变暖、臭氧层的耗损与破坏、生物多样性减少、酸雨蔓延、森林锐减、土地荒漠化、大气污染、水污染、海洋污染、危险性废物越境转移。任何单一的组织或国家都无法解决这些面临的环境问题，全球环境问题的解决不仅需要政府之间的合作，还需要非营利组织之间的合作。例如，在国际气候谈判中，非营利组织被允许以观察员身份参加《联合国气候变化框架公约》下的大部分正式、非正式谈判，并可通过在会前发放文件以及与谈判人员面对面交流来影响谈判进程。因此，积极促进中国非营利组织在全球环境治理中的作用，将是一个良好的发展机遇。

3. 参与国际救灾和消除贫困

参与国际救灾和消除贫困是非营利组织国际参与的一项重要内容。人类时刻面临灾害和贫困的威胁，这些灾害和贫困有自然的，也有人为的。国际社会长期实践证明：国际援助通过第三方——非政府组织去援助远比政府和企业直接去做要有效得多，有用得多，这就是全世界强国的经济援助大多通过非政府组织来执行的原因所在。非营利组织救灾的手段通常有资金的捐赠、物质的帮助、心灵的安抚、技术的支持、灾后的重建等。中国是一个具有传统美德的国家，一方有难、八方支援的传统美德也影响着非营利组织的价值观念。中国非营利组织已经参与过许多国际救灾与扶贫活动，并在国际救灾及扶贫方面积累了较为丰富的经验。以中国扶贫基金会为例，2005 年开始，中国扶贫基金会提出了国际化战略，对印尼海啸、美国新卡特里娜飓风、缅甸台风，巴基斯坦、智利、海地和日本地震，非洲之角旱灾等世界范围内遭受自然灾害的国家和地区进行了援助，也开展了柬埔寨受饥儿童、几内亚比绍和苏丹贫困母婴的救助行动。自 2005 年到 2019 年底，中国扶贫基金会已经在 24 个国家和地区实施了国际人道救援及减贫发展项目，惠及约 90 万人次。

4. 参与国际贸易争端解决

中国加入世贸组织后，全球化进程得到全面展开，但是在全球化背景下，中国企业也面临许多贸易摩擦和壁垒。在全球化规则下，不适合的国际规则往往使得一些企业无所适从，由于组建了一系列行业协会、商会等非营利组织以应对竞争日益激烈的国际市场的需要。因此，非营利组织在促进企业的国际化方面也起到了重要的作用：一方面，非营利组织通过培训、考察等活动帮助企业熟悉国际规则，帮助企业顺利进入国际市场；另一方面，非营利组织在企业遇到国际反倾销等障碍后帮助企业维权等。在国际贸易争端解决中，除了政府的作用外，非营利组织也往往发挥着不可替代的作用，因为非营利组织作为第三部门，更容易获得理解和依赖。在网络化时代，世界各国通过网络紧紧联系在一起，矛盾和冲突增多，非营利组织将继续在国际舞台上发挥应有的作用。

5. 参与国际文化艺术交流

中国具有五千年的悠久历史，文化艺术底蕴深厚。2011 年 10 月 18 日，中国共产党第十七届中央委员会第六次全体会议审议通过了《中共中央关于深化文化体制改革、推动社会主义文化大发展大繁荣若干重大问题的决定》，提出建设社会主义文化强国。非营利组织在中国传统文化的传播与交流方面，一直发挥着巨大的作用。例如，中国文学艺术界联合会举办了包括国际民间艺术节在内的一系列活动，为中外的文化艺术交流做出了重要贡献。非营利组织参与国际文化艺术交流的意义表现为：一是通过鼓励民间文化机构，如美术馆、博物馆、展览馆、艺术表演团体、文化论坛等进行对外文化艺术交流与输出，有利于我国文化、艺术乃至价值观被更为广泛地认可与接受。二是通过扶植民间对外文化艺术交流与输出有利于提高我国文化软实力。中国文化是世界上唯一未曾断流、始终传承下来的文化，通过非营利组织进行的文化艺术交流，可以宣传中国文化的价值理念和传统文明。

6. 参与国际大型活动项目

非营利组织参与国际大型活动项目主要通过志愿者输出进行，例如参与一些重要的国际救援、援外活动，参与国际奥运会、残奥会等。这些大型活动通常需要大量的具有奉献精神的志愿者参与，非营利组织通过参与这些重大活动，可以宣传中国的志愿精神与慈善理念，并在国际上树立良好的形象。

7. 参与国际政治活动

非营利组织具有倡导功能，可以代表民众和反映民众需求并影响政府政策的制定。在国际政治事务中，非营利组织也起着重要的作用。非营利组织通过参与国际会议、国际论坛、全球峰会等国际政治事务，反映非营利组织代表的利益诉求；有时，非营利组织是受到所在国政府的委托而反映诉求；有时非营利组织会为了某个主题而进行政策倡导。不管哪种诉求，都表明非营利组织具有参与国际政治的功能。

8. 参与人权保护领域

人权是指在一定的社会历史条件下每个人按人的本质和尊严享有的基本价值及其制度安排。尊重和保障人权是现代文化的基本要求。联合国制定了一系列文件来约束和规范国际人权的保障。其中《世界人权宣言》《公民权利和政治权利国际公约》《经济、社会、文化权利国际公约》是三个基本的国际人权文件。在中国，人权保护已经写入了宪法，并且制定了一系列保护人权的法律法规，并发布《中国人权事业发展报告》，介绍中国在人权事业领域的进展。非营利组织通过对国际人权事务的参与，不仅可以保护世界范围内的妇女、儿童等弱势群体的人权，也可以更有效地宣传和促进中国人权的保护。

二、非营利组织国际参与的形式

非营利组织国际参与的现象纷繁复杂。首先，非营利组织参与国际事务所涉及的领域颇多。从环境保护、可持续发展到人道主义救援等各个领域，都有非营利组织的身影活跃着。事实上，举凡国际问题领域，几乎没有非营利组织未曾参与过的。其次，参与国际事务的非营利组织差异性很大。非营利组织数量庞杂，能力水平更是层次不一、千差万别。从影响力及所处的政治、社会空间来看，不同非营利组织作为全球治理的主体处于三个不同的层次，分别是：地方层次、国家层次和超国家层次。处于地方层次的非营利组织最多，也最为我们熟悉，自不用赘言，但在地方层次之上还有国家层次，甚至诸如国际非政府组织和政府间国际组织①这种超国家层次的非营利组织。最后，非营利组织的发展十分迅速，不仅新增的非营利组织数量庞大，原有非营利组织也在急剧地发展变化，一些立足于本国的非营利组织逐渐国际化，发展为区域化、国际性的组织。换言之，非营利组织在全球治理中所处的层次并不固定。基于上面三个原因，非营利组织国际参与的脉络往往难以

---

① 国际非政府组织与政府间国际组织这两个概念常常被混淆，关于二者的内涵和外延均有一定争议。政府间国际组织是指：在条约和宗旨规定的范围内，享有参与国际事务活动的独立地位，具有直接承受国际法权利和义务的能力，而不受国家权力管辖的组织。政府间国际组织一般都具有非营利性的特点，但由于很多政府间国际组织如欧盟、联合国等都具有很强的政治性色彩，因此学界一般不把这类组织作为非营利组织来看待。但也有少数基于政府间协议成立的国际组织政治色彩很弱，公益性、非营利性很强，如国际红十字会(International Committee of the Red Cross，ICRC)。本教材认为这样的组织仍然属于非营利组织的范畴。与政府间国际组织不同，国际非政府组织不是主权国家的派生物。根据 20 世纪 90 年代由国际协会联盟(the Union of International Associations，UIA)出版的《国际组织年鉴》上所给出的定义，构成国际非政府组织必须满足：一、宗旨具有国际性质并意图在至少三个国家开展活动；二、有完全投票权的个人和集体成员应来自至少三个国家；三、成员有权依照该组织基本文件定期选举执行机关及其官员，有固定的总部并规定了该组织活动的连续性，官员通常应来自不同成员国；四、很大一部分预算应来自至少三个国家，并且不以营利为目的。(霍淑红：《国际非政府组织(INGOs)的角色分析——全球化时代 INGOs 在国际机制发展中的作用》，2011 年)但随着非营利组织的发展，联合国、国际协会联盟对“国际性”的界定变得越来越宽泛。

把握。

但是，结合非营利组织国际参与发展的两大背景和非营利组织的分类，我们可以做出梳理非营利组织国际参与主要形式的探索。按照不同标准，非营利组织有很多分类方法。但如果考虑我国非营利组织国际参与发展的背景，我们可以将非营利组织分为运作型非营利组织（operational NPOs）和倡导型非营利组织（advocacy NPOs）这两大类①。但这两类并不是相互排斥的，而是相互交叉的，一些非营利组织既参与运作又参与倡议。可以说运作型非营利组织的发展主要受到国内背景的影响，而倡导型非营利组织的发展则主要受国际因素的影响。根据这种分类，我们可将非营利组织国际参与的形式主要概括为三种。

1. 项目参与形式

以项目的形式，通过设计、运作或合作完成项目，向国外目标群体提供特定产品和服务。前述运作型非营利组织主要采取这种形式来进行国际参与。这些项目可能由非营利组织单独完成，也可能是与其他机构开展合作，合作对象可能是一国政府，也可能是像世界银行这样的国际非政府组织。项目所涉及的领域十分广泛，包括实施扶贫计划、提供卫生保健服务、参与基础设施建设，等等。

2. 倡导型参与形式

通过特定的议事机制，对某些国际性议题进行意见表达，甚至创设国际性议题，同时通过倡导或游说影响政府或政府间国际组织的决策与行为。前述倡导型非营利组织主要采取这种形式来参与国际事务。典型的倡导型非营利组织并不直接提供具体的产品与服务，而是通过倡导或游说等行为，经特定的渠道表达主张、施加影响，为提供政策性、规则性的公共物品而努力。各种国际会议为这类组织提供了非常好的平台，使得非营利组织在全球治理中的作用日益显著，但这种作用往往是间接地通过影响政府或政府间国际组

① 这种分类方式主要借鉴了世界银行对非政府组织所做分类。在世界银行的描述当中，所谓运作型非政府组织是指主要目的是设计、执行与发展有关的工程项目的组织，而倡议型非政府组织的主要目的在于捍卫和促进某一特殊事业并寻求影响世界银行的政策与实践。显然世界银行的这种分类并不针对所有非政府组织，所关注的组织主要是与其有业务往来的少数组织。但本教材认为，这种以目的和行动方式为标准的分类方式很有价值，并且可以推广。不过这里的“运作”和“倡议”都要做较为宽泛的理解，如基金会这类以资金支持为主的支持型组织（supportive NPOs）也可以包含在运作型组织之内。

织的决策和行为而表现出来的，因为这类组织所拥有的资源往往不足以实现其主张，需要借助政府部门的力量来达到目的。

3. 纠纷解决参与形式

即通过特定的纠纷解决机制，参与具体的跨国事务和纠纷的解决。一些纠纷解决机制本身对其参与主体就有要求，政府或企业不能通过这类机制解决问题。这里又有两种情况。有可能纠纷解决机制在制度设计之时就排斥了其他主体，例如，WTO规则体系下的反倾销诉讼，在这种纠纷解决机制下政府部门就不是适格的参与主体。另一种可能是某些跨国纠纷久拖未决，也没有现成的纠纷解决机制，非营利组织通过自身努力开创了纠纷解决机制。例如，中国民间对日索赔联合会，推动受害者向日本政府索赔。日本侵华战争给中国人民带来巨大侵害，战争受害的幸存者的权益在二战后一直未得到补偿，中国民间对日索赔联合会正是基于此现状而成立，来推动受害者争取权益保护。通过这种形式进行国际参与的非营利组织以倡导型组织为主。

第三节　中国非营利组织国际参与的现状及问题

一、中国非营利组织国际参与的历史

中国非营利组织的国际参与由来已久。从历史发展的维度考察，第四届世界妇女大会对中国非营利组织的发展有着里程碑式的意义。1995年8月到9月，第四届世界妇女大会在北京召开，与之相应，一个全球非政府组织的盛会——世界妇女非政府组织论坛也同时在京郊怀柔举行。在持续九天的会议期间，来自世界各地的30000多名非政府组织代表，举行了3000多场不同主题的大小会议。这次盛会向开放的中国传递了一个重要的讯息：非政府组织是社会组织的主体。自此，非政府组织、非营利组织的概念在中国渐渐地传播开来。大致在同一时期，中国第一批真正意义上的草根非营利组织开始生长。这批草根组织中的部分组织在组织成立之初就开始注重国际参与。

相对于草根组织，中国的官办非营利组织国际参与的历史更长，其发展的起点几乎可以追溯到新中国成立伊始，其长度差不多可等同于中国民间外交的发展历史。新中国成立初期，面临着严峻的国外形势，帝国主义国家对新中国进行封锁，中国外交环境困难。但是，这些国家的人民是愿意同中国

人民友好往来的。周恩来认为，要把政府和人民区别开来，官方没有外交不应影响民间友好往来。新中国一诞生，周恩来便为开展民间外交做好了组织准备。除了原有的工、青、妇和保卫世界和平大会四大组织仍然发挥传统的对外交流的作用之外，又新成立了中国人民外交学会、中国国际贸易促进会、中国人民对外友好协会，以及中苏友好协会、中日友好协会等非营利组织。① 这些非营利组织有着丰富的国际参与实践经验。

综上可见，国际参与对中国非营利组织而言有着非常重要的意义。可以说，一方面，中国非营利组织的国际交流和参与随着非营利组织的发展而发展；另一方面，国际参与也正是中国非营利组织发展的动因之一。

二、中国非营利组织国际参与的现状

1. 国家出台了一系列鼓励非营利组织国际参与的政策法规

在非营利组织的国际参与方面，国家已经认识到非营利组织国际参与的重要性，并出台了一系列相关政策，鼓励非营利组织进行国际交往与交流。例如，2018 年发布的《中国对欧盟政策文件》就明确提出要支持中欧非政府组织依法依规开展合作，为促进中欧民间对话交流发挥积极作用。2015 年发布的《中国对非洲政策文件》也指出：支持民间组织和社会团体开展形式多样的友好交流和公益活动。

2. 中国建立了一系列参与国际事务的非营利组织机构

尽管中国非营利组织在参与国际事务中的地位还很低，但是值得欣喜的是，政府已经注意到了这一点，开始注重与民间社会接触，并建立了一系列参与国际事务的机构。例如，2005 年 10 月，中国成立了“中国民间组织国际交流促进会”(简称“中促会”)，开始探索民间组织进入国际事务中的途径。1988 年国务院批准成立的中国国际商会，在促进中国企业的国际化方面做了大量工作，有效地维护了中国企业在国际上的声誉。又如，国务院扶贫开发领导小组办公室下设的直属事业单位中国国际扶贫中心，也参与了一系列国际扶贫活动，并得到了外国政府与扶贫对象的肯定。所有这些非营利组织的国际机构，代表中国在国际舞台上活动，逐步提高了中国非营利组织在国际上的影响力。

3. 中国非营利组织自觉地参与了相关国际事务活动

在全球化背景下，中国非营利组织也面临来自国际的竞争和挑战，因

① 张志洲：《民间外交涵义的学理分析》，《国际观察》，2008 年第 5 期。

此，许多非营利组织也提出了“国际化的战略”，并积极主动地参与了国际事务。例如，中国红十字会积极主动地适应国际化，不仅举办了亚太合作论坛等活动，并积极参与了抗震救灾的国际救援活动，而且还启动了国际通用的标准进行评估和改革。又如中国青少年发展基金会，早在20世纪末就提出了“国际化”的发展战略，与在华海外厂商广泛建立了良好的合作关系，并同可口可乐中国公司、摩托罗拉中国公司、宝洁公司等大型国际企业发展了多种多样的合作关系，共同推进了国内公益事业的开展，而且将国内公益事业的良好发展状况介绍到国际社会。中国国际民间组织促进会截至2021年12月，共派出22家社会组织的105名代表参加了联合国气候变化大会，通过举办联合国气候变化大会边会、举办大会发布会、举办中国角边会以及双边交流会等将中国环保社会组织应对气候变化的实践经验传播到国际社会。

4. 中国非营利组织国际参与的渠道逐渐拓宽

中国非营利组织国际参与的渠道主要有三种：第一，直接加入国际组织，成为其成员，例如，131个国家一级的协会和学会代表中国加入261个科技国际组织之中。第二，建立国内非营利组织网络与国际相关组织对接，例如，中国民促会利用中国民间气候变化行动网络(CCAN)的平台，在2010年连续派代表参加了波恩、天津、坎昆的联合国气候变化的框架会议，先后在天津、杭州协调和组织了60家国内民间组织代表讨论气候变化应对方案民间行动计划，并在墨西哥坎昆递交给参加联合国气候变化会议的各方代表，形成了独特的民间社会声音。第三，以项目合作的方式参与国际事务，例如，截至2017年底，全球146个国家(地区)建立了525所孔子学院和1113个孔子课堂。其中亚洲118所、非洲54所、欧洲173所、美洲161所、大洋洲19所。

5. 企业“走出去”战略也带动了非营利组织的国际参与

企业与非营利组织合作，不断拓展国外市场，也为非营利组织的国际参与带来了机遇。例如，2010年11月18日，中国石油(尼罗河)公司与中国扶贫基金会合作苏丹公益项目捐赠仪式在喀土穆举行，即企业与非营利组织的合作推动了中国非营利组织国际化的进程。①

① 黄浩明：《民间组织国际化的趋势：兼谈中国的现状、挑战与对策》，《中国非营利评论》(第八卷)，北京：社会科学文献出版社，2011年，第188页。

三、中国非营利组织国际参与的问题

中国非营利组织虽然积极进行了国际参与，并在国际舞台上也展示了自己的风采，但还是存在一些问题，这些问题主要表现为以下方面。

1. 中国非营利组织在国际参与中的影响力还有待提升

发达国家的非营利组织由于发展时间较长，在国际舞台上占据了主导地位。但是中国非营利组织由于发展时间短，在国际上相较于发达国家非营利组织力量较薄弱，不管从规模上还是从数量上，在国际舞台上的影响力都还有待提升。

2. 中国非营利组织自身能力有限难以有效参与

在全球化时代，各国已经认识到了非营利组织进行国际参与的重要性，特别在弥补政府参与不足的情况下，非营利组织甚至可以替代政府外交上的部分功能。但是由于中国非营利组织发展时间短，发展理念还比较落后，竞争意识、全球意识还不强，参与的技术水平还比较低，自身内部治理方面还有待规范，在公开透明方面还有许多问题要解决。因此，中国非营利组织要融入全球化，必须努力提高自身的能力。

3. 中国非营利组织国际参与的渠道还比较单一

中国非营利组织虽然积极参与了国际事务的治理，但是参与的渠道还比较单一，主要集中于扶贫、灾害救助、环境治理等方面，参与国际经济贸易、国际政治、国际规则制定方面的广度和深度还不够。非营利组织在外交功能上的作用还未充分发挥出来。

4. 中国非营利组织国际参与的制度性保障还不完善

非营利组织进行国际参与需要强有力的制度保障，发达国家都重视制度的建设，这些制度建设有助于保障非营利组织参与的基本权利。中国非营利组织参与制度不完善表现为：一是政府的支持制度还有待完善。发达国家非常重视政府对非营利组织国际参与的支持，不仅在资金上支持，更在政策上支持，政府支持的主要目的之一是希望非营利组织能够在国际舞台上发挥政府发挥不出的作用或在政府不方便干涉的领域发挥作用。二是非营利组织的国际参与缺乏法律制度的保障。对于非营利组织的国际参与，应该有一系列的法律保障，使非营利组织不仅能够熟练地掌握国际背景下的法律及规则，更能够顺利地在国际舞台上维护自己的权益。

5. 中国非营利组织国际参与的资金匮乏

资金匮乏是许多非营利组织共同面临的问题，在非营利组织进行国际参

与和交流时资金问题往往成为一个重要的限制因素。例如，参与并跟进气候变化谈判需要大量的资金，很多国内的草根环境保护组织没有资助便无法参与气候变化这一国际议题的讨论。诚然，越来越多的国际会议为非营利组织的国际参与提供了各式各样的平台，但进入这些平台或多或少都需要耗费非营利组织的成本，而不少国内非营利组织维持生计已是勉为其难，想要“走出去”，在资金方面更是捉襟见肘。

第四节　非营利组织国际参与的策略与途径

一、政府需要在观念上正视非营利组织的国际参与

一方面，我国政府首先需要明确：非营利组织的国际参与是一国对外交往不可或缺的重要组成部分。从政府的角度看，非营利组织的国际参与能够分担政府外交上的压力。在国际社会，西方国家的一些非营利组织在人权、环保、贸易逆差等议题上对中国频频发难，其提供的批评论据常容易引起关注和同情，政府若与之正面对抗，容易激起众怒而丧失道义制高点。如果以非营利组织的国际参与为代表的民间外交缺失，中国政府难以扭转应对西方民间舆论攻势时的不利局面。从国家的角度看，非营利组织的国际参与对提升一国国际形象、综合实力具有重要意义。从社会的角度看，非营利组织国际参与的蓬勃发展正是一国社会组织发展成熟的标志。另一方面，我国政府还必须明确：非营利组织的国际参与是大势所趋，任何试图限制其发展的努力都是徒劳的。

二、中国非营利组织应树立国际参与的先进理念

在全球化、信息化、网络化的时代，任何组织都不可能封闭起来获得发展，非营利组织要有效地融入国际舞台，必须实现观念、理念的转变，树立先进的国际参与理念。表现为三方面：一是要树立竞争的理念。虽然非营利组织是以非营利性为目标的，但是在全球化时代，非营利组织也面临着国际上广泛的竞争。特别是一些西方国家的非营利组织，会在国际舞台上宣传其价值观念，甚至以民主、人权、环保等观念为借口攻击其他国家及其非营利组织。因此，中国非营利组织要更好地融入全球非营利组织，必须做好竞争的准备。二是树立全球理念。非营利组织也可以实现跨国运作，国际上一些

著名的非营利组织如国际环保组织、扶贫组织等，组建了庞大的机构，甚至在许多国家都设立了分支机构，这些机构不断对其他国家进行渗透，扩大其影响力，并在非营利组织的领域发挥着重要的影响。中国非营利组织实行跨国运作的还为数不多，在网络化时代，跨国运作成为非营利组织发展的趋势，非营利组织要更好地融入国际非营利组织这个集体，必须具备全球意识，在组织机构、运作理念与宗旨、活动领域等方面都实行国际化。三是树立品牌理念。非营利组织以使命为宗旨使用的是公益资产，因此，其服务形象更受到公众的关注，未来非营利组织的竞争，也将是品牌的竞争，在教育、环保、扶贫等领域将出现公益品牌相互竞争的情况。中国在公益品牌的树立方面也取得了一定的成就，中国青少年发展基金会的“希望工程”就是一例。中国非营利组织要积极地参与国际事务，必须强化服务品牌的打造。

三、政府应出台政策鼓励非营利组织积极参与国际事务

非营利组织是提升中国国际影响力及话语权的重要力量，特别是在国际援助及国际贸易方面，由政府主导的援助或贸易很容易引起受援方民众的误解，甚至引起国际一些别有用意的国家及相关组织的非难和攻击。政府借助非营利组织来进行国际参与，阻力要小得多。政府鼓励非营利组织进行国际参与：首先，要加大对非营利组织国际参与的资金支持力度。一些发达国家把非营利组织的国际参与作为其外交政策的重要组成部分，因此，在资金上给予了极大的支持力度。今后中国非营利组织要想在国际上有更广阔的舞台，必须获得政府积极的资金支持。其次，政府要出台政策积极支持非营利组织的国际参与，要在制度上给非营利组织松绑，特别要重点支持那些信誉良好并具有雄厚实力的非营利组织走出国门，让非营利组织在国际交往过程中代表中国，传播中国的价值理念和发展经验。最后，积极支持非营利组织与国际非营利组织的交流和合作，通过国际非营利组织之间的交流，不断提升非营利组织在国际舞台上的影响力。

四、政府应加强与国际非营利组织的双向沟通与交流

除了强化中国非营利组织与国际非营利组织及政府沟通外，还要加强中国政府与国际非营利组织的沟通与交流，因为这种沟通与交流有助于增进双方的相互了解，从而有效地消除国际非营利组织对中国的误解，并更多地支持中国经济社会的发展。政府与国际非营利组织的交流与沟通包括两方面：一是“走出去”，直接参与国际非营利组织事务。例如，2001 年成立的博鳌亚洲论坛是一个非政府、非营利的国际组织，目前已成为亚洲以及其他大洲有关国家政府、工商界和学术界领袖就亚洲以及全球重要事务进行对话的高层次平台，政府的参与有助于推进政府与国际非营利组织的沟通与交流；又如世界妇女大会，参与该会的既有政府组织，也有国际非营利组织，会议的举办对于政府与非营利组织的沟通与交流起了重要作用。二是“请进来”，即直接让国际非营利组织走进中国、了解中国、宣传中国。据2016年的数据显示，在中国境内活动的境外非政府组织有7000多家，主要集中于环境、科技、教育、文化等领域。要通过多种形式邀请国外非营利组织代表来华交流、访问或参加中国的重要会议，也有助于双方的沟通与交流。例如2017年5月10日，公安部在京召开境外非政府组织参与“一带一路”建设座谈会，积极推动公安机关会同银行、税务、海关等部门，为境外非政府组织参与“一带一路”建设提供更多便利措施，创造更好的社会和法治环境。

五、非营利组织自身应主动积极地参与国际事务

全球化、信息化与网络化为非营利组织提供了广阔的参与空间，非营利组织应在完善国内事务参与的基础上实行“走出去”，实行国际化战略，在努力提高自身能力的基础上扩大参与国际事务的广度和深度。中国是一个具有传统美德的国家，一方有难、八方支援的传统美德也影响着非营利组织的价值观念。中国非营利组织在国际救灾方面积累了丰富的经验，并得到世界的认可。例如2015年8月缅甸遭遇大规模洪涝灾害，蓝天救援队是第一支到达缅甸的国际救援队伍。蓝天救援队共排查村庄200多个、56000余人次；医疗诊治1084余人，转移高热患者16人、转移骨折患者3人、确诊登革热患者2人、处理外伤患者15人；并对三个区域41.3平方公里进行防疫消杀。蓝天救援队在参与救援的过程中，曾三次受到视察灾区的缅甸总统的接见，让中国以非常正面的形象出现在缅甸的主流媒体上，反响十分好。“社会救援队不仅是国际灾害救援的有效参与者，还是国际救援经验和救援知识的交流传播者、能力建设的重要参与者。”一位负责人说，“民间开展的公益工作会对公共外交产生意想不到的效果。第一，可以彰显我国的软实力、价值观；第二，可以争取一些话语权；第三，可以了解实际的民情，让民心相通。”

六、完善非营利组织国际参与的制度和法律保障

发达国家不仅重视对国内非营利组织参与国际事务的制度保障，而且还重视国外非营利组织进入国内提供服务的法律规范建设。例如，2012 年 7 月 21 日，俄罗斯总统普京签署一项有关《非营利组织法》的修正法案，该法案的核心内容是，从国外获得资金并且参与政治活动的非营利组织必须以“外国代理人”的身份进行登记，这些组织将被列入特别清册，必须定期汇报其活动以及领导者名单。中国非营利组织的制度与法律保障还比较薄弱，必须从以下几方面进行完善：一是要重视非营利组织的基本制度建设，如完善内部法人治理体系、完善信息披露制度、完善财务管理制度等，不断提高非营利组织的制度水平，为国际参与奠定制度基础；二是完善非营利组织国际参与的体系建设，包括国际参与的规则体系、国际参与的服务体系、国际参与的法律法规体系等；三是完善非营利组织国际参与的合作机制建设，这些合作机制包括沟通机制建设、重大事项磋商机制建设以及经常性的交流平台建设等。

思考题

1. 请论述中国非营利组织国际参与的必要性和意义。
2. 请分析中国非营利组织国际参与中存在的问题。
3. 请论述中国非营利组织国际参与的途径有哪些。
4. 非营利组织国际参与面临哪些环境挑战？

综合案例　中国国际民间组织合作促进会：推动民间组织参与全球治理

中国国际民间组织合作促进会(以下简称民促会)位于北京市东城区，它是一个全国性、非营利性、联合性、自愿结成的独立社团法人。1992 年 7 月 22 日民促会由原外经贸部(现商务部)正式批准成立；于 1993 年在国家民政部登记注册。民促会的宗旨是：“加强与国内外民间组织、企业、政府和热心公益事业人士在社会发展、扶贫济困和公民社会互动方面的交流与合作，支持基层民间组织能力建设，提供技术支持服务和咨询，促进社会建设的协调和发展。”民促会设公关部、项目部、培训部、国际部、研究部、财务部，中国民促会绿色出行基金、中国民促会施永青农村发展基金和中国民促会家长与教师合作管理委员会。截至 2017 年民促会共有国内会员 155 家，包括江西省社会组织发展促进会、中华慈善总会、中国法律援助基金会、青海省社会工作协会、四川省凉山彝族妇女儿童发展中心、上海绿洲生态保护交流中心、北京市朝阳区金羽翼残障儿童艺术康复服务中心、广州公益组织发展合作促进会、陕西博爱养老助残社工发展中心等，可以说是一个横跨社会团体、基金会与社会服务机构的大型非营利组织。

2007 年民促会获得联合国经社理事会非政府组织特别咨商地位；2010 年被民政部评选为“全国先进社会组织”；2011 年获得联合国气候变化框架公约秘书处观察员资格，联合国可持续发展大会咨商地位。自 2006 年以来，连续 10 年获得国家财政部和国家税务总局确定的公益性社团捐赠税前扣除的资格。2016 年获得民政部 2015 年度中国社会组织评估公益社团 4A 等级，并获得财政部和国家税务总局确定的公益性社团捐赠税前扣除的资格；继续享有北京市财政局、北京市国税局、北京市地税局公布的年度非营利组织免税资格。民促会自成立 25 年以来，与 183 个国外民间组织和国际多双边机构建立了项目合作关系，其中已有 21 个国家或地区的 100 多个国外民间组织和国际多双边机构通过民促会向我国提供了 9.74 亿元人民币的资金援助，从国内各方筹集项目配套资金 5.38 亿元人民币。援助项目遍及全国 31 个省、自治区、直辖市中 122 个贫困区县。项目覆盖扶贫济困、妇女发展、环境保护、医疗卫生等多个领域。项目受益人达到 755 万人，现有国内外合作机构 62 家。中国民促会主动参与国际交流和合作，带动会员单位在“一带一路”沿线国家开展民生项目，推动更多中国社会组织走上世界舞台，参与全球治理进程。中国民促会多次组织国内社会组织参加了二十国集团民间社会会议(C20)、联合国气候变化大会、金砖国家民间社会论坛、全球反武装冲突年会、中日韩民间论坛等重要国际会议。这些活动有效传递了中国民间社会的声音，客观地介绍了中国在社会治理和减少贫困、环境保护、气候变化等方面取得的重大成就，对全球发展所做的贡献和存在的挑战，起到了民间交往应有的作用。

2017 年中国民促会在组织管理、制度建设、资金筹集、项目实施、会员服务、国际交流等方面取得了重要成绩，特别是在国际事务交流合作及推动民间组织参与全球治理方面，取得了重要进步。2017 年成功进行了首批与境外非政府组织合作临时活动项目备案，揭开了民促会在法制化、规范化开展国际民间合作新的一页。还邀请了北京市境外非政府组织管理办公室与部分社会组织代表就如何开展临时活动备案进行了座谈。民促会还主动参与联合国等多边交流活动，推动民间参与全球治理工作。民促会派员参加了在德国汉堡举办的二十国集团民间社会会议(C20)，国内部分社会组织向二十国集团峰会主办国默克尔总理递交了政策建议，并举办了“气候和基础设施政策以及环境与社会正义”平行论坛。派员参加了联合国波恩气候变化大会，举办了多场边会活动，其中“COP23 成功的标准”边会被联合国官方网站收录，中国角边会“民间组织应对气候变化的角色”新闻被国家发改委应对气候变化司官网转载。中国社会组织向联合国气候变化框架公约秘书处递交了立场书，有力地配合了中国政府的气候谈判进程。此外，民促会的常务理事、顾问和项目人员还参加了中日韩三国合作国际论坛、蒙古反武装冲突年会、尼泊尔欧亚城市农耕项目交流等活动。同时，民促会还积极参与商务部交流中心有关课题研究，推动社会组织参与南南合作，建立有关数据库和框架。配合中联部相关单位，参与中促会牵头的“丝绸之路沿线民间组织合作网络”，并在首届丝绸之路沿线民间组织合作网络论坛分会上发言，介绍民促会在推动社会组织走出去方面的工作经验。充分利用联合国经社理事会(ECOSOC)非政府组织特别咨商地位，联合国可持续发展世界首脑会议(WSSD)咨商地位，联合国气候变化框架公约观察员资格及多年形成的国际合作网络和国际合作经验，为会员单位和民间组织“走出去”服务。

(资料来源：根据中国国际民间组织合作促进会网站资料整理，网址：http：//www. cango. org/index. aspx，访问时间：2019 年 1 月 16 日。)

讨论题：

1. 中国国际民间组织合作促进会在整合民间组织资源方面有什么优势？
2. 民间组织参与“全球治理”有什么重要意义？中国国际民间组织合作促进会在推动民间组织参与全球治理方面采取了哪些措施？

第二十一章 境外非政府组织管理

境外非政府组织管理成为中国非营利组织的重要补充部分。据不完全统计，万余家境外非政府组织在中国境内开展活动，绝大多数境外非政府组织为促进中国人民和世界各国人民之间的交流、交往、合作，为推动中国几十年来的改革开放事业的发展和整个社会的进步，为推进中国公益事业与慈善事业的发展，做出了积极贡献。为了推进全面依法治国，中华人民共和国第十二届全国人民代表大会常务委员会第二十次会议于2016年4月28日通过了《中华人民共和国境外非政府组织境内活动管理法》，这是中国首部规范境外非政府组织管理的法律，该法英文版也随后公布，自2017年1月1日起施行。此后，《境外非政府组织代表机构登记和临时活动备案办事指南》《境外非政府组织在中国境内活动领域和项目目录、业务主管单位名录(2017)》等法律法规也相继出台。2017年11月4日，第十二届全国人民代表大会常务委员会第三十次会议决定，对《中华人民共和国境外非政府组织境内活动管理法》做出修改，自2017年11月5日起施行。这些法律法规的出台，对于更好地规范和引导境外非政府组织在中国境内的活动、更好地保障境外非政府组织的合法权益、更好地促进中国公益事业的发展、更好地推进交流与合作，都具有重要的意义。

第一节　境外非政府组织的发展概况

一、境外非政府组织的含义

对于境外非政府组织的概念，学界并没有统一的说法，有各种各样的表述，如“在华的国际非政府组织”“在华的海外 NGO”“海外在华民间组织”“境外民间组织”“境外非政府组织”等。根据《中华人民共和国境外非政府组织境内活动管理法》(以下简称《境外非政府组织境内活动管理法》)规定，境外非政府组织是指在境外合法成立的基金会、社会团体、智库机构等非营利、非政府的社会组织。这里的“境外”，除了其他国家，还包括香港特别行政区、澳门特别行政区、台湾地区。社会团体主要是指在境外依法成立的协会、学会、商会等非营利组织，智库机构主要是指在境外依法成立的非营利、非政府的研究中心、咨询机构等。境外非政府组织可以在经济、教育、科技、文化、卫生、体育、环保等领域和济困、救灾等方面依法开展有利于公益事业发展的活动。

二、境外非政府组织在中国境内的发展历程

境外非政府组织的在中国境内的发展最早可以追溯到清朝后期。当时一些传教士进入中国，进行以宗教为背景的社会公益活动，出现了育婴堂、普济堂等各类形式的非营利性组织。新中国成立后，我国逐渐与一些较大的国际非政府组织如国际奥委会、国际红十字会等接触。20 世纪 70 年代，我国恢复联合国合法席位后，也开始同一些国际非营利组织发展合作关系，如国际标准化组织(ISO)、亚洲运动联合会(亚奥理事会前身)等，但大部分是通过中央或地方的对外友好协会等官方形式开展交流与合作。真正现代意义上的国际非营利组织进入中国发展则是在改革开放以后。

改革开放以后，境外非政府组织逐渐进入中国，逐步在我国境内开展各种活动，主要分为以下三个阶段。

一是 20 世纪 70 年代末至 80 年代末。随着全球化进程的加速以及全球问题的凸显，国际非政府组织从 20 世纪 70 年代起开始加速发展。在此时，已有境外非政府组织开始接触中国并开展活动。从国内背景来看，随着改革开放的发展，国家的主要任务也由以阶级斗争为纲转入以经济建设为中心，

社会逐步对外开放，这为境外非政府组织进入中国活动和发展提供了广阔空间。例如，世界宣明会、乐施会、英国救助儿童会等，开始尝试对中国内地部分受灾地区捐赠款物。此外，洛克菲勒基金会、世界野生生物基金会(现更名为世界自然基金会)、德国的 Albert Fund 等境外非政府组织纷至沓来，开展了一大批援助项目，主要涉及扶贫、生态环境和野生动物保护、公共卫生与疾病防控等多项传统公益领域。由于当时生产力落后，这一时期境外非政府组织的活动基本属于试探和起步阶段，开展的各种活动尽管逐年扩大和深入，但总体规模仍很小。

二是 20 世纪 80 年代末到 90 年代末期。1992 年邓小平南方讲话后，解决了“姓资”“姓社”问题，特别是北京世界妇女大会的成功召开，使得境外非政府组织在中国发展迅速。在这一时期，大部分境外非政府组织主要集中于社会民主发展、儿童妇女权益保障、社会企业、防灾减灾以及乡村治理等领域。入境开展活动的境外非政府组织主要包括环保类(如绿色和平组织、美国环保基金会、绿色地球网络等)、卫生保健、儿童救助类非政府组织(如英国救助儿童会、美国妈妈联谊会等)。这些境外非政府组织通过各种方式进入中国境内，成立办事机构甚至构建起相应的区域性组织系统和网络。可以看出，伴随着中国改革开放的不断推进和深化，境外非政府组织也在不断发展壮大，数量不断增多，活动内容广泛，效果较为显著。

三是从 21 世纪初到现在。随着中国加入 WTO 和市场经济体制的确立和发展，境外非政府组织在各个领域都取得了较大的发展，本土化程度也在逐步提高。境外非政府组织的活动主要集中于文化交流、社会援助、扶贫助学等层面，主要致力于谋取合法身份、建立立足点以扩大影响。与此同时，随着我国市场经济的发展和信息技术的快速，境外非政府组织的活动范围逐渐扩大，它们充分发挥自身财力和掌握专业知识等方面的优势，运用现代信息技术，广泛参与我国经济、社会、文化、环境等诸多领域的活动，对我国经济、文化、环保和社会生活等方面产生一定的影响。

虽然境外非政府组织在中国境内开展了广泛的活动，有力地促进了当地经济社会文化的发展，但是由于长期以来，中国缺乏规范和引导境外非政府组织的专门立法，致使进入中国境内的数千家非政府组织中，真正在民政部门登记的不过寥寥数十家，大量境外非政府组织游离在法律之外。随着 2016 年《中华人民共和国境外非政府组织境内活动管理法》的公布，境外非政府组织在中国境内的发展逐步进入规范化、法制化发展的阶段。截至2017年12月31日，已在中国境内登记的境外非政府组织代表机构从几个增加到了305个，其中，其注册所在国家或地区数量排名前五位的分别为美国、香港、日本、韩国和德国，占总数的71.48%，境外非政府组织在中国境内的情况受到国内外越来越多的关注，并将对中国的发展起着越来越重要的促进作用。

三、境外非政府组织的活动领域

根据《中华人民共和国境外非政府组织境内活动管理法》的规定，境外非政府组织可以在经济、教育、科技、文化、卫生、体育、环保等领域和济困、救灾等方面开展有利于公益事业发展的活动。境外非政府组织的活动涉及多个领域，归纳起来，主要是下面五个领域。

第一，扶贫领域。我国人口基数大，发展不均衡，虽然改革开放以来，大量贫困人口已经脱贫致富，但仍有相当一部分人口需要帮扶。扶贫是境外非政府组织活动较多的领域，例如上海慈济功德会常年为当地贫困群众提供帮助和经济支援，香港施乐会针对中国西南贫困地区的道路、饮水等基础工程专项拨款进行援助，并经常组织艺人或者名人深入贫困地区探访和慰问。

第二，环保领域。中国经济快速发展必然会对环境造成相当大的压力。发达国家有较长的环保经历，因此对环境保护有着丰富的经验，也比较了解民众在这方面的诉求。境外非政府组织主动参与境内的环保治理，参与相关环保活动。例如，绿色和平组织与中国发展与改革委员会、环保部等多个部门针对绿色能源推广和研发项目开展合作，通过项目合作援助的方式推动新能源发展。

第三，社会慈善救助领域。针对社会转型时期存在的一些社会问题，如流动儿童、残疾儿童、孤儿、弃婴的抚养与教育问题，预防青少年犯罪与青少年法律援助等，许多境外非政府组织在中国开展了儿童福利活动。英国救助儿童会是该领域最积极、最活跃的境外非政府组织。该会中国项目于1995年由香港迁至云南昆明，现在在中国境内的代表处设在北京，并在云南、新疆、四川和上海设有项目办公室，北京、上海、拉萨、乌鲁木齐和成都目前都设有代表处、办事处或办公室。在活动中，它们通过典型示范和知识传播等方式，将国际非政府组织中流行的新概念、新方法和新模式等引入贫困地区，并且通过与妇联等部门合作，在我国各地举办《联合国儿童权利公约》培训班，开展各式各样的项目，推动民众树立维护儿童权益的观念。

第四，推动境内非营利组织的发展。由于历史、政治和经济原因，非营利组织在我国发展起步晚、规模小，而境外非政府组织大多不仅拥有资金优势，而且有丰富的经验和宝贵的教训，再加上部分境外非政府组织需要大量本土的非营利组织和人员长期在境内开展工作。因此，境外非政府组织将促进境内非营利组织的发展视为一项重要工作，境内非营利组织也因此得到了长足的发展。

第五，社会、经济与文化领域。部分境外非政府组织拥有丰厚的技术优势、制度优势和人才优势，也在长期的发展过程中积累了丰富的经验。此外，境外非政府组织从事的事业极为广泛，特别国际上一些一流的行业协会、基金会等，涉足扶贫、环保、经济、教育、卫生、体育、生态等领域。因此，境外非政府组织将这些技术优势、制度优势和人才优势引入中国，必将推进中国经济社会与文化的发展。

四、境外非政府组织活动的影响

随着改革开放的发展，境外非政府组织的数量在中国越来越多。境外非政府组织在中国境内开展各种活动，对我国各项事业的发展起到了一定的积极作用。这些境外非政府组织将国外先进的理念、完善的制度、优秀的人才、前沿的技术和成熟的管理经验引进中国，有效推动了中国经济社会和公益事业的发展，其积极作用是不言而喻的。

第一，境外非政府组织的活动有效促进了扶贫开发、救灾减灾、关爱弱势群体、环境保护、教育卫生等领域的发展。在我国面临的比较紧迫的社会问题领域，限于我国经济条件与发展水平，仅靠政府力量可能无法顾及或者实施效果不佳，而一些境外非政府组织在我国西部贫困地区开展的相关项目，一定程度上弥补了这一不足，促进了当地的社会经济发展。例如，世界宣明会与民政部、中华慈善总会合作，在云南开展“儿童为本、小区扶贫”的项目，推动了当地的扶贫事业，资助了许多困难家庭儿童健康成长；国际小母牛组织通过与四川省畜牧局的合作，在四川开展畜牧扶贫、灾后恢复和发展等项目，帮助当地农户的发展。

第二，境外非政府组织开展各类活动带来了多元的理念与先进的经验。一方面，让人们更多地关注到此前忽视的社会矛盾与问题，另一方面，对国内开展相关领域工作起到一定的示范作用，提供了有益经验供我们学习。如，自 1991 年美国环保协会与国家环境保护总局签署合作意向书，在中国开展项目开始至今，结合我国经济发展和环境保护遇到的问题，开展农业温室气体减排项目，推动我国的环境立法与执法，倡导公众参与减缓气候变化行动等，将先进的环保理念与实践带入中国。

第三，境外非政府组织在中国开展各类活动也在一定程度上促进了我国与世界其他国家和地区的交流合作，增进了我国改革开放和国际交往的水平。一些智库、基金会等进入中国，通过开展各类项目促进了中外文化的交流，增进了两国的相互理解；一些商会组织通过自身的努力推动了我国的对外贸易，使我国与他国更深度交往；还有一些组织如美国的“百人会”等，不仅推动中美两国的社会交流，更是在海峡两岸架起一座桥梁，为我国和平统一事业做出贡献。此外，还有许多国际非政府组织都在与中国开展合作交流的过程中推动了中国与有关国家关系的深化与发展。

境外非政府组织在中国境内广泛开展社会、经济、文化、教育、生态等方面的活动，为中国的发展和人类的交流做出了重要贡献。但是也有少数境外非政府组织在中国境内活动的同时，不可避免地带来一些负面影响。例如，由于存在制度、文化的差异，部分境外非政府组织与我国地方政府相关部门、本土非营利组织和本地居民在接触、交往和合作中容易产生矛盾冲突；部分境外非政府组织在中国境内活动不能有效遵守我国的法律法规，或者不尊重当地社会经济条件，干扰了一些地区正常的社会生活秩序，甚至利用“慈善外衣”进行一些危害社会安全与稳定的“渗透破坏活动”①，这是需要注意的。

第二节　境外非政府组织的管理规范

根据《境外非政府组织境内活动管理法》《境外非政府组织代表机构登记和临时活动备案办事指南》《境外非政府组织在中国境内活动领域和项目目录、业务主管单位名录(2017)》等相关法律法规，境外非政府组织在中国境内开展活动必须遵守相关的法律法规。

① 王存奎、彭爱丽：《境外非政府组织在华运行现状及管理对策》，《中国人民公安大学学报(社会科学版)》，2014 年第 1 期。

一、境外非政府组织的登记管理机关和业务主管机关

1. 境外非政府组织登记管理机关

《境外非政府组织境内活动管理法》规定，境外非政府组织申请登记设立代表机构应当经业务主管单位同意。业务主管单位的名录由国务院公安部门和省级人民政府公安机关会同有关部门公布。国家建立境外非政府组织监督管理工作协调机制，负责研究、协调、解决境外非政府组织在中国境内开展活动监督管理和服务便利中的重大问题。县级以上人民政府公安机关和有关部门在各自职责范围内对境外非政府组织在中国境内开展活动依法实施监督管理、提供服务。

根据《境外非政府组织境内活动管理法》，公安机关负责境外非政府组织代表机构的登记、年度检查，境外非政府组织临时活动的备案，对境外非政府组织及其代表机构的违法行为进行查处。同时法律也对公安机关等部门在监督管理及服务境外非政府组织的过程中的依法行政行为做出了规范，明确规定公安机关、有关部门和业务主管单位及其工作人员在境外非政府组织监督管理工作中，不履行职责或滥用职权、玩忽职守、徇私舞弊的，依法追究法律责任。

2. 境外非政府组织的业务主管单位

国务院有关部门和单位、省级人民政府有关部门和单位，是境外非政府组织在中国境内开展活动的相应业务主管单位。境外非政府组织申请登记设立代表机构，应当经业务主管单位同意。

业务主管单位的名录由国务院公安部门和省级人民政府公安机关会同有关部门公布。中华人民共和国公安部 2016 年 12 月公布了《境外非政府组织在中国境内活动领域和项目目录、业务主管单位名录》，对境外非政府组织从事的领域、子领域及其具体项目以及具体的业务主管单位进行了具体的说明。规定了境外非政府组织在经济、教育、科技、文化、卫生、体育、环保、济困、救灾等领域的活动具体的对应业务主管单位。境外非政府组织在中国境内申请设立代表机构，根据业务范围、活动地域和开展活动的需要，依照本目录名录确定业务主管单位，并经业务主管单位同意后，向所设立代表机构所在地的省级人民政府公安机关申请登记。境外非政府组织设立代表机构涉及多个活动领域的，应以其主要活动领域和主要业务范围确定一个业务主管单位，所涉及其他领域的活动内容，主要业务主管单位可以征求相关

部门的意见，相关主管部门积极配合，共同做好服务管理工作。

二、境外非政府组织的登记和备案

1. 境外非政府组织在中国境内开展活动必须依法登记或备案

根据《境外非政府组织境内活动管理法》的规定，境外非政府组织在中国境内开展活动，应当依法登记设立代表机构；未登记设立代表机构需要在中国境内开展临时活动的，应当依法备案。境外非政府组织未登记设立代表机构、开展临时活动未经备案的，不得在中国境内开展或者变相开展活动，不得委托、资助或者变相委托、资助中国境内任何单位和个人在中国境内开展活动。境外非政府组织申请登记设立代表机构需要征得业务主管单位的同意。

2. 境外非政府组织登记的条件

境外非政府组织根据业务范围、活动地域和开展活动的需要，可以申请在中国境内登记设立代表机构，但必须符合以下条件：(1)在境外合法成立；(2)能够独立承担民事责任；(3)章程规定的宗旨和业务范围有利于公益事业发展；(4)在境外存续二年以上并实质性开展活动；(5)法律、行政法规规定的其他条件。

此外，境外非政府组织申请登记设立代表机构，应当经业务主管单位同意。业务主管单位的名录由国务院公安部门和省级人民政府公安机关会同有关部门公布。

3. 境外非政府组织登记的程序及所需提交的材料

根据《境外非政府组织代表机构登记和临时活动备案办事指南》，境外非政府组织登记申请的程序为：

(1)境外非政府组织依照公布的《境外非政府组织在中国境内活动领域和项目目录、业务主管单位名录(2017 年)》，根据本组织业务范围、活动地域和开展活动的需要，向相应单位提出担任该组织设立代表机构业务主管单位的申请。

(2)经业务主管单位同意后，向拟设立代表机构所在地的省级人民政府公安机关境外非政府组织管理办公室(登记管理机关)提交申请设立代表机构登记的文件材料。

(3)登记管理机关审查境外非政府组织代表机构设立申请，根据需要可以组织专家进行评估。

(4)登记管理机关审查准予登记的境外非政府组织代表机构，发给登记证书，并向社会公告。登记事项包括：名称、住所、业务范围、活动地域、首席代表、业务主管单位。

(5)境外非政府组织代表机构凭登记证书依法办理税务登记、刻制印章，在中国境内的银行开立银行账户，并将税务登记证件复印件、印章式样以及银行账户报登记管理机关备案。

境外非政府组织申请登记所需提交的材料包括：

(1)《境外非政府组织代表机构设立申请书》；

(2)《境外非政府组织代表机构登记事项表》；

(3)《境外非政府组织代表机构首席代表登记表》；

(4)境外非政府组织办理设立代表机构登记授权书；

(5)境外非政府组织在境外合法成立的证明文件、材料；

(6)境外非政府组织章程；

(7)境外非政府组织在境外存续二年以上并实质性开展活动的证明材料；

(8)拟设代表机构首席代表身份证明及简历；

(9)首席代表无犯罪记录证明材料或者声明；

(10)拟设代表机构的住所证明材料；

(11)资金来源证明材料；

(12)业务主管单位的同意文件。

4. 境外非政府组织开展临时活动必须进行备案

境外非政府组织未在中国境内设立代表机构，在中国境内开展临时活动的，应当与中国的国家机关、人民团体、事业单位、社会组织(以下称中方合作单位)合作进行。境外非政府组织开展临时活动，中方合作单位应当按照国家规定办理审批手续，并在开展临时活动十五日前向其所在地的登记管理机关备案。

备案应当提交下列文件、材料：

(1)境外非政府组织合法成立的证明文件、材料；

(2)境外非政府组织与中方合作单位的书面协议；

(3)临时活动的名称、宗旨、地域和期限等相关材料；

(4)项目经费、资金来源证明材料及中方合作单位的银行账户；

(5)中方合作单位获得批准的文件；

(6)法律、行政法规规定的其他文件、材料。

在赈灾、救援等紧急情况下，需要开展临时活动的，备案时间不受前款规定的限制。临时活动期限不超过一年，确实需要延长期限的，应当重新备案。登记管理机关认为备案的临时活动不符合规定的，应当及时通知中方合作单位停止临时活动。中方合作单位应当在临时活动结束后三十日内将活动情况、资金使用情况等书面报送登记管理机关。

5. 境外非政府组织的变更与注销

境外非政府组织代表机构名称、首席代表、住所、业务范围、活动地域、业务主管单位等事项发生变化，应当自业务主管单位同意之日起三十日内，向登记管理机关申请变更登记，登记管理机关对符合条件的及时予以变更。

有下列情形之一的，境外非政府组织代表机构由登记管理机关注销登记，并向社会公告：(1)境外非政府组织撤销代表机构的；(2)境外非政府组织终止的；(3)境外非政府组织代表机构依法被撤销登记或者吊销登记证书的；(4)由于其他原因终止的。

注销登记所需提交的材料包括：(1)《境外非政府组织代表机构注销登记申请表》；(2)清算报告(含社会保险费清算情况)；(3)税务机关出具的税务登记注销证明或者未曾办理税务登记的证明；(4)外汇部门出具的相关事宜已清理完结或未曾办理相关登记手续的证明；(5)银行账户注销证明；(6)印章收缴相关材料；(7)登记证书正、副本；(8)登记管理机关要求提交的其他文件。

境外非政府组织代表机构注销登记后，设立该代表机构的境外非政府组织应当妥善办理善后事宜。境外非政府组织代表机构不具有法人资格，涉及相关法律责任的，由该境外非政府组织承担。

三、境外非政府组织的活动规范

1. 依法保护境外非政府组织的合法权益

法律明确规定，境外非政府组织在中国境内依法开展活动，受法律保护；境外非政府组织代表机构依法享受税收优惠等政策；国家对为中国公益事业发展做出突出贡献的境外非政府组织给予表彰。但境外非政府组织也应当遵守中国法律，不得危害中国的国家统一、安全和民族团结，不得损害中国国家利益、社会公共利益和公民、法人以及其他组织的合法权益，在中国境内不得从事或者资助营利性活动、政治活动，不得非法从事或者资助宗教活动。同时，境外非政府组织在中国境内开展活动也不得对中方合作单位、受益人附加违反中国法律法规的条件。

2. 境外非政府组织活动领域与活动地域的确定

境外非政府组织依法可以在经济、教育、科技、文化、卫生、体育、环保等领域和济困、救灾等方面开展有利于公益事业发展的活动。

境外非政府组织代表机构设立登记应当确定在中国境内的活动地域，活动地域可以选择在本省级行政区划以内，也可以选择在一个省级行政区划以上，但选择活动地域要与代表机构业务范围和开展活动的实际情况相符。对一个境外非政府组织设立两个以上代表机构的，每个代表机构确定的活动地域不得相互重叠交叉。

3. 境外非政府组织不得设立分支机构和发展会员

境外非政府组织不得在中国境内设立分支机构，国务院另有规定的除外。境外非政府组织代表机构、开展临时活动的境外非政府组织不得在中国境内发展会员，国务院另有规定的除外。

4. 年度活动计划备案及工作报告年检

境外非政府组织代表机构应当于每年 12 月 31 日前将包含项目实施、资金使用等内容的下一年度活动计划报业务主管单位，业务主管单位同意后十日内填写《境外非政府组织代表机构年度活动计划备案表》，并附下一年度活动计划报登记管理机关备案。特殊情况下需要调整活动计划的，应当填写《境外非政府组织代表机构年度活动计划变更备案表》，及时向登记管理机关备案。同时，境外非政府组织代表机构应当于每年 1 月 31 日前向业务主管单位报送上一年度工作报告，经业务主管单位出具意见后，填写年度工作报告，于 3 月 31 日前报送登记管理机关，接受年度检查。年度工作报告应当包括经境内会计事务所审计的执行国家统一会计制度的财务会计报告、开展活动的情况以及人员和机构变动的情况等内容。境外非政府组织代表机构应当将年度工作报告在登记管理机关统一的网站上向社会公开。

5. 境外非政府组织的活动资金与募捐管理规范

境外非政府组织在中国境内的活动资金包括：境外合法来源的资金；中国境内的银行存款利息；中国境内合法取得的其他资金。境外非政府组织在中国境内活动不得取得或者使用前款规定以外的资金。设立代表机构的境外非政府组织应当通过代表机构在登记管理机关备案的银行账户管理用于中国境内的资金。开展临时活动的境外非政府组织应当通过中方合作单位的银行账户管理用于中国境内的资金，实行单独记账，专款专用。未经前述规定的银行账户，境外非政府组织、中方合作单位和个人不得以其他任何形式在中国境内进行项目活动资金的收付。境外非政府组织应当按照代表机构登记的业务范围、活动地域或者与中方合作单位协议的约定使用资金。

境外非政府组织及其代表机构不得在中国境内进行募捐。

6. 会计、审计、外汇、税务、人事、代理等方面的规范

境外非政府组织代表机构应当执行中国统一的会计制度，财务会计报告应当经中国境内会计师事务所审计。在中国境内开展活动，境外非政府组织应当按照中国有关外汇管理的规定办理外汇收支。此外，境外非政府组织代表机构应当依法办理税务登记、纳税申报和税款缴纳等事项。在人事聘用方面，境外非政府组织代表机构在中国境内聘用工作人员应当遵守法律、行政法规，并将聘用的工作人员信息报业务主管单位和登记管理机关备案。

中国境内任何单位和个人不得接受未登记代表机构、开展临时活动未经备案的境外非政府组织的委托、资助，代理或者变相代理境外非政府组织在中国境内开展活动。

四、境外非政府组织的法律责任

《境外非政府组织境内活动管理法》规定对境外非政府组织违法行为的处罚包括警告、责令限期停止活动、没收非法财物和违法所得、吊销证书、取缔临时活动、拘留直至遣送出境等。对于从事危害国家安全、国家利益等活动的境外非政府组织，公安部门还可以将其列入不受欢迎的名单，并禁止其在中国境内再设立代表机构或者开展临时活动。

第三节　境外非政府组织的发展策略

境外非政府组织在中国的发展非常迅速，特别是在中国加入了世贸组织之后，当前活跃在我国境内的境外非政府组织正日益成为影响经济、政治、文化、社会发展的一支不可忽视的力量。《中华人民共和国境外非政府组织境内活动管理法》也为境外非政府组织提供了法律保护、税收优惠、鼓励支

持等便利措施。为了促进组织的可持续发展，这些境外非政府组织在中国境内活动过程中也采取了相应的发展策略。

一、遵纪守法

任何组织都必须遵守当地国家和地区的法律，这是所有国家的要求，境外非政府组织在中国境内的活动也不例外。为贯彻党的十八大做出的战略部署，加快建设社会主义法治国家，党的十八届中央委员会第四次全体会议于2014年通过《中共中央关于全面推进依法治国若干重大问题的决定》。全面推进依法治国的总目标是建设中国特色社会主义法治体系，建设社会主义法治国家。即：在中国共产党领导下，坚持中国特色社会主义制度，贯彻中国特色社会主义法治理论，形成完备的法律规范体系、高效的法治实施体系、严密的法治监督体系、有力的法治保障体系，形成完善的党内法规体系，坚持依法治国、依法执政、依法行政共同推进，坚持法治国家、法治政府、法治社会一体建设，实现科学立法、严格执法、公正司法、全民守法，促进国家治理体系和治理能力现代化。

将境外非政府组织在中国境内的活动纳入法治轨道，这是中国推行全面依法治国，建设法治社会的必然要求。《境外非政府组织境内活动管理法》的出台，不仅能够促使境外非政府组织在中国境内的活动更加顺利、有序开展，而且能够保障境外非政府组织的合法权益得到更加充分、有力的保障。因此，境外非政府组织在中国的活动，首要的是了解中国法制，遵守中国法律，诚实守信，共同促进中国社会、经济、文化、生态文明、公益事业等的发展。

二、本土化策略

本土化策略是过程而不是目的，是指境外非政府组织为了适应中国内地的政治、经济、文化、社会环境而做的变化，通俗地说就是要入乡随俗。境外非政府组织在境内活动，通常会采用本土化策略，以适应中国的国情，降低矛盾冲突发生的概率，使得他们开展的活动具有中国特色。首先，人力资源本土化。人的本土化是最根本最深刻的本土化，有着“一箭双雕”的作用。境外非政府组织想要在中国境内发展，必然需要一批熟悉中国政治、经济、文化、法律、习俗的人才，使境外非政府组织的各种行为符合中国的国情，更好地“入乡随俗”，以保证组织运行平稳。同时，与从本国输出人才相比，中国的人才成本相对较低、优势多，既能为境外非政府组织在本土化运作中发挥管理作用，还可以大大加强公众的认同感，提高境外非政府组织的影响力和竞争力。其次，产品本土化。为了更好地适应中国的政治、经济、文化、社会环境，把握潜在的发展机会，一些境外非政府组织在中国境内实施项目时，会根据当地的服务需求，提供符合当地居民偏好的产品和服务。境外非政府组织还会根据中国的环境条件，主动调整自己的行事方式。比如，绿色和平组织在中国境内活动期间积极主动与中国政府沟通，主动放弃一些过激的组织策略，有力地推动了组织在中国境内的发展。

三、合作化策略

合作化策略是境外非政府组织在中国境内发展所采取的重要发展策略。随着改革开放和市场经济的发展，中国国家与社会的关系有所调整，中国社会的自主性、自治能力有了一定提升，但是，政府在社会发展过程中，仍处于权威主导地位。在这种“大政府，小社会”的格局中，境外非政府组织都愿意与中国政府合作。一方面，“他们认为内地的民间组织发育还不太健全，合作起来麻烦多”①；另一方面，境外非政府组织也希望能借助政府的号召力、公信力，促进项目活动的顺利运行。“英国救助儿童会的一位项目官员和一个‘艾滋病健康医生’的项目官员都表达了这样的观点，同样的项目在某一个地区很成功，但是在另外一个地区效果就很差，原因在于不同地方的政府支持的程度不同，而非其他。”②相关经验研究证实了境外非政府组织与政府合作的强烈愿望。“在云南活动的国际非政府组织最成功的经验在于与政府部门的合作，最大的期望仍然是加强与政府的合作。”③在具体的实践中，境外非政府组织和政府的合作也是非常常见的。在中国社会，政府居于主导地位，这不仅关系到境外非政府组织的项目成败，对于他们在中国境内的生存和发展也具有重要的影响。

四、专业化策略

专业化策略是指境外非政府组织凭借专业技术优势、社会化身份和项目制机制，实现与政府的合作治理，弥补了日益显现的社会治理鸿沟，实现社会调节。在当下中国，社会治理出现越来越多政府失效、市场失灵、自治失

---

① 马国芳：《国际非政府组织在云南发展状况研究》，《云南行政学院学报》，2004 年第 2 期。

② 康晓光等：《依附式发展的第三部门》，北京：社会科学文献出版社，2011 年，第 213—214 页。

③ 韩俊魁等：《境外在华 NGO：与开放的中国同行》，北京：社会科学文献出版社，2011 年，第 8 页。

败的情况，例如艾滋病群体治疗、精神残障群体看护、戒毒群体矫正等。这些领域是政府想治理却没有能力治理的领域，因为政府提供的公共产品具有一般化的属性，无法覆盖到这些极为特殊的群体。与此同时，这些领域也是市场力量不愿意参与的领域，因为市场力量追求高利润，而在这些领域取得的利润难以抵消付出的成本。中国非营利组织在这些领域发挥着重要的作用，但受管理经验、项目资金等条件的限制，中国非营利组织在这类领域发挥的作用有限。与境内非营利组织相比，境外非政府组织在某些方面的专业能力优势更突出，能为社会问题的解决提供有效的帮助。境外非政府组织可以通过与政府合作的方式，为特殊社会治理难题的解决提供专业化、社会化的治理方案和有针对性的公共产品，这对促进社会公平公正发展，缓解社会矛盾，促进社会的可持续发展，具有重要意义。

第四节　境外非政府组织的监管

随着进入中国境内的境外非政府组织越来越多，其活动领域范围等逐渐扩大，在中国境内活动的问题也越来越突出，加强对境外非政府组织的监管的重要性日益凸显，需要在以下几方面继续完善对境外非政府组织的监管。

一、依法监管

依法监管主要为：一是依法保护境外非政府组织在中国境内的合法权益。境外非政府组织在中国境内依法开展扶贫、环保、慈善救助等事业，其合法权益应受到法律保护。二是依法加强境外非政府组织信息披露制度建设。信息披露制度建设是提高境外非政府组织公信力的重要途径之一，可以从信息披露的内容、程序和形式等方面规范境外非政府组织在中国境内开展的活动，同时加强信息披露过程的协同监管责任。三是依法运用现代信息技术建立数字化的协同监管平台，在提高监管效率的同时为境外非政府组织在中国境内从事活动提供便利服务。四是依法对境外非政府组织在中国境内开展的活动进行评估，一方面可以保证境外非政府组织的活动契合我国经济社会发展目标，另一方面可以通过评估提升境外非政府组织的公信力。五是借鉴国际惯例，完善配套的法规体系，做到有法可依、有法必依，将境外非政府组织的活动纳入法治的轨道。

二、完善多元共治的监管模式

首先，完善业务主管单位监督管理。业务主管单位负责对境外非政府组织设立代表机构、变更登记事项、年度工作报告提出意见，指导、监督境外非政府组织及其代表机构依法开展活动，协助公安机关等部门查处境外非政府组织及其代表机构的违法行为。

其次，完善登记管理机关的监督管理。作为登记管理机关，公安机关在境外非政府组织的监管中起着重要的作用。根据《境外非政府组织境内管理法》，公安机关发现涉嫌违法行为的，可以依法采取下列措施：约谈境外非政府组织代表机构的首席代表以及其他负责人；进入境外非政府组织在中国境内的住所、活动场所进行现场检查；询问与被调查事件有关的单位和个人，要求其对与被调查事件有关的事项作出说明；查阅、复制与被调查事件有关的文件、资料，对可能被转移、销毁、隐匿或者篡改的文件、资料予以封存；查封或者扣押涉嫌违法活动的场所、设施或者财物。公安机关可以查询与被调查事件有关的单位和个人的银行账户，有关金融机构、金融监督管理机构应当予以配合。对涉嫌违法活动的银行账户资金，经设区的市级以上人民政府公安机关负责人批准，可以提请人民法院依法冻结；对涉嫌犯罪的银行账户资金，依照《中华人民共和国刑事诉讼法》的规定采取冻结措施。

再次，完善有关部门的监督管理。根据法律，国家安全、外交外事、财政、金融监督管理、海关、税务、新闻媒体等部门按照各自职责对境外非政府组织及其代表机构依法实施监督管理。

三、健全依法监管制度体系

首先，政府作为监管主体应积极认识境外非政府组织对中国建设的积极作用。境外非政府组织在中国境内发展有其必要性，要认清国际非营利组织“既可有利，也可为害”，充分吸纳全球治理的理念，站在维护国家安全和社会稳定大局、加强党和政府执政能力建设的战略高度，积极引导其有利于中国社会科学发展的积极方面，抑制、消除其可能产生的各种消极作用。政府要继续保持开放心态，积极诚恳地接纳境外非政府组织来中国境内活动，同时加大监管力度。其次，完善立法规范是加强境外非政府组织管理的核心环节。进一步完善《境外非政府组织境内活动管理法》的配套法律，真正做到“有法可依”。再次，除了对现有的法律进行补充规定之外，国家还有必要对地方法规进行进一步完善，特别是在境外非政府组织活动特别活跃的地区，如北京、云南、四川等地，要着重在上一级立法的指导下，结合地方特色及基本实践，加强对有关非政府组织的注册与活动的监管。

四、境外非政府组织应当强化自律机制

境外非政府组织应该加强与各国政府、国际组织等方面相互沟通及信息共享，更要克服自身利益局限。应该在行动中加强自身的独立监管能力建设，尽量避免受到外界因素的不良影响；加强自身透明度建设，推进信息披露制度建设，提高决策与执行的透明度，将消极因素消灭在萌芽状态；积极有效地融入中国文化，为中国公益事业的发展以及公益事业的交流与交往积极奉献；同时加强自身公信力和道德建设，诚信守法，积极获得政府与社会公众的支持。

思考题

1. 境外非政府组织在中国境内活动的领域有哪些？
2. 境外非政府组织在中国境内活动的积极作用和消极作用有哪些？
3.《中华人民共和国境外非政府组织境内活动管理法》对境外非政府组织的管理规范主要包含哪些方面？
4. 境外非政府组织在中国境内发展的策略是什么？
5. 如何加强对境外非政府组织的监管？

综合案例　世界宣明会：为贫困儿童撑起一片希望的天空

世界宣明会(World Vision International)由卜皮尔(Dr. Robert Pierce)于1950年创立。它是一个以儿童为本的国际性救援、发展及公共教育机构，致力于为贫困地区的儿童及家庭、社区服务，并从事救灾区重建、医疗卫生、农林环保等事业，在北美、欧洲、亚洲12个国家设有筹资机构，以支持其在约100个国家和地区的工作。全球总部设在英国伦敦，国际联络处设在瑞士日内瓦。

1962年世界宣明会在香港设立办事处，1993年成立中国办事处，即世界宣明会—中国，逐渐扎根中国。2017年1月1日开始执行《境外非政府组织境内活动管理法》后，世界宣明会从2017年3月到2018年9月短短一年半时间，就分别在广东省、云南省、贵州省、江西省、天津市、广西壮族自治区、陕西省、河北省8个省、市、自治区注册设立了代表机构，即世界宣明会—中国基金有限公司。其业务范围涉及各项济困救灾的慈善项目，范畴涵盖社会救助、社会福利、社会事务及社会工作、防灾减灾救灾和残疾人工作等。服务的受益群体包括留守儿童及家庭、城市及农村的贫困儿童及家庭、城市流动儿童及家庭、受灾害影响的儿童及家庭等。

世界宣明会在中国境内的服务对象包括四大类：

一是关爱留守儿童。世界宣明会关注脆弱儿童的需要，留守儿童是其服务的重点。2016年国务院通过了《关于加强农村留守儿童关爱保护工作的意见》，明确提出了解决农村留守儿童的顶层设计，要推动社会力量积极参与，“加大关爱保护力度，逐步减少儿童留守现象，确保农村留守儿童安全、健康、受教育等权益得到有效保障。”“加快孵化培育社会工作专业服务机构、公益慈善类社会组织、志愿服务组织，民政等部门要通过政府购买服务等方式支持其深入城乡社区、学校和家庭，开展农村留守儿童监护指导、心理疏导、行为矫治、社会融入和家庭关系调适等专业服务。”为使儿童能够在一个安全、欢乐的环境中学习和生活，同时感受到生活的美好和亲情的温暖，世界宣明会开展了一系列留守儿童关爱项目，例如世界宣明会2009年开始在陕西实施关爱儿童项目以来，截至2018年11月，共投资300万元，建成关爱儿童之家31个，惠及留守儿童1万多人。

二是关爱有特殊需要的儿童。世界宣明会关注在城市及农村有需要的儿童，包括孤儿、残疾儿童等。自2013年以来，世界宣明会与中国残疾人福利基金会共同开展集善残疾儿童助养项目，从个人、家庭、学校和社会四个方面为残疾儿童及残疾家庭子女提供全方位帮助，同时促进所属社区的全面发展。2020年，世界宣明会又启动了国内残障项目，项目将继续巩固福利院和康复机构的儿童照顾及康复质量，同时加强对社区残障儿童的支持。

三是城市流动儿童服务。城市化的发展意味着越来越多的农村儿童跟随父母来到城市读书、生活，成了“流动儿童”。改善城镇化地区脆弱儿童的福祉，是世界宣明会全国工作策略之一。从2011年开始，世界宣明会在广州和佛山开展“流动儿童服务项目”，通过政府部门和妇联、街道办、共青团、社工机构及世界宣明会三方合作，以创新的专业化社会服务模式，共同回应流动儿童在城市生活中的需要。此外，世界宣明还在其他省份开展了流动儿童服务项目，包括云南省流动儿童流入流出地教育发展与儿童保护项目、广西流动儿童保护与发展项目等。

四是受灾害影响的儿童服务。面对无情的自然灾害，让人产生痛苦、焦虑情绪，成年人尚且如此，对儿童构成的心灵阴影更是不言而喻。为了帮助这些儿童得到心理支援以健康成长，世界宣明会在紧急救援工作当中，除了第一时间支援灾民的物资需要之外，也通过灾后心理援助等项目，为受影响儿童提供保护、玩耍、学习和心理支援场所。例如，2010 年世界宣明会与中科院心理科研所开展合作，在青海玉树地震、甘肃舟曲泥石流等较大自然灾害中开展灾后心理援助工作，灾区的社区群体及儿童的压力得到了缓解，情绪得到了释放，世界宣明会还支持中科院心理所出版了相关书籍，并于 2016 年开展了心理援助论坛，为儿童心灵的辅导提供理论指导。

此外，世界宣明会还开展了保护儿童方面的丰富多彩的活动。例如 2018 年世界宣明会以“终止针对儿童的家庭暴力”为主题，启动了“童享零家暴，世界更美好”的公共教育活动。据统计，全国约有 24.7%的家庭存在不同程度的家庭暴力，妇女、儿童是家庭暴力的主要受害者。通过漫画、名人互动、歌舞、短剧等创新有趣的形式，将“保护儿童免受暴力侵害”的信息传播给更多人。

（资料来源：根据世界宣明会网站整理，网址：http：//www. worldvision. org. cn/，访问时间：2019 年 1 月 16 日。）

讨论题：

1. 世界宣明会在关爱儿童方面采取了哪些措施？这些措施起到了什么样的结果？
2. 根据所学知识，谈谈如何改善境外非政府组织在中国境内开展的活动。

第二十二章 非营利组织的绩效评估

作为公共部门，非营利组织日益受到公众的广泛关注。作为公众，迫切想了解非营利组织使用的资金是否正当、非营利组织活动是否符合其公益使命、非营利组织是否取得了预想的绩效、什么样的非营利组织值得信赖。作为政府，在对非营利组织进行支持之前，也想了解非营利组织是否具备政府支持的条件和道德标准。所有这些，需要对非营利组织进行评估。自民政部2008年开始推进非营利组织评估工作以来，非营利组织评估工作取得了很大的进展。本章的内容包括非营利组织评估的概念、类型，非营利组织评估的理论基础，非营利组织评估的内容与指标框架，非营利组织评估的程序和方法等。

第一节　非营利组织绩效评估的概念及类型

一、非营利组织绩效评估的必要性

1. 非营利组织的健康发展需要绩效评估

随着社会转型及突发事件的增多，非营利组织发展非常迅速，据《2020年民政事业发展统计公报》，截至2020年底，全国社会组织达到了89.4万个。如此庞大的社会组织数量，给社会带来服务便利的同时也带来了巨大压力。因此，要推进非营利组织的健康发展，就必须对非营利组织进行评估，以使人们了解哪些非营利组织的服务比较规范，哪些非营利组织是值得公众信任的。同时，非营利组织的评估也有助于为现有非营利组织的发展提供正确的方向，纠正发展过程中的问题，使非营利组织走上健康发展的道路，防止不道德、不文明的负面事件的发生。

2. 非营利组织的公益使命需要绩效评估

非营利组织是围绕着使命开展活动的，使命成为非营利组织最重要的价值理念。非营利组织使用的是公益资产，提供的是公益服务，因此，更加受到社会公众的检视和关注，公众想了解非营利组织是否真的如所宣传的那样提供人们期望的公益服务。同时，使命也是非营利组织存在的理由，为了保证非营利组织履行使命，减少违背使命行为的产生，就需要对非营利组织进行绩效评估，通过绩效评估保证非营利组织的正当性，如果非营利组织违背了使命，那么也就失去了正当生存的理由。

3. 政府购买社会组织服务需要绩效评估

随着政府职能的转变及行政管理体制改革的深化，政府不再包揽所有社会管理和公共服务，而是通过建立健全政府向社会组织购买服务的机制，将越来越多的社会事务交由社会组织承担，让社会组织成为社会管理和公共服务的主要载体。特别是政府转移出来的部分职能，必须找到承接的组织实体，而非营利组织成为承接政府转移职能的重要实体。目前，国内各省市陆续出台了《政府向社会组织购买服务暂行办法》，政府购买社会组织服务已经成为未来发展的趋势。2012年和2013年中央财政先后安排共4亿元专项资金用于支持社会组织参与社会服务，累计847个项目，涉及十多个省市的社区服务、养老服务、医疗救助、受灾群众救助、教育培训等领域。一些地方政府如北京、上海、广州等，自2003年以来，向社会组织购买公共服务的探索不断增多，形式多样，购买的领域涉及教育、公共卫生、扶贫、残疾人服务、社区发展与矫正、政策咨询等诸多方面，购买资金逐年增加。财政部、民政部公布《关于通过政府购买服务支持社会组织培育发展的指导意见》，明确“十三五”时期，政府向社会组织购买服务相关政策制度进一步完善，购买服务范围不断扩大。在政府购买社会组织服务增多的同时，需要对非营利组织进行绩效评估，通过评估来确定政府购买非营利组织服务的范围、数量等，使购买服务逐渐进入规范化、制度化的轨道，已经成为一个新的趋势。

4. 绩效评估是提高非营利组织自身能力的重要途径

国际上对民间组织绩效评估问题的关注始于20世纪90年代初，美国、英国、日本、澳大利亚、新西兰、加拿大等国家先后建立了许多官方或民间的中介性或学术性评估机构，采用各种方法对民间组织进行绩效评估，并逐步形成对民间组织开展科学评析和公示的机制，成为政府加强监督管理的重要辅助性手段之一。我国由于非营利组织发展时间短，对非营利组织进行绩效评估刚刚起步，在实践中还存在许多问题。一些非营利组织不明白为什么做公益事业也需进行绩效评估；一些非营利组织以为绩效评估只是对非营利组织的一个简单评价，没有认识到制度建设的重要性；一些非营利组织认为绩效评估主要是为了给予非营利组织资助的理由，而没有认识到非营利组织自身建设的重要性；等等。所有观点，使得非营利组织绩效评估的理念落后，制约了非营利组织自身能力的提高。因此，通过绩效评估，可以使非营利组织认识到在工作理念、工作绩效、社会影响、制度建设等方面存在的差距，从而为非营利组织完善工作提供努力的方向，通过改善非营利组织绩效评估中存在的不足，可以有效提高非营利组织自身的能力，从而能够更有效地进行竞争和获取更大的支持。

二、非营利组织绩效评估的概念与特点

公共部门绩效评估的重点有两个：一个是对政府部门的评估，另一个是对非营利组织的评估。虽然国内对“评估”的含义并未形成统一的标准，但是对“评估”一词的要素却有着相同的理解。一般认为，评估是一种对评估的客体的价值的评价和判断活动。评估通常包含三个要素：即评估的主体、评估

的客体、评估的方法。根据这一理解，非营利组织的绩效评估可以理解为：非营利组织领域的专业评估人员依据评估的基本理论和方法对非营利组织的使命和业绩进行系统的判断、衡量、评价和反馈的过程。

与政府、企业不同，非营利组织追求的是公益，对公益有着更严格的要求，它代表着整个社会的公益与慈善理念，对社会有着更强的导向作用。因此，对非营利组织的绩效评估也有着更高的要求，其评估通常具有如下特点。

1. 非营利组织的绩效评估更侧重于使命

相对于政府和企业，非营利组织是围绕着使命而组建起来的。使命是非营利组织的核心，是非营利组织的灵魂。非营利组织是否完全按照使命展开活动或偏离了使命的轨道，都可以通过考察非营利组织的使命而了解。因此，与政府绩效评估则侧重于公共服务、企业绩效评估侧重于利润不同，非营利组织绩效评估更侧重于使命，更侧重于非营利组织为完成使命而做出的种种努力，即使非营利组织没有获得利益或利润，只要非营利组织没有违背自己的使命，它就可以得到社会的理解和公众的支持。

2. 非营利组织绩效评估的主体是专业人员

社会存在三种知识体系，即政府部门知识体系、企业部门知识体系和第三部门(非营利组织)知识体系，每种知识体系都有着自己特殊的要求。对于非营利组织绩效评估而言，需要掌握非营利组织绩效评估的基本理论和方法，因此，绩效评估主体必须为专业人士，只有经过有关非营利组织方面的专业培训的人员才能成为合格的非营利组织绩效评估人员。在实践操作中，由于非营利组织千差万别，并且需要得到社会的支持，为了防止非营利组织的“内部化”倾向，一般非营利组织的绩效评估都由外部专家组成评估组，这些专家通常由科研机构或专门的评估机构组成独立的第三方机构，从整体上对非营利组织进行客观公正的评估。

3. 非营利组织的绩效评估通常依据特定的理论和方法进行

以什么样的理论为指导，就会有什么样的绩效评估方法和结果。因此，非营利组织的理论指导也非常重要，通常不采用利润化的指标，而是根据非营利组织的实际需要采用公益性的绩效评估理论，侧重于其使命完成情况的考察。在评估方法上，通常采用自评和外部专家的评估相结合的方法，以保证评估结果的公正、公平、科学和可靠。

4. 非营利组织的绩效评估结果是判断、衡量、评价和反馈

绩效评估是为了客观地反映非营利组织的现状、找出其存在的问题并提出相关的建议，来达到以评促建、以评促改、以评促管。因此，对非营利组织的绩效评估，通常是通过查阅资料、听取汇报、专业访谈等对非营利组织的整体发展进行判断、衡量和评价，同时在此基础上还要进行反馈，反馈的主要目的是促进非营利组织找出差距、发现自身存在的问题并提出建议，以便为下一步的改革提供指导。

三、非营利组织绩效评估的类型

根据不同的标准，可以将非营利组织的绩效评估分为不同的类型。

1. 按评估阶段不同可分为：前评估、中期评估和后评估

(1)前评估。是指在项目、计划或政策实施之前进行的评估，也称事前评估、预评估。由于是在实施之前进行的评估，因此实际上是对项目、计划或政策可行性的事前评估。前评估的结果一方面可以决定项目、计划或政策是否实施；另一方面可以为后续评估提供参照物，从而进行评估前后的对比。

(2)中期评估。是指在项目、计划或政策开始后到完成前的任何一个时间点进行的评估。中期评估的目的在于检查项目、计划或政策的设计是否符合最初的要求，评估实施过程中的重大变更及影响，或者诊断实施过程中的困难和问题，并寻求对策与出路。

(3)后评估。是在项目、计划或政策结束后，根据对原目标和实际实施情况的比较而进行的全面、系统的评估。后评估一般更容易为人理解和接受，因此，目前非营利组织对后评估工作相对更重视一些。

2. 按评估主体不同可分为：自我评估、外部专家评估、自我评估与外部专家评估的混合

(1)自我评估。即项目、计划或政策的实施者进行的内部自我评估。优点是对组织背景和特点较熟悉，评估的费用较低。缺点是评估者是实施机构的内部成员，使得评估的结果可能缺乏客观公正性。

(2)外部专家评估。指项目、计划或政策的实施机构聘请科研单位或专门评估机构的外部专家进行的评估。外部专家评估的优点是评估结果往往比较客观、可信，易于被接受；专家的专业评估知识可以增进评估的科学性和规范性；而且专家评估往往是集中于一段时间内进行评估，效率比较高。但

是专家评估也有缺点，专家评估的费用通常较高，因而不可能在项目、计划或政策执行的每一阶段都进行，更不可能对每一个项目都进行专家评估；外部专家对实施的整个过程、运行机制及背景知识往往了解不够，也可能导致专家评估的“外行化”。此外。专家评估的结果或建议并不容易在项目、计划或政策的执行过程中得到真正落实。

(3)自我评估与外部专家评估的混合。即将自我评估与外部专家的评估结合起来的一种评估方法。其优点是可以克服自我评估与外部专家评估的不足；缺点是较费时费力，操作复杂。

3. 按评估标准不同可分为：定量评估与定性评估

(1)定量评估。定量评估是指依据统计数据，建立数学模型，并用数学模型计算出分析对象的各项指标及其数值来评估分析的一种方法。定量评估由于以数据为依据，评估往往比较客观和公正；但是定量也具有局限性，很难对那些难以用数据反映的指标进行评估。

(2)定性评估。是指无法直接通过数据计算分析评价内容，需对评价对象进行客观描述和分析来获取评估结果的一种评估方法。定性评估可以对那些难以用数据反映的指标进行评估，但是评估结果会随着评估者的主观偏向而产生偏差，评估结果缺乏一定的客观性。

4. 按评估过程不同可分为：形成性评估和累积性评估

(1)形成性评估。指那些提供项目活动信息的方法，它们告诉评估者——并最终告诉评估报告的读者——项目的进展。有些案例中，这类信息被用于中期评估，评估项目在标准和类似要求方面的执行情况。从这个意义上来说，大多数资格认定活动都是形成性评估。

(2)累积性评估。考察的是项目目标的完成情况。这类信息对资助机构决定是否重新立项或继续向项目拨款非常有用。这对想了解某个特定项目有效性的人来说也是非常有价值的信息。

形成性评估和累积性评估为使用者提供了不同的信息，形成性评估提供有关项目进展情况的信息，理论上有助于机构的发展和项目的改进；而累积性评估则主要提供有关项目完成目标情况的信息，是对项目结果的整体评断，有助于做出是否重新立项或追加投资的决策。

第二节 非营利组织绩效评估的理论基础

非营利组织绩效评估的理论基础是实行评估的重要前提，从学术界来看，非营利组织绩效评估的主要理论包括“三 E”评估理论、“三 D”评估理论、顾客满意度理论、平衡记分卡评估理论、“APC”评估理论等。此外，还有学者提出了标杆评估理论、利益相关者评估理论等。下面介绍几种常用的评估理论。

一、“三 E”评估理论

“三 E”理论是当前国际上最为流行的非营利组织绩效评估理论。所谓“三 E”，即经济(Economy)、效率(Efficiency)与效果(Effectiveness)。经济是指以最低可能的成本供应与采购维持既定服务品质的公共服务，它关心的是投入的数量，而不关注其产出与服务品质。例如，某个项目在特定时间内究竟花了多少钱？工资成本是多少？花费是否与预算一致等。效率是指投入与产出的比例，如每项服务的单位成本等。效果则是指公共服务实现目标的程度，它通常只关心目标或结果。

经济、效率与效果是政府、企业与非营利组织普遍关注的问题。应该说，从“三 E”的角度对非营利组织进行绩效评估有助于提高非营利组织绩效。正因为如此，“三 E”评估理论在世界各国的非营利组织中得到了较为广泛的推广。在中国，不仅国际援助项目非常注重“三 E”评估，而且本土的非营利医院、非营利学校、非营利慈善机构也开始重视组织的“三 E”。这也是当前中国非营利组织绩效评估关注的焦点。

然而，这种评估导向也带来了一些负面的影响。由于过分关注组织的经济、效率与效果，而忽略了组织其他方面的问题，一些非营利组织的发展出现了扭曲。例如，有的非营利组织实施的项目可以取得很好的经济、效率与效果，但是由于组织自身的能力没有得到全面的发展，往往是项目结束之时，也就是组织衰亡之日。这种现象在中国的草根组织中发生得更为普遍。这是因为，中国的很多草根组织依赖于境外的资助，而国际援助机构往往受国际流行的“三 E”评估理论影响，只注重对项目经济、效率与效果的评估，而忽略了实施项目的组织自身的能力建设，或者忽略了问责的要求，其结果是项目可以取得一定的成效，但是非营利组织本身缺乏可持续的发展能力。

二、“三 D”评估理论

虽然“三 E”理论是世界范围内评估的主流派别，但也有学者对此提出了批评和质疑。首先，公共组织的相关利益群体是多元的，很难简单地根据经济、效率与效果来评价非营利组织；其次，公共组织的目标往往较为宏观和模糊，具有较大的不确定性，难以用“三 E”评估。这些学者认为，公共组织评估应当由“三 E”向“三 D”转变。所谓“三 D”是指诊断(Diagnosis)、设计(Design)与发展(Development)。诊断是指非营利组织或项目的管理者能够正确识别组织或项目所面临的新的管理问题，能够考虑到主要的相关利益群体的需求与利益；设计是指组织或项目管理者能够通过适当的策略解决这些问题，能够设计解决这些问题所需要的恰当的结构与战略；发展是指一种解决组织或项目实施过程中遇到的问题的能力，以及相应的作为学习过程的管理变革或创新。

“三 D”评估理论的优势在于它特别注重通过评估提升非营利组织自身的能力建设，通过评估帮助非营利组织不断学习与完善。然而，这一评估理论的局限在于它难以定量，更多是定性方面的评估，难以在不同组织之间进行比较。由于难以比较，因此也无法根据评估的结果实施奖罚。

三、顾客满意度理论

“三 E”评估侧重于评估是一个监督检查的过程，它注重的是组织或项目产生的结果。“三 D”评估侧重于评估是一个学习的过程，它注重的是实施政策、计划或项目的组织能力。然而，总的来说，无论是“三 E”还是“三 D”评估，更多是一种自上而下型的评估方式，这种类型的评估是以实施项目的组织为中心。一些学者认为，非营利组织服务对象是社会公众，只有公众才知道非营利组织真实的服务质量和水平，因此，单纯依靠自上而下的评估很难达到评估的科学化和客观化，评估的导向应当是自下而上的，面向被服务对象的，即以顾客满意度为焦点。

所谓顾客满意度是指顾客感受到的服务质量达到其期望值的程度。它包括了解顾客的需求，并能迅速、准确地回应服务对象的需要；充分具备提供服务所需的知识与技能；热心接受顾客的要求；服务态度谦虚、有礼；能够倾听顾客的不同意见；非营利组织及其工作人员(包括志愿者)值得信赖；能够尊重顾客的隐私；被服务对象有畅通的投诉渠道；等等。

顾客满意度评估源于企业界，并在企业界得到了广泛的推广。然而，这一评估理论在应用于公共部门，特别是非营利部门时还存在一些不足。中国的一些公益项目评估实践表明，由于中国的弱势群体习惯于政府的救助，甚至认为政府的救助理所当然，因此对政府的救助期望值很高，满意程度偏低。相反，弱势群体对于民间资助机构的期望值往往较低，甚至没有特别明确的期望值，所以哪怕得到非营利组织一点点的资助，其满意程度都偏高。因此，用顾客满意度来评估非营利组织的绩效时，它并不是一个很成熟的、理想的指标。

四、平衡记分卡评估理论

平衡记分卡(BSC) 是由哈佛商学院 Robert Kaplan 和 David Norton 于 1992 年发明的一种绩效评估和战略管理的工具。其核心思想就是从使命、价值观、远景与战略出发，通过财务、客户、内部流程、学习与成长四个方面指标的测量来体现企业的绩效，进而实现战略管理。它强调的平衡思想要求组织注意平衡内部因素(流程与员工创新)与外部因素(被服务对象)、财务指标与非财务指标、驱动指标(流程管理与学习成长)与滞后指标(被服务对象与财务指标)，以达到既注重短期绩效又保证长期核心能力的培育，避免了传统单纯依靠关键指标(特别是财务指标) 进行考核评估的缺陷。平衡记分卡理论将评估视野置于组织发展，更注重组织的整体平衡，较能体现非营利组织发展现状对评估的要求。但是平衡记分卡必须按照非营利组织的性质、要求去改造，才能适应非营利组织的发展实践。

平衡记分卡以组织的远景、战略为出发点，从财务、顾客、内部流程和学习与创新四个维度来评估组织的绩效。它超越了传统的方法，以促进组织发展为宗旨、以确立组织战略为核心反映组织的整体状况。根据平衡记分卡的要求与非营利组织评估体系基本设计原则，在非营利组织评估中，应该以使命和战略为中心，建立“使命(战略)—维度—基本指标—观察指标—分类指标”多维度、多层次评估体系。① 其中使命(战略)用以反映非营利组织的非营利宗旨，并以使命为基点制定的战略规划；维度是评估范围的基本划分，包括服务维度、财务维度、内务维度、能力维度；基本指标是对非营利组织服务、财务、内务、成长等的具体细化；观察指标是反映组织发展变化的指

① 赵立波、李红娟、张素琴：《基于平衡记分卡的非营利组织评估体系研究》，《山东行政学院山东省经济管理干部学院学报》，2006 年第 3 期。

标；分类指标则是体现非营利组织特征、行业特征的指标。

平衡记分卡的优点是它从战略和系统的角度提出了非营利组织评估框架，从组织使命与战略出发，将战略目标转化分解为分阶段、具体的、可操作的短期、中期、长期紧密衔接的运作目标与指标体系，同时在横向上按服务、财务、内务、成长四个维度，在纵向上按非营利组织整体、单位内部部门、员工个人等层次，形成一个多维度、多层次、有步骤的战略绩效管理框架。平衡记分卡评估理论的缺陷在于指标繁多，操作难度大。

五、非营利组织的“APC”评估理论

评估本身不是目的，而是实现非营利组织宗旨的手段。当前中国非营利组织面临的主要困境是公信力不足、治理结构不完善、组织能力弱小、效率低下。而“三 E”理论虽然有助于提升非营利组织的效率，但在提升非营利组织的公信力，特别是提升非营利组织的能力方面有一定的局限；“三 D”理论虽然在提升非营利组织的组织能力方面有较大的作用，但在提升组织的效率和公信力方面有一定的局限；顾客满意度理论对于提升非营利组织的服务品质有一定的作用，但是在其他方面的作用相对较小；平衡记分卡理论虽然设计了复杂的评估体系，但可操作性不强。

针对当前中国非营利组织客观存在的、迫切需要解决的问题提出了一套适合中国非营利组织发展的评估框架，即对非营利组织问责(Accountability)、绩效(Performance)和组织能力(Capacity)的全方位评估，简称为“APC”评估理论。[①] 与“三 E”评估、“三 D”评估和顾客满意度评估不同的是，这一评估框架更适合中国的非营利组织。与此同时，针对当前中国各类非营利组织只关注绩效的现状，“APC”评估理论特别强调了非营利组织问责评估与组织能力的评估，并将问责评估与组织能力评估提升到前所未有的高度。

问责评估是指非营利组织就其使用的公共资源的流向及其使用效果向社会交代。问责评估则是对非营利组织或其他公共组织问责程度的评价。通常，非营利组织问责性评估包括：非营利组织的治理结构；非营利组织的活动是否与组织的宗旨一致；组织的有关信息是否进行了必要的、准确的披露；非营利组织的财务是否透明等方面。问责评估是确保非营利组织诚信的一种制度安排，它的功能在于帮助非营利组织树立社会公信力。

---

① 邓国胜：《非营利组织“APC”评估理论》，《中国行政管理》，2004 年第 10 期。

绩效评估是对非营利组织的适当性、效率、效果、顾客满意度、社会影响及其持续性的评估。这一绩效评估框架汲取了“三 E”理论、“四 E”（即经济、效率、效果和公平）、顾客满意度理论和平衡记分卡理论的优点，并增加了适当性、社会影响和持续性等方面的内容，更适合非营利组织的绩效评估。绩效评估的功能在于通过评估提高非营利组织的效率，促进组织服务品质的提高。

组织能力评估是指组织开展活动和实现组织宗旨的技能和本领。当前，有关非营利组织能力评估的框架很多，其中一种框架是对非营利组织基本资源、组织内部的管理能力、组织外部的公共关系与动员资源的能力、组织自我评估与学习能力的评估。组织能力评估的功能在于促进非营利组织自我生存与发展能力的提高、促进非营利组织达成组织使命。

非营利组织的问责、绩效与组织能力是密切相关、相互作用的。问责性评估是保证非营利组织公信度的制度体系，它有助于保证非营利组织做正确的事情，有助于保证非营利组织的声望与合法性，而组织的责任、声望与合法性是非营利组织成功的必要条件之一；绩效评估是保证非营利组织有效使用稀缺资源的制度安排，它有助于保证非营利组织正确地去做事；组织能力评估是保证非营利组织提升组织能力的管理工具，它是非营利组织持续提升组织的问责性与绩效的基础。

总的来说，“APC”评估吸收了以往评估理论的精华，同时又克服了以往“三 E”评估理论、“三 D”评估理论、顾客满意度评估理论及平衡记分卡评估理论的不足，它更有针对性，更适合中国的非营利组织，更有助于中国非营利组织的健康与可持续发展。

第三节　非营利组织绩效评估的内容框架与指标体系

非营利组织的类别千差万别，如何对非营利组织的内容及指标进行统一的建构，采取什么样的方法进行评估，这是非营利组织评估必须解决的关键问题。2007 年民政部就颁布了《关于推进民间组织评估工作的指导意见》，提出了评估工作的意义、原则、基本要求、评估等级以及评估标准等。随后民政部又颁布了《全国性民间组织评估实施办法》，制定了 24 条民间组织评估的规范。2010 年 12 月 27 日，民政部颁布了《社会组织评估管理办法》，自 2011 年 3 月 1 日起施行。此后，民政部每年都发布非营利组织的评估指标体系。

一、非营利组织绩效评估的内容框架

按照民政部的要求，对社会组织评估，按照组织类型的不同，实行分类评估。社会团体、基金会实行综合评估，评估内容包括基础条件、内部治理、工作绩效和社会评价。民办非企业单位实行规范化建设评估，评估内容包括基础条件、内部治理、业务活动和诚信建设、社会评价。许多学者从不同的角度对非营利组织评估的内容框架提出了自己的看法。

一些学者从评估要素的角度提出了非营利组织绩效评估的内容框架，认为非营利组织的绩效评估可从诚信、项目绩效、组织能力、使命与战略规划四个方面进行展开。(1)诚信评估。非营利组织不以营利为目的，因此可以享受政府减免税的优惠待遇，而且能够吸引个人、企业、基金会、政府的资助。因此，非营利组织首先必须遵守非营利组织的行为规范和道德标准才能取信于民，这就要求对非营利组织的诚信进行评估。事实上，诚信是当前我国非营利组织存在的最为严重的问题之一。特别是个别慈善组织以慈善之名行"非法募捐"之实，直接影响到广大公众对我国非营利组织的信任，以致民众不愿意捐赠，即使有捐赠的意愿，也不知道捐给谁更合适。而对非营利组织的诚信评估不仅可以为捐赠者提供捐款信息、指南，而且可以增强非营利组织的责任意识。(2)项目绩效评估。仅有诚信评估还远远不够，在现代社会，非营利组织不仅应当诚信，而且应当有效利用稀缺资源以实现组织所追求的目标。因此，还需要对非营利组织的绩效进行评估，特别是对非营利组织实施的项目进行效果、效率和社会影响的评估。(3)组织能力评估。有了绩效评估还不够，在我国，非营利组织的绩效有时与组织的能力相分离。一些非营利组织在运作项目时，虽然可以达到很好的效果，可是这些组织在项目结束后，便随之衰弱，甚至消亡。原因在于这些组织在实施项目时，只注重项目的绩效，而忽视组织自身能力的建设。一旦资助者，特别是一些大的资助者终止捐赠，组织便迅速瓦解。所以，不仅要重视非营利组织的绩效评估，还应当充分重视非营利组织的能力评估。(4)使命与战略规划的评估。有的非营利组织虽然能力很强，但是由于组织的使命不正确，或者在项目运作过程中偏离了组织的使命和发展方向，其结果是组织开展的活动或项目违背了组织成立的初衷。即使这些组织的能力再强，也无法完成组织的社会使命。因此，使命与战略规划的评估也是在评估非营利组织中不可缺少的一部分。①

有些学者从治理的角度提出了非营利组织绩效评估的内容框架：(1)组织机构评估。包括组织资产、会员数量及构成、固定办公机构、明确的组织章程、具体的行为法人等。(2)组织治理评估。包括理事会的组织结构、运作效率及权利与义务等。(3)非营利性评估。包括公共责任、资金使用、信息披露等。(4)发展能力评估。包括筹款能力、战略规划能力、自我评估能力等。(5)项目评估。包括项目效果、社会影响及持续性等。②

还有些学者认为非营利组织的绩效评估应从以下十六个方面入手：(1)组织规模；(2)制度章程；(3)所有权归属；(4)组织结构；(5)高层状况；(6)人事状况；(7)会计披露；(8)财务状况；(9)社会责任；(10)预决算体系；(11)支出结构；(12)收入结构；(13)捐赠者权益；(14)筹资监探；(15)战略计划；(16)战略管理。③

按照民政部2022年的评估要求，非营利组织的绩效评估一般按照组织分类开展，社会团体、基金会开展综合评估，民办非企业单位开展诚信评估。社会组织管理局课题组将非营利组织的绩效评估分为以下六类，从基础条件、组织建设、工作绩效和社会评价四个方面分别设定绩效评估的内容框架。

1. 行业性社会团体绩效评估内容框架

行业性社会团体绩效评估的内容框架包括四个方面：(1)基础条件，包括法人资格、章程、登记和备案、遵纪守法等；(2)组织建设，包括组织机构、人力资源管理、财务和资产管理、档案和证章管理、管理技能、协会文化等；(3)工作绩效，包括活动情况、服务绩效、承担政府职能转移、信息公开等；(4)社会评价，包括社会效应、社会认可度等。

2. 公益性社会团体绩效评估内容框架

公益性社会团体绩效评估的内容框架包括：(1)基础条件，包括法人资

① 孙燕：《建立非营利组织评估指标体系的几点思考》，《社会管理研究》，2008年第3期。

② 刘清洁、曹庆萍：《我国非营利组织评估指标体系探析》，《学会》，2008年第6期。

③ 田雪莹、胡文波：《我国非营利组织评估体系研究》，《中国地质大学学报(社会科学版)》，2007年第4期。

格、章程、登记和备案、遵纪守法等；(2)组织建设，包括组织机构、人力资源管理、财务和资产管理、档案和证章管理等；(3)工作绩效，包括公益活动规模和效益、项目开发和运作、社会捐赠及政府资助和政府购买服务、信息公开和宣传等；(4)社会评价，包括内部评价、公众评价和管理部门评价等。

3. 学术性社会团体绩效评估内容框架

学术性社会团体绩效评估的内容框架包括：(1)基础条件，包括法人资格、章程、遵纪守法等；(2)组织建设，包括民主办会、组织发展、制度建设、为会员服务、经费筹集与使用、信息化建设等；(3)工作绩效，包括学术交流、科学普及、咨询与培训、编辑出版等；(4)社会评价，包括国际影响、表彰奖励、相对人评价等。

4. 联合性社会团体绩效评估内容框架

联合性社会团体绩效评估的内容框架包括：(1)基础条件，包括法人资格、办公条件、章程、登记和备案、遵纪守法等；(2)组织建设，包括组织机构、人力资源管理、财务和资产管理、档案和证章管理、其他管理制度等；(3)工作绩效，包括会员服务、专业工作、社会服务、信息公开及宣传等；(4)社会评价，包括内部评价、公众评价、管理部门评价等。

5. 基金会绩效评估内容框架

基金会绩效评估的内容框架包括：(1)基础条件，包括法人资格、章程、登记和备案、遵纪守法等；(2)组织建设，包括组织机构、人力资源管理、财务和资产管理、档案和证章管理等；(3)工作绩效，包括公益活动规模和效益、项目开发与运作、社会捐赠和募集以及政府资助和政府购买服务、信息公开与宣传等；(4)社会评价，包括内部评价、公众评价、管理部门评价等。

6. 民办非企业单位绩效评估内容框架

民办非企业单位绩效评估的内容框架包括：(1)基础条件，包括法人资格、章程、变更登记和备案、年度检查等；(2)组织建设，包括组织机构、人力资源管理、财务管理和资产管理、档案和证章管理、计划管理等；(3)自律和诚信建设，包括提供服务情况、信息披露情况、对外宣传情况、资金运作等；(4)社会评价，包括内部评价、公众评价、管理部门评价等。

二、非营利组织绩效评估的指标体系

鲍尔在《指标》一书中指出：指标是一种量的数据，它是一套统计数据系统，用它来描述社会状况的指数，制定社会规划和进行社会分析，对现状和未来做出评估。而“指标体系”则是指根据研究的目的和需要，将有内在联系的、有代表性的重要指标科学地、有机地组合成指标群。

民政部社会组织管理局对非营利组织绩效评估的指标体系进行了具体分类，在分类的基础上设立了四级指标体系。以 2022 年全国性行业协会商会评估指标为例：一级指标体系包括基础条件、内部治理、工作绩效、社会评价四个方面，评估的总分为 1000 分，其中基础条件 60 分、内部治理 440 分、工作绩效 380 分、社会评价 120 分；二级指标体系包括十六个方面；三级指标体系包括四十九项指标，这些指标都有较具体的解释。

表 22-1　全国性行业协会商会评估指标(2022 年)

一级指标	二级指标	三级指标	四级指标	分值	星标
基础条件(60 分)	法人资格(25 分)	法定代表人(5 分)	任职资格符合规定	5	
		活动资金(5 分)	年末净资产不低于注册资金	5	
		名称(5 分)	名称牌匾悬挂情况	5	
		住所(10 分)	有独立的办公用房	5	
			主要办事机构所在地登记为住所	5	
	登记管理(35 分)	章程(12 分)	章程制定(修改)程序符合规定	5	
			章程修改后履行核准程序	7	
		登记和备案(13 分)	名称、业务范围、住所、注册资金、法定代表人、业务主管单位等按规定办理变更登记	5	
			负责人按规定办理备案	8	
		年检(10 分)	年检结论	10	
内部治理(440 分)	组织机构(80 分)	发展规划(5 分)	发展规划制定情况	5	
		会员(代表)大会(8 分)	会议方案及会员代表产生办法	3	
			按章程召开会员(代表)大会	5	
		理事会、常务理事会(25 分)	按期换届情况	4	
			理事产生及理事会召开情况	6	
			常务理事产生及常务理事会召开情况	6	

续表

一级指标	二级指标	三级指标	四级指标	分值	星标
内部治理(440分)	组织机构(80分)	理事会、常务理事会(25分)	会议纪要规范	4	
			理事会(常务理事会)按章程履行职权	5	
		监事或监事会(4分)	设立情况	2	
			作用发挥	2	
		民主决策(13分)	会员(代表)大会表决事项及表决形式	7	
			负责人产生形式	6	
		分支(代表)机构(25分)	设立程序符合规定	5	*
			名称使用符合规定	5	
			制定管理办法	2	
			管理及工作开展情况	13	
	党建工作(70分)	党的建设和社会主义核心价值观载入章程(10分)	坚持党的全面领导载入章程	5	
			社会主义核心价值观载入章程	5	
		党组织建立情况(15分)	党组织"应建尽建"情况	15	*
		党组织活动情况(45分)	组织生活制度落实情况	10	
			组织党员开展活动情况	10	
			党组织发挥作用情况	25	
	人力资源(42分)	负责人(20分)	党政领导干部(含退离休)兼职和取酬情况	7	
			年龄届次符合规定	8	
			秘书长专职	5	
		人事管理(22分)	专职工作人员数量	7	
			劳动合同签订及薪酬管理	5	
			组织或参加法律法规或业务培训	5	
			社会保险及住房公积金	5	

续表

一级指标	二级指标	三级指标	四级指标	分值	星标
内部治理（440分）	档案、证章管理（15分）	管理制度（5分）	档案、证章管理制度	5	
		管理情况（10分）	档案、证章管理情况	10	
	财务资产（233分）	合法运营（35分）	经费来源和资金使用	15	*
			资金列入符合规定的单位账簿	20	
		会计人员（12分）	会计人员配备	5	
			会计人员岗位职责	3	
			会计机构负责人	2	
			会计人员变动	2	
		会计核算（40分）	核算流程	3	
			账务处理	30	*
			会计电算化	2	
			会计档案管理	5	
		货币资金和实物资产管理（24分）	货币资金管理制度	2	
			货币资金使用	10	
			实物资产管理制度	2	
			实物资产使用	10	
		投资管理（12分）	投资管理制度	2	
			投资管理	10	*
		业务收支（30分）	收入管理	15	
			支出管理	15	*
		会费管理（15分）	会费标准及层级	10	
			会费基本服务项目	5	
		分支机构财务管理（27分）	管理制度	2	
			管理情况	25	*
		税收和票据（19分）	纳税管理	6	
			票据管理	3	

续表

一级指标	二级指标	三级指标	四级指标	分值	星标
内部治理(440分)	财务资产(233分)	税收和票据(19分)	会费收据使用	8	*
			捐赠票据使用	2	
		财务报告(10分)	财务报告制度	2	
			财务报告编制	8	
		财务监督(9分)	监督制度	2	
			监事监督	3	
			换届审计	2	
			离任审计	2	
工作绩效(380分)	提供服务(185分)	行业信息服务(40分)	行业调查研究	10	
			行业统计工作	15	
			行业信息收集与发布	15	
		会展、培训及咨询服务(40分)	会议及展览活动	15	
			组织行业培训	15	
			提供咨询服务	10	
		政策法规制定(修订)、承接政府项目(55分)	参与制定(修订)法律法规规章、提出政策建议	15	
			参与制定相关产业政策、行业发展规划	10	
			开展标准制定工作	15	
			承接政府职能、委托项目和购买服务	15	
		社会责任(50分)	推进生产安全、劳动保护、劳资和谐	10	
			节能减排、低碳生产	10	
			参与疫情防控、助力复工复产情况	15	
			服务国家战略相关工作情况	15	

续表

<table>
<tr><th>一级指标</th><th>二级指标</th><th>三级指标</th><th>四级指标</th><th>分值</th><th>星标</th></tr>
<tr><td rowspan="22">工作绩效（380分）</td><td rowspan="2">反映诉求（25分）</td><td rowspan="2">维护权益（25分）</td><td>协调行业内外关系、反映会员和行业诉求</td><td>15</td><td></td></tr>
<tr><td>建立产业预警机制、开展贸易救济活动</td><td>10</td><td></td></tr>
<tr><td rowspan="5">行业自律（70分）</td><td rowspan="5">规范行为（70分）</td><td>自律公约制定及发布</td><td>15</td><td></td></tr>
<tr><td>行业职业道德准则制定及发布</td><td>10</td><td></td></tr>
<tr><td>配合有关部门开展质量和品牌建设</td><td>10</td><td></td></tr>
<tr><td>行业信用建设</td><td>15</td><td></td></tr>
<tr><td>按规定开展评比达标表彰活动</td><td>20</td><td>*</td></tr>
<tr><td rowspan="3">会员管理（30分）</td><td rowspan="3">会员服务与管理（30分）</td><td>会员管理</td><td>10</td><td></td></tr>
<tr><td>会员服务</td><td>10</td><td></td></tr>
<tr><td>会费收缴情况</td><td>10</td><td></td></tr>
<tr><td rowspan="4">国际交流（30分）</td><td rowspan="4">国际影响力（30分）</td><td>经批准参加国际组织</td><td>8</td><td></td></tr>
<tr><td>参与国际标准和规则制定</td><td>8</td><td></td></tr>
<tr><td>国际合作项目</td><td>7</td><td></td></tr>
<tr><td>国际交流活动</td><td>7</td><td></td></tr>
<tr><td rowspan="6">信息公开与宣传（40分）</td><td rowspan="3">平台建设（25分）</td><td>信息平台种类</td><td>8</td><td></td></tr>
<tr><td>网站报刊</td><td>10</td><td></td></tr>
<tr><td>新闻发言人</td><td>7</td><td></td></tr>
<tr><td rowspan="3">公开内容（15分）</td><td>基本信息（登记事项、章程、组织机构、负责人等）</td><td>5</td><td></td></tr>
<tr><td>年度工作报告、财务工作报告</td><td>5</td><td></td></tr>
<tr><td>收费信息制度</td><td>5</td><td></td></tr>
<tr><td rowspan="3">社会评价（120分）</td><td rowspan="3">内部评价（50分）</td><td>会员评价（20分）</td><td>对服务质量的评价</td><td>20</td><td></td></tr>
<tr><td>理事评价（20分）</td><td>对管理状况、综合影响力的评价</td><td>20</td><td></td></tr>
<tr><td>工作人员评价（10分）</td><td>对管理状况、综合影响力的评价</td><td>10</td><td></td></tr>
</table>

续表

一级指标	二级指标	三级指标	四级指标	分值	星标
社会评价（120分）	外部评价（70分）	登记管理机关(30分)	对作用发挥、接受监督管理情况的评价	30	
		业务主管单位或党建工作机构(30分)	对作用发挥、接受监督管理情况的评价	30	
		表彰奖励情况(10分)	政府部门、代管协会表彰奖励	10	

注：1."*"标项指标为重点考察指标；2. 获评5A级社会组织基础条件和内部治理合计得分不得低于该两项总分的90%，4A级社会组织不得低于80%，3A级社会组织不得低于70%。

资料来源：中国社会组织政务服务平台，http：//chinanpo. mca. gov. cn/shzzpg。

第四节　非营利组织绩效评估的主体、原则和程序

一、非营利组织绩效评估的主体

根据民政部门的要求，各级人民政府民政部门要设立相应的社会组织评估委员会和社会组织评估复核委员会，并负责对本级评估委员会和复核委员会的组织协调和监督管理。评估委员会负责社会组织评估工作，负责制定评估实施方案、组建评估专家组、组织实施评估工作、做出评估等级结论并公示结果。复核委员会负责社会组织评估的复核和对举报的裁定工作。评估委员会和复核委员会委员由有关政府部门、研究机构、社会组织、会计师事务所、律师事务所等单位推荐，民政部门聘任。但是在实践中，由于中国非营利组织的种类繁多，而要对这么复杂多样的非营利组织进行绩效评估，需要建立一个多元的、多层次的评估主体。

1. 继续发挥民政部门年检的作用

在发挥年检作用的同时需要对年检办法进行改革。改革的重点一方面是完善年检的内容与标准，另一方面是加强随机或重点的现场检查，逐步消除民政部门年检流于形式的弊端。

2. 建立政府支持的独立第三方评估机构

由于非营利组织使用公益资产甚至享受政府的税收优待，因此，公众对

其绩效评估的要求更高。可以建立一个由政府授权、政府财政支持的独立第三方评估机构开展非营利组织的绩效评估工作。而绩效评估的重点是具有劝募功能的非营利组织，这也是整个非营利组织绩效评估的重点，而在中国目前的法律法规框架下，公募基金会、慈善会、红十字会等具有公募资格的非营利组织绩效评估显然是整个评估的重中之重。2015 年 5 月 13 日，民政部出台了《关于探索建立社会组织第三方评估机制的指导意见》，对第三方评估的基本原则、服务内容、保障机制及结果运用等进行了规范。

3. 鼓励民间兴办非营利性的评估机构

虽然目前中国发展这类评估机构的难度很大，但也可以进行一些尝试或试点工作。这类民间自发的评估机构是未来评估发展的一个重要趋势，政府即使不给予财政支持和评估授权，但至少应该在登记注册、减免税收方面给予一定的扶持。

4. 登记主管部门和业务主管部门协同评估

在双重管理体制的现状下，在加强业务主管部门对非营利组织质量评估的同时，登记主管部门也可以继续加强这类非营利组织公信力的评估或自律诚信建设。

二、非营利组织绩效评估的原则

1. 科学性原则

科学性是指非营利组织绩效评估的指标及其程序必须科学，通过建立科学的评估指标体系，并根据科学的评估程序和操作方法来进行。在实际评估中，非营利组织绩效评估的全过程要基于科学设计的指标，根据预先设计的原则和规范来进行，评估机构和人员要遵守相关的行为规范。通过确保评估指标、评估过程和评估方法的规范、可靠，来保证评估结果的有效和可信。

2. 客观性原则

客观性是指非营利组织绩效评估应主要根据可以客观测量的指标进行，在评估中应该尽量使用可以定量的指标，并辅之以定性指标，以期客观全面地反映非营利组织的运作情况。在评估过程中，为确保结果的客观性，非营利组织应保证评估程序的公正性和客观性，以保证评估结果能够公正、公平，并保证同类非营利组织的评估结果尽量由同一类评估主体评估做出。同时，非营利组织在绩效评估过程中还可以聘请与被评估者无利害关系的第三人或独立机构参与评估，从而保证评估结果的公正性。

3. 参与性原则

非营利组织从事的是公益事业，使用的是公益资产，更受到社会公众的关注，公众对其绩效评估的要求也更高。因此，在非营利组织评估过程中，不仅需要吸收利益相关者的参与，如被服务对象、资助者、非营利组织自我评估等，也需要适当吸收外部专家和评估机构参与评估，以保证评估结果的公正性和公平性。

4. 协作性原则

由于非营利组织涉及的领域几乎覆盖了人类社会生活的方方面面，故各非营利组织涉及领域不同，组织活动的内容、对象、范围和方式等具有很大的差异。面对这些巨大差异，需要对指标体系进行整体性设计，不同类型的组织应具备不同的标准。同时，评估过程应由民政部门主导、业务主管部门协同配合，委托相关组织机构共同对非营利组织进行评估，共同认可评估结果，并作为对非营利组织进行奖惩的基本依据。

5. 可操作性原则

非营利组织的绩效评估还处于起步阶段，在这一时期，非营利组织绩效评估指标体系、评估程序的设计以及评估方法，都应考虑评估的实际操作，考虑现实应用中的可操作性。这就需要设计出来的绩效评估方案尽可能符合我国国情，符合我国非营利组织运行和管理的实际情况，方便实际评估中的运用和操作。

三、非营利组织绩效评估的程序

科学的操作程序对非营利组织绩效评估的客观性非常重要。因此，在非营利组织绩效评估中必须设计科学合理的操作程序，通过严密的程序设计，并要求评估人员按照操作程序进行操作，才能减少评估工作的随意性和误操作。按照国内非营利组织绩效评估的实践，评估程序通常有以下几种。

1. 自我评估

自我评估是指非营利组织按照评估中心的要求对组织自身一定时期内的管理、运行、制度以及活动成效等方面进行的自我总结和自我评价。自我评估报告完成后递交评估中心进行复查。自我评估根据组织所从事的行业、领域、开展业务的不同会有很大的差异，但是一般应该包括机构、人事、资金、活动、成效等方面的情况。自我评估可以为外部评估提供基础信息，但是自我评估往往带有感情因素，难以保证评估的公正和公平。

2. 自我审查

评估中心将非营利组织的自我评估报告分送组织业务主管部门，并会同非营利组织的业务主管部门联合对非营利组织的自我评估情况进行初步审查。审查之后由相关行业领域的非营利组织评估委员会或评估机构对被评估组织的自评材料进行审查，以便掌握和被评估组织有关的情况，为实地评估提供基础性信息。

3. 实地评估

在书面审查结束后，评估委员会或评估机构根据一定的评估标准和指标，对非营利组织进行实地评估。这种评估一般需要派评估组进入现场，通过观察、访谈、查询有关资料，访问有关人员等进行，因此也被称为现场评估。评估委员会或评估机构根据组织的自我评估资料、查阅的相关材料和现场访谈的情况等信息，对照评估标准和指标，逐一对组织评估的各项指标打分，再通过综合汇总等方法得出组织评估的初步结果。组织评估的初步结果上报评估中心。

4. 评估反馈

实地评估结束以后，评估中心应将评估委员会或评估机构出具的初步评估结果反馈给被评估机构。如果被评估机构对评估结果有异议，可以提出申诉。与此同时，评估中心还要通过媒体或互联网公示评估的初步结果，在公示期内，接受公众的质疑和检举。接受申诉和公众检举后，评估委员会或评估机构应再次组织专家对评估的初步结果进行复议，得到最终的评估结果。

5. 公开结果

评估中心将非营利组织评估的最终结果在大众媒体上公开，或上报民政部门，由民政部门统一对外公开，接受社会大众和媒体的监督。

第五节　非营利组织绩效评估结果的运用

根据民政部的文件规定，社会组织绩效评估结果分为 5 个等级，由高至低依次为 5A 级（AAAAA）、4A 级（AAAA）、3A 级（AAA）、2A 级（AA）、1A 级（A）。社会组织评估等级有效期为 5 年。获得 3A 以上评估等级的社会组织，可以优先接受政府职能转移，可以优先获得政府购买服务，可以优先获得政府奖励。获得 3A 以上评估等级的基金会、慈善组织等公益性社会团体可以按照规定申请公益性捐赠税前扣除资格。

从非营利组织绩效评估结果运用的情况看，必须处理好以下几对关系。①

一、绩效评估结果要与政府的扶持相关联

主要表现在三个方面：一是与政府转移职能相关联。把规范发展社会组织与深化行政管理体制改革结合起来，把政府的事务性管理工作、适合通过市场和社会提供的公共服务，以适当的方式交给社会组织、中介机构、社区等基层组织承担，已经越来越成为共识。今后，各地可能都会制定出台政府向社会组织转移职能目录。但转移的一个重要前提是，要甄别出有承担能力的社会组织。而绩效评估恰恰就是这样一个甄别的过程。因此，把绩效评估成果运用与政府扶持相关联显得极为重要和必要。二是与评比表彰自我管理手段的赋予相关联。评比表彰属于政府行政许可的范畴，也是社会组织自我管理的一种手段，管理机关有权赋予社会组织评比表彰权利，但前提也是要与社会组织评估结果挂钩，既能激励社会组织，又能真正发挥评比表彰的重要作用。三是与政府购买服务相关联。近年来，政府购买社会组织服务的力度越来越大，从提高服务质量和效率、扶持社会组织发展的角度考量，把绩效评估结果与政府购买服务相关联，作为政府购买服务的先决条件，也不失为最好的选择。

二、绩效评估结果要与年检体制改革相关联

评估和年检都是监督管理的重要手段，也应当是具有一致性的体制。通过评估将社会组织划分为不同的等级，根据等级的不同又赋予社会组织不同的职能，年检也要针对不同等级、不同职能的社会组织体现出差异性，并结合评估结果，逐步建立起分类分级的年检体制。对评估等级在 3A 以下的社会组织主要做一般性年检，3A 以上的社会组织要进行特殊性年检。一般性年检的内容，可参照前文所述初级评估的指标体系，进行补充和完善，重点放在对组织大小、内部治理、民主管理、活动开展情况的一般性检查。同样，特殊性年检的内容，要结合高级评估的指标体系进行调整，重点放在对社会组织的社会动员能力、社会参与能力的特殊性检查。所以，不同等级的社会组织，它的监管方式、年检的侧重方式、政府购买服务的方式都是不一

---

① 温庆云：《对社会组织评估工作的再认识》，《中国社会组织》，2013 年第 2 期。

样的，尤其要注意把年检和评估刚柔两种手段相融合，按照推进等级管理的内在要求，加速年检体制的改革。

三、绩效评估结果要与内生权利赋予相关联

通过绩效评估认定，确实具有发挥作用的社会组织，要加强对其内生权利的赋予。比如，赋予强制入会权、惩处权、评比表彰权、募集资金、管理企业社会责任等权利。要把内生权利的赋予作为社会组织顶层设计的一个重要方面，促进社会组织发展壮大。促使其从一般性的、服务形态的社会组织，逐步发展成为具有连锁形态的、政府支持的、发挥特殊功能作用的规模较大的组织体系。这实际上也是促进社会组织发展变化的过程。尤其对募集资金这一内生权利的赋予，在当前十分必要和迫切。现在存在的社会组织乱收费、私设“小金库”等问题，在某种程度上也说明社会组织已经没有了在系统内部进行动员的能力，没有了筹措资金的能力，只能向违法、违规的方向发展。因此，要加快制定社会组织收费管理办法，把募集资金权利的赋予与评估等级挂钩，明确社会组织有权利进行内部动员，开展资金筹集活动。

四、绩效评估结果要与信用体系和品牌建设相关联

评估等级较高的社会组织通常都是作用发挥较好的社会组织，但其究竟是怎么个好法，发挥了什么样的作用，还需要进一步挖掘和提炼，加大宣传力度，从而形成品牌效应。但目前，社会组织的宣传力度不仅小，而且形式单一，很少形成品牌。因此，在社会组织评估过程中：一是要着力挖掘品牌。善于发现社会组织的特殊职能和所发挥的特殊作用，经过加工提炼成为可学、可看、可复制的材料，并把品牌挖掘与社会组织示范基地建设紧密结合，把品牌活动、品牌项目作为示范基地展示的重要内容，发挥示范带动作用。二是要进行资源配置。结合绩效评估结果，对信用等级高的社会组织开放更多的资源，并加快建立社会组织互助机制，推动形成上、中、下游衔接配合的组织体系。三是要把绩效评估结果与人大代表、政协委员参政议政的渠道关联起来。可以探索从等级高、作用发挥好、影响力大的品牌社会组织中选择优秀的专职工作人员，创造条件，鼓励和支持他们成为人大代表、政协委员，进一步增强社会组织的影响力。

思考题

1. 简述非营利组织绩效评估的必要性。
2. 非营利组织绩效评估的理论有哪些?
3. 如何确定非营利组织绩效评估的内容框架?
4. 非营利组织绩效评估的指标体系有哪些?

综合案例 杭州数字经济联合会获评5A级社会组织的经验

2021年10月8日,杭州市民政局发布《关于2021年度杭州市社会组织评估等级结果的通告》,杭州数字经济联合会(以下简称"数经联")经过基础条件、内部治理、工作绩效、社会评价等方面的专业评审,成功获评5A等级,成为2021年度杭州市20家5A级社会组织之一。

作为2018年注册登记的全国首家数字经济学会联合体,杭州数字经济联合会是杭州市科学技术协会主管,经杭州市民政局注册登记。由计算机、自动化、人工智能、物联网、软件、机械等相关的24家优秀学会(协会、研究会)发起成立的非营利性的社会团体。其服务内容主要包括以下几方面:(1)研究发布。组织开展数字经济领域的管理、数据统计及发布、标准制定、贯标及产业规划、优秀企业和案例等方面的研究,总结推广数字经济最佳实践和解决方案;编辑、出版数字经济年度发展报告及蓝皮书,为相关政府部门和企业提供决策参考。(2)科技服务。组织开展相关主题论坛、高端峰会、论证会、评审会、研讨会等重点学术交流活动与展会以及大赛,为国内外从事数字经济研究的机构和企业提供科技咨询、科技成果展示、对接交流、转化转让等高端学术平台。(3)咨询服务。助力企业和地方编制产业及区域规划、标准制定、建立研究平台,并申报国家各级重点研发项目,争取更多政策与资金支持;开展智慧城市、工业互联网等相关试点示范工作。深入企业和基层对接需求,开展"一对一"帮扶,切实通过跨界技术优势,解决企业和基层的生产经营、管理方面的难点和痛点。(4)培训服务。组织开展各种新技术科普讲座、应用培训与定制培训。有效整合会员单位技术供需优势及发展诉求,帮助相关企业充分抓住数字经济发展的新机遇,增加核心竞争力。

杭州数字经济联合会成立以来,经过短短几年获评5A级社会组织,其主要的经验做法有以下几点。

一是汇聚行业优质资源。现数经联理事会已拥有社会团体42家、优强行业龙头和平台型企业数十家，并且成功创建了“数字中国智库”“数字经济高端学术大会”“数字经济大讲堂”“数字经济发布”等品牌项目。现已会集了国内相关行业领域的院士和资深专家300多位，牵头发起成立了“长三角数字经济产业联盟”，并荣获国家、长三角、省级和市级荣誉和奖项近10项。

二是始终抓住“科技创新”这个关键点。数经联自成立以来，积极整合优化相关资源和集成相关学科交叉的跨界诉求。积极开展数字经济领域各种决策咨询与调研规划、新技术讲座与应用培训、咨询服务与难题攻关、新技术展览与科普宣传、产学研合作协同创新与研究。先后在滨江、西湖、萧山、桐庐、建德等区县(市)建立了数字经济协同创新基地、数字经济科技服务工作站等协同创新载体。同时组织开展了一系列重要会议，如2020中国工业计算机大会、第十三届中国国际嵌入式大会、第十七届京沪杭高科技论坛、“工业互联网与数字新基建”科技沙龙、2020 DDIC数智+行业峰会暨数栈战略发布会、5G与数字新基建协同创新暨2020数字化转型发展论坛等，推动了数字领域核心技术的攻关与创新。

三是扎实推进各项公益服务。2018—2020年，数经联承办各类政府委托服务30余项、承担各类决策咨询及研究项目20余项、承办各类数字经济相关活动300余场，其中数字经济高端学术活动30余场、数字经济大讲堂等品牌活动30余场。各类活动惠及人数达百万人次，覆盖企业和基层1000余家。其中决策咨询项目“杭州市养老服务信息化标准研究”的成果荣获2020年浙江省民政政策理论研究成果优秀奖、“‘区块链+’试点示范工作的研究”的荣获2020年度杭州市科学技术协会决策咨询优秀项目，“数字经济”科技志愿服务荣获2020中国科协最佳科技志愿服务项目，并荣获中央文明办等16个部委联合主办的学雷锋“四个100”最佳科技志愿服务项目。

四是认真做好数字经济科普培训工作。仅在2020年，数经联就组织实施各类数字经济推广活动116期次，其中重点活动64场次、咨询服务52期次，惠及线下5000人次，线上20万余人次。数字经济科普、培训、咨询的覆盖面持续拓展扩大；通过申报、投标、合作等方式承担项目18项。“数字经济”科技志愿服务项目成果荣获“全国先进典型”称号；《杭州市养老服务信息化标准研究》项目成果荣获2020年浙江省民政政策理论研究成果优秀奖；杭州数字经济联合会荣获杭州市科协授予的“2019年度十佳科技社团”称号，秘书长荣获杭州市科协授予的“杭州2019年度优秀科技志愿者”的称号。

五是积极开展数字经济技术咨询。新冠疫情暴发以来，全球各地深受影响，市场经济不容乐观。数经联坚定信念，砥砺前行，结合杭州市科协“战疫情、促发展，千名专家进千企”活动和“数字经济”科技志愿服务项目开展调研需求、洽谈合作走访咨询活动100余次。为了尽快恢复经济，组织平台专家“多对一”综合赋能于企业，主动对接区县、企业的技术需求，组织数字中国智库专家、数经联专家70余人次分别走进富阳、淳安、余杭等区县以及一些互联网企业，通过咨询、技术讲座、研讨、沙龙等形式开展精准服务，成果显著，广受好评。如组织专家为汾口数字经济的发展规划献计献策，受到汾口镇领导和企业的好评。

此外，数经联还以“数字为基、经济为本，创新为源、发展为要”为宗旨，积极完善内部治理，紧紧围绕数字经济发展大局和中心工作，认真履行各项职能职责，努力当好政府的助手、学会发展的帮手、数字经济发展的推手，取得了良好的成效。

讨论题：

1. 从社会组织评估指标体系来看，杭州数字经济联合会获评5A级社会组织的经验有哪些？
2. 如何看待社会组织在科技创新中的作用？

参考文献

图书类：

[1]王名．非营利组织管理概论[M]．修订版．北京：中国人民大学出版社，2010.

[2]李维安．非营利组织管理学[M]．北京：高等教育出版社，2005.

[3]郁建兴，王名．社会组织管理[M]．北京：科学出版社，2019.

[4]邓国胜．民间组织评估体系：理论、方法与指标体系[M]．北京：北京大学出版社，2007.

[5]邓正来，J. C. 亚历山大．国家与市民社会：一种社会理论的研究路径[M]．北京：中央编译出版社，2002.

[6]徐家良，等．第三部门概论[M]．北京：北京大学出版社，2020.

[7]黄晓勇．中国民间组织报告(2008)[M]．北京：社会科学文献出版社，2008.

[8]康晓光．非营利组织管理(第二版)[M]．北京：中国人民大学出版社，2020.

[9]吴冠之．非营利组织营销[M]．北京：中国人民大学出版社，2008.

[10]彼得·德鲁克．非营利组织的管理[M]．吴振阳，等，译．北京：机械工业出版社，2009.

[11]郭国庆．现代非营利组织研究[M]．北京：首都师范大学出版社，2001.

[12]贾西津．第三次改革——中国非营利部门战略研究[M]．北京：清华大学出版社，2005.

[13]萨拉蒙，索可洛斯基，等．全球公民社会——非营利部门国际指数[M]．陈一梅，等，译．北京：北京大学出版社，2007.

[14]陈宝良．中国的社与会[M]．杭州：浙江人民出版社，1996.

[15]林尹．周礼今注今译[M]．北京：书目文献出版社，1985.

[16]梁其姿．施善与教化：明清的慈善组织[M]．北京：北京师范大学

出版社，2013.

[17]罗辉．社会组织管理[M]. 北京：中国地质大学出版社，2022.

[18]王名，孙春苗．行业协会论纲[M]//清华大学公共管理学院 NGO 研究所. 中国非营利评论：第四卷．北京：社会科学文献出版社，2009.

[19]戴维·奥斯本，特德·盖布勒．改革政府：企业家精神如何改革着公营部门[M]. 周敦仁，等，译．上海：上海译文出版社，2006.

[20]杨雪冬，薛晓源．“第三条道路”与新的理论[M]. 北京：社会科学文献出版社，2001.

[21]许纪霖．共和、社群与公民[M]. 南京：江苏人民出版社，2004.

[22]黑格尔．法哲学原理[M]. 范扬，等，译．北京：商务印书馆，1961.

[23]马克思，恩格斯．马克思恩格斯选集：第 1 卷[M]. 北京：人民出版社，1995.

[24]杰弗里·亚历山大，邓正来．国家与市民社会[M]. 上海：上海人民出版社，2006.

[25]汪行福．通向话语民主之路：与哈贝马斯对话[M]. 成都：四川人民出版社，2002.

[26]哈贝马斯．公共领域的结构转型[M]. 曹卫东，等，译．上海：学林出版社，1999.

[27]张秀兰，陶传进，等．社会转型与社会组织的成长[M]. 北京：中国社会科学出版社，2016.

[28]何增科．公民社会与第三部门[M]. 北京：社会科学文献出版社，2000.

[29]林南．社会资本：关于社会结构与行动的理论[M]. 张磊，译．上海：上海人民出版社，2005.

[30]平狄克，鲁宾费尔德．微观经济学[M]. 第四版．北京：中国人民大学出版社，2000.

[31]俞可平．治理与善治[M]. 北京：社会科学文献出版社，2000.

[32]徐晞．我国非营利组织治理问题研究[M]. 北京：知识产权出版社，2009.

[33]曾峻．公共秩序的制度安排——国家与社会关系的框架及其运用

[M]. 上海：学林出版社，2005.

[34]竺乾威，朱春奎．社会组织视角下的政府购买公共服务[M]. 北京：中国社会科学出版社，2016.

[35]詹姆斯·麦格雷戈·伯恩斯．领袖论[M]. 刘李胜，等，译．北京：中国社会科学出版社，1996.

[36]F. 赫塞尔本．未来的领导[M]. 胡苏云，储开方，译．成都：四川人民出版社，2000.

[37]莱斯特·萨拉蒙，赫尔穆特·安海尔．公民社会部门[M]//何增科．公民社会与第三部门．北京：社会科学文献出版社，2000.

[38]雷蒙德·A. 诺伊，约翰·R. 霍伦班克，等．人力资源管理：赢得竞争优势[M]. 第五版．刘昕，译．北京：中国人民大学出版社，2005.

[39]萧鸣政．人力资源开发与管理：在公共组织中的应用[M]. 北京：北京大学出版社，2005.

[40]陈漭．非营利组织战略管理问题研究[M]. 哈尔滨：黑龙江人民出版社，2003.

[41]马玉丽．地方政府向社会组织购买公共服务研究[M]. 北京：人民出版社，2022.

[42]宋玉芳．奥运会志愿者管理研究[M]. 北京：北京体育大学出版社，2008.

[43]冯英，张惠秋，白亮．外国的志愿者[M]. 北京：中国社会出版社，2007.

[44]丁元竹，江凤清．志愿活动研究：类型、评价与管理[M]. 天津：天津人民出版社，2001.

[45]中共中央宣传部．毛泽东、邓小平、江泽民论社会主义道德建设[M]. 北京：学习出版社，2001.

[46]安国启．志愿行动在中国——中国青年志愿者行动研究[M]. 北京：中央文献出版社，2002.

[47]亚里士多德．政治学[M]. 颜一，秦典华，译．北京：中国人民大学出版社，2003.

[48]李萌，张克剑，王灿发，等．中国民间组织：研究综述[M]//黄晓勇．中国民间组织报告(2008). 北京：社会科学文献出版社，2008.

[49]米歇尔·诺顿．全球筹款手册[M]. 北京：中国人民大学出版社，2005.

[50]王方华，周洁如．非营利组织营销[M]. 上海：上海交通大学出版社，2005.

[51]菲利普·科特勒．营销管理[M]. 王永贵，等，译．上海：上海人民出版社，1999.

[52]黄浩明．国际民间组织合作实务和管理[M]. 北京：对外经济贸易大学出版社，2000.

[53]刘靖国．现代项目管理教程[M]. 北京：中国人民大学出版社，2009.

[54]陈祝平．品牌管理[M]. 北京：中国发展出版社，2005.

[55]康晓光，冯利．中国第三部门观察报告(2011)[M]. 北京：社会科学文献出版社，2011.

[56]苗丽静．非营利组织管理学[M]. 大连：东北财经大学出版社，2006.

[57]丽莎·乔丹，彼得·范·图埃尔．非政府组织问责：政治、原则与创新[M]. 北京：中国人民大学出版社，2008.

[58]黄浩明．民间组织国际化的趋势：兼谈中国的现状、挑战与对策[M]//清华大学公共管理学院 NGO 研究所．中国非营利评论：第八卷．北京：社会科学文献出版社，2011.

[59]国家民间组织管理局．中国民间组织评估[M]. 北京：中国社会出版社，2007.

[60]陈晓春．非营利组织经营管理[M]. 北京：清华大学出版社，2012.

[61]盖拉特．非营利组织管理[M]. 邓国胜，等，译．北京：中国人民大学出版社，2013.

[62]吴东民，董西明．非营利组织管理[M]. 北京：中国人民大学出版社，2003.

[63]廖鸿．国外非营利组织管理创新与启示[M]. 北京：中国言实出版社，2011.

[64]汪玉凯．公共治理与非营利组织管理[M]. 北京：国家行政学院出版社，2011.

[65]张霞，张智河，李恒光．非营利组织管理[M]. 济南：山东人民出版社，2005.

[66]戈伦比威斯基，史蒂文森．非营利组织管理案例与应用[M]. 邓国胜，等，译. 北京：中国人民大学出版社，2004.

[67]波伊斯特．公共与非营利组织绩效考评：方法与应用[M]. 肖鸣政，等，译．北京：中国人民大学出版社，2005.

[68]莱特．持续创新：打造自发创新的政府和非营利组织[M]. 张秀琴，译．北京：中国人民大学出版社，2004.

[69]李珍刚．当代中国政府与非营利组织互动关系研究[M]. 北京：中国社会科学出版社，2004.

[70]威尔逊．政府和非营利组织会计[M]. 荆新，等，译．北京：中国人民大学出版社，2004.

[71]科特勒．非营利组织战略营销[M]. 孟延春，等，译．北京：中国人民大学出版社，2003.

[72]赖斯．非营利创新管理[M]. 潘若琳，赵家珍，译．北京：北京大学出版社，2007.

[73]徐宇珊，韩俊魁．非营利组织募捐模式研究[M]//清华大学公共管理学院NGO研究所．中国非营利评论：第四卷. 北京：社会科学文献出版社，2009.

[74]林坚．马克思主义关于国家与社会关系的理论及其启示[M]//武汉大学马克思主义哲学研究所．马克思主义哲学研究．武汉：湖北人民出版社，2009.

[75]俞可平．中国公民社会的兴起及其对治理的意义[M]//俞可平，等．中国公民社会的兴起与治理的变迁．北京：社会科学文献出版社，2002.

[76]林淑馨．非营利组织概论[M]. 上海：华东理工大学出版社，2018.

[77]莫冬燕．非营利组织财务管理[M]. 大连：东北财经大学出版社，2018.

[78]王名，王超．非营利组织管理[M]. 北京：中国人民大学出版社，2016.

[79]玛丽恩·R. 弗莱蒙特-史密斯．非营利组织的治理[M]. 金锦萍，

译．北京：社会科学文献出版社，2016.

[80]罗辉．非营利组织管理[M]. 北京：北京大学出版社，2018.

[81]张远凤，邓汉慧，徐军玲．非营利组织管理：理论、制度和实务[M]. 北京：北京大学出版社，2016.

[82]尚立富．个人发起型非营利组织研究[M]. 北京：社会科学文献出版社，2017.

[83]徐顽强．非营利组织管理[M]. 北京：科学出版社，2018.

[84]珍妮·贝尔，简·正冈，史蒂夫·齐默尔曼．非营利组织可持续发展：基于矩阵模型的财务战略决策[M]. 刘红波，张文曦，译．广州：华南理工大学出版社，2016.

[85]杜兰英，芦琼莹，钱玲．非营利组织公益事项定位与民间捐赠行为关联性研究[M]. 北京：科学出版社，2016.

[86]李玫．非营利组织管理学[M]. 北京：高等教育出版社，2016.

[87]李飞虎，黄静．非营利组织经营与管理[M]. 北京：北京大学出版社，2016.

[88]琼·E. 派恩斯．公共部门和非营利组织人力资源管理[M]. 胡书豪，等，译．北京：中国劳动社会保障出版社，2016.

[89]迈克尔·J. 沃斯．非营利管理：原理与实务[M]. 韩莹莹，张强，王峥，译．广州：华南理工大学出版社，2016.

[90]张秀兰，陶传进．社会转型与社会组织的成长[M]. 北京：中国社会科学出版社，2016.

[91]郁建兴．社会组织管理[M]. 北京：中国人民大学出版社，2015.

[92]陶传进，刘忠祥．基金会导论[M]. 北京：中国社会出版社，2011.

[93]王名．社会组织论纲[M]. 北京：社会科学文献出版社，2013.

[94]黄晓勇，蔡礼强．中国社会组织报告(2018)[M]. 北京：社会科学文献出版社，2018.

[95]冯虹，李东松．北京社会组织发展研究[M]. 北京：社会科学文献出版社，2015.

[96]WOLF THOMAS. Managing a Nonprofit Organization[M]. New York：Simon & Shuster，1990.

[97]DAVID LEWIS. The Management of Non-Governmental Develop-

ment Organizations[M]. London: Rouledge, 2001.

[98]BOURDIEU P. The Forms of Capital[M]. In J. G. Richardson (ed.) Handbood of Theory and Research for the Sociology of Education. New York: Greenwood Press, 1985.

报纸、期刊类：

[1]王名．非营利组织的社会功能及其分类[J]. 学术月刊，2006(9).

[2]贾西津．历史上的民间组织与中国“社会”分析[J]. 甘肃行政学院学报，2005(3).

[3]周秋光，曾桂林．中国慈善思想渊源探析[J]. 湖南师范大学社会科学学报，2007(3).

[4]施巍巍，杨风寿．对我国民间组织制度变迁过程理性思考[J]. 理论探讨，2008(3).

[5]谢海定．中国民间组织的合法性困境[J]. 法学研究，2004(2).

[6]朱晓红．政社分开对社团与业务主管单位、挂靠单位关系的影响——以中国科协所属学会为例[J]. 北京财贸职业学院学报，2016(6).

[7]埃莉诺·奥斯特罗姆．社会资本：流行的狂热抑或基本的概念？[J]. 龙虎，编译．经济社会体制比较，2003(2).

[8]鲜活的印记　崛起的力量——60年社会组织发展历程回眸[N]. 中国社会报，2009-09-15.

[9]汪锦军．政府购买公共服务与非营利组织的角色——基于北京、浙江两地的问卷调查数据分析[J]. 中共浙江省委党校学报，2012(3).

[10]王名，贾西津．中国非营利组织：定义、发展与政策建议[J]. 科技信息：科学·教研，2007(19).

[11]刘俊．从资金来源看中国非营利组织和政府的关系[J]. 广西大学学报：哲学社会科学版，2010(3).

[12]汪锦军．公共服务中的政府与非营利组织合作：三种模式分析[J]. 中国行政管理，2009(10).

[13]郭小聪，文明超．合作中的竞争：非营利组织与政府的新型关系[J]. 公共管理学报，2004(1).

[14]张玉磊．困境与治理：非营利组织的市场化运作研究[J]. 中国农业

大学学报：社会科学版，2008(4).

[15]张瑾．奥运会志愿者与人力资源管理[J]. 首都体育学院学报，2003(6).

[16]张俐俐，张茹．广州亚运会志愿者服务动机研究[J]. 体育文化导刊，2009(1).

[17]唐杰．北京公众参与志愿服务动机研究[J]. 北京社会科学，2008(3).

[18]谭建光，凌冲，朱莉玲．现代都市志愿者心态分析[J]. 中国青年研究，2005(1).

[19]朱磊．志愿者立法在期待中渐行渐远[N]. 法制日报，2007-12-03.

[20]赵银侠．公民社会视野下中国志愿服务发展与社会支持性因素探讨[J]. 理论导刊，2009(9).

[21]崔执树．我国非营利组织筹资现状及对策研究[J]. 北方经济：综合版，2007(23).

[22]吴风珍，刘德建．中国非营利组织的资金来源及分析[J]. 法制与社会，2006(12).

[23]山立威，甘犁，郑涛．公司捐款与经济动机——汶川地震后中国上市公司捐款的实证研究[J]. 经济研究，2008(11).

[24]冯建，程文莉．企业捐赠的经济动机与影响因素：综述与启示[J]. 经济学动态，2010(9).

[25]韩新宝，李哲．比较视野下的我国非营利组织筹资问题探究[J]. 学会，2010(4).

[26]张彪．非营利组织发展面临的财务困境及其对策[J]. 湖湘论坛，2002(6).

[27]李长江，徐静．非营利组织的营销观念及策略更新[J]. 营销世界，2004(24).

[28]金罗兰．我国非营利组织与项目管理[J]. 北京工商大学学报：社会科学版，2005，20(6).

[29]冯冬梅．我国非营利组织的项目管理问题探讨[J]. 中山大学学报论丛，2007(4).

[30]陈晓春．我国非营利组织问责适应性探析[J]. 行政论坛，2008(4).

[31]耿立新．国际非政府组织的项目管理研究[J]. 江南社会学院学报，2004(3).

[32]李水金，侯静．中国非营利组织问责中存在的问题及对策[J]．国家行政学院学报，2009(6).

[33]王海燕．非营利组织预算管理模式研究[J]．财会月刊，2006(11).

[34]周旭亿．浅析我国非营利组织预算管理体制中的相关问题[J]．现代商业，2012(3).

[35]张彪．浅议非营利组织收入管理[J]．今日科苑，2008(18).

[36]王言午，李秋娟．我国非营利组织财务管理存在的问题[J]．东方企业文化，2013(3).

[37]马立群．我国非营利组织财务管理问题研究[J]．探索，2012(5).

[38]陈风，张万洪．非营利组织税法规制论纲——观念更新与制度设计[J]．武汉大学学报：哲学社会科学版，2009(5).

[39]邵平，叶开钟．比较视野下中美非营利组织的税法适用研究[J]．法制与社会，2012(4).

[40]张波．我国非营利组织税收优惠法律制度完善的研究[J]．湖南工程学院学报，2012(3).

[41]李玉娟．非营利组织税收优惠主体地位研究——基于与美国法比较视角的分析[J]．上海立信会计学院学报，2011(5).

[42]王美玲，郭立江．对我国非营利组织税收优惠政策的思考[J]．中国税务，2006(1).

[43]徐宇珊，刘华电．国外非营利组织税收制度介绍[J]．涉外税务，2007(11).

[44]邓国胜．构建我国非营利组织的问责机制[J]．中国行政管理，2003(3).

[45]赵新培．中国式慈善：透明为何这么难[N]．北京青年报，2011-08-08.

[46]吴鹏，王卡拉，蓝筠．民政部酝酿出台慈善信息公开办法[N]．新京报，2009-08-14.

[47]蔡拓．NGO：评判美国国际影响力的一个新向度[J]．现代国际关系，2004(3).

[48]龙小农，陈阅．NGO与中国在非洲国际影响力及话语权的建构[J]．现代传播：中国传媒大学学报，2013(7).

[49]张志洲．民间外交涵义的学理分析[J]．国际观察，2008(5).

[50]赵黎青．如何看待在中国的外国非政府组织[N]. 学习时报，2006-08-22.

[51]赵立波，李红娟，张素琴．基于平衡记分卡的非营利组织评估体系研究[J]. 山东省经济管理干部学院学报，2006(3).

[52]邓国胜．非营利组织“APC”评估理论[J]. 中国行政管理，2004(10).

[53]孙燕．建立非营利组织评估指标体系的几点思考[J]. 社会管理研究，2008(3).

[54]刘清洁，曹庆萍．我国非营利组织评估指标体系探析[J]. 学会，2008(6).

[55]田雪莹，胡文波．我国非营利组织评估体系研究[J]. 中国地质大学学报：社会科学版，2007(4).

[56]温庆云．对社会组织评估工作的再认识[J]. 中国社会组织，2013(2).

[57]董文琦．政府、企业及非营利组织的共生关系探析[J]. 江淮论坛，2006(2).

[58]刘振国．非营利组织的新形式——社会企业[J]. 社会管理研究，2008(2).

[59]赵文红，邵建春，尉俊东．参与度、信任与合作效果的关系——给予中国非营利组织与企业合作的实证分析[J]. 战略管理，2008(3).

[60]石国亮．国外政府与非营利组织合作的新形式——基于英国、加拿大、澳大利亚三国实践创新的分析与展望[J]. 四川师范大学学报，2012(3).

[61]郭小聪，文明超．合作中的竞争——非营利组织与政府的新型关系[J]. 公共管理学报，2004(1).

[62]安蓉泉．论地方政府与社会非营利组织的互动[J]. 中共中央党校学报，2007(10).

[63]邓国胜．民间组织评估的几点思考[J]. 学会，2009(2).

[64]李聪聪，宋锦洲．我国非营利组织公信力建设的途径研究[J]. 长江师范学院学报，2012(5).

[65]陈东进．危机时期公共部门伦理意识的觉醒[J]. 中国行政管理，2003(2).

[66]韩俊魁．论中国非营利组织社会责任承担的四个命题[J]. 理论探讨，2009(12).

[67]陈岳堂．非营利组织参与社区公共品供给激励机制研究[J]. 中国行政管理，2015(8).

[68]王纯．非营利组织发展亟待解决两大问题[J]. 人民周刊，2018(7).

[69]武红波．非营利组织内部控制效率——基于价值目标与治理结构的视角[J]. 新会计，2018(6).

[70]刘宇轩．浅谈我国非营利组织内部控制——以 N 基金会为例[J]. 中国农业会计，2018(6).

[71]张桂蓉．社区治理中企业与非营利组织的合作机制研究[J]. 行政论坛，2018 (1).

[72]高红，杨秀勇．西方国家非营利组织参与社区治理的理论与实践逻辑[J]. 天津行政学院学报，2018(3).

[73]仵希亮．非营利组织切入公共事业的运营机制——以 CX 公益为例[J]. 金陵科技学院学报：社会科学版，2018(2).

[74]肖海军，傅利．非营利组织法人化管制的检讨与厘正——基于公法强制转型私法自治的进路[J]. 社会科学战线，2017(9).

[75]王玉龙．政府购买服务下非营利组织的生存与发展研究[J]. 华南理工大学学报：社会科学版，2017(4).

[76]翁士洪．从补缺式模式到定制式模式：非营利组织参与公共服务供给体制的战略转型[J]，行政论坛，2017(5).

[77]陈晓春，肖雪．非营利组织的法制化监督[J]. 上海师范大学学报：哲学社会科学版，2017(5).

[78]沈鹏熠，张雅．非营利组织服务导向对组织公民行为与组织绩效的影响[J]. 华东经济管理，2016(1).

[79]韩俊魁，秦岭南．如何资助非营利组织？——基于价值驱动的“项目—组织—人”三位一体观点之思考[J]. 中国非营利评论，2017(2).

[80]刘志明．非营利组织在线问责实践会影响组织的捐赠收入吗？[J]. 中南财经政法大学学报，2015(2).

[81]韩俊魁．透过政府与非营利组织共治而减贫：大扶贫视野下云南多案例比较研究[J]. 经济社会体制比较，2016(2).

[82]朱晓红，陈吉．北京市政府购买社会组织服务的组团模式解读[J]. 北京航空航天大学学报：社会科学版，2012(4).

[83]李霞，干胜道，冯林燕．非营利组织捐赠者财务公平感知对捐赠意愿的影响研究[J]. 上海财经大学学报：哲学社会科学版，2017(5).

[84]孙玄，顾建光．基于税收政策对慈善捐赠和非营利组织筹资的效应分析[J]. 上海对外经贸大学学报，2017(3).

[85]董天美，张鸣．灾害救助中中国政府与非营利组织互动模式研究[J]. 求是学刊，2017(5).

[86]刘蕾，周翔宇．非营利组织转型社会企业因素研究[J]. 福建论坛：人文社会科学版，2017(12).

[87]田蓉，Lucy Jordan. 非营利组织的社会企业化：模式与策略[J]. 华东理工大学学报：社会科学版，2016(4).

[88]吕孝礼，潘宇舟．德国非营利组织参与提供公共服务对我国的启示——以社会政策领域为例[J]. 中国行政管理，2016(10).

[89]杨涛．非营利组织的非营利性、产权特性与薪资标准[J]. 华东理工大学学报：社会科学版，2016(5).

[90]王世强．非营利组织向社会企业模式转型研究[J]. 中共天津市委党校学报，2015(3).

[91]侯俊东，滕艳娇．危机情境下公众信任受损的行为策略演化博弈——基于非营利组织与公众互动的视角[J]. 中国地质大学学报：社会科学学报，2015(6).

[92]刘志明．非营利组织对话沟通水平评价及其对捐赠收入的影响——基于微博环境下中国基金会的实证分析[J]. 福建农林大学学报：哲学社会科学版，2016(1).

[93]姜宏青，石璐璐．非营利组织成本会计的基础理论探析[J]. 中国海洋大学学报：社会科学版，2016(2).

[94]季宇．非营利组织内部控制改进研究——以天使妈妈基金为例[J]. 湖北行政学院学报，2016(1).

[95]胡航，张金洲．非营利组织与公民社会的相关性分析[J]. 黑龙江省社会主义学院学报，2016(3).

[96]王斌，陈跃．治理现代化进程中非营利组织的困境与政府的责任[J]. 行政论坛，2015(2).

[97]侯俊东，庄小丽．捐赠者会关心非营利组织的运作效率吗？——来

自中国基金会的经验证据[J]. 中国地质大学学报：社会科学版，2016(3).

[98]刘蔓莹．我国非营利组织内部控制问题及对策研究[J]. 商业经济，2016(10).

[99]刘宏鹏，李少华，朱虹．非营利组织理事会治理结构与组织绩效研究——以全国性公募基金会为例[J]. 领导科学，2016(5Z).

[100]刘丽珑，李建发．非营利组织信息透明度改进研究——基于全国性基金会的经验证据[J]. 厦门大学学报：哲学社会科学版，2015(6).

[101]蔡瑞林，陈万明，陆玉梅．基于社会责任的非营利组织问责研究[J]. 天津行政学院学报，2015(3).

[102]高媛．非营利组织参与社会救助：德国模式的立法借鉴[J]. 中共福建省委党校学报，2016(8).

[103]李显飞．我国非营利组织在社会福利领域中的作用[J]. 企业改革与管理，2016(9X).

[104]陈雅丽．社区非营利组织模式建构的他国经验[J]. 重庆社会科学，2016(10).

[105]李宇立．基于公共资本资产问责视角的非营利组织治理[J]. 会计之友，2015(16).

[106]张海燕，邵云飞，杜欣．环境规制激励机制——基于非营利组织角度[J]. 技术经济，2015(11).

[107]张雪．从宏观到微观：非营利组织与政府关系研究述评[J]. 华东理工大学学报：社会科学版，2016(2).

[108]徐增辉，王欢．民间非营利组织优化社会共生关系的行动策略——以S市H社区服务中心为例[J]. 行政论坛，2015(6).

[109]张思强，朱学义．营利约束机制下的民间非营利组织收益演化研究[J]. 财经问题研究，2016(4).

[110]杨柯．基于技术—文化观的我国非营利组织特质构建途径分析——以20世纪20年代晏阳初“平民教育会”为例[J]. 云南师范大学学报：哲学社会科学版，2015(3).

[111]彭惠青，付钰平．社区非营利组织在社区治理中的适应与行动策略[J]. 湖北经济学院学报：人文社会科学版，2015(10).

[112]刘志明．非营利组织在线问责实践分析——基于中国基金会的实

证[J]. 广东行政学院学报，2015(1).

[113]尹珏林，宋程成．企业与非营利组织社会联盟实施战略分析[J]. 管理学报，2015(7).

[114]胡杨成，李小红．不确定环境下的非营利组织战略反应研究[J]. 科学决策，2015(2).

[115]沈鹏熠，张雅．非营利组织服务导向行为影响因素分析[J]. 华东经济管理，2015(7).

[116] WUTHNOW R. The Voluntary Sector: Legacy of the Past, Hope for the Future [A]. In Robert Wuthnow (ed). Between states and markets: the voluntary sector in comparative perspective [C]. Princeton: Princeton University Press, 1991.

[117]FEIOCK R. C., Andrew S. A. Introduction: Understanding the Relationships between Nonprofit Organizations and Local Governments[J]. International Journal of Public Administration, 2006(29).

[118]BRYAN, W. HUSTED. Governance Choices for Corporate Social Responsibility: to Contribute, Collaborate or Internalize? [J]. Long Range Planning, 2003(36).

[119] ANDREASEN, ALAN R. Profits for Nonprofits[J]. Harvard Business Review, 1996, 76(6).

[120]C. H. ST. JOHN, J. S. HARRISON. Manufacturing-Based Relatedness, Synergy, and Coordination [J]. Strategic Management Journal, 1999(20).

[121] Maria Luisa Honrubiay Villar and Angel lgnacio Fernadez Nino. Volunteering Versus Olympism[Z]. 1999.

[122] W. CASCIO. Applied Psychology in Personal Management[M]. 4th. ed(Englewood Cliffs), NJ: Prentice-Hall, 1991.

[123]Joanne Fritz: 6 Steps to a Fundraising Plan for a New Nonprofit[EB/OL] . http: //nonprofit. about. com/od/fundraisingbasics/tp/basicfundraisingtips. htm.